全本全注全译丛书

中华经典名著

朱惠荣　李兴和◎译注

徐霞客游记 三

中华书局

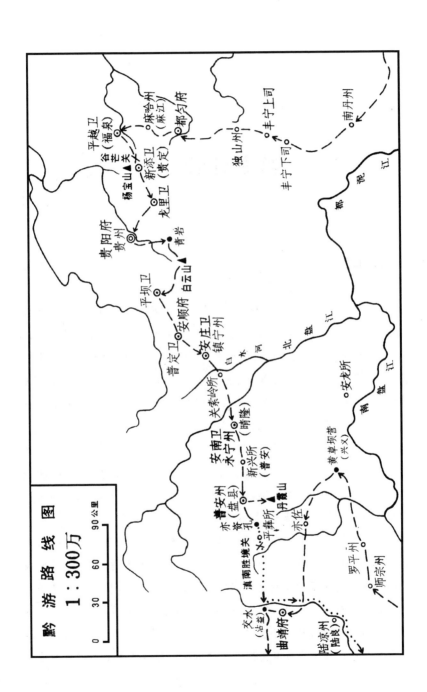

黔游路线图

1:300万

0 30 60 90公里

黔游日记一①

【题解】

《黔游日记一》是徐霞客游览贵州省盘江以东的游记。

徐霞客于崇祯十一年（1638）三月二十七日到贵州下司，往北行经独山州、都匀府、麻哈州（今麻江县）、平越卫（今福泉市），再转西经新添卫（今贵定县）、龙里卫到贵阳府，然后绕道广顺州（今长顺县）游白云山，还过平坝卫，又西经安顺府、镇宁州（今镇宁布依族苗族自治县）、关索岭所（今关岭布依族苗族自治县），四月二十四日抵北盘江东侧的永宁。沿途经过布依族、苗族、仡佬族等民族聚居区。

徐霞客这一段旅程十分艰苦。在下司，"无茅无饭而卧"。在上司境，被四个持镖负弩的人夹持。"然入其吻而不下咽"。在麻哈州，傲慢的担夫用凳子砸伤霞客的脚，他只能竭蹶而行。在狗场堡附近，担夫盗窃藏在盐筒中的路费逃走，霞客只得和顾仆共抬着行李，一前一后，举步维艰。在这样困难的条件下，徐霞客沿途游览了杨宝山、古佛洞、白云山、双明洞、白水河等胜景。白水河瀑布即今黄果树瀑布，为我国最大的瀑布。徐霞客尽情欣赏黄果树瀑布的雄奇景色，从不同角度描绘了黄果树瀑布的壮美，倾注了他对祖国大好河山的热爱，成为游记中的名篇。游白云山的日记不但描写了"幽旷交擅"的大自然景色，还记录了大量与明代建文皇帝有关的古迹和传说。都匀梦遇山和福泉的福泉山、武胜关，都与张三丰的传说有关。他还考察了土司踞险而居的囤山。游关岭县的日记，记录了有关关索的遗迹。《游记》为我们展示了贵州省风景名胜丰富的历史文化内涵，也反映了明末贵州的社会生活。

戊寅三月二十七日[②]　　自南丹北鄙岜歹村，易骑入重山中，渐履无人之境。五里，逾山界岭。_{南丹、下司界。}又北一里，逾石隘，是为艰坪岭。其石极嵯峨，其树极蒙密，其路极崎岖，黔、粤之界，以此而分，南北之水，亦由此而别。然其水亦俱下都泥，则石隘之脊，乃自东而西度，尽于巴鹅之境，而多灵大脊犹在其东也。北下一里，就峡西行，一里，始有田塍。又半里，峡转北，坞始大开。又北一里，有村在西坞中，曰由彝[③]。此中诸坞，四面皆高，不知水从何出。然由彝村南石壁下，有洞东向，细流自畦中淙淙入，透山西而去，固知大脊犹在东也。至此南丹差骑辞去。由彝人始许夫骑，久乃不至，促久之，止以二夫负担去。余独坐其栏，从午至暮，始得骑。西北二里，至山寨，则寨人已送担亦前去。乃由其东上岭，越脊北下一里，行壑中。又北一里，再越岭脊，下行峡中。壑圆而峡长，南北向皆有脊中亘，无泄水之隙，而北亘之脊，石齿如锯，横锋竖锷，莫可投足。时已昏暮，跃马而下，此骑真堪托死生也。越脊，直坠峡底，逾所上数倍，始知前之圆壑长峡，犹在半山也。峡底有流，从南脊下溢，遂滔滔成流。随之西向行，共里许，有村在南山麓，担夫已换去。又骑而西半里，担夫又已去。盖村人恐余止其家，故亟换之行；而又无骑换，骑夫不肯前，余强之暗行[④]。西北半里，有溪自东而西，横堰其中，左右渊深。由堰上北度，马蹄得得,险甚。又西转过一村,半里,由村西而北向逾岭,始与双担同行,暗中呼声相属,不辨其为石为影也。共二上二下,遂行田塍间。共五里,过一寨,排门入,居人颇盛。半里,复排一门出,又行田塍中。一里半,叩门入旧司,门以内茅舍俱闭,莫为启。久之,守一启户者,无茅无饭而卧。

【注释】

①黔:贵州省的简称。因省境东北部在战国、秦代属黔中郡,为贵州地区设治之始。今贵州大部地区在唐代又属黔中道,自成区域,故名黔,亦称黔中。《黔游日记一》、《黔游日记二》皆在乾隆本第四册下。徐本在第六册,题曰"黔",不分"一"、"二",有提纲云:"丰宁下司、上司、独山州、都匀府、麻哈州、平越卫、新添卫、龙里卫、贵州、平坝卫、普定卫、安庄卫、查城、鼎站、安南卫、普安州。"

②戊寅:崇祯十一年(1638)。

③由彝:今作"尧逸"、"尧益",在独山县南隅。

④暗行:摸黑走路。

【译文】

戊寅年三月二十七日　　自南丹州北郊的邑歹村,换了马进入重山之中,渐渐步入无人之境。行五里,越过山界岭。南丹州、下司的分界。又向北一里,穿越一处石头隘口,这里是艰坪岭。山上的岩石极为巍峨,山上的树木极其浓密,这里的道路非常崎岖,贵州、广西两省的分界,从此处划分,南北两面的河流,也是从此地分流。然而这里的水流也都是下流进都泥江,所以石头隘口处的山脊,是自东往西延伸,尽头在巴鹅的境内,而多灵山的大山脊还在这里的东面。往北下行一里,沿着峡谷往西行,行一里,开始有农田。又行半里,峡谷转向北去,山坞这才十分开阔。又向北行一里,有个村庄在西面的山坞中,叫由彝。这一带的各个山坞,四面地势都高,不知水从哪里流出去。然而由彝村南边的石壁下,有个山洞面向东,细细的水流从水田中淙淙地流进去,穿过山腹向西流去,本来我就知道大山脊还在东面。到此地后南丹州来的差人骑马告辞走了。由彝村的人起初答应派差夫和马匹,等了很久仍不见来,催促了很久,只派来两个脚夫挑着担子走了。我独自坐在村里人的竹楼中,从中午到傍晚,这才得到坐骑。往西北行二里,来到山寨,可是寨子里的人也是已经把担子送到前面去了。于是由寨子东边上登山岭,越过山脊向北下走一里,行走在壑谷中。又向北行一里,再次越过岭脊,下走前行在峡谷中。壑谷是圆的而山峡是长的,南北方向都有山脊横亘在中间,没有泄水的缝隙,而且北面横亘着的山脊,岩石一齿齿的好像锯子,横的如刀锋,竖的似剑刃,无处可以落脚。此时天色已经昏黑,跃马而下,这匹坐骑真值得把生死托付给它呀。越过山脊,一直下坠到峡底,超过上山时的几倍路程,这才知道前边的圆形壑谷与长形峡谷,还只是在半山腰呢。峡底有水流,从南面的山脊上向下溢出来,于是形成滔滔流水。顺着水流向西行,共行一里左右,有个村庄在南山的山麓,挑夫已经换了离开了。又骑马往西行半里,挑夫又已经离去。大概是村里人害怕我住在他们家里,所以急急忙忙换了挑夫就上路;然而又没有坐骑来更换,马夫不肯再往前走,我强迫他摸黑赶路。向西北走半里,有条溪水自东往西流,有堤坝横在溪流中间,左右两侧都是深渊。经由堤坝上向北横过溪流,马蹄声“嘚嘚嘚”地响,危险极了。又向西绕过一个村子,行半里,由村西向北越过山岭,才与两个挑夫一同行走,在黑暗中高声呼叫着互相跟着走,分辨不出那是岩石还是人影了。共两次上走两次下行,终于行走在田野间。共行五里,路过一个寨子,推开寨门进去,居住的人很多。行半里,再推开一道门出来,又行走在田野中。行一里半,敲开寨门进入旧司,寨门以内的茅屋家家都关着门,无人肯开门。守了很久之后,一户人家才开了门,没有茅草铺地没有吃饭就睡下了。

上、下二司者，即丰宁司也①。濒南界者，分为下司，与南丹接壤。二司皆杨姓兄弟也，而不相睦。今上司为杨柚，强而有制，道路开治，盗贼屏息。下司为杨国贤，地乱不能辖，民皆剽掠，三里之内，靡非贼窟。其东有七榜之地，地宽而渥②，桀骜尤甚，其叔杨云道，聚众其中为乱首，人莫敢入。

【注释】

①丰宁司：《明史·地理志》独山州："丰宁长官司：州西南。洪武二十三年(1390)置，属都匀卫，弘治七年(1494)五月属州。西南有行郎山。"

②渥(wò)：优厚。

【译文】

上、下二司这地方，就是丰宁司了。濒临南部边界的地区，划分出来设为下司，与南丹州接壤。两处的土司都是杨姓兄弟，但互相不和睦。现在上司的土司是杨柚，强干有才能，道路畅通，治安良好，盗贼收敛。下司的土司是杨国贤，地方上混乱，不能管束，百姓都去抢劫，三里之内，无处不是贼窝。丰宁司的东面有处叫七榜的地方，地域宽广而且土地肥沃，桀骜不驯得尤其厉害，他的叔父杨云道，为首聚众在那一带作乱，无人敢进去。

旧司者①，下司昔日司治也，为上司所破，国贤移居寨上。按，丰宁二司皆贵州都匀府属，其兄弟相贼而莫问，岂羁縻之道固应然耶②？寨在南山麓，与旧司南北相对，中隔一坞,然亦无奇险也。

【注释】

①旧司:即今下司,在贵州独山县南境。

②"丰宁二司皆贵州都匀府属"以下几句:原脱此句,据"四库"
　本补。

【译文】

　　旧司这地方,是下司昔日土司衙门的所在地,被上司所攻占,
杨国贤搬到寨子上居住。据考察,丰宁二司都是贵州省都匀府的属地,他们
兄弟二人互相残杀却无人过问,难道羁縻的方法本来就应该是这样的吗？寨子在
南山的山麓,与旧司南北相对,中间隔着一个山坞,然而也没有什
么奇特险阻之处。

　　二十八日　平明起,雨霏霏下。余令随夫以盐易米而
炊。余以刺索夫于南寨,国贤避不出,托言与上司不合,不
敢发夫,止许护送者两三人送出境。余饭而待之,送者亦不
至,乃雇夫分肩行李,从旧司北向逾岭行。共三里余,下至
饿鬼桥,有小水自东北注西南,小石梁跨其上,御人者每每
横行于此①。又北二里,逾岭,已为上司界。下岭二里,有村
在西坞,而路东有枫木树对之。又东北逾岭二里,有村在东
坞,其前环山为壑,中洼为田。村倚东峰,有石崖当村后;路
循西岭,与村隔垄相向,始敢对之息肩。又西北逾岭二里,
转而西向行②,于是峡大开,南北相向,南山下村居甚稠,北
山则大路倚之。西行五里,路复西北逾岭。盖此地大山在
东北,路俱缘其西南上,虽有升降,然俱上多下少,逶迤以升

者也。又西北二里，逾岭。路北有峰，回亘层叠，俨若天盘龙髻。崖半有洞，门西向，数十家倚之。路乃北转，又一里，越其西冈北向下。西冈者，大山分支西突为盘髻峰，其下横冈西度者也。西冈之北，山又东西排闼。北望西界山，一圆石高插峰头，矗然倚天之柱，其北石崖回沓，即上司治所托也；东界土山，即路所循而行者。共北五里，与西界矗柱对。又北二里，忽山雨大至。担夫停担，各牵笠蔽雨，余持伞亦蔽一挑。忽有四人持镖负弩③，悬剑櫜矢④，自后奔突而至。两人趋余伞下，一人趋顾仆伞下，一人趋担夫笠下，皆勇壮凶狞，似避雨，又似夹持。余甚恐。问余何往，余对以都匀。问余求烟，余对以不用。久之，雨不止而势少杀，余曰："可行矣。"其人亦曰："可去。"余以为将同往而前者，及余行而彼复止。余益知其必非良人，然入其吻而不下咽，其心犹良也。更北半里，转而西又一里余，有营当两界夹中阜上，壁垒新整。由其下又西一里，入上司南门⑤，有土垣环绕，门内即宿铺。江西人。自下司至此，居舍中各半土半栏。

【注释】

①御人者：拦路抢人的人。

②转而西向行："四库"本作"转而西南"。

③镖（biāo）：形如矛头的兵器，用以投掷伤人。弩（nǔ）：一种利用机械力量射箭的弓。

④剑：古代随身佩带的一种兵器，两面长刃，中间有脊，短柄。櫜（gāo）：古代盛放衣甲或弓箭的囊。矢（shǐ）：箭。

⑤上司：今名同，在独山县南境。

【译文】

二十八日　黎明起床,细雨霏霏下着。我命令随行的挑夫用盐换米来做饭。我拿着名帖到南面的寨子中去要差夫,杨国贤躲避着不出来,推托说与上司不合,不敢派夫,只答应派两三个护送的人送我出境。我吃了饭便等候他们,护送的人也不来,只好雇了挑夫分别担着行李,从旧司向北翻越山岭前行。共走三里多,下行到饿鬼桥,有条小溪自东北流向西南,小石桥横跨在溪流上,拦路抢劫的人常常在此地横行。又向北行二里,越过山岭,已是上司的地界。下岭走二里,有个村庄在西面的山坞中,而道路东边有棵枫木树对着村庄。又往东北越岭行二里,有个村庄在东面的山坞中,村子前方群山环绕成壑谷,中间下洼开垦成水田。村子紧靠东面的山峰,有石崖位于村后;沿着西面山岭的道路走,与村庄隔着土垒相望,这才敢面对着村子歇歇肩头。又向西北越岭行二里,转向西行,到这里山峡十分开阔,南北两列山相对,南山下的村庄居民非常稠密,北山则是大路紧靠着山麓走。往西行五里,道路又向西北越岭。大体上此地的大山在东北方,道路都是沿着大山的西南面上行,虽然有上升有下降,不过都是上山多下山少,都是逶逶迤迤上升的路。又往西北行二里,越过山岭。道路北边有座山峰,回绕绵亘,层层叠叠,好像是天上盘旋着的龙一样的发髻。山崖半中腰有个山洞,洞口向西,几十家人背靠着山崖。道路于是向北转,又行一里,越过山峰的西冈向北下行。西冈,是大山的分支向西前突形成盘绕的发髻状的山峰,山峰下横着的山冈向西延伸形成的。西冈的北面,山脉又形成东西排列的门扉。向北远望西面一列山,一块圆圆的岩石高高插在峰头,矗立的样子像擎天的柱子,山峰的北面石崖回绕杂沓,那便是上司的治所依托的地方了;东面一列土山,就是道路顺着行走的山。一共向北走五里,道路与西面矗立的石柱相对。又向北二里,忽然山雨猛烈来临。挑夫停下担子,各自拉个斗笠遮雨,我打着伞也遮着一副担子。忽然有四个人拿着镖背着弩,腰挎长剑,箭囊中装着箭矢,从后面突然奔跑过来。两个人跑到我的伞下,一个人跑到顾仆的伞下,一个人跑到挑夫的斗笠下,全都勇武健壮,凶狠狰狞,像是避雨,又像是来挟持的。我非常恐惧。问我前往何处,我回答要去都匀。问我要烟抽,我回答不抽烟。许久,雨没停但雨势稍微弱下来,我说:“可以走啦。”那些人也说:“可以离开了。”我以为是将要同我们一起往前走,到我走时他们却又停下来了。我愈加知道他们必定不是好人,不过进了他们的口中却不咽下去,他们的心肠仍然还是好的。再向北半里,转向西又行一里多,有个军营在两列山相夹中间的土阜上,壁垒崭新整齐。由军营下方又向西行一里,进入上司的南门,有土墙环绕着,城门内就是住宿的驿馆。江西人。从下司来到此地,居民的房屋中土屋和干栏式楼房各有一半。

　　时雨过街湿,余乘湿履,遂由街北转而西,有巨塘汇其内,西筑堤为堰,甃为驰道甚整①。又北半里,直抵囤山东麓②,北向入一门。有石罅一缕在东麓下,当其尽处,凿孔如盂,深尺许,可贮水一斗。囤上下人俱以盎候而酌之,谓其水甘冽,迥异他水。余酌而尝之,果不虚也。由此循囤麓转入北峡,峡中居人甚多,皆头目之为心膂寄者③;又编竹架囤于峡中,分行贮粟焉。由北峡西向行,已入囤后,有脊自西北连属于囤,乃囤之结蒂处也。脊东峡中,有洞倚囤麓,其门北向,甚隘而深。有二人将上囤,余问:“此洞深否?”云:“其洞不深。上至囤半,有大洞颇深而有水,须以炬入。”由下仰眺,囤上居舍累累,惟司官所居三四层,皆以瓦覆,以垩饰④。囤险而居整,反出南丹上也。余乃随其人拾级上囤,其级甚峻,而甃凿开整。竭蹶而上,共半里,折而东,有楼三楹跨路间,乃囤半之隘关也。洞在中楹之后,前为楼所蔽不可见。有男妇各一，炊中楹下。二人指余入，遂登囤去。余索炬于炊者，则楹后即猪栏马栈。践之下洞，洞门北向，洼坠而下，下皆污土，上多滴沥，不堪驻足，乃复出而下。先是令一夫随行，至脊下，不敢登，余乃独上。然囤上之形，可以外瞭而见，惟此洞为楼掩，非身至不知也。仍由旧路里余，返宿舍，则已薄暮矣。炊饭亦熟，遂餐而卧。

【注释】

①驰道：本为秦汉时期专供帝王出巡时行驶车马的道路，此处指可供车马疾驰的宽整的大道。

②囤（dùn）：为了军事防卫而设的堡垒的一种。凡民众团聚地建堡，地势冲要而狭隘不能建堡的，就作囤，恃险囤结，住头目或壮丁。徐霞客考察的囤山，在今上司镇西五里的屯脚村，囤山的井、洞及建筑遗址犹存。

③心脊（lǚ）：二者都是人体的重要部分，比喻为亲信得力的人。脊，脊骨。

④垩（è）：白色土。

【译文】

这时雨过天晴街道还是湿的，我踩着潮湿的鞋子，就经由街道从北转向西走，城内有个巨大的水塘积着水，西边修筑了堤坝形成堰塘，堤坝砌成可以跑马的大道非常整齐。又向北行半里，直达囤子所在的山的东麓，向北进入一道门。有一条石缝在东麓下，在石缝的尽头处，凿了一个像钵盂一样大的孔，深一尺左右，可以贮水一斗。囤子上下的人都用瓦盆等着舀水，声称这里的水甘甜清冽，与别的水迥然不同。我舀了点水尝了尝，果然不假。由此地沿着囤子所在的山麓转入北面的山峡中，峡中的居民很多，都是头目的心腹得力的人居住的地方；又用竹子编成粮囤夹在峡谷中,分别把粮食贮藏在其中。由北面的峡谷向西行,很快进入囤子的后方,有条山脊自西北而来连接着囤子,那是连接囤子的关键处。山脊东面的峡谷中,有个山洞紧靠在囤子所在的山麓,洞口面向北,非常狭窄却很深。有两个人将要上囤子去,我问:"这个洞深不深?"他们回答:"这个洞不深。上到囤子的半山腰,有个大山洞相当深而且有水,必须拿着火把进洞。"从下面抬头眺望,囤子上居民的房屋层层叠叠的,只有土司居住的三四层房屋,都是用瓦盖顶,用白土粉饰。囤子险要而居屋整齐,反而超出南丹州之上了。我于是跟随那两个人沿着石阶逐级上囤子去,那石阶非常陡峻,但开凿铺砌得宽阔平整。竭力跌跌绊绊向上登,共行半里,折向东,有座三开间的楼房跨在路中间,这是囤子半山腰的关隘了。山洞在中间一间楼房的后面,前面被楼遮住了不能看见。有男女各一人,在中间一间的楼下做饭。二人指引我进洞,便登上囤子去了。我向做饭的人要来了火把,楼后面就是猪窝马圈。踩着牲畜的粪便下洞去,洞口面向北,洼陷下去,下边都是污泥,顶上有许多下滴的水滴,无法停脚,就又出洞来往下走。这之前命令一个挑夫随行,来到山脊下,挑夫不敢上登,我只好独自上山。然而囤子上的地形,可以从外面便看得见,唯有这个洞被楼房遮住了,不是亲自来到是不会知道的。仍然经由原路走一里多,返回住宿的客馆,却已近黄昏了。饭也做熟了,便吃了饭躺下。

上司土官杨柚,由长官而加副总,以水西之役也。其地小而与南丹为仇,互相袭杀,故两土官各退居囤上。南丹州治在囤下而居于上。上司则司治俱在上,而环囤而居者,皆其头目也。南丹第三弟走荔波,为莫佹所执[1];第四弟走上司,至今为外难,日惴惴焉。

【注释】

①伋(jí)：多作人名用。

【译文】

　　上司的土司杨柚，由长官而升任副总兵，是由于水西的战事立功的缘故。他的辖地小却与南丹州结仇，互相攻杀，所以两地的土官各自退居到囤子上。南丹州的衙门在囤子下却住在囤子上。上司则是土司宅第、衙门都在囤子上，而且环绕着囤子居住的人，都是他的头目。南丹州土司的三弟逃到荔波县，被莫伋囚禁了；四弟逃到上司，至今仍是外患，南丹州为此终日惴惴不安。

　　其囤圆而大，四面绝壁，惟西北有脊通级而上，路必环旋于下峡，故为天险。峡中水西南下，合塘中及外峡南北诸流，俱透西南腋中坠去。

【译文】

　　这个囤子又圆又大，四面都是绝壁，唯有西北方有条山脊通着石阶路上去，道路必要环绕到山下的峡谷中，所以是天险。峡谷中的水向西南下流，汇合水塘中以及外面峡谷中南北各处的水流，一起穿过西南方的山窝中下泄而去。

　　二十九日　由上司出南门，仍渡门东小水，溯之东北行。一里，蹑土山而上。四里，逾土山西度之脊，其西石峰突兀，至此北尽。逾脊西北行一里半，岭头石脊复夹成隘门，两旁石骨嶙峋。由隘西出，转而东北下，半里，下抵坞中。又北一里，复越土山西下脊，是为上司、独山州界，于是下岭循东山行。又二里，有村在西山坞中，为苴查村。其处东西两界皆土山,中开大坞,有水自北来,界于坞中,绕苴查之东,乃西向破峡去。循东界山溯水北向行,又三里,水分二支来,一自西北,一自东北,如"丫"字会于中支山尽处。西北者较大,路溯东北行,一里半始渡之。于中支山东麓得坛子窑村①,乃土官蒙氏之族也。村北溪中皆碎石,时涸时溢。又东渡之,东北上冈头,共里许,有土环遗址,名曰关上②,而无居舍。又东北一里,水尽坞穷,于是蹑岭,其岭甚峻。三里,北逾其脊,隘中砥石如铺③,两旁有屼立峰,是名鸡公关④。其脉自独山州西北,绕州治东南过此,又东南度六寨之东,而下蛮王峰者也。脊西南水,下苴查而入都泥;脊东北水,由合江州下荔波而入龙江⑤。从脊东北眺,则崇山蜿蜒,列屏于前,与此山遥对成两界,中夹大坞,自西北向东南焉。下山即转北行,一里抵坞。转东,即有小水东南下。又东一里,逾陟冈阜,忽有溪自西北注东南,水于此复出,为龙江上流矣。渡溪东上,于是升陟坡垅,东北行坞中。五里,有数家之村,在东北山下。从其前复转入西峡,北一里,过一脊,始北向下岭。其下甚深,半里抵其麓,始知前所行俱在山上也。又北行坞中一里半,有大溪汪然,自西峡层山中出,东注而去,亦由合江州而下荔波、思恩者⑥。历石礐而渡其北,又缘西界支陇北行五里,为羊角寨。乃蒙氏之砦也⑦。在西山麓。又北三里,有小水自西坡东注,涉之。又北二里,入独山州之南隘门⑧。其州无城,一土知州,一明知州。土官蒙姓,所属皆土人。即苗仲⑨。明官多缺,以经历署篆⑩,所属皆客户。余所主者,江西南昌人黄南溪也,其人忠

厚长者，家有楼可栖。盖是州虽无城，而夹街楼房连属，俱
用瓦盖，无复茅栏牛圈之陋矣。

【注释】

①坛子窑村：今名同，亦作"坛窑"，在独山县中部，当公路旁。

②关上：今称矮关，在坛窑稍北的公路旁。

③砥（dǐ）石：为石中的平软精细者。原作"底石"，应即"底石"，因形
　近而误。"四库"本作"砥石"，"底"通"砥"，据改。

④鸡公关：今作"鸡公"，在矮关东北，公路稍东。

⑤合江州：即合江洲陈蒙烂土长官司，明置，隶独山州。在今三都
　县西隅的烂土。

⑥"又北行坞中一里半"以下几句：此水明代称独山江，经合江州往
　东，应为明代古州江、福禄江源，下游即今都柳江，入广西境为融
　江，而不再折南经荔波、思恩了。

⑦砦（zhài）：即山居设有防守栅栏者。

⑧独山州：隶都匀府，即今独山县。

⑨苗仲：即仲家，今布依族。

⑩经历：管出纳文书的官。署（shǔ）：代理。篆（zhuàn）：官府的印
　章。凡某官空缺，而以其他官代管印信，暂理其事者，称为署印
　或署篆。

【译文】

　　二十九日　由上司走出南门，仍然渡过城门东边的小溪，溯溪流往
东北行。行一里，踏着土山上登。行四里，翻越土山往西延伸的山脊，
山脊西面石峰突兀，到了此地北面的山脊完结了。越过山脊往西北行
一里半，岭头的石头山脊再度夹成隘口，两旁的岩石石骨嶙峋。由隘口
向西出来，转向东北下行，行半里，下到山坞中。又向北一里，再次越过
土山向西下延的山脊，这是上司、独山州的交界处，从这里下岭沿着东

山行。又行二里，有个村庄在西面的山坞中，是苴查村。此处东西两面的山都是土山，中间敞开成为大山坞，有水流从北边流来，隔在山坞中，绕过苴查村的东边，于是向西冲破山峡流去。沿着东面一列山溯水流向北行，又行三里，溪水分为两条流来，一条来自西北方，一条来自东北方，如同一个"丫"字在中间一条山脉的尽头处交汇。来自西北方的溪流较大，道路溯流往东北行，行一里半后才渡过溪流。在中间这条山脉的东麓遇到坛子窑村，是蒙氏土司的族人。村北的溪流中都是碎石，有时干涸有时水满。又向东渡过溪流，向东北登上冈头，共行一里左右，有土墙环绕的遗址，名叫关上，可是没有居民的房屋。又往东北行一里，水流断了，山坞也到了尽头，从这里登岭，这座山岭极为陡峻。行三里，向北越过岭脊，山隘中的砥石如人工铺设的一般，两旁有突兀矗立的山峰，这里名叫鸡公关。此地的山脉起自独山州西北，绕过州城向东南延伸经过此地，又往东南延伸到六寨的东面，而后下延到蛮王峰。岭脊西南一面的水流，下流到苴查村后流入都泥江；岭脊东北一面的水流，由合江州下流到荔波县后流入龙江。从岭脊上向东北眺望，就见高山蜿蜿蜒蜒，像屏风一样排列在前方，与这条山脉远远相对形成两列分界的山，中间夹成一个大山坞，自西北向东南延伸。下山后立即转向北行，行一里后抵达山坞。转向东，即刻有条小溪向东南流下来。又向东一里，翻越跋涉在山冈土阜之间，忽然有溪水自西北流向东南，溪水在这里又重新出现，是龙江的上游了。渡过溪水往东上行，于是上登山坡土陇，往东北前行在山坞中。行五里，有个几家人的村子，在东北方的山下。从村前又转入西面的峡谷中，向北行一里，过了一条山脊，开始向北下岭。那下走的路非常深，走半里到达山麓，这才知道前边所走的路全是在山上。又往北行走在山坞中一里半，有条大溪水势浩大，从西面峡谷的层层山峦中流出来，向东奔流而去，这也是由合江州下流到荔波、思恩的河流。经过满是岩石的壑谷后渡到溪流的北岸，又沿着西面一列山分支的土陇往北行五里，是羊角寨。是蒙氏土司的山寨。在西山的山麓。又向北行三里，有条小溪自西面的山坡上向东流淌，涉过溪流。又向北二里，进入独山州南边的隘门。这个州没有城池，一个土知州，一个明朝廷派来的知州。土官姓蒙，下属都是土人。就是苗仲。明朝廷派来的官大多空缺着，以经历代管州官的印信，下属都是客居的民户。我的房主人，是江西南昌人黄南溪，这个人是个忠厚长者，家中有楼房可以居住。这个州虽然没有城池，可夹住街道两侧的楼房连接不断，全是用瓦盖顶，不再有草棚牛圈的简陋景象了。

独山土官昔为蒙诏，四年前观灯，为其子所弑。母趋救，亦弑之①。乃托言杀一头目，误伤其父，竟无问者。今现为土官，可恨也！

【注释】

①弑(shì)：古时臣杀君、子杀父母称为弑。

【译文】

独山州的土司过去是蒙诏，四年前观赏灯火时被他的儿子杀死。做母亲的赶过去救护，也被杀了。却推托说是杀一个头目，误伤了自己的父亲，竟然没有过问这事的人。今天是现任土官，可恨呀！

三十日　平明饭，出独山州北隘门，西北向循西界山行。六里，有小水亦自西坡东注，涉之。又北二里，北坞渐穷，山脊自东界西度南转，乃路转东北，涧中小水北流。渡涧，循东界山腋间东北上，又二里，有水溢路旁石穴间，甚冽①。其侧有蒙氏修路碑。从此攀石磴东北上岭，雨大至。一里半，北登岭隘。是岭由东南度西北，乃祖山，从其东北分裂众枝：其直东而去者，为黎平、平崖之脊；东南分枝而下者，为荔波、罗城之派；西北分枝而下者，度此稍北，即西转南走而环于独山之西，度鸡公岭而南，为蛮王、多灵之派。独山州南二十里，有山尖起，立于众山之中，是名独山②，州之所以得名也。又东北行山峡间，乃下。共二里，有洞自东谷走深崖中，两崖石壁甚逼，洞嵌其间甚深，架石梁其上，为深河桥③。过桥，复跻崖而上。登岭而北，有小水自东北泻石崖而下，涉之，复升岭，共一里，遂由峡中北行。又二里，乃下，东北行壑中。有村在东山下，由其前少转西北，共二里，有溪自东北来，渡之。溯其西岸，东北逾岭二里，一水自东北来，一水自西北来，东北者较大。于是涉西北水，缘中支山而上，东北三里而登其冈。饭于冈上。乃稍下，又北逾岭而下夹坞中。共三里，又上，有溪自南峡北向下坠深潭中，潭小而高，此西北小溪之源也。又北逾岭下一里半，下度深壑中，有洞自西南峡中来，至此东向西转，此东北小溪之源也。涉之，西南登岭。半里而上，循岭半西南行。二里，过兔场④，西出嘉坑关。随小水西下，由夹中行五里，两夹山多石崖突兀，路侧有泉涌穴出。又西二里，水坠南峡去，路逾北坳上，有寨在东冈之巅。由其西北度脊，南北俱有洼中坠，环塍为田，直抵其底，水皆自底西向透石穴者也。又西逾岭一里，出隘口，其上石骨棱峭，皆作嘘云裂萼之势。又西北下峡中，一里，转而西，半里，西出峡，是为独山州与胡家司分界。胡家司即都匀长官司。从姓呼之，以别郡名也⑤。于是山开南北洋，中有大溪自北而南，是为横梁⑥。循溪东转南半里，抵南崖。

崖下有卖粉为饷者,以盐少许易而餐之。随溪南岸西行,道路开整,不复以蜀道为苦。溪北有崇庙在高树间,人家田陇,屡屡从断岸而出。共六里,过坞里村。又西一里,其水南曲,乃西渡之。从溪西岸南行,半里,为邛母村。从村前西转,坞复东西开。而其村重缀冈阜,瓦舍高耸,想亦胡家司之族目也。西二里,其水北曲,复西渡之。又西北一里,其水西曲,又北渡之。从北岸悬崖西行一里半,有水自西来会,乃麦冲河也。即溯河西行二里,入麦冲堡南隘门而宿⑦。是晚雷雨大作,彻夜不止。

【注释】

①冽(liè):寒冷。

②独山:今名同,又称独秀峰,位于独山县城东南13公里的小坝子中,有小径盘旋而上。顶呈马鞍形,有亭。

③深河桥:在今独山县北境,黔桂铁路深河站附近。

④兔场:今名同,在独山县北隅。

⑤从姓呼之,以别郡名也:原脱此句,据徐本补。

⑥横梁:今作“黄良”,在都匀市南隅。

⑦麦冲堡:今作“墨充”,在都匀市南境。

【译文】

　　三十日　黎明吃饭,出了独山州北边的隘门,向西北沿着西面一列山前行。行六里,有条小溪也是从西面的山坡上向东流淌,涉过小溪。又向行北二里,北面的山坞渐渐到了尽头,山脊从东面一列山向西延伸后向南转,而道路转向东北,山涧中的小溪向北流。渡过山涧,沿着东面一列山的山侧往东北上走,又行二里,有水从路旁的石穴中溢出来,十分清冽。石穴侧边有块蒙氏修路的石碑。从此地攀登石阶向东北上岭,雨猛烈来临。行一里半，向北登上岭上的隘口。这座山岭由东南向西北延伸，是群山起始的山，从它的东北面分裂出众多的支脉：那向正东延伸而去的，成为黎平、平崖的山脊；向东南方分支下延的，形成荔波、罗城的支脉；往西北分支下延的，延伸过此地稍向北去，立即由西转向南延伸后环绕在独山州的西面，延过鸡公岭再往南延，形成蛮王峰、多灵山的支脉。独山州南面二十里处，有座山尖尖地耸起，矗立于群山之中，那座山名叫独山，这是这个州之所以得到这个名字的原因了。又往东北行走在山峡中，于是下走。共行二里，有条山涧自东面的山谷中奔流到深深的山崖中，两旁山崖的石壁非常狭窄，涧水嵌在石壁之间非常深，架了一座石桥在山涧上，是深河桥。过桥后，再上登崖壁上走。登上岭头往北走，有条小溪自东北倾泻到石崖之下，涉过小溪，又登岭，共行一里，便经由山峡中往北行。又行二里，这才下行，向东北前行在壑谷中。有个村庄在东山下，由村前稍微转向西北，共行二里，有条溪水自东北方流来，渡过溪水。溯溪流的西岸走，往东北翻越山岭二里，一条溪水自东北流来，一条溪水自西北流来，从东北方流来的较大。于是涉过西北流来的溪水，沿着中间一条支脉往上走，往东北行三里后登上这座山冈。在山冈上吃饭。于是稍下走，又向北越岭后下到狭窄的山坞中。共行三里，又上走，有条溪水自南面的峡谷中向北下泄到深潭中，水潭小但地势却很高，这里就是西北流来的小溪的源头了。又向北越过山岭下走一里半，下来后穿越在深深的壑谷中，有条山涧自西南方的峡中流来，流到此地由东向西转，这是东北流来的小溪的源头了。涉过山涧，向西南登岭。上登半里，沿着山岭的半中腰往西南行。行二里，路过兔场，向西出了嘉坑关。顺着小溪向西下行，经由夹谷中行五里，夹立在两旁的山多半是突兀的石崖，路边有泉水从洞穴中涌出来。又向西二里，水坠入南面的峡谷中流去，道路翻越北面的山坳上走，有个寨子在东面山冈的冈头上。由寨子西北方越过山脊，南北两面都有中央下陷的洼地，田埂环绕开辟成农田，一直抵达洼地底部，流水都是从洼地底部向西钻过石洞外泄的了。又向西越岭一里，走出隘口，隘口上方陡峭的岩石石骨嶙峋，棱角分明，都作出喷云绽花的姿态。又往西北下到峡谷中，行一里，转向西，行半里，向西走出峡谷，这里是独山州与胡家司的分界处。胡家司就是都匀长官司。按姓氏来称呼它，以便与府名区别开了。到了这里山势分开，南北非常开阔，中间有条大溪自北往南流，这里是横梁。沿着溪流东岸转向南半里，抵达南面的山崖下。山崖下有个卖米粉当饭吃的人，用少许盐换米粉来吃了。顺着溪流的南岸往西行，道路开阔平整，不再有蜀道之行的艰苦了。溪流北面有座高大的庙宇在高高的树丛中，人家和田垄，屡屡从对岸断开的树丛间露出来。共行六里，经过坞里村。又向西行一里，溪水向南转弯，就向西渡过溪流。从溪流西岸往南行，行半里，是邛母村。从村前向西转，山坞又呈东西向展开。而这里的村庄一层层点缀在山冈和土阜之上，瓦房高耸，想来也是胡家司族人头目的居住地。向西二里，溪水向北弯曲，又向西渡过溪流。又往西北行一里，溪水向西弯曲，又向北渡过溪流。从北岸的悬崖上往西行一里半，有溪水从西面流来汇合，这是麦冲河了。随即溯河流往西行二里，进入麦冲堡南边的隘门后住下。这天晚上雷雨大作，整夜不停。

　　四月初一日　平明起，雨渐止。饭间，闻其西有桃源洞，相去五里，须秉炬深入，中多幡盖缨络之物。觅主人导之不得，曰："第往关上，可西往也。"遂北向出隘门，溯溪东岸行。忽石壁涌起岸东，势极危削，溪漱之南，路溯之北，咫尺间，上倚穹崖，下循迅派，神骨俱竦①。三里，转入东坞，其北有小峰立路隅，当麦冲河南下之冲，有岩北向，曰观音洞。又北半里，曰麦冲关②。问所谓桃源洞者，正在其直西大峰之半，相望不出四里外。关之东有真武阁，南向正与观音洞门对。乃停行李于阁中，觅火炬于僧，将往探之。途遇一老者,曰:"此洞相去不远。但溪水方涨,湍急不可渡,虽有导者不能为力,而况漫试乎?"余乃废然而返,取行李西南越而下,抵河东岸。溯之北,共一里,有溪自西北山腋来,路从东北山腋上,遂与麦冲河别。当坡路潦迹间,有泉汛汛从下溢起,孔大如指,以指探之,皆沙土,随指而溷③,指去而复溢成孔,乃气机所动,而水随之,非有定穴也。一里,转上后峡,遂向东入。又一里,峡更东去,路复从北峡上。其处石峰嶙峋,度脊甚隘。越隘北下坞中,被垄盈坞,小麦青青荞麦熟,粉花翠浪,从此遂不作粤西芜态。粤西独不艺麦④。脊东西乱水交流,犹俱下麦冲者。又东一里,转而北,有坞南北开洋,其底甚平,犁而为田,此处已用牛耕,不若六寨以南之用㭲橇矣⑤。波耕水耨,盈盈其间,水皆从崖坡泻下,而不见有浍浚之迹⑥。二里,有村颇盛,倚西峰下,曰普林堡⑦。又北一里,逾岭而上石峰,复度峡而下,转而东,平行石岭间。一里东下,盘窝中有小石峰圆如阜,盘托而出,路从之,经窝东入峡。一里,复北向升岭,一里,遂逾土脊之上。此脊当为老龙之干,西自大、小平伐来⑧,东过谷蒙、包阳之间⑨,又东过此,东南抵独山州北,又东为黎平、平崖之脊,而东抵兴安,南转分水龙王庙者也。越脊北下,峡壁甚隘。一里,下行峡中,有水透西南峡来入,北随峡去,渡之,傍涧西涯行。有岐路溯水西南峡,则包阳道,通平浪、平洲六洞者也⑩。随水东北行峡中,又三里,转而东,其峡渐开,有村在南山间,曰下石堡。又北二里,过一巨石桥,涧从桥下西北坠深峡中而去;路别之,东北逾岭。升降二重,又二里,越岭下,则东南山坞大开,大溪自西北破峡出,汤汤东去,是曰大马尾河。以暴涨难渡,由溪南循山崖东行,溪流直捣崖足。一里,东抵堡前,观诸渡者,水涌平胸,不胜望洋之恐。坐久之,乃解衣泅水而渡,从北岸东向行。水从东南峡去,别之,乃东北逾岭而下,共三里,东渡小马尾河。复东北升岭,一里半,越岭脊东下。一里半,出山峡,山乃大开,成南北坞,东西两界,列山环之,大河汤汤流其间,自北而南。溯溪西岸,循西界山北行一里,路旁即有水自西峡东向入溪,涉之。又北二里,有石梁跨一西来溪上,度之。从梁端循峡西入,是为胡家司,即都匀长官司也①,以名同本郡,故别以姓称。又北一里,有村在西山崖上,曰黄家司,乃其副也。又北行田塍间五里,度西桥。又北半里,入小西门,是为都匀郡城②。宿逆旅,主人家为沈姓,亦江西人。

【注释】

①竦(sǒng):通"悚",恐惧。

②麦冲关:亦称"关上"。今墨充稍北,桐水河东岸有地名"关上"。

③溷(hùn):混浊。

④艺:种植。

⑤概橇:近年,在广西六寨镇银寨村还有农妇使用概橇。橇板为铁制,厚窄且长,适于在石漠化地区翻地钻土。张守恩《盘江考勘校》一书有照片。

⑥浍(kuài)浚:人工疏挖的田间沟渠。浍,田间的大沟渠。

⑦普林堡:今作"普林",在都匀以南的黔桂铁路线上。

⑧大、小平伐:大平伐长官司,隶龙里卫,在今贵定县南部的平伐。小平伐长官司,属新添卫,在今贵定县中部。

⑨谷蒙：今名同，在都匀市西北隅。包阳：今名同，在都匀市南部，紧靠普林西北邻。

⑩平浪：明置平浪长官司，隶都匀府，在今都匀市南部的平浪。平洲六洞：明置平洲六洞长官司，隶都匀府，在今平塘县治。

⑪都匀长官司：据《明史·贵州土司传》："正德三年，都匀长官司吴钦与其族吴敏争袭仇杀，镇巡以闻，言：'钦之祖赖洪武间立功为长官，阵亡。子琮幼，弟贵署之。及琮长，仍袭，传至钦三世。敏不得以贵故妄争。'诏可之。"《嘉庆重修一统志》都匀府载："都匀长官司，在府城南七里，元为上都云等处军民长官司，明洪武十六年(1383)改置今司，属都匀卫，永乐十七年隶贵州布政司，寻还属都匀卫，弘治七年(1494)属府，本朝改属都匀县。正长官吴姓，副长官王姓。"都匀土长姓吴，都匀长官司应为吴家司。副长官应为王姓，副长官住地至今仍称王家司。

⑫都匀郡城：都匀府，治今都匀市。

【译文】

四月初一日　黎明起床，雨渐渐停了。吃饭时，听说这里西边有个桃源洞，相距五里路，必须举着火把才能深入，洞中有很多类似幡盖缨络的东西。找房主人导游，他不愿意，只是说："只管前往关上，可以往西去。"于是向北走出临门，沿东岸溯溪流走。忽然间石壁在岸东涌起，山势极为险要陡削，溪流冲激着石壁的南面，道路溯溪流的北岸走，咫尺之间，头上斜靠着穹隆的石崖，脚下沿着迅疾的水流走，身心都感到非常恐惧。行三里，转入东面的山坞，山坞北边有座小山峰立在路边，位于麦冲河南下的要冲，有个岩洞面向北，叫做观音洞。又向北走半里，叫麦冲关。打听所谓的桃源洞的地方，正在此地正西方大山峰的半山腰，相望不超出四里地之外。麦冲关的东边有个真武阁，面向南方，正好与观音洞的洞口相对。于是把行李停放在真武阁中，向僧人找来火把，将要去探洞。途中遇到一位老人，说："这个山洞相距不远。但是溪水正好暴涨,水流湍急无法渡过去,即使有向导也无能为力,何况是漫无目的地去探路呢?"我只好失望地返回来,取了行李向西南穿越而下,抵达河的东岸。溯河流往北行,共行一里,有条溪水自西北方的山侧流来,道路从东北方的山侧上走,便与麦冲河分手。在坡上道路漫流的水迹间,有泉水汩汩地从地下溢出来,泉眼大如手指,用手指伸进泉眼去试探,都是沙土,随着手指插进去水就变浑浊了,指头离开后就又溢成孔洞,这是气体上升的机理引起沙土流动,而泉水随着气体溢出来,没有固定的孔洞。行一里,转上后山的山峡,便向东进峡。又行一里,峡谷进一步向东去,道路又从北面的山峡上走。此处石峰嶙峋,延伸而过的山脊非常狭窄。越过狭窄的山脊向北下到山坞中,覆盖着田垄充满在山坞中,小麦青青,荞麦熟,粉色的花簇,翠绿的麦浪,从此地起不再有广西荒芜的状态了。唯独广西不种麦子。山脊东西两面水流杂乱地交相流淌,仍然都是下流到麦冲河的水流。又向东一里,转向北,有个山坞呈南北向,非常开阔,山坞底部十分平坦,犁为田地,此处已用牛耕种,不再像六寨以南那样用木板橇来耕地了。波耕水耨,流水充满在田野间,水都是从山崖斜坡上下泻,却不见有人工开挖的沟渠的痕迹。走二里,有个村庄十分兴盛,紧靠在西峰下,叫普林堡。又向北一里,越岭后登上石峰,再穿过山峡往下走,转向东,平缓穿行在石头山岭之间。向东下行一里,圆盘状的山窝中有一座小石峰圆圆的好像土阜,圆盘般地托地而出,道路经由这座石峰,经过山窝的东边进入峡谷。走一里,又向北登岭,走一里,终于翻越到土山脊之上。这条山脊应当是大山主脉的主干,是西面自大、小平伐长官司延伸而来,往东延过谷蒙、包阳之间,又往东延过此地,向东南延伸抵达独山州的北面,又往东形成黎平、平崖的山脊,而后向东到达兴安县,向南转成为分水岭龙王庙的山脉。越过山脊向北下行,峡谷中的崖壁非常狭窄。走一里,下来行走在峡谷中,有水流穿过西南的山峡前来流入峡谷中,向北顺着峡谷流去,渡过山涧,靠着山涧的西岸行。有条岔路溯水流通向西南的峡中,那是去包阳的路，是通往平浪长官司、平洲六洞长官司的路了。顺着洞水往东北行走在峡谷中，又行三里，转向东，这里的峡谷渐渐开阔起来，有个村庄在南山的山间，叫下石堡。又向北行二里，走过一座巨大的石桥，山涧从桥下向西北坠入深深的峡谷中流去；道路离开了山涧，向东北越岭。上上下下两重山，又行二里，越过山岭下山，就见东南方的山坞十分开阔，大溪从西北方冲破山峡流出来，浩浩荡荡往东流去，这叫大马尾河。因为河水暴涨难以渡河，便由溪流南岸沿着山崖往东行，溪流径直冲向山崖脚下。走一里，往东到达堡垒前，观看众人渡水，溪水汹涌齐胸，禁不住生出望洋兴叹的恐惧感。坐了很久，这才脱下衣服泅水渡过去，从北岸向东走。溪水向东南方的峡谷中流去，告别溪流，于是向东北越岭后下走，共走三里，向东渡过小马尾河。又向东北登岭，走一里半，越过岭脊往东下走。走一里半，走出山峡，山势于是十分开阔，形成南北向的山坞，东西两面，群山环绕着山坞，大河浩浩荡荡流淌在山坞中，自北往南流。在西岸溯溪流走，沿着西面一列山往北行一里，路旁随即有水流自西面的峡谷中向东流入溪中，涉过溪流。又向北二里，有座石桥跨在一条西面流来的溪流上，走过石桥。从桥头沿着峡谷向西进去，这是胡家司，就是都匀长官司了，因为名称与本府相同，故而用姓氏来称呼它以示区别。又向北一里，有个村庄在西边的山崖上，叫黄家司，是都匀长官司的副职了。又向北前行在田野间五里，过了西桥。又向北半里，进入小西门，这里是都匀府城。住宿在旅店中，店主人家姓沈，也是江西人。

初二日　晨起，作书投都匀司尊张，勉行，四川人。乃散步东入郡堂，堂乃西向蟒山者。又东上东山麓，谒圣庙。见有读书庑东者，问南皋邹总宪成都时遗迹[①]。曰："有书院在东门内。"问《郡志》，其友归取以示。甚略而不详，即大、小马尾之水，不书其发源，并不书其所注，其他可知。载都八景[②]，俱八寸三分帽子,非此地确然特出之奇也。此地西门大溪上有新架石梁,垒石为九门甚整,横跨洪流,乃不取此,何耶?

【注释】

①总宪:对都察院左都御史的尊称。宪,旧俗属吏称上官为宪。

②载都八景:都,"四库"本、叶本作"郡"。"都"字似较合理。

【译文】

初二日　　早晨起床,写信投送给都匀府知府张大人,张勉行,四川人。于是散着步往东进入府衙大堂,大堂是面向西对着蟒山的建筑物。又向东爬上东山的山麓,拜谒孔庙。看见有个在东厢房读书的人,打听南皋人邹总宪戍守都匀时的遗迹,回答说:"有个书院在东门内。"询问《都匀府志》,他的朋友回家取来给我看。《都匀府志》十分简略而不详备,就如大、小马尾河的水流,不记载它们的发源地,而且没写明它们流向哪里,其他内容可想而知。记载都匀的八景,全都是八寸三分的帽子,不是此地确实特别突出的奇观。此地西门外的大溪上有座新建的石桥,用石块垒砌成九个桥洞,非常整齐,横跨在滔滔洪水之上,竟然不选取这一景致,为什么呢?

都匀郡城东倚东山,西瞰大溪。有高冈自东山西盘,而下临溪堑;溪自北来①,西转而环其东。城圆亘冈上,南北各一门,西有大小二门,东门偏于山之南。城后环东山之巅,其上有楼,可以舒眺。

【注释】

①溪自北来:此溪明代称都匀河,今称剑江,下为龙头河,即清水江源。

【译文】

都匀府城东面紧靠东山，西边俯瞰大溪。有座高高的山冈自东山向西盘绕，而下方面临溪水流经的深堑；溪流自北边流来，向西转后环绕在城东。城墙圆圆的绵亘在山冈上，南北各有一道城门，西面有一大一小两道城门，东门偏在山冈的南面。城后环绕着东山的山顶，山顶上有座楼，可以放眼眺望。

郡西对蟒山，为一郡最高之案，郡治、文庙俱向之。其南峰旁耸，有梵宇在其上，须拾级五里而上，以饭后雨作不及登。谓之"蟒"者，以峰头有石脊，蜿蜒如巨蛇。今《志》改为龙山。

【译文】

府城西边面对着蟒山，蟒山是全府最高的案山，府衙、文庙都面向蟒山。蟒山南面的山峰在旁边耸起，有佛寺在山上，必须沿着台阶逐级上登五里，因为饭后下雨来不及上登。把它称为"蟒山"的原因，是由于峰顶有条石头山脊，蜿蜿蜒蜒好像巨大的蟒蛇。现在《府志》改称为龙山。

九龙洞，在城东十里。按《一统志》有都匀洞，在都匀长官司东十里，前门北向，后门南向，当即此洞。今《志》称为仙人洞二，下注云："一在城东，一在城西。"殊觉愦愦①。

【注释】

①愦(kuì)愦：混乱。

【译文】

　　九龙洞,在城东十里处。据《一统志》,有个都匀洞,在都匀长官司东面十里处,前洞口面向北,后洞口面向南,应该就是这个洞。今天的《府志》称,有两个仙人洞,下面的注文说:"一个在城东,一个在城西。"觉得非常混乱。

　　水府庙,在城北梦遇山^①,大溪南下横其前,一小溪西自蟒山北直东来注。下有白衣阁,倚崖悬危壁上,凭临不测。上有梵音洞,西向为门。洞无他致,止云其中有石佛自土中出者为异耳。

【注释】

①梦遇山:《嘉庆重修一统志》都匀府载:"梦遇山,在府城北三里。《通志》:下临剑河,众水汇流,波光浩淼。上有碑识曰:仙人张三丰观澜处。"

【译文】

　　水府庙,在城北的梦遇山,大溪往南下流横在山前,一条小溪自西面蟒山的北边一直向东流来注入大溪。下面有个白衣阁,紧靠在悬崖危壁之上,凭临着不测之深渊。上面有个梵音洞,面向西辟为洞口。洞中没有其他别致之处,只是听说洞中有尊石佛是从土中生出来的事算是奇异罢了。

　　初三日　下午自都匀起身,二十里,文德宿^①。

【注释】

①文德:今名同,在都匀市北隅,属杨柳街镇。

【译文】

初三日　下午从都匀动身,行二十里,在文德住宿。

初四日　三十里,麻哈州①。又十里,干溪宿②。

【注释】

①麻哈州:隶都匀府,治今麻江县。

②干溪:今作"甘溪",在麻江县北境,属碧波乡。

【译文】

初四日　行三十里,到麻哈州。又行十里,在干溪住宿。

初五日　十里,麻哈大堡①。又十里,干坝哨②。又十五里,平越卫③。

【注释】

①麻哈大堡:今作"大堡",在麻江县北隅,麻哈江弯曲处南岸。

②干坝哨:今作"干巴哨"或"甘巴哨",在福泉市南隅。

③平越卫:治今福泉市。徐霞客绕道平越,当与寻访张三丰的胜迹福泉山、武胜关等有关。《嘉庆重修一统志》平越州载:"张三丰,辽东懿州人,洪武间在平越卫,蓬头草履,四时惟一破衲,人呼为邋遢仙。于高真观后结茅为亭,昼则闭户静坐,夜则礼斗。永乐中,遣官征聘,莫知所之。""福泉山,在州治南。《通志》:仙人张三丰修真处。前为高真观,后为礼斗亭,亭前有浴仙池,池水夏不溢、冬不竭,池旁有枯桂。明万历中,有丐者浴于池,云能活此树,掬水沃其根,挂巾于树而去,是年桂复荣,至今犹茂,池水可疗病。"

【译文】

初五日　行十里，到麻哈大堡。又行十里，到干坝哨。又行十五里，到平越卫。

初六日　歇平越。

【译文】

初六日　在平越卫歇息。

初七日　宿店。

【译文】

初七日　住在客店中。

初八日　雇贵州夫行，至崖头宿①。

【注释】

①崖头：即今岩头寨，又作"岩头铺"，在贵定县东境。

【译文】

初八日　雇了个贵州挑夫上路，走到崖头住下。

初九日　新添饭①，至杨宝宿②。

【注释】

①新添：明置新添卫，治今贵定县。在阳宝山东麓沙坝村北有地名新添司，为明新添长官司驻地，霞客中饭处应在新添司。

②杨宝：即杨宝山，又作"阳宝山"。《嘉庆重修一统志》贵阳府载：
　　"阳宝山，在贵定县北十里，高可百余丈，树木森密，殿阁崔嵬，诸
　　峰环向此山，称黔东之胜。山上产茶。""阳宝山寺，在贵定县北
　　阳宝山上，前后两寺，为一方之胜。"寺虽被毁，至今寺址墙垣、石
　　阶仍存，有僧塔 124 座。

【译文】

初九日　到新添卫吃饭，到杨宝山住下。

初十日　龙里歇①。

【注释】

①龙里：明置龙里卫，治今龙里县。

【译文】

初十日　到龙里卫歇下来。

十一日　二十里，至鼓角①。三十里，至贵州②。

【注释】

①鼓角：今作"谷脚老街"，在龙里县西境，湘黔公路上。

②贵州：指贵州布政司及贵州宣慰司的治所，在今贵阳市区。明清
　　贵州城略作椭圆形。明初南至南明河，北至今喷水池，有五门，
　　在今大南门、次南门、大西门、老东门、喷水池五处。天启年间增
　　筑外城，往北扩展，设威清门、六广门、洪边门、小东门。内外城
　　的范围，东西北三面比今环城路稍小，惟现只保留城门名称而
　　已。现在东边文昌阁附近还有城墙遗迹；从延安路中段到六广
　　门体育场附近的城基路，路基隆起如脊，也是当年西北部的城墙

基址。

【译文】

十一日　行二十里，来到鼓角。行三十里，到达贵州。

十二日　止贵州。游古佛洞①。

【注释】

①古佛洞：民国《贵州通志》载：黔灵山"山半为古佛洞"。黔灵山风
景区得山水之胜，明代已有开发。进入今黔灵公园往西边路登
山，就是九曲径，又称赤松道。路边削壁千仞，称溜翠岩。石壁
下部有一洞近一人高，内有白玉石雕苦行佛坐像一尊，即霞客所
游的古佛洞。洞前小屋一楹，梁上有"道光辛丑年建"字样，建屋
时间较晚。登完九曲径，山顶凹处即是弘佛寺。进入公园大门
往东傍檀山洞行，即到麒麟洞。不但山形像麒麟，洞门边略加雕
琢的钟乳石，亦酷似一对正舞动的麒麟。洞门外有明嘉靖九年
（1530）镇守贵州太监杨金的七律诗。新中国建立后，新辟了动
物园，修了黔灵湖、烈士塔及穿山隧道，黔灵山成为贵阳市的著
名风景区。

【译文】

十二日　停在贵州。游览了古佛洞。

十三日　止贵州，寓吴慎所家。

【译文】

十三日　停在贵州。寄住在吴慎所家中。

　　十四日　晨饭于吴,遂出司南门,度西溪桥①,西南向行。五里,有溪自西谷来,东注入南大溪②;有石梁跨其上,曰太子桥③。此桥谓因建文帝得名。然何以"太子"云也?桥下水涌流两崖石间,冲突甚急,南来大溪所不及也。度桥,溯南来大溪又西南三里,有一山南横,如列屏于前,大溪由其东腋北出,路从其西腋南进。又南行峡间二里,历东山之嘴,曰岊堰塘④,其西南有双峰骈起,其东即屏列山之侧也。又三里,过双骈东麓而出其南,渐闻溪声遥沸,东望屏列之山,南进成峡,溪形复自南来捣峡去,即出其东北腋之上流矣;第路循西界山椒⑤,溪沿东界峰麓,溯行而犹未觌面耳。又南二里,始见东溪汪然,有村在东峰之下,曰水边寨。又南三里,曰大水沟⑥,有一二家在路侧,前有树可憩焉。又南渐升土阜,遂东与大溪隔。已从岭上平行,五里,北望双骈,又三分成笔架形矣。南行土山峡中,又一里,出峡⑦。稍折而东,则大溪自西南峡中来,至此东转,抵东峰下,乃折而北去。有九巩巨石梁,南北架溪上,是为华仡佬桥⑧。乃饭于桥南铺肆中。遂南向循东峰之西而行,皆从土坡升陟⑨,路坦而宽。九里,见路出中冈,路东水既东北坠峡下,路西水复西北注坑去,心异之。稍上冈头⑩,则路东密箐回环,有一家当其中,其门西临大路,有三四人憩石畔,因倚杖同憩,则此冈已为南北分水之脊矣。盖东西两界,俱层峰排闼,而此冈中横其间为过脉,不峻而坦,其南即水南下矣,是云独木岭⑪。或曰头目岭。昔金筑司在西界尖峰下,而此为头目所守处。从岭南下,依东界石山行。五里,复升土岭,渐转东南,岭头有一洼中坠。从其东又南向而上，共二里，乃下。一里，则有溪自西北峡中出，至此东转，石梁跨之，是为青崖桥。水从桥下东抵东界山，乃东南注壑去，经定番州而南下泗城界，入都泥江者也，于是又出岭南矣。度桥而南，半里，入青崖城之北门⑫。其城新建，旧纡而东，今折其东隅而西就尖峰之上，城中颇有瓦楼阛阓焉。是日晴霁竟日，夜月复皎。

【注释】

①西溪：即今市西河。

②大溪：明代称南门河，见《明史·地理志》。又称南明河，见弘治《贵州图经新志》。《嘉庆重修一统志》贵阳府山川载："南明河，在府城南门外。……为清水江之上源，亦谓之南门河。"即今流经贵阳市区的南明河。

③太子桥：即今太慈桥。弘治《贵州图经新志》载："太慈桥，在治城西南五里四方河之上，俗讹为太子桥。"自西谷流来之溪即四方河。其西南有1965年发现的白龙洞地下公园，惜霞客西游时尚被土石所掩。洞内长587米，奇石缤纷，有水帘洞、双玉盘、动物园、百步桥等三十多组景色。

④岜(bā)堰塘：今称甘荫塘，在贵阳市南郊。

⑤椒(jiāo)：山巅。

⑥大水沟：今名同，在贵阳至花溪的公路旁。

⑦又一里，出峡：徐本，求是斋《黔游日记》抄本作"又二里出峡。"

⑧华仡佬(gē lǎo)桥：华，同"花"。据《黔记》，此溪"俗名花仡佬河"。桥亦称花仡佬桥。花仡佬桥在今花溪区驻地，这里溪水潆洄多变，小山错落有致，自然景色极佳，被誉为"贵州高原之花"，为贵阳市郊的著名风景区和文化区。仡佬，为我国少数民族之一，主

要分布在贵州省,至今花溪附近的山区还有几家伫佬族。

⑨皆从土坡升陟:坡,原作"坂",据"四库"本改。二字含义相同,但贵州习惯称坡。

⑩稍上冈头:原作"稍下冈头",据"四库"本、徐本、求是斋《黔游日记》抄本改。

⑪独木岭:今作"桐木岭",在贵阳市花溪区中部。

⑫青崖城:《明史·地理志》作"青岩",即今青岩镇,在贵阳市花溪区南境。

【译文】

十四日　早晨在吴慎所家吃过饭,就出了省城的南门,走过西溪桥,向西南行。行五里,有条溪水自西面的山谷中流来,向东注入南面流来的大溪;有座跨在溪流上,叫做太子桥。这座桥据说是因建文帝而得名,然而为什么用"太子"来起名呢? 桥下的水奔涌流淌在两面的崖石之间,冲激奔突非常湍急,水势是南面流来的大溪赶不上的了。过桥后,溯南面流来的大溪又往西南行三里,有一座山横在南边,如屏风一样排列在前方,大溪由这座山的东侧往北流出去,道路从这座山的西侧向南进去。又往南行走在峡谷中二里,经过东山的山嘴,叫做芭堰塘,这里的西南方又有两座山峰双双耸起,这里的东边就是那座像屏风一样排列的山的侧面了。又行三里,经过双双并立的山峰的东麓后出到山峰的南面,渐渐听到远处溪水的沸腾声,远望东面屏风样排列的山,南面迸裂成峡谷,溪水的流向又从南边流来冲捣着峡谷流去,这就是流出这座山东北侧那条大溪的上游;只是道路沿着西面一列山的山顶走,溪水沿着东面一列山的山麓流,我逆着溪流走却仍然没有见面罢了。又向南二里,这才见到东面的溪水汪洋一片,有个村庄在东峰之下,叫做水边寨。又往南行三里,叫做大水沟,有一两家人在路边,前边有树可在树下休息。又向南渐渐爬上土阜,于是与东面的大溪隔开了。随即从岭上平缓前行,行五里,远望北方双双并立的山峰,又分成三岔变成笔架的形状了。

向南行走在土山峡谷中，又行一里，走出峡口。略微转向东，就见大溪从西南方的峡中流来，流到此地向东转，流到东峰下，便转向北流去。有座九个桥拱的巨大石桥，呈南北向架在溪流上，这是华仡佬桥。于是在桥南的店铺中吃饭。随即向南沿着东峰的西麓前行，都是在土坡上爬升，道路平坦又宽敞。行九里，看见道路通往中间的山冈，道路东边的流水既已向东北坠下山峡，道路西边的水流又往西北注入坑谷中去，对此现象心里感到很奇怪。慢慢登上冈头，就见道路东边浓密的竹丛回绕，有一家人在竹林中，房门向西面临大路，有三四个人在石头旁休息，因而拄着拐杖与他们一同休息，原来这座山冈已经是南北两面分水的山脊了。大体上，东西两面都是层层山峰排列，而这座山冈横在东西两列山之间成为过渡的山脉，山势不高而平缓，山冈南面的水就往南下流了，这里叫做独木岭。或者叫头目岭。从前金筑司在西面一列山的尖峰下，而此地是头目驻守的地方。从岭上往南下行，紧靠东面的石山前行。行五里，又上登土岭，渐渐转向东南，岭头有一块中央下陷的洼地。从洼地东边又向南上登，共走二里，这才下走。行一里，就有溪水自西北方的峡中流出来，流到此地向东转，石桥跨过溪流，这是青崖桥。溪水从桥下往东流到东面一列山下，便向东南流入壑谷中去，流经定番州后往南下流到泗城州境内，流入都泥江，从那里又流到岭南了。过桥后往南走，行半里，进入青崖城的北门。这座城新近修建过，旧城墙绕向东去，今天把城墙的东角落折向西靠着尖峰的山势修建在山上，城中有很多瓦盖的楼房和街市。这一天晴朗了一整天，夜里月亮又皎洁明亮。

　　青崖屯属贵州前卫，而地则广顺州所辖[1]。北去省五十里，南去定番州三十五里[2]，东北去龙里六十里，西南去广顺州五十里。有溪自西北老龙脊发源，环城北东流南转。是贵省南鄙要害，今添设总兵驻扎其内[3]。

【注释】

①广顺州：隶贵阳军民府，治今长顺县北的广顺镇。

②定番州：成化十二年（1476）置程番府于今惠水县。隆庆二年（1568）移府入布政司城。万历十四年（1586）置定番州，仍治今惠水县。

③总兵：明代镇守边区的统兵官。本为差遣的名称，无品级，无定员，遇有战事，总兵佩将印出兵，事毕缴还。后渐成常驻武官。

【译文】

　　青崖屯属于贵州前卫，可地方上却归广顺州管辖。北面距离省城五十里，南面距离定番州三十五里，东北方距离龙里卫六十里，西南方距离广顺州五十里。有条溪流自西北方的主脉山脊发源，环绕过城北往东流后向南转。这里是贵州省城南郊的要害之地，今天增设了总兵官驻扎在城内。

　　十五日　昧爽，出青崖南门，由岐西向入山峡。南遵大路为定番州道。五里，折而南。又西南历坡阜，共五里，有村在路北山下，曰蓊楼①，大树蒙密②，小水南流。从其西入山峡，两山密树深箐，与贵阳四面童山迥异③。自入贵省，山皆童然无木，而贵阳尤甚。西北入峡三里，遂西上陟岭。一里，逾岭西下，半里，有泉出路旁土中，其冷彻骨，南下泻壑去。又西下半里，有涧自北峡来，横木桥于上，其水南流去，路西度之。复北上岭一里，逾脊西，有泉淙淙，随现随伏。西北行两山夹中，夹底平洼，犁而为田，而中不见水。又西北半里，抵西脊，脊东复有泉淙淙，亦随现随隐。盖此中南北两界俱穿峰，而东西各亘横脊，脊中水皆中坠，不见洼底，故洼底反燥而不潴。越西脊而下，西北二里，路北有悬泉一缕，自山脊界石而下；路南忽有泉声淙淙成涧，想透穴而出者。半里，转而西行，又半里，得一村在北山下，曰马铃寨④。路由寨前西向行，忽见路南涧已成大溪，随之西半里，又有大溪自西峡来，二溪相遇，遂合而东南注壑去。此水经定番州，与青崖之水合而下都泥者也。于是溯西来大溪之北岸，又西向行二里，为水车坝⑤。坝北有土司卢姓者，倚庐北峰下；坝南有场在阜间，川人结茅场侧，为居停焉。坝乃自然石滩横截，涧水飞突其上，而上流又有巨木桥架溪南北，其溪乃西自广顺来。广顺即金筑安抚司，乃万历二十五年改为州⑥，添设流官。由溪北岸溯流入，为广顺州道；由溪南岸逾岭上，为白云山道；随溪东南下，为定番州道。乃饭于川人旅肆；送火钱，辞不受。遂西南一里，逾岭。又行岭夹中一里半，乃循山南转，半里，又东转入峡。半里，峡穷，乃东南攀隘上，其隘萝木蒙密，石骨逼仄。半里，逾其上，又东南下，截壑而过。半里，复东南上，其岭峻石密丛更甚焉。半里，又逾岭南下，随坞南行，一里，是为八垒。其中东西皆山，南北成壑，亦有深坎⑦，坠成瞀井，而南北皆高，水不旁泄者也。直抵壑南，则有峰横截壑口，西骈隘如阃，东联脊成岭。乃东向陟岭上，一里，逾其脊，是为永丰庄北岭，即白云山西南度脊也。乃南向下山，又成东西坞，有村在南山下，与北岭对，是为永丰庄。从坞中东向行二里，得石磴北崖上，遂北向而登。半里，转而西，半里，又折而北，皆密树深丛，石级逶迤。有巨杉二株，夹立磴旁，大合三人抱，西一株为火伤其顶，乃建文君所手植也⑧。再折而西半里，为白云寺，则建文君所开山也;前后架阁两重。有泉一坎,在后阁前楹下,是为跪勺泉,下北通阁下石窍,不盈不涸,取者必伏而勺,故名曰"跪",乃神龙所供建文君者,中通龙潭,时有双金鲤出没云。由阁西再北上半里,为流米洞。洞悬山顶危崖间,其门南向,深仅丈余,后有石龛,可傍为榻;其右有小穴,为米所从出,流以供帝者,而今无矣;左有峡高迸,而上透明窗,中架横板。犹云建文帝所遗者,皆神其迹者所托也。洞前凭临诸峰,翠浪千层,环拥回伏,远近皆出足下。洞左构阁,祀建文帝遗像,阁名潜龙胜迹。像昔在佛阁,今移置此。乃巡方使胡平运所建⑨,前瞰遥山,右翼米洞而不掩洞门,其后即山之绝顶。逾而北,开坪甚敞,皆层篁耸木,亏蔽日月,列径分区,结静庐数处,而南京井当其中。石脊平伏岭头,中裂一隙,南北横不及三尺,东西阔约五尺,深尺许,南北通窍不可测;停水其间,清冽异常,而不减不溢;静室僧置瓢勺之。余初至,见有巨鱼戏水面,见人掉入窍去,波涌纹激,半晌乃定。穴小鱼大,水停峰顶,亦一异也。以其侧有南京僧结庐住静,故以"南京"名;今易老僧,乃北京者,而泉名犹仍其旧也。

【注释】

①簪楼:今名同,在贵阳市花溪区南境,青岩至马林的公路旁。

②大树蒙密:大,原作"木",据商务印书馆 1933 年版《万有文库》本改。

③贵阳:明隆庆二年(1568)移程番府来贵州城,三年(1569)三月,改程番府为贵阳府,增辖贵竹、平伐二长官司,万历二十九年(1601)升为贵阳军民府。即今贵阳市。童山:光秃无草木的山。

④马铃寨：今名同，亦作"马林"，在贵阳市花溪区西南隅。

⑤水车坝：今名同，在贵阳市花溪区西南隅，马林稍西。

⑥万历二十五年：公元1597年。

⑦亦有深坎："四库"本作"溪坎"。

⑧建文：即明太祖朱元璋的皇太孙朱允炆。洪武三十一年（1398）朱元璋死，朱允炆继位，是为惠帝，年号建文，在位时间仅四年。后在北京的燕王朱棣起兵反抗，攻下南京，即皇帝位，史称"靖难之变"。建文皇帝被逼走，下落不明。有传说他逃隐到西南为僧，至今云南、贵州、广西的很多地方都有他曾到过的传说。

⑨巡方使：即巡按。

【译文】

十五日　拂晓，出了青崖城的南门，由岔路向西进入山峡。往南顺着大路走是去定番州的路。行五里，折向南。又往西南历经山坡和土阜，共行五里，有个村庄在道路北边的山下，叫蓊楼，大树茂密，小溪向南流。从村西进入山峡，两面的山上树木茂密山箐幽深，与贵阳府四面光山秃岭迥然不同。自从进入贵州省后，山上都是光秃秃的没有树木，而且贵阳尤其严重。往西北深入峡中三里，于是向西上登山岭。行一里，越过山岭往西下走，行半里，有泉水从路旁的土中流出来，泉水冰冷刺骨，向南下泻到壑谷中去。又往西下行半里，有条山涧自北面的峡谷中流来，在山涧上横架了一座木桥，涧水向南流去，道路向西越过山涧。又向北上岭一里，翻越到岭脊西面，有泉水淙淙流淌，时隐时现。往西北行走在两山相夹之中，夹谷底部平整下洼，被犁为田地，可其中见不到水。又往西北行半里，抵达西面的山脊，山脊东面又有泉水淙淙流淌，也是时隐时现。大概是这一带南北两面都是穹隆的山峰，而东西两面各有横亘的山脊，山脊中间的水流都是向中央下坠，洼地底部不见水，所以洼地底部反而干燥而不积水。越过西面的山脊下走，向西北走二里，道路北边有一缕高悬着的山泉水，从山脊分界处的岩石上飞流而下；道路南边忽然有淙淙的泉水声流成山涧，推想是穿过洞穴流出来的水。行半里，转向西行，又行半里，遇到一个村庄在北山下，叫马铃寨。道路经过寨子前边向西行，忽然看见道路南边的山涧已变成大溪，顺着溪水往西行半里，又有一条大溪自西面的峡中流来，两条溪流相遇，合流后便向东南注入壑谷中流去。这条水流流经定番州，与青崖城的水合流后下流进都泥江。从这里起溯西面流来的大溪的北岸走，又向西行二里，是水车坝。水坝北边有个姓卢的土司，房屋紧靠在北峰下；水坝南边有个集市在土阜间，四川人在集市侧边建了茅屋，作为居住停留的地方。水坝是天然石滩横截水流形成的，涧水飞奔在水坝上，而且上游又有一座巨大的木桥架在溪流的南北两岸，这条溪流是从西面的广顺州流来的。广顺州就是金筑安抚司，在万历二十五年改为州，增设了流官。由溪流北岸溯溪流进去，是去广顺州的路；由溪流南岸越岭上走，是去白云山的路；顺着溪流向东南下行，是去定番州的路。于是在四川人开的旅店中吃了饭；送给他柴火钱，却推辞不肯接受。随即向西南一里，越过山岭。又在山岭相夹之中行一里半，便顺着山势向南转，行半里，又向东转进峡谷。行半里，峡谷完了，就向东南攀登隘口上走，这个隘口藤葛林木浓密，石骨嶙峋，极为狭窄。行半里，翻越到隘口之上，又向东南下山，横截壑谷而过。行半里，又往东南上登，这座山岭岩石更险峻树丛更茂密了。行半里，又越过山岭向南下走，顺着山坞往南行，行一里，这里是八垒。这其中东西两面都是山，南北形成壑谷，也有些深穴，深陷成枯井，而南北的地势都很高，是水不外泄的地方。一直抵达壑谷的南头，就见有座山峰横挡在壑谷口，西边并列的隘口好像门槛，东边相连的山脊形成山岭。于是向东上登山岭，行一里，越过岭脊，这就是永丰庄的北岭，也就是白云山向西南方向延伸的山脊了。于是向南下山，又形成东西向的山坞，有个村庄在南山下，与北岭相对，这是永丰庄。从山坞中向东行二里，在北面的山崖上见到石阶，就向北上登。行半里，转向西，行半里，又折向北，都是茂密幽深的树丛，石阶逶逶迤迤。有两棵巨大的杉树，夹立在石阶旁，大处要三个人合抱，西边的一棵被火烧伤了树顶，是建文帝亲手种植的。再折向西走半里，到了白云寺，是建文帝开山的寺院；前后建有两重佛阁。有泉水一塘，在后面一重佛阁前边一间的柱子下，这是跪勺泉，泉水在地下与北面佛阁下的石窍相通，不溢出也不干涸，取水的人必得趴下去舀，因而起名叫"跪"，是神龙供奉给建文帝的，中间通到龙潭，不时有一对金鲤鱼出没在水中。由佛阁西侧再向北上去半里，是流米洞。山洞高悬在山顶的危崖之间，洞口面向南，深处仅有一丈多，后部有个石龛，可以靠着作为卧床；石龛右边有个小孔，是米流出来的地方，流出来的米是用来供奉建文帝的，可今天没有米了；左侧有条峡谷高高地迸裂开来，而且上方通着明亮的窗口，中间横架着木板。仍然说是建文帝遗留下来的东西，这都是神化建文帝事迹的托词了。山洞前方凭临群峰，绿浪千层，环抱起伏，远近群山都出现在脚下。山洞左边构筑了楼阁，供奉着建文帝的遗像，楼阁题名"潜龙胜迹"。塑像从前在佛阁中，如今移放在此处。是巡按御史胡平运修建的，前方俯瞰着远山，右边是流米洞却没有遮住洞口，楼阁后面就是山的绝顶。过了楼阁往北走，开阔的平地十分宽敞，都是一层层竹林和高耸的林木，遮蔽日月，分布着几条小径把树林分为几片，建有几处静室，而南京井位于平地中央。石头山脊平缓地起伏在岭头，中间裂开一条缝隙，南北横处不到三尺，东西宽处大约五尺，深一尺左右，南北相通的石窍深不可测；在石窍中有积水，清冽异常，而且水不减少也不溢出；静室中的僧人放置了水瓢供人舀水。我最初来到时，看见有大鱼在水面上游戏，见人就掉头游进石窍中去了，波纹翻涌激荡，好半天才平静下来。洞小鱼大，水停积在峰顶，也算是一处奇异的景观了。因为泉水的侧边有个南京僧人建了房住下来静修，所以用"南京"来起名；今天已换了个老和尚，是北京人，可泉水仍然沿用它原来的名字。

是日下午，抵白云庵。主僧自然供餐后，即导余登潜龙阁,憩流米洞;命阁中僧导余北逾脊,观南京井。北京老僧迎客坐。庐前艺地种蔬,有蓬蒿菜,黄花满畦;莺粟花殷红千叶①,簇朵甚巨而密,丰艳不减丹药也。四望乔木环翳,如在深壑,不知为众山之顶。幽旷交擅,亦山中一胜绝处也。对谈久之,薄暮乃返。自然已候于庵西,复具餐啜茗,移坐庵后石壁下。是日自晨至暮,清朗映彻,无片翳之滓;至晚阴云四合,不能于群玉峰头逢瑶池夜月,为之怅然。

【注释】

①莺粟花:一作"罂粟花",罂粟科包括罂粟、虞美人等若干种。罂粟花瓣四片,为红、紫或白色。果中乳汁干后即鸦片。但一般观赏的为虞美人,果小,仅供赏花。

【译文】

这天下午,抵达白云庵。主管的僧人自然提供午餐后,马上带领我登上潜龙阁,在流米洞休息;命令潜龙阁中的僧人引导我向北越过山脊,观赏南京井。北京老和尚迎接客人坐下。屋子前辟地种植了蔬菜,有种蓬蒿菜,黄花开满菜地;殷红色的罂粟花千枝万叶,成簇的花朵非常巨大而且很密,丰姿艳丽不比牡丹芍药逊色了。四面望去,乔木环绕密布,如同在幽深的壑谷中,不知道是在群山的山顶。幽静和空旷兼而有之,也是山中的一处绝妙的胜景了。对坐交谈了很久,黄昏时才返回来。自然已经等候在白云庵的西侧,又准备了晚饭喝了茶,搬到白云庵后面的石壁下闲坐。这一天从早上到傍晚,天空清新晴朗,艳阳普照,无片云蔽日的混浊之感;到了晚上,阴云密布,不能在群玉峰头与夜间的瑶池明月相遇,为此闷闷不乐。

十六日　夜闻风雨声,抵晓则风雨霏霏,余为之迟起。

饭后坐小窗待霁，欲往探龙潭，零雨不休，再饭乃行。仍从潜龙阁北逾岭至南京井，从岐东北入深箐中，耸木重崖，上下窈渺，穿崿透碧，非复人世。共五里，则西崖自峰顶下嵌，深坠成峡，中洼停水，渊然深碧，陷石脚而入，不缩不盈，真万古潜渊，千峰阃奥也。其峡南北约五丈，东西约丈五，东崖低陷空下者约三丈，西崖耸陷空下者十数丈；水中深不可测，而南透穴弥深，盖穿山透腹，一峰中涵，直西南透为南京井，东南透为跪勺泉者也。崖上乔干密枝，漫空笼翠。又东北攀崖，东南度壑，皆窈渺之极。壑东有遗茅一龛，度木桥而入，为两年前匡庐僧住静处，今茅空人去。将度木披之，而山雨大作；循旧径返，深霭间，落翠纷纷，衣履沾透。再过南京井，入北僧龛。僧钥扉往白云，惟雨中莺粟脉脉对人，空山娇艳，宛然桃花洞口逢也。还逾潜龙阁，自然已来候阁旁。遂下庵，瀹茗炙衣。晚餐后，雨少霁，复令徒导，由庵东登岭角。循之而北，一里，出其东隅，近山皆伏其下，遥山则青崖以来，自龙里南下之支也。稍北，下深木中，度石隙而上，得一静室。其室三楹，东向寥廓，室前就石为台，缀以野花，室中编竹缭户，明洁可爱。其处高悬万木之上，下瞰箐箐丛叠，如韭畦沓沓[1]，隔以悬崖，间以坑堑，可望而不可陟。故取道必迂从白云，盖与潜龙阁后北坪诸静室取道皆然[2]，更无他登之捷径也。此室旷而不杂，幽而不闷，峻而不逼，呼吸通帝座，寤寐绝人寰，洵栖真之胜处也[3]。静主号启本，滇人，与一徒同栖；而北坪则独一老僧也。白云之后，共十静庐，因安氏乱，各出山去，惟此两庐有栖者。十二庐旁，各有坎泉供勺,因知此山之顶,皆中空酝水,停而不流,又一奇也。晚返白云,暮雨复至。自然供茗炉旁,篝灯夜话,半晌乃卧。

【注释】

①沓(tà)沓:繁多。

②静室:僧侣的居室,为其习静修行的地方,故称"静室"。

③栖真:道家安恬修炼之术。

【译文】

十六日　夜里听见风雨声,到拂晓时便晨雨霏霏,我为此起床很晚。饭后坐在小窗前等候天气转晴,想去探寻龙潭,可零星小雨不停地下着,再一次吃了饭才动身。仍然从潜龙阁向北越岭来到南京井,从岔路往东北进入深箐中,林木高耸,山崖重重,上下都是一片幽深,穿越山崖,钻过碧绿的树丛,不再是人世间。共行五里,就见西面的山崖从峰顶下嵌,深陷成峡谷,中间下洼积着水,碧绿渊深,深陷进山脚的岩石中去,不减少也不满溢,真是万古潜藏着的深渊,千峰障蔽着的壑谷呀!这条峡谷南北大约五丈,东西大约一丈五,东边的崖壁低低地空陷下去之处大约三丈,西边的崖壁高高耸起,空陷下去的地方有十几丈;水中深不可测,而且南侧通着洞穴的地方更深,大概是水穿透山腹,整座山峰中间涵养着水分,一直向西南渗透出来成为南京井,在东南方渗透出来形成跪勺泉。山崖上高大的树干茂密的枝叶,漫天笼罩着绿色。又向东北攀登山崖,往东南穿过壑谷,全都幽深杳渺极了。壑谷东头有一间遗弃的茅屋,可通过木桥进去,是两年前庐山僧人住宿静修的地方,今天茅屋空着,人离开了。正要过木桥推门进去,山间的大雨猛烈来临;沿着原路返回来,深浓的云雾之间,落叶纷纷,衣服鞋子都湿透了。再次经过南京井,进入北京僧人的僧房。和尚锁上门前往白云庵去了,唯有雨中的罂粟花含情脉脉地对着人,在空旷的山间分外娇艳,宛如是在桃花源洞口相遇一样了。回来路过潜龙阁,自然已经前来潜龙阁旁迎候了。于是下到白云庵中,煮茶烘烤衣服。晚餐后,雨渐渐停了,天气转晴,自然又命令徒弟领路,由白云庵东边登上山岭的尖角处。沿着山岭的尖角处往北走,行一里,出到山的东隅,近处的山都低伏在这座山下,远处的山就是从青崖城以来,自龙里卫往南下延的支脉了。稍向北走,下到幽深的林木中,钻过石缝上去,见到一处静室。这个静室有三开间,面向东方,高远空旷,静室前边就着山石开辟成平台,用野花点缀着,静室中竹子编的栅栏围在门口,明丽整洁十分可爱。这个地方高悬在万木之上,下瞰着山箐中层层叠叠的竹丛,如同菜地中的韭菜一样繁多,但是隔着悬崖,被深坑堑沟隔断,可望而不可即。所以道路必定要从白云庵绕道走,大体上与潜龙阁后边北面的平地上各个静室走的路都是一样的,再没有其他上登的捷径了。这个静室空旷而不杂乱,幽静而不闭塞,险峻却不狭窄,呼吸可以通天庭,起卧隔绝人世,实在是修真养性的绝好去处。静室主人法号叫启本,云南人,与一个徒弟同住;可北面的平地上却只有一个老和尚。白云庵的后面,一共有十个静室,因为安氏之乱,僧人们各自出山去了,仅有这两处静室有僧人住着。十二处静室旁边,各处都有坑中的泉水供人舀取,因而知道这座山的山顶,中间都是空的蓄着水,贮着水不流动,又是一处奇观。晚上返回白云庵,暮雨又来临。自然在火炉旁端来茶水,挑灯夜话,半晌才躺下。

十七日　晨起已霁,而寒悄颇甚。先是重夹犹寒,余以为阴风所致,有日当解,至是则日色皎然,而寒气如故,始知此中夏不废炉[1],良有以耳。

【注释】

[1]始知此中夏不废炉:"炉"原作"垆",据"四库"本改。

【译文】

十七日　早晨起床天已晴开,可十分地寒冷寂静。这之前穿着两层夹衣仍然寒冷,我以为是阴天的冷风所致,过几天就应该缓解,到了这时虽然天色艳丽晴朗,可寒气依然如故,这才知道这座山中夏天也丢不掉火炉,确实是这样的呀!

　　　白云山初名螺拥山①,以建文君望白云而登,为开山之祖,遂以"白云"名之。《一统志》有螺拥之名,谓山形如螺拥,而不载建文遗迹,时犹讳言之也。土人讹其名为罗勇,今山下有罗勇寨。土人居罗勇,而不知其为螺拥;土人知白云山②,而不知即螺拥山。僻地无征,沧桑转盼如此!

【注释】

①白云山:位于长顺、惠水两县及贵阳市花溪区间,海拔1436米,为著名风景区。在长顺县东北隅,属改尧镇,距县城40公里,但距惠水县城甚近,有公路达山麓。徐霞客则是经花溪区的青岩和马铃布依族苗族乡,从东北入山,距贵阳最捷直。原有主要建筑40余处,依山势错落分布。近年修复白云寺。古迹多与建文帝传说有关,跪泉、流米洞、南京井等仍存。每年中历二月十九,长顺、安顺、毕节、威宁等地的群众多来游白云山,据传他们的祖先是随建文帝从南京移居来的。

②土人知白云山:原脱"山"字,据"四库"本改。

【译文】

　　白云山最初名叫螺拥山,是因为建文帝望着山中的白云登上去,成为开山之祖,便用"白云"来命名这座山。《一统志》上有"螺拥"的名称,认为是山的形状像螺蛳壳一样围抱着,却没有记载建文帝的遗迹,这是因为当时还忌讳说到建文帝。当地人把它的名字错读成"罗勇",今天山下有个罗勇寨。当地人居住在罗勇,却不知道它应该是"螺拥";当地人知道白云山,却不知道就是螺拥山。偏僻之地,无人稽考证明,沧桑巨变,转眼之间竟然如此!

　　白云山西为永丰庄北岭,即余来所逾岭也;东则自滇僧静室而下,即东隤颓然,下对青崖,皆为绝壑;前则与南山夹而成坞,即余来北上登级处也①;后则从山顶穷极窈渺,北抵龙潭,下为后坞,即余来时所经岭南之八垒者也。此其近址也。其远者:东抵青崖四十五里,西抵广顺三十里,东南由蓊贵抵定番州三十里②,北抵水车坝十五里。

【注释】

①即余来北上登级处也:"四库"本作"即余东北来登级处也"。

②蓊贵:今作"翁贵",在长顺县东北隅,改尧稍东,惠水入白云山的公路经此。

【译文】

　　白云山西面是永丰庄的北岭,就是我来的时候翻越的山岭;东面则是从云南僧人的静室往下去,就是东面崩塌之处,下面对着青崖城,都是绝深的壑谷;前方则是与南山相夹形成的山坞,就是我来的时候向北上登石阶之处了;后面则是从山顶穷尽极其深远之处,北面抵达龙潭,向下形成后山的山坞,就是我来的时候经过的山岭南面叫八垒的地方了。这是这座山近处的地形。那远处的:东面抵达青崖城有四十五里,西面抵达广顺州有三十里,东南方经由蓊贵抵达定番州三十里,北面抵达水车坝十五里。

　　　白云山中有玄色、白色诸猿^①，每六六成行，轮朝寺下。据僧言如此。余早晚止闻其声。又有菌甚美，大者出龙潭后深箐仆木间，玉质花腴，盘朵径尺，即天花菜也。又有小者名八担柴，土人呼为茅枣，云南甚多。

【注释】

①玄色：带赤的黑色。

【译文】

　　　白云山中有黑红色、白色的各种猿猴，常常六个六个地排成行轮流在寺下朝拜。据和尚如此说的。我早晚只听到猿猴的叫声。又有一种菌子非常丰美，大点的出产在龙潭后面的深箐中倒卧在地上的树木之间，白玉般的质地，菌盘丰腴，盘子样的菌朵直径达一尺，这就是天花菜了。又有一种小一些的名叫八担柴，当地人称呼为"茅枣"，云南非常多。

　　　自青崖而西，有司如之流，其西又有马铃寨东溪，其西又有水车坝西溪，皆南流合于定番，而皆自石洞涌出。至白云南，又有翁贵锣鼓洞水及撒崖水，皆为白云山腹下流，皆东合于定番州。其南又有水埠龙^①，在白云南三十里，有仙人洞。其北五里又有金银洞、白牛崖。其上流亦自洞涌出，而南注于都泥江。则此间水无非洞出者矣。

【注释】

①其南又有水埠龙：此水源明代称濛潭。其下的都泥江，指今惠水县境的涟江和罗甸县境的濛江。

【译文】

从青崖城以西,有条司如河,那以西又有马铃寨的东溪,它的西边又有水车坝的西溪,都是往南流在定番州合流,而且都是从石洞中涌出来的水流。至于白云山南面,又有蓊贵锣鼓洞的水流以及撒崖的水流,都成为白云山山腹下边的水流,都是往东流在定番州合流。定番州南面又有条水流叫埠龙,在白云山南面三十里处,有个仙人洞。仙人洞北面五里处又有个金银洞、白牛崖。它的上游也是从山洞中涌出来的,而后向南流入都泥江。如此,这一带的水流没有不是从山洞里流出来的了。

东望山脊蜿蜒,自龙里西南分支南下,回绕如屏,直抵泗城界,此即障都泥而南趋者。其山回环而东,中围丹平、平洲诸司①,即麦冲、横梁诸水南透六洞而下都泥,以此支环之也。

【注释】

①丹平:明置丹平长官司,属新添卫,治今平塘县西境曹渡河西岸的丹坪。平洲:此处《游记》诸本皆作"平州",误。"平洲"即平洲六洞长官司,在今平塘县东部,平洲河流贯其间,北部称平洲,南部称六洞。《明史·地理志》都匀府载:"平洲六洞长官司,府西南。洪武十六年置。西南有六洞山。南有平洲河,中有沙洲。"《黔游日记一》四月初一日记亦作"平洲六洞"。据改。

【译文】

向东方望去,山脊蜿蜒,自龙里卫西南分支往南下延,回旋盘绕好像屏风,直达泗城州的境内,这便是阻挡着都泥江让江流向南流去的山脉了。这条山脉曲折环绕着往东延伸,中段围抱着丹平、平洲各个长官司,即便是麦冲河、横梁河各条河流向南穿过六洞后下流进都泥江,也是因为这条支脉环绕着它们的了。

　　老龙之脊,自广顺北,东度上寨岭东,过头目岭,又东北过龙里之南,又东过贵定县西南[①],又东过新添卫之杪木寨[②],乃东南转,环蟒山之南,东过为普林北岭,又东南抵独山州北,乃东趋黎平南境,而东度沙泥北岭,以抵兴安分界。

【注释】

①贵定:据《明史·地理志》贵阳军民府:“贵定,倚,万历三十六年(1608)析新贵县及定番州地置。东有铜鼓山,有石门山。南有高连山,有南门河。又东有龙洞河,下流俱入陆广河。”则初置贵定县时,治所在今贵阳市区,与新贵县同城,为贵阳府附郭县,所辖范围为今贵阳市东部和南部。明末贵定县治已迁至今贵定县西南四十里的旧县场,今称旧治。

②杪木寨:今作“沙木寨”,在贵定县城稍南,为定南乡驻地。

【译文】

　　山脉主脉的山脊,从广顺州北面,往东延伸到上寨岭的东面,延过头目岭,又往东北经过龙里卫的南境,又往东经过贵定县的西南部,又往东经过新添卫的杪木寨,于是向东南转去,环绕在蟒山的南面,向东延伸成为普林堡的北岭,又往东南抵达独山州的北境,又往东趋向黎平南境,而后向东延伸成为沙泥的北岭,以后抵达兴安县的分界处。

　　贵州东三里为油凿关[①],其水西流;西十里为圣泉北岭②，其水东流；北十五里为老鸦关，其水南流为山宅溪③；南三十里为华仡佬桥，其水北流。四面之水，南最大，而西次之，北穿城中又次之，东为最微；俱合于城南薛家洞，东经襄阳桥④，东北抵望风台⑤，从其东又稍北，入老黄山东峡，乃东捣重峡而去；当与水桥诸水，同下乌江者也。

【注释】

① 油凿关：今称油榨关，在贵阳城区东郊。

② 圣泉：在今黔灵山背后川黔铁路以西、黔灵湖隧道西北约一里的山坳中。又称灵泉、漏勺泉、百盈泉、百刻泉。其水经常变化，百盈百缩，因名。明时镇远侯顾成甃石为池，池中置一石鼓，验水的消长。池旁有观音堂。

③ 山宅溪：又称宅溪或择溪，从清至今俗称贯城河。在贵阳城区东北流入城中，从北往南流，至喷水池稍南处向西穿过中华路，又往南流入南明河。现有些地段已用水泥板盖为暗河，但深陷的河床仍然存在。

④ 襄阳桥：即霁虹桥，在今贵阳城区大南门外南明河上。《嘉庆重修一统志》贵阳府津梁载："俗名襄阳桥，故南明河俗亦谓襄阳河；或云桥成而襄阳府济饷适至，故名。"

⑤ 望风台：即观风台。《嘉庆重修一统志》贵阳府古迹载："观风台，在府城东南一里许，明万历中建。"今地名仍称观风台，在甲秀楼稍东。在襄阳桥与望风台间，南明河从东流折往南，这一带河面比现在宽，水势迂回减缓，形成涵碧潭和芳杜洲。河中有宽平而坚实的鳌头矶，万历二十五年（1597），在矶石上修建了甲秀楼。楼为三层方形，绿琉璃瓦顶，颇便登高揽胜。又建了九孔石桥连

接两岸,称浮玉桥(因修公路,占去了北面的两孔,今存七孔)。桥上有涵碧亭,矶上亦置石栏石凳,也是憩息瞰水的好地方。霞客对这一带形势十分熟悉,证明他踏勘过这一片地方。对于甲秀楼,康熙《贵州通志》载:天启元年(1621)毁,总督朱燮元重建,更名来凤阁,复毁,康熙二十八年(1689)田雯重建。《游记》中未提及甲秀楼或来凤阁,可能霞客到时已毁。

【译文】

贵州城东门三里是油凿关,那里的水向西流;西面十里是圣泉北面的山岭,那里的水向东流;北面十五里是老鸦关,那里的水向南流成山宅溪;南面三十里是华仡佬桥,桥下的水向北流。四面的水流,南面的最大,而西面的小一些,向北穿流过城中的又更小一些,东面的为最小;全部在城南的薛家洞合流,往东流经襄阳桥,向东北流到望风台,从望风台东边又稍向北流,流入老黄山东面的峡谷中,于是朝向东方冲开重重山峡流去;应当是与水桥等众多水流,一同下流进乌江的河流了。

十八日　辞自然师下山。一里半,抵山麓。西一里半,有数家在南麓,为永丰庄,皆白云寺中佃户也。由其前西向尖峰峡中去,是为广顺州道;由其前西去南转,是为定番州道;由其前北向逾岭,是为土地关道。先是自然为余策所从,曰:"由广顺、安顺西出普定,其道近,而两顺之间,广顺知州柏兆福,欲归临清①。安顺土知州,近为总府禁狱中。苗蛮伏莽可虑②。不若西北由东基出平坝抵普安,多行四十里,而地僻苗驯,可免意外。"余思由两顺亦须三日行,走平坝路迂而行多,亦三日可达普安,遂不西行而北逾岭,其岭即白云山之西垂也。共一里,越其北,有坞东北向;东南界即白云后龙潭之后,西北界即南岭所环,转北而东,属于龙潭东峰之下者;其中平坞一壑,南北长二里,水亦中洼下坠,两旁多犁为田,是名八垒。北竟坞中,乃北逾石岭。共半里下,北度独木桥,有坞自东北向西南,是为干沟,横渡之。北上半里,是为土地关③。下关半里,凿石坎停细流一盂,曰"一碗水",行者以口就而啜之。又西向一里半,出峡;由其北循山东北转,为水车坝道。

【注释】

①临清:明置临清州,治今山东临清市。

②苗:即指苗族。但"苗子"、"苗蛮"皆系对苗族带有民族歧视的称呼。

③土地关:今名同,在长顺县东北隅,翁贵稍北。

【译文】

十八日　辞别自然禅师下山。行一里半,抵达山麓。向西行一里半,有几家人在南麓,是永丰庄,都是白云寺中的佃户。由永丰庄前边向西进到尖峰下的峡谷中去,那是去广顺州的路;由永丰庄前边往西去向南转,那是去定番州的路;由永丰庄前边向北翻越山岭,那是去土地关的路。这之前自然替我策划所走的路,说:"经由广顺州、安顺州向西去到普定卫,那条路近,然而广顺州、安顺州两地之间,广顺州知州柏兆福,打算返回山东临清。安顺州的土知州,近来被总兵府囚禁在监狱中。苗蛮伏在丛林中拦路抢劫,值得忧虑。不如向西北经由东基出到平坝卫再到普安州,多走四十里路,可地方偏僻苗民良善,可避免出意外。"我考虑,经由广顺、安顺两个州也必须走三天的路,走平坝卫这条路要绕道走但走的地方多,也是三天可以到达普安州,便不往西走而是向北越岭,这座岭就是白云山的西垂了。共行一里,翻越到岭北,有个山坞呈东北向;东南境就是白云山山后龙潭的后面，西北境就是南岭环绕的地方，转向北再向东延伸，连接到龙潭东峰之下的山峦；群山之中有一个平坦的山坞，南北长二里，水流也是向中间的洼地下流，两旁大多被开垦成田地，这里名叫八垒。向北在山坞中走到头，就往北翻越石头山岭。共走半里后下走，向北走过独木桥，有个山坞自东北延向西南，这里是干沟，横穿山坞。往北上走半里，这里是土地关。下关来走半里，有股细流停积在一个凿成钵盂状的石坑中，叫"一碗水"，走路的人用嘴就着钵盂喝水。又向西行一里半，走出峡谷；由峡口北边顺着山势向东北转，是去水车坝的路。

　　由其西截坞直行①，一里半，有村在北山下，是为谷精②。从村西转，又截坞而下，一里，转入山峡，有溪自西南而北，即从北峡转而东去，是水车坝之上流也；其流自广顺州东北老龙南谷来者。渡之，又西越山坡，旋下，溯西来小流入；其流东注南来大溪，即同之直向东去。路溯溪南，山峡逼仄，时攀石上下，二里余，乃西渡此水。从其北西向又半里，其北削崖高穹，有洞上缀，其门南向，遂从其下西逾坳。坳间石骨棱厉，逼属南山。回视前溪在其下，不知从何而出，当亦透穴之流也。先是自然谓余，此间如马铃堡诸水，多从山穴出，即水车坝水亦流自穴中者，不知即指此水，抑谓南来大溪也。逾坳西稍下，约一里，有路交为"十"字：其南北皆从山岭上下，有石磴逶迤，乃广顺达贵省道也；其东西即逾坳而西下峡中者。从峡西下半里，又闻水声潺潺，有水深自坑底东注坳下，信乎即坳东透穴之水矣。溯之，山坞复开，有村在西山下，是为东基下寨。从其前转而东北，则下寨山之北突也。循之一里，又西北转，则西界山纯削为石，而东界则土脊迤逦。又北二里，有村当北冈之上，是为东基上寨。寨中悬小支尽处，皆瓦房鳞次，非他苗寨所及。由寨西北向半里，有泉飞流注腋间，由寨东而出，寨当其中。小支左右，皆崇冈峻峡。寨后复环一坞，良畴层倚焉，皆此泉之所润，而透于东坳之下者也。蜿蜒上跻者一里，从岭上复北逾顶者半里，下至坞中。望北峰夹立甚高，其下有坞自西北来者，即上寨后注腋之水，从水车坝而南去者也；其下有坞向东北坠者，即坞中东分之水，从华仡佬桥而北出者也。其坞甚平，中犁为田。从田塍北上，又东北升岭，半里，逾峰头而饭。于是北望遥山，开伏数里外，石峰屏列，俱不能与此山并峻矣。

【注释】

①由其西截坞直行："西"，"四库"本同，徐本作"南"。

②谷精：今作"谷增"，在花溪区西南隅，马铃西南。

【译文】

由峡口西边横穿山坞一直前行，行一里半，有个村庄在北山下，这是谷精。从村子西边转向，又横截山坞后下走，行一里，转进山峡中，有条溪水自西南往北流，随即从北面的峡谷中转向东流去，这是水车坝的上游了；这条溪流是从广顺州东北部山脉主脊南面的山谷中流来的。渡过溪水，又往西翻越山坡，旋即下走，溯西面流来的小溪流进去；这条溪流向东流入南面流来的大溪中，立即同大溪一起径直向东流去。道路溯溪流南岸走，山峡十分狭窄，不时攀着岩石上上下下，行二里多，这才向西渡过这条溪水。从溪流北岸向西又行半里，溪流北边陡削的山崖高大穹隆，有个山洞点缀在山崖上，洞口向南，于是从山洞下方向西穿越山坳。山坳中的岩石像骨头一样，棱角锋利，紧逼过去连接着南山。回头细看，先前的溪流就在山坳下方，不知是从哪里流出来的，应当也是穿过洞穴流出来的水流了。这之前自然告诉我，这一带如马铃堡的各条水流，大多是从山洞中流出来的，即便是水车坝的水也是从洞穴中流出来的，不知就是指这条溪水，还是指南面流来的那条大溪了。穿过山坳向西略下走，大约走一里路，有道路相交成"十"字形：那南北两面都是从山岭上下来的，有石阶逶迤而去的，是广顺州通到贵州省城的路；那条呈东西向的就是穿过山坳往西下到峡中的路。从峡谷西头下走半里，又听见潺潺的流水声，有水流自深深的坑谷底向东流淌到山坳下方，这确确实实就是山坳东面穿流过洞穴的水流了。逆流而行，山坞又开阔起来，有个村庄在西山下，这里是东基下寨。从村前转向东北，就到了下寨所在的山向北前突之处了。顺着山势走一里，又向西北转，就见西面的山清一色是陡削的石山，而东面一列山则是逶迤而去的土山脊。又向北二里，有个村子位于北面的山冈之上，这是东基上寨。寨子高悬在一条小支脉尽头处的中央，都是鳞次栉比的瓦房，不是其他苗寨能赶得上的。由寨子西边向北走半里，有泉水飞流奔泻在路旁，是由寨子东边流出来的，寨子位于道路和流泉中间。小支脉的左右，都是高高的山冈和险峻的峡谷。寨子后面又环绕着一个山坞，良田层层相依，都是这条山泉滋润的地方，而后泉水穿流到东面的山坞之下去了。蜿蜿蜒蜒上登了一里路，从岭上又向北翻越山顶半里路，下到山坞中。远望北边夹立的山峰非常高，山下有个从西北方来的山坞，山坞里的水流就是东基上寨后边奔流在路旁的水流，流经水车坝而后往南流去了；山下有个向东北方下坠的山坞，山坞中就是向东分流的水流，流经华仡佬桥而后向北流出去了。这里的山坞非常平整，山坞中开垦成田地。从田间土埂上向北上走，又往东北登岭，行半里，越过峰头吃饭。在这里遥望北面的远山，开阔低伏在几里之外，石峰像屏风一样排列，全都不如这座山一样险峻了。

北下甚坦，半里，路分两岐：一从东北行者，从黄泥堡、天生桥而达省；一从西北行者，为野鸭塘出平坝道。遂从西北下山，一里，抵山下。沿坡陀西行，渐有小水，俱从东北去。二里，复溯水入峡，一里，复陟岭而上，又二里，遂西过野鸭塘①。有堡数十家在南山下，其前有塘潴水，直逼北山，然东西皆高，不知从何而泄，即所谓野鸭塘是也。绕堡前西南行半里，望西北山崖间有洞高穹，其前陇复有洞伏于下，乃呼担夫少停行李路隅，余独从西岭横陟之。半里，遂陟下洞之上。陇不甚高，然四面皆悬削不可下。复稍西，下山麓东向行，遂得下洞。洞门南向，门下稍洼②；其左透崖东出，另辟一门，门东北向，其后旋壑下陷，四面宽圆，虽洼而不暗。既上，遂透东门而出。稍下，从峡中西陟上洞。洞门东向，前有垒石为垣，后亦中洼而下，然不甚深，其上悬崖虽高，中扃之玲珑，乳柱之夭矫，反不若下洞也。

有个几十家人的土堡在南山下，土堡前方有塘积水，一直逼到北山，然而东西两面地势都很高，不知水从哪里外泄，这就是所谓的野鸭塘了。绕到土堡前边往西南行半里，望见西北方的山崖间有个高大穹隆的山洞，山崖前面的土陇上还有个洞伏在下边，便呼唤挑夫稍停一下，把行李放在路旁，我独自一人从西岭上横向上登山洞。行半里，便爬到下洞的上方。土陇不很高，然而四面都是悬空的，陡削得不能下去。又稍向西走，下到山麓向东走，终于找到下洞。洞口向南，洞口下方略微下注；洞的左边穿过崖壁向东出去，另外开有一个洞口，洞口朝向东北方，山洞后面旋绕着往下陷成壑谷，四面宽敞圆滑，虽然低洼却不黑暗。上来之后，就钻过东面的洞口出来。稍下走，从峡谷中向西登上上洞。洞口面向东，前边有石块垒成的墙，后面也是中间注下去，然而不怎么深，洞顶上方的悬崖虽然高，洞中深藏着的玲珑之状，钟乳石柱的夭矫之态，反而不如下洞了。

既出，复从峡中下，转前陇之嘴而西，又经下洞前，则前麓皆水草沮洳，东与野（鸭）塘相连，而此即其上流也。忽闻水声潺潺，自下洞前石根透出，历沮洳之坞，而东潴于野（鸭）塘者也。又从西岭下半里，仍抵路隅，呼担与顾奴，遂西缘山坳行。西望三峰攒列，外又有峰绕之，心以为异。又西四里，有寨在南山下，又绕其前，循之左转。西南半里，又逾一坳，于是西行峡中。其峡南北两界，排闼而前。北即所望三峰攒列者，但在其内，下望反不可见；南则有崖高削，上有一石倒垂，石色独白，而状如羊，是为羊吊崖。逾坳至此，又一里矣。其北崖中断，忽露顶上之峰，盘穹矗竖，是为唐帽山；盖即前望三峰，至是又转形变象耳。按《志》，唐帽在省城南八十里，天生桥在金筑司北三十里。今天生桥在唐

帽东北三十里，是天生桥去省反近，而唐帽反远，不知当时
何以分界也？自然言建文君先驻唐帽，后驻白云；《志》言其
处可以避兵，亦幽阒之区矣。

【译文】

　　出洞之后，又从峡中下来，转过前面那条土陇的山嘴往西行，又经
过下洞前方，就见洞前的山麓全是水草泥淖，东面与野鸭塘相连，而此
地就是野鸭塘水的上游了。忽然听到潺潺的水声，水从下洞前的石山
脚下渗出来，流经泥淖的山坞，而后往东汇积在野鸭塘中去了。又从西
岭上下山半里，仍然来到路旁，呼唤挑夫与顾奴，于是向西沿着山坞走。
望见西面三座山峰攒聚排列在一起，外围又有山峰围绕着它们，心里认
为很奇异。又向西四里，有个寨子在南山下，又绕到寨子前边，沿着寨
子向左转。往西南行半里，又穿过一个山坞，于是往西前行在峡谷中。
这条峡谷的南北两列山，如门扉一样排列向前。北边就是前边望见的
三座山峰攒聚排列之处，但是身在峡谷内，从下边反而望不见；南边则
有高峻陡削的山崖，上面有一块岩石倒垂着，石头的颜色唯独是白色
的，而形状像只羊，这就是羊吊崖。穿过山坞来到此地，又是一里路了。
峡谷北面的山崖从中断开，忽然露出山顶上的山峰，呈圆盘状穹隆矗立
着，这是唐帽山；大概这就是前面望见的三座山峰，来到这里形象又转
变了。根据《一统志》，唐帽山在省城南面八十里处，天生桥在金筑司北
面三十里。现在天生桥在唐帽山东北三十里，这样天生桥距离省城反
而近，而唐帽山反而远，不知当时是根据什么来划分界线的呢？自然说
起过，建文帝先住在唐帽山，后来才住在白云山；《一统志》说此处可以
躲避战乱，也是一处幽寂闭塞的地方了。

　　又西一里余，有峡南向下，是为猪槽堡①。路直西逾小

脊而下，三里，则坞开南北，路交"十"字于中，乃横截之。渡一小水，半里，有堡在西山上，曰柳家堡。又北半里，又有堡在北陇上。于是循其右，复西上岭。一里，将及岭坳，有泉淙淙自土穴出，其色乳白，浑而不清。逾岭下，共二里，复坞开南北，仍横截之。有涧在坞中，其水甚小，潴而不流，似亦北去者。又西一里，复上岭。其岭南北石峰骈夹，中通一坳，甚逼。一里，越坳而西，见西壑中堰水满陂②，始以为东出，而实不流之波也。循之又西一里，则大坞扩然西去，陂堰横障而北。又北循之，有村在北山之嘴，曰狗场堡③，乃汤吏部之佃苗也④。村西平畴一坞，为膏腴之壤。欲投之宿，村人弗纳，曰："西去二里有村，亦汤氏佃丁，其中可宿。"乃复西循平畴北陇行。一里余，有石峰界平坞中，削骨擎空，亦独秀之峭而险者。透北峡而西，又半里，复得一村，入叩之，其人闭户遁去。又西得一堡，强入其中，茅茨陋甚⑤，而卧处与猪畜同秽。盖此地皆苗熟者，虽为佃丁，而习甚鄙，令人反忆土蛮竹栏为上乘耳。

【注释】

①猪槽堡：今名同，在平坝县东南缘，狗场坝稍北。

②满陂：原作"满坡"，据"四库"本改。

③狗场堡：今作"狗场坝"，在平坝县东南缘，接近长顺县。小狗场在南，大狗场在北。

④吏部：明封建中央所设六部之一。吏部掌管全国官吏的任免、考课、升降、调动等事，长官称吏部尚书。汤吏部系以其官名称其人。

⑤茅茨:茅草盖的房子。

【译文】

又向西行一里多,有条峡谷向南下来,这是猪槽堡。道路一直向西越过小山脊后下走,走三里,就见山坞呈南北向敞开,道路在山坞中交叉成"十"字形,于是横过山坞。渡过一条小溪,行半里,有座土堡在西山上,叫柳家堡。又向北半里,又有土堡在北边的山陇上。于是沿着山陇右侧,又向西上岭。行一里,将要到达岭上的山坳,有泉水淙淙地从土穴中流出来,水的颜色是乳白色,浑浊不清。越过山岭下走,共行二里,山坞又呈南北向敞开,仍然横过山坞。有条山涧在山坞中,山涧中的水很小,停积着不流动,似乎也是向北去的水流。又向西一里,又上岭。这座山岭南北两面有石峰并排相夹,中间通着一个山坳,非常狭窄。行一里,越过山坳往西行,看见西面的壑谷中堤坝挡水积满池塘,最初我以为池水是向东流出去的,可实际上是不流动的水。沿着池水又向西一里,就见一个大山坞十分广阔地向西伸展而去,池塘的堤坝向北横挡在山坞中。又往北顺着堤坝走,有个村庄在北山的山嘴下,叫狗场堡,是吏部汤尚书的苗民佃户。村西平整的田地布满整个山坞,是肥沃的田野。想要进村投宿,村里人不接纳,说:"西面前去二里路有个村子,也是汤家的佃户,村中可以住宿。"只好再向西沿着平旷田野中靠北的土陇走。走一里多,有座石峰隔在平旷的山坞中,骨状的峭壁高擎在空中,也是一座独秀峰那样峭拔险峻的山峰。穿过北边的峡谷往西行,又行半里,再次遇到一个村庄,进村敲门,村里人都关上门逃开了。又在西面找到一个土堡,强行进入土堡中,茅屋简陋极了,而且睡觉的地方同猪和牲口的污秽物混在一起。大概此地都是熟苗,虽然身为佃户,但习俗却非常鄙陋,让人反而怀念那些土著蛮族的竹楼是上等的了。

十九日　昧爽,促苗起作饭。忽担人亦呼之,余心以为异,谓从来懒不肯起,今何以人呼亦呼也? 盖此人名王贵,为靖州太阳坪人①。先自三里抵蓝涧,彼同数人自后尾至,告曰:"余侪欲往庆远②,苦此路不通,迂路又太远,闻参府以兵送行,故特来附带。"余怜而纳之③,途中即以供应共给之。及抵庆远,彼已去。及游南山,复遇之,遂日日来候余,愿随往滇中。余思自庆抵南丹,有夫可送,至贵州界,恐无负担,欲纳其一人。因与之约曰:"余此地尚无所用汝,然既随余,亦每日予工价一分。若遇负担处,每日与工价三分半。"彼欲以二人从。后闻其侪在南山洞中,以絮塞牧牛童子口,余心疑之。而王贵来言,诱童子非伊,乃同行者,彼已另居于庆。已请独从。后至麻哈,遂渐傲慢,以凳伤予足。及抵贵州,见余欲另觅夫,复作悔过状,甚堪怜,余复用之。至是早起,忽不见,观余所藏路费,亦竟窃之去矣。自余行蛮洞中,以数金藏盐筒中,不意日久为彼所窥,乃不失于蛮烟虺毒之区,而失之就坦遵途之日,徒有怅怅而已。

【注释】

①靖州:治今湖南靖州苗族侗族自治县。

②余侪(chái):我辈。

③余怜而纳之:原误倒为"余纳而怜之",据"四库"本改。

【译文】

十九日　拂晓,催促苗人起床做饭。忽然间挑夫也在叫他,我心里认为很奇怪,因为此人自来懒惰不肯起床,今天为何别人呼叫他也叫呢?原来这个人名叫王贵,是湖南靖州太阳坪的人。先前从三里卫到达蓝涧时,他同几个人从后面尾随而来,告诉我说:"我们这些人想去庆远府,苦于这条路不太通畅,绕路走又太远,听说参将府派兵护送您上路,所以特意前来请您附带着我们走。"我同情他们便接纳了他们,途中就用驿站供应的东西一同分给他们。到来到庆远府时,他们已经离开。到游览南山的时候,又遇见他们,于是就天天来守着我,表示愿意随同我去云南。我考虑,从庆远府到南丹州,有差夫可以护送,到了贵州境内时,恐怕就无人挑担子了,只想接纳他们中间的一个人。因而与他们约定说:"我在此地还没有用得上你们的地方,不过既然跟随了我,每天也给一分银子的工钱。如果遇上要挑担子的地方,每天给工钱三分半银子。"他们想让两个人跟随我。后来听说这帮人中有人在南山的山洞中,用棉絮塞在放牛儿童的口中,我心里怀疑是他们。可是王贵来说,诱骗儿童的不是他,而是与他同行的那些人,那些人已经另外居住在庆远府了。末了,请求独自一人跟随我。后来来到麻哈州,逐渐傲慢起来,用板凳砸伤了我的脚。到达贵州省城时,见我想另找挑夫,又作出悔过的样子,十分值得同情,我又用了他。到今天早晨起床后,突然不见了,察看我收藏着的路费,也竟然被他偷去了。自从我走入蛮族居住的地区后,把几两金子藏在装盐竹筒中,想不到天长日久被他窥探到了,竟然在蛮族居住的烟瘴蛇毒的地方没有丢失,却在这马上就要走上坦途的这一天丢失了,我只有闷闷不乐而已。

　　既明,担夫窃资已去,无可奈何。求苗子送出平坝,不及三十里,索价甚贵,已而竟遁去不肯出,盖苗习素不送客。予求之他苗,其人曰:"彼好意宿汝,奈何以担累之?须自负去。二三里抵九家堡,即有送者。"遍求之,其语皆然。余无可奈何,饭而束担,与顾仆共抬而前行。由狗场西苗堡截坞堰南过,一里,逾岭西下,又过一苗堡,益转而南,又逾一岭。半里,乃由岭头从岐路北向入坞,路小山寂。一里,乃西向下。半里,有溪汪然自南而北①,始为脊北第一流,乃北合洛阳桥下水,东经威清而下乌江者②。溪上旧有石桥已圮,其东半涉水,而渡其西半,是为九家堡③,乃苗之熟者也。至是已近午矣,始雇得一夫,担而行。复西北上陇,六里,有村在西山下,曰二家堡。从其东盘山嘴而北,北界山远辟旷然,直东遥见高峰在四十里外者,即《志》所云马鞍山,威清之山也。路复循南山之北,西向入峡。二里出峡,有村在南山下,曰江清④。其处山坞大开,平畴中拓,东有石峰离立,即与南山夹而为所从之峡者也。

【注释】

①有溪汪然:此溪即今麻线河,为猫跳河源之一。

②威清:明置威清卫,治今清镇市。

③九家堡:今作"九甲",在平坝县东南境,麻线河西岸。

④江清:今作"江青",在平坝县东南境,高峰镇驻地稍西,羊昌河东岸。

【译文】

天明后,挑夫偷了路费已经逃走,我无可奈何。央求苗人送出平坝卫,不到三十里路,要价非常贵,不久竟然逃走了不肯出来,大概是苗人的习俗素来不送客人。我央求其他苗人,那些人说:"他好意留你住宿,怎么好用担子来劳累他呢?必须自己挑着去。二三里路到了九家堡,就有人送了。"求遍了村中人,他们的话都一样。我无可奈何,吃饭后把担子捆在一起,与顾仆一同抬着往前走。由狗场堡西面的苗人土堡向南横穿过山坞中的堤坝,行一里,翻越山岭往西下行,又经过一处苗人的土堡,渐渐转向南,又翻越一座山岭。行半里,才由岭头从岔路向北进入山坞中,道路微小,山间寂静。行一里,便向西下走。行半里,有条溪流浩浩荡荡自南往北流,是山脊北面开始的第一条溪流,是往北汇合洛阳桥下的水流,向东流经威清卫后下流进乌江的溪流。溪流上原有的石桥已经坍塌,从溪流东边涉水,而后渡到溪流西边,这里是九家堡,是苗人中汉化程度较高的苗民了。来到这里已将近中午了,才雇到一个挑夫,挑着担子便走。又向西北上登土陇,行六里,有个村子在西山下,叫二家堡。从村东绕过山嘴往北走,北面的一列山远远展开,十分空旷,远远看见正东方在四十里外的高峰,就是《一统志》所说的马鞍山,是威清卫境内的山了。道路又沿着南山的北麓,向西进峡。走二里后走出山峡,有个村庄在南山下,叫清江。此处的山坞非常开阔,平旷的田野在山坞中拓展开来,东面有石峰成排矗立,就是与南山相夹形成我来时走过的峡谷的山峰了。

　　由村东北向抵二石峰下。其峰兀突,南面削崖回裂而无深洞;西面有洞在峰半,其门西向。亟令苗子停担峰下。余先探其南面,无岩可入,惟西南峰下细流汩汩,向麓下窍中出①,遂从其上跻入洞。洞顶甚平,间有乳柱下垂,若帷带飘摇。其内分为三层。外层即洞门之前,旷若堂皇,中有圆石,如堆旋而成者。四五丈之内,即陷空而下。其下亦平整圆拓,深约丈五,而大倍之。从其上下瞰,亦颇光明,盖洞门之光,既从上倒下,而其底北裂成隙,亦透明于外,似可挨入而未及也。是为下层。下层之东,其上复深入成洞,与外层对,第为下陷所隔,不能竟达。由外层南壁攀崖而上,东透入腋,列柱如门,颇觉幽暗,而玲珑嵌空,诡态百出。披窍北下,遂达中层,则外层之光,仍中射而入。其内千柱缤纷,万窍灵幻,左入甚深,而窈窕莫穷,前临下层,如在楼阁,亦贵竹中所仅见者②。方攀陟不能去,而苗夫在下呼促不已,乃出洞而下。从洞前北行,升陟塍陇二里,有大溪自西而东,溯之西行。有桥十余巩横跨其上,是为洛阳桥,乃新构而成者。桥下流甚大,自安顺州北流至此,曲而东注威清,又北合陆广,《志》所谓的澄河是矣③。

【注释】

①向麓下窍中出:"出","四库"本同,徐本作"入"。

②贵竹:洪武五年(1372)正月,置贵竹长官司,隶贵州宣慰司,后改属贵阳府,在今贵阳市。万历十四年(1586)改为新贵县。又作贵筑、贵竺。《游记》中亦以"贵竹"称贵州全省。

③的澄河:又作"滴澄河",即今猫跳河,全长180公里,但自然落差达549米。新中国建立后在其中游清镇境修建了红枫湖水库,库容达6亿立方米,还有百花水库,库容1.8亿立方米。沿河修了六个梯级电站,装机总容量为24万千瓦。一级红枫电站以上河段,基本在海拔1250—1300米的岩溶峰林洼地间缓流。猫跳河是现今贵州开发利用最好的河流,红枫湖成了贵州新的游览胜地。猫跳河源有狗桥河、羊昌河、麻线河、后六河等。霞客所过大溪称洛阳河,即今羊昌河。洛阳桥即因跨在洛阳河上得名,至今附近还有上洛阳、洛神坝等地名。明代陆广河为的澄河下游,《明史·地理志》:威清卫"西有的澄河,即陆广河上游。"陆广河汇入后的一段乌江也称陆广河。

【译文】

由村子向东北走到两座石峰之下。石峰突兀而起,南面的崖壁上有回绕的裂缝却没有深的洞穴;西面有个山洞在石峰半中腰,洞口向西。我急忙命令苗人把担子停放在石峰下。我先去探察石峰的南面,没有岩洞可以进去,只有西南方的山峰下有汩汩流淌的细流,从山麓下的石窍中流出来,于是从石窍上方爬进洞中。洞顶十分平滑,间或有钟乳石柱下垂,好像帷幔衣带在随风飘摇。洞内分为三层。外层就是洞口以内靠前边的部分,空旷得好像宽敞的殿堂,中间有块圆石,如用刀子削圆堆放而成的。四五丈以内,马上空陷下去。那下边也是平整圆滑空阔,深约一丈五,可大处有一倍。从这上面向下俯瞰,也很明亮,大概是洞口的光线,既已从上面反射到下边,而且洞底的北边裂成缝隙,也从外边透进亮光来,似乎可以挤进去但来不及了。这是下层。下层的东边,洞壁上又深陷进去形成山洞,与外层相对,但只是被下陷处隔断了,不能走到底。由外层南边的洞壁上攀崖上登,向东钻进侧洞,石柱排列好像门洞,觉得很是幽暗,可玲珑精巧的钟乳石镶嵌在空中,现出千百种奇异的姿态。穿过石窍向北下去,就到达中层,就见外层的亮光,仍然投射进洞中。洞内千柱缤纷,万窍灵幻,左边进去非常深,但幽深得无法穷尽,前方面临下层,如身在楼阁中,这也是贵州省境内仅有此处能见到的景观。正在攀登跋涉舍不得离开时,苗族挑夫在山下呼叫催促不已,只好出洞来下山。从山洞前往北行,上登田畦土陇二里,有条大溪自西往东流,溯溪流往西行。有座十多个桥拱的桥横跨在溪流上,这是洛阳桥,是新建成的桥。桥下的水流非常大,自安顺州向北流到此地,向东弯曲后流入威清卫境内,又往北流与陆广河合流,这就是《一统志》所说的澄河了。

　　度桥北,又溯流而西,抵水之北来东折处,遂从岐北向溯小溪行。始由溪东,已涉堰由溪西,已复西北逾冈,五里,抵铜鼓山。其处山坞南辟,北界石峰耸立,皆有洞,或高或下,随峰而出。西界则遥山自北而南,蜿蜒如屏,连裂三洞,其门皆东向,而南偏者最高敞。其前有数十家当其下,即铜鼓寨也,是洞名铜鼓洞。按《志》,铜鼓山在威清西四十五里,以方隅道里计之,似即此山;然其地去平坝仅五里,不平坝而威清,何也? 其洞高悬峻裂,内入不甚深,而前多突耸之石,环牖分门,反觉窈窕。其右重壁之上,圆穴一规,北向高穹。攀崖登之,其中上盘空顶,下坠深阱,土人架木铺竹为垫,俨然层阁。顶东另透明窗,阱内复有穴自下层出入,土人置扉穴前,晚则驱牛马数十头藏其中。正岩之后,有裂窍西南入,滴沥垂其内不绝,渐转渐隘而暗,似向无人者,乃出。时有一老者,候余洞前。余欲并探北偏中洞,老者曰:"北洞浅,不足观。有南洞在高崖上,且大路所由,可一登之。"乃循洞麓西转,不数十步,则峰南果有洞出崖端,其门南向,其下依崖而居者,犹环之为庐。乃从庐后跻级上。洞门悬嵌弥高,前垒石为垣,若雉堞形,内深五丈余,而无悬突之石,扩然高朗。其后洼陷而下者一二丈,然俱面阳而燥,土人置廪盈其间①。其左腋裂窍北下,渐下渐狭而卑,土人曰与东洞通,想即垂沥不绝处也,亦以黑暗不暇入。时顾仆与苗子担前行已久,余恐其不之待,遂下山。循麓西上,半里,逾坳,则顾仆与苗夫犹待于此。其坳当西界蜿蜒屏列之中,脊不甚高,而石骨棱棱,两旁骈峙甚逼。过隘,西下坞中洼,其西复有坳环属,盖南北夹起危峰,而东西又两脊如属垣。洼中有小水,牧者浸牛满其中。度洼半里,又逾脊西下约一里,有岐直下西坞者,通平坝南上之道;循岭北越岭角者,为往平坝道。乃西北上岭者一里,逾岭角而北。又北下者一里,又逾岭西北一里,与大道值②。循大道稍北,遂西度田塍,共半里,逾小桥,入平坝东门③。半里,转而南,乃停担肆中。是晚觅得安庄夫,市小鲫佐酒。时方过午,坐肆楼作记。

【注释】

①廪(lǐn)：米仓。

②值：相逢。

③平坝：明置平坝卫，治今平坝县。

【译文】

过到桥北，又溯溪流往西行，到达溪水从北边流来向东转折之处，就从岔路向北溯小溪走。开始时在溪流东边走，不久涉过堤坝经由溪流西边走，随即又向西北翻越山冈，行五里，抵达铜鼓山。此处南面辟成山坞，北面石峰耸立，山上都有山洞，有的高有的低，顺着山峰显现出来。西境内就是远山自北往南延伸，蜿蜿蜒蜒好像屏风，一连裂开三个洞，洞口都是面向东，而偏在南边的那个洞最为高大宽敞。山洞前面有几十家人位于山洞下方，这就是铜鼓寨了，这个山洞名叫铜鼓洞。根据《一统志》，铜鼓山在威清卫西面四十五里处，按方位里程来计算，似乎就是这座山；然而此地距离平坝卫仅有五里路，志书不用平坝卫来记载它的方位里程却取威清卫，为什么呢？这个洞高悬险峻地裂开，洞内进去不怎么深，但前方有很多突立高耸的岩石，像是环绕着的窗口分列的门户，反而觉得窈窕可爱。洞右侧的重重石壁之上，有一个圆圆的洞穴，面向北，高大穹隆。攀着石崖登上去，洞中上方是圆盘状空荡荡的洞顶，下方陷下去成为深深的陷阱，当地人架了木架，用竹子铺成垫子，俨然像一层层楼阁。洞顶东边另外通着一个明亮的窗口，陷阱内又有洞穴可从下层出入，当地人在洞穴前装了一道门，晚上就把几十头牛马赶进洞中关起来。正洞的后面，有个裂开的石窍向西南方进去，那里面水滴不停地垂落下来，渐渐转进去，石洞渐渐变得又窄又暗，似乎从来没有人进来过，于是出洞来。这时有一位老人，在洞前等候我。我想一并去探一探偏在北边的中洞，老人说："北洞很浅，不值得观赏。有个南洞在高高的山崖上,而且是大路经过的地方,值得去登一次。"于是沿着山洞下方的山麓向西转,不到几十步路,就见山峰南面果然有个洞出现在山崖顶端,洞口向南,山洞下方紧靠山崖居住的人家,仍然是环绕着山崖建盖了房屋。于是从房屋后面沿着石阶上登。洞口高悬深嵌在更高的地方,前边用石块垒成墙,好像城墙的形状,洞内深五丈多,然而没有高悬突立的岩石,显得空阔高敞明亮。洞的后部洼陷下去之处有一二丈,然而都面向太阳,很干燥,当地人放置的粮仓充盈在洞中。山洞左侧裂开一个向北下去的石窍,渐渐下去渐渐变得又狭窄又低矮,当地人说是与东洞相通,想来就是水滴不断垂落之处了,也是因为太黑暗来不及深入进去。此时顾仆与苗人挑着担子走在前面已经很长时间,我担心他们不会等我,便下了山。沿着山麓向西上行,行半里,越过山坳,就见顾仆与苗族挑夫还等在此地。这个山坳位于西境内蜿蜒延伸屏风样排列的群山之中,山脊不是很高,可是石骨嶙峋,两旁群山对峙,非常狭窄。走过山隘,向西下到山坞中的洼地,山坞西边又有个山坳环绕连接着,大体上南北两面夹立耸起高险的山峰,而且东西两面又有两条山脊如城墙一样连接着。洼地中有个小水塘,放牧的人把牛浸泡在整个水塘中。穿越洼地半里,又越过山脊往西下行约半里,有条岔路一直下到西面的山坞中的,是通往平坝卫向南上走的路;沿着山岭向北越过岭角的,是前往平坝卫的路。于是向西北上岭走了一里路,越过岭角向北走。又向北下走一里,又翻越山岭往西北行一里,与大道相遇。沿着大道稍向北走,便向西穿越田间土埂,共走半里,走过小桥,进入平坝卫的东门。行半里,转向南,就把担子停放在旅店中。这天晚上找到一个安庄卫的挑夫,买来小鲫鱼下酒。此时才过中午,坐在旅店的楼上写日记。

　　平坝在东西两山夹间,而城倚西山麓。城不甚雄峻,而中街市人颇集,鱼肉不乏。出西门数里有圣泉,亦时涸时溢，以迂道不及往。

【译文】

　　平坝卫城在东西两列山相夹之间，而城池紧靠西山的山麓。城墙不怎么雄伟高峻，但城中的街市居民很是热闹，鱼和肉不缺乏。走出西门几里有个圣泉，也是时而干涸时而溢出来，因为要绕路走来不及前去。

　　二十日　早餐，随担夫出平坝南门，循西山麓南行。二里，有石坊当道，其南丛山横列，小溪向东峡去，路转西峡入。三里，又随峡南转。又二里，上石子岭，逾岭为石子哨①。又七里，过水桥屯。又五里，为中火铺②。又二里，西上坳，从坳夹行一里，为杨家关③。又西三里，为王家堡，乃南转四里，为石佛洞。洞门西向，不深，有九石佛，甚古。其处西抵大茅河为安酋界，约五十里④。又南五里，平坞间水分南北流，是为老龙过脊。又南五里，为头铺⑤。又南二里，西入山坳。逾之，出其西，又南行三里，过一堡，又二里上陇，入普定北门⑥。一岐自东北来者，广顺道；一岐自西北来者，大茅河诸关隘道。普定城垣峻整，街衢宏阔。南半里，有桥。又南半里，有层楼跨街，市集甚盛。

【注释】

①石子哨：今作"沙子哨"，在平坝县西南境。
②中火铺：旅途程站适中处供过往行人生火做饭或售卖食物的地方。

③杨家关：今名同，在安顺市西秀区东北境，七眼桥铁路车站稍北。

④约五十里：徐本作"约五十余里"。

⑤头铺：今名同，在安顺市西秀区西隅，滇黔公路旁。

⑥普定：明置普定卫，治今安顺城区。

【译文】

二十日　早餐后，跟随挑夫走出平坝卫城南门，沿着西山的山麓往南行。行二里，有座石牌坊位于道路中间，牌坊南面群山横向排列，小溪向东面的峡谷中流去，道路转入西面的峡谷中。行三里，又随着峡谷向南转。又行二里，上登石子岭，越过石子岭是石子哨。又行七里，经过水桥屯。又行五里，是中火铺。又行二里，向西登上山坳，从山坳的夹谷中前行一里，是杨家关。又向西行三里，是王家堡，于是转向南四里，是石佛洞。洞口向西，不深，有九尊石佛，十分古老。此处西面抵达大茅河，是贼首安邦彦的辖境，大约五十里。又向南五里，平旷的山坞中水流分为南北两个流向，这是山脉的主脉延伸而过的山脊。又向南五里，是头铺。又向南二里，向西走入山坳。穿越山坳，出到山坳西边，又往南行三里，经过一处土堡，又行二里登上土陇，进入普定卫城的北门。一条岔路从东北方来的，是去广顺州的路；一条岔路从西北方来的，是通往大茅河各关隘的道路。普定卫城的城墙高峻整齐，街道宏伟宽敞。向南半里，有座桥。又向南半里，有一层层楼房跨在街道上，集市非常兴盛。

二十一日　出南门，西南行十五里，为杨家桥①，有堡为杨桥堡。又南十里，为中火铺。又南一里，抵龙潭山下，转入西峡。西八里，有哨。转南七里，为龙井铺②。又南七里，过哑泉，大路从东南下山，绕山南入安庄东门；小路越岭西而南下，度小桥，抵安庄西门③。安庄后倚北峰，前瞰南陇，而无南北门，惟东西两门出入。西门外多客肆，余乃入憩焉。遂入西门，遇伍、徐二卫舍④，为言："此间为安邦彦所荼毒，残害独惨，人人恨不洗其穴。然以天兵临之，荡平甚易，而部院朱独主抚，以致天讨不行，而叛逆不戢。今正月终，犹以众窥三汊河，以有备而退⑤。"三汊河者，去安庄西五十里，一水西北自乌撒⑥，一水西南自老山中，合并东北行，故曰"三汊"；东经大茅、陆广、乌江，与安限为天堑者，惟此⑦；今设总兵官驻其地。时朱总督已毙⑧，舆尸还越，而按君冯士晋为四川人⑨，余离贵省日，亦亲临陆广，巡历三汊，将由安庄抵安南。伍君曰："按君此行，亦将巡察要害，分布士卒，为剿除之计，非与朱为比者。"不识然否？

【注释】

①杨家桥：今名同，在安顺市西秀区南境。

②龙井铺：今名同，在镇宁县东北隅的公路旁。

③安庄：明置安庄卫，治今镇宁布依族苗族自治县城关镇。

④卫舍：明代军卫应袭子弟称舍人，亦称卫舍。

⑤"此间为安邦彦所荼毒"以下几句：元代在今贵州境内的土司即有水西、水东之称。明代设贵州宣慰司，由安氏世袭宣慰使，宋氏世袭宣慰同知，两宣慰各有分地，安氏辖境大部在今乌江上游鸭池河以西，通称水西；宋氏辖地大部在鸭池河以东，通称水东。天启二年（1622）安邦彦反，攻陷毕节，又破安顺、平坝、沾益，并配合宋万化围贵阳十余月。后安邦彦又率众数万迫官军，"贵阳三十里外樵苏不行，城中复大震。"崇祯元年（1628）明廷调朱燮元总督贵、云、川、广，专门对付安邦彦。安邦彦经七年始被平定，安位继，仍继续为乱。崇祯十年（1637）安位死，明废宣慰使，分其地为十二州，乱亦未止，不久复旧。戢（jí），收敛，止息。

⑥乌撒：明置乌撒府，隶四川布政司，治今贵州威宁彝族回族苗族自治县。

⑦"故曰三汊"以下几句：今仍称三岔河，即乌江上游。明代各段皆有专名，今六枝以北称谷龙河，今普定以北称大茅河，今安顺以北称思腊河，今平坝、清镇以北称鸭池河，今修文以北称六广河，今息烽、开阳以北始称乌江。

⑧总督：官名。明初在用兵时派部院官总督军务，事毕即罢。后各地逐渐增置，成为定制。

⑨按君：对巡按的尊称。明代派遣监察御史分赴各省区巡视，按临州县，考核吏治，三年一更，称为巡按。其品级虽低，但可与省区行政长官分庭抗礼。

【译文】

二十一日　出了南门，往西南行十五里，是杨家桥，有座桥头堡是杨家堡。又向南十里，是中火铺。又向南一里，抵达龙潭山下，转入西面的山峡。向西八里，有个哨卡。转向南行七里，是龙井铺。又向南七里，路过哑泉，大路从东南方向下山，绕到山的南面进入安庄卫城的东门；小路越到岭西后往南下山，走过小桥，抵达安庄卫城的西门。安庄卫城后面靠着北面的山峰，前方俯瞰着南面的山陇，可南北两面没有城门，只有东西两道城门供人出入。西门外有许多客店，我于是进店歇息。随后进入西门，遇见安庄卫姓伍、姓徐的两位舍人，对我说："这一带被安邦彦所毒害，残害得特别惨，人人都恨不得血洗他的巢穴。如果朝廷派大军来征讨他，荡平他非常容易，可朱部院偏要主张安抚，以致朝廷没有实行征讨，但叛逆毫不收敛。今年正月底，还率领部众窥探三汊河，因为地方上事先有防备才退兵。"三汊河这地方，西面距离安庄卫五十里，一条河水从西北方的乌撒府流来，一条河水从西南方的老山中流来，合流后向东北流去，所以叫做"三汊河"；往东经过大茅河、陆广河、乌江一线，与安邦彦分界成为天堑的，唯有这条河；现在设置了总兵官驻扎在那个地方。这时朱总督已经死去，用车载着尸体返回浙东，而巡按大人冯士晋是四川人，我离开贵州省城时，他也亲临陆广河，巡察经过三汊河，即将由安庄卫去到安南卫。伍君说："巡按大人此次出行，也将要巡察军事要地，部署士卒，为剿除安邦彦做准备，不是能与朱总督相比的人。"不知是不是这样？

　　普定卫城内，即安顺府所驻①。余先闻安顺止土知州，而宦籍有知府节推，至是始知所驻在普定也。

【注释】

①安顺：安顺州，治所原在今安顺市西秀区东境的旧州镇。成化中（1465—1487）移与普定卫同城，即治今安顺城区。万历三十年（1602）升为安顺军民府，统辖贵州西部的大片地区。

【译文】

　　普定卫城内，就是安顺府的驻地。我先前听说安顺只设有土知州，而仕宦出身的只有知府节制下的推官，来到这里才知道安顺府是驻在普定卫城。

　　安庄卫城内，即镇宁州所驻①。其公署在南城内段公祠之东，段公名时盛，天启四年任镇宁道②。云南普名胜叛，踞阿迷州，段统兵征之，死于难，故州人立祠祀之，而招魂葬于望水亭之西。今普名胜之子犹据阿迷州。**潦敝殊甚③。庭有古杉四株，大合两人抱，岂亦国初之遗耶？**

【注释】

①镇宁州：洪武十八年（1385）置镇宁州于今紫云县治西南7公里

的火烘,嘉靖十一年(1532)徙州治与安庄卫同城,即今镇宁
县治。

②天启四年:即1624年。

③湫(jiǎo)敝殊甚:十分低矮破烂。

【译文】

安庄卫城内,就是镇宁州的驻地。镇宁州的衙门在南城内段
公祠的东边,段公名叫段时盛,天启四年任镇宁道道员。云南省普名胜反叛,盘
踞着阿迷州,段时盛统领兵马征伐普名胜,死于国难,所以州里人建立了祠堂祭祀
他,而且为他招魂葬在望水亭的西边。今天普名胜的儿子仍然占据着阿迷州。十
分低矮破烂。庭院中有四颗古杉树,大处要两人合抱,莫非也是开
国初期的遗物吗?

安南卫城内,即永宁州所驻①。考《一统志》,三卫三
州,旧各有分地,卫俱在北,州俱在南。今州卫同城,欲
以文辖武,实借武卫文也。但各州之地,俱半错卫屯,半
沦苗孽,似非当时金瓯无缺矣。

【注释】

①永宁州:洪武十八年(1385)置永宁州于今镇宁县南部六马乡稍
东的打罕。嘉靖十一年(1532)徙州治于关索岭。万历四年
(1576)徙与安南卫同城,即今晴隆县治。

【译文】

安南卫城内,就是永宁州的驻地。查看《一统志》,三个卫三个
州,旧时各自划分有辖地,三个卫都在北面,三个州都在南面。今天
州和卫都在同一个城里,打算用文官来管辖武官,实际上是借助武
官来保卫文官了。但各个州的属地,全都有一半错杂着卫所的屯
田,一半沦丧在苗族叛民的手中,似乎不是当年完整无缺的疆土了。

三卫之西，为水西所苦，其东又诸苗杂据，惟中一道通行耳。

【译文】

三个卫的西面，被水西所苦害，三个卫的东面有杂乱盘踞着各支苗人，唯有中间的一条道路可以通行罢了。

二十二日　五鼓，大雨达旦，余少憩逆旅。下午霁，独南遵大路，一里逾岭，由岐东下半里，入双明洞①。此处山皆回环成洼，水皆下透穴地。将抵洞，忽坞中下裂成坑，阔三尺，长三丈，深丈余，水从其东底溢出，即从其下北去。溢穴之处，其上皆环塍为田，水盈而不渗，亦一奇也。从此西转，则北山遂南削为崖，西山亦削崖北属之，崖环西北二面，如城半规。先抵北崖下，崖根忽下嵌成洞，其中贮水一塘，渊碧深泓，即外自裂坑中潜透而汇之者。从崖外稍西，即有一石自崖顶南跨而下，其顶与崖并起，而下辟为门，高阔约俱丈五，是为东门。透门而西，其内北崖愈穹，西崖之环驾而属者，亦愈合。西山之南，复分土山一支，掉臂而前，与东门外崖夹坑而峙。昔有结高垣，垒石址，架阁于上，北与东门崖对，以补东向之隙，而今废矣。由东门又数十步，抵西崖下。其崖自南山北属于北崖，上皆削壁危合，下则中辟而西通，高阔俱三倍于东门，是为西门。此洞外之"双明"也。一门而中透已奇，两门而交映尤异。其西门之外，山复四环成洼，高若列城。水自东门外北崖渊泓间②，又透石根溢出西门之东，其声淙淙，从西门北崖，又透穴西出。门之东西，皆有小石梁跨之，以入北洞。水由桥下西行环洼中，又透西山之下而去。西门之下，东映重门，北环坠壑，南倚南山，石壁氤氲，结为龛牖，置观音大士像焉。由其后透穴南入，石窍玲珑，小而不扩，深可十余丈而止。此门下南壁之奇也。北接北崖，石屏中峙，与南壁夹而为门。屏后则北山中空盘壑，极其宏峻，屏之左右，皆有小石梁以分达之。屏下水环石壑，盘旋如带。此门下北壁之奇也。北壁一屏，南界为门，北界为洞，洞门南临。此屏中若树塞，遂东西亦分两门，南向。水自东门下溢穴而出，漱屏根而入，则循屏东而架为东桥，而东门临之；又溢穴出西门下，循屏西而架为西桥，而西门临之。此又洞内之"双明"也。先从西门度桥入，洞顶高十余丈，四旁平覆如幄；而当门独旋顶一规，圆盘而起，俨若宝盖中穿；其下有石台，中高而承之；上有两圆洼，大如铜鼓，以石击之，分清浊声，土人诧为一钟一鼓云。洞西北盘亘，亦多垂柱裂隙，俱回环不深。东南裂隙下，高迥亦如西门，而掩映弥深，水流其前，潆洄作态，崆峒清泠，各极其趣。遂逾东桥，仍出西门下，由其前南向而上，直跻崖根，复有洞东向，高阔俱三丈，而深十丈。洞后北转，遂上穹而黑，然不甚深矣。洞中干朗，有僧栖之，而中置金仙像。乃叩僧索笔携炬，同下穷西门大士后小穴，并录壁间诗。返寓已暮。

【注释】

①双明洞：今名同，在镇宁布依族苗族自治县南 1.5 公里的公路边，分前洞和后洞。前洞口宽三米余，高二十余米，洞内空旷平坦，宽处约六十米，高处约三十余米。出口有"透心泉"，洞外四

山环绕，一溪横流，溪上有阅仙桥。后洞又名内洞，高宽皆约二十五米。前洞出口如门，后洞出口若窗，白天晚上阳光月光皆可透入，故名"双明洞"。近数十年，又在镇宁县东一公里处发现伙牛洞，为放伙牛的牧童避雨休憩的地方，因名。洞内有多具野兽遗骸及兽骨化石，现改名犀牛洞，已扩大了洞门，建成了新的旅游点。

②水自东门外北崖渊泓间："北崖"，原误倒为"崖北"，据本书上文改。

【译文】

二十二日　五更时，大雨直下到天亮，我在旅店中稍作休息。下午天转晴，独自一人顺着大路往南走，走一里越过山岭，由岔路向东下走半里，进入双明洞。此处的山都回绕成洼地，水都是向下流入地下的洞穴中。即将到达洞中时，忽然山坞中向下裂成深坑，宽三尺，长三丈，深一丈多，水从深坑东头的底下溢出来，随即从坑下往北流出去。溢水的洞穴处，深坑上面都是田埂环绕着的水田，水满满的却不渗漏，也是一个奇观。从此地向西转，就见北山的南面是陡削的悬崖，西山也是陡削的悬崖，北边连接着北山，悬崖环绕在西北两面，如城墙一样是半个圆形。首先抵达北面的悬崖下，悬崖根部忽然下嵌成一个洞，洞中贮藏着一塘水，渊深碧绿，这就是从外边裂开的深坑中潜流渗透汇积在洞中的水。从悬崖外边稍向西走，马上有一块岩石从悬崖顶端向南斜跨下来，岩石的顶部与悬崖并排耸起，而下面剖开成为门洞，高处宽处大约都是一丈五，这是东门。钻过门往西走，石门以内北面的悬崖愈加穹隆，西面的悬崖环绕奔突而来的连接处，也愈加合拢。西山的南面，又分出一条土山，掉转手臂往前延伸，与东门外的悬崖夹住深坑对峙。从前有人构筑了高墙，垒砌了石头地基，在上面架起了楼阁，面朝北与东门所在的悬崖相对，以此来填补东面的空隙，可今天已荒废了。由东门又走几十步，抵达西面的悬崖下。这里的悬崖自南山向北连接着北面的悬崖，上边都是高险闭合的峭壁，下面却从中剖开通到西面，高处宽处都是东门的三倍，这便是西门。这是山洞外边的"双明"了。一个石门中间相通已经很奇特了，而两个石门交相辉映就格外奇异了。那西门之外，山又四面环绕形成洼地，高高地好像排列着的城墙。水从东门外北面悬崖下的深潭中，又渗过石山根部在西门的东边溢出来，水声淙淙，从西门北面的悬崖下，又穿过洞穴向西流出去。石门的东西两面，都有小石桥跨在流水上，以便进入北面的山洞。水从桥下向西流淌在环形的洼地中，有穿过西山之下流去。西门之下，东面映衬着两个石门，北边环绕着深陷的壑谷，南面紧靠南山，石壁上云气氤氲，建造了一个带有窗户的佛龛，佛龛内放置了观音菩萨的像。由佛龛后面钻过洞穴向南深入，石窍小巧玲珑，小而不宽，深处大约有十多丈便终止了。这是石门下南面石壁上的奇观。北边接着北面的悬崖，石头屏风耸峙在中央，与南面的石壁相夹形成石门。石头屏风后面就是北山从空中盘绕而下的壑谷，极其宏伟险峻，石头屏风的左右，都有小石桥以便分别到达那里。屏风下面的水环流在岩石壑谷中，盘旋着好像一条带子。这是石门下北面石壁上的奇观了。北面石壁上的一座石屏风，把南面分隔成门，北面被分隔成洞，洞口面临南方。这座屏风像大树一样堵塞在中央，于是东西两边也就分为两道门，面向南。水从东门下边洞穴中溢出来，冲刷着石屏风的根部流进去，便沿着石屏风的东边架成东桥，而东门面临着东桥；又在西门下从洞穴中溢出来，沿着石屏风的西边架为西桥，而西门面临西桥。这又是山洞内的"双明"了。首先从西门过桥进去，洞顶高十多丈，四周平滑下覆好像帷幔；而当门之处只有一个旋绕上去圆形的洞顶，圆盘状地隆起，俨然像是珍宝装饰的伞盖，中央穹隆而起；圆顶下方有个石台，在中央高高地托着圆顶；石台上有两个圆形的凹坑，大处如铜鼓，用石块敲击它们，声音分为一清一浊，当地人诧异地认为是一口钟一个鼓。山洞向西北弯弯转转地进去，也有很多下垂的石柱和裂缝，全都弯弯曲曲的，不深。东南面的裂缝下，高远之处也像西门一样,可互相掩映更加幽深,溪水流过它的前边,流转回旋,娇美作态,山洞空旷,泉水清凉,各自极尽其中的情趣。于是越过东桥,仍旧出到西门下,由西门前向南上登,直接登上悬崖脚下,又有个山洞面向东方,高处宽处都是三丈,可深处有十丈。进洞后向北转,于是洞顶上方隆起,又很黑,然而不太深。洞中干燥明亮,有僧人住在洞中,而且中央放置着如来佛像。于是拜见了和尚,要来纸笔带上火把,一同下去穷究西门观音菩萨后边的小洞,并抄录了石壁上的题诗。返回寓所天已经黑了。

二十三日　雇短夫遵大道南行。二里,从陇头东望双明西岩,其下犹透明而东也。洞中水西出流壑中,从大道下复西入山麓,再透再入,凡三穿岩腹,而后注于大溪。盖是中洼壑,皆四面山环,水必透穴也。又南逾阜,四升降,共四里,有堡在南山岭头。路从北岭转而西下,又二里,有草坊当路,路左有茅铺一家。又西下,升陟陇壑,共七里,得聚落一坞①,曰白水铺②,已为中火铺矣。又西二里,遥闻水声轰轰,从陇隙北望,忽有水自东北山腋泻崖而下,捣入重渊,但见其上横白阔数丈,翻空涌雪,而不见其下截,盖为对崖所隔也。复逾阜下半里,遂临其下流,随之汤汤西去,还望东北悬流,恨不能一抵其下。担夫曰:"是为白水河。前有悬坠处,比此更深。"余恨不一当其境,心犹慊慊③。随流半里,有巨石桥架水上,是为白虹桥。其桥南北横跨,下辟三门,而水流甚阔,每数丈,辄从溪底翻崖喷雪,满溪皆如白鹭群飞,"白水"之名不诬矣。度桥北,又随溪西行半里,忽陇箐亏蔽,复闻声如雷,余意又奇境至矣。透陇隙南顾,则路左一溪悬捣，万练飞空，溪上石如莲叶下覆，中剜三门，水由叶上漫顶而下，如鲛绡万幅④，横罩门外，直下者不可以丈数计，捣珠崩玉，飞沫反涌，如烟雾腾空，势甚雄厉，所谓"珠帘钩不卷，匹练挂遥峰"，俱不足以拟其壮也。盖余所见瀑布，高峻数倍者有之，而从无此阔而大者，但从其上侧身下瞰，不免神悚。而担夫曰："前有望水亭，可憩也。"瞻其亭，犹在对崖之上，遂从其侧西南下，复度峡南上，共一里余，跻西崖之巅。其亭乃覆茅所为，盖昔望水亭旧址，今以按君道经，恐其停眺，故编茅为之耳。其处正面揖飞流⑤，奔腾喷薄之状，令人可望而不可即也⑥。停憩久之，从亭南西转，涧乃环山转峡东南去，路乃循崖拾级西南下⑦。

【注释】

①聚落：定居一年以上的村落。亦省称"聚"。

②白水铺：今仍称白水或白水河，在镇宁县西境，打帮河稍东的公路旁。这一段河道为镇宁与关岭界河。但在打帮河西岸新设黄果树镇，为旅游小镇，亦属镇宁县。

③慊（qiǎn）慊：遗憾。

④鲛绡（jiāo xiāo）：传说中鲛人所织的绡，亦泛指名贵凉爽的薄纱。

⑤揖（yī）：拱手致礼。

⑥"奔腾喷薄之状"两句：白水河即今打帮河。以上描述的即黄果树瀑布群，为我国最大的瀑布。在打帮河上，瀑漫层叠，滩潭连续，有九级十八布之称。其中黄果树瀑布高67米，宽60米，奔流直泻犀牛潭，规模最大，最为壮观。它的上段还有三级，下段还有五级，千姿百态，各具特色。高滩瀑布高120米，为区内最高的瀑布。陡坡塘瀑布宽105米，高23米，为区内最宽的瀑布。螺

蛳滩瀑布盘旋层跌,滩漫最长,形成螺旋状瀑布群。大树崖瀑布为三级断崖瀑布,仅谷底一级即高55米。伏流口瀑布,河水从槽状溶潭倾泻入地下,落差75米。千层崖瀑布系河水冲刷成数百层石级状悬崖,瀑流如从高石坎上沿级而下。游丝瀑如细丝袅袅,为季节性小瀑布。还有罕见的洞内瀑布。黄果树瀑布区岩溶现象十分突出,俗称十山九空。水帘洞、伙牛洞、观音洞、者斗洞为其中四大名洞。洞内千奇百怪,亦各有特点。该瀑布群位于今镇宁、关岭两县间,适当滇黔公路边的黄果树街附近,有观瀑亭、望水厅可凭眺。新辟的五百多道石级,可直达犀牛潭边。

⑦拾级:原作"石级",据"四库"本改。

【译文】

二十三日　雇了个短途挑夫,沿着大道往南行。行二里,从陇头向东望双明洞西面的石崖,石崖下方仍然向东透着亮光。洞中的水向西出来流到壑谷中,从大道下又往西流进山麓,两次钻出来两次流进去,总共三次穿流过石山山腹,而后注入大溪中。大概这里是中间下洼的壑谷,四面都是山环绕着,水流必得穿过洞穴才能外泄。又向南越过山阜,四次上登四次下走,共走四里,有座土堡在南山的岭头上。道路从北面的山岭上转向西下行,又行二里,有座茅草牌坊位于路中,道路左边有一家茅草屋的店铺。又向西下走,上登跋涉在土陇壑谷间,共行七里,遇到一个山坞中的聚落,叫白水铺,已经是中火铺了。又向西二里,远远听见水声轰轰地响,从山陇的缺口中向北望去,忽然有河水自东北方的山窝中泻下悬崖,捣入重重深渊,只见瀑布上半截横着白色的水流,宽有几丈,翻卷在空中,如雪花喷涌,可是看不见瀑布的下半截,因为被瀑布对面的山崖挡住了。又越过山阜下走半里,便面临瀑布的下游,顺着浩浩荡荡的河水向西走去,回头望东北方悬挂着的激流,恨不得能到瀑布下去看一看。挑夫说:"这是白水河。前边有河水悬空下坠的地方，比这里更深。"我遗憾不能亲临其境一次，心里仍然十分懊恼。顺流走半里，有座巨大的石桥架在河水上，这是白虹桥。这座桥呈南北向横跨过去，下面开有三个桥洞，但水流非常宽广，每隔几丈远，就有水流从河底翻越起石石喷溅起的雪白的浪花，满条河面上都像是成群的白鹭在飞翔，"白水"的名字不假啊。过到桥北，又沿着河水往西行半里，忽然间山陇亏缺，深箐蔽日，再次听见如雷的水声，我料想又有奇景来到了。透过山陇的缺口向南回头看，就见道路左边一条河流悬空冲捣而下，如万条白色的丝绢飞舞在空中，河流上方的岩石如荷叶一样下覆，中间有三个如用刀剜出的洞，水从荷叶上漫过顶部泻下来，如同千万匹薄纱，横罩在洞口外，笔直下泻的距离不能用丈来计算，如春捣珍珠，似玉屑迸溅，水沫飞溅，波涛回涌，如烟雾腾空，气势极其雄壮迅猛，所谓"珠帘钩不卷，匹练挂遥峰"的诗句，完全不足以用来比拟它的壮观了。大略说来，我所见过的瀑布，比它高峻几倍的有过，可从来没见过这样又宽又大的，仅仅只是从瀑布上方侧着身子向下俯瞰，就不免神魂惊悚。然而挑夫说："前边有个望水亭，可以歇息。"远望那座亭子，还在对面的山崖上，便从瀑布侧边往西南下走，再越过峡谷向南上登，共走一里多，登上西面山崖的顶上。这座亭子是用茅草盖顶建成的，大概是从前望水亭的旧址，现在因为巡按大人要路过，担心巡按大人会停下来眺望，所以用茅草编顶建成亭子。此处正好能面对着飞泻的水流作揖行礼，奔腾喷薄的样子，让人可望而不可即了。停留休息了很久，从亭子南边向西转，山涧于是绕着山向东南方的峡谷中转去，道路于是沿着山崖上的石阶向西南下走。

　　又升陟陇壑四里，西上入坞，有聚落一区在东山下，曰鸡公背。土人指其东南峰上，有洞西北向，外门如竖而内可容众，有"鸡公"焉，以形似名也。其洞东透前山，而此坞在其后，故曰"背"。余闻之，乃贾勇先登，冀一入其内。比登，只有一道西南上，随之迤逦攀跻，竟无旁岐。已一里，登岭头矣，是为鸡公岭。坳中有佛宇。问洞何在？僧指在山下村南，已越之而上矣。担夫亦至，遂逾岭西向下，半里，抵壑中。又半里，有堡在南陇，曰太华哨①。又西上岭，逾而西，又一里，乃迤逦西南下，甚深。始望见西界遥峰，自北而南，屏立如障，与此东界为夹，互相颉颃；中有溪流，亦自北而南，下嵌壑底②。望之而下，一下三里，从桥西度，是为关岭桥。越桥，即西向拾级上，其上甚峻。二里，有观音阁当道左③，阁下甃石池一方，泉自其西透穴而出，平流池中，溢而东下，是为马跑泉，乃关索之遗迹也④。阁南道右，亦有泉出穴中，是为哑泉，人不得而尝焉。余勺马跑，甘冽次于惠，而高山得此，故自奇也，但与哑泉相去不数步，何良楛之异如此⑤！由阁南越一亭，又西上者二里，遂陟岭脊，是为关索岭。索为关公子，随蜀丞相诸葛南征，开辟蛮道至此。有庙，肇自国初⑥，而大于王靖远，至今祀典不废。越岭西下一里，有大堡在平坞中，曰关岭铺，乃关岭守御所所在也⑦。计其地犹在山顶，虽下，未及三之一也。至才过午，夫辞去，余憩肆中。

【注释】

①太华哨：今作"大花哨"，在关岭县东境，打帮河与坝陵河间的公路边。

②"中有溪流"以下几句：此溪今称坝陵河，自北而南流入打帮河。

③观音阁：即双泉寺，清代又称龙泉寺，在关索岭东半山，古驿道北侧，现仅存石基。马跑泉出自半山，流经寺旁。

④乃关索之遗迹也："四库"本作"乃关索公遗迹也"。

⑤楛(kǔ)：恶劣。

⑥国初：明代人称朱元璋建的明朝之初为国初。

⑦关岭守御所：即今关岭布依族苗族自治县，其驻地称关索镇。

【译文】

又爬升在山陇壑谷间四里，往西上登走入一个山坞，有一片聚落在东山下，叫鸡公背。当地人指点在村子东南的山峰上，有个朝向西北的山洞，外边的洞口如竖直的一条缝，但洞内可容纳许多人，洞中有"鸡公"，因为形状相似起的名。这个山洞东面通到前山，而这个山坞在山洞后面，所以叫做"背"。我听见这些话，便鼓足勇气率先登山，希望进洞去一次。到登山时，只有西南面一条路上去，顺着这条路曲曲折折地攀登，竟然没有别的岔路。行一里后，便登上岭头了，这是鸡公岭。山坞中有佛寺。询问："山洞在哪里？"僧人指点在山下村子的南边，我已经路过山洞走上来了。挑夫也来到了，于是越过山岭向西下山，行半里，抵达壑谷中。又行半里，有土堡在南面的山陇上，叫太华哨。又向西上岭，翻越到西面，又行一里，便弯弯绕绕地往西南下走，非常深。这才望见西面远处的一列山峰，自北往南延伸，如屏障一样矗立着，与东面这一列山相夹而立，互相抗衡；中间有溪流，也是自北往南流，下嵌在壑谷底部。望着壑谷往下走，一口气下行三里，从桥上过到西边，这是关岭桥。过桥后，马上沿着石阶上登，那上走的路非常陡峻。行二里，有个观音阁位于道路左边，观音阁下边用石块砌成一个方形水池，泉水从池塘西边穿过洞穴流出来，平缓流进池塘中，溢出池塘往东流下去，这是马跑泉，是关索的遗迹了。观音阁南边道路的右边，也有泉水从洞穴中流出来，这是哑泉，人不能喝这里的水。我舀了些马跑泉的水喝，甘甜清凉的滋味比惠泉差一点，然而高山上能得到这样的泉水，本来就很奇特了，但是与哑泉相距不到几步路，为何好坏的差异如此之大！由观音阁南边越过一座亭子，又往西上走二里，便登上岭脊，这是关索岭。

关索是关公的儿子,跟随蜀国丞相诸葛亮南征,开辟蛮族地区的道路来到此地。建有神庙,始建于开国初年,而后由靖远侯王骥扩建,至今祭祀之礼没有废除。越过山岭往西下行一里,有个大土堡在平旷的山坞中,叫关岭铺,是关岭守御所的所在地了。估计此地还在山顶,虽然地势低下,但到山脚还不到三分之一呢。来到关岭铺才过中午,挑夫告辞离开了,我在客店中休息。

二十四日　晨起,以乏夫为虑。忽有驼骑至①,尚余其一,遂倩之,议至交水。以筐囊装马上,令之先行,余饭而后往。西南七里,上北斗岭。一里,西逾其脊,有亭跨其上。西望崇山列翠,又自北屏列而南,与东界复颉颃成夹,夹中亦有小水南去。从岭西下二里,抵夹坞中,有聚落倚其麓,是为北斗铺②。关岭为中界高山,而北斗乃其西陲。鸡公岭为东界高山,而太华乃其西陲。二界高岭,愈西愈高。由铺西截坞横度二里,乃西向拾级上。迤逦峰头,五里,逾一坳,东眺关岭,已在足底,有坊跨道,曰“安普封疆”,是为安庄哨。自关岭为镇宁、永宁分界,而安庄卫之屯,直抵盘江,皆犬牙相错,非截然各判者。又西上峰峡中三里,崖木渐合,曰安笼铺③,又永宁属。按《志》有安笼箐山、安笼箐关,想即此。问所谓安笼守御所,土人云:“在安南东南三日程。”此属普州,又非此矣④。按此地在昔为安氏西南尽境,故今犹有安庄、安笼、安顺、安南诸名。盖安氏之地,昔以盘江为西堮,而今以三汊为界,三汊以南,盘江以东,为中国奋武卫者仅此耳⑤。

【注释】

①驼骑：即马帮，今云南山区还能看到。数十匹甚至数百匹马为一帮，进行长途驮运，用芒锣或驮铃指挥，有固定的路线及程站，是西南地区古代主要的运输方式。驼，同"驮"。

②北斗铺：今作"北口"，在关岭县中部鸡场坪附近。

③安笼铺：今作"安龙铺"，又讹作"安龙坡"，在关岭县中部。

④"在安南东南三日程"以下几句：原文其意难解，疑应为"彼属普州，又非此矣。"彼即指安笼所，普州即普安州。安笼守御所属普安州，在今安龙县。

⑤为中国奋武卫者仅此耳："奋武卫"，徐本、"四库"本作"奋卫"。宁抄本作"舊卫"，因形近而误。

【译文】

二十四日　清晨起床，为没有挑夫忧虑。忽然间有马帮来到，还空余着一匹马，便请马帮代驮行李，议妥到交水。用筐子把行李装载到马背上，让马帮先走，我吃了饭才动身。向西南七里，登上北斗岭。行一里，向西越过岭脊，有座亭子跨在岭脊上。向西望去，崇山环绕，一片葱翠，又自北边屏风样向南排列，与东面一列山互相抗衡，形成夹谷，夹谷中也有小河向南流去。从岭上往西下行二里，抵达两山相夹的山坞中，有个聚落紧靠着山麓，这里是北斗铺。关索岭是中间一列高山，而北斗岭是关索岭的西陲。鸡公岭是东面的一列高山，而太华哨是鸡公岭的西陲。两面的高山，越往西延伸越高。由北斗铺向西横截山坞而过有二里路，于是向西沿着石阶上登。逶逶迤迤行走在峰头，行五里，越过一个山坳，向东眺望关索岭，已经在脚底下，有座牌坊跨在道路上，叫"安普封疆"，这里是安庄哨。从关索岭起是镇宁州、永宁州的分界线，可安庄卫的屯驻地，一直到达盘江，都是犬牙般互相交错，不是各自截然划分开的。又往西登上峰头的峡谷中行三里，山崖林木渐渐合拢，叫做安笼铺。又是永宁州的属地。根据《一统志》，有安笼箐山、安笼箐关，想来就是此地。打听所谓的安笼守御所，当地人说:"在安南卫东南方,有三天的路程。"此地属普安州,又不是这里了。据考察,此地在过去是安氏的西南边境,所以今天仍然有安庄、安笼、安顺、安南各种地名。大概安氏的地盘,从前以盘江作为西面的天堑,而今日以三汊河作为分界,三汊河以南,盘江以东,是朝廷旧有卫所的地方仅有此地了。

　　由铺西更南上一里,逾岭稍下,有坞中洼。又西半里,则重峰夹坑,下坠北去。盘岭侧,西度坑坳半里,复拾级上二里,有庵跨道,是为象鼻岭。由其西度脊,甚狭,南北俱削壁,下而成坑,其上仅阔五六尺,如度堵①。又宛转北跻,再过一脊,共二里②,陟岭头,则此界最高处也。东瞰关岭,西俯盘江以西,两界山俱屏列于下,如"川"字分行而拥之者,岭西又盘坞为坪,结城其间,是为查城③,即所谓鼎站也。有查城驿,属安南。鼎站为西界高山,而白云寺乃其西陲,亦愈西愈高。乃望之西北下,共二里半,而税驾逆旅赵店。江西人。时驼骑犹放牧中途,余小酌肆中,入观于城,而返憩肆间。

【注释】

①堵:墙壁。

②共二里:"四库"本作"共三里"。

③查城:与清代永宁州城同点,即今永宁镇,在关岭县西境的公路边。道光《永宁州志》考证:"按查城驿在镇宁、安南之间,即今永宁州治。志云在永宁州北,盖指永宁州初建于打罕时而言。"

【译文】

　　由安笼铺西边再向南上登一里,越过山岭稍下走,有个山坞中央下洼。又向西行半里,就有两重山峰夹着坑谷,向北下坠而去。绕到山岭侧边，往西穿越坑谷中的山坳半里，又沿着石阶上登二里，有座寺庵跨在路上，这里是象鼻岭。由寺庵西边越过山脊，非常狭窄，南北都是陡削的石壁，下垂形成深坑，山脊上仅有五六尺宽，如走在墙头上。又弯弯转转向北上登，再次越过一条山脊，共行二里，登上岭头，就是这一带的最高处了。向东下瞰关索岭，往西俯瞰盘江以西，两面的山全像是屏风排列在下方，如一个"川"字分成行簇拥着这座山岭，山岭西面又有山坞盘绕成平坝，平坝中建有城池，这是查城，就是所谓的鼎站了。有查城驿，属安庄卫。鼎站是西面的高山，而白云寺是这座山的西陲，也是越往西地势越高。于是望着查城往西北下山，共行二里半，而后住宿在赵姓客店中。赵是江西人。此时马帮还在途中放牧，我在客店中小饮几杯，进城去观览，然后返回客店中休息。

其地为盘江以东老龙第一枝南分之脊，第二枝为关岭，第三枝为鸡公背。三枝南下，形如"川"字，而西枝最高，然其去俱不甚长，不过各尽于都泥江以北。其界都泥江北而走多灵者，又从新添东南，分支下都匀南，环独山州北而西，又东南度鸡公关而下者也。

【译文】

此地是盘江以东山脉主脉第一条向南分出的支脉山脊，第二条支脉是关索岭，第三条支脉是鸡公背。三条支脉往南下延，形状如同一个"川"字，而西面的一条支脉最高，然而三条支脉延伸的距离都不太长，各自都只不过在都泥江以北就到了尽头。那隔在都泥江以北而且走向多灵山的山脉，又从新添卫东南境，分出支脉下延到都匀府南境，环绕过独山州北面后往西延伸，又向东南延过鸡公关后向下延伸。

其地东南为慕役长官司①，李姓。东北为顶营长官司②，罗姓。西北为沙营长官司③。沙姓。时沙土官初故，其妻即郎岱土酋之妹④。郎岱率众攻之，人民俱奔走于鼎站。沙营东北为狼代土酋，东北与水西接界，与安孽表里为乱，攻掠邻境；上官惟加衔饵，不敢一问也。

【注释】

①慕役长官司：在今关岭县南的花江镇。

②顶营长官司：原误倒为"营顶长官司"，据《明史·地理志》改。现仍称"顶营"，在关岭县治与永宁间的公路旁。

③沙营长官司：即今关岭县北部的沙营场。

④郎岱：《游记》中又作"狼代"。即今六枝特区南部的郎岱镇。雍正九年(1731)置郎岱厅，1913年改郎岱县，1960年撤县。据《中华人民共和国地名词典·贵州省》载，"以城西老郎山和城中岱山得名。"

【译文】

此地的东南方是慕役长官司，姓李。东北方是顶营长官司，姓罗。西北方是沙营长官司。姓沙。这时候沙土司刚死，他的妻子就是郎岱土人头领的妹妹，郎岱率领人马来攻打她，人民全都逃奔到鼎站来。沙营长官司东北方是郎代头领，东北面与水西接壤，与安邦彦贼首里应外合作乱，攻打抢劫邻近地区；上面的官僚只会用升官晋爵来引诱他，不敢查问一下。

按是岭最高，西为查城，东为安笼箐，皆绝顶回环而成坞者，在众山之上也。《一统志》永宁之安笼箐关，正指此。普安之安笼千户所，在安南东南三日程者，即与广西之安隆长官司接界①，乃田州白隘所由之道。在普安安笼千户所,当作安隆,与广西同称,不当作安笼,与永宁相溷也。

【注释】

①安隆长官司:直隶广西布政司,治今广西隆林各族自治县。

【译文】

据考察,这座岭最高,西面是查城,东面是安笼箐,都是在高山绝顶上回绕成山坞的地方,在群山的上面。《一统志》上说的永宁州的安笼箐关,正是指此地。普安州的安笼千户所,在安南卫东南方有三天路程的地方,就是与广西省的安隆长官司交界,是去田州白隘所要经由的通道。在普安州安笼千户所,应当写作"安隆",与广西的安隆名称相同,不应该写作"安笼",与永宁州的"安笼"互相混淆了。

鼎站之峡,从东北向西南,其东南即大山之脊,而查城倚其西北,亦开一峡而去,乃沙营土司道也。其泉源亦自东北脊下,穿站街而西,南坠峡底,西南峡脊亦环接无隙,遂从其底穿山腹西去,当西注盘江者矣。

【译文】

鼎站所在的峡谷,从东北走向西南,鼎站的东南就是大山的山脊,而查城紧靠在大山的西北麓,也是裂开一条峡谷通出去,是去往沙营土司地区的通道了。这里的水源也是从东北的山脊上流下来,穿流过鼎站的街道往西流,向南坠入峡底,西南方峡谷侧边的山脊也是连环相接没有缝隙,于是水就从峡底穿过山腹向西流去,应当是向西流入盘江的水流了。

黔游日记二

【题解】

《黔游日记二》是徐霞客游览贵州省西部的游记。

崇祯十一年(1638)四月二十五日,徐霞客过盘江桥,往西经安南卫(今晴隆县)、新兴所(今普安县)和普安州(今盘县),沿途有些是彝族聚居区。五月初九日到达贵州的最后一站亦字孔驿。旅游路线大体与今滇黔公路一致。

这一带山高水深,景色奇丽。徐霞客详细考察了北盘江上的铁索桥,游览了晴隆威山的三明洞、普安的观音洞、盘县的碧云洞和丹霞山,对这些风景名胜作了生动详尽的描述。在贵州西部,徐霞客认真考察南北盘江的源流,指出盘县西部的小洞岭虽为南北盘江的分水岭,但岭东亦字孔、火烧铺之水非北盘江源,岭西明月所往南流之水也非南盘江源。在贵州最后的时日,徐霞客被旅店主人窃去钱物,为觅夫又耽搁了五天,还遭恶主索价刁难。霞客感叹至极:"余以万里一身,脱其虎口,亦幸矣!"

戊寅四月二十五日[①]　晨起,自鼎站西南行。一里余,有崖在路右,上下各有洞,洞门俱东南向,而上洞尤空阔,以高不及登。路左蓥泉已成涧,随之南半里,山回蓥尽,脊当其前,路乃上跻,水则自其下入穴。盘折二里,逾坳脊,是为梅子关。越关而西,路左有峡,复坠坑而下,东西径一里,而西复回环连脊。路循其上平行而西,复逾脊,始下陟。二里,又盘坞中山西南转,二里,复西北上,一里,是为黄土坝②。盖鼎站之岭,至此中降,又与西岭对峙成峡,有土山中突而连属之,其南北皆坠峡下,中踞若坝然,其云黄土坝者以此。有数家倚西山而当其坳,设巡司以稽察焉。又上逾岭脊,共五里为白云寺③。于是遂西南下,迤逦四里,途中扛担络绎,车骑相望,则临安道母忠,以钦取入京也④。司道无钦取之例,其牌如此,当必有说。按母,川人,本乡荐⑤,岂果有卓异特达圣聪耶?然闻阿迷之僭据未复⑥,而舆扛之纷纭实繁,其才与操,似俱可议也。又至坞底,西北上一里,为新铺⑦。由铺西稍逾岭头,遂直垂垂下。

【注释】

①戊寅:崇祯十一年(1638)。原仅作"二十五日",年、月系整理者加。

②黄土坝:今作"黄土坡",又称"黄丰",在关岭县西境公路旁。

③白云寺:今称"白云",又作"白英哨",在黄土坡稍西的公路旁。

④钦取:皇帝取用。

⑤乡荐(jiàn):明代每三年一次在各省举行的科举考试称乡试,乡试取中为举人者,称领乡荐。

⑥僭(jiàn)据:僭越名位,分裂割据。

⑦新铺:今名同,在关岭布依族苗族自治县西隅。

【译文】

戊寅年四月二十五日　早晨起床,从鼎站往西南行。行一里多,有石崖在道路右侧,上下各有一个山洞,洞口都是朝向东南方,而且上洞尤其空阔,因为太高来不及上登。道路左边壑谷中的泉水已变成了山涧,顺着山涧向南走半里,山势回绕,壑谷到了尽头,山脊挡在道路前方,道路于是上登,涧水则从山下流入洞穴中。盘旋曲折地走了二里路,越过山坳上的山脊,这里是梅子关。越过梅子关往西行,道路左边有条峡谷,又下陷成坑谷往下延,东西直径有一里,而西面又回绕连接着山脊。道路沿着峡谷上方平缓地往西行,又越过山脊,开始向下跋涉。行二里,又绕着山坳中的山向西南方向转,行二里,又向西北上走,行一里,这里是黄土坝。原来鼎站所在的山岭,延伸到这里从中间下降,又与西面的山岭对峙形成峡谷,有座土山在峡谷中间突起并与两面的山相连接,土山的南北两面都下坠到峡谷中,盘踞在中央好像水坝一样,这里被称为黄土坝就是由于这个原因。有几户人家紧靠西山挡在山坳中,设有巡检司以便稽查。又向上越过岭脊,共行五里到白云寺。于是便向西南下走,逶逶迤迤走了四里路,途中扛轿子挑担子的人络绎不绝,车马相望,原来是临安道道员母忠,被皇帝启用进京去。司、道一级的官员没有皇帝直接征用的先例,他的行道牌上像这样写着,应当必定有说法。据查,母忠是四川人,本来是举人,难道果然有卓越特异的政绩传到皇帝耳朵里吗?但是听说阿迷州的非法割据还没有收复,可轿子担子喧喧嚷嚷的实在太繁华,他这个人的才能与操守,似乎都可以再商议。又来到山坳底,往西北上走一里,是新铺,由新铺西边渐渐越过岭头,就垂直下山。

　　五里,过白基观。观前奉真武,后奉西方圣人,中颇整洁。时尚未午,驼骑方放牧在后,余乃入后殿,就净几,以所携纸墨,记连日所游;盖以店肆杂沓,不若此之净而幽也。僧檀波,甚解人意,时时以茶蔬米粥供。下午,有象过,二大二小，停寺前久之。象奴下饮，濒去，象辄跪后二足，又跪前二足，伏而候升。既而驼骑亦过，余方草记甚酣，不暇同往。又久之，雷声殷殷①，天色以云幕而暗，辞檀波，以少礼酬之，固辞不受。

【注释】

①殷（yǐn）殷：震动声。

【译文】

行五里，路过白基观。白基观中前殿供奉着真武大帝，后殿供奉着西方佛祖，观中十分整洁。此时还没有到中午，马帮正在后面放牧，我便进入后殿，就着洁净的几案，用携带着的纸墨，记下连日来游过的地方；这是因为旅店中太杂乱，不如这里洁净幽静。僧人檀波，十分善解人意，时时供给一些茶水蔬菜米粥。下午，有大象路过，两头大的两头小的，停在寺前很长时间。赶象的奴仆下来饮水，临去时，大象就跪下后面的两条腿，又跪下前边的两条腿，趴着等候站起来。不久马帮也过去了，我草记游程兴头正浓，来不及一同走。又过了很久，雷声隆隆，天色由于云层遮住黑暗下来，辞别檀波，用少许礼金酬谢他，他坚决推辞不肯接受。

初，余以为去盘江止五里耳，至是而知驼骑所期旧城，尚在盘江上五里，驱为前趋。乃西向直下三里，有枯涧自东而西，新构小石梁跨之，曰利济桥。越桥，度涧南，又西下半里，则盘江沸然，自北南注。其峡不阔而甚深，其流浑浊如黄河而甚急。万山之中，众流皆清，而此独浊，不知何故？余三见此流：一在武宣入柳江，亦甚浊，一在三镇北罗木渡，则清；一在此，复浊。想清乃涸时也。

【译文】

起初,我以为距离盘江只有五里路罢了,来到这里后才知道与马帮约定的旧城,还在盘江上面五里处,为此急忙向前赶路。于是向西一直下走三里,有条干枯的山涧自东往西而去,新建的小石桥跨过山涧,叫做利济桥。走过桥,过到山涧南边,又往西下行半里,就看见盘江波涛汹涌的样子,自北往南流淌。这里的峡谷不宽但却非常深,江流浑浊如同黄河而且非常湍急。在万山之中,众多的河流都是清的,可唯独这条江是浑浊的,不知是什么缘故? 我三次见到过这条江流,一次是从武宣进入柳江时,也是十分浑浊;一次是在三镇以北的罗木渡,则是清的;一次在此地,又是浑浊的。想来江水清是在干涸时节。

循江东岸南行,半里,抵盘江桥①。桥以铁索,东西属两崖上为经,以木板横铺之为纬。东西两崖,相距不十五丈,而高且三十丈,水奔腾于下,其深又不可测。初以舟渡,多漂溺之患;垒石为桥,亦多不能成。崇祯四年②,今布政朱名家民,云南人。时为廉宪③,命安普游击李芳先四川人。以大铁链维两崖④,链数十条,铺板两重,其厚仅八寸,阔八尺余,望之飘渺,然践之则屹然不动,日过牛马千百群,皆负重而趋者。桥两旁,又高维铁链为栏,复以细链经纬为纹。两崖之端,各有石狮二座,高三四尺,栏链俱自狮口出。东西又各跨巨坊。其东者题曰"天堑云航",督部朱公所标也;其西者题曰"□□□□",傅宗龙时为监军御史所标也⑤。傅又竖穹碑,题曰"小葛桥",谓诸葛武侯以铁为澜沧桥,数千百载,乃复有此,故云。余按,"渡澜沧,为他人"乃汉武故事⑥,而澜沧亦无铁桥;铁桥故址在丽江⑦,亦非诸葛所成者。桥两端碑刻祠宇甚盛,时暮雨大至,不及细观。度桥西,已入新城门内矣。左转瞰桥为大愿寺。西北循崖上，则新城所环也。自建桥后，增城置所，为锁钥之要云。闻旧城尚在岭头五里，急冒雨竭蹶跻级而登。一里半，出北门。又北行半里，转而西，逶迤而上者二里，雨乃渐霁。新城内所上者峻，城外所上者坦。西逾坳，循右峰北转，又半里，则旧城悬岭后冈头矣。入东门，内有总府镇焉。其署与店舍无异。早晚发号用喇叭，声亦不扬，金鼓之声无有也。青崖总兵姓班，三汊总兵姓商，此间总兵姓胡。添设虽多，而势不尊矣。是夜，宿张斋公家；军人也。

【注释】

①盘江桥：在今晴隆、关岭两县交界的北盘江上，经过多次重修，现为铁梁吊桥。长 42 米，宽 4.2 米，高约三十米。桥基为明代所建，分两级，第二级两边各有拱式排洪桥，高 5 米，宽 4 米，枯水季节，下一级露出水面约二十五米。两岸石刻"盘江飞渡"、"铁锁盘江"、"力挽长河"等尚存十余处。其西约一公里处有明代连云城的街市遗址。

②崇祯四年：公元 1631 年。

③布政：即布政使，为各省的最高行政长官。廉宪：明代各省设提刑按察使，主管一省的司法。因元代有肃政廉访使，与按察使职掌略同，故按察使亦尊称廉宪。

④安普游击："四库"本作"普安游击"。游击，明代边区守军设有游击将军，分掌驻在地的防守应援。

⑤傅宗龙（？—1641）：字仲纶，号括苍，又号云中，昆明人。万历中进士，初为铜梁知县，崇祯中历任贵州巡按、四川巡抚、兵部尚书。后因镇压明末农民起义而死。

⑥渡澜沧，为他人：原作"渡澜沧为□□"，空二字，据徐本、"四库"本、陈本、求是斋《黔游日记》抄本补。《华阳国志·南中志》载："孝武时，通博南山，度兰仓水、耆溪，置巂唐、不韦二县，徙南越相吕嘉子孙宗族实之，因名不韦，以彰其先人恶。行人歌之曰：'汉德广，开不宾，渡博南，越兰津，渡兰仓，为他人。'渡兰仓水以取哀牢地，哀牢转衰。"兰仓水即今澜沧江。

⑦铁桥：唐时有铁桥，为吐蕃所建，在今玉龙县西北塔城关附近的金沙江上，为云南通往西藏的交通要道，当时的铁桥节度和铁桥城皆因此得名。

【译文】

沿着盘江东岸往南行，行半里，抵达盘江桥。桥身使用铁链，东西两头连接在两面的山崖上作为纵向的桥身，用木板横铺在铁链上。东西两面的山崖，相距不到十五丈，但高处将近三十丈，江水奔腾在桥下，水又深得不可测。最初是用船渡江，多有漂没溺水的灾难发生；用石块垒砌桥身，也大多不能建成。崇祯四年，现在姓朱的布政使名叫朱家民，是云南人。当时担任提刑按察使，命令普安州游击将军李芳先四川人。用大铁链系在两面的山崖上，铁链有几十条，铺上两层木板，木板厚度仅有八寸，宽八尺多，远望过去桥身飘摇摆动，但是踩在桥上却岿然不动，每天过往的牛马有千百群，都是载着重物往前赶路的。桥身的两旁，又拴着高高的铁链作为栏杆，再用细链子纵横连成网络。两面山崖的前端，各有两尊石狮子，高约三四尺，用作栏杆的铁链都是从狮子口中出来的。东西两头又各有巨大的牌坊横跨着。那东面的牌坊题写着"天堑云航"，是总督朱公题写的；那西面的牌坊题写着"□□□□"，是傅宗龙当时担任监军御史时题写的。傅宗龙又竖立了一块高大的圆石碑，题为"小葛桥"，意思是说武侯诸葛亮用铁链建造了澜沧江桥，历经数百千年来，这才又有了这座桥，所以这样题名。据我考证，"渡澜沧江，为其他人"是汉武帝时的旧事，而且澜沧江上也没有铁索桥；铁索桥的旧址在丽江府,也不是诸葛亮建成的。桥两端的碑刻祠堂庙宇非常多,此时暴雨猛烈来临,来不及细看。过到桥西,已经进入新城的城门内了。转向左边俯瞰着大桥之处是大愿寺。往西北沿着山崖上走,就是新城环绕的地方了。自从建桥以后,增建了城墙设置了卫所,成为军事重镇所在的要地了。听说旧城还在五里之外的岭头上,急忙冒雨竭力趷趷撞撞地沿着石阶上登。行一里半,走出北门。又往北行半里,转向西,迤迤逦逦地上登二里,雨才渐渐停下,天气转晴。新城内上走的路非常陡峻,城外上走的路很平坦。向西穿越山坳,沿着右边的山峰向北转,又行半里,就看见旧城高悬在岭后的山冈头上了。进入东门,城内有总兵府镇守。总兵府衙门与店铺居民的房屋没有什么差别。早晚发号令用喇叭,号声也不洪亮,锣鼓之声是没有的。青崖城的总兵姓班,三汉河的总兵姓商,这里的总兵姓胡。增设的总兵虽然很多,可权力地位不高。这天夜里,住宿在张斋公家中;张斋公是军人。

二十六日　驼马前发,余饭而出旧城西门。始俱西南行,从岭坞升降。五里,有一二家在南陇下,为保定铺[①]。从其侧西上岭,渐陟隆崇。三里,忽有水自岭峡下。循峡而上,峡中始多田塍,盖就水而成者。时已插莳矣[②]。又上二里,是为凉水营[③]。由营西复从山坞迤逦而上,渐上渐峻。又五里,遇驼马方牧,余先发。将逾坳,坐坳下石间少憩,望所谓海马嶂者,欲以形似求之。忽有人自坳出,负罂汲水[④],由余前走南岐去。余先是望南崖回削有异,而未见其岐,至是亟随之。抵崖下,则穿然巨洞,其门北向,其内陷空而下,甚宏。其人入汲于石隙间,随处而是,皆自洞顶淙淙散空下坠,土人少凿坯承之。水从洞左悬顶下者最盛,下有石台承之;台之侧,凿以贮汲者。洞从右下者最深,内可容数百人,而光明不闷,然俱无旁隙别窍,若堵墙而成者也。出洞,仍由旧路出大道。登坳即海马嶂,有真武阁跨坳间。余入憩阁间,取笔楮记游,而驼马已前去。久之乃行。其内即为海马铺⑤,去城十里矣。其处北两日半程为小米马场,有堡城下临盘江,隔江即水西地;南两日程为乖场河,水涨难渡,即出铅之所也。又西循南岭而行,见其坞皆北向坠,然多中洼而外横亘者。连西又稍上二平脊,共三里,则北度而矗者,其峰甚高,是为广山。其上李芳先新结浮屠,为文曲星,盖安南城东最高之巅也。又西二里为茶庵⑥,其北有山,欹突可畏,作负嵎之势者,旧名歪山,今改名威山⑦。余望之有异,而亟于趋城,遂遵大路而西。又三里,复逾一阜。又二里,税驾于安南城之东关外逆旅陈贡士家⑧。

【注释】

①保定铺:今作"保定营",在晴隆县东境,滇黔公路旁。

②插葪(shì):指插秧。葪,移栽。

③凉水菅:今名同,在晴隆县东境的公路旁。

④罂(yīng):小口大腹容积较大的瓦器。

⑤海马铺:民国《晴隆县志》载《徐霞客所经本县沿路古迹考》:"即今之哈马哨也,旧称哈马关。哈马者,下马也。盖其关极窄,骑者必下马而过也。"今仍称"哈马哨",在晴隆县东境的公路边。

⑥茶庵(ān):在交通要道售卖茶水供旅人歇息的小草屋。也有些地方建为小庙向行人施茶。

⑦威山:在晴隆县稍东北,今作"歪山"。《徐霞客所经本县沿路古迹考》载:"威山,今称巍山,以其高也。其洞曰巍山洞,俗称神仙洞。"

⑧安南：明置安南卫。卫城在今晴隆县治莲城镇。

【译文】

二十六日　马帮先出发，我吃饭后才走出旧城西门。开始时都是往南行，在山岭山坳之间上上下下。行五里，有一两家人在南面的山陇下，是保定铺。从保定铺侧边向西上岭，逐渐步入崇山峻岭。行三里，忽然有水从山岭峡谷间流下来。沿着峡谷往上走，峡谷中开始有很多农田，大概都是靠近水流开垦成的田地。此时已在插秧了。又上走二里，这里是凉水营。由凉水营西边再从山坳中逶迤上去，渐渐上去渐渐陡峻起来。又行五里，遇见马帮正在放牧，我就先出发。将要越过山坳之前，坐在山坳下的岩石中稍微休息一下，望着所谓的海马嶂的地方，想要根据它的形状相似之处来探寻它得名的原因。忽然间有个人从山坳中出来，背着瓦瓮去汲水，经由我面前走向南边的岔路去。我在这之前望见南面的山崖回绕陡削有些特异，却未见到那条岔路，到这时急忙跟着这个人走。抵达山崖下，就见一个穹隆的巨大山洞，洞口朝向北，洞内空陷下去，非常宽大。那人进洞后在石缝间汲水，随处都是水，都是从洞顶淙淙散在空中下落的水，当地人略微凿了些石坑来接水。水从洞左边高悬的洞顶上落下来的最大，下边有石台接着水；石头的侧边，凿了石坑贮水供人汲取。洞从右边下去的地方最深，里面可以容纳几百人，而且明亮不幽闭，然而四旁都没有别的缝隙和石窝，像是墙壁构成的一样。出洞来，仍然经由原路出到大路上。登上山坳就是海马嶂，有个真武阁跨在山坳中。我进入阁中休息，取出纸笔来记游记，而马帮已向前去了。很久后才动身。山坳里面就是海马铺，离城十里了。此处北面两天半的路程是小米马场，有城堡下临盘江，隔着盘江就是水西的地盘；南面两天的路程是乖场河，河水上涨难以渡河，就是出产铅矿的地方了。又向西沿着南岭前行，看见这里的山坳都是向北下斜，然而大多是些中间下洼而外面横亘着山峰的山坳。连续向西又慢慢登上了两条平缓的山脊，共行三里，就往北越过矗立的山峰，这座山峰非常高，这是广山。山峰上有李芳先新建的佛塔，名为文曲星，大概是安南卫城东面最高的山顶了。又往西行二里是座茶庵，庵北有座山，倾斜突兀，令人可畏，作出负隅顽抗的姿态，旧时名叫歪山，今天改名叫威山。我远望这座山有些异常，但要急于赶到城中去，只好顺着大路向西走。又行三里，再越过一座土阜。又行二里，住宿在安南卫城东关外陈贡士家的旅店中。

二十七日　驼马已发，余乃饭。问知城东五里，由茶庵而北，有威山，山间有洞，从东透西；又有水洞，其中积水甚深，其前正瞰卫城。遥指其处，虽在山巅，然甚近也。乃同顾仆循昨来道，五里，东抵茶庵，遂由岐北向入山。一里，抵山左腋，则威山之脉自北突而南，南耸而北伏，南削而北垂，东西皆亘崖斜骞而南上；从南麓复起一小峰，亦如之。入东峡又一里，直抵山后，则与东峰过脊处也。由脊北下，甚深而路芜；由脊西转，循山北峰之半西行，路芜而磴在。循之行，则北坞霾雾从坞中起，弥漫北峰，咫尺不可见；而南面威山之北，惟行处犹朗，而巅亦渐为所笼。西行半里，磴乃南上。拾级而登者半里，则峰之北面全为雾笼矣。乃转东北上，则东崖斜骞之上也。石脊甚狭，由东北上西南，如攀龙尾而升。复见东南峰外，澄霄丽日，遥山如靛；余所行之西北，则弥沦如海，峰上峰下，皆入混沌，若以此脊为界者。盖脊之东南，风所从来，故氛霾净卷；脊之西北，风为脊障，毒雾遂得倚为窟穴。予夙愿一北眺盘江从来处，而每为峰掩，至是适登北岭，而又为雾掩，造化根株，其不容人窥测如此！

【译文】

二十七日　马帮已出发，我才吃饭。问知城东五里处，经由茶庵向北走，有座威山，山中有山洞，从东穿到西；又有个水洞，洞中的积水非常深，山洞前方正好俯瞰着卫城。远远指着那个地方，虽然是在山顶，然而十分近。于是同顾仆一起沿着昨天来的路走，行五里，抵达东面的茶庵，就从岔路向北进山。行一里，抵达山的左侧，就见威山的山脉自北突向南，南面高耸而北面低伏，南面陡削而北面下垂，东西两面都横亘着山崖，斜斜地向南高高上耸；从南面的山麓又耸起一座小山峰，也像这样。进入东面的峡谷又走一里，直达山后，就是山脊与东面的山峰相连延伸而过的地方了。由山脊向北下山，极深，而且道路荒芜；由山脊向西转，沿着威山北面山峰的半中腰往西行，道路荒芜可石阶还在。顺着石阶走，就见北面的山坞浓雾从山坞中升起，弥漫到北峰，咫尺之间无法看见；而南面威山的北边，只有行走的地方还是晴朗的，可山顶也渐渐被浓雾笼罩起来了。往西行半里，石阶便向南上走。沿着石阶逐级上登半里，就见山峰的北面全被雾气笼罩了。于是转向东北上登，就到了东面山崖斜斜地上耸之处的上面了。石头山脊非常狭窄，由东北向上延伸到西南方，如同抓住龙尾巴上升。又看见东南方的山峰外，澄碧的天空中红日艳丽，远山如同一抹蓝靛；我所走的西北方，则是浓雾弥漫好像大海，峰上峰下，都陷入一片混沌，好像是以这条山脊作为分界线。大概是山脊的东南方，是风吹来的方向，所以晨雾被卷得干干净净；山脊的西北面，风被山脊挡住，毒雾便得以据此作为巢穴。我一向的愿望是面向北方眺望一次盘江流来的地方，可是每每被山峰遮住，来到此地恰好登上向北的山岭，却又被浓雾遮住了，大自然的本源，它不容许人们窥测竟然如此！

攀脊半里，有洞在顶崖之下，其门东向，上如合掌，稍洼而下，底宽四五丈，中有佛龛僧榻，遗饭犹存，而僧不知何往。两旁颇有氤氲之氲。其后直透而西，门乃渐狭而低，亦尖如合掌。其门西径山腹而出，约七丈余，前后通望，而下不见者，以其高也。出后门，上下俱削崖叠石。路缘崖西南去十余丈，复有洞西向，门高不及丈，而底甚平，深与阔各二丈。而洞后石缕缤纷，不深而幻，置佛座其中，而前建虚堂，已圮不能存。其前直瞰卫城，若垂趾可及，偶雾气一吞，忽漫无所睹，不意海市蜃楼，又在山阿城郭也。然此特洞外者也。由洞左旁窍东向入，其门渐隘而黑。攀石阈上，其中坎坷欹嵌，洼窦不一，皆贮水满中而不外溢。洞顶滴沥，下注水池，如杂珮繁弦①，铿锵远近。洞内渐转东北，势似宏深渊坠，既水池高下，无可着足，而无火炬遥烛，惟从黑暗中听其遥响而已。余所见水洞颇多，而独此高悬众峰之顶，又潴而不流，无一滴外泄，向所望以为独石凌空，而孰意其中乃函水之具耶？出洞，仍循崖而北，入明洞后门，抵前洞。从僧榻之左，有旁龛可登，攀而上之，则有隙西透，若窗而岐为两。其后复有洞门西向，在崖路之上，其门颇敞，第透隙处，双楞逼仄，只可外窥，不能穿之以出耳。先是余入前洞，见崖间有镌"三明洞"三字者，从洞中直眺，但见前后，而不知旁观更有此异也。

【注释】

①珮(pèi)：古时贵族身上所佩带的玉器。

【译文】

　　攀越山脊半里，有个山洞在山顶石崖之下，洞口向东，上边好像合起来的手掌，稍稍洼下去，洞底宽四五丈，洞中有佛龛和僧人的卧床，剩饭还保存着，但僧人不知到哪里去了。**两旁有一些缭绕着氤氲之气的佛龛。洞**的后方一直通到西面去，洞口于是渐渐变得又狭窄又低矮，也是尖尖的如像合起来的手掌。这个洞口向西径直穿过山腹出来，大约七丈有余，前后两个洞口相通，互相望得见，但是从下面看不见，原因是因为山洞在高处。出了后洞口，上下都是陡削的悬崖和重叠的岩石。道路沿着悬崖向西南方前去十多丈，又有个山洞面向西方，洞口高处不到一丈，可洞底十分平滑，深处与宽处各有二丈。而洞后部的岩石一缕缕的，缤纷争呈，不深却很奇幻，洞中放置有佛像的底座，而且前边建成空空的佛堂，已经倒塌没能保存下来。洞的前方一直俯瞰着卫城，好像伸脚就可以到达，偶尔雾气一吞吐，忽然烟云弥漫，什么也看不见了，意想不到海市蜃楼之景，又出现在这山弯城郭之间了。然而这只不过是洞外的景色。由洞左侧的旁洞向东进去，洞壁渐渐变得又窄又黑。攀着石门坎上登，洞中坎坷不平，倾斜下嵌，坑洼孔洞不一而足，其中都贮满水却不外溢。洞顶的水滴，下落到水池中，如杂乱的玉佩敲击声和繁杂的琴弦声，铿铿锵锵远近有声。洞内渐渐转向东北，地势似宏大的深渊陷下去，水池既高高低低的，无处可落脚，又没有火把照亮此处，只有在黑暗中听那些远处的响声而已。我见过的水洞相当多，可唯独这个洞高悬在群峰的顶上，水又停积着不流动，没有一点一滴外泄，先前望过去以为是一座凌空独立的石山，可谁又料想得到山中竟然是盛水的容器呢！出洞后，仍然沿着山崖往北走，进入两头透亮的山洞的后洞口，走到前洞。从僧人卧床的左边，有个侧面的佛龛可以登上去，攀着佛龛登上去，就有条缝隙通到西面去，像窗户一样分为两岔。山洞后部又有洞口面向西方，在悬崖上的道路的上方，这个洞口很宽敞，只是通着缝隙的地方，两道窗户非常狭窄，只可以向外边窥视，不能穿过裂缝出去罢了。这之前我进入前洞时，看见崖壁上刻有"三明洞"三个字，从洞中笔直望过去，只看见前后两个洞口，却不知道往旁边观看更有如此的奇异景象。

下洞，由旧路三里，出茶庵，适按君冯士俊以专巡至。从来直指巡方，不逾关岭、盘江，冯以特命再任，故历关隘至此耳。时旌旗穿关逾坳，瞻眺之，空山生色，第随其后抵安南，不免徒骑杂沓，五里之程，久乃得至。乃饮于陈氏肆中。遂入东门，西抵卫前，转南而出南门。南向行岭峡间，共平上二里，有脊自西北度东南，度处东平为塍，西忽坠坑深下，有小水自坑中唧唧出。路随之，西循北崖下坠，即所谓乌鸣关也①，乌鸣关在安南卫。土人呼为老鸦关。西向直下一里，有茶庵跨路隅，飞泉夹洒道间，即前唧唧细流，至此而奔腾矣。庵下崖环峡仄，极倾陷之势。又曲折下半里，泉溢浃道②，有穹碑，题曰"甘泉胜迹"。其旁旧亦有亭，已废，而遗址丰碑尚在，言嘉靖间有僧施茶膳众，由岭下汲泉甚艰，一日疏地得之，是言泉从僧发者。余忆甘泉之名，旧《志》有之，而唧唧细流，实溢于岭上，或僧疏引至此，不为无功，若神之如锡卓龙移③，则不然也。

【注释】

①乌鸣关：《徐霞客所经本县沿路古迹考》载："即今之二十四拐也。《兴义府志》云：'按乌鸣关，今土人呼为半关，下通江西坡'。现二十四拐半腰有庙曰半观。"今仍称二十四道拐，滇黔公路从此经过。此庵即涌泉寺，民国年间还能见遗址。

②浃(jiā)：湿透。

③锡卓：即僧人所拄的锡杖。杖高与眉齐，头有锡环，原为僧人乞食时所用，振环作声，以代扣门，兼防牛犬，亦称"鸣杖"。后来成为佛教的一种法器，又称"禅杖"。

【译文】

下洞来,经由原路走三里,来到茶庵,适逢巡按冯大人冯士俊专门巡察来到此地。从来直指使者巡察地方,不会越过关索岭、盘江一线,冯士俊因为特别任命连任,所以经过关隘来到此地。这时候旌旗穿过关隘越过山坳,远远眺望过去,空旷的山野间增添了色彩,只是跟随在他们后面走到安南卫城,免不了差役车骑杂乱,五里的路程,很久后才得以走到。于是在陈家的客店中喝了点水。随即进入东门,往西抵达安南卫官衙前,转向南走出南门。向南行走在山岭峡谷间,共平缓地上行二里,有条山脊自西北延伸到东南方,山脊过渡之处东面地势平坦,垦为农田,西面忽然下陷成深坑,有细小的水流从深坑中涓涓流出来。道路顺着水流走,向西沿着北面的山崖下坠,这就是所谓的乌鸣关了,乌鸣关在安南卫。当地人称呼为老鸦关。向西一直下走一里,有座茶庵跨在路旁,飞流的泉水夹道洒落在路中间,这就是前边涓涓流淌的细流,流到此地变为奔腾之流了。茶庵下边山崖环绕峡谷狭窄,极尽倾斜下陷的气势。又曲折下走半里,泉水溢出来湿透了道路,有块圆形的石碑,题写着"甘泉胜迹"。石碑旁边旧时也有座亭子,已经倒塌,但遗址和高大的石碑还在,碑文说嘉靖年间有个和尚在此向大众施舍茶饭,从岭下汲取泉水非常艰难,一天挖地得到这股泉水,是说泉水是由这个和尚发现的。我回忆甘泉的名称,旧志书上有这个名字,可涓涓流淌的细流,事实上是在岭上溢出来的,或者是和尚疏挖引流到这里的,不能说没有功劳,如果把它神化为禅杖一挂龙王就搬家的神话,却不是这样的了。

又拾级西南下一里,下抵峡口,循西崖之足,转而西行,北则石崖排空,突兀上压;南则坠壑下盘,坷垤纵横,皆犁为田。虽升降已多,犹平行山半也。又西半里,有泉自北崖裂隙间宛转下注,路经其前,为架桥横度,泉落于桥内,复从桥下泻峡去。坐桥上仰观之，崖隙欹曲，泉如从云叶间堕出，或隐或现，又瀑布一变格也。循崖又西，迤逦平上，两过南度之脊，渐转西北，共五里，为乌鸣铺。复西北下峡间，一里余，有小水，一自东峡来，一自北峡来，各有石梁跨之，合于路左而东南去。度两石桥，又西南上岭，一里，从岭头过一哨，有数十家夹道。又从岭上循北界大山西向行，其南复平坠成壑，下盘错为田甚深。其南遥山与北界环列者，耸如展屏，而北角独尖竖而起。环此壑而东度土脊一支，遥属于北界大山，所过岭头夹哨处，正其北属之脊也。余先是从海马嶂西，即遥从岭隙见西峰缭绕，而此峰独方顶，迥出如屏。问骑夫：“江西坡即此峰否？”对曰：“尚在南。”余望其坳入处反在北，心惑之，至是始知其即东向分支之脊，路虽对之行，而西坡实在其北。循北岭升降曲折，皆在峰半行。又西北二里，西南二里，直坠坡而下者二里，缘岭西转者一里，是为纳溪铺；盖在北崖南坠之下，虽所下已多，而犹然土山之脊也。由铺西望，则东西山又分两界，有水经其中，第此两界俱支盘陇错，不若关岭之截然屏夹也。复西南下一里半，有水从东崖坠坑而出，西悬细若马尾。从其北，路亦坠崖而下。又二里余，抵坞中。巨桥三门，跨两陇间，水从东一门涌而北出，其西二门皆下平为田，岂水涸时耶？其水自西南诸峡中，各趋于桥之南，坠峡而下，经桥下，北注而出于盘江上流，其“纳溪”之名以此耶[①]？度桥，复西北上岭，是为江西坡，以岭在溪之西也。路从夹冈中透壁盘旋而上，一里，出夹，复拾级上。一里，得茅庵，在坡之半。又北上拾级，半里,抵岭头,其北有峰夹坞,尚高;东望纳溪铺之缀东崖者,高下正与此等。于是又西向平陟岭间二里,挟南峰转循其西,又西向行半里,则岭上水多左右坠。又东北下转,则一深堑甚逼,自西南坠东北,若划山为二者。度小石梁而西,又西北逾岭头,共一里而入西坡城之东南门^②,是为有嘉城。

【注释】

①纳溪:此溪称江西坡河,即今西泌河,又称新寨河,为晴隆、普安二县界河。河上桥称江西坡桥,《游记》称纳溪桥。

②西坡城:今名"江西坡"。在普安县东隅的公路边。

【译文】

又沿着石阶往西南下走一里,下到峡口,沿着西面山崖的山脚,转向西行,北面就是排列在高空的石崖,突兀而起,从上往下压;南面则是下坠的壑谷,向下盘绕,土丘纵横,都被犁成田地。虽然上升下降已有多次,仍然平缓前行在半山腰。又向西半里,有山泉从北面山崖上的裂缝中宛转下流,道路经过泉水前边,为此建了座桥横走过去,泉水落在桥靠内的一侧,又从桥下泻入峡中流去。坐在桥上抬头观看山泉,崖壁间的缝隙歪斜弯曲,泉水如同从云彩和树叶间坠落出来,时隐时现,又是瀑布的一种变形了。沿着山崖又向西行,逶逶迤迤平缓地上行,两次越过往南延伸的山脊,渐渐转向西北,共行五里,是乌鸣铺。再向西北下到峡谷中,行一里多,有小溪,一条自东面的峡谷中流来,一条自北面的峡谷中流来,各有石桥跨过溪流,在道路左边合流后往东南流去。走过两座石桥,又向西南上岭,行一里,从岭头经过一处哨所,有几十户人家夹住道路。又从岭上沿着北面一列大山向西行,山的南面又平缓地下坠成壑谷,下面直到很深的地方都环绕交错着农田。那南面的远山与北面一列环绕排列的山峰,高耸得好像展开的屏风,而北面独角一样的山峰尖尖地竖起。环绕过这个壑谷并向东延伸的一条土山山脊，远远地连接着北面的一列大山，我所经过的岭头哨所夹道的地方，正是连接着北面大山的山脊了。我在此前从海马㟖西边，就远远地从山岭的缺口中望见西面的山峰缭绕，可唯独这座山峰是方形的山顶，迥然出现，好像屏风。我问马夫："江西坡是否就是这座山峰？"回答说："还在南边。"我远望这座山山坳的入口处反而在北边，心里对此很疑惑，到了这里才知道江西坡就是向东分支的山脊，道路虽然对着它走，可江西坡实际是在山脊的北面。沿着北岭上上下下曲曲折折，都是在山峰的半中腰前行。又往西北行二里，向西南二里，顺着山坡一直下坠二里，沿着山岭向西转一里，这里是纳溪铺；原来从北面的山崖向南下坠，虽然下走的路程已经很多，可仍然是在土山的山脊上了。从纳溪铺向西望去，就见东西两面的山又分为两列，有河流流经两列山之间，但只是两列山都是支脉盘绕山陇交错，不像关索岭那样如屏风一样截然相夹了。再向西南下走一里半，有水流从东面的山崖上坠入坑中流出来，悬挂在西面，细如马尾。从水流的北边，道路也是循着山崖下坠。又行二里多，抵达山坞中。一座三个桥洞的巨型桥，跨在两岸的土陇之间，水流从东边的一个桥洞向北涌出来，那西面的两个桥洞，下面都是平整的农田，莫非现在是河水干涸的时节吗？这条河水从西南方众多的山峡中，各自奔流到桥的南边，坠入峡谷下流，流经桥下，往北流淌而后流入盘江的上游，它那"纳溪"的名字是出于这个原因吗？走过桥，又往西北上岭，这里是江西坡，是由于山岭在溪流的西面。道路从两面山峰相夹的山冈上穿过崖壁盘旋着往上走，行一里，走出夹谷，又沿着石阶上登。行一里，遇到茅草建盖的寺庵，在山坡的半中腰。又沿着石阶向北上登，行半里，来到岭头，岭北有山峰夹成山坞，还很高；远望东边纳溪铺连缀着东面山崖的地方，高低之处正好与此地相等。从这里又向西平缓在山岭间跋涉了二里，傍着南峰转向，沿着南峰的西面走，又向西行半里，就见岭上的水流多半是向左右两侧下流。又往东北下转，就有一条深深的堑沟非常狭窄，自西南向东北方下坠，好像要把山划为两半的样子。越过小石桥向西走，又往西北越过岭头，共行一里后进入西坡城的东南门，这里是有嘉城。

二十八日　出西坡城之西北门，复西向陟岭。盘折而上二里，始升岭头，其北岭尚崇。循其南而西，又二里，望西北一峰，甚近而更耸，有雾笼其首，以为抵其下矣。又西一里，稍降而下，忽有脊中度，左右复中坠成峡，分向而去，其度脊阔仅二尺，长亘二三丈而已，为东西联属之蒂。始知西坡一山，正如一芝侧出，东西径仅十里，南北两垂，亦不过二三十里，而此则其根蒂所接也。度脊，始上云笼高峰。又二里，盘峰之南，是为倪纳铺①。数十家后倚高峰，南临遥谷，前所望方顶屏列之峰，正亘其南。指而询之，土人曰："是为兔场营。其南为马场营②，再南为新、安二所。"新为新城所③，安为安笼所，即与广西安隆土司为界者。由铺之西半里，有脊自山前坞中南度，复起山一支，绕于铺前，脊东西流水，俱东南入纳溪桥之上流者，第脊西之流，坠峡南捣甚逼。又稍北，循崇山而西半里，有脊自南岭横亘而北，中平而不高，有堡楼峙脊间，是为保家楼。已为㑩㑩哨守之处④。其脊自西南屏列而来，至此北度⑤，东起而为高峰，即倪纳后之雾笼者；西亘而成石崖，即与来脊排闼为西夹坞者。由脊北循石崖直西，行夹坞之上，是为三条岭。西四里，石崖垂尽，有洞高穹崖半，其门南向，横拓而顶甚平；又有一斜裂于西者，其门亦南向，而门之中有悬柱焉。其前坞中水绕入西南峡，路乃稍降。复西上岭坳，共三里，为芭蕉关⑥。数十家倚北山南突之坳间;水绕突峰之南,复北环关西而出;过关,则坠峡而下,复与水遇。是为普安东境之要害,然止铺舍夹路,实无关也。

【注释】

①倪纳铺:今作"泥拉铺",在普安县东境公路旁。

②马场营:在今盘县东境的马场。

③新城所:在今兴仁县治。

④倮倮:《游记》又作"猡猡"、"猓猓"、"玀玀"、"㑩㑩"等,都是带有民族歧视的写法,应作"倮倮"。倮倮最初是滇东北、贵州西部和四川西南部彝族先民的自称,元、明、清时期扩大成为各地彝族的共同名称。

⑤至此北度:徐本作"西北度"。

⑥芭蕉关:今名同,在普安县城稍东,滇黔公路旁。

【译文】

二十八日　出了西坡城的西北门,又向西登岭。盘旋曲折地上走二里,这才登上岭头,这里的北岭还很高。沿着岭头的南坡往西行,又行二里,望见西北方的一座山峰,看来很近却更加高耸,有云雾笼罩在峰顶,以为来到山峰下了。又向西一里,稍稍下降,忽然有山脊从中间延伸过来,左右两边再次从中下陷成峡谷,分头而去,这条延伸而过的山脊宽处仅有二尺,长处延绵二三丈而已,是东西两面的山连接的关键结合部。这才知道西坡城所在的一座山,正如一朵灵芝从侧面长出来,东西的长度仅有十里,南北两面下垂,也不超过二三十里,而此处则是灵芝的根与蒂连接之处了。越过山脊,开始上登云雾笼罩着的高峰。又行二里,绕到山峰的南面,这里是倪纳铺。几十家人后面紧靠高峰,南边面临遥远的山谷,我之前望见的方形山顶像屏风样排列的山峰,正好横亘在倪纳铺的南面。指着那座山峰打听,当地人说:"那是兔场营。

它的南面是马场营，再往南是新、安两个卫所。"新就是新城所，安就是安笼所，就是与广西省的安隆土司交界的地方。由倪纳铺的西边走半里，有条山脊从山前的山坞中往南延伸，又耸起一条山脉，环绕在倪纳铺前方，山脊东西两面的流水，都是往东南流入纳溪桥上游的水流，只不过山脊西面的水流，坠入峡谷中向南冲捣水势非常狭窄。又稍往北走，沿着高山往西行半里，有条山脊自南岭向北横亘，中段平缓而且不高，有座堡楼屹立在山脊上，这是保家楼。已经是僾僾设哨所守卫的地方。这条山脊从西南方像屏风样排列而来，到此地后向北延伸，在东面耸起成为高峰，这就是倪纳铺后面云雾笼罩着的山峰；往西绵亘成为石崖，就是与先前来的时候山脊像门扉一样排列相夹形成西面山坞的山崖。由山脊北面沿着石崖一直向西，行走在夹立的山坞之上，这里是三条岭。向西行四里，石崖将要到头，有个山洞高高穹隆在石崖半中腰，洞口向南，横向拓展开而顶部十分平滑；又有一个斜着裂向西边的山洞，洞口也是面向南，而洞口的中央有悬垂的石柱。山洞前方的山坞中，流水绕进西南方的峡谷中，道路于是稍微下降。又向西上登山岭和山坳，共行三里，是芭蕉关。几十户人家紧靠北山向南前突的山坳中；水流绕过突立山峰的南面，再向北环流到芭蕉关西面后流出去；走过芭蕉关，就下坠到峡谷中，再次与流水相遇。这里是普安州东境的要害之地，然而只有驿站的房屋夹住道路，实际上没有城关了。

　　由其西降峡循水，路北重崖层突，多赭黑之色。闻有所谓"吊崖观音"者①，随崖物色之。二里，见崖间一洞，悬踞甚深，其门南向而无路。乃攀陟而登，则洞门圆仅数尺，平透直北十余丈而渐黑，似曾无行迹所入者。乃返出洞口，则满地白骨，不知是人是畜也。仍攀崖下。又西有路，复北上崖间，其下门多牛马憩息之所，污秽盈前；其上层有垂柱，空其端而置以小石大士②,乃出人工,非天然者。复下,循大路随溪西一里,溪转北向坠峡去,于是复西陟坡阜③,共六里而至新兴城④。自芭蕉关而来,所降不多,而上亦不远,其坞间溪犹出山上也。入东门,出西门,亦残破之余也。有碑,为天启四年都御史乌程闵公所复⑤。中有坐镇守备。是晚按君宿此。又西行岭峡间二里,连逾二岭脊,皆自南北度者。忽西开一深壑,中盘旋为田,其水四面环亘,不知出处。路循东峰西南降一里,复转南向上一里,又转东南上半里,逾岭脊而南,乃西南下一里,西抵坞中。闻水声淙淙甚急,忽见一洞悬北崖之下,其门南向而甚高,溪水自南来,北向入洞,平铺洞间,深仅数寸,而阔约二丈。洞顶高穹者将十丈,直北平入者十余丈,始西辟而有层坡,东坠而有重峡,内亘而有悬柱,然渐昏黑,不可攀陟矣。此水当亦北透而下盘江者。出洞,征洞名于土人⑥,对曰:“观音洞⑦。”征其义,以门上崖端有置大士像于其穴者也。洞前溪由东南峡中来,其峡底颇平,大叶蒲丛生其间,淬绿锷于风前⑧,摇青萍于水上,芃芃有光。循之西南半里,又西穿岭隙间,渐循坡蹑脊。二里,有一二家在北峰下,其前陷溪纵横,水由西南破壑去,路由西北循岭上。一里,出岭头,是为蔺家坡。西南骋望,环山屏列甚遥,其中则峰巅簇簇,盘伏深壑间,皆若儿童匍匐成行⑨,无与为抗。从此乃西北下,直降者二里,又升降陇脊西行者二里,有庵缀峰头,曰罗汉松,以树名也。自逾新兴西南岭,群峰翠色茸茸,山始多松,然无乔枝巨本,皆弱干纠缠,垂岚拂雾,无复吾土凌霄傲风之致也。其前又西南开峡。从峡中直下者三里,转而西平行者一里,有城当坳间,是曰板桥铺城⑩。城当峡口,仰眺两界山凌空而起,以为在深壑中矣,不知其西犹坠坑下也。路在城外西北隅,而入宿城中之西门。

【注释】

①吊崖观音:此处今称"观音洞",在普安县治稍东的公路边。

②大士:佛教称佛或菩萨为大士。《游记》里多专指观音菩萨。

③于是复西陟坡阜:"陟"原作"涉",据"四库"本改。

④新兴:明置新兴所,清初置普安县,治新兴,即今普安县治。

⑤天启四年:即1624年。乌程:明设乌程县,为湖州府附郭县,在今浙江湖州市城区。

⑥征:征询,询问。

⑦观音洞:在今普安县城西四公里滇黔公路旁,青龙山腰。洞中乳石酷似观音,崖下清溪环绕,俗称"观音小南海"。

⑧淬(cuì):铸造刀剑时把剑烧红浸入水中,使之刚利。锷(è):剑刃。此处系比喻蒲叶为绿锷。

⑨儿童:"四库"本作"儿孙"。

⑩板桥铺城:应在今普安县西隅、公路边的三板桥镇。

【译文】

由芭蕉关西面下到峡谷中顺着水流走,道路北边的重重山崖一层层突起,多半是赭黑的颜色。听说有处所谓"吊崖观音"的地方,顺着山崖寻找这个地方。行二里,看见山崖上有一个洞,悬空盘踞着十分深邃,洞口面向南却没有路。于是攀援着登上去,就见洞口圆圆的仅有几尺宽,平平地一直向北钻进去十多丈就渐渐黑下来,似乎是从来没有人迹进入过的样子。于是返身走出洞口,就见满地的白骨,不知这是人还是牲畜了。仍旧攀着山崖下来。又见西边有条路,再次向北上到山崖中间,山崖下的洞口多半是牛马歇息的场所,污秽之物充满洞前;洞的上层有下垂的石柱,山洞的一端空出来放置了一尊小型的观音菩萨石像,是出自于人工,不是天然形成的。再次下来,沿着大路顺着溪流往西行一里,溪流转向北坠入峡谷中流去,从这里起又向西跋涉在山坡土阜之间,共行六里后来到新兴城。自从芭蕉关以来,下走的路不多,可上登的路也不远,沿途山坞中的溪流仍然是出没在山上了。进入东门,走出西门,也是遭受战乱残害后的残余了。有石碑,是天启四年都御史乌程人闵公修复的。城中有坐镇的守备官。这天晚上巡按大人住宿在此地。又往西行走在山岭峡谷间二里,一连越过两条山脊,都是自南往北延伸的山脊。忽然西面裂开一条深深的壑谷,中间盘绕着田地,壑谷中的水四面环流,不知从哪里流出去。道路沿着东峰往西南下降一里,再转向南上登一里,又转向东南上走半里,越过岭脊往南走,随即向西南下走一里,抵达西面的山坞中。听见水声淙淙流淌十分湍急,忽然间看见一个山洞高悬在北面的山崖之下,洞口向南而且非常高,溪水从南面流来,向北流入山洞,平缓地铺在洞中,水深仅有几寸,可宽处约有二丈。洞顶高高隆起之处将近十丈,一直往北平平地进去之处有十多丈,这才向西拓展开而且有一层层斜坡,东面下陷而且有深峡,向里面通进去而且有悬垂的石柱,不过渐渐昏黑下来,不能攀登跋涉了。这条溪水应当也是穿过山洞后流入盘江的水流。出洞来,向当地人打听山洞的名字,回答说:"观音洞。"追问洞名的意义,是由于洞口上方崖壁上的洞穴中放有一尊观音像的原因。山洞前的溪水经由东南方的峡谷中流来,这条峡谷的底部很是平坦,大叶蒲成丛生长在峡谷中,如在山风前浇淬绿色的刀刃,像在水面上摇动青萍之剑,放出郁郁光彩。顺着溪流往西南行半里,又向西穿越在山岭的空隙间,渐渐顺着山坡上登山脊。行二里,有一两家人在北峰下,村前深陷的溪流纵横流淌,溪水从西南方冲破壑谷流去,道路由西北方沿着山岭上登。行一里,来到岭头,这里是蔺家坡。向西南方放眼望去,环绕的群山屏风样排列得非常遥远,群山之中只见一簇簇峰顶,盘踞趴伏在深深的壑谷间,全像是些成行匍匐爬行的儿童,没有什么能与它们抗衡。从此地就向西北下走，一直下降二里路，又在陇脊上上上下下前行了二里，有座寺庵点缀在峰头，叫做罗汉松，是用树的名字来起名了。自从越过新安所西南方的山岭，群峰翠色葱茏，山上开始有很多松树，然而没有高大的枝干，都是些弱小的枝干纠缠在一起，垂挂在山风之中，轻拂着云雾，不再有我家乡那种凌霄傲风的风韵了。寺庵前方又向西南方裂开一条峡谷。从峡中一直下走三里，转向西平缓前行一里，有座城位于山坳中，这里叫做板桥铺城。城池正对峡口，仰面眺望，两面的群山凌空而起，以为身在深深的壑谷中了，却不知这里的西面仍然下坠成坑谷了。道路在城外的西北角，随即进城住宿在城中的西门内。

二十九日　出板桥城之西门，北折入大路，遂拾级下。有小水自右峡下注，逾其左随之行。一里，则大溪汪然，自西南转峡北注，有巨石梁跨其上，即所谓三板桥也①；今已易之石，而铺犹仍其名耳。桥上下水皆阔，独桥下石峡中束，流急倾涌。其水西北自八纳山发源，流经软桥，又西南转重谷间，至是北捣而去，亦深山中一巨壑也。越桥西，溯溪北崖行。一里，溪由西南谷来，路入西北峡去，于是升降陇坳，屡越冈阿。四里直西，山复旷然平伏②，独西南一石峰耸立，路乃不从西平下，反转南仰跻。半里，盘石峰东南，有石奋起路右，首锐而湾突，肩齐而并耸，是曰鹦哥嘴③。又西转而下者一里半，有铺肆夹路，曰革纳铺④。土音“纳”俱作“捺”，至是而始知所云“捺溪”、“倪捺”皆“纳”字也。惟此题铺名。又从峡平行，缘坡升降，五里，有哨舍夹路，曰软桥哨⑤。由哨西复坠峡下，遥见有巨溪从西峡中悬迅东注；下峡一里，即与溪遇；其溪转向南峡去，路从溪北，溯溪循北山之麓西行。二里，有巨石梁南北跨溪上，即所谓软桥也。余初疑冉姓者所成，及读真武庙前断碑，始知为"软"，想昔以篾索为之，今已易之石，而犹仍其名耳。

【注释】

①三板桥：位置与今化肥厂附近的公路桥相当。此水称软桥河，即今虎跳河，下游称格所河，从南往北流入北盘江，为普安县与盘县界河。

②山复旷然平伏："复"，"四库"本作"皆"。

③鹦哥嘴：今雅化为"英武"，在盘县东隅。

④革纳铺：今名同，在盘县东隅。

⑤软桥哨：今名同，在盘县东境，滇黔公路线上。

【译文】

二十九日　走出板桥铺城的西门，向北折上大路，随即沿石阶下走。有条小溪从右边的峡谷中向下流淌，越到小溪左边顺着溪流走。行一里，就有一条水势汪洋的大溪，自西南方转过峡谷向北流淌，有座巨大的石桥跨在溪流上，这就是所谓的三板桥了；今天已经改建成石桥，可是铺的名字仍然沿用板桥之名。桥上下的水面都很宽阔，唯独桥下是石头峡谷紧束在中间，湍急的水流倾泻奔涌。这条溪水从西北方的八纳山发源，流经软桥，又向西南转入重重壑谷之间，流到这里向北奔流而去，也是深山中的一条巨大的壑谷了。过到桥西，溯溪流沿着北面的山崖前行。行一里，溪水从西南方的山谷中流来，道路进入西北方的山峡中去，从这里起在土陇山坳间上上下下，屡次越过山冈和土丘。一直向西走四里，山势全变得开阔起来，平缓起伏，唯独西南方耸立着一座石峰，道路竟然不从西面平缓下行，反而转向南仰面上登。行半里，绕到石峰的东南面，有块岩石猛然突起在道路右边，头部尖尖的并弯弯地突起来，双肩平齐而且并排耸起，这叫鹦哥嘴。又向西转后下走一里半，有些店铺夹住道路，叫做革纳铺。<small>土话的发音"纳"都说成"捺"，来到这里后才明白所说的"捺溪"、"倪捺"都是"纳"字了。只有此处用来题写铺名。</small>又从峡谷中平缓前行，顺着山坡上下，行五里，有哨房夹住道路，叫软桥哨。由软桥哨西边又向峡谷中下坠，远远看见有条巨大的溪流从西面的峡谷中高悬迅疾地往东流淌；下到峡谷中一里，立即与溪流相遇；这条溪流转向南面的峡谷中流去，道路从溪流北岸，溯溪流沿着北山的山麓往西行。行二里，有座巨大的石桥呈南北向跨在溪流上，就是所谓的软桥了。我最初怀疑是某个姓冉的人建成的，到读了真武庙前断缺的石碑后，才知道是"软"，猜想从前是用竹篾编成绳索建成的桥，今天已换成石桥，但仍然沿用原来的名字罢了。

度桥而南，遂从溪南西向缘南崖而上，其跻甚峻。半里，平眺溪北，山俱纯石，而绿树缘错成文，其中忽有一瀑飞坠，自峰顶直挂峡底。缘南崖西上，愈上愈峻，而北眺翠纹玉瀑，步步回首不能去。上二里，峡底溪从西北而出，岭头路向西南而上。又一里，过真武庙。<small>按君自新兴而来，越此前去。</small>由其西南行[①]，遂下坞中。又西南共四里，两越小岭而下，有峡自东南达西北，又两界山排闼而成者，其中颇平远，有聚落当其间，曰旧普安[②]。<small>按君饭于铺馆，余复先之而西北由坞中行。</small>东北界山逶迤缭绕，不甚雄峻；西南界山蹁跹离立，复露森罗；峡踪虽远，然两头似俱连脊，中平而无泄水之隙者。又西三里，有石峰中起，分突坞间，神宇界其下，曰双山观[③]。<small>按君自后来，复越而前去。</small>又西一里，则西脊回环于前，遂坞穷谷尽。坞底有塘一方，汇环坡之麓，四旁皆石峰森森，绕塘亦多石片林立，亦有突踞塘中者。于是从塘西南上回坡，一里，登其脊。又宛转西行岭头，岭左右水俱分泻深谷，北出者当从软桥水而入盘江上流，南流者当从黄草坝而下盘江下流④。又西向从岭头升陟，其上多中洼之宕，大者盘壑为田，小者坠穴为阱。共五里，为水塘铺⑤，乃饭于庙间。过铺西下岭，逶迤山半又五里，为高笠铺，南向行陇间。逾一平岭西南下，又五里，有小溪自北峡来，石桥南跨之。度其南，北门街夹峙冈上；逾冈南下，始成市，有街西去，为云南坡大道；直南，又一小溪自西南峡来，石桥又南跨之。桥南即为普安城，州、卫俱在其中⑥。按君已驻署中矣。其城西半倚山脊，东半下临东溪，南北二门正当西脊之东麓，而东门则濒溪焉。南门外石桥，则三溪合于北，经东门而西环城南，又南去而注于水洞者。北门外石桥：第一桥，即云南坡之水，绕城西北隅而为堑，东下而与北溪合于城东；第二桥，即小溪自西北来者，《一统志》所云"目前山之水"也；第三桥，即小溪自北来者，《一统志》所云"沙庄之水"也。三溪交会于城之东北，合而南去，是为三一溪，经城南桥而入于水洞。其城自天启初，为水西叛逆，诸蛮应之，攻围一年而破，后云南临安安南土官沙姓者，奉调统兵来复。至今疮痍未复。然是城文运为贵竹之首，前有蒋都宪，今有王宫詹，名祚远。非他卫可比。州昔惟土官，姓龙，其居在八纳山下，统十二小土司。今土官名子烈，年尚少。后设流官，知州姓黄。并治焉。

【注释】

①由其西南行："南"后原衍"向"字，据"四库"本删。

②旧普安：《明史·地理志》普安州载："东有八部山，元普安路治山

下，属云南行省，洪武十五年三月为府，属云南布政司，寻升军民
府，二十七年四月改属四川，永乐后废。"旧普安即元代和明初的
治所，今仍称旧普安，在盘县东境，滇黔公路稍南，不当大道。
③双山观：今称"双山"，在旧普安稍西。
④黄草坝：今兴义市区。霞客后曾到黄草坝，详崇祯十一年（1638）
八月二十六至二十九日记。
⑤水塘铺：今名同，在盘县城与旧普安中间。
⑥"桥南即为普安城"两句：明设普安卫和普安州。普安卫城在今
盘县城关镇，州城又在稍北的营盘山左，万历十四年（1586），"州
自卫北来同治"，此后即州卫同城，皆在今盘县城关镇。

【译文】

过到桥南，就从溪流南岸向西沿着南面的山崖往上走，那上登的路
极为陡峻。行半里，平视溪流的北面，山体全是清一色的岩石，而绿色
的树丛顺着山势交错形成斑纹，山中忽然有一条瀑布飞流下泻，从峰顶
一直挂到峡底。沿着南面的山崖向西上登，越上去越险峻，可向北眺望
翠绿的斑纹和白玉般的瀑布，一步步回头看去舍不得离开。上登二里，
峡底的溪流从西北方流出去，岭头的道路向西南方上走。又行一里，路
过真武庙。巡按大人从新兴城前来，越过此地向前走了。由真武庙西边向南行，
随即下到山坞中。又向西南一共走四里，两次越过小山往下走，有条峡
谷从东南通向西北，又是两面的山像门扉一样排列形成的，峡谷中很是
平旷空远，有个聚落位于峡谷中，叫做旧普安。巡按大人在驿站的客馆
里吃饭，我再次领先于他往西北经由山坞中前行。东北面的一列山逶
迤缭绕，不十分雄伟险峻；西南面的一列山翩跹起舞，成排矗立，又露出
森然罗列的姿态；峡谷的踪影虽然很远，然而两头似乎都有相连的山
脊，峡谷中地势平缓却没有泄水的缝隙。又向西三里，有石峰在中央耸
起，分别突起在山坞中，神庙隔在两座石峰下，叫做双山观。巡按大人从后
面赶来，再次超越我向前去了。又向西一里，就见西面有山脊回绕在前方，于

是山坞山谷到了尽头。山坞底下有一个池塘，汇积环绕在坡脚下，四旁都是森森罗列的石峰，绕着池塘也有许多林立的石片，也有些岩石突兀盘踞在池塘中。于是从池塘西南方上登回绕的山坡，行一里，登上坡脊。又弯弯转转地向西行走在岭头，岭头左右两侧的水流都分别下泻到深谷中，向北流出去的应当汇入软桥下的水流而后流入盘江的上游，往南流的应当是流经黄草坝后下流进盘江的下游。又向西从岭头上登，岭头上有很多中间下洼的深坑，大一些的盘绕成壑谷，被垦为农田，小一点的下陷成洞穴成为陷阱。共行五里，是水塘铺，于是在庙中吃饭。过了水塘铺向西下岭，在山腰上又逶迤前行五里，是高笠铺，向南前行在山陇间。越过一座平缓的山岭往西南下行，又行五里，有条小溪自北边的峡谷中流来，石桥向南跨过溪流。过到桥南，北门外的街道夹立在山冈上；越过山冈往南下走，开始形成集市，有条街道向西去，是去云南坡的大道；一直往南走，又有一条小溪自西南方的峡中流来，石桥又向南跨过溪流。桥南就是普安城，普安州、普安卫的衙门都在城中。巡按大人已经驻在衙门中了。这座城西半边紧靠着山脊，东半边下临着东溪，南北两座城门正位于西面山脊的东麓，而东门就濒临着溪流。南门外的石桥，三条溪流在桥北合流，流经东门后往西环流到城南，又往南流去后流入水洞中。北门外的石桥：第一座桥，就是云南坡流来的水流，绕到城墙的西北角成为堑壕，往东下流后与北面的溪流在城东合流；第二座桥，就是自西北方流来的小溪，是《一统志》所说的"目前山之水"了；第三座桥，就是从北面流来的小溪，是《一统志》所说的"沙庄之水"了。三条溪流在城的东北面交汇，合流后往南流去，这就是三一溪，流经城南的石桥后流入水洞中。普安城在天启初年，因为水西叛乱，各部蛮族响应水西，围攻一年后被攻破，后来云南临安府安南司姓沙的土司，接受调令率兵前来收复了。至今疮痍尚未恢复。然而这座城以文章仕进的气运在贵州省是首位，从前有都御史蒋大人，当今有太子宫王詹事，名叫王祚远。不是别的卫可以相比的。州里过去只有土官，姓龙，他的驻地的八纳山下，统领十二个小土司。今天的土官名叫龙子烈，年纪还小。后来增设了流官，知州姓黄。一同治理此地。

　　州东北七十里有八纳。其山高冠一州，四面皆石崖崭绝，惟一径盘旋而上，约三十里。龙土官司在其下。其顶甚宽平，有数水塘盈贮其上，软桥之水所由出也。土音以"纳"为"但"，而梵经有"叭呾哆"之音，今老僧白云南京人。因称叭呾山，遂大开丛林①，而彝地远隔，尚未证果。

【注释】

①丛林：佛教僧众聚居较多的寺院称为丛林，意为众僧聚居一处，犹如众木丛丛成林。

【译文】

　　普安州城东北七十里处有座八纳山。这座山在全州最高，四面都是高峻悬绝的石崖，只有一条小径盘旋着上去，大约三十里长。龙土官的衙门在山下。山顶十分宽敞平缓，有几个贮满水的水塘在山顶上，软桥下的水流就是从这里流出去的。土话把"纳"说成"但"，而佛经中有"叭呾哆"的音，今天老和尚白云是南京人。因而把它称为叭呾山，于是大规模建立寺院，但是少数民族地区偏远隔绝，还没有悟道修成正果。

　　州南三十里有丹霞山。其山当丛峰之上，更起尖峰卓立于中。西界有山一支，西南自平彝卫屏列而北①，迤逦为云南坡，而东下结为州治。西屏之中，其最高处曰睡寺山，正与丹霞东西相对。其东界有山，南自乐民所分支而北②,当丹霞山南十里。西界屏列高山横出一支,东与东界连属,合并而北,夭矫丛沓,西突而起者,结为丹霞山;东北耸突而去者,渐东走而为兔场营方顶之山,而又东北度为安南卫脉。其横属之支,在丹霞山南十里者,其下有洞,曰山岚洞③,其门北向。水从洞中出,北流为大溪,经丹霞山之西大水塘坞中④,又北过赵官屯⑤,又东转而与南板桥之水合⑥。由洞门溯其水入,南行洞腹者半里,其洞划然上透,中汇巨塘,深不可测。土人避寇,以舟渡水而进,其中另辟天地,可容千人。而丹霞则特拔众山之上,石峰峭立,东北惟八纳山与之齐抗。八纳以危拥为雄,此峰以峭拔擅秀。昔有玄帝宫,天启二年毁于蛮寇,四年,不昧师徽州人。复鼎建,每正二月间,四方朝者骈集,日以数百计。僧又捐资置庄田,环山之麓,岁入谷三百石。而岭间则种豆为蔬,岁可得豆三十石。以供四方。但艰于汲水:寻常汲之岭畔,往返三里,皆峻级;遇旱,则往返十里而后得焉。

【注释】

①平彝卫:明置平彝卫,属云南都司,治今云南富源县。

②乐民所:今名"乐民镇",在盘县西南隅。

③山岚洞:今称"山岚"。

④大水塘:今称"水塘"。

⑤赵官屯:今名同。

⑥南板桥:即今"板桥"。与山岚洞、大水塘、赵官屯皆在盘县南境,从南往北沿风洞河排成一线。

【译文】

州城南面三十里处有座丹霞山。这座山位于群峰之上，更有一座尖峰卓然矗立于群山之中。西境内有一条山脉，自西南方的平彝卫屏风一样排列向北，逶逶迤迤形成云南坡，而后往东下延盘结为州城所在的山。西面屏风样的群山之中，那最高处叫做睡寺山，正好与丹霞山东西相对。普安州东境有山脉，南面起自乐民所分支向北延伸，在丹霞山南面十里。西境一列屏风样排列的高山横向伸出一条支脉，往东延伸与东境内的山相连，合并后向北延伸，屈曲蜿蜒，丛集杂沓，向西突起的，盘结为丹霞山；往东北耸立前突而去的，渐渐向东延伸而后形成兔场营方形山顶的山，而后又往东北延伸成为安南卫境内的山脉。那横向连接的支脉，在丹霞山南面十里之处，山下有个山洞，叫山岚洞，洞口向北。水从洞中流出来，向北流去变成大溪，流经丹霞山西边大水塘所在的山坞中，又向北流过赵官屯，又向东转后与南板桥下的水流汇合。由洞口溯这条水流进去，往南行走在山洞肚子里面半里，山洞顶上豁然露出天空，洞中水汇积成巨大的水塘，深不可测。当地人躲避盗匪，用小船渡水进去，洞中另外辟有天地，可容纳上千人。而丹霞山则独立挺拔于众山之上，石峰峭拔屹立，东北面只有八纳山与它齐平抗衡。八纳山以危峰拥立为雄，这座山峰以峭立挺拔独擅秀色。从前有座玄帝宫，天启二年毁于蛮族盗匪之手，天启四年，不昧禅师徽州人。又鼎力重建，每年正月二月间，四方的朝山者群集而来，每天用几百人来计算。僧人们又捐资购置了庄园田地，环绕在山麓，每年收入谷米三百石。而且山上则种植豆子作为蔬菜，每年可收到豆子三十石。用来供给四方来客。但是汲水很艰难：平常在岭畔汲水，往返有三里路，都是陡峻的石阶；遇上干旱时，就要往返十里后才能取到水。

五月初一日　　余束装寄逆旅主人符心华寓，兰溪人。乃南抵普安北门外，东向循城行。先是驼骑议定自关岭至交水，至是余欲往丹霞，彼不能待，计程退价。余仓卒收行李，其物仍为夫盗去。穷途之中，屡遭拐窃，其何堪乎！复随溪南转过东门，又循而抵南门，有石梁跨溪上。越其南，水从西崖向南谷，路从东坡上南岭，西眺水抵南谷，崖环壑绝，遂注洞南入。时急于丹霞，不及西下，二里，竟南上岭，从岭上行。又二里，逾岭转而西，其两旁山腋，多下坠之穴，盖其地当水洞东南，其下中空旁透，下坠处，皆透穴之通明者也。又西南一里，路右一峡下迸，有岩西南向，其上甚穹，乃下探之。东门有侧窦如结龛，门内洼下而中平，无甚奇幻。遂复上南行，又一里，逾岭脊，遂西南渐下，行坡峡间。一里，过石亭垒址，其南路分两岐：由东南者，为新、安二所，黄草坝之径；由西南者，则向丹霞而南通乐民所道也。遂从西南下。

【译文】

五月初一日　　我捆好行装寄放在旅店主人符心华浙江兰溪县人的寓所中，于是往南来到普安城的北门外，向东沿着城墙走。在此之前，与马帮商定从关索岭到交水，来到这里我想去丹霞山，他们不能等我，计算了路程退了余款。我仓猝之间收拾行李，其中的物品仍然被马夫偷去了。走投无路之间，屡次遭到拐骗偷窃，这怎么经受得起呀！又顺着溪流向南转过东门，又沿着溪流走到南门，有座石桥跨在溪流上。过到桥南，溪水从西面的山崖流向南面的山谷中，道路从东面的山坡上登南岭，向西眺望，溪水流到南面的山谷中，山崖环抱，壑谷断绝，于是便向南流入洞中。这时我急于去丹霞山，来不及向西下去，行二里，竟自向南上岭，在岭上前行。又行二里，越过山岭转向西行，山岭两旁的山侧，有很多下陷的洞穴，大概这个地方位于水洞的东南方,山腹之下中间是空的,四通八达,下陷之处,都通有透进亮光的洞穴。又向西南行一里,道路右边向下逆裂开一条峡谷,有个岩洞面向西南方,洞口的上部隆起很高,于是下去探察这个洞。东边的洞口有个侧洞,好像人造的佛龛,洞口内下洼但洞中平坦,没有什么奇异变幻之处。于是又上来往南行,又行一里,越过岭脊,随即往西南渐渐下行,前行在山坡峡谷间,行一里,路过一处石块垒砌的亭子的废址,废址南边道路分成两条岔路:由东南方走的,是去新城所、安笼所两个所和黄草坝的路;有西南方走的,则是通向丹霞山而后向南通到乐民所的路了。于是从西南方下走。

从岭峡中平下者二里,东顾峡坑坠处,有水透崖南出,余疑为水洞所泄之水,而其势颇小,上流似不雄壮。从其西,遂西南坠坑而下。一里,抵壑中,则有溪汪然自西而东注,小石梁跨其上,曰南板桥。以别于北大道之三板桥也。其下水西自石洞出,即承水洞之下流,至是而复透山腹也。水从桥东,又合南峡一溪,东向而去,东北合软桥下流,出北板桥而东与盘江合。其南峡之溪,则自大水塘南山岚洞来。二溪一北一南,皆透石洞而出,亦奇矣。越南板桥南一里,溯南来溪入南峡,转而西行峡中。又二里,则有坝南北横截溪上,其流涌坝下注,阔七八丈,深丈余,绝似白水河上流之瀑[1],但彼出天然,而此则人堰者也。坝北崖有石飞架路旁,若鹳首棹虚[2],而其石分窍连枝,玲珑上透,嵌空凑合,亦突崖之一奇也。又西三里,路缘北崖而上,西越之而下,共半里,山回水转,其水又自南向北而来者,其先东西之峡甚束,至是峡之成南北者渐宽。又循溪西崖南向行,一里,南逾一突嘴,则其南峡开而盘成大坞,南望有石梁横跨溪上。半里,度石梁而东,遂东南上坡,始与南来之溪别。东上半里,过一村,又东半里,转而南稍下,共半里,逾小溪而上,过赵官屯,遂由屯村北畔东南入坞。二里,复上岭,一里,转峡处有水飞坠山腰。循山嘴又西转而南半里,随峡东入又半里,峡中有水自东峡出,即飞瀑之上流也。小石梁跨峡而南,石碑剥落,即丹霞山《建桥记》文也。

【注释】

①绝似白水河上流之瀑:在白水河,徐霞客看到了两个瀑布。此"白水河上流之瀑"即今黄果树大瀑布上游不远处的陡坡塘瀑布,瀑声震耳,又称"吼瀑"。霞客对陡坡塘瀑布的生动概括,至今游人还体察得到。

②若鹢(yì)首棹(zhào)虚:意为如凌空的船。鹢,为一种像鹭鸶的能高飞的水鸟。古代船头上画着鹢鸟,故称船首为鹢首,亦借指船为鹢首。棹,为摇船的用具。

【译文】

从岭上的峡谷中平缓下行二里,向东回头看峡坑下坠之处,有股水流穿透山崖向南流出来,我怀疑是从水洞中外泄的水,但水势很小,上游似乎不怎么雄壮。从水流的西边,就往西南向坑谷中下走。行一里,抵达壑谷中,就见有条溪水浩浩荡荡自西往东流淌,小石桥跨在溪流上,叫做南板桥。以便区别于北面大道上的三板桥。桥下的水从西面的石洞中流出来,立即接受了水洞下游的水,流到这里后又穿过山腹流出来了。溪水从桥东流去,又汇合南边山峡中流来的一条溪流,向东流去,在东北方汇合软桥下游的水,流出北板桥后往东流与盘江合流。那条南边山峡中的溪流,则是从大水塘南边的山岚洞中流来。两条溪流一条在北一条在南,都是穿过石洞中流出来,也算奇特了。越过南板桥往南行一里,溯南面流来的溪流进入南面的峡谷,转向西行走在峡谷中。又行二里,就见有座水坝呈南北向横截在溪流上,水流涌过水坝下泻,宽七八丈,深一丈多,极像白水河上游的瀑布,但是那里是天然形成的,而这里则是人工修筑水坝形成的。水坝北边的山崖上有块岩石飞架在道路旁,好像凌空的船头,而且这块岩石分出许多石窍,如枝叶相连,玲珑别透,上边透着亮光,深嵌成空洞,聚合在一起,也是突立的悬崖中的一处奇景。又向西三里,道路沿着北面的山崖上走,向西越过山崖下走,共行半里,山回水转,那条溪水又从南向北流来,溪流先前流过的东西向的峡谷非常狭窄,流到这条呈南北向的峡谷渐渐宽起来。又沿着溪流西面的山崖向南行,行一里,向南越过一个前突的山嘴,只见山嘴南边的峡谷开阔起来盘绕成大山坞。向南望去,有座石桥横跨在溪流上。行半里,走过石桥往东行,随即往西南上坡,这才与南面流来的溪流分别。往东上行一里,经过一个村子,又向东半里,转向南稍下走,共半里,越过小溪往上走,路过赵官屯,便由赵官屯村北的侧旁向东南进入山坞。行二里,又上岭,行一里,峡谷转折之处有水流飞泻到山腰上。沿着山嘴又由西转向南半里,顺着峡谷向东进去又是半里,峡中有水流自东面的峡谷中流出来,这就是飞泻的瀑布的上游了。小石桥跨过峡谷往南去,有块剥落的石碑,就是丹霞山《建桥记》的碑文了。

　　由桥南西向盘岭,为大水塘之道,遂由桥东向溯水而入[①]。其下峡中箐树蒙密,水伏流于下,惟见深绿一道,迤逦谷底。又东半里,内坞复开,中环为田,而水流其间。路循山南转,半里,入竹树间,有一家倚山隈结庐[②],下瞰墅中平畴而栖,余以为非登山道矣。忽一人出,呼余由其前,稍转而东,且导余东南登岭,乃下耕坞中去。及余跻半里,复西入樵径，其人自坞中更高呼"稍东"，遂得正道。其处四山回合，东北皆石山突兀，而余所登西南土山，则松阴寂历，松无挺拔之势，而偃仆盘曲，虽小亦然。遂藉松阴，以手掬所携饭挼而食，觉食淡之味更长也。既而循坡南上者半里，又入峡西上者一里，又南逾坳脊间半里。其坳两旁石峰，东西涌起，而坳中则下陷成井，灌木丛翳其间，杳不可窥。已循东峰之南，又转而东南，盘岭半里，其两旁石峰，又南北涌起，而峡中又下陷成洼。又稍转东北，路成两岐，一由北逾峡，一由东上峰。余不知所从，乃从东向而上者，其两旁石峰，复南北涌起。半里陟其间，渐南转，又半里，南向跻其坳，则两旁石峰，又东西涌起。越脊南，始见西南一峰特耸，形如天柱，而有殿宇冠其上。乃西南下洼间，半里，复南上冈脊。回望所越之脊，有小洞一规，其门南向；其西有石峰如展旗，其东冈之上，复起乱峰如涌髻，而南冈则环脊而西，遂矗然起丹霞之柱焉③；其中回洼下陷，底平如镜，已展土为田，第无滴水，不堪插莳。由冈西向跻级登峰，级缘峰西石崖，其上甚峻；已而崖间悬树密荫，无复西日之烁。直跻半里，始及山门。其门西北向，而四周笼罩山顶。时僧方种豆陇坂间，门闭莫入。久之，一徒自下至，号照尘。启门入余，遂以香积供。既而其师影修至，遂憩余阁中，而饮以茶蔬。影修又不昧之徒也，时不昧募缘安南，影修留余久驻，且言其师在，必不容余去，以余乃其师之同乡也。余谢其意，许为暂留一日。

【注释】

①遂由桥东向溯水而入：原无"遂"字，从丁本补。

②隈（wēi）：弯曲的地方。

③丹霞：即丹霞山，今又称丹山，在盘县南境，水塘稍东，盘县到兴
义的公路西边。如圆柱孤峰插天，林木蓊郁，石级盘旋而上，山
顶一小块平地为殿宇铺满。当地有"三月山，玩丹山"的说法，至
今仍为风景胜地。

【译文】

由桥南向西盘绕于山岭之上，是去大水塘的路，于是由桥头向东溯
溪流进去。道路下方的峡谷中竹丛树木浓密，溪水伏流在下方，只看得
见一条深绿的颜色，在峡谷底下逶逶迤迤。又向东半里，峡谷内山坞又
开阔起来，山坞中环绕着农田，而溪水流淌在山坞中。道路顺着山势向
南转，行半里，步入竹丛树林间，有一户人家背靠山弯建了房屋，下瞰着
壑谷中平旷的田野居住，我以为这里不是登山的路。忽然间一个人出
门来，呼唤我经由他的门前，稍转向东，并且引导我往东南方登岭，这才
下到山坞中耕地去了。到我上登半里后，又向西走上了打柴的小径，那
个人从山坞中又高声呼叫"稍往东一点"，终于找到了正路。此处四面
群山回绕闭合，东北面都是突兀的石山，而我所上登的西南一面的土
山，则是松树的树阴稀疏，松树没有挺拔的气势，却是枝干前倒后卧的，
盘绕蜷曲，即使是小树也是这样。于是借着松树树阴，用手捧着随身带
来的饭，团成饭团子吃，觉得吃淡饭，滋味更绵长了。既而沿着山坡往
南上走半里，又进入峡谷中向西上行一里，又往南翻越在山坳山脊间半
里。这个山坳两旁的石峰，在东西两面涌起，但山坳中却下陷成深井，
灌木丛密布在深井中，杳然不可窥测。不久沿着东峰的南面，又转向东
南，绕着山岭走半里，道路两旁的石峰，又在南北两面涌起，而且峡谷中
又下陷成洼地。又慢慢转向东北，道路分成两条岔路：一条由北边穿越
峡谷，一条由东面上登山峰。我不知从哪个方向走，只好从向东上走的

路走,道路两旁的石峰,又在南北两面涌起。半里路都是在石峰间上
登,渐渐向南转,又行半里,向南上登这里的山坳,就见两旁的石峰,又
在东西两面涌起。翻越到山脊南面,这才看见西南方一座山峰特别高
耸,形状如同擎天柱,而且有庙宇像帽子一样坐落在峰头上。于是向西
南下到洼地中,行半里,又往南登上冈脊。回头望翻越过来的冈脊,有
一个圆圆的小洞,洞口向南;冈脊西面有一列石峰好像迎风招展的旌
旗,冈脊东面的山冈之上,又耸起杂乱的山峰,好像高高盘起的发髻,而
南面的山冈则是环绕的山脊往西延伸而去,于是巍然矗立起擎天柱一
样的丹霞山;群山之中回绕下陷成洼地,底部平整得好像镜子,土地已
被开辟成田地,只是没有一滴水,不能插秧。由冈头向西沿着石阶上登
山峰,石阶沿着山峰西侧的石崖走,那上登的路非常陡峻;不久壁崖上
悬垂着的茂密树丛遮蔽了阳光,不再有西下烈日的炎热了。一直上登
半里,这才来到山门。山门朝向西北方,而四周笼罩在山顶上。这时候
僧人们正在山坡上的土陇中种豆,山门关闭着无法进去。很久之后,一
个徒弟从下面来到,法号叫照尘。开门让我进去,于是拿出寺中的饭食供
作晚餐。既而他的师傅影修来到了,就让我在楼阁中休息,而后拿出茶
水蔬菜给我饮用。影修又是不昧的徒弟了,此时不昧到安南卫去化缘,
影修挽留我多住些时间,并且说,如果他师傅在,必定不会容许我离开,
因为我是他师傅的同乡。我谢过他的好意,答应为此短暂停留一天。

初二日　甚晴霁。余时徙倚四面,凭窗远眺,与影修相
指点。其北近山稍伏,其下为赵官屯,渐远为普安城,极远
而一峰危突者,八纳也。相去已百里。其南稍下,而横脊拥其
后,为山岚洞;极远而遥峰隐隔者,乐民所之南,与亦佐县为
界者也。其西坠峡而下,为大水塘,坞中自南而北,山岚洞
之水,北出南板桥者也;隔溪则巨峰排列,亦自南而北,所谓

睡寺山矣;山西即亦资孔大道,而岭障不可见。其东仅为度脊,上堆盘髻之峰;稍远则骈岫丛沓,迤逦东北去,为兔场营方顶山之脉者也。山东南为归顺土司^①。普安龙土司之属,与粤西土司同名。越其东南,为新安二所、黄草坝诸处,与泗城接界矣。是日余草记阁中。影修屡设茶候,供以鸡葼菜、蘽浆花、藤如婆婆针线,断其叶蒂,辄有白浆溢出。花蕊每一二十茎成一丛,茎细如发,长半寸。缀花悬蒂间,花色如淡桃花。连丛采之。黄连头^②,皆山蔬之有风味者也。

【注释】

①归顺土司:明设归顺营,为普安十二营之首。今仍称归顺,又称民主,在盘县南境,为镇驻地。

②蘽(lěi)浆花:依其描述的形态特点,应即鱼腥草,贵州称折耳根,云南有些地方称壁虱菜。

【译文】

初二日　十分晴朗。我不时徘徊凭靠在楼阁的四面,凭窗远眺,与影修互相指点四面的景色。楼阁北面近处的山微微起伏,山下是赵官屯,渐渐远去是普安城,极远处有一座高险突兀的山峰,是八纳山。相距已有一百里。楼阁南面略下去,有一条横亘的山脊拥围在楼阁后面,那是山岚洞;极远处有远峰隐约隔着的地方,是乐民所的南边,与亦佐县交界的地方了。楼阁西面向峡谷中下坠的地方,是大水塘,山坞中自南往北流的,是山岚洞的水,向北流到南板桥的溪流;隔着溪流则排列着巨大的山峰,也是自南往北延伸,就是所谓的睡寺山了;睡寺山的西面就是通往亦资孔的大道,可是被山岭挡住了不能看见。楼阁东面仅仅有一条延伸而过的山脊,山脊上堆着一座像盘绕的发髻样的山峰;稍远处就是并立的山峦成丛杂沓,向东北逶迤延伸而去,是兔场营方顶山的山脉了。山的东南方是归顺营土司的辖地。普安州龙土司的下属，与广西的土司名称相同。越过归顺营的东南，是新城所、安笼所两个所、黄草坝各地，与泗城州交界了。这一天我在楼阁中起草日记。影修多次摆设了茶点伺候着，提供了鸡葼菌、蕙浆花、藤蔓好像婆婆们使用的针线，折断它的叶蒂，便有白色的浆液溢出来。花蕊每一二十根形成一簇，茎细如头发丝，半寸长。花朵连缀悬挂于叶蒂之间，花的颜色如同淡色的桃花。成丛采摘。黄连头，都是山间野菜中有风味的东西。

　　初三日　饭后辞影修。影修送余以茶酱，粤西无酱。贵州间有之而甚贵，以盐少故。而是山始有酱食。遂下山。十里，北过赵官屯，十里，东北过南板桥，七里，抵普安演武场。由其西横岭西度，一里，望三一溪北来，有崖当其南，知洞在是矣。遂下，则洞门北向迎溪，前有巨石坊，题曰"碧云洞天"[①]，始知是洞之名碧云也[②]。土人以此为水洞，以其上有佛者为干洞。洞前一巨石界立门中，门分为二，路由东下，水由西入。入洞之中，则扩然无间，水循洞西，路循洞东，分道同趋，南向十余丈，渐昏黑矣。忽转而东，水循洞北，路循洞南，其东遂穿然大辟，遥望其内，光影陆离，波响腾沸，而行处犹暗暗也。盖其洞可入处已分三层：其外入之门为一层，则明而较低；其内辟之奥为一层，则明而弥峻；当内外转接处为一层，则暗而中坼，稍束如门，高穹如桥，耸豁不如内层，低垂不如外层，而独界其中，内外回眺，双明炯然。然从暗中仰瞩其顶，又有一圆穴上透，其上亦光明开辟，若楼阁中函，恨无由腾空而上也。东行暗中者五六丈而出[③]，则堂户宏崇，若阿房、未央[④]，四围既拓，而峻发弥甚；水从东南隅下捣奥穴而去，光从西北隅上透空明而入⑤；其内突水之石，皆如踞狮泛凫，附壁之崖，俱作垂旐蠹柱。盖内奥之四隅，西南为转入之桥门，西北为上透之明穴，东南为入水之深窍；而独东北回环迥邃，深处亦有穴高悬，其前有窨窟下坠，黑暗莫窥其底，其上有侧石环之，若井栏然，岂造物者恐人暗中失足耶？由窟左循崖而南，有一石脊，自洞顶附壁直垂而下，痕隆起壁间者仅五六寸，而鳞甲宛然，或巨或细，是为悬龙脊，俨有神物浮动之势。其下西临流侧，石畦每每，是为十八龙田。由窟右循崖而东，有一石痕，亦自洞顶附壁直垂而下，细纹薄影，是为蛇退皮，果若遗蜕粘附之形。其西攀隙而上，则明窗所悬也。其窗高悬二十丈，峻壁峭立，而多侧痕错锷。缘之上跻，则其门扩然，亦北向而出，纵横各三丈余，外临危坡，上倚峭壁，即在水洞之东，但上下悬绝耳。门内正对蠹立之柱，柱之西南，即桥门中透之上层也。余既跻明窗，旋下观悬龙、蛇蜕，仍由碧桥下出，饭于洞门石上。石乃所镌诗碑，游人取以为台，以供饮馔⑥。其诗乃张涣、沈思充者，诗不甚佳，而涣字极遒活可爱⑦。镌碑欲垂久远，而为供饮之具，将磨泐不保矣⑧，亟出纸笔录之。仍入内洞，欲一登碧桥上层，而崖壁悬峭，三上三却。再后，仍登明窗东南，援蠹柱之腋，透出柱南，平视碧桥之背，甚坦而近，但悬壁无痕，上下俱绝攀践，咫尺难度。于是复下而出洞。日已下舂，因解衣浴洞口溪石间。半载凤垢，以胜流浣濯之，甚快也！既而拂拭登途，忽闻崖上歌笑声，疑洞中何忽有人，回瞩之，乃明窗外东崖峭绝处，似有人影冉冉。余曰："此山灵招我，不可失也。"

先是,余闻水洞之上有梵宠,及至,索之无有。从明窗外东眺,层崖危耸,心异之,亦不见有攀缘之迹。及出水洞觅路,旁有小径,隐现伏草间,又似上跻明窗者,以为此间乃断崖绝磴耳,不意闻声发闶,亟回杖上跻。始向明窗之下,旋转而东,拾级数十层,复跻危崖之根,则裂窍成门。其门亦北向,内高二丈余,深亦如之;左有旁穴前透,多裂隙垂楗,僧以石窒之为室;右有峭峡后坼,上颇氤氲盘结,而峻不可登。洞中有金仙三像,一僧栖其间,故游者携樽罍就酌于此⑨。非其声,余将芒芒返城⑩,不复知水洞之外,复有此洞矣。酌者仆从甚都⑪,想必王翰林子弟,余远眺而过之。下山,循溪溯流二里,有大道,即南门桥。遂从南门入,蹑山坡北行。城中荒敝甚,茅舍离离⑫,不复成行;东下为州署,门廨无一完者。皆安酉叛时,城破鞠为丘莽,至今未复也。出北门,还抵逆旅。是晚觅夫不得,遂卧。按君是早返辕矣。

【注释】

①题曰碧云洞天:原脱"曰"字,据"四库"本补。

②碧云:碧云洞在盘县古城城郊,分天洞与地洞。天洞在山腰,地洞在山麓,相距二百余米,上下相通。穿城的三一溪流入地洞,俗称水洞。地洞高处十余米,宽处三十余米,长6.5公里,有水陆两路,忽分忽合,蜿蜒曲折,钟乳变幻。天洞又称干洞,洞口接近峰顶,是登高眺览景色的好地方。每年正月二十三,当地人都来此"玩水洞"。

③东行暗中者五六丈而出:"东",徐本作"西"。

④阿房(ē páng):秦宫名,在渭水南岸,今西安市西郊赵家堡和大古

村之间。未央:汉宫名,在今西安市西北郊的汉城乡。二宫规模皆极宏伟,至今还有遗址,为全国重点文物保护单位。

⑤光从西北隅上透空明而入:"西北隅",徐本作"东北隅"。

⑥馔(zhuàn):陈放食物。

⑦道(qiú):强劲。

⑧澴(huàn):模糊不可辨识。

⑨樽(zūn):本作"尊",古代的一种酒器。罍(léi):上面刻有云雷纹的酒尊。

⑩芒芒:同"茫茫",模糊不清。

⑪都:漂亮。

⑫离离:散乱。

【译文】

初三日　饭后辞别影修。影修拿茶酱赠送给我,广西没有酱。贵州境内间或有酱但非常贵,是由于缺少食盐的缘故。而到了这座山才开始有酱吃。随即下山。行十里,往北路过赵官屯,行十里,向东北走过南板桥,行七里,抵达普安卫的演武场。由演武场西边向西横向越过山岭,行一里,望见三一溪从北边流来,有山崖位于三一溪南面,心知山洞就在这里了。于是走下去,就见洞口朝向北方迎着溪流,山洞前有座巨大的石牌坊,题为"碧云洞天",这才知道这个山洞的名字叫碧云洞了。当地人把这个洞称为水洞,是因为它上面有佛像的是干燥的山洞。洞前边一块巨大的岩石立在洞口中央,把洞口隔分为两个,道路经由东侧的洞口下去,溪水由西侧的洞口流进去。进到山洞中,却是空荡荡的没有阻隔,溪水顺着山洞的西侧流,道路顺着山洞的东侧走,分道趋向同一个方向,向南深入十多丈,渐渐昏黑下来了。忽然间转向东,水顺着山洞的北边流,路沿着山洞的南边走,山洞的东边竟然穹隆而起十分宽阔,遥望洞内,光影陆离,水声沸腾,可行走的地方仍然是黑黢黢的了。原来是,这个洞从可以进入之处已经分为三层:那从外边进来的洞口是一层,明亮却比较低矮;洞内空阔的深处是一层，明亮而且更加高峻；位于内外转折交接之处是一层，黑暗而且中间裂开，略微紧束好像门洞，高高穹隆而起好像桥梁，高耸开阔不如里面的一层，低矮下垂不如外面的一层，可唯独隔在洞的中央，从里面向外面回头眺望，两面望去都很明亮。然而从黑暗中抬头注视洞顶，又有一个圆圆的洞穴通到上面，那上面也很明亮开阔，好像楼阁包藏在其中，遗憾没有办法腾空上去了。在黑暗中向东前行了五六丈便出来了，只见厅堂门户宏伟高大，好像阿房宫、未央宫一样，四周已经很开阔，而高峻之处越发厉害；水流从东南角下捣进深穴中流去，光线从西北角洞顶上透过明亮的洞穴射进来；洞内突出水面的岩石，都像是些蹲坐着的雄狮、浮水的野鸭，附着在洞壁上的崖石，全作出下垂的旌旗、矗立的柱子的模样。大体上洞内深处的四个角落，西南方是转进来的桥洞，西北方是顶上透进亮光的洞穴，东南方是水流进去的深穴；而唯独东北方是回绕深邃，深处也有洞穴高悬着，它的前边有个干枯的窟窿深陷下去，黑暗得不能窥见洞底，窟窿上面有侧立的岩石环绕着它，好像是井栏一样，难道是造物主担心人在黑暗中失足跌下去吗？由窟窿左边沿着石崖往南走，有一条石脊，从洞顶附着在洞壁上一直垂下来，那条石脊在洞壁上隆起之处仅有五六寸，可痕迹宛如鳞甲，有的巨大有的细小，这就是悬龙脊，俨然有神龙浮动的气势。悬龙脊的下方西面临水处的侧边，田畦样的岩石一片片的，这就是十八龙田。由窟窿右侧沿着石崖往东走，有一条石痕，也是从洞顶附着在洞壁上一直垂下来，鳞纹细小，身影薄薄的，这是蛇蜕皮，果然好像蟒蛇蜕皮后黏附着的形状。从蛇蜕皮西边攀着裂缝上登，就到了明亮的天窗高悬之处了。这个天窗高悬在二十丈高的地方，高峻的洞壁峭立，但侧面有许多锋刃状的石痕错落其间。沿着这些石痕上登，就见这个洞口很宽阔，也是向北出去的，纵横各有三丈多，外边下临高险的山坡，上面紧靠着峭壁，就在水洞的东边，只是上下高低悬绝罢了。洞口内正对着矗立的石柱，石柱的西南方，就是桥洞通到洞中上层的地方了。我登上明亮的天窗后，随即下去观赏了悬龙脊、蛇蜕皮,仍然经由拱桥下出来,在洞口的石板上吃饭。石板是镌刻着诗文的石碑,游人取来作为桌子,以便摆放酒食。石碑上的诗是张涣、沈思充题写的,诗不太好,不过张涣的字写得极为道劲活泼可爱。刻在碑上是想要流传久远,却被用来作为供人饮酒的工具,即将磨损漫漶保不住了,急忙拿出纸笔抄下了诗文。仍然进入内洞,想要登一次拱桥的上层,可是崖壁高悬陡峭,三次上登三次退下来。再后来,仍然登上明亮天窗的东南方,攀援到矗立石柱的侧旁,钻出石柱的南边,平平地看着拱桥的背部,非常平坦而且很近,但高悬的石壁上没有石痕,上下都绝无攀附踩踏之处,咫尺之间难以飞越。于是又下来后走出山洞。落日已经西下,于是脱下衣服在洞口的溪流岩石间洗澡。半年来的积垢,用清澈的溪流来洗涤干净,十分痛快呀!随后擦拭干净登上途程,忽然间听见山崖上有欢歌笑语的声音,疑惑洞中怎么突然有了人,回头注视洞中,原来是明亮天窗外边东面山崖的悬崖绝壁处,似乎有人的身影影影绰绰。我对自己说:"这是山中的神灵在召唤我,不可错失机会。"这之前,我听说水洞的上面有佛龛,来到时,四处搜寻又没有。从明亮的天窗外面向东方眺望,层层石崖高耸,心里感到很奇怪,也不见有人攀爬的痕迹。到出了水洞找路时,旁边有条小径,隐约出现在倒伏的草丛间,又似乎是上登到明亮天窗的路,以为这里是悬绝的山崖石阶路断了,想不到能听见人声,发现了这个隐秘的去处,连忙掉转拐杖上登。开始时向着明亮的天窗之下走,随即转向东,沿着石阶上登了几十层,又上登到危崖的根部,就见石窍裂成洞口。这个洞口也是向北,洞内高二丈多,深处也如此;左边有个旁洞通到前边,有很多裂缝和下垂的窗棂样的石柱,僧人用石块把裂缝堵塞起来作为屋子;右边有陡峭的峡谷向后方裂开,洞顶上盘结着氤氲之气,可是太陡峻不能上登。洞中有佛祖的三尊坐像,一个和尚住在洞中,所以游人带着酒樽来到这里饮酒。不是他们的声音,我将茫然不知地返回城中,不再会知道水洞之外还有这个洞了。饮酒的人带着的随从仆人都非常华丽，想必是王翰林的子弟，我远远地望着他们就走过去了。下山后，沿着溪水逆流走二里，有条大道，就到了南门桥。于是从南门进城，踏着山坡往北行。城中荒凉破旧极了，茅屋散乱，不再排成行；向东下走是州衙，门庭官署无一处完好的地方。这都是安邦彦贼首叛乱时，城被攻破，变成荒丘丛莽，至今未能恢复的缘故。走出北门，回到旅店。这天晚上找不到脚夫，便睡下了。巡按大人这天早上车驾返回去了。

初四日　觅夫不得，候于逆旅。稍散步北寺，惟有空楼层阁，而寂无人焉，乃构而未就者。还，闷闷而卧。

【译文】

初四日　找不到脚夫，在旅店中等候。到北面的寺中略微散散步，只有空荡荡的一层层楼阁，却寂静无人，是还没有建成的寺院。回来，闷闷不乐地躺下。

初五日　仍不得夫。平明微雨，既止，而云油然四布。是日为端午，市多鬻蒲艾者。雄黄为此中所出，然亦不见巨块。市有肉而无鱼。余兀坐逆旅，囊中钱尽，不能沽浊醪解愁①，回想昔年雉山之乐，已分霄壤。

【注释】

①浊醪（láo）：浊酒。

【译文】

初五日　仍然找不到脚夫。天明时下起小雨，雨停之后，可阴云浓郁地四面密布。这一天是端午节，市场上有很多卖菖蒲艾叶的人。雄黄是这一带出产的东西，然而也不见有大块的。集市上有肉却没有鱼。

我端坐在旅店中，口袋中的钱用完了，不能买浊酒来解愁，回想起往年在雉山时的快乐，已经是天地之别。

初六日　夜雨达旦。夫仍不得。既午，遇金重甫者，麻城人也①，贾而儒，索观余诸公手卷。为余遍觅夫，竟无至者。

【注释】

①麻城：明为县，即今湖北麻城市。

【译文】

初六日　夜里下雨通宵达旦。脚夫仍然找不到。中午之后，遇见金重甫这个人，是麻城县人，既是商人又是读书人，索要我带着的诸公的书画手卷观赏。他替我四处寻找脚夫，竟然没有愿意来的人。

初七日　囊钱日罄，而夫不可得，日复一日，不免闷闷。是早，金重甫言将往荆州，余作书寄式围叔。下午，彼以酒资奉，虽甚鲜而意自可歆①。

【注释】

①歆（xīn）：欣喜。

【译文】

初七日　口袋中的钱一天天告罄，可脚夫找不到，一天又一天，不免闷闷不乐。这天早上，金重甫讲到将要前往荆州，我写了封信寄给式围叔。下午，他拿了些酒钱奉送给我，虽然非常少，但他的心意自然值得欣喜。

初八日　候夫虽有至者,而恶主代为揹价^①,即符也,钱为所窃去^②。力阻以去。下午得骑,亦重价定之,无可奈何也。余所遇恶人,如衡阳劫盗,狗场拐徒,并此寓窃钱去者,共三番矣。此寓所窃,初疑为骑夫,后乃知为符主也。人之无良如此!夫劫盗、拐徒无论,如南宁梁冲宇、宝檀僧^③,并此人,俱有害人之心。余以万里一身,脱其虎口,亦幸矣!

【注释】

①揹(kèn)价:索价刁难。

②即符也,钱为所窃去:原脱此八字。据"四库"本补。

③梁冲宇:徐本作"吴仲宇","吴"应系误字。《游记》多次提到"梁店",姓梁无疑。但"冲"可能作"仲"。

【译文】

初八日　坐等脚夫,虽然有来的人,但是可恶的店主人代为抬价刁难,店主就是符心华,我的钱就是被他偷去的。竭力阻挠以致离开了。下午找到一匹马,也是重金议定的,无可奈何呀!我所遇见的坏人,例如衡阳抢劫的强盗,狗场堡拐骗的歹徒,加上此地寓所中把钱偷去的人,一共三次了。此次在寓所中被偷,起初怀疑是马夫,后来才知道是姓符的店主。人没有天良竟然如此!抢劫的强盗、拐骗的歹徒暂且不论,像南宁的梁仲宇、宝檀和尚,连同这个人,全都有害人之心。我以在万里之外的孑然一身,能逃脱他的虎口,也是万幸了!

初九日　平明,以行李付骑,别金重甫乃行。是早,云气秾郁^①。从普安北门外第一溪桥北,循西峡入,过税司前,渐转西南,皆溯小溪西岸行。西山崇隆,小瀑屡屡从山巅悬注。南五里,始西南登坡,是为云南坡。初二里稍夷,又一里半甚峻,过一脊而西,复上坳,共一里,为马鞍岭。越而西,遂循岭西向西南行,于是升降在岭头,盘折皆西南,俱不甚高深。五里,稍降坞中,为坳子哨。先是每处有打哨之苦,此为第一哨。今才奉宪禁,并于一处,过无问者。又南越一坳,大雨淋漓,仍前。升降大峰之西,冒雨又十五里而至海子铺②。山坞稍开,颇大,中有水塘,即所谓海子也。有小城在其南,是为中火铺。普安二十二哨,俱于此并取哨钱,过者苦焉。先各哨分取,今并取于此。哨目止勒索驼马担夫,见余辈亦不甚阻挠,余乃入城,饭于肆。复出南门,南向登山。五里,遇驼马方牧于山坡,雨复大至,余乃先行。升降高下,俱依东大山而南,两旁多瞀井坠坑,不辨水从何出。又五里为大河铺③,有水自铺东平泻坡陀下,漫流峡中,路随之而南。天乃大雾,忽云破峰露,见西南有山甚高,土人称为黑山。云气笼罩,时露一斑,直上与天齐。望而趋五里,大河之水,已渐坠深堑,似从西北坼峡去。路东南缘岭透峡东下,则山环坞合间,中洼为塘,水满其中,而四面皆高,不知出处。又东透坳下,坞间又复洼而成塘,与前虽有高下,而潴水莫泄同之。又东缘南峰而转,越其东,则东坞大开,深盘远错,千塍环壑于下。度其地在丹霞山南、山岚洞西南,余谓壑底水即北透山岚者。征之土人,云:“西峰下有入水洞,水坠穴去,不知所出。”从西峰稍下,共五里,是为何郎铺④。越铺南,又上岭,仍依东岭行。回望云笼高峰,已在西北,时出时没,兴云酿雨,皆其所为,虽山中雨候不齐,而众山若惟瞻其马首者。循东岭南下峡中,有溪自南而来,溯之行其东岸。共五里,路忽由水渡西岸,而暴雨涨流,深涌莫能越,方欲解衣赴之,忽东山之上有呼者，戒莫渡，招余东上岭行。余从之，遂从莽棘中上东岭。已得微道，随之南二里，得北来大道，果从东岭上降者。盖涉溪者乃西道，从岭者乃东道，水涸则从西，水涨则从东也。西流之中，有一线深坑，涸时横板以度，兹涨没无影，非其人遥呼，几不免冯河之险矣⑤。从东岭下一里，则大道西濒溪，道中水漫数寸，仍揭而溯之。一里，有石梁跨溪上。其溪自西南抵东山之麓，至是横折而西，从梁下抵西山之麓，乃转北去。盖其源发于西南火烧铺西分水岭⑥，按《志》，分水岭在普安西南百二十里，即此。北流经此，又北抵黑山、何郎之南，不知所泄，即土人亦莫能悉也⑦。石梁西麓，有穴纷骈纵横如"亦"字，故名其地曰亦字孔，今讹为亦资孔，乃土音之溷也。梁南半里，即为亦字孔驿⑧，有城倚西山下，而水绕其东焉。比至，雷雨大作。宿于西门内周铺。

【注释】

①秾：原指花木稠多，此处通"浓"。

②海子铺：今名同，在盘县城关镇与亦资孔间的公路边。

③大河铺：应即今"旧铺"，在海子铺稍南的公路边。

④何郎铺：一作"蛾螂铺"，又作"娥娜铺"，今作"娥榔铺"，在盘县西境。亦资孔稍北，有铁路、公路经过，铁路红果车站即建在附近，1969年底通车，交通便利。1999年4月，盘县新县城迁至红果镇。

⑤冯（píng）河：徒步过河，喻其冒险行事。

⑥火烧铺：即今"伙铺"，又作"火铺"，在盘县西隅。

⑦"北流经此"以下几句：此溪即今清水河，又称拖长江。源自火

铺,在娥榔铺西峰下流入洞中,以后重新流出,从南往北入北
盘江。

⑧亦字孔驿:今作"亦资孔",在盘县西隅滇黔公路上。林则徐《滇
轺纪程》载:七月二十一日"七十里至亦资孔,本名亦是孔,以路
形似亦字也。"《中华人民共和国地名词典·贵州省》载:"亦资
孔,系彝语音译,意为有水的冲子。"

【译文】

初九日　黎明,把行李交付给马夫,告别金重甫后便动身了。这天
早上,云气浓郁。从普安城北门外溪流上的第一座桥的北边,沿着西面
的峡谷进去,路过税司门前,渐渐转向西南,都是在小溪西岸逆流前行。
西山高高隆起,小瀑布屡屡从山顶悬空下泻。向南走五里,开始往西南
登坡,这是云南坡。最初的二里路稍微平缓些,又行一里半非常陡峻,
越过一条山脊往西行,再上登山坳,共一里,是马鞍岭。越到岭西,于是
沿着马鞍岭的西面向西南走,从这里起在岭头上上下下,盘绕曲折地都
是往西南行,都不怎么高不怎么深。行五里,慢慢下降到山坞中,是坳
子哨。这之前每每都有哨卡检查的麻烦,此地是第一个哨卡。今天才接到省里的禁令,
各地哨卡撤销合并在一处,路过时无人查问。又往南越过一个山坳,大雨滂沱,
仍然往前走。在一座大山峰的西面上上下下,冒雨又行十五里后来到
海子铺。山坞渐渐开阔起来,相当大,山坞中有个水塘,就是所谓的海
子了。有座小城在水塘南边,这是中火铺。普安卫的二十二个哨卡,都
在此地一并收取税钱,过路的人苦不堪言。先前各个哨卡分别收取,今天合并
在此地收取。哨卡的头目只勒索马帮挑夫,见到我们这帮人也不怎么阻
扰,我便进了城,在饭店中吃饭。又走出南门,向南登山。行五里,遇到
马帮正在山坡上放牧,大雨再次来临,我便先走了。上上下下,高高低
低,都是紧靠东面的大山往南行,两旁有许多枯井陷坑,分辨不出水从
哪里流出去。又行五里是大河铺,有水流从大河铺东边平缓地下泻到
山坡下,四处漫溢流淌到峡谷中,道路顺着水流向南走。天气随后大

晴，忽然间云层破开，山峰露了出来，看见西南方有座山非常高，当地人称为黑山。被云气笼罩着，此时露出一小块，笔直上耸与天一般高。望着这座山赶了五里路，大河的水，已渐渐坠入深堑中去，似乎是从西北方裂开的峡谷流去。道路在东南方沿着山岭穿过峡谷往东下行，就见山峦回绕山坞闭合间，中央下洼形成水塘，水贮满水塘中，可四面地势都很高，不知水从哪里流出去。又向东穿过山坞下走，山坞中又下洼成水塘，与前边的水塘虽然有地势高低的区别，可积着水无处外泄与前边的水塘相同。又向东沿着南面的山峰转，绕到山峰东面，只见东面的山坞十分开阔，盘绕错落通到深远的地方，千百块田地环绕在下方的壑谷中。估计此地在丹霞山的南边、山岚洞的西南方，我认为壑谷底下的水就是向北穿流过山岚洞的水流。向当地人验证这个看法，回答说："西峰下有个水洞，水坠入洞穴中流去，不知道流出来的地方。"从西峰渐渐下走，共行五里，这里是何郎铺。过到何郎铺南边，又上岭，仍然紧靠东面的山岭前行。回头望云雾笼罩着的高峰，已经在西北方，时出时没，兴云作雨，都是这座山峰所为，虽然山中降雨的气候条件不一样，可是群山就像是对它惟命是从的样子。沿着东岭向南下到峡谷中，有条溪水自南面流来，溯溪流行走在溪水东岸。共行五里，道路忽然从水中渡到西岸，可暴雨后水流上涨，水深浪涌不能飞越过去，正打算脱下衣服下到水中，忽然东面的山上有人呼叫，告诫不要渡水，招呼我向东上岭走。我听从他的话，就从草莽荆棘中登上东岭。不久找到一条小道，顺着小道往南行二里，遇见北面来的大道，果然是从东岭上下降的道路。原来涉过溪流的路是西道，从岭上走的路是东道，溪水干涸时就从西道走，溪水上涨时就从东道走。西道的溪流之中，有一条线一样的深坑，干涸时横放木板走过去，现在水涨木板漂没得无影无踪，不是那个人远远地呼叫，几乎免不了徒步涉水过河的危险了。从东岭上下行一里，就有一条大道西边濒临着溪流，道路中间溪水淹没了几寸，仍然要提着衣裤逆流前行。行一里，有座石桥跨在溪流上。这条溪水从西南方流到东山的山麓,流到这里横着折向西,从桥下流到西山的山麓,于是转向北流去。大概它的源头发源于西南方火烧铺西面的分水岭,根据《一统志》,分水岭在普安城西南一百二十里,就是此地。向北流经此地,又往北流到黑山、何郎铺的南面,不知泄往何处,即便是当地人也无人能知悉了。石桥西边的山麓上,有些孔洞杂乱地聚集在一起,纵横交错像个"亦"字,所以把这个地方起名叫做亦字孔,今天错读成亦资孔,是土话的发音混淆了。桥南半里处,就是亦字孔驿,有座城紧靠在西山下,而溪水绕流在城东。来到城下时,雷雨大作。住宿在西门内的周家店铺中。

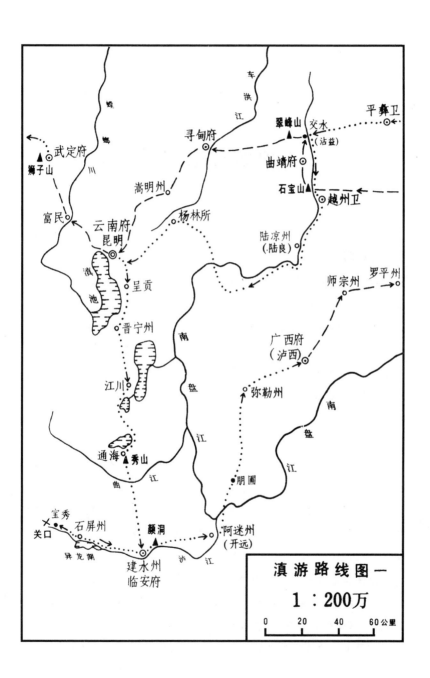

滇游路线图一

1：200万

0　20　40　60公里

滇游日记一①

【题解】

《滇游日记一》为徐霞客入滇后最初八十七天的游记,可惜在清顺治二年(1645)江阴守城的变乱岁月毁于火。

徐霞客的这一段游踪,从散见于《徐霞客游记》的其他部分可以大致获悉。崇祯十一年(1638)五月初十日从滇南胜境关进入云南,过平夷卫(今富源县)、交水(今沾益县),以后折往南沿南盘江以船行为主,到了曲靖府、越州卫(今曲靖市麒麟区越州)和陆凉州(今陆良县),沿途初沐石堡温泉,游览陆凉西部的石门(今乃古石林)胜景,再经嵩明州南境的杨林,达云南省城(今昆明市)。在昆明畅游太华山,写成《游太华山记》和《滇中花木记》。以后从滇池东岸往南,经呈贡、晋宁、江川等州县,到通海县游秀山,再南达临安府(今建水县),随流考察泸江源。七月十五日在石屏度过。七月的最后一天游颜洞,写《游颜洞记》。继续往东到阿迷州(今开远市),转北经弥勒州达广西府(今泸西县),途中写成《随笔二则》。

徐霞客在滇东、滇南的旅游路线,主要是围绕探珠江源安排的。这一带奇丽的景色,深深地吸引了他,据最初整理原稿的季会明说:"此册正入滇之始,奇遇胜游,多在其中。"经过后人多方搜求,保存至今的有四篇。西山是滇池风景名胜区的主要景点,徐霞客不但游遍山腰诸寺,还下到山麓探金线泉，上攀绝顶，寻黑龙池，登美女峰。《游太华山记》成为记西山胜景最全面的游记名篇。云南四季鲜花不断，《滇中花木记》对云南名花给以很高的评价。《游颜洞记》不但描述了颜洞的奇美，也反映了徐霞客不畏险阻的精神，至今很多人还无法亲履其境。《随笔二则》是徐霞客调查访问的札记，记黔国公沐氏的暴虐和土司普名胜为乱滇南的始末，流露出霞客对土司的痛恨和对朝政的指斥，很多材料为他书所无，具有很高的史料价值。

　　（季会明曰：乙酉七月②，余宗人季杨之避难于舅氏徐虞卿处，顾余于馆，见《霞客游记》，携《滇游》一册去。不两日虞卿为盗所杀，火其庐，记付祖龙。是书遭其残缺，亦劫数也！原稿后又抢散，此集亦失而复得，危矣哉！幸矣哉！但全集今唯义兴庠友曹骏甫处有之。骏甫亦好游，慕霞客之高，闻变，诣吊，已葬，拜墓而去。后又来，欲求遗书校录，为刊刻计。子依以原稿付去，逾一年而返赵，云已誊录。今其集必全。况此册正入滇之始，奇遇胜游，多在其中，甚不可缺，访而得之，亦甚易也。又诗稿一册，仲昭付梓人陈仲邻；仲邻遇难，稿亦散失。然其诗另为一册，与记不相连属，缺之犹可；记缺其一，便不成集，当急求之。

　　陈体静曰：余尝考介翁于宜兴史氏购得曹氏底本，而此册中亦仅载游太华、颜洞三节而已，其间自五月初九至八月初六，凡八十七日日记，仍不可得。想曹氏以其经行之略已见于《盘江考》中而概削之者，则知骏甫所录，先已非全文也。文章缺陷，信乎有数存焉，为之浩叹！游太华等小记三即列此后，其《盘江考》今改附日记十二后。

　　徐镇按:《滇一》日记,已为烬简,介翁蕞残补治,定知非辑缀假合也。或者一并汰之,直将《太华》数节,别作记外赘笔,而《滇一》则仍阙如,岂复成令丙耶③? 兹从陈本编正。)

【注释】

①《滇游日记一》:和《滇游日记二》皆在乾隆刻本第五册上。《滇游日记一》正文原缺,乾隆本载有小记三则、随笔二则。徐本原缺第七册。《滇游日记一》散佚的经过,诸本整理者有记录。季会明所记较详。

②乙酉:顺治二年,公元 1645 年。这年清兵南下江南,江南人民纷纷起来抗清,发生了著名的江阴守城战。群众推典史阎应元指挥作战,坚守江阴城八十一天,城破,守城群众全部壮烈牺牲。同时,江阴各地发生"奴变"。钱海岳《南明史》卷一〇一《冯士仁传》、《徐亮工传》载:"当应元兵起,四乡奴仆勾结,向本主索身券,少不如意,则杀之。冯士仁,字允愚,梁山人,崇祯七年进士,江阴知县,文选郎中致仕,为人杀于琉璜乡。徐亮工,字虞钦,江阴人,崇祯十五年特用吴堡知县致仕,与妻苏、三子死。"

③"《滇一》日记"以下几句:《滇游日记一》的散佚,使人们无法知道霞客在滇东、滇南的详细游程,但从散见《游记》其他部分的追叙、对比记载,可大致获悉霞客的游踪。

　　霞客由黔入滇,从亦资孔经火烧铺越小洞岭,再经明月所过滇南胜境关入云南。过平彝卫(今富源县)游清溪洞。到交水(今沾益)住龚起潜家。以后,沿南盘江以船行为主,到了曲靖和陆凉(今陆良),途经石堡温泉和越州。《盘江考》提到此段旅途经过:"余憩足交水,闻曲靖东南有石堡温泉胜,遂由海子西而南。""有船南通越州,州在曲靖东南四十里。舟行至州,水西南入石峡中,悬绝不能上下,乃登陆。十五里,复下舟,南达陆凉州。"后来,霞客又从嘉利泽南岸,经过杨林西登老脊,达云南省城。从陆凉至杨林间的路线缺载,但根据霞客常取间道,尽量不走重复路线的习惯,很可能从陆凉往西到了当时属于陆凉州的石门,再经邑市北达嵩明县南境。石门正当交通大道上,早在元代即有记载,明代有关资料更多,所记石门即今乃古石林。

霞客游滇南,系经呈贡、晋宁,南沿大坝河,过四通桥、河涧铺、关索岭,经江川县,游通海县南的秀山,对山茶花有深刻的印象。再往南,越建通关,过曲江桥,经南庄到临安(今建水)。从临安随流考南盘江西源,西到石屏、宝秀,至宝秀西十里的关口。霞客曾泛舟异龙湖,《盘江考》中有一段记载异龙湖的景色,十分生动。从石屏返回临安,再东行过金鸡哨游颜洞,经漾田越中道岭到阿迷(今开远),留下《游颜洞记》。从阿迷渡盘江经朋圃、竹园达弥勒,途中洗沐翠微温泉。再从弥勒往东行九十里,过大麻子哨,达广西府(今泸西),留下《随笔二则》。其所行路线,《滇游日记二》八月十三日记有一段概述:“自省至临安,皆南行。自临安抵石屏州,皆西北。自临安抵阿迷,皆东北。自阿迷抵弥勒,皆北行。自弥勒抵广西府,皆东北。”

霞客滇南之行的时间,《滇游日记十一》七月十五日记:“是夕为中元,去岁在石屏,其俗犹知祭先,而此则寂然矣。”则戊寅年(崇祯十一年,1638)七月十五日在石屏,八月初一日从漾田到开远。

【译文】

(季会明说:乙酉年七月,我的族人季杨之在舅父徐虞卿那里避难,到我的书馆来拜访我,看见《徐霞客游记》,带走一册《滇游日记》。不到两天,徐虞卿被强盗杀死,放火烧了他家的房子,这册日记付之于火龙之中了。这本书遭到如此的残缺,也是一种劫数呀!原稿后来又被抢走散失了,此集也是失而复得,危险啊!幸运呀!但是今天这书的全集只有义兴的学友曹骏甫那里有。曹骏甫也喜爱游历，敬慕徐霞客的高风亮节，听到有变故，前去吊唁，可霞客已经下葬，曹骏甫到坟墓上拜祭后离开了。后来又来，想要找徐霞客遗下的书稿去校录，为刊刻付印做准备。子依把原稿交给他拿走了，超过一年后返还给子依，说是已经抄录完了。今天曹骏甫的集子必定是全的。何况这一册正是入滇后的起始部分，奇遇和游览名胜的经历，多半在其中，十分地不可缺少，访求到这一册，也非常容易了。又有一册诗稿，徐仲昭交给刻书人陈仲邻；陈仲邻遇难后，诗稿也散失了。不过徐霞客的诗是另外装成一册，与日记互相没有连在一起，缺少诗稿还算是可以的；日记缺了其中之一，便不成集子，应当赶快去找到它。

陈体静说：我曾经考证过，李介立翁在宜兴史夏隆那里买到曹骏甫的底本，然而这一册中也仅仅收载了游太华山、颜洞的三篇小记而已，其间从五月初九日到八月初六日，共八十七天的日记，仍然不能见到。想来是曹骏甫因为徐霞客游历的大略情况已经见于《盘江考》中，从而把这部分内容一概删削掉了，那么可以得知曹骏甫抄录的书稿，先前就已经不是全文了。文章的缺陷，确实是有天数决定存留的，为此浩然慨叹！游太华等小记三篇即列在此后，其中《盘江考》现在改成附在日记十二之后。

徐镇按语：《滇游一》日记，书稿已被火化为灰烬，李介立翁搜集残文补充整理，一定知道不能靠辑录补缀能造假合成的了。有的人把《滇游一》一并裁汰，直接将《游太华山记》几篇，另外作为日记之外的冗笔来处理，然而《滇游一》则仍然空缺着，难道又把这几篇编为第三篇附录吗？现从陈体静本补编订正。）

游太华山记①

出省城②，西南二里下舟，两岸平畴夹水。十里田尽，崔苇满泽③,舟行深绿间,不复知为滇池巨流,是为草海。草间舟道甚狭,遥望西山绕臂东出,削崖排空,则罗汉寺也。又西十五里抵高峣④,乃舍舟登陆。高峣者,西山中逊处也。南北山皆环而东出,中独西逊,水亦西逼之,有数百家倚山临水,为迤西大道⑤。北上有傅园;园西上五里,为碧鸡关,即大道达安宁州者。由高峣南上,为杨太史祠⑥,祠南至华亭、太华,尽于罗汉,即碧鸡山南突为重崖者。盖碧鸡山自西北亘东南,进耳诸峰由西南亘东北,两山相接,即西山中逊处,故大道从之,上置关,高峣实当水埠焉。

【注释】

①太华山:又称碧鸡山,今俗称西山,因其山形酷似美人仰卧,又称睡美人山或睡佛山,为昆明市郊著名风景区。对昆明碧鸡山的秀丽景色,唐时已有记载。《蛮书》卷二载:“碧鸡山在昆池西岸上,与拓东城隔水相对。从东来者冈头数十里已见此山。山势特秀,池水清澹。水中有碧鸡山,石山有洞庭树,年月久远,空有余本。”在元代,碧鸡山亦一著名风景。《元混一方舆胜览》中庆路景致载:“碧鸡山,山在城西,峰峦秀拔,为诸山长,俯瞰滇池。一碧万顷。”明代对碧鸡山的描述更为生动。正德《云南志》云南府山川载:“碧鸡山在府治西南三十里。东瞰滇泽,苍崖万丈,绿水千寻,月映澄波,云横绝顶,云南一佳景也。相传昔有碧凤翔翥此山,后讹为碧鸡云。”西山北段幽奥深邃,南段峭壁千仞,山腰有华亭寺、太华寺、三清阁三组建筑群,还有著名音乐家聂耳墓。过去游西山多乘小船横渡滇池,爬千步崖,后来新建了登山公路,可乘车直达三清阁。

②省城:指明代云南布政司治所云南府城,附郭县昆明,即今昆明

市区。

③萑(huán)苇:长成后的芦苇。

④高峣(qiāo):旧称高峣渡。今名同,在滇池西岸西山脚下,但已失去水陆交通码头的作用。从昆明到滇西的公路从旁边经过。

⑤迤(yǐ)西:明时云南有迤东和迤西之分,为地区名。以昆明为中心,迤东包括今滇东及滇南,迤西即今滇西。清初在此基础上设迤东道和迤西道,乾隆年间又从迤东道中分出迤南道,专管滇南。清代成为政区名,这就是通常所称的"三迤"。至今人们仍按三迤称呼滇东、滇西和滇南。

⑥杨太史:即杨慎(1488—1559),字用修,号升庵。四川新都人,现新都桂湖建有杨升庵纪念馆。明武宗时,杨升庵殿试第一,授翰林院修撰,人称"杨状元"、"杨太史"。世宗初,因议朝政,被廷杖,谪戍云南永昌卫。杨升庵在滇三十五年(1524—1559),足迹遍及云南主要地区,著述甚多,保存了不少有关云南的诗文及历史资料。云南人民怀念他,至今还有不少关于他的传说和遗物。杨升庵在云南住得较久的地方要算昆明高峣,他的住处名叫"碧峣精舍"或"海庄",后人于此建祠纪念,即杨太史祠。光绪七年(1881)改名升庵祠。杨太史祠在今徐霞客小学与普贤寺之间,居高临下,背山面水,憩览甚适。近年经过整修,普贤寺并入,建立杨升庵纪念馆和徐霞客纪念馆,为省级重点文物保护单位。

【译文】

步出省城,往西南行二里下到船中,两岸平旷的田野夹住流水。行船十里后田野完了,水泽中满是芦苇,船行走在一派深绿丛中,不再感觉得到滇池是巨大的水流,这里已是草海。草丛间船行水道十分狭窄,遥望西山,像手臂伸开向东绕出来,陡峻的崖壁排列在高空,那是罗汉寺了。又向西行船十五里抵达高峣,便离开船上岸。高峣这地方,是西山中段向内凹进去之处,南北两面的山都向东环绕伸出来,中段唯独向西凹进去,湖水也向西直逼山崖下,有几百户人家靠山面水而居,是去往滇西的大道。往北上去有座傅园;由傅园往西上走五里,是碧鸡关,就是通到安宁州的大道。由高峣向南上走,是杨太史祠,由祠堂向南可到华亭寺、太华寺,在罗汉寺到头,就是碧鸡山往南突起为重重山崖的地方。大体上碧鸡山自西北绵亘到东南,进耳峰等群峰由西南绵亘到东北,两列山相连接之处,就是西山中段凹进去的地方,所以大道从这里经过,上面设置了关卡,高峣实际上是水陆码头。

余南一里,饭太史祠。又南过一村,乃西南上山,共三里,山半得华亭寺①。寺东向,后倚危峰,草海临其前。由寺南侧门出,循寺南西上,南逾支陇入腋,共二里,东南升岭,岭界华亭、太华两寺中而东突者。南逾岭,西折入腋凑间,上为危峰,下盘深谷,太华则高峙谷东,与行处平对。然路必穷极西腋,后乃东转出。腋中悬流两派坠石窟,幽峭险仄,不行此径不见也。转峡,又东盘山嘴,共一里,俯瞰一寺在下壑,乃太平寺也。又南一里,抵太华寺②。寺亦东向,殿前夹墀皆山茶③,南一株尤巨异。前廊南穿庑入阁,东向瞰海。然此处所望犹止及草海,若漭漭浩荡观,当更在罗汉寺南也。

【注释】

①华亭寺:相传大理时善阐侯高家曾在华亭寺原址修建别墅,高家的后人给此山取名华亭山,名称沿用到现在。元代修建了圆觉寺,明代即称华亭寺。

②太华寺:《明一统志》云南府寺观:"太华寺,在太华山顶,元赛典赤建,俯瞰滇池。僧佛财于寺中建为高阁,本朝都督沐昂为匾曰

'一碧万顷'。"太华寺在明代为西山最大的寺院,此阁即指一碧

万顷阁。该寺环境清幽,至今仍以茶花、玉兰、桂花等名花取胜。

③墀(chí):台阶。

【译文】

我往南走一里,在太史祠吃饭。又往南路过一个村庄,就向西南上山,共行三里,山半中腰遇到华亭寺。华亭寺面向东方,后面紧靠险峰,寺前面临草海。由寺南面的侧门出来,沿寺南往西上走,向南越过分支的土冈走入冈侧,共走二里,向东南登岭,此岭就是隔在华亭寺、太华寺两座寺庙中间向东凸出去的山岭。往南越过山岭,折向西进入山侧两山相会之处,上方是险峰,下面是盘绕的深谷,太华寺就在山谷东面高高对峙着,与我所走的地方平视相对。然而路必须走完山谷的西侧,随后才向东转出去。山谷侧旁悬垂着两条水流,坠入石窟中,幽深陡峭,又险又窄,不走这条小径是见不到的。转过峡谷,又向东绕过山嘴,共一里,俯瞰下方,一座寺院在壑谷中,是太平寺了。又往南行一里,到达太华寺。太华寺也是面向东方,殿前两旁夹住石台阶的全是山茶花树,南边的一棵尤其巨大特异。由前方的回廊向南穿过廊庑进入一座楼阁,向东俯瞰海水。然而在此处视线所及仍只能看到草海,若要观赏滇池浩森水面浩浩荡荡的景观,应当还要在罗汉寺南边了。

遂出南侧门,稍南下,循坞西入。又东转一里半,南逾岭。岭自西峰最高处东垂下,有大道直上,为登顶道。截之东南下,复南转,遇石峰嶙峋南拥。辄从其北,东向坠土坑下,共一里,又西行石丛中。一里,复上蹑崖端,盘崖而南,见南崖上下,如蜂房燕窝,累累欲堕者,皆罗汉寺南北庵也①。披石隙稍下,一里,抵北庵,已出文殊岩上,始得正道。由此南下,为罗汉寺正殿;由此南上,为朝天桥。桥架断崖

间，上下皆嵌崖，此复崭崖中坠。桥度而南，即为灵官殿，殿门北向临桥。由殿东侧门下，攀崖躐峻，愈上愈奇，而楼、供纯阳。而殿、供元帝。而阁、供玉皇。而宫，名抱一。皆东向临海，嵌悬崖间。每上数十丈，得斗大平崖，辄杙空架隙成之。故诸殿俱不巨，而点云缀石，互为披映，至此始扩然全收水海之胜②。南崖有亭前突，北崖横倚楼，楼前高柏一株，浮空漾翠。并楼而坐，如倚危樯上，不复知有崖石下藉也。抱一宫南削崖上，杙木栈，穿石穴，栈悬崖树，穴透崖隙，皆极险峭。度隙，有小楼粘石端，寝龛炊灶皆具。北庵景至此而极。返下朝天桥，谒罗汉正殿。殿后崖高百仞③。崖南转折间，泉一方渟崖麓，乃朝天桥迸缝而下者，曰勺冷泉。南逾泉，即东南折，其上崖更崇列，中止漾坪一缕若腰带，下悉阽阪崩崖，直插海底，坪间梵宇仙宫，雷神庙、三佛殿、寿佛殿、关帝殿、张仙祠、真武宫。次第连缀。真武宫之上，崖愈杰竦，昔梁王避暑于此④，又名避暑台，为南庵尽处，上即穴石小楼也。更南，则庵尽而崖不尽，穹壁覆云，重崖拓而更合⑤。南绝壁下，有猗兰阁址。

【注释】

①罗汉寺：罗汉寺因罗汉山得名。在龙门村附近观察，该山形似坐着的罗汉，天庭饱满，眼鼻清晰，嘴呈微笑，该山因名罗汉山。罗汉寺建筑群包括罗汉寺正殿（俗称大佛殿）、北庵、南庵。明代，自罗汉寺正殿往西，由下而上循崖纵向展布的，是北庵建筑群；往南在山腰若带的漾坪间自北而南横陈的是南庵建筑群。清代长时间开凿石室，出于安全考虑，在其下方的梁王避暑台等南庵建筑

和罗汉寺正殿逐渐废弃。保存下来的北庵,即今三清阁建筑群。

②水海:滇池被海埂分为两部分。北部即草海,明时又称西湖,湖水较浅,湖面较小。南部即水海,又称外海或昆阳海,湖水较深,湖面宽广。

③仞(rèn):古代长度单位,各时期标准有变化,周制为八尺,汉制为七尺,东汉末则为五尺六寸。

④梁王:元代封在云南地区的皇族,他们经常以皇帝的代理人身份在云南进行统治,甚至干预和监督行省的一切事务,在王府管辖范围内享有绝对权力。此处即俗称梁王避暑台。

⑤"更南"以下几句:此石穴即明代嘉靖年间所开的凤凰岩,俗称旧石室。清代,自此以南,又从绝壁上凿出数百米曲折蜿蜒的隧道和慈云洞、云华洞、达天阁等石室,总称龙门。系贫穷道士吴来清、杨汝兰、杨际泰等几代人及附近数十户石工,从乾隆四十六年(1781)至咸丰三年(1853),冒着生命危险断断续续开凿出来的,成为西山风景最精彩的部分。

【译文】

于是出了寺南的侧门,稍向南下走,沿着山坞向西进去。又转向东一里半,向南翻越山岭。此岭从西面山峰最高处向东垂下来,有条大道一直上去,是上登峰顶的路。横穿大道往东南下走,再转向南,遇见嶙峋的石峰簇拥在南边。便从石峰北面,向东坠入土坑下走,共一里,又向西行走在岩石丛中。行一里路,再上登到山崖前端,绕着山崖往南走,见到南边的山崖上上下下,如蜂房燕窝一般,重重叠叠的房屋,像要坠落的样子,那都是罗汉寺南北两面的寺庵了。分开石缝稍向下走,走一里,抵达北面的寺庵,已经出到文殊岩上,这才遇到正路。由此地往南下走,是罗汉寺的正殿;由此处往南上登,是朝天桥。桥架在断开的山崖之间,上下都是深嵌的悬崖,这里又是高峻的悬崖从空中深坠。过桥后往南走,立即就是灵官殿,殿门向北,下临朝天桥。由殿东的侧门下走，攀着崖壁上登陡峻的石阶，越上走越奇异，时而是楼、供奉纯阳祖师。时而是殿、供奉元始天尊。时而是阁、供奉玉皇大帝。时而是宫，名叫抱一宫。都是向东面临海水，高嵌在悬崖之间。每上走几十丈，就有一块斗一样大的平展的石崖，便就着空隙凌空架木建成庙宇。故而各处殿宇都不大，但点缀在白云石崖间，彼此散开，互相映衬，来到这里才眼界十分空阔，水海的胜景全部收入眼底。南边山崖上有座亭子向前突出去，北面的石崖前横靠着一座楼，楼前有一棵高大的柏树，飘浮在高空荡漾着翠绿。与楼并排坐下，如同斜靠在高耸的桅樯上，不再知道有石崖垫在下面了。抱一宫南边陡削悬崖上，钉木桩架为栈道，穿通石洞，栈道高悬在悬崖树丛间，石洞穿透悬崖上的缝隙，都极为高险陡峭。钻过缝隙，有座小楼粘着在石崖边，寝具、神龛、炊具、灶火全都具备。北面寺庵的景观到此处便完了。返回来下到朝天桥，拜见了罗汉寺正殿。殿后的悬崖有百仞高。悬崖南边的转折处，有一方形泉水汇积在石崖根部，是朝天桥迸裂的石缝中流下来的水，名叫勺冷泉。往南走过泉水，立即折向东南，那上边石崖更加高峻地排列着，中间只萦绕着一缕似腰带一样的平地，下方全是坠落的斜坡和崩裂的崖壁，直插到海底，小块平地间的佛寺仙宫，雷神庙、三佛殿、寿佛殿、关帝殿、张仙祠、真武宫。依次连缀在一起。真武宫的上方，山崖愈加特异高耸，往昔梁王在此地避暑，又名避暑台，是南面寺庵尽头处，上方就是凿为石穴的小楼了。再往南，就见寺庵完了而山崖未到头，高险的崖壁覆盖着白云，重重山崖扩展开后又合拢。南面的绝壁下，有猗兰阁的旧址。

　　还至正殿，东向出山门，凡八折，下二里抵山麓，有村氓数十家[①]，俱网罟为业。村南即龙王堂，前临水海。由其后南循南崖麓，村尽波连，崖势愈出，上已过猗兰旧址。南壁愈拓削，一去五里，黄石痕挂壁下，土人名为挂榜山。再南则崖回嘴突,巨石垒空嵌水折成璺[2],南复分接屏壁,雄峭不若前,而兀突离奇,又开异境。三里,下瞰海涯,舟出没石隙中,有结茅南涯侧者,亟悬仄径下,得金线泉。泉自西山透腹出,外分三门,大仅如瓨[3],中腔峒,悉巨石欹侧,不可入。水由瓨门出,分注海。海中细鱼溯流入洞,是名"金线鱼"。鱼大不逾四寸,中胰脂,首尾金一缕如线,为滇池珍味。泉北半里,有大石洞,洞门东瞰大海,即在大道下,崖倾莫可坠,必迂其南,始得透迆入,即前所望石中小舟出没处也。门内石质玲透,裂隙森柱,俱当明处。南入数丈辄暗,觅炬更南,洞愈崇拓。共一里,始转而分东西向,东上三丈止,西入窈窕莫极。惧火炬不给,乃出。

【注释】

①有村氓数十家:此即今山邑村,又称龙门村。从三清阁门口到龙门村足有石阶千级,此路称为千步崖。

②璺(wèn):裂罅,破而未离称为璺。

③瓨(àng):古代的一种腹大口小的器皿。

【译文】

返回到正殿,向东走出山门,共转了八次弯,下行二里抵达山麓,有村民数十家,都是以捕鱼为业。村南就是龙王堂,前方面临水海。由龙王堂后往南沿着南面山崖的山麓走,村子尽头水波相连,山崖的地势愈加突出,上面已过了猗兰阁旧址。南面的崖壁愈加陡削,拓展开去,一去就是五里,黄色的石痕高挂在崖壁下部,当地人起名叫挂榜山。再往南,就见山崖回绕,山嘴前突,巨石垒在空中,嵌入水中,对折成裂隙,再南边,屏风样的石壁又分分合合连接不断,雄伟陡峭不如前边,然而十分突兀离奇,又别开一处奇异之境。行三里路,向下俯瞰水海岸边,船只出没在石缝间，南岸侧旁建有茅屋，急忙从高悬狭窄的小径下山，找到金线泉。泉水从西山透过山腹流出来，外边分为三个洞口，大处仅如瓦瓮口，中间是空洞，全部都是巨石斜靠着，不能深入。水由瓦瓮一样的洞口流出，分别注入海中。海中一种小鱼逆流游入洞中，这种鱼名叫金线鱼。鱼的大处不超过四寸，鱼身中段肥胖多脂肪，首尾之间有一缕线一样的金丝，是滇池的珍贵美味。金线泉以北半里处，有个大石洞，洞口向东俯瞰大海，就在大路下方，石崖倾斜没有可以下去的地方，必须绕到洞南，这才得以弯弯转转地进去，就是先前望见的小船在石缝中出没的地方了。洞口内石质玲珑剔透，裂隙石柱森然罗列，全都在明处。往南进去几丈便黑下来，找来火把再向南进去，洞愈加高大空阔。共走一里，才转向分为东西两个方向，往东上去三丈就到头，向西进去极其深远无法穷尽。担心火把不够用，便出洞来。

上山返抱一宫。问山顶黑龙池道，须北向太华中，乃南转。然池实在山南金线泉绝顶，以此地崖崇石峻，非攀援可至耳。余辄从危崖历隙上，壁虽峭，石缝多棱，悬跃无不如意。壁纹琼葩瑶茎，千容万变，皆目所未收。素习者惟牡丹，枝叶离披，布满石隙，为此地绝遘①，乃结子垂垂，外绿中红，又余地所未见。土人以高远莫知采鉴，第曰山间野药，不辨何物也。攀跻里余，遂蹑巅，则石萼鳞鳞，若出水青莲，平散竟地。峰端践侧锷而南，惟西南一峰最高。行峰顶四里，凌其上，为碧鸡绝顶②。顶南石萼骈丛，南坠又起一突兀峰，高少逊之③，乃南尽海口山也。绝顶东下二里，已临金线泉之上，乃于耸崖间观黑龙池而下④。

【注释】

①绝遘(gòu)：绝难遇见的。

②碧鸡绝顶：西山绝顶海拔2511米，比滇池水面高出625.5米，为昆明周围诸山的最高点。建有太华山气象站。"南坠又起一峰，高少逊之"即美女峰，海拔2404来。山顶一片石萼，今俗称小石林。

③逊(xùn)：差，不如。

④黑龙池：今称小黑龙洞。钱凤娟在当地群众引导下踏勘，得一小水潭，高出滇池三四百米，但终年不盈不涸。旁有小庙称小黑龙庙。详《滇池纪事》。

【译文】

上山返回抱一宫。询问去山顶黑龙池的路，必须向北去到太华山中部，才向南转。然而黑龙池实际上在山南金线泉所在的绝顶处，由于此地山崖高大、岩石陡峻，不是攀援可以到达的了。我就从高险的山崖间抓着裂隙上登，崖壁虽陡峭，可有许多石缝棱角，悬空上跃无处不如意。崖壁上的石纹间，满是琼花玉茎般的花草，千般姿容，万种变化，全是眼睛所未见过的。我平素熟悉的唯有牡丹，枝叶扶疏离乱，布满在石缝间，是此地绝难遇见的，却竟然结籽下垂着，外边绿色，中间是红色的，又是我们的地方没有见过的。当地人因为山高路远不知道采摘观赏，只说是山间的野生草药，不认识是什么东西。攀爬了一里多，便登上山顶，就见花萼般的岩石如鱼鳞状一片片，好像出水的青莲，平铺散开，满地都是。从峰头踩着似刀刃样侧立的岩石往南走，唯有西南的一座山峰最高。在峰顶行四里，登到绝顶上，这是碧鸡山的绝顶。峰顶南边，花萼般的岩石一丛丛一排排，南面深坠，又耸起一座突兀的山峰，高处稍稍不如绝顶，是往南在海口到头的山了。从绝顶往东下山二里，已面临金线泉的上方，便在高耸的山崖间观览黑龙池后下山。

滇中花木记①

　　滇中花木皆奇,而山茶、山鹃为最。

　　山茶花大逾碗②,攒合成球,有分心、卷边、软枝者为第一。省城推重者,城外太华寺。城中张石夫所居朵红楼楼前,一株挺立三丈余,一株盘垂几及半亩。垂者丛枝密干,下覆及地,所谓柔枝也;又为分心大红,遂为滇城冠。

【注释】

①滇:古代族名,春秋战国至秦汉期间,活动于滇池地区。战国时,楚国庄蹻带兵至其地,"变服从其俗,以长其民",称为滇王。汉武帝开西南夷(元封二年,前109),在今云南置益州郡,滇的中心设滇池县,成为益州郡治所。后来,滇成为云南省的简称。解放后,曾在晋宁县晋城稍西滇池边的石寨山进行了五次发掘,发现滇王及其王室贵族的墓葬四十八座,出土五千余件精美的青铜器及部分铁器,还有西汉中央赐予的"滇王之印"金印,证明这里就是古滇国的中心。石寨山遗址已被列为全国重点文物保护单位,并建立了标识。这些精美的铜器,为研究古代滇族的社会生活和阶级关系,提供了生动的资料,现珍藏在云南省博物馆里。

②山茶:明代云南的山茶已很著名。明人王象晋的《群芳谱》载:"山茶一名曼陀罗,树高者丈余,低者二三尺。枝干交加,叶似木樨,梗有棱,稍厚,中阔寸余,两头尖,长三寸许,面深绿光滑,背浅绿,经冬不脱。以叶似茶,又可作饮,故得茶名。""闻滇南有二三丈者,开至千朵,大于牡丹,皆下垂,称绝艳矣。"该书记载了山茶的二十个品种,但他还说"不可胜记。"现云南茶花已达105种,被逐步移植到其他省和国外。

【译文】

滇中的花木都很奇特,而以山茶、山鹃为最奇特。

山茶花花团大处超过碗,花瓣攒聚合拢成球状,有分心、卷边、软枝的是第一等。省城所推重的,是城外太华寺中的山茶。城中张石夫居住的朵红楼前边,有一棵挺立的山茶,高三丈多;另一棵盘绕下垂,几乎遮住半亩地。下垂的这棵,枝干丛生浓密,下垂覆盖到地面,这就是所谓的软枝了;又是分心、大红色,于是成为云南省城中山茶之冠。

山鹃一花具五色①,花大如山茶,闻一路迤西,莫盛于大理、永昌境。

【注释】

①山鹃:即杜鹃花,又称映山红,属杜鹃花科,被誉为中国三大名花
　　之一。我国有四百多种杜鹃花,其中云南占二百五十多种。

【译文】

山鹃,一朵花有五种颜色,花团大处如山茶,听说滇西一带,没有什么地方的山鹃比大理、永昌境内的繁盛。

花红形与吾地同①,但家食时,疑色不称名,至此则花红之实,红艳果不减花也。

【注释】

①花红:又称林檎、沙果,蔷薇科落叶小乔木。果实秋季成熟,为红
　　色或黄色,果味似苹果。

【译文】

花红,形状与我家乡的相同,只是我在家乡吃花红时,心里疑惑,颜

色与名称不相符，来到此地，原来花红的果实红艳艳的，果然不逊色于
花的颜色。

游颜洞记①

临安府颜洞凡三，为典史颜姓者所开②，名最著。余一
至滇省，每饭未尝忘钜鹿也③。遂由省中南过通海县④，游县
南之秀山⑤。上一里半，为灏穹宫。宫前巨山茶二株，曰红
云殿。宫建自万历初，距今才六十年，山茶树遂冠南土⑥。
又南抵临安府⑦。城南临泸江⑧；此江西自石屏州异龙湖
来⑨，东北穿出颜洞；而合郡众水，亦以此洞为泄水穴也。

【注释】

①颜洞：《嘉庆重修一统志》临安府山川载："石岩山，在建水县东十
　五里，或谓之蒙山。山麓有洞，异龙湖泸江诸水流入其中，复出
　入阿迷州界。府志：山麓有洞三。一曰水云洞，亦名云津洞，亦
　名中洞，亦名岩洞，门前虚敞，可容数百人，泸江之水赴以为壑，
　冬月水落，架桥列炬而入，石笋倒垂，如龙蛇虎豹之状，旋转回
　合，几二十里。一曰南明洞，在水云洞后，上有两窍，阳光射入，
　见石床丹灶。一曰万象洞，与南明洞相连，势更峻绝，历级而上，
　隐隐闻风雷声。通志：昔迁客阇闳所辟，又称阇洞，亦曰句町三
　洞。"今仍称颜洞，为建水县的风景胜地。

②典史：知县下面掌管缉捕、监狱的属官。

③钜鹿：古郡名，治钜鹿，在今河北平乡县西南。《史记·冯唐传》：
　"今吾每饭，意未尝不在钜鹿也。"后来称时刻不忘为每饭不忘。

④通海县：隶临安府，即今通海县。

⑤秀山：《嘉庆重修一统志》临安府山川载，秀山"又名青山，又名螺峰，列翠如屏，黄龙居左，白马居右，俯瞰城郭。《滇志》：宋开禧元年（1205），段氏就秀山建启祥宫，山半有判府泉，因爨判而名。"大理时置秀山郡，因山名郡，反映秀山在大理时已很著名。秀山与通海城相连，风景秀丽，文物古迹甚多。由毓秀坊登山，沿途古刹亭阁参差，重要的有普光寺、灏穹宫、涌金寺等建筑群。普光寺有元代宣光七年（1377）古碑。附近有空心砂石岩钵，淙淙流水，可容数挑，即古判府泉。灏穹宫原名启祥宫，规模宏敞，即霞客欣赏茶花处。宫后有建文帝祠，杨升庵书额"慈仁寺"。再上为清凉台，传说建文帝曾驻锡于此。最上有涌金寺，为段思平重建，铸铜佛百余尊，惜已不存。今有古柏两棵，传为宋代人所植。登古柏阁远眺，可饱览杞麓湖浩渺的波光和通海坝子如画的村舍田畴。现建为秀山公园供游人登临。

⑥山茶树遂冠南土：秀山山茶还有更早的记录。《元混一方舆胜览》载："秀山，山有山茶一株，花如木芍药，中原所未见也。"

⑦临安府：附郭为建水州，即今建水县。雄伟的迎晖门（东门）城楼至今仍存，上有明代洪武二十五年（1392）临安卫铸的大铜钟。

⑧泸江：今名同。异龙湖水从泸江经建水、开远流入南盘江。

⑨石屏州：隶临安府，即今石屏县。

【译文】

临安府的颜洞共有三个，是姓颜的典史开辟的，最为著名。我一到云南省，每时每刻未曾忘记去游颜洞的事。于是由省城中往南经过通海县，游览了县城南边的秀山。上山一里半，是灏穹宫。灏穹宫前有两棵巨大的山茶花树，名叫红云殿。灏穹宫建于万历初年，距今才有六十年，山茶花树便已经是滇南第一了。又往南到达临安府。府城南边面临泸江；这条江自西面的石屏州异龙湖流来，在东北方穿出颜洞；而全临安府的众多水流，也都以此洞作为泄水的通道。

　　于是觅一导游者于城东接待寺①。颜洞大道，当循城而南，渡泸江桥；导者从寺前隔江东北小路行，遂不得渡泸江，东观三溪会合处。由寺北循塘岸东行，塘东皆红莲覆池，密不见水。东北十五里，渡赛公桥②。水自西北来，东南入泸。又五里，上山，为金鸡哨③。哨南泸江会诸水，由此东入峡。峡甚逼，水倾其中，东抵洞口尚里余。望洞顶石崖双劈，如门对峙，洞正透其下，重冈回夹之，不可得见。求土人导入，皆曰：“水涨流急，此非游时。若两月前水涸，可不桥而入；今即有桥，亦不能进，况无桥耶！”桥非一处，每洞中水深处，辄架木以渡。往例按君来游，架桥费且百金，他费亦百金。土人苦之，乘普酉兵变，托言洞东即阿迷境，叛人尝出没此，遂绝官长游洞者。余必欲一至洞门，土人曰：“须渡江南岸，随峡入，所谓泸江桥大道也。”始悔为导者误，乃舍水洞，觅南明、万象二陆洞。

【注释】

①接待寺：故址在今建水县老城东门朝阳楼外的东南小街边，距杨升庵寓所及小桂湖甚近。天启《滇志·寺观》载：“接待寺，在府城东，元百户赵益辞职为僧，以其居为庵，并施田三段赡僧，故名。”

②赛公桥：今名同，在南庄以南，罗家坡稍北。

③金鸡哨：今有金鸡凹，海拔1342米。

【译文】

于是在城东接待寺找到一个导游。去颜洞的大道，应当沿着城墙往南走,过泸江桥;导游的人从寺前隔着江流向东北由小路走,便没能渡过泸江,到东边观看三条溪流汇合的地方。由寺北沿着池塘岸边向东行,池塘靠东一边全是红红的莲花覆盖着池水,密密丛丛的,看不见水。往东北行十五里,走过赛公桥。桥下的水自西北方流来,向东南流入泸江。又走五里,上山,是金鸡哨。哨南泸江汇合各条水流,由此处向东流入峡中。峡谷十分狭窄,江水倾泻在峡中,向东抵达洞口还有一里多。远望洞顶的石崖双双劈开,好像门一样对峙着,山洞正穿过门下,重重山冈回绕夹住它,不能见到。请求当地人引导我进洞,都说:"水涨流急,现在不是游洞的时候。如果是两个月前的枯水时节,可以不架桥就进洞;今天即便有桥,也不能进去,何况没有桥呢!"需要架桥的地方不只一处,洞中每一处水深的地方,便架木桥渡过去。从前的惯例,按察使君来游洞,架桥的费用将近百两银子,其他费用也要百两银子。当地人因此苦不堪言,乘普名胜贼首兵变叛乱的机会,借口洞东面就是阿迷州辖地,叛军曾经出没于此地,于是才杜绝了长官们前来游洞。我想一定要到洞口一次,当地人说:"必须渡到江南岸,顺着峡谷进去,就是所谓的泸江桥大路了。"这才后悔被导游的人耽误了,便放弃水洞,去寻找南明、万象两个陆洞。

从哨东下坡,复上山登顶。东瞰峡江环峡东入,洞门即在东峡下。余所登山处,正与其上双崖平对,门犹为曲掩,但见峭崖西向,涌水东倾,捣穴吞流之势,已无隐形矣。东北三里,逾岭脊下山。二里,则极东石壁回耸,如环半城,下开洞门北向。余望之有异,从之直下,一里,抵峡中。又一里半,抵东壁下。稍南上,洞门廓然,上大书"云津洞",盖水洞中门也。游颜洞以云津为奇:从前门架桥入,出后门,约四五里,暗中傍水行,中忽辟门延景,其上又绝壁回环,故自奇绝。余不能入其前洞,而得之重崿绝巘间,且但知万象、南明,不复知有云津也,诚出余意外。遂瞰洞而下。洞底水从西南穴中来,盘门内而东,复入东南穴去。余下临水湄,径之,水阔三丈,洞高五六丈,而东西当门透明处,径可二十丈。但水所出入,直逼外壁,故非桥莫能行。出水西穴,渐暗不可远窥;东为水入穴处,稍旁拓,隔水眺之,中垂列乳柱,缤纷窈窕。复上,出洞外,上眺东南北三面,俱环壁无可上。仍西出旧道,北上山。东一里,逾岭,已陟东壁回环上,岭坞中东向一里。其地南北各起层峰,石崖时突,万象洞即在北崖上,乃导者妄谓在南崖下。直下者一里,抵南崖。一洞东向,高四丈,水从中涌出,两崖角起,前对为峡,水出洞破峡,势极雄壮,盖水洞后门也。又东二里,抵老鼠村①,执途人问之,万象洞在西北岭上,即前所从下山处,洞甚深,历降而下,底与水洞通。余欲更至洞门,晚色已合,去宿馆尚十里②。念此三洞,慕之数十年,趋走万里,乃至而叛彝阻之,阳侯隔之③,太阳促之,导人又误之,生平游屐,斯为最厄矣④!

【注释】

①老鼠村:今作"老鼠鲊"、"老楚鲊"。彝语"老楚"为冲沟,"鲊"为有,意即冲沟多的地方。属建水县面甸镇。

②去宿馆尚十里:《滇游日记二》八月十八日记:"自初一漾田晴后,半月无雨。"漾田,今名同,在建水县东境,位于古代临安到阿迷的大道上,正当颜洞稍东"去宿馆尚十里"的位置。则霞客游颜洞的时间,当为戊寅(崇祯十一年,1638)七月的最末一天。当晚宿漾田,第二天晴。

③阳侯：古代传说中的水神名。

④"从哨东下坡"一段：颜洞为一水二陆共三洞组成的溶洞群。水洞有三门，泸江从前门（水云洞）流入，约四五里在中门（云津洞）稍出现又入洞，约二三里自后门（岩洞）涌出。另有二陆洞即万象洞和南明洞。由于误导，徐霞客错走泸江东北小路，仅得遥望水云洞绝壁，后转至中门，见"云津洞"刻石。后又因导者所误，错过近在北崖上的万象洞和西岭上的南明洞，而绕走南崖下，到水洞的后门。

【译文】

从金鸡哨往东下坡，再上山登到山顶。向东俯瞰，山峡中江水绕着峡谷向东流进洞，洞口就在东面峡谷下面。我登山的地方，正好与洞上方一双石崖水平相对，洞口仍然被曲折的山谷遮住，只见陡峭的石崖面向西方，汹涌的江水向东倾泻，江水冲捣洞穴吞入江流的气势，已无法隐形了。往东北行三里，越过岭脊下山。行二里，就见最东边的石壁回绕着竿起，如同环绕着半座城墙，下边敞开着的洞口面向北。我远望那里，有特异之处，望着它一直下走，行一里，到达峡中。又走一里半，抵达东面的石壁下。稍稍往南上走，洞口十分开阔，洞上方大大写着"云津洞"三字，原来是水洞的中间一个洞口。游览颜洞以云津洞最为奇特：从前洞口架桥进洞，从后洞口出来，约有四五里，都是在黑暗中傍着水流前行，中途忽然辟有洞口，引入日光，洞上面又是绝壁回环，故而自然是奇妙绝伦。我没能进入颜洞的前洞，却能在重重山崖险绝山谷间遇到它，而且原来只知道有万象洞、南明洞，不再知道有云津洞了，确实是出乎我的意料之外。于是俯视着洞下走。洞底的水从西南方的洞穴中流来，在洞口内盘绕着流向东去，再次流入东南边洞穴中去。我下到水边，步测洞的大小，水面宽三丈，洞高五六丈，而东西两面位于洞口透入亮光的地方，直径约二十丈。但是洞中水流出流进的，一直逼近洞外的石壁，所以没有桥就不能行走。西边出水的洞穴，渐渐黑暗下来，不能窥视远处；东边的是水流入洞穴的地方，稍稍往两旁拓展开，隔着水眺望洞中，洞中下垂排列着钟乳石柱，缤彩纷呈，窈窕可爱。再往上，走出洞外，往上眺望东、南、北三面，全是环绕的石壁无法上去。仍向西从原路出来，往北上山。向东一里，越过山岭，已登到东面石壁回绕的上方，在山岭山坞中向东走一里。这地方南北两面分别耸起层层山峰，石崖不时突起，万象洞就在北面的石崖上，导游的人竟然乱说在南面的石崖下。一直下走一里，抵达南面的石崖。一个洞向东，高有四丈，水从洞中涌出来，两面的石崖像两只角一样耸起，在洞前相对形成峡谷，水流出洞口冲破山峡流去，气势极其雄壮，原来是水洞的后洞口。又往东行二里，到达老鼠村，拉着路人问路，万象洞在西北的山岭上，就是先前下山经过的地方，洞很深，从高处逐级下降，洞底与水洞相通。我想再去到洞口，但天色已晚，离住宿的客馆还有十里。思念这三个洞，倾慕它们几十年，奔走万里才来到，却被叛乱的彝人所阻隔，被大水隔绝，被太阳催促，又被导游的人误导，生平游程所经历的，这一次算是遭受艰难困苦最多的了！

随笔二则

黔国公沐昌祚卒[①]，孙启元嗣爵。邑诸生往祭其祖[②]，中门启，一生翘首内望，门吏杖篲之。多士怒，亦篲其人，反为众桀奴所伤，遂诉于直指金公[③]。公讳瑊，将逮诸奴，奴耸启元先疏诬多士。事下御史，金逮奴如故。启元益嗔[④]，征兵祭纛[⑤]，环直指门，发巨炮恐之，金不为动。沐遂掠多士数十人，毒痛之，囊其首于木。金戒多士毋与争，急疏闻。下黔督张鹤鸣勘[⑥]，张奏以实。时魏珰专政，下调停旨，而启元愈猖狂不可制。母宋夫人惧斩世绪，泣三日，以毒进，启元陨，事乃解。宋夫人疏请,孙稚未胜爵服,乞权署名,俟长赐袭。会今上登极⑦,怜之,辄赐敕实授。即今嗣公沐天波,时仅岁一周支也⑧。

【注释】

①黔国公:沐英为明朝开国勋臣之一,受封为西平侯,后其子孙又晋封为黔国公,世袭镇守云南总兵官。他们不但与省的地方机构没有直接隶属关系,甚至"骄凌三司","虐害小民",横行云南,庄田遍布全省,时称"黔府"或"沐府"。

②"孙启元嗣爵"两句:"孙"原作"子","祖"原作"父"。《明史·沐英传》载:"昌祚卒,孙启元嗣。"启元为沐昌祚孙,据改。

③直指:汉武帝派遣直指使者,衣绣衣,持节发兵,有权诛杀不力的官员。直指,意即指事而行,挺直不阿。金公:金,《滇云历年传》、康熙《云南通志》"沿革大事考"皆作"余"。

④益嗔(chēn):越生气。

⑤纛(dào):古时军队或仪仗队的大旗。

⑥张鹤鸣:原误倒为"张鸣鹤",据《明史·张鹤鸣传》改。

⑦今上登级:指朱由检当皇帝,年号崇祯,时在1628年。

⑧岁一周支:"支"指地支,古人通常用十二地支计年,岁一周支即一轮地支,才十二岁。

【译文】

黔国公沐昌祚去世,孙子沐启元继承爵位。城中的众儒生前往吊祭他的祖父,中门大开,一个儒生抬头向门内看,守门的官吏用木杖鞭子打他。众儒生愤怒了,也鞭打那些人,反而被沐府众多凶暴的奴仆打伤,便向朝廷直接派来的使者金公控诉。金公名城,将要逮捕那些奴仆,奴仆们恿愚沐启元先上疏诬告众儒生。皇帝把事情下交给监察御史处理,金公照旧逮捕了奴仆们。沐启元益加生气,征调军队祭祀军旗，包围了直指使者金公的衙门，发射大炮恐吓金公，金公不因此动摇。沐启元便拘禁了数十个儒生，酷烈地残害他们，用布袋套头并用木枷加在他们头上。金公告诫众儒生不要与沐启元争辩，急忙上疏让朝廷知道。朝廷下令贵州总督张鹤鸣调查核实，张鹤鸣把实际情况上奏。当时魏珰专权，下达了调停的圣旨，因而沐启元愈发猖狂，不能控制。他母亲宋夫人惧怕因此被斩断了世代继承的爵禄，哭泣了三天，用毒药进献给他吃，沐启元死，事情才缓解下来。宋夫人上疏请罪，称孙子还小，未能胜任爵位，乞求暂时署名，等长大后再赐他继承爵位。当时恰逢当今皇上登基，可怜他，便下敕令赐给他实际继承爵位。这就是今天继承爵位的黔国公沐天波，当时年仅十二岁。

　　普名胜者①，阿迷州土寇也②。祖者辂，父子为乱三乡、维摩间。万历四十二年③，广西郡守萧以裕，调宁州禄土司兵合剿④，一鼓破之，辂父子俱就戮，始复维摩州⑤，开三乡县⑥。时名胜走阿迷，宁州禄洪欲除之。临安守梁贵梦、郡绅王中丞抚民，畏宁州强，留普树之敌，曲庇名胜。初犹屯阿迷境，后十余年，兵顿强，残破诸土司，遂驻州城，尽夺州守权。崇祯四年⑦，抚臣王伉忧之，裹毡笠，同二骑潜至州，悉得其叛状，疏请剿。上命川、贵四省合剿之。石屏龙土司兵先薄漾田，为所歼。三月初八日，王中丞亲驻临安，布政周士昌统十三参将⑧，将本省兵万七千人，逼沈家坟。贼命黎亚选扼之，不得进，相持者二月。五月初二日，亚选自营中潜往为名胜寿，醉返营。一童子泄其事于龙。龙与王土司夜劫之，遂斩黎；进薄州城，环围四月，卒不下。时州人廖大亨任职方郎⑨，贼恃为奥援，潜使使入京纵反间，谓普实不叛,王抚起衅徼功,百姓悉糜烂。于是部郎疏论普地不百里,兵不千人,即叛可传檄定,何骚动大兵为?而王宫谕锡衮、杨庶常绳武[10],各上疏言宜剿。事下枢部议。先是王抚疏名胜包藏祸心已久,前有司养疽莫发奸,致成难图蔓草,上因切责前抚、按。而前抚闵洪学已擢冢宰[11],惧勿能自解,即以飞语怂恿大司马[12]。大司马已先入部郎言,遂谓名胜地不当一县,抚、按比周,张大其事势,又延引日月,徒虚糜县官饷[13]。疏上,严旨逮仇及按臣赵世龙。十月十五日,抚、按俱临安就逮。十二月十八,周士昌中铳死[14],十三参将悉战没。五年正月朔,贼悉兵攻临安,诈郡括万金犒之,受金,攻愈急。迨十六,城垂破,贼忽退师,以何天衢袭其穴也。天衢,江右人,居名胜十三头目之一,见名胜有异志,心不安,妻陈氏力劝归中朝,天衢因乞降,当道以三乡城处之,今遂得其解围力。后普屡以兵攻三乡,各相拒,无所胜,乃退兵,先修祖父怨于宁州。方攻宁时,洪已奉调中原,其母集众目,人犒五金、京青布二,各守要害,贼不得入。后洪返,谓所予太重,责之金,诸族目悉解体。贼谍之,乘之入,洪走避抚仙湖孤山[15],州为残破。岁余,洪复故土,郁郁死。贼次攻石屏州,及沙土司等十三长官,悉服属之。志欲克维摩州南鲁白城,即大举。鲁白城在广南西南七日程,临安东南九日程,与交趾界,城天险,为白彝所踞。名胜常曰:“进图中原,退守鲁白,吾无忧矣。”攻之三年,不能克。七年九月,忽病死。子福远,方九岁。妻万氏,多权略,威行远近。当事者姑以抚了局,酿祸至今,自临安以东、广西以南,不复知有明官矣！至今临安不敢一字指斥，旅人询及者，辄掩口相戒，府州文移，不过虚文。予过安庄，见为水西残破者，各各有同仇志，不惜为致命；而此方人人没齿无怨言，不意一妇人威略乃尔！南包沙土司，抵蒙自县[16]；北包弥勒州[17]，抵广西府；东包维摩州，抵三乡县；西抵临安府：皆其横压之区。东唯三乡何天衢，西唯龙鹏龙在田[18]，犹与抗斗，余皆闻风慑伏[19]。有司为之笼络，仕绅受其羁靮者[20]，十八九。王伉以启衅被逮，后人苟且抚局，举动如此，朝廷可谓有人乎！夫伉之罪，在误用周士昌，不谙兵机，弥连数月，兵久变生耳。当时止宜责其迟，留策其后效。临敌易帅且不可，遽就军中逮之，亦太甚矣。嗟乎！朝廷于东西用兵，事事如此，不独西南彝也！

【注释】

①普名胜：即普名声。《明史·云南土司传一》载："普维藩者，与宁州禄氏构兵，师歼焉。维藩子名声，幼育于官，既长，有司俾继父职。名声收拾旧部，勇于攻战，从讨奢安有功，仍授土知州，渐骄恣。崇祯五年（1632），御史赵洪范按部，名声不出迎。已，出戈甲旗帜列数里。洪范大怒，谋之巡抚王伉，请讨，得旨。官军进围州城，名声恐，使人约降，而阴以重贿求援于元谋土官吾必奎。时官军已调必奎随征，必奎与名声战，兵始合，佯败走。官军望见，遂大溃，布政使周士昌战死。朝廷以起衅罪伉，逮治，而名声就抚。然骄恣益甚，当事者颇以为患。已而广西知府张继孟道出阿迷，以计毒杀之。"崇祯七年（1634）张继孟用计毒杀于弥勒息宰，其妻万氏改嫁王弄山副长官沙定洲。

②阿迷州：隶临安府，治今开远市。《盘江考》又作"阿弥州"。

③万历四十二年：即 1614 年。

④宁州：隶临安府，即今华宁县。

⑤维摩州：隶广西府，治今砚山县北境的维摩。道光《云南通志》卷三十五引旧《云南通志》载，维摩新废州城"在丘北西阿宁乡，明崇祯四年(1631)徙州治于北，康熙九年(1670)州废城存。"明末维摩州治在今丘北县下寨马头山的旧城。

⑥三乡县：《明史·地理志》载，维摩州"西有三乡城，万历二十二年(1594)筑。"万历四十二年(1614)正式开三乡县。三乡城在今邱北县治稍西下寨马头山的新城。

⑦崇祯四年：即 1631 年。

⑧周士昌：原作"周世昌"，据《明史·云南土司传》改。下同。参将：明在边区军事要地设参府，分守各路。主持参府的统兵官即参将，又称参戎，位在总兵、副总兵之下，无定员。

⑨职方郎：明代于兵部设职方司，掌管疆域图籍、军制、城隍、镇戍、简练、征讨等事。职方司的长官称职方郎。

⑩王宫谕锡衮：云南禄丰人，官至大学士，明末为沙定州所执杀。杨庶常绳武：字念尔，云南弥勒人，崇祯时中进士，选庶常授监察御史，官至兵部侍郎。

⑪擢(zhuó)：提升。冢宰：周官名，为六卿之首。后世亦称吏部尚书为冢宰。

⑫飞语：没有根据的流言，或恶意的诽谤。大司马：汉武帝时改太尉置大司马，为全国军事首脑。后来则用作高级武官的专称，明代亦别称兵部尚书为大司马。

⑬县官：朝廷，官府。

⑭铳(chòng)：古代的一种火器。

⑮孤山：《读史方舆纪要》卷 115 载："海瀛山，在府东南，特起湖中，四壁如削，凭虚视下，竞秀争流，一名孤山。"又名环玉山。今仍

称孤山,位于抚仙湖南部,面积 0.55 平方公里。其上原来殿阁甚多,后毁于战火,近年重建亭阁,为风景胜地。

⑯蒙自县:隶临安府,即今蒙自市。

⑰弥勒州:隶广西府,即今弥勒市。

⑱龙鹏:今作"龙朋",在石屏县北境。

⑲慑(shè)伏:慑于威势而屈服。

⑳靮(dí):马缰绳。

【译文】

普名胜这个人,是阿迷州的土匪。祖父普者辂,父子在三乡、维摩一带作乱。万历四十二年,广西知府萧以裕,调集宁州禄土司的军队合力围剿,一鼓作气打败叛军,普者辂父子一同被杀,这才恢复了维摩州,开始设置三乡县。当时普名胜逃到阿迷州,宁州土司禄洪想要除掉他。临安知府梁贵梦、府中的乡绅曾经的中丞王抚民,害怕宁州土司强大,留下普名胜,与宁州树敌,便曲意包庇普名胜。起初普名胜还驻屯在阿迷州境内,十多年后,兵力骤然强大,攻灭打败了众土司,于是进驻州城,把阿迷州官的权力全部夺走。崇祯四年,巡抚王伉对此很担忧,裹毡子头戴斗笠,同两个骑兵潜入州城,全部了解到普名胜叛乱的情况,上疏请求剿灭。皇上命令四川、贵州等四省合兵围剿普名胜。石屏州龙土司的军队最先逼近漾田,被普名胜歼灭。三月初八日,王巡抚亲自驻扎临安府,布政使周士昌统领十三位参将,率领本省军队一万七千人,逼近沈家坟。叛贼命令黎亚选扼守此地,官军不能前进,双方相持达两个月。五月初二日,黎亚选自军营中秘密前去为普名胜贺寿,喝醉后返回军营中。一个小孩把这件事泄露给龙土司。龙土司与王土司夜里突袭黎亚选,便杀了黎亚选;进逼薄州城,包围州城四个月,始终没有攻下州城。当时薄州人廖大亨担任职方郎,叛贼依仗为内援,暗中派使者进京施展反间计,说普名胜实际没有叛乱,是王巡抚寻衅滋事以便邀功,百姓全陷入水深火热之中。于是兵部职方郎上疏,认为普名胜的土地不到一百里，军队不足一千人，即便是反叛，可以下传一道檄文就能平定，何必随便调动大军呢？而宫谕王锡衮、庶常杨绳武，各自都上疏，主张应当围剿。此事下交中枢部门讨论。在此之前，王巡抚上疏说普名胜包藏祸心由来已久，前几任当官的养虎为患，不肯揭发他的奸心，以致形成野草蔓延难以根除的情形。皇上因此严词谴责前任巡抚、巡按御使。而前任巡抚闵洪学已被提升为吏部尚书，惧怕自己不能解脱，就用流言蜚语怂恿兵部尚书。兵部尚书先前已听到兵部职方郎的话，便称说，普名胜的地盘抵不上一个县，巡抚、按察使互相勾结，夸大事态，又拖延时间，只会白白浪费朝廷的粮饷。此疏上奏，朝廷严令逮捕巡抚王伉、巡按御使赵世龙。十月十五日，巡抚、巡按御使都在临安被捕。十二月十八日，周士昌被火枪击中死了，十三位参将全部战死。崇祯五年正月初一日，叛贼率领全部军队攻打临安府城，欺诈临安府搜刮万两银子犒劳叛军，接受银子后，攻城更加急切。到十六日，城将被攻破，叛贼忽然退兵，是因为何天衢偷袭他的巢穴。何天衢，江西人，是普名胜十三头目之一，见普名胜有异心，心中不安，他的妻子陈氏竭力劝他归顺朝廷，何天衢因而请求投降，当权者把三乡县用来安置他，如今就是依靠他的力量得以解围。后来普名胜屡次率领军队进攻三乡，各自相持不下，无法取胜，才退兵，先兴兵去找宁州土司报祖父、父亲的仇。将要攻打宁州时，土司禄洪已奉命调往中原，他的母亲召集众头目，每人犒赏五两银子、两匹京城产的青布，要他们各自守住要害之地，叛贼未能攻入。后来禄洪回来，认为给的太多，要求他们返回银子，各部族头目全都离心离德。叛贼侦探到这种情况，乘势攻入宁州，禄洪逃到抚仙湖孤山避难，州城被毁坏。一年多后，禄洪恢复了故土，郁郁不欢而死。叛贼接着进攻石屏州，以及沙土司等十三个长官司，全部投降臣属于普名胜。普名胜立志要攻克维摩州南境的鲁白城，立即大举进攻。鲁白城在广南西南，有七天的路程，在临安东南，有九天的路程，与交趾接界，城位于天险之处，被白彝占据。普名胜常常说："进可图谋中原，退可据守鲁白，我就无忧了。"功鲁白三年，不能攻克。崇祯七年九月，普名胜忽然病死。儿子普福远，才九岁。妻子万氏，多有权术谋略，威势传布远近。当权者姑且用招抚的办法来了结局势，酿成的灾祸延续到今天，自临安府以东、广西府以南，不再知道有明朝官吏了！至今临安府不敢指责一个字，外来人询问到情况的，总是掩口防备，州、府下达的公文，不过是一纸空文。我路过安庄时，见到被水西土司残害的人，人人都有一同报仇的志向，不惜为此送命；而此地的人，人人终身没有怨言，想不到一个妇人的威势谋略竟然如此！往南包括沙土司，抵达蒙自县；向北包括弥勒州，抵达广西府；往东包括维摩州，抵达三乡县；向西抵达临安府：都是她横行欺压的区域。东边唯有三乡县的何天衢，西边唯有龙鹏的龙在田，还与她对抗斗争，其余的都闻风丧胆，被她慑服。地方官被她笼络，官吏、乡绅受她约束的，十有八九。王伉因为挑起争端被逮捕，后来当官的人苟且安抚局势，如此举措，朝廷可以说是有人才吗！王伉的罪，在于误用了周士昌，不熟悉用兵的谋略，长期滞留达几个月，用兵时间一长就会发生变故罢了。当时只应该责备王伉用兵太迟缓，留用他，督促他，以观后效。面临强敌更换主帅尚且不可，何况突然到军营中来逮捕他，也太过分了。可叹呀！朝廷在东西各地用兵，事事如此，不仅仅是对西南的少数民族如此！

滇游日记二①

【题解】

《滇游日记二》是徐霞客旅游云南省东部和贵州省西南部的游记续编。

崇祯十一年(1638)八月初七日,徐霞客在广西府(今泸西县)。以后,随流考察南盘江,往东北经师宗州、罗平州,到了贵州的黄草坝(今贵州兴义市)。八月二十九日复入云南。

霞客这一段旅途仍很艰苦。山深人少,土匪横行,淫雨不断,经常只能喝稀饭,盖秧被。从泸西到师宗"皆荒茅沮洳",寂无一人,踯躅昏黑中,不敢作声,唯恐匪人闻声而出。过白蜡山,只得在山头与营兵同住,"上漏下湿,人畜杂处",连洗脚水都难得到。在江底,受摆渡者索价,受店主人欺侮。徐霞客不为艰难困苦所阻,游览了风景名胜泸源洞(今阿庐古洞),完成了对南盘江下游的追踪考察,也完成了对我国最大的喀斯特地貌区的考察和区内广西、贵州、云南的比较研究。他还对所经各府、州、营、堡进行综合比较,提出并论证了黄草坝的重要地位。徐霞客沿途目睹土司残害州县的暴行,思想震撼,喊出了控诉土司制度的心声:"土司糜烂人民,乃其本性,而荼及朝廷之封疆,不可长也。诸彝种之苦于土司糜烂,真是痛心疾首。"

戊寅八月初七日② 余作书投署府何别驾③,求《广西府志》。是日其诞辰,不出堂,书不得达。入堂阅其四境图,见盘江自其南界西半入境,东北从东界之北而去,不标地名,无从知其何界也。

【注释】

①《滇游日记二》:自戊寅八月初七日起,至十二月二十二日日记,徐本在第八册,题曰"滇",有提纲云:"自广西府、师宗州、罗平州、步雄、黄草坝、亦佐县碧峒、黄泥河、亦佐县、块泽河、罗平桃源、陆凉马场、海崖、箐口、越州卫、龙塘河、曲靖府、沾益州交水、翠峰山、寻甸府、嵩明州、邵甸,还至省城。再自省城往晋宁州,由晋宁往昆阳、海口、安宁州、汤池、碧鸡关、进耳、棋盘,又还省城。自省城往筇竹、妙高、天生桥、富民县河上洞、武定府狮子山、元谋县雷应山、金沙江、官庄、大姚县、姚安府、洱海卫至鸡足山。"史夏隆序本提纲末有"穷盘江源"四字。

②戊寅:崇祯十一年(1638)。

③别驾:汉设别驾从事史,为州刺史的佐吏,刺史巡视辖境时,别乘驿车随行,故称别驾。至宋,诸州置通判,为府州长官的行政助理,职责近似别驾。明时。各府通判分掌粮运及农田水利等事务,也相沿称为别驾。

【译文】

戊寅年八月初七日 我写了封信投送给代理知府何别驾,索要《广西府志》。这天是他的生日,不上堂办事,信未能送到。我进入府衙大堂,看了广西府四境的地图,见到盘江从广西府南部边界靠西半边流入境内,往东北从东部边界的北边流去,没有标出地名,无法知道那是什么地界。

初八日　何收书欲相见，以雨不往。

【译文】

初八日　何别驾收到信，想要相见，因为下雨没有去。

初九日　余令顾仆辞何，不见；促其《志》，彼言即送至，而终不来。是日，复大雨不止。

【译文】

初九日　我命令顾仆去辞别何别驾，不肯见；催促他要《广西府志》，他说立即送到，然而却始终没送来。这一天，又是大雨下不停。

初十日　何言觅《志》无印就者，已复命杀青矣[①]。是日午霁，始见黄菊大开。菊惟黄色，不大。又有西番菊。

【注释】

①杀青：古人最初无纸，文字都是用毛笔蘸墨写在狭长的竹片上。但新鲜竹片易受虫蛀朽坏，而且青皮不易吸墨，故先用火将竹烘干，使竹简内的水分像汗样冒出来，叫做"杀青"、"汗简"。一说初稿写在青竹皮上，易于改抹，定稿时，把青皮刮掉，写在竹白上，不再改动，叫做"杀青"。后泛指书稿写定为杀青，此处杀青指用纸印刷。

【译文】

初十日　何别驾说找不到印刷好的《广西府志》，已经命令重新印刷了。这天中午天气转晴，这才见到黄菊盛开。菊花惟有黄色的，花不大。又有一种西番菊。

广西府西界大山①，高列如屏，直亘南去，曰草子山。西界即大麻子岭，从大龟来者。东界峻逼，而西界层叠，北有一石山，森罗于中，连络两界，曰发果山。东支南下者结为郡治；西支横属西界者，有水从穴涌出，甚巨，是为泸源，经西门大桥而为矣邦池之源者也②。通海从穴涌出③，此海亦从穴涌出。然此海南山复横截，仍入太守塘山穴中④，尤为异也。广福僧言，此水入穴即从竹园村北龙潭出⑤，未知果否？恐龙潭自是锡冈北坞水，此未必合出也。矣邦池俗名海子，又曰龙甸。此泸江非广中泸江也。泸江在南，而此水亦窃其名，不知何故。矣邦池之南，复有远山东西横属，则此中亦一南北中洼之坑，而水则去来皆透于穴矣。此郡山之最远者也。

【注释】

①广西府：明代设广西府，治今泸西县城中枢镇。广西府辖师宗、弥勒、维摩三州，跨有南盘江两侧。

②矣邦池：景泰《云南图经志书》广西府山川载："矣邦池，在府治之南一里，周围约三十余里。"万历《云南通志》广西府山川载："矣邦池，一名龙甸海，在府治南，周三十余里，半跨弥勒州界。水源有二，一出阿卢山麓石窍，一出弥勒州吉双乡，南入盘江。中有小山，建广福寺于上。"矣邦池原在泸西县南，今已不存。

③通海：此指通海湖。《明一统志》临安府山川载："通海湖，在通海县北三里，源自河西县，流注为湖，周八十里。相传昔水涝不通，有僧于县治东北石笋丛立处，以杖穿穴泄其水，因名通海。"今称杞麓湖，湖水面积 42.3 平方公里，东西长 15.5 公里，南北宽 0.8—5.6 公里，湖岸线长约 64 公里，平均水位海拔 1731.5 米，

平均水深4米,最大水深15米。无明显出口,从东南部岳家营附
近的落水洞泄为地下暗河,再出露地表,注入南盘江。

④太守塘:应即知府塘,在矣邦池南部,为矣邦池尾闾。道光《云南
通志》卷二一九"存疑辨误二"《太守塘》条:"广西州有支醋塘,
《志》谓塘有鱼羊,供春秋祭祀醢醢之用,故名。俗讹为知府塘。
今徐氏又由知府塘讹为太守塘,去之更远。"

⑤竹园村:明设竹园村巡检,今仍名竹园,在弥勒市南境。

【译文】

　　广西府西部的大山,高高排列,好像屏风,一直往南延伸而去,
叫做草子山。西部就是大麻子岭,是从大龟山来到山脉。东部高
峻狭窄,而西部山峰层层叠叠,北面有一座石山,样子森严可怖地
坐落在中央,连接东西两面的山脉,叫发果山。东面的支脉向南下
延的山盘结为府城所在之地;西面的支脉横向连接西部山脉的山,
有水从洞穴中涌出,水十分巨大,这是泸江的源头,流经西门大桥
后成为矣邦池的水源。通海湖的水从洞穴中涌出,这个海子的水也是从洞穴
中涌出。然而这个海子南面还有山横着截断水流,池水仍然流入太守塘的山洞中,
尤其奇异。广福寺的僧人说,这池水流入洞穴后就从竹园村北边的龙塘里流出来,
不知果然是这样吗?恐怕龙塘中的水是来自锡冈北部的山坞,这池水未必与龙塘水
合流后流出来。矣邦池俗名叫海子,又叫龙甸。这条泸江不是广中的泸江。泸江在
南方,而此条水流也窃取了它的名字,不知是什么缘故。矣邦池的南边,又有
远山横贯东西,那么这一带也是一个南北向中间下洼的坑地,而池
水流来流去都是穿透于洞穴之中。这是广西府群山中最远的山。

　　发果山圆若贯珠,横列郡后。东下一支曰奇鹤峰,
则学宫所托;西下一支曰铁龙峰,则万寿寺所倚;而郡城
当其中环处。城之东北,亦有一小石峰在其中,曰秀山,
上多突石,前可瞰湖,后可揽翠。城南濒湖,复突三峰:

东即广福，曰灵龟山；中峰最小，曰文笔峰，建塔于上；而西峰横若翠焉。即名翠屏。此郡山之近者也。秀山前有伏波将军庙，后殿为伏波像，前殿为郡守张继孟祠。张，扶风人①，以甲科守此。壬申为普茴困②，城岌岌矣。张奋不顾身，固保城隍，普莫能破，城得仅存。先是张梦马伏波示以方略，后遂退贼。二月终，亲莅息宰河招抚焉③。州人服其胆略，贼称为"舍命王"云。

【注释】

①扶风：明置扶风县，在今陕西扶风县。

②壬申：即崇祯五年（1632）。

③息宰河：即《游记·盘江考》中巴甸江下游流经息宰的一段，亦即今甸溪河下游，在弥勒市南境。

【译文】

　　发果山圆圆的好像连贯的珠子，横着排列在府城后方。往东下延的一条支脉叫奇鹤峰，就是学宫依托之处；向西下延的一条支脉叫铁龙峰，就是万寿寺紧靠的地方；而府城正当两列山环绕的中间地带。府城的东北，也有一座小石峰在其中，叫做秀山，山上有许多突起的岩石，往前可以俯瞰湖水，向后可以观览翠色。城南濒临湖水之处，又突起三座山峰：东边的就是广福寺所在的山，叫灵龟山；中间的山峰最小，叫文笔峰，建了塔在峰顶上；而西边的山峰横向排列，像翡翠屏风一样。名字就叫翠屏山。这是府中群山中近处的山。秀山前边有伏波将军庙，寺庙后殿中是伏波将军的塑像，前殿中是广西府知府张继孟的祠堂。张继孟，扶风县人，因科举考试中第一出任广西府知府。壬申年被贼首普名胜围困，府城岌岌可危了。张继孟奋不顾身，坚定保卫城池，普名胜不能攻破府城，府城才得以保存。那之前，张继孟梦见伏波将军马援教给他守城的方法策略，后来竟然击退了叛贼。二月底，张继孟亲自莅临息宰河招抚叛贼。府中的人佩服他的胆略，叛贼称他为"舍命王"。

新寺即万寿寺。当发果西垂之南，其后山石嶙峋，为滇中所无。其寺南向，后倚峭峰，前临遥海，亦此中胜处。前有玉皇阁，东为城隍庙，俱在城外。

【译文】

新寺就是万寿寺。位于发果山西边下垂之处的南面，寺后山石嶙峋，是滇中所没有的。这座寺庙向南，后面紧靠陡峭的山峰，前边远远面临矣邦池，也是这一带的风光优美的处所。新寺前面有玉皇阁，后面有城隍庙，都在城外。

泸源洞在城西北四里①。新寺后山西尽，环坞而北，其中乱峰杂沓，缀以小石岫，皆削瓣骈枝，标青点翠。北环西转，而泸源之水，涌于下穴，泸源之洞，辟于层崖，有三洞焉。上洞东南向，前有亭；下洞南向，在上洞西五十步，皆在前山之南崖。后洞在后山之北冈，其上如眢井。从井北坠穴而下二十步，底界而成脊，一穴东北下而小，一穴东南下而廓。此三洞之分向也。其中所入皆甚深，秉炬穿隘，屡起屡伏，乳柱纷错，不可穷诘焉。

【注释】

①泸源洞：即今阿庐古洞，在泸西县西北郊，景区1.5平方公里，有九峰十八洞。青山逶迤，山腹曲洞勾连，洞中暗河蜿蜒。主要有

泸源洞、玉柱洞、碧玉洞及玉笋河。近年建有徐霞客青铜铸像。

【译文】

　　泸源洞在城西北四里处。新寺后山在西面的尽头,环形山坞的北边,这之间杂乱的山峰纷繁众多,点缀着一些小石峰,都是些刀削的花瓣并列的枝条,青山显现,翠色装点。向北环绕再往西转,是泸源洞的水,从下洞中涌出,泸源洞在层层山崖上张开,有三个洞口。上洞口面向东南,洞前有亭子;下洞口向南,在上洞口西边五十步,都在前山南面的山崖上。后洞在后山北面的山冈上,洞上部如同枯井。从枯井北面坠入洞中下去二十步,洞底形成分界的石脊,一个洞穴向东北下去却很小,一个洞穴向东南下去很宽广。这是三个洞分别不同的坐向。洞中进去的地方都十分深,手举火把穿过狭窄的洞中,地势多次起伏,钟乳石柱纷纭错杂,不可穷究。

　　十一日　大霁。上午出西门,过城隍庙、玉皇阁前。西一里,转新寺西峰之嘴而北。又北一里,见西壑涨水盈盈,而上洞在其西北矣。由岐路一里抵山下,历级游上洞。望洞西有寺,殿两重,入憩而瀹水为餐。余因由寺西观水洞。还寺中索炬,始知为洞有三,洞皆须火深入。下午,强索得炬,而火为顾仆所灭,遍觅不可得。遥望一村,在隔水之南,涨莫能达,遂不得为深入计。聊一趋后洞之内,披其外局,还入下洞之底,探其中门而已。仍从旧路归,北入新寺,抵暮而返。

【译文】

　　十一日　大晴天。上午走出西门,路过城隍庙、玉皇阁前。往西一里,绕过新寺西峰的山嘴往北走。又向北一里,看见西边沟壑中水涨得满满的,而上洞就在沟壑的西北边了。由岔路走一里到达山下,经石阶游览上洞。望见洞西有座寺庙,两重大殿,进入寺中休息并烧水做饭。我因而从寺庙西边去观看了水洞。返回寺中要了火把,这才知道洞有三个,每个洞都必须点燃火把才能深入。下午,勉强找到火把,但火被顾仆弄灭了,四处寻找火种却找不到。远远望见一个村子,隔在水的南边,水涨不能去到,便不再考虑深入洞中。姑且又赶去后洞内,逐一观看洞的外层深藏之处,返回来进入下洞洞底,探了它的中洞口而已。仍然从原路归来,往北进入新寺,到黄昏才回到城中。

十二日　早促何君《志》,犹曰即送至;坐寓待之,拟一至即行;已而竟日复不可得。晚谓顾仆曰:“《志》现装钉,俟钉成帙,即来候也。”

【译文】

十二日　早晨去催促何君要《广西府志》,他还是说立即送到;坐在寓所中等他,打算书一送到马上动身;继而又是一整天没有得到。晚上他对顾仆说:“《广西府志》现在在装订,等装订成册,立即前来问候。”

余初以为广西郡人必悉盘江所出,遍征之,终无谙者。其不知者,反谓西转弥勒,既属颠倒。其知者,第谓东北注罗平,经黄草坝下,即莫解所从矣。间有谓东南下广南,出田州,亦似揣摩之言,靡有确据也。此地至黄草坝,又东北四五日程。余欲从之,以此中淹留日久,迤西之行不可迟,姑留为归途之便。

【译文】

我起初以为广西府的人必定知悉盘江源头的出处,问遍当地人,始终没有熟悉的人。那些不知道的人,反而说是盘江向西流转到弥勒州,恰好完全颠倒了。那些知道一点的人,只是说出往东北流到罗平州,经过黄草坝流下去,就无人了解流往何处了。间或有人说是从东南下流到广南府,从田州流出去,也似乎是揣摩着说的话,没有确凿的证据。此地到黄草坝,往东北走,还有四五天的路程。我想要从这条路走,因为在这里滞留的日子太久,到滇西的行程不可推迟,暂且留作从滇西返回途中顺便的事。

　　广西府鹦鹉最多,皆三乡县所出,然止翠毛丹喙①,无五色之异。

【注释】

①喙(huì):鸟兽的嘴。

【译文】

广西府鹦鹉最多,都出自三乡县,然而只有翠毛红嘴的,没有五彩颜色的奇异品种。

　　三乡县,乃甲寅萧守所城①。

【注释】

①甲寅:即万历四十二年(1614)。

【译文】

三乡县城,是甲寅年萧知府修建的。

维摩州，州有流官，只居郡城，不往州治。二处皆藉何天衢守之，以与普拒。

【译文】

维摩州，州里设有流官，流官只住在府城，不住到州治。二个地方都依靠何天衢防守，以此抵抗普名胜。

广福寺在郡城东二里，吉双乡在矣邦池之东南，与之对。而弥勒州在郡西九十里。《一统志》乃注寺在弥勒东九十里，乡为弥勒属，何耶？岂当时郡无附郭①，三州各抵其前为界，故以属之弥勒耶？然今大麻子哨西②，何以又有分界之址也？

【注释】

①附郭：与府州治所同城的县，称为附郭县。
②大麻子哨：今作"麻子哨"，在泸西县西境，午街铺稍东，泸西至弥勒的公路经此。

【译文】

广福寺在府城东面二里处，吉双乡在矣邦池的东南方，和广福寺相对。而弥勒州在府城西面九十里。《一统志》却注明广福寺在弥勒东面九十里，吉双乡隶属于弥勒州，为什么呢？难道是当时广西府没有附郭县，三个州各自抵达府治前边分界，所以把吉双乡划属于弥勒州的吗？然而今天大麻子哨西边，为何又有分界的遗址呢？

十三日　中夜闻雷声，达旦而雨。初余欲行屡矣，而日复一日,待之若河清焉!

【译文】

十三日　半夜听见雷声,到天亮时下起雨来。当初我屡次想要上路了,却日复一日地等他,好像是等黄河的水变清一样啊!

自省至临安,皆南行。自临安抵石屏州,皆西北。自临安抵阿迷,皆东北。自阿迷抵弥勒,皆北行。自弥勒抵广西府,皆东北。

【译文】

从省城到临安府,都是往南行。从临安府到石屏州,都是向西北行。从临安府到阿迷州,都是往东北走。从阿迷州到弥勒州,都是向北行。从弥勒州到广西府,都是往东北走。

十四日　再令顾仆往促《志》,余束装寓中以待。乍雨乍霁。上午得回音,仍欲留至明晨云。乃携行李出西门,入玉皇阁。阁颇宏丽,中乃铜像,而两庑塑群仙像,极有生气,正殿四壁,画亦精工。遂过万寿寺,停行李于其右庑。饭后登寺左铁龙峰之脊,石骨棱棱,皆龙鳞象角也。《志》又称为天马峰,以其形似也。既下,还寺中,见右庑之北有停枢焉,询之,乃吾乡徽郡游公枢也。游讳大勋,任广西三府。征普时,游率兵屯郡南海梢,以防寇之冲突。四年四月①,普兵忽乘之,游竟没于阵。今其子现居其地,不得归,故停枢寺中。余为慨然。是晚,遇李如玉、杨善居诸君作醮寺中②,屡承斋饷。

僧千松亦少解人意。是晚月颇朗。

【注释】

①四年：指崇祯四年（1631）。

②醮（jiào）：僧道为除灾去鬼而设的道场。

【译文】

十四日　再次命令顾仆去催促《广西府志》，我整理好行装在寓所中等待。天忽雨忽晴。上午得到回音，说仍要留下等到明天早晨。于是携带行李走出西门，步入玉皇阁。玉皇阁颇为宏伟壮丽，大殿中是铜像，而两侧厢房塑有众多神仙像，塑得极有生气，正殿的四面墙壁上，壁画也画得精致工巧。于是经过万寿寺，把行李停放在寺中右边的厢房中。吃饭后登上寺左边铁龙峰的山脊，骨状的岩石棱角嶙峋，全像龙鳞象牙一样。《一统志》又称为天马峰，是因为山的形状相似了。下山后，返回寺中，看见右边厢房北头有停放的棺材，询问情况，原来是我家乡徽州人游公的灵柩。游公名叫大勋，历任广西府等三府。征讨普名胜时，游大勋率领军队驻屯在府城南矣邦池水尾，以防叛贼冲锋突袭。崇祯四年四月，普名胜的军队忽然趁机进攻，游大勋竟然战死在阵地上。如今他的儿子居住在此地，不能回乡，故而把灵柩停放在寺中。我为游公慨叹不已。这天晚上，遇见李如玉、杨善居诸位先生来寺中做道场，多次承蒙他们招待斋饭。僧人千松也很善解人意。这天晚上月亮十分明亮。

十五日　余入城探游君之子，令顾仆往促何君。上午，出西门，游城隍庙。既返寺，寺中男妇进香者接踵。有吴锡尔者，亦以进香至，同杨善居索余文，各携之去，约抵暮驰还。抵午，顾仆回言：“何君以吏钉《志》久迟，扑数板，限下午即备，料不过期矣。”下午，何命堂书送《志》及程仪至①，余作书谢之。是晚为中秋，而晚云密布，既暮而大风怒吼。僧设茶于正殿，遂餔餟而卧②。

【注释】

①堂书：官府治事的地方称堂。知府、知县亦称堂官。府县书吏称堂书。程仪：赠送给行者的路费或礼物。有时又省称"程"。仪，礼物。

②餔餟（bū zhuì）：吃喝。

【译文】

十五日　我进城去探访游君的儿子，命令顾仆前去催促何君。上午，步出西门，游览了城隍庙。返回寺中后，寺中男男女女来进香的接连不断。有个叫吴锡尔的人也因为进香来到寺中，会同杨善居一起讨要我的文章，各人带着文章离开了，约定到天黑时赶来归还。到中午，顾仆回来说："何别驾因为属吏装订《广西府志》太慢，打了他几个板子，限令他下午就要准备好，料想不会超过这个期限了。"下午，何别驾命令书吏送《广西府志》及赠送的路费来到，我写信向他道谢。这天晚上是中秋节，可暮云密布，黄昏后就大风怒吼。僧人在正殿摆设了茶点，于是吃喝后便躺下睡了。

十六日　雨意霏霏，不能阻余行色。而吴、杨文未至，令顾仆往索之。既饭，杨君携酒一樽，侑以油饼熏枭①，乃酌酒而携枭饼以行。从玉皇阁后循铁龙东麓而北，一里，登北山而上。一里逾其坳，即发果山之脊也，《志》又谓之九华山。盖东峰之南下者为奇鹤，为学宫所倚；西峰之南下者为铁龙，为万寿寺之脉；中环而南突于城中者，为锺秀山：其实一山也。从岭上平行，又北三里，始见泸源洞在西，而山脊则自东界大山横度而西,属于西界,为郡城后倚。然泸源之水,穿其西穴而出,亦不得为过脉也。从岭北行,又五里而稍下,有哨在坞之南冈,曰平沙哨,郡城北之锁钥也。其东即紫微之后脉,犹屏列未尽;其西则连峰蜿蜒,北自师宗南下为阿卢山;界坞中之水,而中透泸源者也。由哨前北行坞中,六里,有溪自北而南,小石梁跨之,是为矣各桥。溪水发源于东西界分支处,由梁下西注南转,坞穷而南入穴,出于泸源之上流也。又北六里,有村在西山之半,溪峡自东北来,路由西北上山。一里,蹑岭而上,二里,遂逾西界之脊,于是瞰西坞行。坞中水浸成壑,有村在其下;其西复有连山自北而南,与此界又相持成峡焉。从岭上又北四里,乃西北下西峡中,一里抵麓。复循东麓北行十五里,复有连冈属两界之间,有数家倚其上,是为中火铺,有公馆焉[②]。按《志》,师宗南四十里有额勒哨,当即此矣。饭,仍北行峡中。其内石峰四五,离立峥峥。峡西似有溪北下,路从峡东行,两界山复相持而北。坞中皆荒茅沮洳,直抵师宗,寂无片椽矣。闻昔亦有村落,自普与诸彝出没莫禁,民皆避去,遂成荒径。广西李翁为余言:“师宗南四十里,寂无一人,皆因普乱,民不安居。龟山督府今亦有普兵出没。路南之道亦梗不通[③]。一城之外,皆危境云。”龟山为秦土官寨[④]。其山最高,为弥勒东西山分脉处。其西即北属陆凉,西属路南,为两州间道。向设督捕城[⑤],今渐废弛。秦土官为昂土官所杀,昂复为普所掳。今普兵不时出没其地,人不敢行,往路南、澂江者,反南迂弥勒,从北而向革泥关焉[⑥]。盖自广西郡城外,皆普氏所慑服。即城北诸村,小民稍温饱,辄坐派其赀以供,如违,即全家掳掠而去。故小民宁流离四方,不敢一鸣之有司[⑦],以有司不能保其命,而普之生杀立见也。北行二十里,经坞而西,从坞中度一桥,有小水自南而北,涉之,转而西北行。暝色已合,顾仆后,余从一老人、一童子前行,踯躅昏黑中。余高声呼顾仆,老人辄摇手禁止,盖恐匪人闻声而出也。循坡陟坳十里,有一尖峰当坳中,穿其腋,复西北行。其处路甚泞,蹊水交流,路几不辨。后不知顾仆趋何所,前不知师宗在何处,莽然随老人行,而老人究不识师宗之远近也。老人初言不能抵城,随路有村可止。余不信。至是不得村,并不得师宗,余还叩之⑧。老人曰:"余昔过此,已经十四年。前此随处有村,不意竟沧桑莫辨!"久之,渐闻犬吠声隐隐,真如空谷之音,知去人境不远。过尖山,共五里,下涉一小溪,登坡,遂得师宗城焉。抵东门,门已闭,而外无人家。循城东北隅,有草茅数家,俱已熟寝。老人仍同童子去。余止而谋宿,莫启户者。心惶惶念顾仆负囊,山荒路寂,泥泞天黑,不知何以行?且不知从何行?久之,见暗中一影,亟呼而得之,而后喜可知也!既而见前一家有火,趋叩其门。始固辞,余候久之,乃启户入。瀹汤煮杨君所贻粉糕啖之,甘如饴也。濯足藉草而卧,中夜复闻雨声。主人为余言:"今早有人自府来,言平沙有沙人截道⑧。君何以行?"余曰:"无之。"曰:"可征君之福也。土人与之相识,犹被索肥始放,君之不遇,岂偶然哉!即此地外五里尖山之下,时有贼出没。土人未晚即不敢行,何幸而昏夜过之!"

【注释】

①侑(yòu):陪进食物。

②公馆:封建政府修建供官府人员旅途停歇的屋舍,多设在交通沿

线的重要程站。

③路南：明置路南州，隶澂江府，近年改石林彝族自治县。

④龟山：即前称"大龟"，今作"圭山"，在石林县东境。

⑤督捕：州县官署中的杂佐官，负有缉捕之责。

⑥革泥关：明又设革泥巡检司，在今弥勒和石林两县间的大麦地稍西。

⑦有司：古代设官分职，事各有其专司，故又称官吏为有司。

⑧叩（kòu）：询问。

⑨沙人：民国《马关县志稿》风俗志载："沙人，本侬人之变种。明末，其酋长沙定洲骁悍，……其部谓之沙人，衣装剪裁另为格式，以示区别，此沙人之由来也。一说该族多居河滨，男妇老稚每于沙滩乘凉，初生小儿以之卧沙上，则无疾易养，故称沙人云。查其语言风俗，与侬人无异，不同处惟裙不加折。以情判之，则前之说转为近似。"沙人系壮族中的布雅侬支系，他们和侬人一样，都是以其统治者的姓氏见称。但景泰《云南图经志书》载广西府"有沙蛮"，正德《云南志》说，广西府"沙人善治田"，则沙人的名字比沙定洲早得多。

【译文】

十六日　雨势仍细雨霏霏，不能阻止我上路的决心。可吴锡尔、杨善居没来，我命令顾仆前去索取我的文章。饭后，杨君带来一樽酒，以及下酒的油饼、烤鸭，便饮完酒后带上鸭子、油饼上路。从玉皇阁后沿着铁龙峰的东麓往北行，行一里，上登北山。一里后越过北山山坳，就是发果山的山脊了，《广西府志》又把发果山称为九华山。原来发果山的东峰往南下延的山是奇鹤峰，就是学宫背靠的地方；西峰往南下延的山是铁龙峰，是万寿寺所在的山脉；位于中央环绕向南突立于城中的山，是钟秀山：其实是一座山。从岭上平缓行走，又向北走三里，才见到泸源洞在西面，而山脊则是自东面的大山横向往西延伸，连接到西面一列山，是府城后面紧靠之处。不过，泸源洞的水，是穿过西边的洞穴流出来的，也没有成为泸源洞水流过的山脉了。从岭上往北行，又走五里后稍稍下走，有哨所在山坞南边的山冈上，叫做平沙哨，是府城北面的要害之地。平沙哨东面就是紫薇山后面的山脉，仍然像屏风样排列延绵不尽；它的西面是连绵的山峰蜿蜒而去，北面自师宗州向南下延盘结为阿卢山；隔在山坞中的水流，是穿流过泸源洞中的水。由哨所前往北行走在山坞中，行六里，有条溪水自北流向南，一座小石桥横跨在溪流上，这是矣各桥。溪水发源于东西两列山分支的地方，由桥下往西流注后向南转去，流到山坞尽头就向南流入洞穴中，出洞后就是泸源洞水流的上游了。又向北六里，有个村庄在西山的山腰上，峡谷中的溪水自东北方流来，道路由西北上山。行一里，踏着山岭上走，行二里，便越过西面一列山的山脊，于是俯瞰着西面的山坞前行。山坞中的水淹成壑谷，有村子在壑谷下方；山坞西面又有连绵的山脉自北向南延伸，与这里的一列山相对峙，又形成峡谷。从岭上又往北行四里，便向西北下到西边的峡谷中，走一里到达山麓。再沿着东面的山麓往北行十五里，又有连绵不断的山冈连接在两列山之间，有几家人紧靠在山冈上，这里是中火铺，有公馆在这里。据《广西府志》，师宗州南边四十里有个额勒哨，应当就是此地了。吃饭后，仍往北行走在峡谷中。峡谷内有四五座石峰，分别耸立，山势峰嵘。峡谷西边似乎有溪水往北流下去，路从峡中向东走，两面的山又相互对峙着往北延去。山坞中全是荒茅草，地势潮湿低洼，一直伸展到师宗州，空寂得片瓦无存了。听说从前山坞中也有村落，自从普名胜与各族彝人在此出没，官府无法禁绝，百姓都避难逃走了，于是这里便变成了荒寂的小径。广西府的李翁对我说："师宗州南边四十里，荒寂得没有一个人，都是以为普名胜作乱，百姓不能安居。龟山督府内如今也有普名胜的军队出没。路南州的道路也受阻不通。师宗一座城之外，全是危险的地方。"龟山是秦土官的山寨。那座山最高，是弥勒州东西两列山山脉分支的地方。龟山以西，北部就连接陆凉州，西部连接路南州，有去两州的小路。先前龟山设有督捕城，如今渐渐废弃了。秦土官被昂土官杀死，昂土官又被普名胜俘虏。现在普名胜的军队不时在这一带地方出没，行人不敢走路，前往路南州、徵江府的人，反而要往南绕道弥勒州，再向北从革泥关走。大概自广西府城以外，都被普名胜慑服了。即便是府城以北各村，百姓只要稍稍温饱，普名胜就坐地摊派作为给养，如有违抗，马上全家人就被掳掠而去。所以百姓宁愿流离四方，不敢向官府申诉一个字，因为官府不能保全他们的性命，可普名胜却生杀予夺立刻就能见到。往北行二十里，经过山坞向西走，从坞中走过一座桥，有条小河自南往北流，涉过河水，转向西北行。暮色已降临，顾仆走在后面，我跟随一个老人、一个儿童走在前面，在昏黑之中徘徊不前。我高声呼叫顾仆，老人立刻摇手制止，大概是当心土匪听见声音出来了。顺着山坡上登山坞有十里，有一座尖峰位于山坞中，穿过尖峰侧面，再往西北行。此处道路十分泥泞，小路上流水交错，几乎辨不清道路。后面不知顾仆赶到了什么地方，前方不知师宗州在何处，茫茫然跟随老人前行，而老人竟然也不知道师宗州的远近。老人起初说到不了师宗州城，沿路有村子可以住下。我不信。到这时，既找不到村子，也见不到师宗城，我返身询问他。老人说："我从前走过这条路，已经有十四年了。从前这条路上到处有村庄，想不到竟然沧桑巨变，无法辨认！"很久之后，渐渐听到隐隐的狗叫声，真像空谷中的回音，心知距有人烟的地方不远了。走过尖山，共五里，下走涉过一条小溪，上登山坡，便见到师宗城了。到达东门，城门已关闭，而且城外没有人家。沿着城墙走到城的东北角，有几家人住在茅草房中，全都已经熟睡。老人仍然同儿童离开了。我停下来寻找住处，没有人家肯开门。心中惶惶不安，挂念顾仆背负着行李，山野荒凉，道路寂静，路面泥泞，天又黑，不知道他怎么走？而且不知道从哪里走？很久，见到黑暗中有一个人影，急忙呼叫才见到他，见面后的喜悦可想而知了！随后见到前方一户人家中有火光，赶快过去敲他的门。开始这家人坚决推辞，我等候了很久，这才开门让我们进去。烧水煮杨君赠送的粉糕吃，如同饴糖一样甘甜。洗脚后垫着茅草躺下睡了，半夜又听到雨声。房主人对我说："今早有人从广西府过来，说平沙哨有沙人在拦路抢劫。您怎么走过来的？"我说："没有沙人。"房主人说："可见您很有福气呀！当地人与沙人认识，仍然要被勒索重金才肯放行,您却没有遇到他们,难道是偶然的吗! 就是此地五里之外的尖山下面,时时有盗贼出没。当地人不到天黑就不敢走了,您在黑夜里过来是何等的幸运啊!"

师宗在两山峡间①,东北与西南俱有山环夹。其坞纵横而开洋,不整亦不大。水从东南环其北而西去,亦不大也。城虽砖甃而甚卑。城外民居寥寥,皆草庐而不见一瓦。其地哨守之兵,亦俱何天衢所辖。

【注释】

①师宗:明置州,隶广西府,即今师宗县。

【译文】

　　师宗州在两列山之间的峡谷里,东北与西南都有山环绕相夹。州城所在的山坞纵横都十分开阔,不整齐,也不大。河水从东南方环绕州城北边后向西流去,水势也不大。城墙虽然是砖砌的却很低矮。城外的民房寥寥无几,全是草房却不见一间瓦房。这一地区守卫哨所的军队,也全是何天衢管辖。

城西有通玄洞,去城二里,又有透石灵泉,俱不及游。

【译文】

　　城西有个通玄洞,离城二里路,又有处透石灵泉,都来不及去游览。

十七日　晨起,雨色霏霏。饭而行,泥深及膝,出门即仆。北行一里,有水自东南坞来,西向注峡而去,石桥跨之,为绿生桥。过桥，行坞中一里，北上坡。遵坡行八里，东山始北断成峡，水自峡中西出，有寨当峡而峙，不知何名。余从西坡北下，则峡水西流所经也。坡下亦有茅舍数家，为往来居停之所，是曰大河口。河不甚巨，而两旁沮洳特甚，有石梁跨之，与绿生同，其水势亦与绿生相似。过桥北行，度坞。坞北复有山自东北横亘西南，一里陟其坡，循之东向行。三里，越坡东下。坞中沮洳，有小水自北而南入大河。溪上流有四五人索哨钱于此，因架木为小桥以渡。见余，不索哨而乞造桥之犒，余界以二文，各交口称谢。既渡，半里，余随车路东行，诸人哄然大呼，余还顾，则以罗平大道宜向东北，余东行为误故也。亟还，从东北半里，复上坡东行，于是皆荒坡遥陇，夙雾远迷，重茅四塞。十五里，东逾冈，始望见东北冈上有寨一屯，其前即环山成洼，中有盘壑，水绕其底而成田塍①，四顾皆高，不知水从所出。从冈东下一里，越坞中细流。其坞与流，皆自南而北，即东通盘壑者。又东上一里，循壑之南脊行，与所望北冈之寨正隔坞相对矣。又逾东冈稍下一里，则盘壑之东，有峡穿陇中而至，其峡自东南大山破壁而至者。峡两崖皆亘壁，其上或中剖而成峡，或上覆而成梁，一坞之中，倏断倏续，水亦自东南流穿盘壑，但壑中不知何泄。时余从石梁而度，水流其下，不知其为梁也。望南北峡中水，一从梁洞出，一从梁洞入。乃从梁东选石踞胜，瞰峡而坐。睇其下，如连环夹壁，明暗不一，曲折透空，但峡峭壁削，无从下穿其穴耳。于是又东，愈冈坞相错，再上再下。八里，盘岭再上，至是夙雾尽开，北有削崖近峙，南有崇岭遥穹。取道其间，横陟岭脊，始逼北崖，旋向南岭。二里，复逾高脊，北转东下。二里，有茅当两峰峡间，前植哨竿，空而无人，是曰张飞哨，山中之最幽险处也。又东下三里，悬壑深阒，草木蒙密，泥泞及膝，是名偏头哨。哨不见居庐，路口止有一人，悬刀植枪而索钱，余不之与而过。此哨之南即南穹崇岭，罗平贼首阿吉所窟处，为中道最险，故何兵哨守焉；又名新哨，而师宗界止此矣。过哨，又东上岭。岭更峻，石骨棱厉。二里跻其巅，是为罗平、师宗之分界，亦东西二山之分界也。岭重山复，上下六十里，险峻为迤东之冠。其山盖南自额勒度脉，分支北下，结成崇岭，北度此脊而为白腊、束龙，而东尽于河底、盘江交会处者也。从岭上东向平行，其间多坠壑成穿，小者为智井，大者为盘洼，皆丛木其中，密不可窥，而峰头亦多树多石，不若师宗皆土山茅脊也。平行岭上五里，路左有场，宿火树间，是为中火铺，乃罗平、师宗适中之地。当午，有土人担具携炊，卖饭于此，而既过时辄去，余不及矣，乃冷餐所携饭。又东一里，渐下。又一里，南向下丛中。其路在箐石间，泥泞弥甚。一里，遂架木为栈，嵌石隙中，非悬崖沿壁，而或断或续，每每平铺当道，想其下皆石孔智井，故用木补填之也。又东下一里，始出峡口。回顾西壑，崇岭高悬，皆丛箐密翳，中有人声，想有彝人之居，而外不能见。东眺则南界山冈平亘，北界则崇峰屏立，相持而东。于是循北坡东行。三里，复北上坡，直抵北界峰腰，缘之。三里，峰尽东下，有坞纵横，一坞从北峡来，一坞从东峡来，一坞从西峡来，一坞向东南去。时雨色复来，路复泥泞，计至罗平尚四十里，行不能及，闻此中有营房一所可宿，欲投之。四顾茫无所见，只从大道北转入峡，遂缘峡东小岭而上。一里，忽遇五六人持矛挟刃而至，顾余曰："行不及州矣。"予问："营房何在？"曰："已过。""可宿乎？"曰："可。"遂挟余还。盖此辈即营兵，乃送地方巡官过岭而返者。仍一里，下山抵坞中，乃向东坞入。半里，抵小峰之下，南向攀峰而上，峻滑不可着足。半里登其巅，则营房在焉。营中茅舍如蜗，上漏下湿，人畜杂处。其人犹沾沾谓予："公贵人，使不遇余辈，而前无可托宿，奈何？虽营房卑隘，犹胜彝居十倍也。"彝谓黑、白彝与倮倮②。余颔之。索水炊粥。峰头水甚艰，以一掬濯足而已。

【注释】

①水绕其底而成田塍："田"后衍"回"字，据徐本、"四库"本删。

②彝：彝族分布极广，支系复杂，黑彝、白彝都是彝族支系的不同称谓。黑彝即黑罗罗，白彝即白罗罗，又称撒摩都。也有以黑白分贵贱者，景泰《云南图经志书》沾益州风俗说："罗罗以黑白分贵贱。"直到新中国建立前，四川大凉山彝族还以黑彝、白彝区分贵贱。

【译文】

十七日　早晨起床，天色细雨霏霏。吃饭后上路，淤泥深陷到膝盖，出门就跌倒。往北行一里，有水流自东南方的山坞中流来，向西从峡谷中流注而去，有石桥跨过流水，是绿生桥。过桥后，行走在山坞中一里，向北上坡。顺着山坡行八里，东面的山开始从北面断裂开，形成峡谷，水流从峡谷中往西流出来，有个村寨正对着峡口，不知道叫什么名字。我从西面的山坡向北下走，就是峡谷中的水向西流经的地方了。

坡下也有几间茅草房,是来往行人停留休息的场所,这里叫大河口。河水不怎么大,可河两旁特别低洼潮湿,有石桥跨在河上,与绿生桥一样,桥下的水势也与绿生桥的相似。过桥后往北行,穿过山坞。山坞北边又有山自东北横向绵亘到西南,一里后上登山坡,顺着山坡向东走。行三里路,越过山坡往东下坡。山坞中地势低洼潮湿,有小溪水自北向南流入大河。小溪上游有四五个人在此处索取哨钱,是因为他们架了座小木桥让人渡过溪水。见到我,没有索取哨钱却讨要造桥的酬劳,我给了两文铜钱,每个人都异口同声地道谢。过桥后行半里,我顺着车路往东走,众人哄然大叫,我转身回头看,原来是因为去罗平州的大道应该向东北走,我往东走错了的缘故。急忙返回来,往东北方走半里,再上坡往东行,到这里全是荒芜的山坡,遥望过去全是土陇,晨雾在远方迷迷蒙蒙,四面充塞着重重茅草。行十五里,向东越过山冈,这才望见东北方的山冈上有一个村寨,村前就是山环绕形成洼地,中央盘绕成鳖谷,水流绕过鳖谷底部而被开垦成田地,四面环顾地势都很高,不知水从什么地方流出去。从山冈上往东下走一里,越过山坞中的小水流。这里的山坞和水流,都是自南向北,就是向东通往盘绕成鳖谷的地方。又向东上走一里,沿着鳖谷南面的山脊走,与先前望见的北冈的村寨正好隔着山坞相对了。又越过东面的山冈稍下走一里,就是盘绕而成的鳖谷的东面,有条峡谷从土陇中穿过来,这条峡谷是从东南方的大山中破开峭壁而来的。峡谷两面的山崖都是绵亘的峭壁,山崖上,有的从中间剖开形成峡谷,有的从上方覆盖下来形成桥梁,一个山坞之中,忽断忽续,水流也是从东南穿流过盘绕而成的鳖谷,但不知鳖谷中的水从哪里泄出去。当时我从石桥上走过去,水在桥下流,却不知它是桥。望见南北两面峡谷中的水,一条从桥洞中流出去,一条从桥洞中流进来。便在石桥东边选了一块能观览美景的石头俯瞰着峡谷坐下。斜着看峡谷的下方,如同连环相夹的墙壁,明暗不一,曲折透空,只是峡谷两侧的石壁陡峭如刀削,无法下去钻这些洞穴了。从这里又往东走,愈发是山冈山坞相互交错，两次上行两次下走。行八里后，又绕着山岭上登，到这时晨雾才完全散开，北边有陡削的山崖在近处对峙着，南面有崇山峻岭远远的隆起。取道两山之间，横向上登岭脊，开始逼近北面的山崖，随即转向南面的山岭。行二里路，又越过高高的山脊，往北走转向东下山。行二里，有茅屋位于两面山峰的峡谷间，房前竖着哨所的旗杆，但空寂无人，这里叫张飞哨，是山中最僻静最险要的地方。又往东下行三里，高悬的壑谷幽深寂静，草木浓密，泥泞的淤泥没到膝盖，这里名叫偏头哨。哨所不见住房，路口只有一个人，腰挎刀、枪拄着地收钱，我没给他钱就过来了。这个哨所的南面就是在南面高高隆起的崇山峻岭，就是罗平州匪首阿吉建立巢穴的地方，是途中最险要之处，所以何天衢的军队设哨所守在这里；偏头哨又叫新哨，师宗州的地界到此为止了。过了哨所，又向东上岭。山岭更加陡峻，骨状的岩石棱角锋利。行二里登上峰顶，这里是罗平州、师宗州的分界处，也是东西两面山的分界了。山岭重重叠叠，上上下下行有六十里，险峻之势可称为滇东第一。这一带的山，大概是南面起自延伸过额勒哨的山脉，分出支脉向北下延，盘结成崇山峻岭，往北延过这条山脊形成白腊山、束龙山，然后往东在河底河、盘江交汇之处到头。从岭上向东平缓前行，山间多有下坠形成的壑谷与陷坑，小的是枯井，大的是盘状的洼地，其中都有丛林，树稠密得不可窥视，而且峰顶也是树多石多，不再像师宗州全是土山和长满茅草的山脊了。平缓行走在岭上五里，路左边有块场地，住宿烧火做饭都在树丛中，这里是中火铺，是罗平州、师宗州之间位于中间的地方。到中午时，有当地人肩担手提着炊具到此处卖饭，但时间一过便离去，我没赶上，便吃了随身带着的冷饭。又往东行一里，渐渐下走。又走一里，向南下到草丛中。这条路在山箐丛石间，泥泞得更加厉害。行一里，就有架木头修成的栈道，嵌在石缝中，不是在悬崖上沿着崖壁走，而是时断时续，常常平铺在道路上，猜想栈道下面都是石孔枯井，所以用木头来填补路面空陷之处。又往东下行一里，这才走出峡口。回头看西面的壑谷，崇山峻岭高高悬在高空,全是丛竹密蔽,竹林中有人声,想来有彝人的住处,但从外面看不见。向东远眺,就见南面的山冈平缓地绵亘而去,北面则是高高的山峰屏风样矗立着,相互对峙着往东延伸。从这里顺着北面的山坡往东行,行三里,再向北上坡,一直走到北面一列山的山峰半腰上,沿着山腰走。行三里,走完山峰向东下山,有山坞纵横交错,一条山坞从北面的峡谷中过来,一条山坞从东面的峡谷中过来,一条山坞从西面的峡谷中过来,一条山坞向东南伸过去。此时天色又下起雨来,道路重又泥泞不堪,估计到罗平州还有四十里,走不到了,听说这一带有一所营房可以住宿,想去营房中投宿。四面环顾,茫茫一片,一无所见,只好沿大道向北转入峡中,于是顺着峡谷东边的小山峰上走。行一里,忽然遇见五六个人手持长矛大刀地走来,看着我说:"走不到州城了。"我问道:"营房在哪里?"回答说:"已经走过了。"又问:"可以住宿吗?"答道:"可以。"便带着我往回走。原来这帮人就是军营中的兵,是护送巡查的地方官过岭才返回来的。仍旧走一里,下山到达山坞中,便向着东面的山坞进去。行半里,抵达小山峰之下,向南上登山峰,又陡又滑,不能落脚。行半里登到峰顶,就见营房在峰顶上。军营中的茅草房像蜗牛壳一样,上边漏水下边潮湿,人畜混杂在一处。那些人还沾沾自喜地对我说:"相公是贵人,假使没遇上我们这些人,而前面无处可以投宿,怎么办? 营房虽然低矮狭窄,仍然胜过彝人的住所十倍了。"彝人是指黑彝、白彝与倮倮。我点头同意他的说法。要水来煮粥。峰顶上用水十分艰难,用一捧水洗洗脚而已。

十八日　平明,雨色霏霏。余谓:"自初一漾田晴后,半月无雨。恰中秋之夕,在万寿寺,狂风酿雨,当复有半月之阴。"营兵曰:"不然。予罗平自月初即雨,并无一日之晴。盖与师宗隔一山,而山之西今始雨,山之东雨已久甚。乃此地之常，非偶然也。"余不信。饭后下山。饭以笋为菜。笋出山箐深处，八月正其时也。泞滑更甚于昨，而浓雾充塞，较昨亦更甚。一里，抵昨所入坞中，东北上一里，过昨所返辕处①。又一里，逾山之冈，于是或东或北，盘旋岭上。八里稍下，有泉一缕，出路左石穴中。其石高四尺，形如虎头，下层若舌之吐，而上有一孔如喉，水从喉中溢出，垂石端而下坠。喉孔圆而平，仅容一拳，尽臂探之，大小如一，亦石穴之最奇者。余时右足为污泥所染，以足向舌下就下坠水濯之。行未几，右足忽痛不止。余思其故而不得，曰："此灵泉而以濯足，山灵罪我矣。请以佛氏忏法解之。如果神之所为，祈十步内痛止。"及十步而痛忽止。余行山中，不喜语怪，此事余所亲验而识之者，不敢自讳以没山灵也。从此渐东下，五里抵一盘壑中，有小水自北而南，四围山如环堵，此中洼之底也，岂南流亦透穴而去者耶？又上东冈，二里逾冈。又东下一里，行坞中者三里，有小水自西北向东南，至是始遇明流之涧，有小桥跨之。既度，涧从东南去，路复东上冈。三里，逾冈之东，始见东坞大辟，自南而北。东界则遥峰森峭，《志》称罗庄山。骈立东南；西界则崇巘巍峨，《志》称白蜡山。屏峙西北。东北又有一山，土人称为束龙山。横排于两界缺处，而犹远不睹罗平城，近莫见兴哆啰也。兴哆啰即在山下，以岭峻不能下瞰耳。又东，稍下者二里，峻下者一里，遂抵坞中，则兴哆啰茅舍数间，倚西山东麓焉。从此遂转而北行坞中。其坞西傍白蜡，东瞻罗庄，南去甚遥，则罗庄自西界老脊分枝而东环处也。坞中时有土冈自西界东走，又有石峰自东界西突。

路依西界北行，遥望东界遥峰下，峭峰离立，分行竞颖，复见粤西面目。盖此丛立之峰，西南始于此，东北尽于道州，磅礴数千里，为西南奇胜，而此又其西南之极云。过兴哆啰北，一重土冈东走，即有一重小水随之。想土冈之东，有溪北注，以受此诸水。数涉水逾冈，北五里，望西山高处有寨，聚居颇众，此偓偟寨也。又北二里，有池在东冈之下，又北二里，有池在西冈之下，皆冈坞环转，中洼而成者。又北三里，有水成溪，自西而东向注，甚急，一石梁跨之，是为鲁彝桥，桥下水东南数里入穴中。越桥北，始有夹路之居。又北半里，有水自西而东注，其水不及鲁彝之半，即从上流分来，亦东里余而灭，亦一石梁跨之。二水同出于西门外白蜡山麓龙潭中，分流城东南而各坠地穴，亦一奇也。桥之南，始有盈禾之塍。又北半里，入罗平南门。半里，转东，一里，出东门，停憩于杨店。是日为东门之市。既至而日影中露，市犹未散，因饭于肆，观于市。市新榛子、薰鸡蓫还杨店，而雨濛濛复至。时有杨婿姜渭滨者，荆州人，赘此三载矣，颇读书，知青乌术[2]，询以盘江曲折，能随口而对，似有可据者。先是余过南门桥，有老者巾服而踞桥坐，见余过，拉之俱坐。予知其为土人，因讯以盘江，彼茫然也。彼又执一人代讯，其人谓由澂江返天上，可笑也。渭滨言："盘江南自广西府流东北师宗界，入罗平之东南隅罗庄山外，抵八达彝寨会江底河[3]，经巴泽、河格、巴吉、兴龙、那贡，至坝楼为坝楼江，遂东南下田州。不北至黄土坝[4]，亦不至普安州。"第坝楼诸处与普安界亦相交错，是南盘亦经普安之东南界，特未尝与东北之北盘合耳。

【注释】

①返辕（yuán）：折转来往回走。辕，指车辕，即伸出在车前驾车的长木。

②青乌术：相传汉代有青乌子，又称青乌先生。精通堪舆相地之术，后世堪舆书多收青乌之说，因称相地术为青乌术，相地的人为青乌。

③八达彝寨：《游记·盘江考》中作"巴旦彝寨"。今称"八达河"或"八大河"，在罗平县东南隅的盘江北岸，与贵州、广西毗邻。此"彝"为泛指，当地少数民族为布依族。"八达"为布依语，意即两河交汇处。

④黄土坝：据所述地望，疑为"黄草坝"。

【译文】

十八日　黎明，天色细雨霏霏。我说："从初一在漾田天晴后，半个月没下雨。恰好中秋之夜在万寿寺时，狂风酝酿成雨，应当又有半个月的阴天了。"军营中的士兵说："不是这样。我们罗平自本月初就下雨，并没有一天是晴天。罗平与师宗隔着一座山，山的西面至今才下雨，山的东面下雨已经很长久了。这是此地的常态，并不是偶然的现象。"我不相信。吃饭后下山。饭用竹笋做菜。竹笋出产在山箐深处，八月份正是盛产的时节。道路泥泞湿滑更比昨天还厉害，而浓雾充塞在四周，也比昨天更浓密。行一里路，到达昨天进入山坞中的地方，往东北上走一里，路过昨天往回走的地方。又是一里，越过山冈，从此地起，时而向东时而向北，盘旋在山岭上。行八里后稍稍下走，有一缕泉水，从路左边的石穴中流出来。这块岩石高四尺，形状如虎头，下层好似吐出来的舌头，而且上面有一个孔洞如同咽喉，水从喉咙中溢出来，下垂到岩石前端后往下流去。喉咙状的孔洞又圆又平整，仅能容纳一个拳头，把整只手臂伸进孔洞去摸，大小一样，也算是石穴中最奇特的了。当时我的右脚被污泥沾染，把脚伸向虎舌下就着下落的泉水洗脚。没走几步，右脚忽然疼痛不止。我思量疼痛的原因却找不到，自己说："这是灵泉却用来洗脚，是山神怪罪我啦。请允许我以佛家的忏法来禳解疼痛。假如果然是山神所做的，祈求在十步以内疼痛就停止。"走到第十步时疼痛忽然就止住。我行走在山中，不喜欢谈论神怪，这件事是我亲身体验、见识到的事情，不敢因自己忌讳不说出来而隐没了山神的灵异。从此地渐渐向东下走，行五里后到达一个盘状的壑谷中，有小河自北流向南，四周的山如同环绕的墙，这里是向中央下注的底部，难道向南流的水也是穿透洞穴流出去的吗？又上登东面的山冈，二里后越过山冈。又往东下行一里，行走在山坞中三里，有条小水流自西北流向东南，到这里才遇见露出地表流淌的山涧，有小桥跨在水流上。过桥后，山涧向东南流去，路又向东上登山冈。行三里，翻越到山冈的东面，这才见到东面的山坞十分开阔，自南面伸展到北面。山坞东境就是远处陡峭的山峰像森林一样，《一统志》称为罗庄山。并排矗立在东南方；西境是巍峨的崇山峻岭，《一统志》称为白蜡山。屏风样耸峙在西北方。东北方又有一座山，当地人称为東龙山。横向排列在东西两列山的缺口处，然而远处仍然看不到罗平州城，近处看不见兴哆啰。兴哆啰就在山下，是因为山岭高峻，不能俯瞰到下方罢了。又往东，渐渐下走二里，陡峻地下山一里，就抵达山坞中，就见兴哆啰的几间茅草房，紧靠西山的东麓。从此处便转向北行走在山坞中。这个山坞西边傍着白蜡山，东望罗庄山，往南延伸而去十分遥远，就是罗庄山从西境内的主脊分出的支脉往东环绕之处了。山坞中不时有土冈自西境向东延伸，又有石峰从东境向西突起。道路紧靠西面一列山往北行，遥望东面的远峰之下，陡峭的山峰分散开矗立，分别排成行，争奇斗异，重又见到广西山水的面貌了。大体上，此类成丛矗立的山峰，西南方从这里开始出现，东北方在道州到头，磅礴延绵几千里，是西南地区的奇特优美的景观，而此地又是西南地区这类景观极为优美之处。经过兴哆啰往北走，一重土冈向东延伸，就有一条小水流顺着土冈流淌。猜想土冈的东面，有溪水向北流注，以便接纳这里众多的水流。数次涉过溪水越过土冈，往北行五里，望见西山的高处有个村寨，聚居的人家很多，这是倮倮的村寨。又往北行二里，有池塘在东面山冈之下，又向北二里，有池塘在西边山冈之下，都是土冈环绕形成山坞，中间下洼形成的水塘。又往北走三里，有水流淌成小溪，自西向东流注，水势很急，一座石桥跨在溪水上，这是鲁彝桥，桥下的溪水向东南方流淌几里后流入洞穴中。过到桥北，才开始有夹在路两边的住户。又向北半里，有溪水从西往东流注，这条溪水的水量不及鲁彝桥下的一半，就是从上游分流后流来的，也是向东流一里多就消失了，也有一座石桥跨在溪水上。两条溪水共同出自罗平州西门外白蜡山山麓的龙潭中，分别流经州城东南后各自坠入地穴中，也是一处奇观。桥的南面，开始有种满稻禾的田地。又往北行半里，进入罗平州城南门。行半里，转向东，行一里，出了东门，停在杨家客店歇息。这一天是东门的赶集日。我到后日光还从头顶上的天空中露出来，集市还没散，因此在饭店中吃了饭，到集市上看看。买了些新鲜的榛子、熏鸡蔓返回杨家客店，而蒙蒙细雨重又来临。当时有个杨家的女婿叫姜渭滨的人，是荆州人，入赘此地三年了，很读过些书，懂相地术，向他询问盘江的曲折流向，能随口回答，似乎有些话可以作为依据。这之前，我经过南门桥，有位老人头戴儒巾身穿儒服盘腿坐在桥上，见我路过，拉我与他一同坐下。我知道他是当地人，因而向他询问盘江的情况，他茫然不知。他又拉住一个人代我询问，那人说是流到澂江后返回天上，可笑啊！姜渭滨说："盘江从南面的广西府向东北流入师宗州境内，流入罗平州东南部的罗庄山之外，流到八达彝寨汇合江底河，流经巴泽、河格、巴吉、兴龙、那贡，流到坝楼称为坝楼江，于是向东南下流到田州。不往北流到黄土坝，也没流到普安州。"但只是坝楼各地与普安州的地界也是相互交错，这说明南盘江也是流经普安州的东南境，仅仅是未曾与东北面的北盘江合流罢了。

罗平在曲靖府东南二百余里①，旧名罗雄，亦土州也。万历十三年②，土酋者继荣作乱，都御史刘世曾奉命征讨，临元道文作率万人由师宗进，夹攻平之，改为罗平。明年，继荣目把董仲文等复叛，羁知州何俵。文作以计出之，复率兵由师宗进，讨平之。今遂为迤东要地。

【注释】

①罗平：《明史·地理志》："罗平州，元罗雄州。万历十五年（1587）四月更名。"明罗平州隶曲靖府，在今罗平县治罗雄镇。

②万历十三年：公元1585年。

【译文】

罗平州在曲靖府东南二百多里处，原名叫罗雄州，也是土司治理的州。万历十三年，土人的头领者继荣作乱，都御史刘世曾奉命征讨，临元道的文作率领一万人从师宗进军，两面夹攻平定了叛乱，改名叫罗平州。第二年，者继荣下属的土目、把事董仲文等人又叛乱，羁押了罗平州知州何俵。文作用计让何俵逃出来，重又率军从师宗进攻，讨伐平定了叛乱。今天罗平已成为滇东的要地。

罗平州城西倚白蜡山下，东南六十里为罗庄山，东北四十里为束龙山。有水自白蜡麓龙潭出，名鲁彝河①，东环城，南出鲁彝桥，而东入地穴。其北有分流小水亦如之。此内界之水也。其西有蛇场河，自州西南环州东北，抵江底河，俱在白蜡、束龙二山外。其东南有盘江，自师宗东北入境，东南抵八达，俱在罗庄山外。此外界之水也。

【注释】

①鲁彝河：今名"大干河"。

【译文】

　　罗平州城西边紧靠在白蜡山下，东南六十里是罗庄山，东北四十里是束龙山。有水从白蜡山山麓的龙潭中流出来，名叫鲁彝河，向东环绕州城，往南流出鲁彝桥，而后往东流入地穴中。鲁彝桥北有分流出来的小溪流也同样流入地穴中。这是州界内的水流。罗平州西部有蛇场河，从州的西南部环流到州的东北部，流到江底河，流经的地方全在白蜡山、束龙山两座山之外。州的东南部有盘江，从师宗东北部流入州境，往东南流到八达，流经的地方全在罗庄山外。这是州界外的水流。

　　州城砖甃颇整。州治在东门内，俱民，惟东门外颇成阛阓。西、南二门，为贼首官霸、仲家巢，在正南八十里乌鲁河师宗界①。阿吉偻偻人巢，在州西南七十里偏头南大山下，二寇不时劫掠，民不能居。

【注释】

①乌鲁河：今作"五洛河"，在师宗县东南境，从北往南流入南盘江。

【译文】

　　罗平州城的城墙用砖砌得颇为整齐。州衙门在东门内，全是居民，唯有东门外形成热闹的街市。州城的西、南两道城门，被匪首官霸、是仲家人，巢穴在正南方八十里师宗州境内的乌鲁河。阿吉偻偻，巢穴在州城西南七十里偏头哨南面的大山下。两个盗贼不时前来抢劫，百姓不敢居住。

　　白蜡山，在城西南十余里，顶高十余里，其麓即在西门外二里。上有尖峰，南自偏头寨，北抵州西北，为磨盘山过脉，而东又起为束龙山者也。此山虽晴霁之极，亦有白云一缕，横亘其腰如带围，为州中一景。

【译文】

　　白蜡山，在州城西南十多里，山顶高十多里，山麓就在州城西门外二里处。山上有座尖峰，白蜡山南面起自偏头哨，北边到达州城西北，是磨盘山延伸而过的山脉，往东又耸起成为束龙山。这座山即使是在最晴朗的时候，也有一缕白云如腰带围绕一样横贯山腰，这是州里的一处胜景。

　　束龙山，在城东北四十里。者继荣叛时，结营其上为巢窟，官兵攻围久之，内溃而破。今其上尚有二隘门。

【译文】

　　束龙山，在州城东北四十里。者继荣反叛时，在山上扎营据为巢穴，官兵围攻了很久，内部崩溃才被攻破。如今山上还有两道关隘门。

　　罗庄山，在城东南六十里。其山参差森列，下多卓锥拔笋之岫，粤西石山之发轫也①。

【注释】

①发轫（rèn）：开车时须先去轫，故称启程为“发轫”。此处用以比喻

此种地形的开始。轫,止住车轮转动的木头。

【译文】

　　罗庄山,在州城东南六十里。那里的山,山势参差不齐,森然排列,山下有许多如同锥子尖卓然而立、竹笋拔地而起的小石峰,是广西石山的起始地。

　　罗平州东至广南八达界二百里,西南至师宗州偏头哨六十里,南至师宗州乌鲁河界八十五里,西南至陆凉蛇场河界一百里,西北至旧越州界发郎九十里[①],北至亦佐县桃源界一百二十里,东北至亦佐县、黄草坝二百里。

【注释】

①越州:今名同,在曲靖市麒麟区南境。《明史·地理志》南宁县:"东南有石堡山,山西有元越州治,洪武二十八年(1395)正月废。"元设越州,明初相沿,后即废,故此称"旧越州"。明代又设越州卫于此。

【译文】

　　罗平州向东到广南府八达地界有二百里,往西南到师宗州偏头哨有六十里,向南到师宗州乌鲁河界有八十五里,往西南到陆凉州蛇场河界有一百里,向西北到旧越州地界的发郎有九十里,北边到亦左县桃源地界有一百二十里,东北方到亦佐县、黄草坝有二百里。

　　罗平州正西与滇省对,正东与广西思恩府对,正北与平彝卫对,正南与广西府永安哨对。

【译文】

罗平州正西方与云南省城相对,正东方与广西省思恩府相对,正北方与平彝卫相对,正南方与广西府永安哨相对。

十九日　坐雨逆旅,阅《广西府志》。下午,有伍、左、李三生来拜。

【译文】

十九日　坐在旅店中等雨停,阅读《广西府志》。下午,有姓伍、姓左、姓李的三位儒生前来拜访。

二十日　雨阻逆旅。

【译文】

二十日　被雨阻隔在旅店中。

二十一日　亦雨阻逆旅。

【译文】

二十一日　还是被雨阻隔在旅店中。

二十二日　早犹雨霏霏,将午乃霁。浣濯污衣,且补纫之。下午入东门,仍出南门,登门外二桥,观鲁彝河。询之土人,始知其西出白蜡山麓龙潭,仍东入地穴者也。还入南门,上城行,抵西门。望白蜡山麓,相去仅三里,外有土冈一层回之，鲁彝发源，即从其麓透穴而西出者也。稍北，即东转经北门。其西北则磨盘山峙焉，为州城来脉。城东北隅汇水一塘，其下始有禾畦，即东门接壤矣。其城乃东西长而南北狭者也。

【译文】

二十二日　早上还细雨霏霏，将近中午才晴开。洗脏衣服，并缝补破衣服。下午进入东门，仍旧走出南门，登上南门外的两座桥，观看鲁彝河。询问当地人，才知道鲁彝河源出自西边白蜡山山麓的龙潭，仍然是往东流入地穴中的水流。返回来进入南门，登上城墙走，抵达西门。远望白蜡山的山麓，相距仅三里路，外围有一层土冈环绕着白蜡山，鲁彝河发源处，就是从白蜡山山麓穿透洞穴往西流出来的地方了。稍往北走，立即向东转经过北门。北门西北边就是磨盘山耸峙在那里，是向州城延伸而来的山脉。州城东北隅蓄着一塘水，水塘下面开始有稻田，稻田就与东门接壤。州城是东西长而南北狭窄的城。

二十三日　晨起，阴云四布。饭而后行。其街从北去，居民颇盛。一里，出北隘门，有岐直北过岭者，为发郎道①，其岭即自西界磨盘山转而东行者；板桥大道，从岭南东转。东北向行十里，有村在北山之下，曰发近德②。其处南开大坞，西南即白蜡，东南即大堡营山。大堡营之南，一支西转，卓起一峰，特立于是村之南，为正案。其南则石峰参差遥列，即昨兴哆啰所望东南界山也。又东，屡有小水南去，渡之。东五里，有石峰突兀当关。北界即磨盘东转之山，南界即大堡山诸石峰，相凑成峡，而石峰当其中，若蹲虎然。由其东南腋行,南界石山森森成队南去,而路渐东北上。五里出当关峰之东,其东垂有石特立,上有斜骞之势,是曰金鸡山,所谓"金鸡独立"也。又东一里,一洞在南小峰下,时雨阵复来,避入其中,饭。又东三里,东上峡脊。其脊即磨盘山东走脉,至此又度而南,为大堡营东山者也。一里,逾脊之东,其上有岐南去,不知往何彝寨。脊东环洼成坞,有小水北下,注东南坞中,稻禾盈塍。有数家倚北峰下,曰没奈德。东峰下有古殿二重,时雨势大至,趋避久之。乃随水下东南峡,峡逼路下,两旁山势,仍觉当人面而起。东行峡中二里,有水自峡南洞穴出,与峡水同东注。又一里,有小石梁跨溪,逾之。从溪南东行,一里,溪北注峡,路东逾冈。一里余,有坞自西北来,环而南,其中田禾芃彧③,村落高下。东二里,有数十家夹路,曰山马彝,亦重山中一聚落也。于是又东北一里,石峰高亘,逾其南坡,抵峰下。又东南一里,有塘在山坞,五六家傍坞而栖,曰挨泽村。又东北二里,为三板桥④。数家踞山之冈,其桥尚在冈下。时雷雨大至,遂止于冈头上寨。

【注释】

①发郎:今作"法郎",在罗平县西北境,罗平至曲靖的公路旁。

②发近德:今作"法金甸",在罗平县东北境。

③芃彧(péng yù):茂盛。

④三板桥:即今"板桥",在罗平县东境。

【译文】

二十三日　早晨起床,阴云密布四方。吃饭后便上路。城中的街道往北出去，居民十分兴盛。行一里，走出北隘门，有条岔路一直往北越过山岭，是去发郎的路，那座山岭就是从西境内的磨盘山转向东延伸的山；去板桥的大道，从岭南向东转。向东北行十里，有个村庄在北山之下，叫做发近德。这里南面展开一个大山坞，西南面就是白蜡山，东南边就是大堡营山。大堡营的南面，一条支脉向西转去，卓然耸立起一座山峰，独立于这个村庄的南面，是村子正面的案山。发近德南面就见参差不一的石峰远远排列，就是昨天在兴哆啰望见的在东南境的山了。又往东，屡次有小溪往南流去，渡过这些小溪。往东行五里，有座石峰突兀地面对着关口。北境就是磨盘山转向东延伸的山脉，南境就是大堡营山的众多石峰，相对凑拢形成峡谷，而石峰矗立在峡中，好像蹲坐着的猛虎一样。由石峰东南侧前行，南面一列石山森林一样排成队往南延伸而去，而道路渐渐向东北上走。行五里走出到正对关口石峰的东面，石峰东垂有块独自耸立的山石，山石上部有种倾斜高举的气势，这叫金鸡山，就是所谓的"金鸡独立"了。又往东行一里，一个山洞在南面小石峰的下面，此时阵雨又下起来，进入山洞中避雨，吃饭。又向东三里，往东登上山峡旁的山脊。这条山脊就是磨盘山往东延伸的山脉，到此地后又往南延伸，成为大堡营东边的山。行一里，翻越到山脊的东面，山脊上有条岔路向南去，不知通往哪个彝人村寨。山脊东面洼地环绕成山坞，有条小溪从北边流下来，流注到东南方的山坞中，稻禾布满在田亩中。有数家人背靠在北峰下，叫做没奈德。东峰下有座两重大殿的古庙，这时雨势来得很猛，急忙赶去避了很久的雨。于是顺着溪水下行到东南方的山峡中，峡谷狭窄，路往下走，两旁的山势，仍然让人觉得是迎面而起。往东行走在峡中二里，有水流从山峡南边的洞穴中流出来，与峡中的溪水一同往东流注。又行一里，有座小石桥跨在溪水上，走过小石桥。从小溪南岸往东行，行一里，溪水向北流注到山峡中，道路往东越过山冈。行一里多，有个山坞从西北延伸而来，环绕到南面，山坞中田里的稻禾长得十分茂盛，村落高低错落。向东行二里，有数十户人家夹在道路两旁,叫做山马彝,也是重重深山中的一个村落。从这里又往东北行一里,石峰高耸绵亘而去,越过石峰南面的山坡,抵达石峰下。又向东南一里,有个水塘在山坞中,五六家人靠着山坞居住,叫做挨泽村。又往东北行二里,是三板桥。几家人盘踞在山冈上,那座桥还在山冈下。此时雷雨突然来临,于是便停下住在冈头的上寨。

二十四日　主人炊饭甚早,平明即行。雨色霏霏,路滑殊甚。下坡即有小石梁,其下水亦不大,自西而东注,乃出于西北石穴,而复入东北穴中者。其桥非板而石,而犹仍其旧名。桥南复过一寨,乃东向行坡间。二里,有岐当峡:从东北者,乃入寨道;从直东者,为大道,从之。直东一里,登冈上。其北有坞在北大山下,即寨聚所托,中有禾芃芃焉①。冈南小石峰排立冈头,自东而西,遂与北山环峙为峡。入峡,东行四里,逾脊北上,半里入其坳。其北四峰环合,中有平坞,经之而北,西峰尤突兀焉。北半里,又穿坳半里,复由峡中上一里,直抵北巨峰下。其峰耸亘危削,如屏北障。其西有坞下坠北去,其中箐深雾黑,望之杳然。路从峰南东转,遂与南峰凑峡甚逼。披隙而东半里,其东四山攒沓,峰高峡逼,丛木蒙密,亦幽险之境也。遂循南峰之东,南向入坞,半里,乃东南上。半里,逾冈脊而东,其东有坞东下,路从冈头南向行。一里,复出南坳。其坳东西两峰,从冈脊起,路出其侧,复东向行。三里,始稍降而复上。于是升降曲折,多循北岭行,与南山相持成坞。六里,路从坞而东。又五里,稍上逾坳,南北峡始开。再东盘北岭之南三里,始见路旁余薪爨灰,知为中火之地。从其东一里下峡,始得石路,迤逦南向。平行下二里,俯见南坞甚杳。循北岭东向行一里,忽闻溪声沸然。又南下抵坞中,一溪自东而西,有石梁跨之,溪中水颇大而甚急。四顾山回谷密,毫无片隙,不知东北之从何来,不知西南之从何泄,当亦是出入于窍穴中者。欲候行人问之,因坐饭桥上。久之不得过者,乃南越桥行。仰见桥南有岐蹑峰直上,有大道则溯溪而东。时溪涨路潦②,攀南峰之麓行。念自金鸡山东上,一路所上者多,而下者无几,此溪虽流坞中,犹是山巅之水也。东一里,循南峰东麓,转而南。隔坞东望,溪自东北峡中破崖而出,其内甚逼。路舍之南,半里,复循南峰南麓,转而西向入坞。一里,坞穷,遂西上岭。一里,逾岭头,始见有路自北来,合并由岭上南去;此即桥南直上之岐,逾高岭而下者,较此为径直云。由岭南行,西瞰坞甚深,而箐密泉沸,亦不辨其从何流也。又南二里,转而东,循北岭南崖东向行,亦与南山下夹成坞,下瞰深密,与西坞同。东五里,其坞渐与西坞并,始知山从东环,坞乃西下者。又东向逾冈,东北一里,度一脊,其脊东西度。从其东复上岭,一里,则岭东有坞南北辟。乃北转循西山行坞上,一里,坞穷。从坞北平转,逾东岭之东,共二里,有数家在路北坡间,是曰界头寨,以罗平村落东止于此也。又东行冈上二里,再上岭一里,逾而东,则有深峡下嵌,惟闻水声汹涌,而不见水。从岭上转而南行,东瞰东界山麓,石崖悬削,时突于松梢箐影中,而不知西界所行之下,其崖更耸也。南行一里,始沿崖南下。又一里,仰见路西之峰,亦变而为穹崖峭壁,极危峻之势焉。从此瞰东崖之下,江流转曲,西南破壁去;隔江有茅两三点,倚崖而居。乃东向拾级直下,一里,瞰江甚近,而犹未至也。转而北,始见西崖矗立插天,与东崖隔江对峙。其崖乃上下二层,向行其上,止见上崖而不得下见,亦不得下达,故必迂而南,乃得拾级云。北经矗崖下半里,下濒江流,则破崖急涌,势若万马之奔驰,盖当暴涨时也。其水发源于师宗西南龙扩北,合陆凉诸水为蛇场河③,由龙甸及罗平旧州④,乃东北至伊泽,过束龙山后,转东南抵此,即西南入峡,又二百里而会八达盘江者也。罗平、普安以此江为界,亦遂为滇东、黔西分界焉⑤。有舟在江东,频呼之,莫为出渡者。薄暮雨止,始有一人出曰:"江涨难渡,须多人操舟乃可。"不过乘急为索钱计耳。又久之,始以五人划舟来,复不近涯,以一人涉水而上,索钱盈壑,乃以舟受,已昏黑矣。雨复淋漓,截流东渡,登涯入旅店。店主人他出,其妻黠而恶,见渡舟者乘急取盈,亦尤而效之,先索钱而后授餐,餐又恶而鲜⑥,且嫚亵余⑦,盖与诸少狎而笑余之老也。此妇奸肠毒手,必是冯文所所记地羊寨中一流人,幸余老,不为所中耳!

【注释】

①芃芃:草木茂密丛杂的样子,《游记》中亦用以形容庄稼茂盛。

②淹:通"淹"。掩盖,遮蔽。

③蛇场河:"四库"本作"蛇床河"。

④龙甸:今名同,在师宗东北隅。罗平旧州:大理时有罗雄部,元代相沿设罗雄州。景泰《云南图经志书》罗雄州古迹载:"罗雄州旧址,在喜旧溪之东,遗址废为平原。"此即罗平旧州,在今罗平县

治北 6 公里,九龙河东岸。

⑤"罗平、普安以此江为界"两句:此水今名各段不同,在师宗称子午河,入罗平称九龙河,至罗平东北称喜就溪,汇入黄泥河后即南转流入南盘江。

⑥鲜(xiǎn):少。

⑦嫚亵(màn xiè):轻慢,欺侮。

【译文】

二十四日　房主人很早就做好饭,黎明就上路。天色细雨霏霏,道路特别地滑。下坡就有座小石桥,桥下的水也不大,自西往东流注,是源出于西北边石洞中,然后再流入东北边石洞中的水流。这座桥不是木板桥而是石桥,然而仍沿用原来板桥的名字。桥南又走过一个村寨,便向东行走在山坡间。行二里,有岔路面对峡口:往东北去的,是进村寨的路;一直向东走的,是大路,我从大路走。一直向东一里,上登到山冈顶上。山冈北边有个山坞在北面的大山下,就是村寨聚居依托的地方,山坞中有茂盛的稻禾在田野间。山冈南面小石峰成排耸立在冈头上,从东面排列到西边,于是与北面的山环绕对峙成为峡谷。进入峡谷,往东行四里,越过山脊往北上走,半里走入山坳。山坳北边四座山峰环绕合拢,中间有平坦的山坞,经过山坞往北走,西面的山峰尤其突兀。向北半里,又穿越山坳半里,再由峡中上走一里,一直到达北面的巨大山峰之下。这座山峰高耸绵亘,危崖峭壁,如屏风样遮挡在北边。山峰西边有个山坞向北下坠而去,山坞中菁深雾浓,远望其中昏暗幽远。路从山峰南边向东转,这座山峰便与南面的山峰凑拢形成峡谷,非常狭窄。穿过缝隙往东走半里,那东边四面群山攒聚杂沓,山峰高峻,峡谷逼窄,林木浓密,也是一处幽静险要的环境。于是沿着南峰的东面,向南走入山坞中,行半里,便往东南上走。行半里,越过冈脊往东走,山冈东面有个山坞向东下延,路从冈头向南行。一里,又走出南面的山坳。这个山坳东西两面都有山峰,从冈脊上起,道路都经过山峰侧边,又向东前行。行三里,才稍稍下坡又再上坡。从这里起,上下曲折,多半沿着北岭走,与南山相对形成山坞。行六里,路从山坞中往东走。又行五里,稍稍上坡越过山坳,峡谷的南北两面开始分开。再往东绕着北岭的南面行三里,才见到道路旁有余下的木柴和灰烬,心知这是途中烧火做饭的地方。从此地往东一里下到峡谷中,开始有石板路,弯弯转转向南走。平缓下行二里,俯身看见南面的山坞十分幽远。沿着北岭向东行一里,忽然听见沸腾的溪水声。又向南下到山坞中,一条溪水从东流向西,有座石桥跨在溪水上,溪流中的水势相当大而且非常湍急。四面环顾,群山回绕,山谷密闭,丝毫没有一条缝隙,不知溪水从东北方的什么地方流来,也不知从西南方的什么地方流泻出去,应当也是从石窍洞穴中流出流进的水流吧。想要等候过路人询问情况,因而坐在桥上吃饭。很久没见到过路人,便过桥往南行。抬头望见桥南有条岔路翻越山峰一直上行,有大路则是溯溪流往东走。此时溪水上涨路被淹了,便攀援南峰的山麓前行。心想从金鸡山往东上走,一路走来,上行的路多,下走的路却几乎没有,这条溪水虽然流淌在山坞中,也仍然是山顶上的水流。往东行一里,沿着南峰的东麓走,转向南。隔着山坞向东远望,溪水从东北的峡中冲破山崖流出来,峡谷内非常狭窄。道路离开溪流向南走,行半里,又沿着南峰南面的山麓走,转向西进入山坞。行一里路,山坞到了尽头,就向西上岭。行一里越过岭头,就见有条路从北边来,两条路合并后从岭上往南去;这条路就是在桥南一直上行的那条岔路,翻越高高的山岭后下来,是比这条大路要直一些的捷径。由岭上往南行,向西俯瞰,山坞十分深,而且竹丛浓密,泉水沸腾,也辨不出水是从什么地方流来的了。又往南二里,转向东,沿着北岭南面的山崖向东行,也是与南山的山麓相夹形成山坞,往下俯瞰,菁深林密,与西边的山坞相同。往东五里,这个山坞渐渐与西面的山坞合并,这才知道山是从东边绕,山坞是往西下走的。又向东越过山冈,往东北行一里,翻过一条山脊,这条山脊是东西走向。从山脊往东又上岭,行一里,就见岭东有个山坞呈南北向展开。于是转向北沿着西山行走在山坞上,行一里,山坞到头。从山坞北边平缓转头，翻越东岭往东走，共二里，有几家人在道路北边的山坡上，这里叫界头寨，是因为罗平州的村落东面只到此地为止了。又向东行走在山冈上二里，再上岭行一里，越到岭东，就见有峡谷深深地嵌在下方，只听到汹涌的水声却看不见水。从岭上转向南行，向东俯瞰东面一列山的山麓，石崖高悬陡峭，不时突起于松树梢与竹丛影中，却不知我所走的西面一列山的下面，那石崖更加高耸了。往南行一里，开始沿着崖壁往南下走。又是一里，抬头见道路西面的山峰，也变为穹窿的悬崖峭壁，极尽危险陡峻的气势。从此处俯瞰东面悬崖之下，江流弯曲，向西南方冲破崖壁流去；隔着江有两三点茅屋，紧靠悬崖居住。于是向东沿着台阶一直下走，行一里，俯瞰江流很近，但仍然没有走到。转向北，才见到西面的悬崖高高矗立，直插云天，与东面的悬崖隔着江流对峙。西面的山崖原来是上下两层，先前行走在山崖上层，只看得见上层的山崖却见不到下层的山崖，也走不到下边，所以必须绕道走到南面，这才得以沿着石阶走。往北经过矗立悬崖下行半里，下到江边，就见江流冲破悬崖，湍急汹涌，好像万马奔腾之势，大概是正当江水暴涨的时节。这条江水发源于师宗州西南龙扩的北边，汇合陆凉州的众多河流后成为蛇场河，流经龙甸及罗平旧州，便往东北流到伊泽，流过束龙山后，转向东南流到此地，随即向西南流入峡谷，又流二百里后在八达寨与盘江汇流。罗平州、普安州以这条江为界，这也就成为滇东、黔西的分界线。有船停在江东岸边，我频频呼叫渡船，没有一个肯出来摆渡的人。傍晚雨停后，才有一个人出来说："江水暴涨，难以渡江，必须要很多人划船才行。"这不过是乘我急于过江之机勒索钱财的诡计罢了。又过了很久，才有五个人划着船过来，又不划近岸边，让一个人涉水上岸，勒索钱财，直到填满他们的欲壑，才用船载人，天色已昏黑了。雨又湿淋淋地下起来，横截江流东渡，登岸后进入旅店。旅店主人外出，他的妻子狡黠凶恶，见到划渡船的人乘我之急索取钱财装满腰包，也还想效仿他们，先要了钱后才给饭吃，饭食又难吃数量又少，而且轻慢欺负我，与几个少年轻佻地嬉戏，并且嘲

笑我年老。这个妇人心肠奸狠，手段毒辣，必定是冯文所记载的地羊寨
中的那一类人，幸亏我老了，没有被她看中！

　　　江底寨乃倮倮①；只此一家歇客，为汉人。其人皆
不良，如倮倮之要渡，汉妇之索客，俱南中诸彝境所无
者②。其地为步雄属③，乃普安十二营长官所辖也④。
土酋龙姓。据土人曰："今为侬姓者所夺。"步雄之界，
东抵黄草坝二十里，西抵此江六十里，南抵河格为广南
界一百余里，北至本司十二营界亦不下三四十里，亦平
原中一小邑也⑤。

【注释】

①江底：指今黄泥河边的老江底，有别于公路边的新江底，在贵州
　省兴义市西隅，这一段黄泥河亦称江底河。

②南中：该名始于三国时，蜀汉以巴蜀为根据地，巴蜀以南的广大
　地区则称南中。相当于今云南、贵州两省和四川省的大渡河以
　南地区。

③步雄：今作"布雄"，在贵州兴义市南境。

④普安十二营：弘治《贵州图经新志》卷十"普安州风俗"载："土酋
　号十二营长。部落有罗罗、仲家、仡僚、僰人。言语不相谙，常以
　僰人为通事译之。"光绪《普安直隶厅志》载："州领九里十二营。
　明制以九里处汉人，以十二营处夷人。"《黔南识略》又载：普安
　"州领十二部，号十二营，谓部长曰营长。马乃、鼠场、楼下，今为
　普安县地；捧鲊、布雄、黄坪，今兴义县地；鲁土、归顺、狗场、普
　陌、毛政、簸箕，在今盘县境。"布雄营又作卜容营，黄坪营即黄草
　坝营。普安十二营分布在北自北盘江，南抵南盘江的广大地区。

⑤亦平原中一小邑也："平原"原作"中原"，据徐本改。

【译文】

　　江底寨是伢伢人的村寨；此处只有一家接待旅客，是汉人。这里的人都不善良，如这些伢伢要挟渡江人、汉族妇女勒索旅客，全是南中地区许多彝人聚居地方没有过的事。这个地方是步雄的属地，是普安州十二营长官司的辖地。土司姓龙。据当地人说："现在龙土司的权力被侬姓篡夺了。"步雄的地界，东面到黄草坝有二十里，西面到这条江有六十里，南面到河格，是广南府的地界，有一百多里，北面到本地十二营长官司边界也不少于三四十里，也算是平坝中的一个小城镇了。

　　二十五日　其妇平明始觅炊，迟迟得餐。雨时作时止。出门即东上岭。盖其江自北而南，两崖夹壁，惟此西崖有一线可下，东崖有片隙可庐，其南有山横列，江折而西向入峡，有小水自东峡来注，故西崖之南，江勒而无余地，东崖之南，曲转而存小塍。过此江①，乃知布雄之地，西南随此江，其界更远；南抵广南，其界即盘江，此《统志》所云东入普安州境也。步雄属贵州普安州。盘旋东北共三里，逾岭头，遂与南山成南北两界。峡中深逼，自东而西；路循北山岭南行，自西而东。又五里，则北山忽断如中剖者，下陷如深坑，底有细流，沿石底自北而泻于南峡。路乃转北而下，历悬石，披仄崿，下抵石底，践流稍南，复攀石隙，上跻东崖。由石底北望，断崖中剖，对夹如一线，并起各千仞，丛翠披云，飞流溅沫，真幽险之极观，逼仄之异境也。既上，复循北岭东行。五里稍降，行坞中二里，于是路南复有峰突起，不沿南坞，忽穿北坳矣。时零雨间作,路无行人。既而风驰雨骤,山深路僻,两人者勃窣其间②,觉树影溪声,俱有灵幻之气。又二里,度东脊,稍转而南,复逾冈而上。二里,一岐东南,一岐直北,顾奴前驰从东南者。穿山腋间二里,忽见数十家倚北坞间,余觉有异,趋问之,则大路尚在北大山后,此乃山中别聚,皆㑩㑩也。见人伥伥,间有解语者,问其名,曰坡头甸。问去黄草坝,曰尚五十里。问北出大路若干里,曰不一里。盖其后有大山,北列最高,抱此甸而南,若隔绝人境者。随其指,逾岭之西北腋,果一里而得大道。遂从之,缘大山之北而上。直跻者一里,望北坞甚深而辟,霾开树杪,每伫视之,惟见其中丛茅盘谷,阒无片塍半椽也③。盘大山之东,又上半里,忽见有峡东坠。稍东南降半里,平行大山东南支,又见其西复有峡南坠,已与大山东西隔陇矣。于是降陟岭坞十里,有两三家居北冈之上,是曰柳树④。止而炊汤以饭;而雨势不止,讯去黄草坝不及,遂留止焉。其人皆汉语,非㑩㑩。居停之老陈姓,甚贫而能重客,一见辄煨榾柮以燎湿衣。余浣污而炙之。虽食无盐,卧无草,甚乐也。

【注释】

①过此江:原脱此三字,据徐本补。

②勃窣(sū):匍匐而行。

③阒(qù):寂静。

④柳树:今名柳树坪,在兴义市西境,属白碗窑镇。

【译文】

二十五日　　那个女人天明才找柴做饭,很晚才吃到饭。雨时下时停。出门立即往东上岭。这是因为这条江自北向南流，两面山崖峭壁相夹，唯有这西面的山崖上有一条线样的地方可下到江边，东面的山崖上有一片空隙可建房居住，峡谷南面有山横向排列着，江水折向西流入峡中，有条小河从东面的峡中流来注入江中，所以西面山崖的南边，江流紧逼到岸边而没有空地，东面山崖的南边，曲曲折折的有些小块的田地。渡过这条江，这才知道，步雄的地域，西南面沿着这条江，它的边界更远；南部抵达广南府，其边界就是盘江，这就是《一统志》所说的往东进入普安州境内了。步雄隶属于贵州省普安州。盘旋着往东北共走三里，越过岭头，这座山岭便与南山形成南北两列山。峡中幽深狭窄，自东走向西；道路顺着北面的山岭往南行，自西走向东。又行五里，就见北山忽然断开如同用刀从中剖开一样，如深坑一样往下深陷，山底有细小的水流，沿着石山底部从北边流泻到南面的峡中。路于是转向北下走，经由高悬的岩石，劈开倾斜的山崖，下走到石山底部，踩着流水稍往南走，再次攀着石缝上登东面的山崖。从石山底部望北方，断开的山崖从中剖开，对面相夹如一条线，并排耸起，各有千仞高，翠绿的丛林披着云雾，飞流下坠，水花四溅，真是幽深险峻景观的极致，倾斜狭窄的奇异之境。登上东面山崖后，又沿着北岭往东行。行五里逐渐下走，行走在山坞中二里，在这里道路南边又有山峰拔地而起，不沿着南面的山坞走，忽然穿越到北面的山坳中了。此时零星小雨一阵阵下着，路上没有行人。不久风驰雨骤，山深路僻，我们两个人在这里面匍匐着前行，觉得树影和溪水声都有灵幻之气。又行二里，越过东面的山脊，稍转向南，又翻越山冈而上。行二里，一条岔路通向东南，一条岔路一直往北走，顾仆在前边从东南的这条路快步走去。穿越在山侧行二里，忽然看见有数十家人在北面山坞中，我觉得有些奇怪，赶过去问路，原来大路还在北面的大山背后，此地是山中的另一处聚落，居民都是㑩㑩。见到人茫然不知所措，其中有懂汉语的人，打听这里的地名，叫做坡头甸。打听去黄草坝的路，说是还有五十里。询问向北出到大路上有多少里，说不到一里。原来在坡头甸后面有座大山,是在北面排列最高的山,环抱着这个甸子往南延伸,好似隔绝人世的地方。顺着村民指的路,越过山岭的西北侧,果然一里路就找到大路。于是顺着大路走,沿着大山的北面上登。一直上登了一里路,望见北面的山坞十分深而且很开阔,阴霾散开,露出树梢,每次伫立观看,只见山坞中成丛的茅草绕满山谷,寂静无声,没有一片田地、半间房屋。绕到大山的东面,又上行半里,忽然看见有条峡谷往东下坠。稍微向东南下走半里,平缓行走在大山的东南支脉上,又见到这里西边又有一条峡谷向南下坠,已经与大山在东西两面隔着一条土陇了。从这里起下到山坞中上登山岭共行十里,有两三家人居住在北面山冈之上,这叫柳树。停下来烧水做饭;可雨仍下个不停,打听到去黄草坝已来不及,便留住在这里。柳树的人都说汉语,不是倮倮。留我们住宿的老人姓陈,十分贫困但却能厚待客人,一见面就点燃木块以便我们烘烤湿衣服。我洗去衣服上的泥污后烤干。虽然饭食没有盐,睡觉没有草,却十分高兴。

二十六日　平明起,炊饭。风霾飘雨,余仍就火,久之乃行。降坡循坞,其坞犹西下者。东三里坞穷,有小水自北坞来,横渡之。复东上坡,宛转岭坳,五里,有场在北坡下。由其东又五里,逾冈而下,坞忽东西大开。其西南冈脊甚平,而东北若深坠;南北皆巨山,而南山势尤崇,黑雾间时露岩岩气色①。坞中无巨流,亦无田塍居人,一望皆深茅充塞。路本正东去,有岐南向崇山之腋,顾奴前驰,从之。一里,南竟坞,将陟山坡上,余觉其误,复返辙而北,从大路东行。披茅履湿,三里,东竟坞。有峰中峙坞东,坞从东北坠而下,路从东南陟而上。二里,南穿山腋。又东半里,逾其东坳,俯见东山南向列,下界为峡,其中泉声轰轰,想为南流者。从岭上转南半里，逾其南坳，又俯见西山南向列，下界为峡，其中泉声轰轰，想亦南流者。盖其东北皆有层峦夹谷，而是山中悬其间。遂从其西沿岭南下，二里，有小水自东崖横注西谷，遂踞其上，濯足而饭。既饭，从坞上南行。隔坞见西峰高柯丛蔓，蒙密无纤隙。南二里，坞将尽，闻伐木声，则抡材取薪者，从其南渐北焉。又南一里，下至坞中，则坞乃度脊，虽不甚中高，而北面反下。脊南峡，南下甚逼，中满田禾。透峡而出，遂盘一壑，丰禾成塍。有小水自东北峡下注，南有尖峰中突，水从其西南坠去，路从其东北逾岭。一里半涉壑，一里半登岭。又东俯，有峡南下，其中水声甚急。拾级直下，一里抵坞底，东峡水西南注，遂横涉之。稍南，又东峡一水，自东而西注，复横涉之，二水遂合流南行。路随涧东而南，二里出峡，有巨石峰突立东南，水从坞中直南去。坞中田塍鳞次，黄云被陇，西瞻步雄，止隔一岭。路从坞东上岭，转突峰之南，一里，有数家倚北冈上，是曰沙涧村[2]，始知前所出坞为沙涧也。由其前东下而复上，又东南逾一冈而下，共一里余，有溪自北而南，较前诸流为大，其上有石梁跨之。过梁，复东上坡一里，冈头石齿萦泥，滑泞廉利，备诸艰楚。一里东下，又东南转逾一冈，一里透峡出，始见东小山南悬坞中，其上室庐累累，是为黄草坝。乃东行田塍间一里，遂经坞而东，有水自北坞来，石坡横截之，坡东隙则叠石齐坡，水冒其上，南泻而下。其水小于西石梁之水，然皆自北而南，抵巴吉而入盘江者也。自沙涧至此，诸水俱清澈可爱，非复潢污浑浊之比[3]，岂滇、黔分界，而水即殊状耶？此处有石濑④,而复甃堰以补其缺,东上即为黄草坝营聚⑤,坝之得名,岂以此耶？时樵者俱浣濯坝上,亦就濯之,污衣垢膝,为之顿易。乃东上坡,循堵垣而东,有街横萦冈南,然皆草房卑舍,不甚整辟。土人言,前年为步雄龙土司挟其戚沙土司兵攻毁,故非复旧观。然龙氏又为侬氏所攻而代之矣。其北峰顶,即土司黄氏之居在焉。乃入息于吴氏。吴,汉人,男妇俱重客,蔬醴俱备云。

【注释】

①岩岩:高峻的样子。

②沙涧村:今作"洒金",在兴义市区西郊。

③潢(huáng)污:停积不流的水。

④石濑(lài):水激石间形成的急流。

⑤黄草坝营:在今贵州兴义市区,现又为黔西南布依族苗族自治州首府。此水今名花桥河,又称湾塘河,从北往南流到兴义城西,再从西往东穿过兴义市区。河北岸即明代黄草坝营,后来曾建石城,当地群众称老城;河南岸为后来发展的商业区。

【译文】

二十六日 黎明起床,烧火做饭。风吹雾散,飘起雨来,我仍坐在火塘边,很久才上路。下坡后沿着山坞行,这个山坞仍然是往西下延的。向东三里山坞到头,有条小溪从北面山坞中流来,横渡小溪。再向东上坡,弯弯转转走在山岭山坞之间,行五里,有块平地在北面山坡之下。由平地往东又是五里,翻越山冈下走,忽然东西向的山坞十分开阔。山坞西南山冈上的山脊很平坦,然而东北面好像深坠下去;南北都是大山,而南面的山势尤其高峻,浓黑的山雾间不时露出高峻的气象来。山坞中没有大水流,也没有田地居民,一望无际全是深深的茅草充塞着。大路本来向正东而去,有条岔路向南通往高山的侧旁,顾仆在前边快步走,我跟着他走。行一里,往南走完山坞,将要爬山坡上走,我觉得路走错了,又返回来向北走,从大路往东行。分开茅草踩着湿地走三里,往东走完山坞。有座山峰矗立在山坞东面的中央,山坞从东北方坠落下去,道路从东南方攀登上去。行二里,往南穿过山侧。又向东半里,越过山东面的山坳,俯身见到东面的山向南排列,山下被分隔成峡谷,峡中泉水声轰轰响,推想是往南流的水。从岭上转向南行半里,穿过山岭南面的山坳,又俯身看见西面的山向南排列,山下被分隔成峡谷,峡中泉水声轰轰响,推想也是往南流的水。大概这里东、北两面都有层层山峦夹着山谷,而这座山高悬在两山中间。于是从此山西面顺着山岭南下,行二里,有一条小溪自东面山崖横向流注到西面山谷中,便坐在小溪边,洗脚后吃饭。饭后,从山坞上往南行。隔着山坞看见西面山峰林木高大、草丛蔓生,浓密的草木覆盖着,没有丝毫缝隙。向南走二里,山坞将要到头,听见有伐木的声音,是挑选木材砍柴火的人,从山坞南边渐渐转向北。又往南一里,下到山坞中,这个山坞原来是延伸而过的山脊,中间虽然不怎么高,北面反而低下去。山脊南面的峡谷,往南下延,十分狭窄,峡中满是田亩水稻。穿过峡谷出来,便绕着一个壑谷走,丰美的稻禾形成田亩。一条小溪从东北的峡谷中流下来,南面有座尖峰突立在中央,溪水从尖峰西南方坠落下去,道路从尖峰东北翻过山岭。一里半走过壑谷,一里半上登山岭。又往东俯瞰,有峡谷往南下延,峡中水声十分湍急。沿台阶一直下走,一里到达山坞底部,东面峡谷中的山涧水向西南流淌,于是横向涉过山涧。稍往南走,东面峡谷中又有一条山涧,自东往西流注,再次横向涉过山涧,两条山涧水最终合流后往南流去。路顺着山涧东岸往南行,行二里走出峡谷,有座巨大的石峰突立在东南方,涧水从山坞中一直往南流去。山坞中田地鳞次栉比,成熟的庄稼像黄色的云彩覆盖着田野,往西远看步雄,只隔着一座山岭。路从山坞东面上岭,转到突立石峰往南走,行一里,有几家人紧靠在北冈上，这叫沙涧村，这才知道前边走出来的山坞叫沙涧。由村前往东下走又上走，又向东南越过一座山冈后下走，共一里多，一条溪水自北流向南，比先前每条水流都大，溪上有座石桥横跨溪流。过桥后，再往东上坡一里，冈头上牙齿样的石块裹着污泥，湿滑泥泞，十分锋利，备尝各种艰难痛苦。一里后往东下走，又转向东南越过一座山冈，一里穿出山峡出来，这才见到东面有小山向南高悬在山坞中，山上房屋层层叠叠，这是黄草坝。于是向东行走在田野间一里，便经过山坞往东行，有水流从北面的山坞中流来，石坡横向截断水流，石坡东边的空隙则用石块堆砌得与石坡一般高，流水漫过石坡，往南流泻而下。这股水比西边石桥下的水小，不过都是自北流向南，流到巴吉后汇入盘江的水流。从沙涧到此地，每条水流全都清澈可爱，再也不是停积不流的污浊之水可比的了，难道滇、黔分界后，水的状态也随即不一样了吗？这里有水激山坡形成的激流，而且又砌石堰来填补石坡的缺口，东面上边就是黄草坝营的聚居区，之所以得到"坝"的名字，莫非是因为这条拦水坝？这时打柴的人全都在拦水坝上浣洗，我也就着坝中的水洗一洗，脏衣服和没膝的泥污，顿时因此变了样。于是向东上坡，顺着城墙往东行，有条街道横绕到山冈南面，然而都是些草房和低矮的房屋，街道不怎么整洁、开阔。当地人说，前年被步雄龙土司裹挟他的亲戚沙土司的军队攻打毁坏，所以不再是往昔的面貌。然而龙土司又被侬土司攻打并取而代之了。黄草坝营的北峰顶上，就是黄土司的住处所在的地方了。于是进入吴姓人家住下。吴家，是汉人，夫妇全都敬重客人，菜蔬酒水都齐备。

二十七日　晨起，雨犹不止。既而霁，泥泞犹甚。姑少憩一日，询盘江曲折，为明日行计。乃匡坐作记。薄暮复雨，中夜弥甚，衣被俱沾透焉。

【译文】

二十七日　早晨起床,雨仍然没有停。不久天气转晴,仍然十分泥泞。姑且暂时停歇一天,询问盘江的曲折流向,打算明天上路。于是端坐下来记笔记。傍晚又下雨,半夜下得更大,衣服被子都湿透了。

二十八日　晨雨不止。衣湿难行,俟炙衣而起。终日雨涔涔也①。是日此处马场,人集颇盛。市中无他异物,惟黄蜡与细笋为多。乃煨笋煮肉,竟日守雨。

【注释】

①涔(cén)涔:雨水不断地往下流。

【译文】

二十八日　早晨,雨下个不停。衣服湿了,难以上路,等烤干衣服才起床。一整天雨不断下着。这天是此地逢马日的赶集日,来赶集的人相当多。集市中没有其他罕见的货物,只有黄蜡与细笋最多。便煨笋煮肉,一整天坐着等雨停。

黄草坝土司黄姓①,加都司衔。乃普安十二营长官司之属。十二营以归顺为首,而钱赋之数则推黄草坝,土地之远则推步雄焉。

【注释】

①黄草坝:清嘉庆三年(1798)在黄草坝设兴义县,属普安州,嘉庆十六年(1811)改属兴义府。1952年兴仁专署迁兴义,更名兴义专区。1982年成立黔西南布依族苗族自治州,兴义成为州首府。1987年设兴义市。历史证明了徐霞客的预言。

【译文】

　　黄草坝的土司姓黄,加授了都司的头衔。是普安州十二营长官司的下属。十二营长官司以归顺营为首,然而缴纳钱粮税赋的数量则要首推黄草坝营,土地的大小则首推步雄营。

　　黄草坝东十五里为马鼻河①,又东五十里抵龙光②,乃广西右江分界;西二十里为步雄,又西五十里抵江底,乃云南罗平州分界;南三十里为安障③,又南四十里抵巴吉④,乃云南广南府分界⑤;北三十里为丰塘⑥,又北二十里抵碧洞,乃云南亦佐县分界。东西南三面与两异省错壤,北去普安二百二十里。其地田塍中辟,道路四达,人民颇集,可建一县;而土司恐夺其权,州官恐分其利,故莫为举者。

【注释】

①马鼻河:今作"马别河",又称"清水河",在兴义市东境,从北往南流入南盘江。河边有聚落称马别桥,又称马岭,公路从此经过。

②龙光:今作"龙广",在贵州安龙县西隅。

③安障:今作"安章",在兴义市南境。

④巴吉:今作"巴结",在兴义市东南隅,南盘江北岸,为贵州少有的产糖要地。

⑤广南府:即今云南广南县。

【译文】

　　黄草坝东面十五里是马鼻河,再往东五十里抵达龙光,是广西省右江的分界;西面二十里是步雄,再往西五十里抵达江底,是云南省罗平州的分界;南面三十里是安障,再往南四十里抵达巴吉,是云南省广南府的分界;北面三十里是丰塘,再往北二十里抵达碧洞,是云南省亦佐县的分界。东、西、南三面与另外两个省交错接壤,北面距普安州二百二十里。这地方,原野中都开垦为田地,道路四通八达,人口较为集中,可以建立一个县;但土司害怕自己的权力被剥夺,州官担心分走了他的利益,所以没有谁提议这件事。

　　黄草坝东南,由龙光、箐口、者恐、板屯、坝楼、以上俱安隆土司地。其土官自天启初为部人所杀,泗城以孙代署之。八腊、者香俱泗城州地①。下田州,乃昔年大道。自安隆无土官,泗城代署,广南以兵争之,据其大半,道路不通,实由于此。

【注释】

①箐口:今名同,在兴义市东南隅。者恐:今称"上者孔",在安龙县南隅,南盘江北岸。板屯:今名同,在册亨县西隅,南盘江边。坝楼:清代称北楼,在今广西隆林各族自治县东,冷水河流入南盘江处。天启:明熹宗朱由校年号,时在 1621—1627 年。

【译文】

　　黄草坝东南边,经由龙光、箐口、者恐、板屯、坝楼、以上都是安隆土司的属地。安隆土官自天启初年被族人杀死,泗城州用自己的孙子代理土官。八腊、者香都是泗城州的属地。到达田州,是从前的大路。自从安隆长官司没有土官,泗城州代为署理,广南府率兵与他争权,占据了安隆土司的大半领地,道路不通,实际是因为这个原因。

　　按盘江自八达、与罗平分界。巴泽、河格、巴吉、兴隆、那贡①,以上俱安隆土司地,今俱为广南有。抵坝楼,遂下八蜡、者香。又有一水自东北来合，土人以为即安南卫北盘江，恐非是。安南北盘，合胆寒、罗运、白水河之流，已东南下都泥，由泗城东北界，经那地、永顺，出罗木渡，下迁江。则此东北来之水，自是泗城西北界山箐所出，其非北盘可知也。于是遂为右江。再下又有广南、富州之水，自者格、_{亦安隆土司属，今为广南据者。葛阆、历里俱泗城州地。}来合②，而下田州，此水即《志》所称南旺诸溪也③。二水一出泗城西北，一出广南之东，皆右江之支，而非右江之源；其源惟南盘足以当之。胆寒、罗运出于白水河，乃都泥江之支，而非都泥江之源；其源惟北盘足以当之。各不相紊也。

【注释】

①兴隆：《游记·盘江考》又作"兴龙"，即今安龙县东部的兴隆。那贡：今作"纳贡"，在隆林县北隅，南盘江南岸。

②者格：今作"者厄"，在广南县北隅，驮娘江从广南进入广西壮族自治区处。葛阆：即今富宁县东隅的谷拉。

③南旺诸溪：应为今驮娘江、西洋江、谷拉河等水道。

【译文】

据考察，盘江从八达、与罗平州分界。巴泽、河格、巴吉、兴隆、那贡以上都是安隆土司的属地，今天全被广南府占有。流到坝楼，便下流到八腊、者香。又有一条河水从东南流来汇合，当地人认为就是从安南卫流来的北盘江，恐怕不是这样。安南卫的北盘江，汇合胆寒、罗运、白水河的水流，已经往东南流入都泥江，经由泗城州东北境，流经那地、永顺，流出罗木渡，下流进迁江。那么，这条从东北方流来的河水，自然是源出于泗城州西北境内的山箐中，它不是北盘江可想而知了。从这里起，盘江就称为右江。再往下流，又有广南府、富州的水流，从者格、也是安隆土司的属地，今天被广南府占据的地方。葛阆、历里全是泗城州的属地。流来汇合，然后下流到田州，这条河水就是《一统志》所称的"南旺诸溪"了。两条河水一条源出泗城州西北，一条源出广南府东部，都是右江的支流，而不是右江的源头；右江的源头唯有南盘江才完全能够胜任。胆寒、罗运都出自白水河，是都泥江的支流，而不是都泥江的源头，都泥江的源头只有北盘江完全能够胜任。各条水道互相间并不紊乱。

按云南抵广西间道有三。一在临安府之东，由阿迷州、维摩州本州昔置干沟、倒马坡、石天井、阿九、抹甲等哨，东通广南。每哨拨陆凉卫百户一员、军兵十五名、民兵十五名把守。后州治湮没，哨悉废弛。见有《府志》可考。抵广南富州，入广西归顺、下雷，而出驮伏，下南宁。此余初从左江取道至归顺，而卒阻于交彝者也，是为南路。一在平越府之南[①]，由独山州丰宁上下司，入广西南丹、河池州，出庆远。此余后从罗木渡取道而入黔、滇者也，是为北路。一在普安之南、罗平之东，由黄草坝，即安隆坝楼之下田州，出南宁者。此余初徘徊于田州界上，人皆以为不可行，而久候无同侣，竟不得行者也，是为中路。中路为南盘入粤出黔之交；南路为南盘萦滇之始，与下粤之末；北路为北盘经黔环粤之会。然此三路今皆阻塞。南阻于阿迷之普，富州之李、沈，见《广西小纪》。归顺之交彝；中阻于广南之蚕食，田州之狂猘[②]；北阻于下司之草窃，八寨之伏莽。既宦辙之不敢入[③]，亦商旅之莫能从。惟东路由沅、靖而越沙泥④，多黎人之恐州⑤，为今人所趋。然怀远、沙泥，亦多黎人之恐。且迂陟湖南，又多历一省矣。

【注释】

①平越府：《明史·地理志》："万历二十九年（1601）四月置平越军民府于卫城，以播州地益之，属贵州布政司。"平越府设置较晚，与平越卫同城，治今贵州福泉市。

②狂狺（yín）：狗狂叫。

③宦辙（zhé）：官府的车轮碾过的痕迹，此指封建中央派去的流官。

④沅：明为州，治今湖南芷江侗族自治县。沙泥：今作"沙宜"，在广西三江侗族自治县东北隅。

⑤多黎人之恐州：原缺"多黎人之"四字，据"四库"本补。黎人，此指侗族。侗族分布在今贵州、湖南、广西三省交界一带地方。

【译文】

　　据考，云南省到广西省之间的道路有三条。一条在临安府的东面，经由阿迷州、维摩州维摩州从前设置过干沟、倒马坡、石天井、阿九、抹甲等哨，往东通到广南府。每个哨由陆凉卫派一名百户长、官兵十五名、民兵十五名把守。后来州治被毁灭，这几个哨也逐渐废除了。这见于《广西府志》，可以考订。到达广南府富州，进入广西省归顺州、下雷州，然后出到驮伏，到达南宁府。这是当初我从左江取道到归顺州，可最终被交彝阻挡的路，这是南路。一条在平越府的南面，经由独山州的丰宁上、下长官司，进入广西省南丹州、河池州，出到庆远府。这是后来我取道从罗木渡进入贵州、云南的路，这是北路。一条从普安州的南面、罗平州的东面，经由黄草坝，通向安隆长官司的坝楼，下走到田州，出到南宁府的路。这是当初我徘徊在田州边界上，人人都认为不能走，因而等候了很久仍没有同行的伙伴，最终没能走成的路了，这是中路。中路是南盘江流入广西省、流出贵州省的交界处；南路是南盘江绕流于云南省境内的起始处，与下流到广西省的末尾一段之间的地区；北路是北盘江流经贵州省环流于广西省的交汇处。然而这三条路今天全都阻塞不通。南路受阻于阿迷州的普名胜，富州的李氏、沈氏参见《广西小纪》。和归顺州的交彝；中路受阻于广南府的蚕食兼并，田州的狂妄；北路受阻于丰宁下长官司的草寇、八寨的强盗。这既是官员们的车马不敢进入的地区，也是商人旅客不能经过的地方。唯有东路经由沅州、靖州后穿越沙泥，多对黎人恐惧，是今天人们所走的路。然而，怀远县、沙泥一带，也多有黎人骚扰的担忧。况且要绕道经过湖南，又要多走一个省了。

　　黄草坝东一百五十里为安笼所，又东为新城所，皆南与粤西之安隆、泗城接壤。然在黔曰"笼"，在粤曰"隆"，一音而各异字，一处而各异名，何也？岂两名本同一字，传写之异耶？按安庄之东，大路所经，亦有安笼箐山，与安笼所相距四百里，乃远者同而近者异，又何耶？大抵黔中多用"笼"字，粤中多用"隆"字，如隆安县之类。故各从其地，而不知其地之相近，其取名必非二也。

【译文】

　　黄草坝东边一百五十里是安笼所，再往东是新城所，都是南部和广西的安隆长官司、泗城州接壤。然而，在贵州省叫"笼"，在广西省叫"隆"，一个音却各有不同的字，同一处地方，却名字各自不同，为什么呢？莫非是两个地名本来是同一个字，是传抄中出现的不同吗？据考察，安庄的东面，大路经过的地方，也有座安笼箐山，与安笼所相距四百里，竟然离得远的地名相同而近处的地名不同，这又是为什么呢？大体上贵州省内多用"笼"字，广西省境内多用

"隆"字，例如隆安县之类。所以地名各自从属于它们所在的地区，却不知道安笼所、安隆司两地相近，它们取名字不必用两个字。

黄草坝著名黔西，而居聚阛阓俱不及罗平州；罗平著名迤东，而居聚阛阓又不及广西府。此府、州、营、堡之异也。闻澂江府湖山最胜①，而居聚阛阓亦让广西府。临安府为滇中首郡，而今为普氏所残，凋敝未复，人民虽多，居聚虽远，而光景止与广西府同也。

【注释】

①澂江府：治河阳，明代作澂江府，今澄江县。

【译文】

　　黄草坝著名于黔西，可居民街市都赶不上罗平州；罗平州著名于滇东，可居民街市又赶不上广西府。这是府、州、营、堡之间的差异了。听说澂江府的湖光山色最为优美，可居民街市也不如广西府。临安府是滇中地区数第一的府城，可如今被普名胜摧残，凋敝的状况还未恢复，人口虽多，民居虽广，但境况只与广西府相同而已。

　　迤东之县，通海为最盛；迤东之州，石屏为最盛；迤东之堡聚，宝秀为最盛：皆以免于普祸也。县以江川为最凋，州以师宗为最敝，堡聚以南庄诸处为最惨①，皆为普所蹂躏也。若步雄之龙、侬争代，黄草坝之被阛于龙、沙，沙乃步雄龙氏之妇翁。安隆土司之纷争于岑、侬。岑为广西泗城，侬为广南府。今广南势大，安隆之地为占去八九矣。土司糜烂人民,乃其本性,而紊及朝廷之封疆,不可长也!诸彝种之苦于土司糜烂,真是痛心疾首,第势为所压,生死惟命耳,非真有恋主思旧之心,牢不可破也。其所以乐于反侧者,不过是遗孽煽动。其人不习汉语,而素昵彝风,故勾引为易。而遗孽亦非果有殷之顽、田横之客也,第跳梁伏莽之奸,藉口愚众,以行其狡狯耳。

【注释】

①南庄:今名同,在建水县北的公路旁。

【译文】

　　滇东的县,通海县最繁盛;滇东的州,石屏州最繁盛;滇东的堡聚,宝秀最繁盛:都是由于免于遭受普名胜的祸害。县是江川县最为凋敝,州是师宗州最为凋敝,堡聚是南庄堡等处最为凄惨,都是被普名胜踩躏的地方。至于步雄的龙土司、侬土司的争夺继承权,黄草坝遭受龙土司、沙土司的内讧,沙土司是步雄龙土司的岳父。安隆土司岑氏、侬氏的纷争。岑氏是广西泗城州土司,侬氏是广南府土司。如今广南府的势力大,安隆长官司的土地被他占去十分之八九了。土司践踏摧残人民,是他们的本性,而且扰乱祸及朝廷的边疆,不可助长呀!各部彝人苦于被土司践踏摧残,真是痛心疾首,只是被土司的势力所压制,生死只有听命了,并非是真正怀有恋主思旧之心,与土司的关系牢不可破的。彝人之所以乐于反叛的原因,不过是因为受残余土司的煽动。这些人不熟悉汉语,却素来熟悉彝人风尚,亲近彝人,所以容易勾引彝人反叛。然而这些土司残余也并非果然是殷商的顽民、田横的门客,只是些跳梁小丑、拦路的强盗一类的奸邪之徒,靠着口舌愚弄彝众,以便施行他们狡狯的诡计罢了。

　　所度诸山之险,远以罗平、师宗界偏头哨为最;其次则通海之建通关①,其险峻虽同,而无此荒寂;再次则阿迷之中道岭,沈家坟处。其深杳虽同,而无此崇隘;又次则步雄之江底东岭,其曲折虽同,而无此逼削。若溪渡之险,莫如江底,崖削九天②,堑嵌九地③,盘江朋圃之渡④,皆莫及焉。

【注释】

①建通关:《续修通海县志》载:建通关"在县南二十里通海、建水分界处,设塘设铺。"

②九天:高不可测的九重天上。

③九地:极深的九层地底。

④朋圃:明代又作"彭堡"、"溯普",即今朋普,在弥勒市南境。

【译文】

　　我所越过的群山中最为险峻的,远处的以罗平州、师宗州交界处的偏头哨最为险峻;其次则是通海县的建通关,它们的险峻之处虽然相同,却没有偏头哨荒凉空寂;再次是阿迷州半路上的山岭,沈家坟所在之处。它们的深远虽然相同,却没有偏头哨那样的高耸狭窄;再其次,是步雄江底寨的东岭,它们的曲折之势虽然相同,却没有偏头哨逼仄陡削。至于渡过的溪水的危险程度,没有一处赶得上江底寨,悬崖陡削,耸入九重天,山谷深沟,嵌入九重地,就是在朋圃渡过盘江,也无法赶上。

　　粤西之山,有纯石者,有间石者,各自分行独挺,不相混杂。滇南之山①,皆土峰缭绕,间有缀石,亦十不一二,故环洼为多。黔南之山②,则界于二者之间,独以逼耸见奇。滇山惟多土,故多壅流成海,而流多浑浊。_{惟抚}^{仙湖最清}③。粤山惟石,故多穿穴之流,而水悉澄清。而黔流亦界于二者之间。

【注释】

①滇南:云南省的别称。云南简称"滇",又位于国土南部,故称滇南。现多称云南南部为滇南,与滇东、滇西对应,含义已有变化。

②黔南:贵州省的别称。贵州省本称"黔",又位于国土南部,故称黔南。

③抚仙湖:《寰宇通志》澂江府山川载:"抚仙湖,在府城南,周围二百余里,一名罗伽湖,又名青鱼戏月湖,渟滀清澈,而其中多石,鱼难网。东流入盘江。"抚仙湖又称澄江海,在今澄江县南,面积212平方公里,南北长30公里,东西宽2.3—11.3公里,湖岸线长约90公里,平均水位海拔1720米,平均水深87米,最深处达151.5米,是云南第三大湖,也是云南最深的湖。湖水碧绿,透明度大,能见度达水下4—5米深。

【译文】

广西的山,有纯石的山,有土石相间的山,各自分成行独自挺立,不相混杂。滇南的山,全是回绕的土山,间或有石峰点缀其中,也不到十分之一二,所以多半环绕成洼地。黔南的山,则介于两者之间,唯独以逼仄高耸见奇。云南的山,因为土山多,所以多半堵住流水形成海子,然而水流大多浑浊。只有抚仙湖水最清澈。广西的山,只有石山,所以多有穿过洞穴的水流,而且水全都澄碧清澈。而贵州的河流也是介于二者之间。

二十九日　晨雨霏霏。既饭,辞主人行。从街东南出,半里,绕东峰之南而北,入其坞。伫而回睇,始见其前大坞开于南,群山丛突,小石峰或朝或拱,参立前坞中。而遥望坞外,南山横亘最雄,犹半与云气相氤氲,此即巴吉之东,障盘江而南趋者也。坞中复四面开坞:西则沙涧所从来之道,东则马鼻河所从出之峡,而南则东西诸水所下巴吉之区,北则今所入丰塘之路也。计其地,北与庆远境为对①,南与富州为对,西与杨林为对,东与安笼所为对。其遥对者,直东则粤西之庆远,直北则四川之重庆矣②。入北坞又半里,其西峰盘崖削石,岩岩独异,其中有小水南来。溯之北又二里,循东峰北上,逾脊稍降,陟坞复上,始见东坞焉。共二里,再上北坳,转而西,坳中有水自西来,出坳下坠东坞,坳上丰禾被陇。透之而西,沿北岭上西向行。二里稍降,陟北坞。一里复西北上,二里逾北坳,从岭脊西北行。途中忽雨忽霁,大抵雨多于日也。稍降,复盘陟其西北坡冈,左右时有大洼旋峡,共五里,逾西坳而下。又三里抵坞中,闻水声淙淙,然四山回合,方疑水从何出。又西北一里,忽见坞中有坑,中坠如井,盖此水之所入者矣。从坞右半里,又西北陟岭半里,透脊夹而出,于是稍降,从长峡中行。西北三里,复稍上,始知此峡亦中洼而无下泄之道者也。饭于路旁石上。出岭之西,始见西坞中盘,内皆嘉禾芃芃。北有小山绾坞口,庐舍悬其上,是曰丰塘③。东西南皆回峰环之,水从西南二坞交注其间,北向坠峡。由坞东南降岭,循坞南盘南山北麓,共二里,北与绾口庐舍隔坞相对。见路旁有岐,南向入山,疑为分岐之处,过而复还。始登,见其内道颇大,以为是;再上,路分为二,西者既渐小,南者又盘南山,又疑为非。往复数四,莫可从问。而坞北居庐相距二里余,往返既遥;见南山有牧者,急趋就之,而隔峰问壑,不能即至。忽有负木三人从前岭下,问之,乃知其非。随之二里,北出大路。其人言:"分岐之处尚在岭西。此处南岐,乃南坞小路之入山者,大路在西坞入也。然此去已不及黄泥河,正可从碧峒托宿矣。"乃西向入坞。有小水自西来,路逾坡西上,下而复陟,三里逾坳。坳不高而接两山之间,为南山过北之脊;东水下丰塘,西水复西北流,俱入马鼻者;脊西遥开坞直去。循北岭又西二里,岐始两分:沿北岭西向出坞,为普安州道;横度坞南,陟岭南上,为亦佐道。遂南度坞,路渐微,深茅覆水,曲磴欹坡,无非行潦。缘之南上坡,一里,西南盘岭角,始望见北界遥山横亘,蜿蜒天末。此即亦字孔西南东转之脊,从丹霞山东南,迤逦环狗场、归顺二营以走安笼所④,北界普安南北板桥诸水入北盘,南界黄草坝马鼻河诸水入南盘者也。又西南入峡一里余,复南跻岭巅。一里,得石磴,由脊南转。其脊茅深路曲,非此石道,复疑其误矣。循磴西下,复转而南,曲折一里,抵山麓。其麓复开大坞西去。坞虽大,皆荒茅盘错,绝无禾塍人烟。于是随山麓西行,三里,坞直西去,路西南截坞行。坞南北界,巨岭森削,中环一壑,圆匝合沓⑤,令人有四面芙蓉之想。惟暝色欲合,山雨复来,而路绝茅深,不知人烟何处,不胜惴惴。又西南一里,穿峡脊而过,其脊中平而夹甚逼。出其西,长峡西去,南北两界夹之甚遥,其中一望荒茅,而路复若断若续,上则重茅偃雨,下则停潦盈蹊。时昏黑逼人，惟向暗中踯躅。三里，忽闻犬声，继闻人语在路南，计已出峡口，然已不辨为峡为坡，亦不辨南向从何入。又半里，大道似从西北，而人声在南，从莽中横赴之，遂陷棘刺中。久之，又半里，乃得石径。入寨门，则门闭久矣。听其舂声甚遥，号呼之，有应者；久之，有询者；又久之，见有火影出；又久之，闻启内隘门声，始得启外门入。即随火入舂者家，炊粥浣足。虽拥青茅而卧⑥，犹幸得其所矣。既定，问其地名，即碧峒也⑦，为亦佐东北界。问红板桥何在⑧？即在此北峰之麓，为黄草坝西界，与此盖南北隔一坞云。

【注释】

①北与庆远境为对：原缺"庆远境"三字，据"四库"本补。

②重庆：明置重庆府，治巴县，隶四川布政司，即今重庆市渝中区。

③丰塘：今作"枫塘"，在兴义市西北隅。

④狗场：今名同，又称"联强"，在盘县南隅。

⑤圆匝（zā）：环绕成圆。合沓（tà）：重重叠叠聚集在一起。

⑥拥青茅而卧：当地称秧被。

⑦碧峒：今作"笔冲"，分上笔冲和下笔冲，在威舍和枫塘之间，但属云南富源县古敢水族乡，为云南跨在黄泥河以东的土地。

⑧红板桥：今名同，在兴义市西北隅，枫塘稍北的公路旁。黄泥河以西的阿依、下德黑又属兴义市威舍。这一片云、贵分界的交错状况，古今相同。

【译文】

二十九日　早晨细雨霏霏。饭后，辞别主人上路。从街道往东南出来，行半里，绕到东峰的南面向北行，进入东峰旁的山坞。停下伫立回头看,这才见到东峰前边,南面一个大山坞十分开阔,群山成丛突立,小石峰有的像在朝拜,有的像在拱手,参差不齐地矗立在前面的山坞中。而遥望山坞以外,南面横亘的山最为雄伟,仍然有一半被浓浓的云气所笼罩,这就是巴吉东面,堵住盘江往南急流而去的山脉了。山坞中又有山坞向四面展开:西面的山坞就是从沙涧过来走过的路,东面的是马鼻河水流出去的峡谷,而南面的就是东西两面山坞中各条水流下流到巴吉的地方,北面的就是现在去丰塘要走的路了。估计这个大山坞的位置,北边和庆远府的辖境相对,南面与富州相对,西面与杨林所相对,东面与安笼所相对。它遥遥相对的地方,正东是广西省的庆远府,正北则是四川省的重庆府。进入北面的山坞又走半里,山坞西面的山峰,层层石崖陡削壁立,高峻特异,山坞中一条小溪从南边流来。溯溪流往北又行二里,沿着东峰向北上登,越过山脊渐渐下走,穿过山坞再次上登,开始见到东面的山坞。共行二里,再上登北面的山坳,转向西,山坳中有水流从西边流来,流出山坳下泄到东面的山坞中,山坳上丰美的稻禾覆盖着田野。穿过山坳往西走,沿着北面的山岭上向西行。二里后逐渐下走,越过北面的山坞。行一里后再向西北上走,行二里越过北面的山坳,从岭脊上往西北行。途中时而下雨时而晴开,大体上下雨的时间多过出太阳的时间。渐渐下走,又盘绕跋涉在山岭西北的山坡与山冈之间,左右两边不时有大洼地和回绕的峡谷,共行五里,越过西面的山坳往下走。又行三里到达山坞中,听见淙淙的水声,然而四面群山合围,正在疑惑水是从哪里流出去的。又往西北行一里,忽然看见山坞中有个深坑,中央下陷如同水井,原来这里就是水流入的地方了。从山坞右侧行半里,又向西北登岭半里,钻过岭脊是夹缝出来,从这里逐渐下走,在长长的峡谷中前行。往西北行三里,又逐渐上走,这才知道这条峡谷也是中间下洼而没有泄水的通道。在路旁的石头上吃饭。出到山岭的西面,开始见到西面山坞环绕在中央,山坞内丰美的稻禾十分茂盛。北边有座小山盘结在山坞口,房屋高悬在山上,这叫做丰塘。

东、西、南三面都有回绕的山峰环抱着，水从西、南两面的两个山坞中流出，交错流淌在山坞间，向北坠入峡谷。由山坞东南面下岭来，沿着山坞南面绕着南山的北麓共走二里，北面与盘结在山坞口的房屋隔着山坞相对。看见大路旁有条岔路，向南进山去，怀疑是分道之处，走过后又返回来。开始上登时，见山内的道路相当宽大，以为走对了；再上走，路分为两条，向西的路渐渐变小，往南的路又绕着南山走，又怀疑不对。来来回回往返了四次，没有人可以问路。而山坞北边的居民相距二里多，往返太远；见到南山上有放牧的人，急忙向着他赶过去，可隔着山峰壑谷，不能马上走到。忽然有三个背木头的人从前边山岭上下来，向他们问路，才知道走错路了。跟随他们走了二里，向北出到大路上。那些人说："分道的地方还在岭西。此处是向南的岔道，是南坞进山的小路，大路从西坞进去。不过从此地去已经来不及赶到黄泥河了，正好可以从碧峒走去那里投宿。"于是向西进入山坞。有小溪水自西边流来，路越过山坡向西上走，下坡后又上登，行三里越过山坳。山坳不高却连接在两山之间，是南山往北延伸的山脊；山脊东面的水下流到丰塘，山脊西面的水又往西北流，都是汇入马鼻河的水流；山脊西面的远方有开阔的山坞一直伸展而去。顺着北岭又往西行二里，才分为两条岔道：沿着北岭向西走出山坞，是去普安州的路；横穿到山坞南面，登岭往南上走，是去亦佐县的路。于是向南穿过山坞，路渐渐变小，茅草深深，路上淹水，石阶曲折，山坡倾斜，无非都是行走在积水之中。沿着道路向南上坡，行一里，往西南绕过垭角，才看见北面横亘着一列远山，蜿蜿蜒蜒伸到天边。这就是矣字孔驿西南向东转的山脊，从丹霞山的东南方，逶迤延伸，环绕狗场营、归顺营后延伸到安笼所，北境内普安州南北板桥各条水流汇入北盘江，南境内黄草坝马鼻河各条水流汇入南盘江的山脉。又往西南进峡走一里多，再向南上登峰顶。行一里，找到石阶，经由山脊向南转。这道山脊茅草丛生，道路曲折，不是这条石阶路，又会让人怀疑是走错路了。沿着石阶往西下走，再转向南，曲曲折折走一里，到达山麓。山麓又有个开阔的大山坞往西伸展而去。山坞虽大,全都是荒草盘根错节,绝对没有稻禾田地和人烟。从此地沿着山麓往西行,行三里,山坞一直向西去,路往西南横截山坞走。山坞南北两面,巨大的山岭森然陡削,中间环绕成一个壑谷,群山重叠环绕成圆形,让人生出四面都是芙蓉的遐想。只是天色将黑,山雨又来,可路断草深,不知哪里才有人烟,心中忍不住惴惴不安。又往西南行一里,穿越过峡脊,这条峡脊中间平坦但相夹之处十分狭窄。出到峡脊西边,长长的峡谷向西而去,南北两面的山夹住的峡谷非常遥远,峡中是一望无际的荒草,而道路又时断时续,头上是被雨淋倒的一层层茅草,脚下则是积水流满小路。此时天色昏暗逼人,唯有再向着黑暗中徘徊。行三里,忽然听到狗叫声,接着听到在道路南边有人说话,估计已走出峡口,但已经分辨不出是峡谷是山坡,也分辨不出向南要从哪里走。又行半里,大路似乎是从西北走,可人的声音在南面,从草莽中横向赶过去,于是陷在了荆棘刺丛中。很久之后,又走半里,这才找到石头小路。走到寨门,寨门则已关闭很久了。听见寨内舂米的声音很远,高声呼叫,有答应的人;很久,有人询问;又过了很久,看见有火光人影出现;又是很久,听到打开内闉门的声音,这才得以打开外寨门进去。马上跟随着火把进入舂米的人家,煮粥洗脚。虽然是抱着青茅草睡,仍然庆幸得到一处栖身的场所了。安顿下来后,询问这里的地名,就是碧峒了,是亦佐县的东北边界。打听红板桥在什么地方?就在碧峒北峰的山麓,是黄草坝的西部边界,原来与碧峒南北之间只隔着一个山坞而已。

滇游日记三①

【题解】

《滇游日记三》是徐霞客在云南省东部旅游的最后一部分游记。

崇祯十一年（1638）九月初一日，徐霞客从云南东界今富源县的笔冲起程，途经亦佐县（今富源县南境）、曲靖府、交水（今沾益县）、寻甸府、嵩明州，二十九日达昆明东北郊的三家村。

徐霞客用了一个月横穿滇东，其中有些是少数民族聚居区。为了尽量与原来走过的路不重复，多取间道小径或人迹罕至的山区，途中险些遇上剥衣杀人的盗贼。又逢雨季，路烂泥滑，行走困难。徐霞客沿途在石堡温泉洗沐，游览了东山寺、宗镜寺、法界寺，当时翠峰山寺庵最盛，在翠峰山停留的时间也最长。他对曲靖、沾益、寻甸、嵩明等府州的历史沿革、地理环境、土司状况、城池变迁等记载尤详。徐霞客还考察了车湖、嘉丽泽等高原湖泊及滇池的主要水源——盘龙江源。最大的收获是完成了探寻南北盘江源流的宿愿，写成科学名篇《盘江考》。通过大量实地考察写就的《盘江考》，要比一般仅从文献考证高出一筹。

戊寅九月初一日②　雨达旦不休。起观两界山，已出峡口，碧峒在西南山下，其北山冈上即红板桥，为贵州界。复去黔而入滇，高枕一宵矣。就火炊饭欲行，主人言："此去黄泥河二十里,水涨舟莫能渡,须少需之③。"盖是河东岸无居庐,先有去者,亦俱反候于此。余见雨势不止,惮于往返,乃扫剔片地,拭木板为几④,匡坐敝茅中⑤,冷则与彝妇同就湿焰。盖一茅之中,东半畜马,西半则主人之榻,榻前就地煨湿薪以为爨⑥,爨北即所置几地也,与其榻相隔止一火。夜则铺茅以卧,日则傍火隐几。雨虽时止,檐低外泞,不能一举首辨群山也。

【注释】

①《滇游日记三》:在乾隆刻本第五册下,原附《盘江考》。

②戊寅:崇祯十一年(1638)。

③需:等待。

④几(jī):矮小的桌子。

⑤匡(kuāng)坐:正坐。

⑥爨(cuàn):用几块石头在屋中围成的简单的灶,云南俗称火塘。

【译文】

　　戊寅年九月初一日　雨通宵达旦下个不停。起床后去观看云南、贵州交界处的山势,已经走出峡口,碧峒在峡谷西南面的山下,它北面的山冈上就是红板桥,是贵州省地界。再一次离开贵州省将进入云南省,高枕无忧地睡了一夜。就着火塘做饭准备上路,房主人说:"此地离黄泥河有二十里,河水上涨,船无法渡过去,必须稍作等待。"原来是黄泥河东岸没有人家居住,先前有人去到的,也全都返回这里等候。我见雨不会停,害怕来回往返,便清扫出一小块地方,擦干净木板当小茶几,端坐在简陋的茅屋中,冷了就与彝人妇女一同靠近烧湿柴的火塘烤火。原来在一间茅屋之中,东半边养马,西半边就是主人的床铺,床前就在地上烧湿柴便作为火塘,火塘北边就是我放置茶几的地方了,与主人的床铺只隔着一个火塘。夜晚铺上茅草就睡，白天就在火旁靠着小茶几。有时雨虽然停了，但屋檐低矮外面泥泞，不能一抬头看清楚群山。

初二日　夜雨仍达旦。主人言："今日涨愈甚，舟益难渡。明日为街子①，贵州为"场"，云南为"街子"，广西为"墟"。候渡者多，彼舟不得不至。即余亦同行也。"余不得已，复从之。匡坐如昨日，就火煨粥，日三啜焉，枯肠为润。是日当午，雨稍止。忽闻西岭喊声，寨中长幼俱遥应而驰。询之，则豺狼来负羊也，幸救者，伤而未死。夫日中而凶兽当道，余夜行丛薄中②，而侥幸无恐，能忘高天厚地之灵祐哉！

【注释】

①街子：农村集市的俗称。这些农村集市，多在村镇的街道或广场上定期进行，故词尾在云南多称"街"，在贵州多称"场"。人们往往以其举行集市的日期，按十二生肖名称称呼，如鸡街、羊街、狗场、马场。

②丛薄：草木丛杂的地方。

【译文】

初二日　夜里雨仍然通宵达旦地下。房主人说："今天河水上涨得更厉害，船更难渡过去。明天是街子，贵州省叫"场"，云南省叫"街子"，广西省叫"墟"。等候渡船过河的人多，那船就不得不来。那时我也一同走了。"我不得已，又听从了他的话。和昨天一样端坐着，就着火塘煮粥，一天喝了三次粥，干瘪的肚子得到了滋润。这天正午，雨慢慢停了。忽然听见西面山岭上有喊叫声，寨子中的男女老少全都远远高声应和着奔跑过去。询问情况，原来是豺狼来背羊，幸好有人救，羊受了伤但没死。大中午的，凶猛的野兽还在路上出没，我夜里行走在草木丛中，却侥幸没有受到惊吓,这能忘记高天厚地神灵的保佑吗!

碧峒在亦佐县东百里。盖滇南胜境之界山南走东转①,包明月所之南横过②,为火烧铺南山。按滇南胜境,乃分界山也,而老脊尚在其东火烧铺西岭。余前过明月所,即平彝所,询土人,言其水南下亦佐。则明月所东,火烧铺西,乃为分水之脊,即转为火烧、亦资孔之南山,东走而北转,经乐民所,北绕归顺、狗场之间,而东南下安笼所,入广西泗城州境,又东过思恩府北,东峙为大明山,而尽于浔州,为黔、郁二江之界。其滇南胜境之南,所度火烧铺南山者,其峡中尚有明月水出焉,界从其口东度两分而已。老脊从此分为两支。正支东由亦资孔南,东北绕乐民所北,而转安笼所,下泗城州。旁一支南下东转,而黔、滇之界因之,南抵此峒,又南至于江底,又南尽于南盘之北焉。是黔界越老脊之西南,不以老脊为界,而以南支为界也。若以老脊,则乐民所、狗场营、黄草坝俱当属滇。以老脊东行而黔隘小,故裒滇益黔③,以补不足。

【注释】

①滇南胜境:即今胜境关,在贵州、云南界上。自古都是交通要道,今滇黔公路从这里通过。

②明月所:又称平彝所,属贵州都司,在今贵州盘县西隅的平关。

③裒(póu):减少。

【译文】

碧峒在亦佐县城东面一百里。大体上,滇南胜境关所在的云、贵分界的山,往南延伸后向东转,绕过明月所的南面横向延伸而过,成为火烧铺的南山。据考察,滇南胜境关,是云、贵分界的山,但主脉的山脊还在胜境关东面火烧铺的西岭。我先前路过明月所，就是平彝所，询问当地人，当地人说明月所的水往南下流到亦佐县。那么，明月所的东面、火烧铺的西面，才是分水的山脊，随即转向成为火烧铺、亦资孔的南山，往东延伸后转向北，延经乐民所，向北绕过归顺州、狗场营之间，而后向东南下延到安笾所，进入广西泗城州境内，又往东延伸经过思恩府北面，往东耸峙为大明山，而后在浔州到了头，成为黔江、郁江两条江的分水岭。那滇南胜境关的南面，山脉延伸过火烧铺南山的地方，那里的峡谷中还有明月水流出来，两省分界的山脉从峡口往东延伸分为两条支脉罢了。**分水岭主脉山脊从这里分为两条支脉。主要的一条支脉往东由亦资孔的南山，往东北绕过乐民所北边，而后转过安笾所，下延到泗城州。旁边的一条支脉往南下延向东转，而贵州、云南的分界线就沿着这条山脉走，南面到达此地的碧峒，又往南延伸到江底，又往南延伸到南盘江的北面到了尽头。这样，贵州省的疆界翻越到分水岭主脉山脊的西南面，不是以分水岭主脉山脊作为分界线，而是以南面一条支脉作为分界线了。假如以主脉山脊分界，那么乐民所、狗场营、黄草坝全都应当属于云南省。由于主脉山脊往东延伸，因而贵州省地域狭小，所以用南面一条支脉作为分界线来减少云南省的地域、增加贵州省的地域，以补贵州省面积狭小的不足。**

碧峒北与新兴城遥对，南与柳树遥对。此地又滇凸而东者。

【译文】

碧峒北面与新兴城远远相对，南面与柳树远远相对。此地又是云南省向东凸出的地方。

碧峒寨有民哨，有倮倮，共居一寨门之内。其西为民寨，即余所栖者；其东为倮倮寨。

【译文】

　　碧峒寨有守哨所的汉民，有㑩㑩，共同居住在一个寨门之内。寨子西边是汉民居住的村寨，就是我住的地方；寨子东边是㑩㑩居住的村寨。

　　自黄草坝至此，米价最贱，一升止三四文而已。

【译文】

　　从黄草坝来到此地，米价最便宜，一升米只要三四文铜钱而已。

　　初三日　子夜寒甚。昧爽起，雨仍霏霏。既饭，出寨门，路当从小岐南上山，误西从大石径行。初有坞西北去，以为狗场道。随石径西南转，二里，东界石山南去，坞转而西，随之。二里，峡中禾遂盈陇，望北山崖畔有四五家悬坡上，相去尚一里，而坞南遂绝。乃莽苍横陟其坞而西北，一里，抵北山村麓，有两人耕于其下，亟趋而问之。尚隔一小溪，其人辄牵牛避去。余为停趾，遂告以问道意。其人始指曰："往黄泥河应从来处。此误矣。"再问以误在何处，其人不告去。乃返，行泥塍间，路倏断倏续。二里余，至前转坞处，犹疑以为当从南峡入。方惆怅无路，忽见坞边一牧马者，呼之，即碧峒居停主人也，问何以至此？盖黄泥河之道，即从碧峒后东南逾岭，乃转西峡，正与此峡东界石山，南北相隔，但茅塞无路，故必由碧峒始得通行。遂复二里余，返至碧峒西南，傍其寨门，东南逾岭而下。一里，东南径坞，半里复上。又半里，又东南逾一岭，有峡自南西坠，而路则直西出坳。半里始下，又半里抵西峡中，遂由峡西行。屡陟冈洼，三里，有石峰踞峡之中，为当关之标，由其北逾脊而下。时密云酿雨，见细箐萦崖，深杳叵测，真豺虎之窟也。惴惴西下，一里度壑。又二里，忽有水自北峡出，下嵌壑中，绕东南而注，是为黄泥河。其河仅比泸江水，不阔而深，不浑而急；其源发于乐民所、明月所，经狗场至此，东南与蛇场河同下江底而入盘江者也。时有小舟舣西，稍待之，得渡，遂西上坡。一里半，逾岭坳，有岐自东南峡底来，为入小寨而抵板桥者，乃知板桥亦四达之区也。又西出峡，见群峰中围一壑，而北峰独稍开，即黄泥河所环。共一里余，抵聚落中。是日为市，时已散将尽。入肆觅饭。主人妇以地泞天雨，劝留莫前。问马场尚四十里，度不能前，遂停杖焉。

【译文】

初三日　半夜十分寒冷。黎明起床，雨仍霏霏下着。饭后，走出寨门，路应当从分岔的小路往南上山，我错从西面石头大路走。起初有个山坳往西北去，我以为是去狗场营的路。顺着石头小径往西南转，行二里，东面一列石山向南延伸而去，山坳转向西去，我顺着山坳走。行二里，峡谷之中稻禾水沟布满田间，望见北面山崖旁有四五家人高悬在山坡上，相距还有一里，可山坳南面路断了。于是在野色迷茫中横穿山坳往西北行，行一里，达到北面山村所在的山麓，有两个人在山下耕地，急忙赶过去问路。还隔着一条小溪，那两个人就牵着牛避开了。我因此停下脚步，把问路的意思告诉他们。那两个人才指路说："前往黄泥河应该从你来的地方走。这条路错了。"再问他们走错在什么地方，两个人不告诉便离开了。于是返回来，行走在泥泞的田埂上，路时断时续。

行二里多路，来到先前转进山坞的地方，仍然疑惑，认为应当从南边的峡谷进去。正在惆怅无法走路的时候，忽然看见山坞边有个牧马的人，呼唤他，原来是我在碧峒住宿的房主人，问我为什么来到此地？原来去黄泥河的路，就从碧峒后方往东南越过山岭，便转入西面的峡谷，正好与这条峡谷东面隔着一座石山，南北相隔，但茅草壅塞，无路可走，所以必须要经由碧峒才能够通行。于是又行二里多，返回到碧峒西南边，沿着碧峒的寨门，往东南越岭下走。行一里，往东南横穿山坞，半里后又上走。又走半里，又往东南翻过一座山岭，有条峡谷从南向西坠落下去，而路却一直向西走出山坞。半里后开始下走，又行半里来到西面的峡谷中，便由峡中往西行。屡次跋涉在山冈洼地之间，行三里，有座石峰盘踞在山峡之中，像是挡在关口的旗杆，由石峰北面越过山脊下走。此时浓云酝酿着山雨，见到一条细细的箐沟环绕着山崖，幽深昏暗不可测，真是豺狼虎豹的窟穴了。惴惴不安地往西下行，行一里后穿过壑谷。又行二里，忽然有河水从北面的峡中流出来，下泄到深嵌的壑谷中，绕向东南流去，这是黄泥河。这条河仅和泸江一样，水面不宽却很深，水色不浑，水流却很急；黄泥河是发源于乐民所、明月所，流经狗场营流到此地，流向东南与蛇场河一同下流到江底，而后汇入盘江的河流。这时有条小船停靠在西岸，稍等了一会，得以渡过河去，于是往西上坡。行一里半，越过岭坳，有条岔路从东南方的峡谷底过来，是进小寨后到板桥的路，于是知道板桥也是个四通八达的地方。又往西走出峡谷，看见群峰围绕着中间的一个壑谷，而唯独北面的山峰略微分开一些，那就是黄泥河环绕流经的地方。共行一里多，来到聚落中。这一天是集市，这时赶集的人已快散完了。进入店铺中找饭吃。主人、主妇认为地面泥泞，天又下雨，劝我留下，不要前走了。打听到，离马场还有四十里，估计不能走到了，便停下留宿在这里。

　　黄泥河聚庐颇盛[①]，但皆草房。其地四面环山，而北即河绕其后，复东南带之。西又一小溪，自西南峡来，北注黄泥。其中多盘坞环流，土膏丰沃，为一方之冠。亦佐之米，俱自此马驼肩负而去。前拟移县于此，至今称为新县，而名亦佐为旧县云。

【注释】

①黄泥河：今名同，在云南富源县东南隅。经过这里从北往南流的水道亦称黄泥河。

【译文】

　　黄泥河的村居房屋很多，但都是草房。此地四面环山，而北面就是黄泥河水绕到山后，又在东南方围绕着聚落。西边又有一条小溪，从西南的峡谷中流来，往北注入黄泥河。这一带有许多回绕的山坞与环流的水流，土地肥美，物产丰足，是这一片地方的首位。亦佐县的米，全都是从这里马驮肩担去的。从前曾经准备把县治迁到此地，至今这里还被称为新县，而把亦佐叫做旧县。

　　初四日　晨起雨止，四山云气勃勃。饭而行。西半里，度一木桥，其下溪流自南而北，即西小溪也。又西上坡，转而南，溯流半里，入西峡。又半里，转而北，其处又有北峡、西峡二流之交焉。于是随北峡溪，又溯流半里，乃西上山。时东峰云气稍开，乃贾勇上跻。仰见西岭最高，其上皆夹坡削箐，云气罩其顶，不能悉。上跻二里，渐入浓雾中，遂从峰头穿峡上，于是箐深霾黑，咫尺俱不可见。又一里陟其顶，平行岭上。又二里乃下，下一里及西坞。涉坞而西，一里，度一小桥，桥下水北流。乃南向西转，一里，有岐交其南北：

南乃入牛场村道，有小峰骈立，村隐其下焉；北乃其处趋狗场营者。又西半里，乃西上山。其坡峻且滑，无石级可循，有泥坎陷足，升跻极难。二里，陟峰头，又平行峰头一里，越其巅。时浓雾成雨，深茅交道，四顾皆弥沦如银海①。得峰头一树如擎盖，下有列石如错屏，乃就树踞石而憩，止闻飕飕滴沥之声②，而目睫茫如也。又西北平行者一里，下眺岭西深坠而下，而杳不可见；岭东屏峙而上，而出没无常。已从北下，始有石磴陡坠。箐木丛水。共一里半，陟坞而西，亦中洼之宕也。半里，又逾西坳出，其壑大开，路乃稍平，尖峰旁立，若为让道者。西向平行坞中一里半，有水横潴于前，以为溪也，涉之不流，乃壑底中洼之坑，蓄而成溪者。又西二里，复有一溪，北流甚急，波涨水深，涉之没股焉。又西一里，乃饭于峡坡之下。既饭，遂西入竹峡。崇峰回合，纡夹高下，深篁密箐，蒙密不容旁入，只中通一路，石径透迤，如披重云而穿密幄也。其竹大可为管，弥漫山谷，杳不可穷，从来所入竹径，无此深密者。其处名竹园箐。自黄泥河西抵马场，人人捆负，家家献客，皆此物也。客但出盐渝之耳③。其中坡陀屡更，三里，逾峡南下，其壑中开，又为雾障，止闻隔坡人语声，然不辨其山形谷势矣。南行壑中一里，转而西半里，又越一坳。又半里，经峡而西，抵危坡下，复西向跻磴上，于是密箐仍萦夹壁悬崖间，其陡削虽殊，而深杳一如前也。攀陟三里，西逾岭头，竹箐既尽，循山南转，皆从岭上行。路东则屏峙而上，路西则深坠而下，然皆沉雾所翳，不能穷晰也。南向平陟岭上者三里，转而西行岭脊者一里，其脊南北俱深坠而下，第雾漫莫悉端倪。既而傍北岭行，北屏峙而南深坠。又二里，雨复大至，适得羊场堡四五家当岭头④，遂入宿焉。其家竹床竹户，煨榾饷笋，竟忘风雨之苦也。

【注释】

①弥沦：完全被淹没。

②飕飀（sōu liú）：风的声音。滴沥（lì）：水稀疏下滴的声音。

③瀹（yuè）：用汤煮东西。

④羊场堡：今称小羊场，在黄泥河西隅。

【译文】

初四日　早晨起床雨停了，四面群山云雾腾腾。饭后上路。往西行半里，走过一座木桥，桥下的溪流自南流向北，就是西小溪了。又往西上坡，转向南，溯溪流行半里，进入西面的峡谷。又行半里，转向北，此处又有从北面、西面峡中流来的两条溪水在这里交汇。从这里顺着北面的峡谷和溪流，又溯溪流行半里，这才向西上山。这时，东峰上的云气微微散开，便鼓足勇气上登。抬头看见西岭最高，岭上狭窄的山坡和陡削的山箐，云气笼罩在山顶，不能全部看清楚。上登二里，渐渐走入浓雾之中，便从峰顶穿过峡谷上登，走到这里，山箐幽深，阴霾浓黑，咫尺之间全然看不见东西。又行一里登上山顶，平缓行走在岭上。又行二里才下山，下走一里来到西面的山坳。穿越山坳往西行，行一里，走过一座小桥，桥下的水向北流淌。于是由南向西转，行一里，有南北两面的岔路在此交会：南边来的是进牛场村的路，有小山峰并排矗立，村子隐藏在山峰下；北边来的是从此处前往狗场营的路。又往西行半里，便向西上山。山坡又陡又滑，没有石阶可以沿着走，有泥坑陷脚，上登极为艰难。行二里，上到峰头，又在峰头上平缓前行一里，翻越在峰顶。这时浓雾变成了雨，深深的茅草交织在道路上，四面环顾，全被雨雾淹没，如同银色的大海。在峰头找到一棵如高举的伞盖样的树，树下有岩石排列如同错落的屏风，就赶到树下坐在石头上休息，只听到飕飕的山风声和滴答滴答的雨滴声，而眼中茫然一片了。又往西北平缓前行了一里，往下眺望，山岭西侧深坠下去，幽远得什么也看不见；山岭东面的山峰屏风样向上耸峙着，可山影却出没无常。从北边下去后，开始有陡立的石阶往下坠，山箐中林木草丛浓密，溪水流淌。共行一里半，越过山坞往西行，也有中间下洼的采石场。行半里，又越过西面的山坳出来，这里的壑谷十分开阔，道路才稍稍平缓一些，尖峰矗立在旁边，好像是让路的样子。向西平缓行走在山坞中一里半，有水横积在路前，我以为是溪水，涉水时水不流动，原来是壑谷底部中间下注的土坑，蓄水而成的死水。又往西行二里，又有一条溪水往北流淌，水势很急，波涌水涨，水很深，涉水时淹没了大腿。又往西行一里，便在山峡旁的山坡下吃饭。饭后，便向西进入竹林密布的峡谷。高高的山峰围绕闭合，高低不一地迂回着夹立在两旁，幽深的竹林，茂密的山箐，浓密地遮蔽着峡谷，不容从两旁进去，只有中间通着一条路，石头小径逶迤而去，如同分开重重云雾后钻进密闭的帷帐之中了。这里的竹子很大，可以做笛子类乐器，布满山谷，竹林深远得看不到头，我从来所走过的竹林中的小径，从没有像这样竹林幽深浓密的地方。此处名叫竹园箐。从黄泥河往西到马场，人人都一捆捆背着的，家家都用来招待客人的，全是这种竹笋。客人只要拿出点盐巴煮着吃就行了。峡谷中山坡山冈多次变换，行三里，穿过峡谷往南下行，这里的壑谷中间开阔，又被雾气遮住，隔着山坡只听见人讲话的声音，却分辨不清这里山峰山谷的形状和地势了。往南行走在壑谷中一里，转向西又行半里，又越过一个山坳。又走半里，穿过峡谷往西行，来到陡坡之下，又向西踏着石阶上登，到这里，浓密的竹林仍然萦绕在夹壁悬崖之间，它们陡削的山势虽然不一样了，然而那深邃幽远的样子同前边完全一样。攀登跋涉了三里，往西越过岭头，竹林山箐完后，顺着山势向南转，都是在岭上走。路东边是屏风样的山竿峙而上，路西边则深深地坠落下去，然而全被深浓的雾气所遮蔽，不能完全看清楚。向南平缓跋涉在岭上三里,转向西行走在岭脊上一里,岭脊南北两面都深坠下去。只不过大雾弥漫没有全部看清头绪。不久,紧靠北岭行,北面屏风样耸峙着而南面深坠下去。又行二里,大雨又来临,恰好走到有四五家人住在岭头的羊场堡,便进村住宿在这里。这家人竹床竹门,烧木块煮竹笋,竟然忘掉了在风雨中前行的痛苦。

初五日　夜雨达旦不休。饭而行。遂南向稍下,已渐转西。两旁多中洼下陷之穴,或深坠无底,或潴水成塘,或枯底丛箐,不一而足,然路犹时时陟冈逾岭,下少上多也。十里,见路北有深箐,有岐从箐中升,合并西去;有聚落当岭头,是曰水槽。其处聚落颇盛,夹道成衢,乃狗场营、安笼所、桃花大道所出。但冈头无田,其上皆耕厓锄陇,只堪种粟,想稻畦在深坑中,雾翳不见也。升陟岭头,又西五里,是曰水井,其聚落与水槽同。由其西一里半,始历磴下,遥望西坞甚深。下箐中一里,由峡底西行二里,复逾坡而上。一里,稍下坡西坞中。其中不深,而回峰四辟,雾候开合,日色山光,远近迭换,亦山中幻景也。既复西向逾岭,三里,见岭西洼中,有水成塘。乃循峰西北行,稍下一里,而入亦佐县东门①。县城砖甃,而城外草舍三四家,城中亦皆草舍,求瓦房寥寥也。一里,炊于县前。

【注释】

①亦佐县:隶曲靖府,治今富源县南境富村稍南,今仍名“亦佐”。

【译文】

初五日　夜里雨下个不停,通宵达旦。饭后上路。于是向南慢慢下坡,不久渐渐转向西。两旁有许多中洼下陷的洞穴,有的深陷无底,有的积水成塘,有的底部干枯竹林成丛,不一而足,然而道路仍然时时都在爬冈越岭,下少上多。行十里,见到路北边有深箐,有条岔路从深箐中爬上来,与大路合并后往西去;有个村落位于岭头,这里叫水槽。此处村落很繁盛,房屋夹道,形成四通八达的街市,是通往狗场营、安笼所、桃花的大路经过的地方。但冈头没有水田,那上面都是在山边土陇上耕种,只能种粟,猜想水稻田在深坑中,雾气遮蔽看不见罢了。爬升在岭头,又往西五里,这里叫水井,这个村落与水槽相同。由水井往西一里半,开始经过石阶下走,远望西面山坞很深。下到山箐中一里,由峡底往西行二里,再翻越山坡上走。行一里,慢慢下到山坡西边的山坞中。山坞中不深,可回绕的山峰四面分开,雾气忽开忽合,日光山色,远近更迭变换,也是山中奇幻的景色了。随即又向西越岭,行三里,见到岭西的洼地中,有水积成水塘。便沿着山峰往西北行,渐渐下走一里,然后进入亦佐县城东门。县城是用砖砌的,然而城外有草房三四家,城中也全是草房,要找瓦房,寥寥无几了。行一里,在县衙门前烧火做饭。

饭后,半里出西门,乃西北行。计其地犹在群峰之顶,但四山雾塞,上下莫辨耳。从岭头西北行二里,乃西向历峻级而下。其时雾影亦开,遂见西坞中悬,东界所下之山,与西界崇峰并夹,南北中辟深壑,而拐泽河自北而南①,经其中焉;其形势虽见,而河流犹深嵌不可窥。西山崇列如屏,南额尤高,云气尚平抹其顶,不令尽露。西山之南,复起一山,斜障而东,此则障拐泽而东南合蛇场者也。于是盘折西下,三里,抵坡而磴尽。复西北行坡陀间,一里,逾冈再下,数家茅舍在焉,然犹未濒河流也。又西半里,涉一东来小水,乃抵河岸。溯之北,又涉一东北来小水,约半里,有渡舟当崩

崖下,渡之。是河发源于平彝卫及白水铺以东②,滇南胜境
以西皆注焉。其势半于江底,而两倍于黄泥河,急流倾洞,
南奔东转,与蛇场合而东南会黄泥河水而为江底河者也。
亦佐、罗平南北东西二处,俱以此为界。西登崖,崖岸崩颓,
攀跻而上,遂西向陟岭。时暮色将至,始以为既渡即有托宿
处,而荒崖峻坂,绝无一人,登陟不已,暮雨复来。五里,遇
一人趋渡甚急,执而问之。曰:“此无托宿处。鸡场虽遥③,
亟趋犹可及也。”乃冒雨竭蹶,转向西南上。五里逾坳而西,
乃西转北行峡中。稍降二里,得数家之聚焉。亟投煨榾,暮
色已合,而雨复彻夜。

【注释】

①拐泽河:《明史·地理志》作“块泽江”,今亦作“块泽河”,下流又
　称“色衣河”。

②白水铺:今仍名“白水”,在沾益县东隅,自古即为交通要道。

③鸡场:在罗平县北端富乐稍南。大鸡场在东,小鸡场在西。

【译文】

饭后,行半里走出西门,于是往西北行。估计这个地方仍然在群山
的顶上,只是四面群山云雾充塞,无法分辨上下罢了。从岭头往西北行
二里,便向西经过陡峻的石阶下走。这时雾气也散开了,终于见到西面
的山坞高悬在群山之中,东面一列山往下延伸的山,与西面一列高峰并
排相夹,南北两面的中间辟成深深的壑谷,而拐泽河从北向南流经壑谷
中;这里的地貌地势虽然看见了,可河流还深嵌在谷底不能看见。西面
的山高高排列着,好像屏风,靠南面的一座山尤其高峻,云气还平铺在
山顶,不让山顶全部露出来。西面群山的南边,又耸起一座山,斜斜的
阻隔在那里,往东延去,这座山就是挡住拐泽河往东南汇入蛇场河的大

山了。从这里曲折向西下走，行三里，到达坡下而石阶也完了。再往西北前行在山坡与山冈之间，行一里，越过山冈再下走，有几家人的茅草房在这里，然而还没有临近河流。又往西半里，涉过一条东边流来的小河，这才到达河岸。溯拐泽河往北走，又涉过一条从东北流来的小河，约有半里，有渡船停在崩塌的山崖下边，渡过拐泽河。这条河发源于平彝卫和白水铺以东，滇南胜境关以西都是它流经的区域。拐泽河的水势只有江底河的一半，却比黄泥河大两倍，急流倾泻，往南奔泻，向东转去，与蛇场河汇合，然后往东南汇合黄泥河水便成为江底河。亦佐县、罗平州两地的南北、东西，都以这条河为界。向西登崖，崖岸崩塌，攀登而上，于是往西登岭。这时夜色就要来临，开始以为渡过河后就有投宿的地方，可过河后只有荒崖陡坡，绝对没有一个人，只得不停地攀爬，傍晚的雨又下起来。行五里，遇到一个人十分急切地赶去渡口，拉着他问路。此人说："此地没有投宿的地方。鸡场虽然远些，急忙赶路还可以赶到。"于是冒着雨竭尽全力疾行，转向西南上登。行五里，越过山坳往西行，又从西转向北行走在山峡中。慢慢下走二里，找到个几家人的村落。急忙投宿，烤火做饭，夜色已降临，而雨又下了一整夜。

初六日　晨起雨止，四山犹氤氲不出。既饭，稍西下，渡洼。复西北上，渐露昨所望屏列崇峰在西南，而路盘其东北。三里逾一冈，坪间有墟地一方①，则鸡场是也。从坳北稍下，又得数家之聚焉，问之，亦鸡场也。盖昨所宿者，为鸡场东村，此则鸡场西村矣。从村北行，其峡西坠处，有石峰屼立，路从其北逾脊。稍东转而北涉坞，共三里，遂西北跻岭。盘折石磴西北上，二里而涉其巅，则夙雾顿开，日影焕发，东瞻群峰吐颖，众壑盘空，皆昨所从冥漠中度之者。越岭西下一里，抵盘壑中，见秋花悬隙，细流萦磴，遂成一幽异之境。西一里，有山横披壑西，透其西北腋，似有耕云樵石之栖，在西峰后；循其东南坞，则大路所从去也。乃随坞南转。坞东西山分两界，余以为坞中水将南流，而不意亦俱中洼之穴也。南行三里，复逾脊而上，遂西转，盘横坡之南脊焉。一里，循横坡南崖而西，其处山脊凑合，冈峡纵横而森石尤多娟丽。又西一里，有岐自东南峡来合。又西一里，乃转北下，于是西向山遥豁，而路则循山西北向行矣。四里，复北向逾冈，转而西下，望西北坞中，有石壁下嵌，不辨其底。已而降行坞中一里余，又直造其下，则亦中洼之峡也。由其南又西行，两陟冈坞共三里，始涉一南流小水。自渡拐泽河至此，俱行岭上，未见勺水。又西逾一冈，一里，南望冈南，一峰西辟，洞门高悬，门有木横列，而下隔一峡，遥睇无路，遂不及迂入。又半里，又涉一南流小水，西逾一冈，共二里而抵桃源村[②]。其村百家之聚，与水槽相似，倚北山而居；前有深坞，罗平之道自坞中东南来；北东西三面，俱会其水南坠入崖洞，而南泄于蛇场江：故知拐泽西岸崇山，犹非南行大脊也。村多木皮覆屋以代茅。时日已午，就村舍瀹汤餐饭，而木湿难燃。久之，乃西向行，渡西北峡石中小水。一里，陟西坞而上。又一里，逾冈而西，见西坞自西而东，其南有小山蜿蜒，亦自西而东界之。其山时露石骨峥峥，然犹未见溪流也。坞中虽旋洼成塘，或汇澄流，或潴浊水，皆似止而不行者。又西一里，逾冈西下，有村当坞，倚南崖而居。于是绕村西行，始见坞中溪形曲折，且闻溪声潺潺矣。由其北溯之西行，又一里，见坞中又有一村当坞而居；始见溪水自西来，从其村西，环其村北，又绕其东。其村中悬其北曲中，一溪而三面环之，南倚南山之崖，北置木桥以渡溪水。其水不甚大，而清澈不汩，是为清水沟云。盖发源于西山之回坎坡，经此而东出于桃源，始南去者也。又西一里，复过一村，其村始在坞北。又西一里，又经一村，曰小板村，有税司在焉，盖罗平北境，为桃花驼盐之间道也。又西二里，始逾坡涉涧，屡有小水自北峡来，南注于清水沟，路截而逾之也。北峡中男妇二十余人，各捆负竹笋而出，盖土人群入箐采归，淡熏为干，以待鬻人者③。又西二里，直逼西山之麓，有村倚之，是为回窑坡。清水沟中民居峡坞，至此而止，以坞中有水可耕也。由此西南半里，过一小桥，其水自西北沿山而来，即清水沟上流之源矣。度之，即西上岭。岭头有索哨者，不之与而过。蹑岭一里半，西陟岭脊。是脊始为分水之处，乃北自白水铺西直南度此，回环西南，而峙为大龟，以分十八寨、永安哨、江底河诸派者也④，而罗平之界，亦至是而止焉。逾脊西，渐西北平下一里，渐转而西，行坞中。其坞东西直亘，而南北两界遥夹之，南山卑伏，而北山高耸，暮雾复勃勃笼北峰上，流泉亦屡屡自北注南。第南山之麓，似有坠涧横其北，然不辨其为东为西，以意度之，以为必西流矣，然不可见也。坞中皆荒茅断陇，寂无人烟。西行六里，其西有山横列坞口，坞始坠而西下，茅舍两三家，依坞而栖，路乃逾坞循北山而西。半里，有茅亭一龛当路旁，南与茅舍对，想亦哨守之处也。又西一里稍下，有小水成溪，自北峡来，小石梁跨之，其水南注坞口而去。既度梁，即随西山南向，

随流半里,转而西上岭,暮色合矣。又上一里,而马场之聚
当岭头⑤。所投宿者,乃新至之家,百无一具。时日已暮,无
暇他徙,煨湿薪,卧湿草,暗中就枕而已。

【注释】

①墟地:农村赶集的空地。

②桃源村:今仍名"桃源",在罗平县北隅。

③鬻(yù)人者:卖给人的。

④十八寨:《嘉庆重修一统志》广西直隶州关隘:"十八寨,在弥勒县
　　西南。今蛮党分居者,曰永安寨、石洞寨、禄庆里寨、阿营里寨、
　　米车寨,余或以山名。本一山而群蛮分居其中,曰十八寨。明嘉
　　靖元年(1522)尝设十八寨守御千户所于此。"明置十八寨守御千
　　户所,在今弥勒市西南的虹溪镇。

⑤马场:今分大马场、小马场,在曲靖市麒麟区东南隅。近年新建
　　了独木水库,马场现位于水库边。

【译文】

　　初六日　早晨起床雨停了,四面群山还云气氤氲,没有显露出来。
饭后,稍稍向西下走,渡过洼地。再往西北上走,昨天看见的屏风样排
列的高峰在西南方渐渐显露出来,而路绕到高峰的东北方。行三里越
过一座山冈,平地中间有一块用于赶集的场地,那就是鸡场了。从山坳
往北稍下走,又有个几家人的聚落在那里,询问地名,也是鸡场。原来昨
天住宿的地方,是鸡场东村,这里是鸡场西村了。从村子往北行,那峡谷
往西下坠的地方,有座石峰光秃秃地矗立着,路从石峰北面越过山脊。
稍向东转后往北涉过山坳,共三里,便向西北登岭。曲曲折折沿石阶绕
着往西北上山,二里后爬上山顶,就见晨雾顿时散开,太阳光彩四射,远
看东面的群峰露出尖尖的山顶,众多空阔的壑谷回绕,全是昨天我从昏
暗迷漫的浓雾中走过来的地方。越过山岭往西下山一里,到达回绕的

壑谷中,见到秋天的山花高悬在石缝中,细细的溪流潆绕着石阶,竟然成为一处幽静奇异的地方。往西行一里,有山横卧在壑谷西边,穿过山的西北侧,似乎有在山间耕种打柴采石的人居住,在西峰后面;沿着山东南的山坞走,就是大路顺着出去的地方。于是顺着山坞往南转。山坞东西两面的山分为两列,我以为山坞中的水将会向南流,却想不到也是全都流进中间下洼的洞穴中去了。往南行三里,再翻过山脊往上走,于是转向西,绕过横坡南面的山脊。行一里,沿着横坡南面的山崖往西行,此处的山脊凑拢聚合在一起,山冈峡谷纵横而森林样的石峰尤其秀丽。又往西一里,一条岔路从东南方的峡谷中前来会合。又往西一里,便转向北下走,从这里向西看,远处的群山十分开阔,可路却顺着山往西北行了。行四里,又向北越过山冈,转向西下走,望见西北的山坞中,有石壁深深下嵌,分辨不出它的底部。不久,下到山坞中行一里多,又一直来到山坞最下方,原来也是中间下洼的峡谷。由山坞南边又往西行,两次翻越山冈和山坞共三里,才涉过一条往南流的小溪水。自从渡过拐泽河来到此地,都是行走在山岭上,没见过一勺水。又往西越过一座山冈,行一里,往南望见山冈南面,一座山峰西面剖开,洞口高悬,洞口有木头横排着,可下方隔着一条峡谷,远远看去无路可走,便来不及绕道进洞了。又行半里,又涉过一条往南流的小溪水,往西越过一座山冈,共走二里后到达桃源村。这个村子是个百户人家的聚落,与水槽相似,紧靠着北山居住;村前有深深的山坞,去罗平州的路从山坞中的东南方过来;北、东、西三面的水流全都汇合在一起往南坠入岩洞中,然后往南流入蛇场江;由此知道拐泽河西面的崇山峻岭,仍然还不是往南延伸的大山主脊。村中多用树皮覆盖屋顶以代替茅草。此时太阳已到正午,到村里房屋中烧水煮饭,可木材潮湿很难燃烧。很久,才向西行,渡过西北峡中岩石间流淌的小溪水。行一里,跋涉西面的山坞上走。又行一里,越过山冈往西行,看见西面的山坞自西走向东,山坞南面有小山蜿蜿蜒蜒的,也是自西向东隔在山坞南面。这里的山不时露出峥峥石骨来,然而仍然没见到溪流。山坞中,虽然旋绕下洼成水塘,有的汇积着清水,有的停积着浑浊的泥水,似乎都是静止不流的水。又往西一里,越过山冈往西下走,有个村庄在山坞中,靠着南面的山崖居住。于是绕着村子往西行,这才看见山坞中的溪流曲曲折折的形状,而且听见溪水潺潺流淌的声音了。由溪水北岸逆溪流往西行,又一里,见到山坞中又有一个村庄居住在山坞中;这才看见溪水从西边流来,从这个村子西边绕到村子北边,又绕到村东。村子高悬在溪水往北环绕的弯曲地带,一条溪流三面环绕着村庄,南面紧靠南山的山崖,北面架设木桥来渡过溪水。溪水水势不怎么大,但溪水清澈水流不急,因此叫做清水沟了。大概这条溪流发源于西山的回坎坡,流经此地后往东流过桃源村,然后才向南流走。又往西行一里,再路过一个村子,这个村子这才在山坞的北面。又往西一里,又经过一个村子,叫小板村,有税司设在这里,大概因为这里是罗平州的北部边境,是用马去桃花驮盐的便捷小路。又往西行二里,开始翻越山坡涉过涧水,多次有小溪水从北面峡中流来,往南流入清水沟,道路横截溪水而过。北面峡中有男女二十多人,每人背着一捆竹笋出来,是当地人结伴进山箐采竹笋归来,不放盐,用火熏成干笋,用来等着卖给人的。又往西二里,直接逼近西山的山麓,有村子紧靠山麓,这里是回窋坡。清水沟中的百姓沿着峡谷、山坞居住,一直到这里为止,因为山坞中有水,可以耕种。由此地往西南行半里,走过一座小桥,桥下的水自西北方沿着山流来,就是清水沟上游的水源了。过桥后,马上向西上岭。岭头有收钱守哨的哨兵,没给他钱就过来了。登岭一里半,往西上登岭脊。这条山脊才是分水的地方,是从北面的白水铺西边一直往南延伸到这里,回绕到西南方,而后耸峙为大龟山,以后分出十八寨、永安哨、江底河各条支脉的山脉了,而罗平州的地界,也到此为止了。翻越到山脊西面,渐渐向西北平缓下行一里,渐渐转向西,行走在山坞中。这个山坞呈东西向一直绵亘,而南北两列山远远的夹住它,南面的山低矮地趴伏着,北面的山高高耸立着,傍晚的雾气又浓浓地笼罩在北峰之上，流淌的泉水也屡屡自北往南流注。只是南山的山麓似乎有深坠的山涧横在山北，然而分辨不出山涧水是向东流还是向西流，凭想象推测，认为必定是向西流了，但无法看见。山坞中全是荒茅草阻断原野，空寂没有人烟。往西行六里，此地西面有山横向排列在山坞口，山坞开始往西下坠下去，有两三家人的茅屋，靠着山坞居住，道路就穿过山坞沿着北山往西走。行半里，有一座茅草亭位于路旁，南面与茅屋相对，猜想也是哨所守卫的地方。又往西一里稍下走，有水流淌成小溪，从北面的峡中流来，小石桥跨过溪流，溪水往南流注到山坞口而去。过桥后，立即顺西山向南行，顺水流走半里，转向西上岭，夜幕已降临。又上走一里，马场这个聚落就在岭头。我投宿的人家，是新迁来的人家，家居用品全无一样。此时天色已晚，没时间搬到其他人家，烧潮湿的柴草做饭，睡在湿草上，在黑暗中躺到枕头上睡了。

初七日　晨起，云尚氤氲。饭而行。有索哨者，还宿处，解囊示批而去。于是西北随坡平下，其路甚坦，而种麻满坡南，盖其下亦有坞西通者。西驰四里，始与溪近。随流稍南半里，复循坡西转，又一里，下坡。西望西南坞中，有数家之聚，田禾四绕，此溪经坞环之。其坞自北山随坡南下，中有一水，亦自北而南，与此水同会于村北，合而西南破峡去。乃西截北来坞，半里抵北来之溪，有新建石梁跨之，是为独木桥。想昔乃独木，今虽石而犹仍旧名也。桥下溪流①，三倍于西来之水，固知北坞之源远于东矣。逾桥西，即上岭，西南直跻甚峻，一里半，逾其脊。又西向平下者一里，有岐随冈南去者，陆凉道也。冈西坞中，复有数家焉，亦陆凉属也。其坞亦自北而南，虽有村而无流。路西下截坞，半里，经村北，又半里，抵西界崇山下，遂蹑峻而上，而陆凉之界,又西尽于此矣。盖因其水南下陆凉,故西自此坞,东抵回窬西山,皆属之陆凉。其处南抵陆凉卫,路经尖山、天生桥,相距尚八十里也。由西岭而上,又为海崖属,乃亦佐县右县丞土司龙姓者所辖,亦佐县有左、右二丞②,皆土司。左丞姓沙,在本县,即与步雄攻黄草坝者。右丞姓龙,或曰即姓海,在此,而居近越州。其地东自此岭而西抵箐口焉。东与亦佐西界中隔,罗平、陆凉二州之地间错其间③,不接壤也。

【注释】

①桥下溪流:此溪即今篆长河。

②亦佐县有左、右二丞:县丞,县令的佐官,掌管文书及仓狱。

③陆凉:明置陆凉州和陆凉卫,皆在今陆良县境,但州卫不同城。陆凉州治在今陆良县治东北二十五里,万历二十八年(1600)始建土城,今称旧州。陆凉卫城为洪武三十一年(1398)建,即今陆良县城。清初(1666)裁卫归州,移州城于卫城,州治始在今陆良县城。

【译文】

初七日　早晨起床,仍然云雾弥漫。饭后就上路。有哨兵索要路条批文,返回住处,解开行李出示了批文便离开了。从这里往西北顺山坡平缓下行,道路十分平坦,而且山坡南面种满苎麻,大概坡下也有山坞通往西边。向西疾走四里,开始与溪流接近。沿着溪流稍往南行半里,再沿山坡向西转,又走一里,下坡。向西远望,西南方山坞中,有个几家人的聚落,稻田四面环绕,这条溪水流经山坞环绕着村庄。这个山坞自北山顺着山坡往南下延,山坞中有一条溪水,也是自北流向南,与这条溪水在村北一同交汇,合流后往西南冲破山峡流去。于是向西横截从北面来的山坞,半里后到达北面流来的溪流,有座新建的石桥跨在溪流上，这是独木桥。想来，从前是独木桥，今天虽然建成石桥却仍然沿用旧名了。桥下的溪流，水量有西边流来的溪水的三倍，因而知道北面山坞的水源比东边的远。过到桥西，立即上岭，往西南一直上登十分陡峻，行一里半，越过山脊。又向西平缓下走一里，一条岔路顺山冈往南去的，是去陆凉州的路。山冈西面的山坞中，又有几家人在那里，也是陆凉州的属地了。这个山坞也是自北往南延，虽然有村庄但没有流水。路向西下走横过山坞，行半里，经过村庄北边，又行半里，来到西面一列高山下，于是踏着陡峻的山上登，而陆凉州的地界，在西面也到此为止了。大概因为这条溪水往南下流到陆凉州，所以西面从这个山坞，东面到回窑坡的西山，全都属于陆凉州。从此处往南到陆凉卫，途经尖山、天生桥，相距还有八十里。由西岭往上行，又是海崖土司的属地，是亦佐县右县丞姓龙的土司管辖的地方。亦佐县有左、右两个县丞，都是土司。左县丞姓沙，辖地在本县，就是与步雄土司攻打黄草坝的那个人。右县丞姓龙，有人说就是姓海，辖地在这里，可居住地靠近越州。他的辖地东面起自这座山岭，往西到达箐口。东面与亦佐县的西部地界被从中隔断，罗平、陆凉二州的属地交错间隔在其中，和亦佐县不接壤。

　　从东麓西上，屡峻屡平，峻者削崖盘磴，平者曲折逶迤。三峻而三逾岭头，共七里，望见南坪有数十家之聚，北峰则危耸独悬。盖自马场而西，即望见遥峰尖削，特出众峰之上，而不意直逼其下也。又一里，梯石悬磴，西北抵危峰前。其时丽日转耀，碧天如洗，众峰尽出，而是山最高，不特独木西峰，下伏如砥，即远而回窑老脊，亦不能上与之抗，惟拐泽鸡场西岭，遥相颉颃。其中翡翠层层，皆南环西转，而接于西南巨峰。此东顾之极观也。其西则乱峰回翯，丛箐盘错，远虽莫抗，而近多自障焉。其南则支条直走，近界既豁，远巇前环,此独木诸所遥带而下泄者。西南有二峰遥凑,如眉中分,此盘江之所由南注者耶?其西即越州所倚。而东峰之外,复有一峰高悬,其南浮青上耸,圆若团盖,此即大龟山之特峙于陆凉、路南、师宗、弥勒四州之交者耶?天南诸峰,悉其支庶,而此峰又其伯仲行矣。由峰西逾脊稍下,即有石坡斜悬,平庋砥峙,古木婆娑其上,亦高崖所仅见者。由此历级西下一里,有壑回环,中洼四合,复有中悬之台,平瞰其中,夹坑之冈,横亘其外,石痕木荫,映彩流霞,令人神骨俱醒。由横冈西南转,二里,复逾一脊。又西度一中悬之冈,有索哨者,不顾而去;度冈而西一里,复上坡,又一里,西逾其隘,复有索哨者,亦不顾而去:想皆所云海崖土司者①。逾脊,又不能西见盘江。又西半里,西障始尽,下界遥开,瞥然见盘江之流,自西北注东南而去,来犹不能尽瞩焉。于是西向拾级直下,一里抵坞中。

【注释】

①海崖土司:中心在今曲靖市麒麟区东南部茨营南隅,水城河水库以北,今名海寨,分大海寨、小海寨两村。

【译文】

　　从山岭东麓往西上走,多次上登陡峻的山峰,多次走平路,陡峻的地方是悬崖峭壁上盘绕着的石阶,平坦的地方是曲折逶迤的山路。三次上登陡峻的山峰,三次越过岭头,共行七里,望见南面的平地中有个几十家人的村落,北面的山峰却高险地耸立着,独自高悬在天空中。原来从马场往西走,就望见远处尖削的山峰,独自高出群峰之上,可想不到现在一直逼近它的下方了。又行一里,沿着高悬的石阶,往西北走到险峰前。这时，明丽的太阳当空照耀，蓝天明净如洗，群峰全部显露出来，可这座山最高，不仅独木桥西边的山峰在下方低伏着，如同一块磨刀石，就是远到回窖坡的主脉山脊，在高大处也不能与它抗衡，只有拐泽河边鸡场西面的山岭，才和它遥相对峙，不相上下。两座高山之间，一层层翡翠般的山峰，全环绕在南面，往西转去，而后与西南方的巨大山峰相连接。这是往东环顾最远处的景观了。那西边就见杂乱的山峰回绕，相互掩映，丛林山菁盘绕交错，远处虽无法与东面相比，可近处这些山峰却多有自相遮蔽的地方。那南边就是支脉一直延伸，近处开阔，远处的山峰环绕在前方，这是独木桥各地远处像带子一样往下延伸的山脉。西南方远处有两列山凑拢在一起，如两条眉毛从中分开，这里就是盘江往南流注经由的地方吗？那西面就是越州背靠的山峰。东面的山峰之外，又有一座山峰高悬在空中，高峰的南边向上耸起青翠的山顶，圆圆的好像圆形的车盖，这就是独自耸峙于陆凉州、路南州、师宗州、弥勒州四个州交界处的大龟山吗？天外南面的群峰，全部都是大龟山众多的支脉，而这座高峰又是大龟山的兄弟辈了。由山峰往西越过山脊稍往下走，就有石坡倾斜高悬，像块平架着的磨刀石屹立着，坡上古树树影婆娑，也是在高高的山崖上仅有此处见到的景象。由此地经由石阶往西下行一里，有个曲折回绕的壑谷，中间下洼，四面闭合，又有处悬在中央的高台，平行俯瞰壑谷中，夹住坑谷的山冈，横向绵亘在壑谷外，石痕树荫，五彩掩映，云霞流动，让人身心全为之清醒。由横着的山冈往西南转，行二里，再越过一条山脊。又往西越过一座悬在中央的山冈，有索要路条的哨兵，没理他就离开了；越过山冈往西一里，再上坡，又是一里，向西穿越山隘，又有索要路条的哨兵，也是没理他就离开了；猜想都是所说的海崖土司的人。越过山脊，还是不能看见西面的盘江。又往西半里，西面的重重屏障才完了，往下远望视野开阔，一眼就看见盘江的江流自西北往东南流注而去，但江流流来的方向仍然不能尽情眺望。从这里向西沿石阶一直下走，一里后到达山坞中。

又西半里,循西山南转,半里,复稍上逾冈西,复平行岭上。半里,有岐,一直西下坑,一西南盘岭。见西南路稍大,从之。一里,得数家当岭头,其茅舍低隘,牛畜杂处其中,皆所谓㑩㑩也。男子皆出,妇人莽不解语,索炊具无有应者。是即所谓箐口也,海崖之界,于是止焉。由冈头西南去,为越州道;从此西北下,即越州属,为曲靖道。遂西北下岭。始甚峻,一里,转西渐夷。于是皆车道平拓,无龃龉之虑矣①。又西一里,饭于树下。又西驰七里,始有坞北来。遂盘东山北转,一里,始横截北来之坞。余始意坞中当有流南注,而不知其坞亦中洼也。坞中横亘一冈,南北俱成盘壑,而壑南复有冈焉。从中亘者驰而西,一里,复西上坡。又一里,陟坡之脊,亦有㑩㑩数家。问之道,不能对也。从脊西下三里,连越两坡,又见坞自北来南向去,其中皆圆洼贮水,有冈中间,不通流焉。从坡上西北望,则龙潭之山,自北分突,屏列而西,此近山也;西南望,则越州南岭,隔山遥障,所谓西峰也;而东峰之外,浮青直对,则大龟之峰,正与此南北相准焉。西下坡,又有一坞自北而南,南环为大坞,与东界连洼之坞合。此坞始有细流中贯,夹坞成畦。流上横小桥西度,有一老人持筐卖梨其侧,一钱得三枚,其大如瓯,味松脆而核甚小,乃种之绝胜者。闻此中有木瓜梨,岂即此耶?西上一冈,平行冈上四里,直抵西峰下,则有坞随其麓,而深涧潆之,所谓龙塘河也,然但见涧形,而不能见水。乃西下坡约半里,随坞出西南,先与一小水遇,随之;既乃截坞而西,又半里,始与龙塘河遇②,有大石梁跨其上。桥右村庐累累,倚西山而居,始皆瓦房,非复茅舍矣。龙塘河之水,发源于东北山峡中,其处环潭甚深,为蛟龙之窟,即所谓曲靖东山之东峡也。其山北自白水铺西分水岭分支南下,亘曲靖之东,故曰东山;而由此视之,则为西岭焉,南至此,濒河而止。其西腋之中,为阎木山;东腋之中,为龙潭,即此水之所出矣。自箐口西下坞中,即为越州属,州境至此西止,而田畴悉环聚焉。

【注释】

①龃龉(jǔ yǔ):同"岨峿",《游记》亦作"砠硻",形容地面参差不平。

②龙塘河:今称"龙潭河",从北往南流贯曲靖市麒麟区茨营坝,在越州附近汇入南盘江。

【译文】

又往西行半里,沿西山往南转,行半里,又稍上走翻越到山冈西面,再平缓行走在岭上。行半里,有岔路,一条向正西下到深坑中,一条往西南绕着山岭走。看见往西南走的路稍微大一些,便从这条路走。行一里,见到几家人位于岭头,他们的茅屋低矮狭窄,牛马牲畜杂处在房屋中,全是所说的伢伢了。男子都外出了,妇女茫然不懂汉语,向她们要炊具没有答应的人。这里就是所谓的箐口了,海崖土司的地界,到此为止了。由冈头往西南去,是去越州的路;从此处的西北下山,就是越州的属地,是去曲靖府的路。于是往西北下岭。开始时十分陡峻,行一里,转向西渐渐平坦起来。从这里起,都是车路平坦宽阔,没有高高低低的忧虑了。又往西一里,在树下吃饭。又向西快走七里,开始有山坞从北边过来。于是绕着东山往北转,行一里,才横截过从北面来的山坞。我起初估计山坞中应当有水流向南流淌,却不知这个山坞也是中间下洼的地方。山坞中横亘着一座山冈,南北两面都形成盘绕的壑谷,而壑谷南边又有山冈。从那座在中间横亘着的山冈向西疾走，行一里，又向西上坡。又行一里，登上坡脊，也有几家伲倮。向他们问路，不能回答。从坡脊往西下行三里，一连越过两道坡，又见有从北面来向南去的山坞，山坞中都有圆圆的洼地贮着水，有山冈隔在中间，水流不相通。从坡上向西北远望，就见龙潭所在的山，从北面分出高耸的支脉，屏风样排列往西延去，这是近处的山；向西南望去，就见越州的南岭，隔着一座山，成为远山的屏障，就是所谓的西峰了；而东峰之外，与青翠的山峰直直相对，就是大龟山的主峰，正好与这里南北相对。往西下坡，又有一个山坞自北往南，南面环绕成大山坞，与东面有连片洼地的山坞会合。这个山坞中开始有细小的水流流贯坞中，夹着山坞开垦成田地。水流上横架着小桥走过西边，有位老人拿着筐子在小桥旁卖梨，一个铜钱三个，梨大如碗，滋味松脆且梨核很小，是品种极佳的梨。听说这一带有种木瓜梨，难道就是这种梨吗？向西登上一座山冈，在山冈上平缓行走四里，直达西峰下，就有山坞顺着西峰的山麓绕过，而深深的山涧萦绕在山坞中，这是所谓的龙潭河了。然而只是看见山涧的形状，还不能看见水。于是往西下坡约有半里，顺着山坞往西南走出去，最先与一条小河相遇，沿着河水走；随后便横截山坞往西走，又行半里，这才与龙潭河相遇，有座大石桥跨在河上。桥右边村居房屋层层叠叠的，紧靠西山居住，开始全部是瓦房，不再是茅屋了。龙潭河的水，发源于东北方的山峡中，那里圆形的潭水很深，是蛟龙的洞窟，就是所谓的曲靖东山的东峡了。那里的山自北面的白水铺西边的分水岭分出支脉往南下延，绵亘到曲靖的东面，所以叫做东山；可从此地看它，却又是西岭了，往南延伸到这里，到河边为止。东山西侧的地方，是阆木山；东侧的地方，是龙潭，就是这条河水流出来的地方。从箐口往西下到山坞中，马上就是越州的属地，越州的地界西面到此为止，而全是田野环绕聚集在山坞中。

　　由村西上坡，即东山之南尽处也。二里，逾冈头，方踞石少憩，忽一人自西岭驰来，谓余曰："可亟还下山宿。前岭方有盗劫人，毋往也。"已而其妇后至，所语亦然。而仰视日方下午，前终日驰无人之境，皆豺狼魑魅之窟，即深夜幸免，岂此昼行，东西夹山而居者甚众，反有贼当道耶？因诘之曰："既有贼，汝何得至？"其人曰："彼方剥行者衣，余夫妇得迂道来耳。"余疑此人欲诳余还宿，故托为此言。又思果有之，今白日返宿，将明日又孰保其不至耶？况既劫人，彼必无复待之理，不若即驰而去也。遂叱顾仆行，即从冈上盘北山而西。盖北即东山南下之顶，南即其山下坠之峡，而盘江自桥头南下，为越州后横亘山所勒，转而东流，遂截此山南麓而断之，故下皆砠砺。路横架岭上，四里抵其中，旁瞩北岭，石参差而岫屼嵚，觉云影风枝，无非惴人之具，令人错顾不定，投趾莫择。又西四里，始西南下片石中。其处土倾峡坠，崩嵌交错，而石骨露其中，如裂瓣缀行。其坠处皆流土，不可着足，必从石瓣中宛转取道。其石质幻而色异，片片皆英山绝品，惟是风鹤惊心，不能狎憩而徐赏之。亡何①，已下见西坞南流之江，知去桥头不远，可免虎口，乃倚石隙少憩，竟作青莲瓣中人矣。

【注释】

①亡（wú）何：不久。

【译文】

　　从村西上坡，是东山在南面的尽头处。行二里，越到冈头，刚坐在石头上稍作休息，忽然一个人从西岭奔跑过来，对我说："可以赶快返回山下去住。前面岭上刚才有强盗抢人，不要过去了。"不久他的女人在后面来到，所说的也一样。可抬头看太阳，正好下午，先前一整天奔走在无人之境，全都是些豺狼鬼怪的窟穴，即使在深夜也能幸免于难，难道在此地大白天走路，东西两面夹山居住的人很多，反而有强盗拦路抢劫吗？因此追问他们说："既然有强盗，你们怎么能够来到？"那两人说："那些强盗正在剥行人的衣服，我们夫妇才得以绕道过来了。"我怀疑这个人想骗我返回去住宿，故意假托说出这话。又想，如果真有强盗，今天白天返回去住下，到明天谁又能保证强盗不来呢？况且那些强盗抢人之后，必定没有再等在那里的道理，不如马上快跑过去算了。于是大声呼唤顾仆上路，立即从冈上绕着北山往西走。大体上，北面就是东山往南下延的山顶，南面就是东山下坠形成的峡谷，盘江从桥头往南下流，被越州后面横亘着的山约束，转向东流，于是横穿过此山的南麓把山截断，所以下走的路坎坷不平。道路横架在岭上，四里到达东山中部，从侧面看北岭，山石参差不齐，山峰突兀，山上光秃秃的，觉得云影移动，风吹树枝，无非都是让人害怕的道具，使人不停地四处环顾，下脚慌不择路。又往西行四里，才下到西南方的片石丛中。这里的泥土被冲刷坠入山峡中，崩塌深嵌的岩石交错在一起，而骨状的岩石裸露在泥土中，如同裂开的花瓣连缀排成行。那些泥土坠落之处全是松动的泥土，不能下脚，必须从片片石瓣中弯来转去地找路走。这里的石头石质奇幻而色彩各异，片片都是英山石中的绝品，只是风声鹤唳，草木惊心，不能随意休息再慢慢欣赏它们了。不久，已经下走见到西面山坞中往南流的江水，心知离桥头已不远，可免于虎口，这才靠着石缝稍作休息，竟然作了一回青色莲花瓣中的人了。

　　从石中下者一里，既及西麓，复行支陇，遂多聚庐之居。又一里，路北江回堰曲，中涵大塘一围，四面丰禾环之；东有精庐，高倚东山之麓；西则江流所泄，而石梁横跨之。又行畔间半里，始及石梁。其梁不高而长，是为南盘之源，北自炎方、交水、曲靖之东①，直南至此。是桥为曲靖锁钥，江出此即东南流，绕越州之东而南入峡焉。逾梁而西约半里，上坡北，而宿于逆旅，即昔之所过石堡村也。适夜色已暝，明月在地，过畏途，就安庐，乐甚。问主人："岭上有御人者，果有之乎？"主人曰："即余邻人。下午樵于山，数贼自山后跃出，剥三人衣，而碎一人首。与君来时相后先也。"予于是始懔然悚，还欣然幸，深感前止宿者之厚情②，而自愧以私衷臆度之也。盖是岭东为越州，西为石堡，乃曲靖卫屯军之界，互相推诿，盗遂得而乘之耳。

【注释】

①炎方：明为炎方驿，今名同，在沾益县北境。

②"予于是始懔然悚"以下几句：原脱"懔然悚还欣然幸深"及"厚"等字，据"四库"本补。

【译文】

从石瓣中下山的路有一里，随即来到西边的山麓，再走在分支的土陇上，便有很多聚居的房屋。又行一里，道路北边江流回绕水坝弯曲，堤坝中蓄着圆圆一大塘水，四面丰美的稻禾环绕着水塘；东边有精致的房舍，高高的紧靠着东山的山麓；西边则是江流奔泻，而石桥横跨在江流上。又行走在田畴间半里，才来到石桥。这座桥不高但很长，桥下的水，是南盘江的水源，北面从炎方驿、交水、曲靖府的东部，一直往南流到此地。这座桥是曲靖府的咽喉之地，江水流出这座桥立即往东南流，绕到越州的东面而后向南流入峡中。过桥后往西约走半里，上坡往北走，便住在旅店中，就是从前我路过的石堡村了。恰好天色已经昏黑，明月照射在地上，走过让人害怕的旅途，住进安全的客舍，十分快乐。

问店主人:"岭上有抢人的强盗,果真有强盗吗?"店主人说:"就是我的邻居被抢。下午在山上打柴,几个强盗从山后跳出来,剥掉三个人的衣服,而且敲碎了一个人的头。与您过来的时间前后一点。"我于是才真正感到恐惧,又欣然庆幸,深深感谢先前阻止我劝我回去住的那两个人的深厚情谊,而且暗自惭愧用私心揣测猜疑他们。大概此岭东面属越州,西面是石堡村,是曲靖卫驻军的地域,两家互相推诿,盗匪便得以乘机横行了。

初八日　昧爽饭,索酒而酌,为浴泉计。遂由村后越坡西下,则温泉在望矣[①]。坞中蒸气氤氲,随流东下,田畦间郁然四起也。半里,入围垣之户,则一泓中贮,有亭覆其上,两旁复砖甃两池夹之。北有榭三楹,水从其下来,中开一孔,方径尺,可掬而盥也。遂解衣就中池浴。初下,其热烁肤,较之前浴时觉甚烈。既而温调适体,殊胜弥勒之太凉,而清冽亦过之[②]。浴罢,由垣后东向半里,出大道。是日碧天如濯,明旭晶然,腾翠微而出,浩波映其下,对之觉尘襟荡涤,如在冰壶玉鉴中。

【注释】

①温泉:即石堡温泉,为碳酸泉,宜于饮用,可治疗肠胃病。今建有温泉疗养院,从曲靖有公路可达。

②"殊胜弥勒之太凉"两句:明清弥勒县境温泉有三。城北三十里的步阙温泉,不当开远、弥勒、泸西道上。今弥勒城西的梅花温泉,温度不算低。据康熙《弥勒州志》:"翠微温泉,朋普翠微阁,清如步阙,春夏稍凉,浴宜秋冬。"正符合《游记》所述。霞客浴者应为弥勒朋普的翠微温泉。

【译文】

初八日　拂晓吃饭，要酒来喝下，为去温泉洗浴做准备。随后由村后越过山坡往西下走，则温泉在望了。山坞中蒸汽蒸腾，顺着水流往东下去，田畦间浓郁的蒸汽四处冒起。行半里，进入低矮围墙的门内，墙内贮满一池泉水，有亭子覆盖在池子上，两旁又用砖砌了两个池子夹住它。北面有三间水榭，泉水从水榭下边冒出来，中间开有一个孔，孔的每边长一尺，可用手捧起来洗漱。于是脱下衣服到中间的池子中洗浴。刚下水时，水热得烫皮肤，感觉比从前洗浴过的温泉更强烈。不久温度便变得适宜体温，大大胜过弥勒温泉太凉的水温，而清冽的程度也超过弥勒温泉。沐浴完毕，从矮墙后面向东行半里，出到大路上。这一天，蓝天如洗，鲜明的旭日亮晶晶的，从葱翠的青山中腾跃而出，浩渺的水波映照在阳光下，面对这样的美景，顿时觉得世俗的胸襟被涤荡得一干二净，如同置身于冰壶玉镜之中。

北行十里，过南城，又二十里，入曲靖南门①。时有戈参戎者，奉按君命，巡诸城堡，高幢大纛②，拥骑如云，南驰而去。余避道旁视之，如赫电，亦如浮云，不知两界青山见惯，祖当谁左也③。饭于面肆中。出东门半里，入东山寺。是名青龙山，而实无山，郭东嶙峋④，高仅丈余，大不及五丈。上建大殿，前列层楼配之，置宏钟焉，钟之大，余所未见也。殿左有藏经阁，其右楼三层，皆翼于嶙峋之旁而齐其末者。徙倚久之，出寺右，循城而北，五里，出演武场大道。又三里过白石江，又二里过一坡。又十里抵新桥，殷雷轰然，大雨忽至，避茅檐下，冰霰交作，回风涌之，扑人衣面，莫可掩蔽。久之乃霁。仍北行，泞滑不可着趾。十里抵交水⑤，入南门。由沾益州署前抵东门⑥，投旧邸龚起潜家。见其门闭，异之，叩而知方演剧于内也。余以足泥衣垢，不乐观优⑦，亟入其后楼而憩焉。沾益惟土司居州治，而知州之署则在交水。

【注释】

①曲靖：明设曲靖府和曲靖卫，皆治南宁，即今曲靖市麒麟区。潇湘江边的古城遗迹，至今还依稀可见。曲靖一带曾经是云南的行政中心。南北朝时期的宁州治所味县在今曲靖市麒麟区西北的三岔。唐宋时又称石城，隋代南宁州总管府及唐代前期的南宁州都督即治石城。南诏和大理时皆设石城郡，为控制滇东的重镇。现今曲靖一中的碑亭内，保存了乾隆年间在曲靖杨旗田出土的爨宝子碑，系东晋大亨四年（即义熙元年，405）立。另有石城会盟碑，记述了明政三年（971）大理割据政权与三十七部会盟的事。两碑书法极精，且是爨氏和段氏时期的重要史料，皆为全国重点文物保护单位。

②幢（chuáng）：古时作为仪仗用的一种旗帜。

③袒当谁左：意即谁露出左臂表示拥护。袒当，左袒或右袒，即露出左臂或右臂。西汉时，大将周勃清除吕氏，在军中对众说：拥护吕氏的右袒，拥护刘氏的左袒。结果军队都左袒，表示拥护刘氏。

④嶅嵝（lǒu）：同"培嵝"，即小土山。

⑤交水：元设交水县。明代废县，但地名仍称交水，属沾益州。即今沾益县治。

⑥沾益：明设沾益州，隶曲靖府，包有今宣威、富源、沾益三市县地，治今宣威市区。明末，沾益州土官叛乱，流官知州于天启二年（1622）逃到交水，筑城寄治，而沾益土司仍居州治，在今宣威市，于是出现土官流官各自设署的情况，此处所述沾益州署即流官治所。清代雍正五年（1727）改土归流，于原沾益州治处新设宣

威州，即今宣威市；并承认已迁交水的为沾益州。至此，原属沾益州的范围析为两个州。

⑦不乐观优：原脱"优"字，据"四库"本补。

【译文】

往北行十里，经过南城，又行二十里，进入曲靖府南门。这时有个姓戈的参将，奉按察使的命令，巡视各地的城堡，仪仗队中旗帜如林，大旗高举，如云的骑兵簇拥着，向南奔驰而去。我回避在路旁观察他们，如同吓人的雷电，也像浮动的云彩，不知两面的青山见惯这种场景，它们会拥护谁呢？在卖面的店铺中吃饭。走出东门半里，进入东山寺。这里名叫青龙山，可实际没有山，只是外城东边的小土山，高处仅有一丈多，大处不到五丈。上面建有大殿，前方立着一座层楼陪衬大殿，楼内放置了一口大铜钟，铜钟如此之大，我从来没见过。大殿左边有藏经阁，大殿右边有座三层高的楼，都是像翅膀一样建在小土山的两旁而与小土山的后面齐平的建筑。徘徊流连了很久，出来走到寺右，沿着城墙往北走，行五里，出到演武场的大路上。又行三里经过白石江，又走二里翻过一道坡。又行十里来到新桥，隆隆雷声轰鸣，暴雨忽然来临，到茅屋房檐下避雨，冰雹雨点交织，旋风翻涌，雨点扑打人的衣服和脸上，没有办法遮挡。很久后天才转晴。仍然往北行，道路泥泞不可落脚。行十里到达交水，进入南门。经由沾益州衙门前走到东门，到原来住过的龚起潜家投宿。见他家的大门紧闭，心中奇怪，敲门后才知道正在内院演戏。我因为双脚都是泥土衣服满是污垢，不喜欢看戏，急忙进入他家的后楼去休息。沾益州只有土司住在州治内，而知州的官署却在交水。

初九日　余倦于行役①，憩其楼不出，作数日游纪。是日为重九，高风鼓寒。以登高之候，而独作袁安僵卧之态②，以日日跻攀崇峻不少也。下午，主人携菊具酌，不觉陶然而卧。

【注释】

①行役：即行旅，在外长途跋涉。

②袁安：字邵公，东汉汝南人。洛阳下大雪，人多出来乞讨吃食，袁安独僵卧不起，被洛阳令知道，举为孝廉，后官至司徒。

【译文】

初九日　我厌倦了长途跋涉，在后楼中休息不出门，写几天来的游记。这天是重九节，高楼上凉风吹来寒意。在这登高望远的节候上，我却独自一人作出袁安僵卧不起的姿态来，是因为天天跋涉攀登的崇山峻岭不少了。下午，主人带来菊花备下酒菜，不知不觉舒畅快乐地睡下了。

初十日　寒甚，终日阴翳。止寓中，下午复雨，彻夜不休。

【译文】

初十日　冷极了，整天阴云遮天。停留在寓所中，下午又下雨，一夜不停。

十一日　余欲行，主人以雨留，复为强驻，厌其酒脯焉①。初余欲从沾益并穷北盘源委，至交水，龚起潜为余谈之甚晰，皆凿凿可据，遂图返辕，由寻甸趋省城焉。

【注释】

①厌：吃饱。

【译文】

十一日　我打算动身，主人用下雨挽留，又因此勉强住下来，在这里饱吃他家的酒肉。最初我打算从沾益州走,连同穷究北盘江的源流,到了交水,龚起潜对我讲起北盘江的源流十分清晰,全都确凿有依据,便考虑往回走,经由寻甸府去省城了。

十二日　主人情笃,候饭而行,已上午矣。十里仍抵新桥①,遂由岐溯流西南行。二里抵西南小山下,石幢之水②,乃从西北峡中来,路乃从西南峡中入。一里登岭,一里陟其巅。西行岭上者又一里,乃下。初从岭头下瞰西坞,有庐有畴,有水潆之,以为必自西而东注石幢者。迤逦西下者又一里,抵坞中,则其水返西南流,当由南谷中转东而出于白石江者③。询是村为戈家冲④。由是而西,并翠峰诸涧之流,皆为白石江上流之源矣。源短流微,潆带不过数里之内,而沐西平曲靖之捷⑤,诧为冒雾涉江,自上流渡而夹攻之,著之青史,为不世勋,而不知与坳堂无异也⑥。征事考实,书之不足尽信如此! 于是盘折坂谷四里,越刘家坡,则翠峰山在望矣。盖此山即两旁中界之脊,南自宜良分支⑦,北度木容箐,又北而度火烧箐岭,又北而度响水西岭,又北而结为此山;又西夹峙为回龙山,绕交水之西北,经炎方,又北抵沾益州南;转东,复折而南下,峙为黑山,分为两支。正支由火烧铺、明月所之间南走东折,下安笼所,入泗城州,而东峙为大明山,遂尽于浔州。旁支西南由白水西分水岭,又分两支:直南者由回窖坡西岭,西南峙为大龟山,而尽于盘江南曲;西南分支者,尽于曲靖东山。其东南之水,下为白石江;东北之水,下为石幢河;而西则泄于马龙之□江⑧,而出寻甸,为北盘江焉。然则一山而东出为南盘,西出为北盘,惟此山及炎方足以当之；若曲靖东山，则旁支错出，而《志》之所称悉误也。由刘家坡西南，从坡上行一里，追及一妪，乃翠峰山下横山屯人也。随之又西一里，乃下坡。径坞一里，有小水自西北来，小石梁跨之。从此西南上坡，为三车道；从此直西溯小水，自西南岸入，为翠峰间道。其路若续若断，横截坞陇。三里，有大道自东南来，则自曲靖登山之径也，于是东南望见三车市矣⑨。遂从大道西行，二里，将抵翠峰下，复从小径西南度陇。风雨忽至，顷刻而过。一里，下坡涉深涧，又西上坡半里，抵横山屯。其屯皆徐姓。

【注释】

①新桥：今名同，在西河南岸，沾益南境，沾益、曲靖间的公路东侧。

②石幢：即石幢河，清代称阿幢河，今称西河，从西往东流入盘江。

③白石江：今名同，在曲靖火车站南，从西向东流，又折南入潇湘江，水小处几乎只等于一条大沟。

④戈家冲：今作“戈家屯”，在曲靖麒麟区西北隅。

⑤沐西平：即沐英。古人习惯以某人的官爵名为其别号，沐英受封为西平侯，故人多称沐西平。

⑥坳堂：同“坳塘”，即最小的水塘。

⑦宜良：明为县，隶云南府，即今宜良县。

⑧□江：原空一字。《明一统志》：“东河，在马龙州治东。”“西河，在马龙州治西，东流合东河，入寻甸军民府界。”江源今仍称东河，以下各段今称龙潭河、马过河、马龙河。

⑨三车市：明时又称“三岔口堡”。今作“三岔”，在曲靖市区西北。

【译文】

十二日　主人情意深厚，等吃饭后上路，已经是上午了。十里仍来到新桥，就由岔路溯水流往西南行。二里走到西南方的小山下，石幢河的水，是从西北的峡中流来，路是从西南的峡中进去。一里后登岭，一里登上岭头。往西行走在岭上又是一里，于是下岭。当初从岭头上往下俯瞰西边的山坞，有房屋有田亩，有水潆绕在山坞中，以为必定是自西往东注入石幢河的水流。弯弯转转又向西下走一里，来到山坞中，就见那河水返过来往西南流，应当是从南面的山谷中转向东后流出到白石江的河水。打听到这个村子叫戈家冲。从这里往西，以及翠峰山各条山涧中的水流，都是白石江上游的水源。源短水小，潆绕流经的地方不过在几里之内，可西平王沐英在曲靖的胜战，却夸大为冒着浓雾涉过江水，从上游渡江后夹攻敌军，把它记入史书，成为不可一世的功勋，却不知这些小溪与小水塘没什么不同了。征引史事要考察实际，史书中的记载不值得完全相信竟然如此！从这里盘绕曲折在山坡山谷间四里，越过刘家坡，就见翠峰山在望了。大体上，这座翠峰山就是两旁群山从中分界的山脊，南面从宜良县分出支脉，往北延过木容菁，又往北延伸到火烧菁岭，又往北延过响水西岭，又往北延伸盘结为这座山；又往西延伸，夹峙为回龙山，绕到交水的西北，经过炎方驿，又往北延到沾益州南面；转向东，再折往南下延，耸峙为黑山，分为两条支脉。正面的一条支脉，从火烧铺、明月所之间向南延伸往东折，下延到安笼所，进入泗城州，往东耸峙为大明山，最终在浔州到了尽头。旁边的一条支脉，在西南面从白水铺西边的分水岭，又分出两条支脉：一直往南延伸的，从回窑坡的西岭往西南延伸，耸峙为大龟山，然后在盘江向南弯曲的地方到了尽头；往西南分出的支脉，在曲靖东山到了尽头。翠峰山东南的水，流下去是白石江；东北面的水，流下去是石幢河；而西面的水下泄到马龙州的□江，然后从寻甸府流出，成为北盘江了。既然这样，那么一座山往东流出去的水是南盘江，往西流出去的水是北盘江，只有这座翠峰山和炎方驿所在的山才足以胜任；如果说是曲靖府的东山，可东山四旁的支脉错杂交出，因而《一统志》所说的全错了。由刘家坡西南方，从坡上行一里，追上一位老妇人，是翠峰山下横山屯的人。跟随她又往西行一里，于是下坡。穿越山坞一里，有条小河从西北流来，小石桥跨在河上。从此地向西南上坡，是去三车市的路；从此地一直向西溯小河走，从西南岸进去，是去翠峰山的小路。这条小路时断时续，横穿山坞土陇。行三里，有条大路从东南方前来，那是从曲靖府登翠峰山的路，在这里往东南方可以望见三车市了。于是沿大路往西行，行二里，将要走到翠峰山下，再从小径往西南越过土陇。风雨忽然来临，顷刻就过去了。行一里，下坡涉过深深的涧水，又向西上坡行半里，到达横山屯。这个屯里的人都姓徐。

老妪命其子从村后送余入山。半里抵其麓，即有两小涧合流。涉其北来者，溯其西来者，遂蹑峻西上。一里半，盘岭头而北，转入西峡中，则山之半矣。其山自绝顶垂两支，如环臂东下：北支长，则缭绕而前，为新桥西冈之脉；南支短，则所蹑以上者。两臂之内，又中悬一支，当坞若台之峙，则朝阳庵踞其上，庵东北向。其南腋又与南臂环阿成峡，自峰顶逼削而下，则护国旧寺倚其间。自西峡入半里，先达旧寺，然后东转上朝阳，以旧寺前坠峡下堑也。旧寺两崖壁夹而阴森，其病在旁无余地；朝阳孤台中缀而轩朗，所短在前少回环。余先入旧寺，见正殿亦整，其后遂危崖迥峭，藤木倒垂于其上，而殿前两柏甚巨，夹立参天。寺中止一僧，乃寄锡殿中者①，一见即为余爇火炊饭。余乃更衣叩佛，即乘间东登朝阳。一头陀方曳杖出庵门②。余入其庵，亦别无一僧，止有读书者数人在东楼。余闲步前庭。庭中有西番菊两株，其花大如盘，簇瓣无心，赤光灿烂，黄菊为之夺艳,乃子种而非根分③,此其异于诸菊者。前楼亦幽迥,庭前有桂花一树,幽香飘泛,远袭山谷。余前隔峡盘岭,即闻而异之,以为天香遥坠,而不意乃敷葶所成也④。桂芬菊艳,念此幽境,恨无一僧可托。还饭旧寺,即欲登顶为行计,见炊饭僧殷勤整饷,虽瓶无余粟,豆无余蔬,殊有割指啖客之意,心异之。及饭,则己箸不沾蔬,而止以蔬奉客,始知即为淡斋师也。先是横山屯老妪为余言:"山中有一僧,损口苦体,以供大众。有予衣者,辄复予人。有饷食者,己不盐不油,惟恐众口弗适。"余初至此讯之,师不对,余肉眼不知即师也。师号大乘,年甫四十,幼为川人,长于姚安,寄锡于此,已期年矣⑤。发愿淡斋供众,欲于此静修三年,百日始一下山。其形短小,而目有疯痒之疾。苦行勤修,世所未有。余见之,方不忍去,而饭未毕,大雨如注,其势不已,师留止宿,余遂停憩焉。是夜寒甚,余宿前楹,师独留正殿,无具无衾,彻夜禅那不休⑥。

【注释】

①寄锡:行脚僧投某寺院暂住,必须将他随身带的锡杖挂在僧堂东西两边的壁上。故称寄锡、挂锡。又称挂单。

②头陀:梵文音译,意为"抖擞",即苦行僧。头陀应守住空闲处、常乞食、穿百衲衣等十二项苦行,称头陀行。后来也称行脚乞食的僧人为头陀。

③乃子种而非根分:"根"原作"苗",据徐本、陈本改。

④敷葶(fū è):开花。

⑤期(jī)年:一整年。期,原作"暮",据徐本、"四库"本、丁本改。

⑥禅那:梵文音译,通常称"禅定",略称"禅",即安静而止息杂虑的意思,为佛教修行的方法之一。禅定时,只许静坐,不能卧床睡眠,因此,禅定也叫坐禅。

【译文】

老妇人命令她的儿子从村后送我进山。行半里来到翠峰山山麓,马上有两条小山涧合流。涉过那条从北边流来的山涧水,沿着那条从西边流来的山涧逆流而上,于是沿陡峻的山势往西上走。行一里半,绕着岭头往北走,转进西面的山峡中,就是山的半中腰了。翠峰山的山势从绝顶上垂下两条支脉,如同手臂环抱向东下延:北面的支脉长,就环绕在前方,是新桥西冈的山脉;南面的支脉短,就是我攀登上山的地方。两条手臂之内,又高悬着一座支峰,在山坞中像高台一样屹立着,而朝阳庵就坐落在山峰上,朝阳庵面向东北。这座山峰的南侧又与南面一只手臂样的山的转弯处环绕成峡谷,从峰顶逼窄陡削地深坠而下,护国旧寺就紧靠在峡谷中。自西面的峡谷中进去半里,先到达护国旧寺,然后向东转登上朝阳庵,因为护国旧寺前方峡谷往下深坠成堑沟。护国旧寺两面崖壁相夹而阴森森的,它的毛病在于四旁没有空地;朝阳庵点缀在独自耸立的高台中央而高敞明朗,它的短处在于前方少有回旋的余地。我先进入护国旧寺,见到正殿也还整齐,寺后就是高耸的悬崖高险陡削,古藤树枝倒垂在悬崖上,大殿前的两棵柏树十分巨大,夹立在两旁,高入云天。寺内只有一个僧人,是借住在寺中的行脚僧,一见面就马上为我烧火做饭。我于是换了衣服叩拜佛祖,随即乘空向东登上朝阳庵。一个头陀刚好拖着锡杖走出庵门。我进入朝阳庵,也没有别的僧人,在东楼只有几个读书的人。我在前边的庭院中漫步。庭院中有两棵西番菊,菊花大如盘子,花瓣簇拥没有花蕊,红光灿烂,黄菊的艳丽被它夺去了,是用种子栽种而不是分根移栽,这一点就是西番菊不同于其他各种菊花的地方。前楼也很幽静深远,庭院前有一棵桂花树,幽香飘逸,香气远飘山谷。我先前隔着峡谷盘绕在岭上时,就闻到花香而感到奇怪,以为是天上的香气从远处降下来,却想不到是桂树开花形成的。桂花芬芳,菊花艳丽,心想如此幽雅的环境,遗憾没有一个僧人可以投宿。返回到护国旧寺吃饭,打算饭后就动身登顶,看见做饭的僧人殷勤地准备饭食,虽然缸中没有多余的粮食,盘中没有多余的菜蔬,却大有割下手指头来待客的心意,心里很惊异。到吃饭时,僧人自己却筷子不沾菜,却只是把菜敬给客人,这才知道他就是淡斋禅师了。这之前,横山屯的老妇人对我说:"山中有一位僧人,省嘴苦自己,用来供养大众。有人给他衣服,他总是又送给别人。有人供给他饭食,他自己不放盐不加油,唯恐不合众人的口味。"我刚到此处时就打听淡斋禅师,禅师不回答,我的肉眼不知道就是禅师了。禅师法号叫大乘,年纪才四十岁,幼年时在四川,长在姚安府,暂住在这里,已经一整年了。发愿要素食淡斋,供养众人,打算在此静修三年,一百天才下山一次。他的身形矮小,而且眼睛有疯痒病。苦心修行,勤苦修炼,世上所没有。我见到他这样,正在不忍心离开,而饭没吃完,大雨如注,雨势不会停止,禅师留我住宿,我便停留在寺中歇息。这天夜里冷极了,我住在前屋,禅师独自一人留在正殿,没有床铺没有被子,整夜坐禅不止。

十三日　达旦雨不止,大乘师复留憩。余见其瓶粟将尽,为炊粥为晨餐,师复即另爨为饭。上午雨止,恐余行,复强余餐。忽有一头陀入视,即昨朝阳入庵时曳杖而出者,见余曰:"君尚在此,何不过我?我犹可为君一日供,不必啖此也①。"遂挟余过朝阳,共煨火具餐。师号总持,马龙人,为曲靖东山寺住持,避嚣于此,亦非此庵主僧也,此庵主僧曰瑞空,昨与旧寺主僧俱入郡,瑞空归而旧寺僧并不知返,盖皆蠢蠢,世法佛法,一无少解者。大乘精进而无余资,总持静修而能搏节②,亦空山中两胜侣也。已而自言其先世为姑苏

吴县籍③,与余同姓。昔年朝海过吴门,山塘徐氏欲留之放
生池,师不果而归。今年已六十三矣。是夜宿其西楼,寒更
甚,而夜雨复潺潺。

【注释】

①啖(dàn):吃。

②撙(zǔn)节:节省。

③姑苏:苏州府治西南有姑苏山,因以姑苏为苏州府的别名。吴
　县:为苏州府附郭县,在今江苏苏州市。

【译文】

十三日　通宵达旦雨下个不停,大乘法师又挽留住下休息。我见
他缸中的米将要完了,为此煮粥当早饭,法师又立刻另外烧火做饭。上
午雨停了,担心我就走,又强留我吃饭。忽然一个头陀进来看,就是昨
天进朝阳庵时拖着锡杖出门的那个人,见到我,说:“您还在这里,为何
不去探望我? 我还可以为您提供一天的食宿,不必在这里吃了。”于是
强拉着我去朝阳庵,一同烧火做饭。禅师法号叫总持,是马龙州人,是
曲靖府东山寺的住持,为躲避吵闹来到此地,也不是这座寺庵的住持僧
人。这个寺庵的住持僧人叫瑞空,昨天与护国旧寺的住持僧人一起去
曲靖府,瑞空归来而护国旧寺的僧人并不知道他回来,大概都是些愚昧
无知,世上的法度佛门的法规,全都很少了解的人。大乘法师精心苦修
却没有多余的资财,总持法师静心修行而能节省,也是空阔的山野中两
位绝佳的同伴。不久他自己说起,他祖辈的籍贯是苏州府吴县,与我是
同姓。前些年去朝海经过吴门,山塘的徐氏想要把他留在放生池,总持
法师没有答应便归来了。今年已经六十三岁了。这天夜里住宿在朝阳
庵西楼,冷得更厉害,而且夜里雨又哗哗下起来。

十四日　雨竟日不霁，峭寒砭骨①，惟闭户向火②，不能移一步也。

【注释】

①砭（biān）骨：刺骨。

②向火：围坐在火塘边烤火取暖，至今云、贵仍称向火。

【译文】

十四日　整天下雨没晴开，严寒刺骨，只好关上门烤火，不能出门挪动一步了。

翠峰山①，在曲靖西北，交水西南，各三十里，在马龙西四十里，秀拔为此中之冠。朝阳庵则刘九庵大师所开建者。碑言师名明元，本河南太康人②，曾中甲科③，为侍御④。嘉靖甲子⑤，驻锡翠峰。万历庚子有征播之役⑥，军门陈用宾过此⑦，感师德行，为建此庵。后师入涅槃⑧，陈军门命以儒礼葬于庵之东原。土人言：刘侍御出巡，案置二桃，为鼠所窃。刘窥见之，佯试门子曰⑨："汝何窃桃？"门子不承。吓之曰："此处岂复有他人，而汝不承。吾将刑之。"门子惧刑，遂妄承之。问："核何在？"门子复取他核以自诬。刘曰："天下事枉者多矣！"乃弃官薙发于此⑩。

【注释】

①翠峰山：今名同，跨在曲靖市麒麟区与马龙县间，海拔 2245 米。依实际方位应为马龙东北，"在马龙西四十里"的"西"字疑误。朝阳庵、护国寺、太平庵、八角庵、金龙庵、盘龙寺、灵官庙等散列山间，顶有翠和宫。是一处较具规模的宗教和旅游胜地，惜后来

损毁严重。近年渐被恢复。

②太康：明为县。即今河南太康县。

③甲科：科举制度时，试题依其难易又分为甲、乙、丙、丁等科，甲科
　　指考试中最高的科目。后来，甲科即指进士。

④侍御：即侍御史。明清时，侍御史即监察御史，分道负责，属都察
　　院。御史出差在外，其衙署也称察院。当地俗称朝阳庵为察院
　　庵。天启《滇志》搜遗志载："九庵，姓刘氏，遁迹曲靖。有识之者
　　云，曾以通籍为达官，卧病垂死，有异人导之薙染，遂愈。在滇十
　　余年而卒。言论修持，退迩皈仰。"徐霞客亲履朝阳，《徐霞客游
　　记》记刘九庵事迹最详。

⑤嘉靖甲子：即嘉靖四十三年(1564)。

⑥万历庚子：即万历二十八年(1600)。播：即播州宣慰司，明属四
　　川，治今贵州遵义市城区。土司杨氏世有其地，万历二十八年
　　(1600)平定杨应龙，即此处所说的"征播之役"。次年改置遵义
　　军民府，并置附郭县遵义。

⑦军门：明代亦称总督、巡抚为军门。陈用宾为巡抚，故称军门。

⑧涅槃(niè pán)：为梵文音译，指僧人逝世，又称"入灭"或"圆寂"。

⑨门子：明代对官衙下人的鄙称。

⑩薙发：剃光头发，披上袈裟，出家为僧，又称"披薙"、"落发"。薙，
　　即"剃"。

【译文】

　　翠峰山，在曲靖府西北，交水西南，距两地各有三十里，在马龙
州西面四十里，秀丽挺拔是这一带最著名的。朝阳庵是刘九庵大
师开始创建的寺庵。碑文上说，大师名叫明元，本来是河南省太康
县人，曾经考中进士，担任监察御史。嘉靖甲子年，住在翠峰山修
行。万历庚子年有征讨播州宣慰司的战事，巡抚陈用宾路过此地，
感动于大师的德行，为他建造了这座寺庵。后来大师逝世，陈巡抚

命令按照儒家的礼仪埋葬在朝阳庵东边的平地上。当地人说：刘监察御史外出巡视，桌案上放着两个桃子，被老鼠偷吃了。刘九庵暗中窥见到了，假装试探手下人说："你为什么偷桃？"手下人不承认。又吓唬他说："此处难道还有其他人，可你却不承认。我要对你用刑。"手下人害怕受刑，便胡乱承认偷吃了桃。又问："桃核在哪里？"手下人又拿别的桃核诬陷自己。刘九庵说："天下之事，被冤枉的人太多了！"于是放弃官职，剃发出家来到此地。

曲靖者，本唐之曲州、靖州也①，合其地置府，而名亦因之。

【注释】

①曲州、靖州：唐代曲州在今昭通，靖州在今昭通市昭阳区北的靖安镇。但从元代开始，误认为曲州、靖州皆在今曲靖，并取名曲靖路，相沿讹误至今。

【译文】

曲靖府这个地方，本来是唐代的曲州、靖州，合并两地设置为府，而且名字也沿用原名。

沾益州土知州安边者，旧土官安远之弟，兄终而弟及者也。与四川乌撒府土官安孝良接壤，而复同宗。水西安邦彦之叛，孝良与之同逆。未几死，其长子安奇爵袭乌撒之职，次子安奇禄则土舍也。军门谢命沾益安边往谕水西，邦彦拘留之。当事者即命奇禄代署州事，并以上闻。后水西出安边，奉旨仍掌沾益，奇禄不得已，还其位；而奇禄有乌撒之援，安边势孤莫助，拥虚名而已。然边实忠顺，而奇禄狡猾，能结当道欢①。今年三月,何天衢命把总罗彩以兵助守沾益②,彩竟乘机杀边,并挈其资二千金去。或曰:彩受当道意指,皆为奇禄地也。奇禄遂复专州事,当道俱翕然从之。独总府沐曰:"边虽土司,亦世臣也,况受特命,岂可杀之而不问?"故至今九月间,沾益复杌楻不安③,为未定之局云。

【注释】

①当道:执掌政柄的人。

②把总:明代驻守京师的京营兵分三大营,设千总、把总等领兵官。各地总兵辖下的低级军官也称把总。此处指后者。

③杌楻(wù niè):本作"杌陧",意为不安。

【译文】

　　沾益州土知州安边这个人,是原土官安远的弟弟,哥哥死去后弟弟接替土司职位。与四川省乌撒府土官安孝良的领地接壤,而且又是同一祖宗。水西土司安邦彦叛乱时,安孝良与他一同反叛。安孝良没多久死去,他的长子安奇爵继承乌撒府土司的职位,次子安奇禄则担任土舍。谢巡抚命令沾益州安边前往告知水西,安邦彦拘留了安边。主管的人就任命安奇禄代理沾益州的政事,并上奏朝廷知晓。后来水西放出了安边,奉圣旨安边仍然掌管沾益州,安奇禄迫不得已,归还了职位;可安奇禄有乌撒府援助,安边势力孤单,没有人相助,徒有知州的虚名罢了。而且安边确实忠顺,安奇禄狡猾,能结交当权者,使他们欢心。今年三月,何天衢命令把总罗彩率兵协助防守沾益州,罗彩竟然乘机杀了安边,并带着安边的资产二千两黄金逃走了。有人说:罗彩是受当权者的指使,都是为安奇禄争地盘。安奇禄终于又专擅沾益州的政事,当权者们全都安安静静听从这一结果。唯独沐总兵说："安边虽然是土司,也是朝廷世世代代的臣子,况且受到特殊的任命,怎么能杀了他却不追究?"所以直到今年九月间,沾益州还在动荡不安,是不稳定的局势。

　　下午饭后,伺雨稍息,遂从朝阳右登顶。西上半里,右瞰峡中,护国寺下嵌窅口,左瞻冈上,八角庵上踞朝阳右胁。西眺绝顶之下,护国后箐之上,又有一庵,前临危箐,后倚峭峰,有护国之幽而无其逼,有朝阳之垲而无其孤①,为此中正地,是为金龙庵。时霏雨复来,俱当岐而过,先上绝顶。又西半里逾北岭,望见后数里外,复一峰高峙,上亦有庵,曰盘龙庵,与翠峰东西骈峙;有水夹北坞而下②,即新桥石幢河之源也。于是南向攀岭脊而登,过一虚堂,额曰"恍入九天"。又南上,共半里而入翠和宫,则此山之绝顶也。

【注释】

①垲(kǎi):地势高而土质干燥。

②有水夹北坞而下:原脱"有水"二字,据陈本补。

【译文】

　　下午吃饭后,等雨渐渐停了,就从朝阳庵右侧登顶。往西上走半里,向右俯瞰峡中,护国寺如同下嵌在陷阱口;往左仰视山冈上,八角庵在上方坐落在朝阳庵的右侧。往西眺望山峰绝顶之下,护国寺后面山箐的上方,又有一座寺庵,前临深险的山箐,后靠陡峭的山峰,有护国寺的幽深却没有那样狭窄,有朝阳庵的高敞干爽却不像它那样孤零零的,是这一带位置最正的地方,这是金龙庵。此时霏霏细雨重又来临,在岔路口全都径直走过,先上登绝顶。又往西半里越过北岭,望见山后几里外，又有一座山峰高高矗立着，上面也有寺庵，叫做盘龙庵，与翠峰山东西两面并排对峙；有溪水夹在北面的山坞中往下流，这就是新桥石幢河的源头了。从这里向南攀登岭脊，路过一处空虚无人的殿堂，堂上牌匾写着"恍入九天"。又往南上走，共行半里后进入翠和宫，这就是这座山的绝顶了。

　　翠峰为曲靖名峰，而不著于《统志》。如阆木之在东山，与此隔海子遥对，然东山虽大，而非正脉，而此峰则为两江鼻祖。余初见西坞与回龙夹北之水，犹东下新桥，而朝阳、护国及是峰东麓之水，又俱注白石，疑是峰犹非正脊；及登顶而后知正南下坠之峡，则南由响水坞西，独西下马龙出寻甸矣①，始信是顶为三面水分之界。东北二面俱入南盘，南面入北盘。其脉南自响水坞西，平度而峙为此峰，即西度盘龙。其水遂南北异流，南者从西转北，北者从东转南。两盘之交错，其源实分于此云。

【注释】

①马龙：明置州，隶曲靖府，即今马龙县。

【译文】

　　翠峰山是曲靖府著名的山峰，却没有被记载进《一统志》中。如果阆木山在曲靖东山的位置，与此山隔着海子远远相对，不过东山虽大，却不是主脉，可这座山峰却是南盘江、北盘江两条江流起源地的鼻祖。我起初看见西面山坞与回龙山相夹的北盘江江水，仍然是向东下流到新桥，而朝阳庵、护国寺及翠峰山东麓的水，又全是注入白石江，怀疑这座山峰仍然不是主脉的正脊；到登顶后才知道往正南下坠的峡谷，是往南经由响水坳的西面，单独往西下延到马龙州，再出到寻甸府的了，这才相信这座山峰的绝顶是三面水流的分界处。东、北两面的水都流入南盘江，南面的水流入北盘江。这条山脉南边自响水坳西面，平行延伸过来耸峙为这座山峰，随即往西延伸到盘龙庵所在之处。翠峰山的水便从南北两面分流，往南流的从西转向北，往北流的从东转向南。两条盘江的交错，它们的源头实际上就是在这座山峰分流的。

　　翠和顶高风峭，两老僧闭门煨火，四顾雾幕峰渀，略瞰大略。由南坞西下，为寻甸间道，余拟明日从之而去者。遂东南下，由灵官庙东转，半里入金龙庵。庵颇整洁，庭中菊数十本，披霜含雨，幽景凄绝。是庵为山东老僧天则所建，今天则入省主地藏寺，而其徒允哲主之。肃客具斋①，暝雨渐合。遂复半里，东还朝阳。欲下护国看大乘师，雨滑不能，瞰之而过。

【注释】

①肃客：恭敬地引进客人。

【译文】

　　翠和宫所在的山顶，山高风疾，两个老和尚关着门烤火，四面环顾，浓雾如帷幕，群峰弥蒙，只能略微俯瞰到大概情形。由南面的山坞往西下去，是去往寻甸府的小路，我准备明天从这里前去的路。于是往东南下山，从灵官庙往东转，行半里进入金龙庵。金龙庵相当整洁，庭院中有几十棵菊花，蒙着一层白霜，含着雨露，幽寂的景致凄凉极了。这座寺庵是山东老和尚天则创建的，如今天则进省城去住持地藏寺，而这里由他的徒弟允哲住持。允哲恭敬地迎客，备好斋饭，黄昏时雨渐渐下起来。于是再走半里，往东返回朝阳庵。想要下到护国寺去看望大乘法师，下雨路滑不能前去，俯瞰朝阳庵就走过了。

十五日　达旦雨止，而云气叆叇^①，余复止不行。日当午献影，余遂乘兴往看大乘。大乘复固留。时天色忽霁，余欲行而度不及，姑期之晚过，为明日早行计。乃复上顶，环眺四围，远峰俱出，始晰是山之脉，但东西横列，而脉从中度，屡伏屡起，非直亘之脊也。惟翠峰与盘龙二峰，乃东西并夹。而翠峰之南，响水坳之支横列东下，而结为曲靖；盘龙之西，又南曲一支，始东下而结为交水，又横亘而北，始东汇炎方之水，又北始转度沾益之南坳焉。从峰东下，又还过八角庵，仍返餐于朝阳。为总持所留，不得入护国。是日以丽江、嵩明二处求兆于翠和灵签^②，丽江得"贵人接引喜更新"，嵩明得"枯木逢春欲放花"。皆吉兆也。午晴后，窃计明日可早行，既暮而雨复合。

【注释】

①叆叇（ài dài）：形容云很浓密的样子。

②求兆（zhào）：占卜吉凶。

【译文】

十五日　到天明时雨停了，但云雾浓厚，我再次留下了没上路。太阳在正午时露出光影来，我便乘着兴头前去看望大乘法师。大乘法师又坚决挽留。此时天色突然晴开，我想动身又估计来不及了，姑且与他约定晚上过来，为明天早上上路做准备。于是重新登上峰顶，环顾远眺四面，远处的山峰全部显现出来，这才清晰地看到这座山的山脉走向，只是东西向横向排列,而主脉从中间延伸而去,多次起伏,不是一直绵亘的山脉。唯有翠峰山与盘龙山两座高峰,是东西并立相夹。而且翠峰山的南面,响水坳的支脉横排着往东下延,然后盘结为曲靖府东山;盘龙山的西面,又往南绕出一条支脉,才往东下延后盘结为交水所在的山,又横亘着往北延去,才往东汇入炎方驿的水流,又才往北转,穿过沾益州南面的山坞。从峰顶往东下走,返回来又路过八角庵,仍然返回朝阳庵吃饭。因为总持挽留,没能够进入护国寺。这一天,到翠和宫去为去丽江府、嵩明州二处求签占卜吉凶,去丽江府的签是"贵人接引喜更新",去嵩明州的签是"枯木逢春欲放花"。都是吉兆。中午天晴后,我私下估计明天可以早早上路了,天黑后雨又下起来。

十六日　阻雨。

【译文】

十六日　被雨阻挡。

十七日　雨复达旦。一驻朝阳者数日,而总持又非常住,久扰殊为不安,雨竟日复一日[1]。饭后欲别而行,总持谓雨且复至,已而果然。已复中霁,既乃大注,倾盆倒峡,更甚于昨。

【注释】

①"一驻朝阳者数日"以下几句:原作"念自驻朝阳者数日",据徐本、陈本改补。

【译文】

十七日　雨又下到天明。一住进朝阳庵就是几天,而总持又不是常住的僧人,长时间打扰他感到非常不安,雨竟然一天又一天的下。饭后想要告别他上路，总持说雨即将来临，不久果然这样。后来中午又晴开，随后就大雨如注，倾盆大雨倒入山峡中，比昨天更猛烈。

十八日　彻夜彻旦，点不少辍。前二日俱午刻朗然，而今即闪烁之影一并无之，而寒且更甚，惟就榾柮作生涯^①，不复问前程矣。

【注释】

①榾柮(gǔ duò)：方言词，指木头块，树根橛子。此指用木头烧火取暖。

【译文】

十八日　整整一夜到亮，雨点没有稍微停过。前两天中午时刻都还有晴朗的样子，可今天即使是闪烁的光影一同不见了，而且又冷得更加厉害，只有坐在柴火堆旁熬日子，不再过问前方的途程了。

十九日　晦雨仍如昨，复阻不行，榾柮闲谈。总持昔以周郡尊事逮系，桁杨甚苦^①，因笔记之。东山寺昔有藏经，乃唐巡抚所请归者。郡守周之相，石阡人^②，由乡荐擢守曲靖，以清直闻。慕总持师道行，请之检藏，延候甚密。迤东巡守以下诸僚，皆有"独清"之恨，而周复不免扬其波，于是悉侧目之，中伤于抚台王伉，罗织无迹，遂诬师往还为交通贿赂，以经簏为筐篚^③，坐以重赃。周复代为完之而去云。

【注释】

①桁(háng)杨：加在脚上或颈上拘系囚犯的刑具。

②石阡：明置石阡府，即今贵州石阡县。

③篚(lù)：用竹子、柳条或藤条编成的圆形器，装佛经的称"经篚"，
　　装书的称"书篚"。筐筐(fěi)：皆装东西的竹器，方形的称筐，圆
　　形的称筐。

【译文】

　　十九日　天色昏暗，雨仍如昨天一样，又受阻没上路，坐在柴火堆
旁闲谈。总持法师从前因为周知府的事被逮捕囚禁，被刑具折磨得十
分痛苦，我因而用笔把这事记下来。东山寺从前有大藏经，是唐巡抚请回来的佛
经。知府周之相，是石阡府人，通过乡荐被提拔为曲靖府知府，以清廉正直闻名。周知府
仰慕总持法师的德行，请他检校大藏经，接待问候很周到。滇东巡抚、知府以下的众多官
僚，都对周之相有"独清"之名心怀嫉恨，可周之相又不免掀起一些风波，于是官僚们对周
之相全都侧目而视，到巡抚王伉面前中伤他，要罗织罪名又找不到周之相的劣迹，于是便
诬陷法师与周之相相互相往来勾结贿赂，用装经书的筐子来装赃物，因大量贪赃而获罪。周
之相又替法师交完赃款后便离职走了。

　　二十日　夜不闻檐溜，以为可行矣。晨起而雾，复以为
雾可待也。既饭而雾复成雨。及午过大霁，以为此霁必有
久晴。迨暮而雨声复瑟瑟，达夜而更甚焉。

【译文】

　　二十日　夜里没听见屋檐上滴水的声音，以为可以上路了。早晨
起床后有雾，又以为可以坐等天晴了。可饭后雾又变成雨。到中午过
后天大晴，以为这次转晴必定会晴很久。到天黑时却又雨声刷刷，到了
夜里雨更大了。

　　二十一日　晦冥终日，迨夜复雨。是日下午，散步朝阳
东数十步。东峡中一庵当峡，是曰太平庵，盖与护国东西夹
朝阳者。太平老僧煮芋煨栗以饷。

【译文】

二十一日　一整天天色昏暗，到夜里又下雨。这天下午，在朝阳庵东边散步，走了几十步。东面的山峡中有一座寺庵位于峡中，这叫做太平庵，原来是与护国寺在东西两面夹住朝阳庵的寺庵。太平庵的老和尚煮芋头烤果子给我当饭吃。

二十二日　晨起晦冥，然决去之念，已不可止矣。上午乃行。总持复赠之以米，恐中途雨后一时无宿者耳。既别，仍上护国后夹箐中观龙潭。潭小而流不竭，盖金龙庵下夹壁缝中之液，虽不竭而非涵潴之窟也。遂西上逾岭，循翠和宫之后，一里余，又逾岭而南下，雨犹霏霏不已。半里，及坞中。又一里，有岐北转，误从之，渐入山夹，则盘龙所登之道也。仍出从大道西南行。二里，有村当坞中，溪流自坞直南去，路由村西转北行。半里，涉坞而西，一里，又有村在坡间，是曰高坡村①。由村后下冈，有岐从坞中西南去，为小径，可南达鸡头村②；从冈上西北转，为大径，乃驼马所行者。初交水主人谓余："有间道自寻甸出交水甚近，但其径多错，乃近日东川驼铜之骑所出③。无同行之旅，不可独去，须从响水走鸡头村大道。"乃余不趋响水而登翠峰。问道于山僧，俱云："山后虽即驼铜道，然路错难行，须仍出鸡头为便。"至是余质之途人，亦多主其说。然见所云径路反大，而所云往鸡头大路者反小甚，心惑之。曰以村人为卜，然已过村。见有村人自山中负薪来，呼而问之，则指从北不从南。余乃从驼马路转西北，循冈三里，西北过一脊。其脊乃自盘龙南度者，余初以为分支南下，而不意乃正脉之曲。出坳西,见脊东所上者甚平,而脊西则下坠深曲,脊南北又从岭头骈峰高耸,各极嵯峨。意是山之脊,又直折而南。盖前自翠峰度其北去者,此又度其南,一脊而半日间两度之矣。从坳西随南峰之上,盘腰曲屈,其坑皆深坠。北向一里,跻一坡。一里,又北度一脊,其脊平亘于南北之中者。于是又一里,再跻北岭,始西北下。其时天已渐霁,无复晦冥之色,远峰近峡,环瞩在望。二里,下西坞。其坞自南而北,其中黄云盘陇,村落连错,一溪中贯之。问水所从出,则仍从新桥石幢河也。问其所从来,则堰口也④。问其地何名,则兔街子也⑤。始信所过之脊,果又曲而南;过堰口,当又曲而北。余前登翠峰,第见其西过盘龙,不至此,又安知其南由堰口耶? 前之为指南者,不曰鸡头,即曰桃源,余乃漫随马迹,再历龙脊,逢原之异,直左之右之矣。下坞,南行二里,遂横涉其溪,中流汤汤,犹倍于白石江源也。南上坡一里,是为堰口,聚落数十家,在溪北冈上。乃入炊。久之,饭而行,阴云复合。其处有岐,北入山为麦冲道。余乃西向行,其溪亦分岐来,一自北峡,一自西峡。余度其北来者,遂西入峡,渐上渐峻,天色亦渐霁。四里,从岭上北转,则北峡之穷坠处。又一里,复逾岭而西。是岭自木容箐杨金山北走翠峰,复自盘龙南走高坡,又南至此,始转而北。其东西相距,数里之内,凡三曲焉。余一日三过之,何遇之勤而委曲不遗耶! 从岭西涉坞,其水遂南流。一里,于是又北转逾岭。一里,西北下山。二里,抵坞中,随小水北向出峡,始有坞成畦。路当从畦随流西去,而坞北有村聚当北冈上,是为洒家⑥,想亦土酋之姓,或曰亦属平彝。乃一里经坞登冈,由洒家西向行。一里,越陇西下,有峡自北来,小水从之,是亦麦冲南来之道。遂循其坞转而西南行,二里抵新屯⑦,庐舍夹道,丰禾被坞。其处为平彝之屯。据土人言,自堰口之北兔街子,屯属平彝,而粮则寄于南宁⑧;自洒家之西抵三车,屯属平彝,而粮则寄于马龙;自一碗冲之西抵鲁石,屯属平彝,而界则属于寻甸。盖寻甸、曲靖,以堰口老龙南分之脊为界;马龙、南宁,以堰口老龙为界;而平彝则中错于两府之交而为屯者也。自屯西逾坡,共一里余,过一坞,有二三家在西岭,其坞复自北而南。由村南转而逾冈西南下,二里,复有一坞,溪畴南环,聚落北倚,是为保官儿庄⑨,夹路成衢,为村聚之最盛者,此亦平彝屯官之庄也。

【注释】

①高坡村:今名同,分上下两村,在马龙县东北隅。

②鸡头村:今名同,在马龙县北境的铁路线上。

③东川:明置东川府,隶四川布政司,治今会泽县。今昆明市东川区明时亦属东川府。

④堰口:今作"沿口"。

⑤兔街子:今名同。两地皆在今马龙县东北境的西河沿。

⑥洒家:今作"色甲"。在今马龙县北境。

⑦新屯:今名同。在今马龙县北境。

⑧南宁:为曲靖府附郭县,在今曲靖市麒麟区。

⑨保官儿庄:今作"保谷庄",在马龙县北境。

【译文】

二十二日   早晨起床天色昏暗,然而决心离开的念头,已不能止息了。上午就动身。总持法师又送给我米，是担心雨后我在中途一时找不到投宿的地方。辞别总持后，仍然上到护国寺后面相夹的山箐中去观看龙潭。龙潭虽小但水流不会枯竭，大概是金龙庵下方夹壁缝中流出的泉水，虽不会枯竭却不是蓄水不流的洞窟。于是向西上走越岭，顺着翠和宫的后山走，行一里多，又越岭后往南下山，细雨仍霏霏不止。行半里，来到山坞中。又行一里，有条岔路向北转去，我错从这条路走，渐渐走入山间夹谷中，是上登盘龙庵的路。仍然出来从大路往西南行。行二里，有个村庄位于山坞中，溪流从坞中一直向南流去，道路由村子西边转向北走。行半里，涉过山坞往西行，行一里，又有个村子在坡上，这里叫高坡村。由村后下冈，有条岔路从山坞中往西南去，是小路，向南可以到达鸡头村；从山冈上往西北转，是大路，是驮货物的马走的路。当初交水的房主人对我说："有条便道从寻甸府出到交水很近，但这条路交错复杂，是近日到东川府驮铜的马匹走出来的路。没有同行的旅伴，不能独自前去，必须从响水坞走鸡头村的大道。"可是我没有去响水坞却登了翠峰山。向山中的和尚问路，全都说："山后虽然有驮铜的路，但道路交错，难走，必须仍然出到鸡头村才方便走。"来到这里，我向过路人质询他们的说法，也多半主张他们的说法。然而见到他们所说的小径反而大，所说的去往鸡头村的大路反而十分小，心中很是疑惑。对自己说，以村里人说的来选择，可已经走过村子。见有个村里人从山中背柴出来，呼叫着向他问路，却指引我向北走不向南走。我便从驮货物的马路转向西北，沿着山冈走三里，往西北越过一条山脊。这条山脊是从盘龙庵往南延伸的山脉，我起初以为是往南下延的分支，却意想不到是山脉的主脉弯曲之处。出到山坞西边，见到山脊往东上走的地方很平缓，可山脊西面却下陷得很深，弯弯曲曲的，山脊南北两面又从山头高高耸起并立的山峰，每座山峰都极其巍峨。猜想这座山的主脊，又一直转向南。原来先前从翠峰山越过山脊往北延伸去的支脉，现在又越过山脊往南去的支脉，一条山脊在半天之内翻越过它两次了。从山坞西边沿着南峰之上，盘绕在山腰上弯来绕去地走，山上的坑都深陷下去。向北一里，爬过一道坡。行一里，又往北越过一条山脊，这条山脊平缓地横亘在南北两面山峰之中。从这里又行一里，再登上北岭，开始往西北下山。此时天已渐渐晴开，不再是昏暗无光的天色，远处的山峰和近处的峡谷，环顾远眺都历历在目。行二里，下到西面的山坞。这个山坞自南向北延，山坞中成熟的稻谷如黄色的云彩盘旋在田野中，村落相连，错落有致，一条溪水流贯坞中。询问溪水从什么地方流出去，原来仍然是从新桥石幢河流出去。又问溪水从什么地方流来，是从堰口。打听这个地方叫什么名字，是兔街子。这才相信我走过的山脊，果然又转向南；延过堰口，应当又转向北。我先前登翠峰山，只见山脉往西延伸过盘龙庵，不来到此地，又怎能知道山脉南面经过堰口呢？前边为我指路的人，不是说鸡头村，就是说桃源村，我只好胡乱地跟着驮马的足迹走，竟然两次亲历了主脉山脊，如此奇异，真是左右逢源了。下到山坞中，往南行二里，便横向涉过那条溪水，溪中水势浩浩荡荡，仍然比白石江源头的水流大一倍。往南上坡一里，这里是堰口，是个几十家人的聚落，在溪北的山冈上。于是进村煮饭吃。很久之后，吃饭后上路，阴云又四面合围。此处有岔路，往北进山的是去麦冲的路。我于是往西走，这条溪流也有分支流来，一条来自北面的峡中，一条来自西面的峡中。我渡过那条从北面流来的溪水，便向西进峡，逐渐上走渐渐陡峻起来，天色也渐渐转晴。行四里，从岭上往北转，就见到北面山峡深坠的尽头处。又行一里，再越岭往西走。这座山岭从木容箐杨金山延伸到翠峰山，再从盘龙庵往南延伸到高坡村，又往南延伸到此地，才转向北而去。这条山脉东西相隔的距离不过数里，几里之内，共绕了三次弯了。我一天之内三次翻过了它，怎么遇到它那么多次而且它弯弯曲曲的山势一点没有遗漏呢！从岭西涉过山坞，那溪水便往南流了。行一里，从这里又向北转翻越山岭。行一里，向西北下山。行二里，到达山坞中，顺小溪向北走出峡谷，开始有山坞被开垦成田地。道路应当从田地中顺水流向西去，可山坞北面有个村落位于北面山冈上，这里是洒家，想来村名出于当地头领的姓，有人说也是隶属于平彝卫。便从坞中行一里登上山冈，从洒家向西行。行一里，越过土陇往西下走，有条峡谷自北面延伸过来，小溪顺着峡谷流，这也是麦冲往南来的路。于是沿着山坞转向西南行，行二里到达新屯，房屋夹在道路两旁，丰美的稻禾覆盖着山坞。这个地方是平彝卫屯守之地。据当地人说，从堰口往北到兔街子，屯守属于平彝卫，可粮饷却要依靠南宁县；从洒家往西到三车，屯守属于平彝卫，可粮饷却要依靠马龙州；从一碗冲往西到鲁石，屯守属于平彝卫，可地界却属于寻甸府。大概是寻甸府、曲靖府以堰口主脉往南分支的山脊作为分界线；马龙州、南宁县是以堰口的主脉作为分界线；而平彝卫则是在寻甸、曲靖两府交错的地域内负责屯守的原因吧。从新屯往西翻越山坡，共行一里多，经过一个山坞，有两三家人在西岭下，这里的山坞还是自北往南延。由村子往南转后越过山冈向西南下走，行二里，又有一个山坞，溪水田野环绕在南面，村落靠在山坞北面，这里是保官儿庄，房屋夹在大路两旁，是村落中最繁盛的地方，此地也是平彝卫屯守官员驻扎的村庄。

二十三日　中夜闻隔户夜起者，言明星煐煐[①]；鸡鸣起饭，仍浓阴也，然四山无雾。昧爽即行，始由西南涉坞，一里，渐转西行入峡，平陟而上。三里，逾一坳脊，遂西下。两上两下，两度南去之坞，两逾南行坡脊而西，共五里，有村在西坡上，是曰三车[②]。由其村后，复逾南行一坡，度南行一坞，一里半，披西峡而入，于是峡中水自西而东。溯之行半里，渐盘崖而上。崖南峡中，箐木森郁，微霜乍染，标黄叠紫，错翠铺丹，令人恍然置身丹碧中。一里余，渐盘而北折，下度盘壑，更觉深窈。二里，又循西峡上。一里，又逾一脊，是为南行分脊之最远者,东西皆其旁错也。由脊西下,涉坞再西,共二里,有峡甚逼。随峡西折而南行,半里,复西逾岭。半里出岭西,始见岭北有坞,居庐环踞冈上,是为一碗冲③。于是西行岭脊之上,其岭颇平,南北皆坞,而脊横其中。一里,陟脊西。又南转逾冈西下,共一里,度一峡,想即一碗冲西向泄流之峡也。又西北上坡,其坡颇长,一里陟其巅。于是东望所度诸岭,如屏层绕,而直东一峰,浮青远出,恐尚在翠峰之外,岂东山阛木之最高处耶?北望乃其峰之分脊处,至是乃见回支环壑。而南望则东南最豁,此正老脊分支环于板桥诸处者,不知此处何以反伏其脊?其外亦有浮青特出远甚,当是路南、邑市之间④。惟西则本支尚高,不容外瞩也。由巅南循坡西转,半里,又西度脊。从脊西向西北下坞,约一里,有溪始西向流,横二松渡之。其溪从西峡去,路循西北坡上。一里,复西逾脊,环坡南下,遂循之行。一里,转而西下,有坞自北来,颇巨,横涉其西,塍泥污泞。半里,有大聚落在西坡下,是为鲁石哨⑤,其处已属寻甸,而屯者犹平彝军人也。由村南西上逾坡,一里,复逾冈头。转而西南二里,又西向逾脊。从脊西下峡中,半里,峡北忽下坠成坑,路从南崖上行,南耸危巇,北陷崩坑,坑中有石幢,则崩隤之余也。循坑西下,又半里,有北来之坞,横度之。又半里,涉溪西上,复西南上坡,横行坡上。一里,又西向入峡,其南有峰尖耸,北有峰骈立。二里,从南峰之北逾腋而西,又一里,始行北峰之南冈,与北峰隔坞相对。有村居倚北峰而悬坞北,是为郭扩⑥,始非平彝屯而为寻甸编户。

【注释】

①烺(lǎng)烺：如火样明亮。

②三车：今名同，在马龙县北境王家庄与前卫间，有别于前述曲靖三车市。

③一碗冲：今作"玉碗冲"，在马龙县西北境。

④当是路南、邑市之间："邑市"原作"市邑"，据《明史·地理志》改。明曾置邑市县，隶路南州，治今宜良县东北境的古城。弘治三年(1490)废邑市县入路南州。明末虽已废县，但地名仍存。

⑤鲁石哨：今仍称鲁石，分上鲁石与下鲁石两村，在马龙县西北隅。

⑥郭扩：今作"戈夸"，在寻甸县东南隅。

【译文】

二十三日　半夜听见隔壁人家夜里起床的人说，明星如火一样照耀；鸡鸣时起床吃饭，仍然是浓云密布的阴天，不过四面群山没有雾。拂晓就上路，开始时由西南方涉过山坞，行一里，渐渐转向西行进入峡谷，平缓上登。行三里，越过一条山坳中的山脊，于是向西下走。两次上登两次下走，两次穿过往西去的山坞，两次翻过往南延伸的坡脊往西行，一共五里，有个村庄在西面的山坡上，这里叫三车。由这个村子后面，又翻越一条往南延伸的山坡，穿过一个往南延伸的山坞，行一里半，钻进西面的山峡，到这里，峡中的水自西流向东。溯溪流行半里，渐渐绕着山崖上走。山崖南边的峡谷中，竹丛树木森森，十分茂盛，薄霜初染，黄色醒目，紫色重叠，翠绿色错落，红色铺陈，令人恍惚觉得是置身于绚丽多彩的画卷之中。行一里多，慢慢绕着向北转，下走越过盘绕的壑谷，更觉得深远。行二里，又沿着西面的山峡上走。行一里，又翻越一条山脊，这是往南延伸分支的山脊最远之处了，东西两面都是这条山脊往两旁分出的杂乱交错的山。由山脊往西下行，涉过山坞再往西行，共二里，有条峡谷十分狭窄。顺着峡谷向西转后往南行，行半里，又向西越岭。半里出到岭西，才看见岭北有个山坞，居民房屋环绕在山冈上,这里是一碗冲。从这里往西行走在岭脊之上,这座山岭较为平缓,南北两面都是山坞,而岭脊横在山坞中。行一里,翻越到岭脊西面。又往南转越过山冈往西下走,共一里,穿过一条峡谷,推想就是一碗冲向西排泄水流的峡谷了。又往西北上坡,这道坡很长,行一里爬到坡头。在这里远望东面我所翻越的众多山岭,如屏风一样层层环绕,而正东的一座山峰,远远的泛出青色,恐怕还在翠峰山之外,莫非是东面群山中阆木山的最高处吗?向北远望是这座山峰的山脊分支的地方,来到这里才看见回绕的支脉环绕成壑谷。而往南望去,则是东南方最开阔,这正是主脉山脊分支回绕到板桥各地的山脉,不知此处的山脊为什么反而低伏下来?那之外也有泛出的青山特别遥远,应当是在路南州、邑市之间。唯有西面就是主脉还很高,不容许向外远看。从坡顶往南顺着山坡向西转,行半里,又向西越过山脊。从山脊西面向西北下到山坞中,约有一里,有溪水开始向西流淌,横架着两棵松树渡过溪水。这条溪流往西面的山峡中流去,路顺着西北的山坡上走。行一里,再往西越过山脊,绕着山坡往南下走,于是顺着路走。行一里,转向西下走,有个山坞从北面来,相当大,横穿到山坞西面,田埂上泥污泥泞难行。行半里,有个大村落在西面山坡之下,这是鲁石哨,此处已属于寻甸府,可屯守的仍然是平彝卫的军人。有村南往西上走翻越山坡,行一里,再越过冈头。转向西南行二里,又向西越过山脊。从山脊西面下到山峡中,行半里,山峡北面忽然下坠成深坑,路从南面的山崖上往上走,南面险峰高耸,北面深坑崩陷,深坑中有个石柱,是山石崩塌的残余物。沿着深坑往西下走,又行半里,有个从北边来的山坞,横穿过山坞。又行半里,涉过溪水往西上走,又往西南上坡,横向行走在山坡上。行一里,又向西进入峡谷,峡谷南面有座山峰尖尖地耸起,北面有山峰并排矗立。行二里,从南峰的北面穿过山侧往西走,又行一里,开始行走在北峰南面的山冈上,与北峰隔着山坞相对。有个村庄背靠北峰却高悬在山坞北边,这是郭扩,从这里开始不再是平彝卫屯守而是寻甸府编入户籍的百姓。

　　由其西南下坡，半里，涉小涧，西登坡，循坡北行，又与骈峰东西隔坞。共二里北上，瞰骈峰之阴，遂西半里逾冈，从冈上平行。有中洼之坑，当冈之南，横坠而西。其西有尖峰，纯石而中突，两腋属于南北，若当关之标。路行坑上，一里，出尖石峰之北腋，遂西向而下，一里抵西壑，则尖石峰之西麓矣。于是南界扩然，直望一峰最高，远插天表，余疑以为尧林山，而无可征也。迤东诸山，惟尧林山最高耸特出①，在嵩明东二十里，与河口隔河相对②。登杨林老脊，犹东望而见之，今则南望而见之，皆在七八十里之外。按《志》无尧林之名，惟有秀嵩山在嵩明州东二十里，耸秀插霄汉，环州之山，惟此为最耳。度壑西转，二里，越小溪桥，有村在北陇，是曰壁假③。由其西攀岭北上，旋逾坳而西，一里，复下涉壑，又南见天表高峰。时已追及一老人，执而问之，果尧林也。又西一里，复入西峡。蹑峡而上半里，逾岭西，西界遥山始大开，望见南龙老脊，自西南横列而东北，则东川、寻甸倚之为界者也。其脊平峙天际，而西南与东北两头各起崇峰，其势最雄，亦最远。从屏峙中又分列一支，自西北走东南，若"八"字然。其交分之处，山势独伏，而寻甸郡城正托其坳中。由伏处入，为东川道；西逾分列之脊，为嵩明并入省道；循分列东麓而南，为马龙道。杨林之水，绕尧林之东，马龙水由中和北转，同趋而北，皆随此分列之山，而合于其东者也；但溪流犹不可见，而郡南海子则汪然可挹。从此西下，坡峻岭豁，二里抵其峡中。有小水亦南行，随之西南又半里，北坞回环，中有村庐当坡，曰海桐④。由其南，西度坞，复上冈，一里抵冈头。随冈南下，转而西，共二里，坞自北来，溪流随之，内有村当坞，曰果壁⑤，外有石堰截流。路由堰上涉水而西,从平坡上行,二里,稍下,有村倚坡之西,曰柳塘⑥。于是坡尽畦连,北抵回峰,西逾江而及郡,南接海子,皆禾稻之区,而村落相望矣。从畦塍西行二里,则马龙之溪自东南峡出,杨林之溪自西南峡出,夹流而北,至此而合,石梁七洞横架其上,曰七星桥。其自南而北,为北盘上流,正与石堡桥之流,自北而南,为南盘上流,势正相等,但未能及曲江桥之大也⑦。过桥,有庙三楹,东向临之。中有旧碑,或言去郡城十五里,或言二十里;或名为江外河,或名为三岔河。无定里,亦无定名。而《一统志》又名其溪为阿交合溪,又注旧名为些邱溢派江;名其桥为通靖桥,然注其桥曰:"城东二十里,跨阿交合溪。"注其溪曰:"府东南十五里合流。"又自异焉。按旧城在今城东五里,今城筑于嘉靖丁亥安铨乱后⑧,则今以十五里之说为是。乃屡讯土人,皆谓其流出东川,下马湖⑨,无有知其自沾益下盘江者。然《一统志》曰入沾益,后考之《府志》,其注与《一统》同。参之龚起潜之说,确而有据,不若土人之臆度也。或有谓自车洪江下马湖,其说益讹。亦可见此水之必下车洪,车洪之必非马湖矣。盖车洪之去交水不远,起潜之谙沾益甚真,若车洪之上,不折而西趋马湖,则车洪之下,不折而北出三板桥,则起潜之指示可知也⑦。

【注释】

①尧林山:今作"药灵山","瑶玲山",即秀崧山,海拔2627米。

②河口:今称小河口,在嵩明东境,两山逼窄,杨林海水东流至此,转而北流为牛栏江。

③壁假：今作"必寨"，在寻甸县东南境。

④海桐：今作"海通"。

⑤果壁：今作"戈必"。

⑥柳塘：今作"勒塘"。与壁假、海桐、果壁皆同音异写，均在寻甸东南境。

⑦曲江桥：《明一统志》临安府关梁："曲江桥，在府城北九十里。"曲江桥在今建水县北隅，横跨曲江上。

⑧嘉靖丁亥：即嘉靖六年（1527）。

⑨马湖：明置府，隶四川布政司，治今四川屏山县金沙江北岸的锦屏镇。

⑩"亦可见此水"以下几句：《嘉庆重修一统志》云南府山川："《通志》：流入寻甸州为牛栏江，按舆图，下流为车洪江，当即牛栏江别名。"《明史·地理志》四川布政司东川府载："东南有牛栏江，自云南寻甸府流入，至府北合金沙江。"则车洪江即牛栏江，今仍称牛栏江，明代已知其自寻甸往北流入金沙江。龚起潜之说误。

【译文】

　　由郭扩往西南下坡，行半里，涉过小涧，往西登坡，沿着坡往北行，又与并立的山峰东西两面隔着山坞。往北共上山二里，俯视着那座并立山峰的北面，于是往西行半里，翻越山冈，从山冈上平缓前行。有个中间下注的深坑，在山冈的南面，横向往西下坠。深坑西面有座尖峰，纯是石头，突起在中央，两侧连接着南北两面的山，好像立在关口的标杆。道路行走在深坑上边，行一里，出来到尖尖石峰的北侧，便向西下走，一里到达西面的壑谷，就是尖尖石峰的西麓了。到这里，南面豁然开朗，笔直望见一座最高的山峰，远远高插进云天之外，我怀疑这就是尧林山，可没有东西可以证明。滇东的群山，唯有尧林山最为高耸，特别突出，在嵩明州东面二十里，与河口隔河相对。我登上杨林所主脉山脊的时候，仍然向东就望见它，现在却从南面望见它，都是在七八十里之外。查考《一统志》，没有尧林山这一名称，唯有秀嵩山在嵩明州东面二十里,秀丽高耸,直插云霄,环绕整个嵩明州的山,只有此山最高了。穿过壑谷向西转,行二里,走过小溪上的桥,有个村庄在北面的山陇上,这叫壁假。由壁假西边北上攀岭,随即越过山坳往西行,走一里,再下走涉过壑谷,又望见南面插入云天的高峰。此时已追上一位老人,拉住他打听情况,果然是尧林山。又往西一里,又进入西面的峡谷。沿峡谷攀登而上,行半里,翻越到岭西,西面远处的山这才变得十分开阔,望见南面山脉的正脊,从西南方横向排列往东北延伸,就是东川府、寻甸府紧靠着它成为两府分界的山脉了。这条山脊水平耸峙在天边,而西南与东北两端分别耸起高大的山峰,山势最为雄伟,也最远。从屏风样耸峙的群山中又分列出一条支脉,自西北走向东南,好似"八"字的样子。唯独在两条山脉交叉分支的地方,山势低伏,而寻甸府城正好依托在那里的山坳中。由山脉低伏之处进去,是去东川府的路;往西越过分列支脉的山脊,是去嵩明州和进省城的路;沿着分列支脉的东麓往南去,是去马龙州的路。杨林所的水流,绕到尧林山东面,马龙州的水流流经中和往北转,一同流向北方,都是顺着这条分列的山脉流淌,而后在它的东面汇合;只是溪流还不能看见,可寻甸府城南面的海子却一片汪洋,似乎可以用手捧到。从此地向西下走,山坡陡峻山岭开阔,二里到达那里的山峡中。一条小河也是向南流淌,顺河水往西南又行半里,北面环绕着一个山坞,坞中有一个村庄位于坡上,叫做海桐。由村南往西穿过山坞,又上登山冈,一里到达冈头。顺着山冈往南下走,转向西,共行二里,有个山坞从北边来,溪流顺着山坞流淌,里面有个村庄位于山坞中,叫果壁,村外有石坝横截溪流。道路经由水坝上涉水往西行,从平缓的山坡往上走,走二里,慢慢下走,有个村庄紧靠在山坡西面,叫柳塘。到了这里山坡完了,田地连绵不绝,北面抵达环绕的山峰,西面越过江流后抵达府城,南面接到海子,全都是稻禾种植的区域,而且村庄聚落相望了。从田埂上往西行二里,就见来自马龙州的河水从东南方的山峡中流出来,来自杨林所的河水从西南方的山峡中流出来,两条河相夹往北流淌，流到此地合流，一座七个桥洞的石桥横架在河上，名叫七星桥。桥下的河水从南往北流，是北盘江的上游，正好与石堡桥下的河流，从北往南流，是南盘江的上游，形势正好相等，只是七星桥的大处不能赶上曲江桥。过桥后，有座三开间的庙宇，面向东，下临河水。庙中有旧碑，碑文有的说这里距寻甸府城十五里，有的说二十里；有的称这条河叫江外河，有的称为三岔河。没有确定的里程，也没有肯定的名称。而《一统志》中又称这条溪流为阿交合溪，还注明它的原名是些邱溢派江；称这座桥为通靖桥，不过又为这座桥注释说："在城东二十里处，横跨阿交合溪。"在这条溪流下注释说："在府城东南十五里处合流。"又自相矛盾了。据考察，寻甸府旧城在今天的府城东面五里处，现在的府城是在嘉靖丁亥年安铨叛乱后修筑的，那么，今天看来，十五里的说法是对的。于是屡次讯问当地人，都说这条河从东川府流出来，下流到马湖府，没有知道这条河从沾益州下流进盘江的人。然而《一统志》说流入沾益州，后来我考证《寻甸府志》，府志的注释和《一统志》相同。参考龚起潜的说法，确凿而有根据，不像当地人那样凭空想象推测。有的人说是从车洪江下流到马湖府，这种说法益发错了。这也可以看出，这条河水必定下流到车洪江，车洪江却必定不是流到马湖府。大约是车洪江距交水不远，龚起潜熟悉沾益州的情况十分真实，如果车洪江的上游，流向不转向西流往马湖府，那么车洪江的下游就不转向北流到三板桥，这样，龚起潜所指示的可想而知了。

　　由江西岸北行半里，随江折而西。循江南岸，依山陟岭又二里余，江折而北，路逾岭头折而南下。半里，由坞中西行，于是循凤梧南山之麓矣。按凤梧山者，在郡城东北十里，山脉由郡西外界老脊，排列东突为是山，西北一峰圆耸，东南一峰斜骞，为郡中主山。阿交合溪自东来逼其麓，转而东北入峡去，若避此山者，是老龙东北行之脊也。《一统志》无其名，止标月狐山在城东北八里，环亘五十余里。以旧城计之，当即此山，第《府志》则月狐、凤梧并列，似分两山。然以山形求之，实无两山分受也。岂旧名月狐，后讹"狐"为"梧"，因讹"月"为"凤"耶？岂圆耸者为月狐，而后人又分斜骞者为凤梧耶？共西三里，南望塈中海子①，水不甚大，而另汇连珠。盖郡城之流东南下，杨林之川南来，相距于塈口而不相下，遂潴而成浸者。坡南下处，石渐棱棱露奇。又一里，行石片中，下忽有清泉一泓，自石底溢而南出，其底中空，泉混混平吐，清洌鉴人眉宇。又西数步，又有泉连潴成潭，乃石隙回环中下溢而起，泛泛不竭，亦溢而南去。此潭圆若镜而无中空之隙，不知水从何出，然其清洌不若东泉之碧莹无纤翳也。按《郡志》八景中有"龙泉双月"，谓郡城东十里有双泉，相去十余步，月夜中立其间，东西各见月影中逗。以余观之，泉上石环树罨，虽各涵明月，恐不移步而左右望，中未必能兼得也。又西半里，有聚落倚山面塈，是为凤梧所②，土人谓之马石窝，想未置所时其旧名然耳。于是西北随田塍行，坡陇间时有聚落而不甚盛。按《郡志》，旧郡址在今城东五里，不知何村足以当之？共西三里，有溪流自北坞来，中贯田间，有石梁跨之。越之西行，又三里，复有溪自北坞来，亦贯田间，而石梁跨之，此即所谓北溪也。水在郡城之北为最近，乃城西坡与凤梧夹腋中出者。越梁，又西行一里，入寻甸东门。转而南③，停履于府治东之旅肆。

【注释】

①南望壑中海子：此即二十五日记及《盘江考》中所称的"南海子"，今已不存。

②凤梧所：即凤梧守御千户所，嘉靖六年(1527)建，直隶云南都司，在今寻甸县稍东的马石五村。

③转而南：原脱此三字，据徐本补。

【译文】

由江的西岸往北行半里，顺江水转向西。沿着江的南岸，顺着山势登岭又行二里多，江水转向北流去，道路越过岭头转向南下山。行半里，从山坞中往西行，从这里起，沿着凤梧山的南麓行走了。据考察，凤梧山这地方，在寻甸府城东北十里处，山脉由府城西面外面一重主脉山脊，往东排列突起成为这座山，西北面一座山峰圆圆地耸立起，东南面一座山峰斜斜地高举起，是寻甸府的主要山脉。阿交合溪自东面流来逼近凤梧山山麓，转向东北流入山峡中去，好像是要避让此山一样，这是主脉往东北延伸的山脊了。《一统志》没有这座山的名字，只是标明月狐山在寻甸府城东北八里，环绕绵亘五十多里。按照寻甸府旧城来计算，月狐山应当就是这座山，只是《寻甸府志》却将月狐山、凤梧山并列记载，似乎是分为两座山。不过，按山形来求证，确实无法分为两座山。莫非是原来的名字叫"月狐"，后来"狐"错写成"梧"，于是又将"月"字错成"凤"字呢？难道是圆圆地耸立起的山是月狐山，然后后来的人们又把斜斜地高举起的山分为凤梧山的吗？共往西行三里，望见南面壑谷中的海子，水面不怎么大，而另外一些积水的地方像珠子一样相连。大概是府城的河流往东南下流，杨林所的河川从南面流来，一起流到壑谷口但水势不相上下，于是便积水后成为水泽了。山坡南面下面的地方，石头渐渐露出棱角分明的奇异之状。又行一里，行走在石片之中，下面忽然有一汪清泉，从石头底下溢出后向南流去，石头下面中间是空的，泉水汩汩平缓吐出来，清澈得能照出人的两条眉毛来。又向西走几步，又接连有泉水积贮成水塘，是从弯弯绕绕的石缝底下溢起来，源源不竭，也是溢出后向南流去。这个水塘圆圆的好像镜子，而且没有中空的缝隙，不知水从哪里流出去，不过它的清澈程度不如东面泉水那样碧绿晶莹没有丝毫遮蔽了。据《寻甸府志》，八景中有"龙泉双月"，说是在府城东面十里有一对泉水，相距十多步，月夜里站在两泉之间，往东西两面都能在水中见到月亮逗人的影子。凭我的观察，泉上岩石环绕、树影掩映，虽然两池泉水中各自都衔着一轮明月，恐怕不移动脚步往左右望，站在中间未必能同时看到月影。又往西半里，有个聚落背靠山面向壑谷，这里是凤梧所，当地人叫它马石窝，猜想是没有设置所时它的原名就是这样罢了。从这里往西北顺着田埂走，山坡山陇间不时有村落但不太兴盛。根据《寻甸府志》，原府城旧址在今天的府城东面五里，不知哪个村子能够和府城旧址相当？共往西行三里，有条溪流从北面山坞中流来，流贯在田野中，有座石桥跨在溪流上。过桥往西行，又是三里，又有溪水从北面山坞中流来，也是流贯在田间，而石桥跨过溪流，这就是所谓的北溪了。北溪是府城北面离得最近的水流，是府城西面山坡与凤梧山相夹的山窝里流出来的溪流。过桥，又往西行一里，进入寻甸府东门。转向南，停留在府衙东边的旅店中。

　　寻甸昔为土府[①]，安氏世长之，成化间始改流[②]。至嘉靖丁亥[③]，安之裔孙安铨者作乱，构武定凤廷文，攻毁杨林、马龙诸州所。当道奏发大兵歼之，并武定改流。乃移寻甸郡于旧治之西五里，直逼西山下，始筑城甃砖为雄镇云。按凤廷文或又称为凤继祖，又称为阿凤，或又称为凤显祖，自改名凤廷霄。或又云本江西人，赘武定土官妇，遂专恣作乱，以兵直逼省。后获而磔之[④]。

【注释】

①寻甸：明置府，即今寻甸回族彝族自治县。治所曾多次迁徙，明末始移至今县治。《嘉庆重修一统志》曲靖府古迹载："寻甸故城，在今寻甸州城东五里，元仁德府遗址也。《旧志》：寻甸府在今州城北一里，明成化十五年建土城甚隘，后徙鲁兀山下，嘉靖六年为安铨所破，十二年(1533)徙今治。张志淳《筑城记》：元仁德遗址，在今城东五里，其迁于旧治，莫考厥时，今城在旧城之右逾一涧。"

②成化：明宪宗朱见深年号，时在 1465—1487 年。

③嘉靖丁亥：即嘉靖六年(1527)。

④磔(zhé)：古代的一种酷刑，即将肢体分裂为几块。

【译文】

　　寻甸府过去是土官担任知府，安氏世代统治这里，成化年间才改土归流。到嘉靖丁亥年，安邦彦的嫡孙安铨叛乱，勾结武定府土司凤廷文，攻占毁坏杨林所、马龙州各地。当权者上奏调动大军歼灭了他们，一并把武定府改土归流。于是把寻甸府城移到原府城西边五里，一直逼到西山下，这才用砖修筑城墙成为雄壮的城镇。据考察，凤廷文或者又被称为凤继祖，又称为阿凤，或者又称为凤显祖，自己改名为凤廷霄。又有人说，他本来是江西人，入赘到武定府女土司家，便专权放纵作乱，率军队威逼省城。后来被捕获，肢解分尸处死。

　　寻甸四门俱不正，盖因山势所就也。东门偏于北，南门偏于东，西门偏于南，惟北门差正，而又非经行之所。城中惟街二重，前重乃府与所所莅，后重为文庙、城隍、察院所倚，其向俱东南。

【译文】

　　寻甸府四面的城门都不正，大概是因为就着山势建成的。东门偏向北，南门偏向东，西门偏向南，只有北门稍微正一些，却又不是南北经线经过的地方。城中只有两层街道，前边一层是府衙与凤梧所衙门所在的地方，后面一层是文庙、城隍庙、按察院所在的地方，这些建筑物都面向东南。

寻甸之城，直东与马龙对，直西与元谋对，直南与河口对，直北与东川对。其西北皆山，其东南大豁。

【译文】

　　寻甸府城，正东与马龙州相对，正西与元谋县相对，正南与河口相对，正北与东川府相对。它的西北面全是山，它的东南面十分开阔。

二十四日　余初欲行，偶入府治观境图，出门，左有肆，中二儒冠者，问《图》《志》，以有版可刷对。余辞以不能待。已而曰："有一刷而未钉者，在城外家中。"索钱四百，余予之过半。既又曰："须候明晨乃得。"余不得已，姑俟之。闻八景中有"北溪寒洞"，在东门外北山之下，北溪水所从出也，因独步往探之。遍询土人，莫有识者，遂还。步城内后街，入儒学、城隍诸庙。下午还寓作记。是日晴而有风。城中市肆，与广西府相似。卖栗者①，以火炙而卖之。

【注释】

　　①栗：即栗子，俗称板栗，云南、贵州出产较多。至今还有带壳用火炙的吃法，即糖砂炒板栗。

【译文】

　　二十四日　我起初打算上路，偶然进入府衙观看寻甸府四境的地图,出门后,左边有书铺,书铺中有两个戴儒冠的人,询问有没有地图、《寻甸府志》,回答说有书版可以现印。我以不能等谢绝了。随即他们说:"有一部印好可还没有装订好的志书,在城外的家中。"要四百文铜钱,我给了他们超过一半的钱。随后他们又说:"要等到明天早晨才能拿到。"我不得已,姑且等候他们。听说八景中有处"北溪寒洞",在东门外北山之下,就是北溪水流出来的地方,因而独自一人步行前往探寻。问遍当地人,没有认识的人,便返回来。漫步在城内的后街,进入儒学、城隍庙等几座寺庙。下午返回寓所记日记。这一天天晴但有风。城中的街市店铺,与广西府相似。卖栗子的人,用火烤熟后再卖。

二十五日 晨起,往索《志》。其人初谓二本,既而以未钉者来,止得上册,而仍少其半。余略观之,知其不全,考所谓阿交合溪之下流,所载亦正与《一统志》同,惟新增所谓凤梧山、双龙潭之类而已。乃畀还之,索其原价。遂饭而行。

【译文】

二十五日 早晨起床,前去索要《府志》。那人开初说有两册,随后把没有装订好的拿来,只有上册,却仍然少了其中的一半。我大略翻看了一下他拿来的本子,知道它不全,查看所谓的阿交合溪的下游,书中记载的也正好与《一统志》相同,唯有新增加了所谓的凤梧山、双龙潭之类的内容而已。于是把书送还给他,要回我原来付的钱。然后,吃了饭上路。

出西门,即上西山,峻甚。五里,逶迤蹑其顶,则犹非大龙之脊也。其脊尚隔一坞,西南自果马山环界而北,乃东度而为月狐，从其北度之坳，又南走一支，横障于东，即此山也。《志》称为隐毒山，谓山下有泉为隐毒泉。盖是山之西，与老龙夹而中洼，内成海子，较南海子颇长而深；是山之东，有泉二派，一出于北，今名为北溪。一出于南，（脱数字）而是山实南北俱属于大脊焉。由其西向西南下，二里抵坞中，有小坑潴污流，不甚大也。西涉坞一里半，草房数间，倚南坡上，为黑土坡哨①。前有岐，西北由坞中行，为潘、金、魏所道；西南上坡为正道。余乃陟坡一里，复南逾其冈，冈头多智井中陷，草莽翳之，或有闻水声潺潺者。越冈南行二里余，乃下坡，遂与西海子遇；其水澄碧深泓，直漱东山之麓。路既南临水湄，遂东折而循山麓行。南向二里，见其水汪汪北转，环所逾智井之冈，南抵南冈，东逼山麓，而西濒所聚焉。盖惟西北二面，大脊环抱，可因泉为田，而三所屯托之，所谓潘所、金所、魏所也。乃土官三姓。三所在海子西，与余所循山麓，隔水相望。是水一名清海子，一谓之车湖②，水濒山麓，清澈可爱，然涸时中有浅处，可径而南也。今诸山冈支瞰其间，湖水纡折回抱，不啻数十里。《一统志》谓四围皆山者是；谓周广四里，则不止焉，想从其涸时言也。又南一里，东逾一瞰水之冈，又陟漱水之坡，南向一里，海子南尽，遂西南逾冈而行。冈不甚峻，而横界于东西两界之间，皆广坡漫衍。由其上南行四里，稍南下，忽闻水声，已有细流自冈西峡坠沟而南矣。有数家在西山下，曰花箐哨③。始知其冈自西界老脊度脉，而东峙为东界，北走而连属于凤梧之西坳，是为隐毒山，中环大洼，而清海子潴焉；南走绵亘于河口之北崖，是为尧林山，前挟交溪，而果马水入焉。不陟此冈，不知此脉乃由此也。于是随水南行，皆两界中之坂陇，或涉西委之水，或逾西垂之坡，升降俱不甚高深，而土衍不能受水，皆不成畦。然东山逶迤而不峻，西山崇列而最雄，路稍近东山，而水悉溯西山而南焉，则花箐诸流之下泄于果马溪者，又杨林之源矣。南行二十五里，始有聚落，曰羊街子，其西界山至是始开峡，重峦两叠，凑列中有悬箐焉。由此而入，是为果渡、木朗④，乃寻甸走武定之间道。盖西界大山，北向一支，自西南横列东北，起嶂最高，如重盖上拥；南向一支，亦自西南横列东北，排峦稍杀，如外幔斜骞，虽北高南下，而其脉实自南而北叠，而中悬一箐为丛薄，为中通之隙焉，是曰果马山；而南北之水由此分矣。羊街子居庐颇聚⑤。又有牛街子⑥，在果马溪西大山下，与羊街子皆夹水之市，皆木密所分屯于此者⑦。盖花箐而南，至此始傍水为塍耳。时方下午，问前途宿所，必狗街子，去此尚三十里。恐行不能及，途人皆劝止，遂停憩逆旅，草记数则。薄暮，雨意忽动，中夜闻潺潺声。

【注释】

①黑土坡哨：今名同，在寻甸城西不远。此海水面缩小，仅存者称潘所海。魏所在北，金所在西，潘所在西南，名称至今未变，但魏所已距海较远。

②车湖：《明一统志》寻甸军民府山川："车湖，在府城西三十里，一名清水海子，周广四里，四围皆山，有灌溉之利。"《清史稿·地理志》寻甸州："车湖源出花箐哨山，会北山诸水潴为湖，一名清水

海,周数十里,北入会泽界为小江。"车湖即清水海,为小江源,北
流经东川区入金沙江,今名同,现湖水面积 7 平方公里,南北长
4.9 公里,东西平均宽 0.98 公里,平均水位海拔 2188 米,平均水
深 20 米,最深处达 30 米。霞客所见海子,仅距寻甸西十多里,在
潘、金、魏三所东,今称潘所海,有别于清水海。

③花箐哨:今作"花心哨",在金所以南,寻甸到羊街的公路上。

④果渡:即今柯渡。木朗:即今木龙马。皆在寻甸县西南部。

⑤羊街子:今仍名羊街,在果马河东岸。

⑥牛街子:今仍名牛街,在果马河西。羊街、牛街皆在今寻甸南隅。

⑦木密所:洪武十五年(1382)置木密守御千户所,直隶云南都司,
在今寻甸县南隅的易隆。

【译文】

走出西门,立即上登西山,非常陡峻。行五里,弯弯曲曲登上西山
顶,却仍然不是主脉的山脊。主脉山脊还隔着一个山坞,从西南方的果
马山在寻甸府的地界内环绕向北,于是往东延伸后成为月狐山;从主脉
山脊往北延伸的山坳,又有一条往南延伸的支脉,横堵在东方,就是这
座山了。《一统志》称为隐毒山,说山下有泉水叫隐毒泉。大概是这座
山的西面,与主脉山脊相夹而中间下洼,里面形成海子,比府城南面的
海子更长更深;这座山的东面,有两条泉水,一条出自于北山,今天名叫北
溪。一条出自于南山,(掉了几个字)而这座山的南北两面实际都与主脉
山脊相连接。从山的西面向西南下山,二里到达山坞中,有个小坑积着
污水,坑不怎么大。往西跋涉山坞一里半,有几间草房,紧靠在南面山
坡上,是黑土坡哨。前边有岔路,往西北经由山坞中走,是去潘所、金
所、魏所的路;向西南上坡的路是正路。我于是上坡行一里,再往南翻
越这座山冈,冈头有许多中间深陷的枯井,草丛掩蔽着这些枯井,有的
枯井中能听到水声潺潺流动的声音。越过山冈往南行二里多,开始下
坡,便与西面的海子相遇;海子中的水澄碧渊深,水面宽广,直接冲刷着

东山的山麓。道路往南靠近海子边，于是向东转后沿着山麓前行。向南二里，看见海子的水浩浩荡荡地向北转去，绕过我所翻越的有枯井的山冈，往南抵达南面的山冈，东边逼近山麓，而西面濒临潘所、金所、魏所三所聚居的地方。大概是西北两面，高大的山脊环抱，可以依靠泉水耕种田地，因而有三个所依托在这里屯守，就是所谓的潘所、金所、魏所了。是三个土官的姓。三个所在海子西面，与我沿着走的山麓，隔着湖水相望。这湖水一个名字叫清海子，一个名字叫车湖，湖水濒临山麓，清澈可爱，不过干涸时湖水中有水浅的地方，可以径直走到南面去。今天能俯瞰到众多的山冈支脉延伸到湖水中，湖水迂回曲折环抱群山，湖面不下数十里。《一统志》说的湖水四面都是山是对的；说湖面四周大四里，却不止四里了，想来是以湖水干涸时说的了。又往南行一里，往东越过一座俯瞰湖水的山冈，又上登湖水涤荡着的斜坡，向南一里，海子到了南面的尽头，于是往西南翻越山冈而行。山冈不怎么陡峻，却横隔在东西两列山之间，全是平缓蔓延的广阔山坡。由坡上往南行四里，渐渐往南下走，忽然听到水声，已有细细的水流从山冈西面的峡谷中坠入深沟向南流去。有几家人在西山下，叫做花箐哨。这才知道这座山冈是从西面主脉山脊延伸来的山脉，往东耸峙为东面一列山，向北延伸而连接到凤梧山西面的山坳，那就是隐毒山，中间环绕成巨大的洼地，而清海子就蓄积在这洼地中；往南绵亘耸立在河口北面的山崖，那就是尧林山，山前夹着交溪，而果马山的溪水就流入交溪。不登上这座山冈，不知道这里的山脉竟是如此走向。从这里顺着溪水往南行，都是两列山中间的山坡土垅，有时涉过向西逶迤流淌的溪水，有时翻越向西下垂的山坡，上上下下都不怎么高深，土坡不能积水，都不能开垦成田地。然而东面的山逶迤不断却不陡峻，西面的山高高排列而且最雄伟，道路渐渐接近东面的山，而水流全部逆着西面的山往南流去，那么花箐哨往下泄入果马溪的各条溪流，又是杨林所河流的上游了。往南行二十五里，这才有聚落，叫做羊街子，那西面的一列山延到此地开始分开形成峡谷,峡谷两面山峦重叠,凑聚排列的山间有个高悬的山箐。从这里进去,那是果渡、木朗,是寻甸府去武定府走的小路。原来西面一列大山,向北延伸的一条支脉,从西南横向排列到东北,耸起屏风样的山峰最高,如层层伞盖向上簇拥而起;向南延伸的一条支脉,也是从西南横向排列到东北,一排峰峦渐渐下降,如同外面的帷幔斜斜地高举起,山势虽然北高南低,可山脉实际上是自南往北层层叠叠延伸,而且其中高悬着一个草木丛生的山箐,作为中间通水的空隙,那叫做果马山;而南北两面的水流从此处分流了。羊街子居民房屋很多。又有个牛街子,在果马溪西面的大山下,与羊街子都是夹在溪水两岸的集市,都是木密所分兵屯守在此地的哨所。大约从花箐哨往南走,到此地才开始有傍水的田地。此时才下午,询问前面路上住宿的地方,必定要到狗街子,离此地还有三十里。担心不能走到了,路上的人都劝我停下,于是停息在旅店中,起草了几条日记。傍晚,天上忽然有要下雨的意思,半夜听到哗哗的雨声。

二十六日　晨起,饭后,雨势不止,北风酿寒殊甚。待久之,不得已而行。但平坡漫陇,界东西两界中,路从中而南,云气充塞,两山漫不可见,而寒风从后拥雨而来,伞不能支,寒砭风刺,两臂僵冻,痛不可忍。十里,稍南下,有流自东注于西,始得夹路田畦。盖羊街虽有田畦,以溪傍西山,田与路犹东西各别耳。渡溪南,复上坡,二里,有聚落颇盛,在路右,曰间易屯。又北一里半,南冈东自尧林山直界而西,西抵果马南山下,与果马夹溪相对,中止留一隙,纵果马溪南去;溪岸之东山,阻溪不能前,遂北转溯流作环臂状。又有村落倚所环臂中,东与行路相向,询之土人,曰果马村。从此遂上南冈,平行冈岭二里,是为寻甸、云南之界。盖其岭虽不甚崇，自南界横亘直凑西峰，约十余里，横若门阈，平若堵墙，北属寻甸，南属嵩明，由此脊分焉。稍南，路左峰顶有庵二重在松影中，时雨急风寒，急趋就之。前门南向，闭莫可入。从东侧门入，一老僧从东庑下煨槟，见客殊不为礼。礼佛出，将去之，一巀下僧号德闻。出留就火。薪不能燃，遍觅枯槎焙之①，就炙湿衣，体始复苏；煨栗瀹茶，肠始回温。余更以所携饭乘沸茶食之，已午过矣。

【注释】

①焙（bèi）：用微火烘烤。

【译文】

二十六日　早晨起床，饭后，雨没有要停的趋势，北风酿着寒意十分寒冷。等待了很久，迫不得已才上路。只见平缓的山坡蔓延的土冈，隔在东西两列山中间，路从中间往南走，云气充塞，两面的山云雾弥漫不能看见，而寒风从背后拥着雨点刮来，雨伞撑不住，寒风像针刺，两臂冻僵了，痛得不能忍受。行十里，逐渐往南下走，有水流从东流到西，开始见到夹在道路两旁的田地。大体上，羊街子虽然有田地，因为溪流傍着西面的山，田与路仍然东西各在一边。渡到溪南，又上坡，行二里，有个村落十分兴盛，在路的右边，叫做间易屯。又往北行一里半，南面的山冈从东面的尧林山一直往西延伸，西面抵达果马山的南山下，与果马山夹着溪水相对，中间只留有一条缝隙，放果马溪往南流去；果马溪东岸的山，被溪流阻断不能向前延伸，于是逆着溪流转向北作出两臂环抱的形状来。又有个村落紧靠在环抱的手臂中间，东面与所走的路相对，向当地人打听地名，叫做果马村。从这里于是上登南面的山冈，平缓行走在冈岭上二里，这里是寻甸府、云南府的分界。大致这座山岭虽然不怎么高，从南面一列山一直横亘逼近西峰，约有十多里，横卧着好像门槛，平平的又像一堵墙，北面连着寻甸府，南面连着嵩明州，是从这条山脊划分的。稍往南走，路左边山峰顶上有一座两进房屋的寺庵在松树影中，此时雨急风寒，急忙朝着寺庵赶过去。寺庵前门向南，门关着无法进去。从东面的侧门进去，一个老和尚在东面的厢房里烤火，见到客人完全不讲礼仪。拜佛后出来，即将离开寺院，一个做饭的下等僧人法号德闻。出来挽留我烤火。薪柴烧不燃，遍地找来枯树枝烧火，就着火烤湿衣服，身体这才苏缓过来；煮栗子烧茶吃下，肠胃才开始回暖。我重又拿随身带着的饭就着滚烫的茶水吃下，已过了正午。

　　零雨渐收，遂向南坡降。三里，抵坡下，即杨林海子之西坞也。其处遥山大开，西界即嵩明后诸老龙之脊，东界即罗峰公馆后分支，为翠峰祖脊，相对夹成大壑，海子中汇焉；其南杨林所城当锁钥，其北尧林山扼河口。海东为大道所经，海西为嵩明所履，但其处竹树渐密，反不遑远眺。大道东南去，乃狗街子道；岐路直南去，为入州道。余时闻有南京僧，在狗街子州城大道之中，地名大一半村者，欲往参之，然后入州。乃从岐道下竹坑间行，一里，有大溪自西北环而东注，即果马溪之循西山出峡①，至是放而东转者。横木梁跨石泺上②，泺凡三砥③，木三跨而达涯之西，其水盖与新桥石幢河相伯仲者也。既度，即平畴遥达，村落环错，西南直行，六里而抵州。由塍中东南向，遵小径行二里，过小一半村④。又一里，有大路自东北走西南，是为狗街子入州之道，道之北即为大一半村⑤，道之南即为玉皇阁。入访南京师，已暂栖州城某寺。其徒初与余言，后遂忘之。南京僧号金山。余遂出从大道,西南入州。二里,又有溪自西而东向注,其水小于果马之半而颇急,石卷桥跨之。越而西南行,泞陷殊甚。自翠峰小路来,虽久雨之后,而免陷淖之苦,以山径行人少也。一入大路,遂举步甚艰,所称"蜀道",不在重崖而在康庄。如此又三里,直抵西山下,转而西南,又一里而入嵩明之北门,稍转东而南,停于州前旅舍。问南京僧,忘其寺名,无从觅也。

【注释】

①果马溪:今仍称果马河,从北往南流入嵩明坝子。

②石洑(fú):下为伏流的巨石。

③砥(dǐ):平而细的磨刀石。

④小一半村:今作"小倚伴",位于嵩明县城稍东、果马河西,小倚伴在北,大倚伴在南。

⑤大一半村:今作"大倚伴"。与小倚伴相对,在其南。

【译文】

零星小雨渐渐停了,于是向南下坡。行三里,来到坡下,是杨林所海子西面的山坞。此处远山十分开阔,西面一列山就是嵩明州后面主脉的多条山脊,东面一列山就是罗峰公馆后面分出的支脉,是翠峰山山脊起始之处,互相对峙夹成一个巨大的壑谷,海子就汇积在壑谷中;壑谷南部就是杨林所城,位于要冲之地,壑谷北面是尧林山扼住河口。海子东面是大路经过的地方,海子西面是去嵩明州要走的路,但那地方竹丛树林渐渐茂密起来,反而不能远眺。大路往东南去,是去狗街子的路;岔路一直往南去,是进嵩明州城的路。当时我听说有位南京僧人,住在狗街子去州城大路的途中,地名叫大一半村的地方,我想前往拜访他,然后再进州里。于是从岔路下到满是竹丛的坑谷中走,走一里,有条大溪自西北往东环绕流注,是果马溪沿着西山流出峡谷后,流到这里放开来转向东流的这一段。横架着木桥跨在激起漩涡的岩石上,滑如磨刀石的巨石共有三块,木桥分三跨才到达西岸,桥下的河水大概与新桥的石幢河水不分高低了。过桥后,马上就是平旷的田野伸向远方,村庄环绕错落,往西南一直走,六里后到嵩明州城。我从田埂中向东南行,沿着小径行二里,路过小一半村。又行一里,有条大路从东北走向西南,这是从狗街子进州城的路,路北边就是大一半村,路的南边就是玉皇阁。进寺去拜访南京法师,法师已经暂时住到州城中的某个寺庙。他的徒弟当初和我说过,后来便忘了。南京僧人法号叫金山。我于是出来顺着大路走,往西南进州城。走二里,又有一条溪水自西往东流注,这条溪水比果马溪的一半还小,但水势相当急,一座石拱桥跨在溪水上。过桥后往西南行,烂泥陷脚特别厉害。从翠峰山的小路走来,虽然长久下雨之后,却免去了深陷泥淖的痛苦,是因为山间小径行人稀少。一走上大路,便举步十分艰难,所谓的"蜀道",不在重重山崖之中,却在康庄大道上。如此又走了三里,一直来到西山下,转向西南,又行一里后进入嵩明州的北门,稍转向东后再往南走,停在州衙门前的旅店中。打听南京僧人,忘记了他的寺名,无处寻找了。

二十七日　密云重布,虽不雨不雾,而街湿犹不可行。余抱膝不下楼,作书与署印州同张①,拒不收;又以一刺投州目管②,虽收而不即答。初是州使君为吾郡钮国藩③,武进乡荐④。余初入滇,已迁饶州别驾,至是东其辕及月矣。二倅皆南都人⑤,余故以书为庚癸呼⑥,乃张之扦戾乃尔⑦,始悔弹铗操竽之拙也⑧。是日买得一野凫⑨,烹以为供。

【注释】

①署印州同：即原为州同而暂时代理知州事。州同，知州的佐官。

②州目：州里的吏目。

③使君：汉时称州的刺史为使君，此沿旧称以使君称知州。

④武进：为常州府附郭县，在今江苏常州市。

⑤倅（cuì）：古时称副职为倅。

⑥庚癸：因庚为西方，主谷，癸为北方，主水，故以庚癸为军中乞粮的隐语，后亦俗称告贷为"庚癸呼"。

⑦扞戾（hàn lì）：抵牾而乖张。

⑧弹铗操竽：战国时冯驩客孟尝君，弹铗操竽求食，后即以此作为穷乏而有所希望之词。

⑨野凫（fú）：野鸭。

【译文】

　　二十七日　阴云层层密布，虽然不下雨不起雾，可街道潮湿得仍然不能走路。我抱着双膝不下楼，写信给代理知州张州同，他拒绝不收；又拿一张名片头送给管州目，虽然收下了却不立即答复。当初，这个州的知州是我家乡的钮国藩，武进县的举人。我初次进入云南，他已升迁为饶州别驾，到这时他往东去就职将近一个月了。州里的两个副职都是南京人，因此我写信向他们借钱，姓张的竟然如此不通情理，这才后悔作出这种因囊中羞涩而寄望于他们的笨拙行为了。这天买到一只野鸭，煮了作为饭食。

　　二十八日　晨起，浓云犹郁勃，惟东方已开。余令肆妇具炊，顾仆候管倅回书。余乃由州署西，践湿径，北抵城隍庙，其东为察院。其中北向登山数级，右为文庙，左为明伦堂、尊经阁。登阁，天色大霁，四山尽出，始全见海子之水当其前。是海子与杨林共之,即《统志》所云嘉利泽也①,以果马龙巨江及白马庙溪之水为源②,而东北出河口,为北盘江之源者也。由中路再上,抵文庙后夹衢西入,与文庙前后并峙者,是为宗镜寺。寺建于唐天祐中③。寺古而宏寂,踞蛇山之巅,今谓之黄龙山。山小而石骨棱棱,乃弥雄山东下之脉,起而中峙如锥,州城环之,为州治之后山者也。昔多小黄蛇,故今以黄龙名之。登此,则一州之形势,尽在目中矣。

【注释】

①嘉利泽:《寰宇通志》云南府山川:"嘉利泽,在嵩盟州东南十五里,方圆百余里,水溉民田,鱼供民食,故名。又名杨林泽。"民国初年,湖面约有二万多亩,南部称杨林海,北部称八步海,至1950年已垦殖为农场和鱼池。

②果马龙巨江:《游记》诸本皆作"巨龙江"。《明一统志》云南府山川载:"龙巨江,一名龙济溪,源出寻甸果马山,流经嵩盟州东南入嘉利泽。"《寰宇通志》寻甸军民府山川亦载:"果马溪,在府城西三十里,源出果马山,流入嵩明州龙济溪。"应正为"龙巨江。"

③天祐:唐哀帝李柷年号,时在904—907,共四年。

【译文】

二十八日　早晨起床,浓云仍然郁积着,只有东方已经亮开了。我命令旅店的主妇准备做饭,顾仆去等候管州目的回信。我就由州衙门西边,踩着潮湿的小径,向北来到城隍庙,城隍庙东面是按察院。从中间向北登山,登上几级台阶,右边是文庙,左边是明伦堂、尊经阁。登上尊经阁,天色大晴,四面群山全部显露出来,这才全部看清楚海子的水就在尊经阁前方。这个海子是嵩明州与杨林所共同管辖，就是《一统志》所说的嘉利泽了。嘉利泽以果马山流出的龙巨江和白马庙溪的水为水源，而后向东北流出河口，成为北盘江的水源。由中间的路在上走，到达文庙背后的狭窄街道往西进去，与文庙前后并排耸立的，这是宗镜寺。宗镜寺建于唐代天祐年间。寺庙古朴宏伟，十分寂静，坐落在蛇山顶上，今天把它称为黄龙山。山小但石头棱角分明，是弥雄山往东下延的山脉，在州城中耸峙而起，像锥子一样，州城环绕着山，是州衙门的后山。从前小黄蛇很多，所以今天用黄龙来给山起名。登上此山，那嵩明一州的地势，全部在眼中了。

嵩明旧名嵩盟①。《一统志》言，州治南有盟蛮台故址，昔汉人与乌白蛮会盟之处，而今改为嵩明焉。州城亦因山斜绕，门俱不正，其向与寻甸相似。

【注释】

①嵩明：宋代为大理嵩盟部，元代设嵩明州。明代亦置州，隶云南府，即今嵩明县。《明史·地理志》："嵩明州，洪武十五年（1382）三月改曰嵩盟。成化十八年（1482）复故。"则自1482年改名嵩明，故《明一统志》、《寰宇通志》皆作"嵩盟"。

【译文】

嵩明原名叫嵩盟。《一统志》说，州衙门南边有盟蛮台的旧址，是从前汉人与乌蛮、白蛮会盟的地方，而今天改称为嵩明了。州城也是就着山势斜着绕，城门都不正，城门的坐向与寻甸府相似。

嵩明正北由大山峡口入，竟日而通普岸、严章，为寻甸西境；正南隔嘉利泽，与罗峰公馆对，为杨林北境；正东为尧林山，踞河口之北，为下流之砥柱；正西逾岭，为旧邵甸县。其北之梁王山，为老龙分支之处，领挈众山，为本州西境，与寻甸、富民、昆明分界者也。

【译文】

　　嵩明州正北面由大山峡谷口进去，走一整天就通到普岸、严章，是寻甸府的西部地界；正南面隔着嘉利泽，与罗峰公馆相对，是杨林所的北部地界；正东是尧林山，盘踞在河口的北面，是北盘江下游的中流砥柱；正西越过山岭，是原来的邵甸县。邵甸县北面的梁王山，是主脉山脊分支的地方，统领着众多的山脉，是嵩明州西部地域，与寻甸府、富民县、昆明县分界的地方。

　　嵩明中环海子，田泽沃美。其西之邵甸①，南之杨林②，皆奥壤也，昔皆为县，而今省去。杨林当大道，今犹存所焉。

【注释】

①邵甸：元置邵甸县，明洪武二十四年(1391)省入州。治今嵩明县西南部的白邑村。"白邑"为彝语，意即山脚下像城样的大村。2006年设滇源镇。

②杨林：元置杨林县，明初亦置为县，成化十七年(1481)废，仍存杨林守御千户所，即今嵩明县南的杨林，治今老城。

【译文】

　　嵩明州中部环绕着海子，田地肥沃，湖泽优美。它的西面直到邵甸，南面直到杨林，都是肥沃的土地，两地从前都是县，可现在都撤销了。杨林位于大道上，今天还保存了所的建制。

　　出寺下山，还饭于店，而管倅回音不至。余遂曳杖出南门，转而西，半里抵塔下。大道东南由杨林去，余时欲由兔儿关，乃西南行。一里，有追呼于后者，则管倅以回柬具程，命役追至，而程犹置旅寓中。因令顾仆返取，余从间道北向法界寺待之。法界寺者，在城西北五里，亦弥雄山东出之支，突为崇峰者也。路当从西门出，余时截冈逾陇，下度一竹坞，二里而北上山。蹑坡盘级而上，二里，逾一东下之脊，见北坞有山一支，自顶下垂，而殿宇重叠，直自峰顶与峰俱下。路有中盘坳中者，有直蹑峰顶者，余乃竟蹑其顶，一里及之。西望峰后，下有重壑，壑西北有遥巘最高，如负扆挈领，拥列回环，瞻之甚近，余初以为嵩明之冠，而不知其即梁王之东面也。转而东，峰头有元帝殿冠其顶，门东向。余入叩毕，问所谓南京师者，仍不得也。先是从城中寺观觅之不得[1]，有谓在法界者，故余复迂途至，而岂意终莫可踪迹乎。由殿前东向下，历级甚峻。半里得玉虚殿，亦东向，仍道宫也，两旁危箐回合，其境甚幽。再下，出天王殿。又下半里，有一庵当悬冈之中，深竹罨门，重泉夹谷，幽寂窈窕。惜皆闭户，无一僧在。又下，始为法界正殿。先入殿后悬台之上，其殿颇整，有读书其中者，而主僧仍不在。乃下，礼佛正殿。甫毕，而顾仆亦从坞中上。东庑有僧出迎，询知南京师未尝至。而仰观日色，尚可行三十余里，遂询道于僧，更从北径为邵甸行。盖杨林为大道，最南而迂；兔儿为中道[2]，最捷而坦；邵甸为北道，则近依梁王，最僻而险。余时欲观其挈领之势，遂取道焉。

【注释】

①寺：佛教的庙宇称寺。观（guàn）：道教的庙宇称观。

②兔儿：即兔儿关。明设兔儿关巡检司，属嵩明州。今亦作"兔耳关"，在昆明市官渡区东北隅，小哨附近。

【译文】

出寺后下山，回到旅店中吃饭，可管州目的回音没到。我于是拖着手杖走出南门，转向西，行半里来到一座塔下。大路往东南向杨林方向去，我此时想去兔儿关，便往西南行。行一里，有人追在我后面呼叫，原来是管州目回帖时备了路费赠送给我，命令差役追到这里，可路费还放在旅店中。因而命令顾仆返回去取，我从便道向北到法界寺去等他。法界寺，在州城西北五里处，也是弥雄山往东分出来的支脉，突起成为高大山峰的地方。到法界寺的路应当从西门出去，我此时便横截山冈越过土陇，下走穿过一个满是竹子的山坞，走二里后向北上山。爬坡绕着台阶地上走，走二里，越过一条往东下延的山脊，见到北面山坞中有一座山，从山顶下垂，而佛寺的殿宇层层叠叠的，一直从峰顶与山峰一同排下来。道路有的从中间绕着山坳中走，有的径直上登峰顶，我于是竟然直登峰顶，一里后到达峰顶。向西望山峰后面，下面有重重壑谷，壑谷西北方远处有座最高的山峰，好像背靠屏风统领群山的样子，群山回绕排列，簇拥着它，远看它很近，我最初以为是嵩明州最高的山，却不知它原来就是梁王山的东面了。转向东，峰头有座元帝殿像帽子一样戴在峰顶，寺门向东。我进殿叩拜完毕，打听所谓的南京法师，仍然找不到。在此之前，在城中的寺观里找他，找不到，有人说在法界寺，所以我又绕路来到此地，可竟然想不到始终没有办法可以找到他的踪迹。由元帝殿前向东下走，走过的石阶十分陡峻。走半里见到玉虚殿，也是面向东，仍然是道观，两旁高险的山箐环绕，环境非常幽静。再下走，来到天王殿。又下行半里，有一座寺庵位于高悬的山冈中间，幽深的竹林掩映着山门，两条泉水夹在山谷中，幽静空寂，窈窕可爱。可惜都关着门，没有一个僧人在。又下走，才是法界寺的正殿。先进入殿后高悬的平台之上，佛殿相当严整，有在寺中读书的人，但主持僧人仍然不在。于是下来，在正殿中拜了佛。刚拜完，顾仆也从山坞中上来了。东厢房有僧人出来迎接，询问后知道南京法师未曾来过法界寺。而后抬头观看天色，还可以前行三十多里，于是向僧人问路，改为向北径直去邵甸。原来去杨林所的是大路，在最南边，因而绕路；去兔儿关的是中路，路最近而且平坦；去邵甸的是北路，却靠近梁王山，最为偏僻而且危险。我此时打算观察梁王山统领群山的地势，便选了这条路。

　　由寺前西南转竹箐中，随坳而南，一里，逾东南冈，出向所来道，遂南下山。一里抵山下，有坞自西北来，即前岭头下瞰重壑之第一层也。由其南横度而西南，二里，过一村，村南始畦塍相属。随塍南下，西行畦中一里余，望见北冈垂尽处，石崖骈沓，其东村庐倚冈上，为灵云山；西有神宇临壑，是为白马庙。神宇之西有坞，自北山回环而成峡，有大溪自峡中东注而出，即前岭头遥瞰之第二层也。其壑西南，始遥逼梁王最崇峰之下。盖梁王东突，耸悬中霄，北分一支，东下为灵云峰，即白马所倚；再北分一支，东峙为法界寺，法界北壑虽与梁王对夹，而灵云实中界焉，故梁王东麓之溪漭注，俱从此出也。其流与东山之龙巨江相似，东西距州城远近亦相似也。溪无桥，涉之，即西上坡。始余屡讯途人，言渡溪而西，必宿大大村，村之东皆层冈绝岭,漫无村居。问:"去村若干里?"曰:"三十。"余仰视日色,当已不及,而土人言不妨,速行可至。再问皆然。遂急趋登坡,一里,有负载而来者,再问之,曰:"无及矣。不如返宿为明晨计。"余随之还,仍渡溪,入白马庙。庙敝甚,不堪托宿。乃东过骈沓石崖,从村庐之后,问宿于灵云山僧。是庵名梵虚,僧虽不知禅诵,而接客有礼,得安寝焉。

【译文】

　　由法界寺前往西南转进满是竹林的山箐中,随着山坳往南行,行一里,越过东南方的山冈,走到先前过来的路上,于是往南下山。行一里来到山下,有个山坞从西北方过来,就是先前在岭头上往下俯瞰重重壑谷的第一层了。由山坞南部往西南横穿过去,行二里,经过一个村庄,村庄南面开始有田畦田埂相连了。顺着田埂往南下走,向西行走在田野中一里多,望见北面山冈下垂的尽头处,石崖众多杂沓,石崖东面有村居房屋紧靠在山冈上,这是灵云山;西面有座神庙面临壑谷,这是白马庙。神庙的西面有个山坞,是北面的山环绕而成的峡谷,有条大溪从峡中往东流淌出来,这就是先前在岭头远远俯瞰的第二层了。这个壑谷西南面,才远远逼近梁王山最高峰之下。大概梁王山的东面突起,高悬在中央,耸入云霄,北面分出一条支脉,往东下垂形成灵云峰,就是白马庙背靠的山;再往北分出一条支脉,往东耸峙为法界寺,法界寺北面的壑谷虽然被这条支脉与梁王山相夹,可灵云峰实际上隔在中间,所以梁王山东麓的溪流潆绕流淌,全部是从此地流出去了。这条溪水的水流与东山的龙巨江相似,东西两面距州城的远近距离也相似。溪水上没有桥,涉过溪水,立即向西上坡。起初我多次询问路上的人,说渡过溪流往西走,必定要住在大大村,大大村东面都是层层山冈和陡绝的山岭，蛮荒没有村庄居民。问："离村子有多少里？"回答："三十里。"我抬头看天色，应当已来不及了，可当地人说不妨事，快走可以赶到。再问都是这样说。于是急忙快步上登山坡，行一里，有个背东西过来的人，再问他，他说："无法赶到了。不如返回去住下作明早再走的打算。"我跟随他往回走，仍然渡过溪水，进入白马庙。寺庙十分破烂，不能寄宿。于是往东经过那众多杂沓的石崖，从村子的后面走过，去向灵云山僧人投宿。这座寺庵叫梵虚寺，和尚虽然不懂坐禅诵经，可接待客人有礼貌，得以安睡在寺中。

二十九日　晨起，碧天如洗。哑饭。仍半里渡溪，蹑西坡而上。迤逦五里，逾冈脊，东望嘉利泽，犹在足下；西瞻梁王绝顶，反为近支所隐不可见，计其处，正当绝巘之东，此即其支冈也。冈头多中陷之坎，枯者成眢井，潴者成天池。稍西北盘冈一里，复西南下。一里，度中洼之底，复西北上，行山南岭坡间。二里，复西南下坞中。其坞自西北崇峰夹中来，中有流泉颇急，循坞西崖东坠，此梁王山东南之流也。有岐路直自坞外东南来，直西北向梁王山东腋去，此杨林往普岸、严章径，余交截之而西。半里，渡西涯急流，复西北蹑冈上，颇峻。一里，蹑峰头，已正当梁王山之南矣。西向平行岭头一里，又西下半里，坞有小水，犹东南流也。一里径坞，又西上逾岭。半里，复下。其岭南北俱起，崇峰夹之，水已西南行，余以为过脊矣，随之下一里，行峡中。转而南一里，又有水自西北来，同坠壑东注而下嘉利泽，始知前所过夹峰之脊，犹梁王南走之余支也。越水，复西北蹑峻而上，一里半，抵峰头，则当梁王山之西南矣。是峰西南与南来老

脊又夹坑，东北下嘉利泽；是峰东北与梁王主峰，亦盘谷东
下嘉利泽。从脊上平行而西，一里余，出西坳。半里，始见
其脉自南山来者，从此脊之西北下，伏而再起，遂矗峙梁
王焉①。

【注释】

①梁王：即梁王山，今名同，在嵩明县西北。

【译文】

二十九日　早晨起床，碧蓝的天空如同洗过一般。急忙吃好饭。
仍然走半里渡过溪水，踩着西面的山坡向上走。弯弯转转五里，越过冈
脊，东面望见嘉利泽，仍然还在脚下；西眺梁王山的绝顶，反而被近处的
支脉挡住看不见，估计它的位置，位于险绝高峰的正东，此处是梁王山
的支脉形成的山冈。冈头有许多中央下陷的深坑，干枯的成为枯井，积
水的成为天池。渐渐往西北绕着山冈行一里，又向西南下走。走一里，
穿过洼地中间的底部，又往西北上走，行走在山南面山岭山坡间。走二
里，再往西南下到山坞中。这个山坞从西北面高峰的夹缝中延伸过来，
山坞中有流淌的泉水十分湍急，顺着山坞西面的山崖向东坠落下去，这
就是梁王山东南麓的水流了。有条岔路笔直从山坞外东南方向过来，
一直往西北向着梁王山的东侧去，这是杨林所前往普岸、严章的小径，
我横交过小径往西行。行半里，渡过西边的急流，再向西北上登山冈，
相当陡峻。走一里，登上峰头，已正在梁王山的南面了。向西平缓行走
在岭头一里，又往西下走半里，山坞中有条小溪，仍然是向东南流去。
走一里穿过山坞，又往西上走翻越山岭。走半里，又下走。这座山岭南
北两面都有高峰耸起夹住它，水流已经向西南流，我以为越过岭脊了，
顺着山势下山一里，行走在峡谷中。转向南一里，又有水流从西北流
来，同样坠入壑谷向东下流进嘉利泽，这才知道前边走过的两面山峰相
夹的山脊，仍然只是梁王山往南延伸的其余的支脉。渡过流水，再往西

北陡峻地上登，走一里半，抵达峰头，于是在梁王山的西南面了。这座山峰的西南面与南面延伸来的主脉山脊又夹成坑谷，往东北下延到嘉利泽；这座山峰的东北面与梁王山的主峰也是盘绕成山谷，往东下延到嘉利泽。从山脊上平缓向西前行，行一里多，来到西面的山坳。走半里，才看见从南山延伸来的山脉，从这条山脊往西北下延，下伏后再次耸起，最终耸峙矗立为梁王山。

梁王山者，按《志》无其名，余向自杨林西登老脊，已问而知之，云在邵甸东北，故余取道再出于此，正欲晰其分支界水之源也。然《志》虽不名梁王，其注盘龙江则曰："源自故邵甸县之东山、西山。"则指此为东山矣。其注东葛勒山，则曰："在邵甸县西北，高三十里，为南中名山，远近诸峰，高无逾此。"则所谓三十里者，又指此为东葛勒山矣。但土人莫谙旧名，因梁王结寨其顶，遂以梁王名之。《志》无梁王名，未尝无东葛勒名也。其脉自澂江府罗藏山，东北至宜良，分支东北走者，为翠峰之支，正支西北走者，由杨林西岭，而北度兔儿关，又北度此而高耸梁王山，横亘于邵甸之北。其东西两角并耸；东垂下临白马溪之西，西垂下临牧养涧之东。由西垂环而西南为分支，则文殊、商山之脉所由衍也；由东垂走而东北为正支，则果马、月狐之脊所自发也。西垂曲抱，而盘龙之源，遂浚滇海；东垂横夹，而嘉利之派，遂汇北盘。宜其与罗藏雄对南北，而共称梁王云。

【译文】

　　梁王山，查考《一统志》，没有它的名字。我过去从杨林往西登上主脉山脊，已经打听知道了这座山，说是在邵甸东北，所以我取道邵甸再次来到此地，正是想搞清楚梁王山各条分支山脉分水的源流啊。然而《一统志》上虽然没记载梁王山的山名，但书中注释盘龙江时却说："发源于原邵甸县的东山、西山。"那么是把此梁王山指认为东山了。书中注释东葛勒山，则说："在邵甸县西北，高三十里，是南中地区的名山，远近各地的群峰，高处没有超过此山的。"那么志书所说的高三十里的山，又把梁王山指认为东葛勒山了。只是当地人无人熟悉梁王山的原名，因为梁王在山顶安营扎寨，就用梁王来给它起名。《一统志》上没有梁王山的名字，未尝没有东葛勒山的名字。它的山脉起自澂江府的罗藏山，往东北延伸到宜良县，分支往东北延伸的，是翠峰山的支脉，主脉正脊往西北延伸的，从杨林所的西岭往北延伸过兔儿关，又往北延伸到此地后高耸为梁王山，横亘在邵甸的北面。它的东西两头一同耸起，东面下垂临近白马溪的西边，西面下垂临近牧养涧的东边。由向西下垂的山往西南环绕成为分支山脉，就是文殊山、商山的山脉衍生起始的地方了；由往东下垂后向东北延伸的山，是主脉正脊，就是果马山、月狐山的山脊发祥的地方了。向西下垂的山弯曲环抱，而盘龙江的水源，便泄入滇池；往东下垂的山横亘相夹，而嘉利泽的支流，便汇入北盘江。梁王山与罗藏山在南北雄峙相对，而共同被称为梁王山是适宜的。

　　过脊，渐西降，西瞰夹坞盘窝，皆丰禾芃芃，不若脊东皆重冈荒碛也。一坡西垂夹坞中，上皆侧石斜卧。从其上行，二里，始随坡下坠。一里及坞，有小溪自东南坞中出，越之西行。又半里，有村聚南山下，皆瓦房竹扉，山居中之最幽而整者,是曰大大村①,始东西开坞。梁王山西南之水,由坞北西注;余所越南坞之水,截坞而从之。半里,越村之西,又开为南北之坞,有小水自南来,经西冈下,北合于东坞之水,同破西北峡而下坠,当西出于邵甸之北者也。路越南来小水,遂西南上坡。盘坡而上,约里许,越其巅。又西下半里,西南涉溪;其溪似南流者。一里,又西逾坡脊,平行坡上。又一里余,始见西坞大开。其坞自北而南,辟夹甚遥,而环峰亦甚密,坞中丰禾云丽,村落星罗,而溪流犹仅如带,若续若断焉。于是陟降西麓,半里抵坞。有村倚麓西而庐,是曰甸头村②,即邵甸县之故址也。是村犹偏于坞东;坞北有峰中垂,亦有聚庐其上。其地去嵩明州四十里,重峦中间,另辟函盖。正北则梁王正脊亘列于后,东界即老脊之北走者,西界即分支之南环者。其西北度处,有坳颇平,是通牧漾③;东北循梁王山东垂而北,是通普岸、严章;西逾岭,通富民县;东逾岭,即所从来者;惟南坞最远,北自甸头,十里至甸尾。坞中之水,南至甸尾,折而西南去,路亦逾山而西,遂为嵩明、昆明之界焉。

【注释】

①大大村:今作"达达村",在嵩明县西南境,白邑稍东。

②甸头村:据《嵩明县地名志》,甸头村在白邑稍北,1945年白邑曾改称凤仪村,甸头改称化龙村,取龙凤呈祥之意。后白邑恢复旧名,而化龙沿用至今。

③牧漾:今作"牧羊",在嵩明县西北部盘龙江边,阿子营稍北。

【译文】

翻过山脊，渐渐往西下降，向西俯瞰夹谷、山坞与盘子样的山窝，全是丰美的稻禾十分茂盛，不再像山脊东面全是重重山冈和荒凉的沙石了。一条山坡向西下垂，夹在山坞中，坡上都是斜卧侧立的岩石。从坡上往上走，二里，开始顺山坡下坠。走一里到达山坞，有条小溪从东南方的山坞中流出来，越过小溪往西行。又行半里，有个村落聚居在南山下，都是瓦房竹门，是山间民居中最幽静最整洁的地方，这里叫做大大村，山坞东西两面开始开阔起来。梁王山西南麓的水，流经山坞北面往西流注；我所越过的山坞南面的小溪水，横穿过山坞跟随着往西流。走半里，穿越到村子的西面，又拓展为南北向的山坞，有条小溪从南面流来，流经西面的山冈下，往北与山坞东面的水流汇合，一同冲破西北方的山峡往下流泄，应当是往西流到邵甸北面的水流了。道路越过南面流来的小溪，于是向西南上坡。绕着山坡上走，大约一里路左右，越过坡头。又往西下行半里，往西南涉过溪水；这条溪水似乎是向南流的。走一里，又往西翻越坡脊，平缓行走在坡上。又走一里多，开始见到西面的山坞十分开阔。这个山坞自北往南，夹立的山分开十分遥远，而环绕的山峰也很密集，山坞中丰美的稻禾似白云一样明丽，村落星罗棋布，可溪流仍然仅仅像带子一样宽，像是时断时续的样子。从这里陡峻地下降到西麓，半里到达山坞中。有个村庄背靠山麓西面建了房，这里叫甸头村，就是邵甸县的旧址了。这个村子仍然偏处于山坞东面；山坞北面有座山峰高垂在中央，也有房屋聚居在山上。此地离嵩明州有四十里，重重山峦隔在中间，另外开辟有一个天地。正北面就是梁王山的正脊绵亘排列在后面，东面一列山就是主脉山脊往北延伸的山脉，西面一列山就是分出的支脉向南环绕的山脉。山脉往西北延伸的地方，有个山坳相当平坦，那里通往牧漾；往东北沿着梁王山东垂往北走，那里通往普岸、严章；往西越过山岭，通往富民县；往东越过山岭，就是我走来的地方；唯有南面的山坞最远，北面起自甸头，十里到甸尾。山坞中的水流，向南流到甸尾，折向西南流去，道路也翻过山往西走，就是嵩明州、昆明县的分界处了。

　　余既至甸头村，即随东麓南行。一里，有二潭潴东涯下，南北相并，中止有岸尺许横隔之，岸中开一隙，水由北潭注南潭间，潭大不及二丈，而深不可测，东倚石崖，西濒大道，而潭南则祀龙神庙在焉。潭中大鱼三四尺，泛泛其中。潭小而鱼大，且不敢捕，以为神物也。甸头之水，自北来流于大道之西；潭中水自潭南溢，流大道之东，已而俱注于西界之麓，合而南去。路则由东界之麓，相望而南。坞中屡过村聚。八里，有小水自东峡出，西入于西麓大溪，逾之。南二里，则甸尾村横踞甸南之坡①。有岐直南十里，通兔儿关；正路则由村西向行。一里余，直抵西界之麓，有石梁跨大溪上②。逾梁，始随西麓南行。半里，溪水由西南盘谷而入，路西北向逾岭。一里，登岭头。一里，下岭西坞中，路复转西南行，大溪尚出东南峡中，不相见也。盖其东老脊，南自宜良，经杨林西岭度而北，一经兔儿关，其西出之峰突为五龙山，则挟汇流塘之水而出松花坝者也③；再北经甸尾东，其峰突为祭鬼山，则挟邵甸之水而西出汇流塘者也。于是又西越坞脊，四里，随坞西下。一里，又有水自北峡来④，有梁跨之，其势少杀于甸尾桥下水。有村在梁之西，是为小河口⑤，即牧漾之流，南经此而与邵甸之水合，而出汇流塘者也。过村，又西南上岭，盘折山坡者七里，中有下洼之窖。既而陟下峡中，有小水自西北峡来，渡之，村聚颇盛。村之南，则邵甸之水，已与小河口之流，合而西向出峡，至此复折而南入峡中，是为汇流塘，其萦回之势可想也。从此路由西岸随流入峡，其峡甚逼，夹翠骈崖，中通一水，路亦随之，落照西倾，窈不见影。曲折四里，有数家倚溪北岸，是为三家村⑥。投宿不纳。盖是时新闻阿迷不顺，省中戒严，故昆明各村，俱以小路不便居停为辞。余强主一家，久之，乃为篝火炊粥，启户就榻焉。

【注释】

①甸尾村：今仍名"甸尾"，在嵩明县西南隅。

②有石梁跨大溪上：明时认此大溪为盘龙江正源，称邵甸河。今称冷水河。

③汇流塘：今作"回流湾"。松花坝：今名同。从回流湾到松花坝，现已连为松花坝水库，湖面宽阔，为昆明市郊人工建筑的最大水库。但元、明时期的松花坝遗迹，至今仍能看到。

④又有水自北峡来：此水明时称牧漾水，今作"牧羊河"，为盘龙江正源。

⑤小河口：今称小河或小河村，在昆明市郊东北隅。

⑥三家村：近年扩建松花坝水库时，三家村已安全迁至小河村东边，邵甸河与牧漾水汇流处的东岸，原三家村址今已被水库淹没。

【译文】

我到甸头村后，立即沿着东麓往南行。行一里，有两潭水汇积在东面的山脚边，一南一北互相并排在一起，中间只有一尺左右宽的堤岸横隔着两潭水，堤岸中间开有一道缝隙，潭水从北边的水潭流向南边的水潭中,水潭大处不到二丈,可深不可测,东边靠着石崖,西面濒临大路,而水潭南面就有座祭祀龙神的神庙在那里。水潭中的大鱼有三四尺长,自在地游动在水中。潭小却鱼大,而且不敢捕捞,认为是神物。甸头的水,从北面流来在大路的西面流淌;潭中的水从水潭南面溢出,流到大路的东面,随后路两边的水都流到西面一列山的山麓,合流后往南流去。大路则是沿着东面一列山的山麓,与水流相望着往南走。山坞中屡次经过村庄聚落。行八里,一条小溪从东面峡中流出来,向西流入西面山麓的大溪中,涉过小溪。往南行二里,就是甸尾村横向坐落在甸子南面的山坡上。有条岔路一直往南走十里,通往兔儿关;正路则是经过村子向西行。行一里多,径直抵达西面一列山的山麓,有座石桥跨在大溪上。过桥后,开始沿着西山的山麓往南行。行半里,溪水向西南盘绕的山谷中流进去,道路向西北翻越山岭。行一里,登上岭头。行一里,下到岭西的山坞中,路又转向西南行,大溪还在东南方的峡谷中,互相看不见了。大体上,山坞东面山脉主脊,南面起自宜良县,经过杨林所的西岭往北延伸,一过兔儿关,它向西伸出去的山峰突起成为五龙山,于是夹住汇流塘的溪水而后延伸到松花坝;再往北经过甸尾东面,那里的山峰突起成为祭鬼山,就是夹住邵甸的水流往西延伸到汇流塘的山脉了。从这里又往西越过山坞和山脊,行四里,顺着山坞往西下走。走一里,又有水流从北面峡中流来,有座桥跨过流水,水势稍稍小于甸尾桥下的水。有个村庄在桥的西面,这里是小河口,就是牧漾的水流,往南流经此地而后与邵甸的水流合流,然后流到汇流塘。走过村子,又往西南上岭,盘绕曲折地在山坡上走了七里,途中有下洼的深坑。随后陡峻地下走到峡中,有条小河从西北的峡中流来,渡过小河,村庄聚落相当兴盛。村庄的南面,就是邵甸流来的水,已经与小河口的水流合流后向西流出山峡,流到此处再折向南流入山峡中,这里是汇流塘,河里的水潆绕回旋的气势可想而知了。从此地起,道路经由河的西岸顺着河流进入峡谷,这里的山峡十分狭窄,山崖并立，青山相夹，中间通着一条水道，路也随着河水走，落日的余辉从西面斜照进来，昏暗得不见人影。曲曲折折走四里，有几家人紧靠河流北岸，这里是三家村。到村里投宿不接纳。原来是这时刚刚传闻阿迷州造反，省里戒严，所以昆明县的各个村庄，全都以小路上不方便住宿作为借口拒绝投宿。我强求一家的主人，很久之后，才为我生火煮粥，开门让我就寝。

盘江考

　　南北两盘江，余于粤西已睹其下流，其发源俱在云南东境。余过贵州亦资孔驿，辄穷之。驿西十里，过火烧铺。又西南五里，抵小洞岭①。岭北二十里有黑山，高峻为众山冠，此岭乃其南下脊。岭东水即东向行，经火烧铺、亦资孔，乃西北入黑山东峡，北出合于北盘江；岭西水自北峡南流，经明月所西坞，东南出亦佐县，南下南盘江。小洞一岭，遂为南、北盘分水脊。《一统志》谓，南北二盘俱发源沾益州东南二百里，北流者为北盘，南流者为南盘，皆指此黑山南小洞岭，一东出火烧铺，一西出明月所二流也。后西至交水城东，中平开巨坞，北自沾益州炎方驿，南逾此经曲靖郡，坞亘南北，不下百里，中皆平畴，三流纵横其间，汇为海子。有船南通越州，州在曲靖东南四十里。舟行至州，水西南入石峡中，悬绝不能上下，乃登陆。十五里，复下舟②，南达陆凉州。越州东一水，又自白石崖龙潭来③，与交水海子合出石峡④，乃滇东第一巨溪也，为南盘上流云。

【注释】

①小洞岭：今作"硝洞岭"，在贵州盘县火铺镇稍西。

②复下舟：据此，徐霞客在陆凉坝子仍为舟行。景泰《云南图经志书》陆凉州山川载："中埏泽，在州治东丘雄山麓，宽衍六十余里，有一十八泉注其中，而潇湘之水亦入焉。鱼虾甚富。其傍地为牧马场，而所产多良马，亦其土地之所宜也。""中埏泽"或作"中涎泽"。明代，陆凉州和陆凉卫皆在湖边，便于行舟。近代，中涎泽已成陆地。

③白石崖：今作"白石岩"，在曲靖市麒麟区东境，茨营北端的龙潭河源。此水即今龙潭河。

④交水海子：又省称"交海"，在曲靖坝子东部，亦称东海子。万历《云南通志》曲靖军民府山川载："东海子，在府城东五里许，轮广五十余里。每秋，雨水汪秽浩淼，亦曲阳之巨浸也。"经逐步辟为圩田，今已不存。

【译文】

　　南、北两条盘江，我在广西省已经看到过它们的下游，两条江的发源地都在云南省东部境内。我路过贵州省亦资孔驿时，就穷究了它们的源流。从亦资孔驿往西十里，经过火烧铺。又往西南五里，到小洞岭。小洞岭北面二十里处有座黑山，高大险峻，是群山的最高处，这座小洞岭是黑山往南下延的山脊。山岭东面的水就向东流，流经火烧铺、亦资孔，于是向西北流进黑山东面的峡谷，向北流出后与北盘江合流；山岭西面的水从北面的峡中往南流，流经明月所西面的山坞，往东南流到亦佐县，向南下流进南盘江。小洞岭一座山岭，便成为南盘江、北盘江分水的山脊。《一统志》说，南、北两条盘江都发源于沾益州东南二百里处，往北流的是北盘江，向南流的是南盘江，都是指这座黑山南面的小洞岭，一条从东面流出火烧铺，一条向西流出明月所，两面分流了。后来我往西来到交水城东面，群山中展开一个平坦的巨大山坞，北面起自沾益州的炎方驿，南面越过此地交水城，经过曲靖府，这个山坞绵亘于南北之间，不下一百里，坞中全是平旷的田野，三条河流纵横流淌在山坞中，汇积成海子。有船向南通到越州，越州在曲靖府城东南四十里处。乘船航行到越州，河水往西南流入石山峡谷中，峡谷高悬险绝，船不能上下，只好登上陆地。步行十五里后，又下到船中，往南到达陆凉州。越州东面有一条河，又从白石崖的龙潭流来，与交水的海子汇合后流出石山峡谷，是滇东地区第一大的河流，成为南盘江的上游了。

余憩足交水，闻曲靖东南有石堡温泉胜，遂由海子西而南。南下二十里，一溪来自西北，转东南去，入交海，桥跨之，为白石江；涓细仅阔数丈，名独著，以沐西平首破达里麻于此，遂以入滇也。按达里麻以师十万来拒，与我师夹江阵，是日大雾，沐分兵从上流潜济，绕出其后，遂破之。今观线大山溪，何险足据；且白石上流为戈家冲，源短流微，潆带不过数里内。沐公曲靖之捷，夸为冒雾涉江，自上流出奇夹攻之，为不世勋，不知乃与坳堂无异也！度桥南六里，抵曲靖郡。出郡南门，东南二十五里，海子汪洋涨溢，至是为东西山所束，南下伏峡间。桥横架交溪上，曰上桥。桥西开一坞东向，即由上桥西折入坞，半里至温泉。泉可浴，泡珠时发自池底，北池沸泡尤多，对以六角亭，曰喷玉。东逾坡半里，抵桥头村[①]。村西行田畴间，忽一石高悬，四面翁丛，楼楹上出，即石崖堡也[②]，与温泉北隔一坞。径平畦里许，抵堡东麓，南向攀级，上凌绝顶，则海子东界山南绕于前，西界山自北来，中突为此崖，又西崎而南为水口山。交溪南出上桥,前为东界山南绕所扼,辄西南汇为海子,正当石堡南;其东北白石崖龙潭,与东南亦佐之水,合交溪下流于越州,乃西南破峡去。而石堡正悬立众峰中,诸水又汇而潆之,危崖古松,倍见幽胜。北下山,西一里抵石堡村。回眺石堡,西北两面嵌空奇峭,步步不能去。由村南下坡,东半里,逾一石梁。南走梁下者,即交溪,溪遂折东南去。又东一里半,抵东山麓。东北上山,从石片中行,土倾峡坠,崩嵌纷错,石骨竞露如裂瓣,从之倾折取道。石多幻质,色正黑如着墨,片片英山绝品。石中上者一里,至岭坳,下见西坞南流之江,下坠岭南之峡,乃交溪由桥头南下,横截此山南麓以东去者也。

【注释】

①桥头村:今名同,又称温泉村,在南盘江西岸,属曲靖市麒麟区三宝镇。

②石崖堡:即石堡山,在温泉稍南,为曲靖名胜。《明一统志》曲靖府山川:"石堡山,在府城东南二十余里,相传蜀汉诸葛亮征蛮时与诸酋会盟之所,其下温泉出焉。"

【译文】

我在交水城歇脚时,听说曲靖府东南部有处石堡温泉的胜景,就由海子西面往南行。向南下行二十里,一条溪水来自于西北方,转向东南流去,流入交水海子,桥跨过溪流,这是白石江;涓涓细流,水面仅有几丈宽,偏偏很著名,是因为西平王沐英首先在这里击败达里麻,于是才得以率军进入滇池地区。据考证,达里麻率领十万军队前来抵御,与我明朝军队隔着江流布下阵地,那天下大雾,沐英分兵从上游偷偷渡江,绕到达里麻的后面,便击败了达里麻的军队。今天看来,白石江仅是线一般大的山间溪流，哪里有天险值得据守；况且白石江上游是戈家冲，源头短，水流小，潆绕流过的地带不超过几里之内。沐公在曲靖作战的捷报，夸大为冒着浓雾涉过江水，从白石江上游出奇兵夹攻达里麻，建立了世所罕见的功勋，却不知白石江不过是与堂屋前的低洼地没有什么两样的小水塘啊！过桥后往南行六里，来到曲靖府。出了府城南门，往东南行二十五里，交水海子一片汪洋，水位高涨四溢，到这里被东西两面的山紧束，向南下流到低伏的峡谷中。有座桥横架在交溪上，叫做上桥。桥西面展开一个向东的山坞，立即由上桥向西折进山坞，走半里来到温泉。泉水可以沐浴，水泡像珠子一样不时出自池底，北面的池子沸腾的水泡尤其多，面对着六角亭，叫做喷玉泉。向东爬坡半里，到桥头村。从村子往西行走在田野间，忽然一座石崖高悬，四面丛林茂密，楼台房屋出现在山峰上，就是石崖堡了，与北面的温泉隔着一条山坞。径直从平展的田地中行一里左右，来到石崖堡的东麓，向南攀登石阶，登上凌空的绝顶，就见交水海子东面的一列山往南绕到前方，西面的一列山自北面延伸而来，途中突起成为这座山崖，又往西耸峙，而后往南延伸成为水口山。交溪往南流到上桥，前方被东面一列山向南环绕扼住，便流向西南汇积为海子，正好在石崖堡南面；这里东北面的白石崖龙潭，与东南面亦佐县的水流，汇入交溪往下流到越州，于是向西南冲破山峡流去。而石崖堡高悬矗立在群峰正中间，众多的水流又汇积潆绕着它，危崖古松，加倍显现出幽雅的美景来。从北面下山，往西行一里到达石堡村。回头眺望石崖堡，西北两面都高嵌在空中，雄奇陡峭，一步步不能离去。由村子南面下坡，往东行半里，走过一座石桥。向南流经桥下的水流，就是交溪，溪水于是转向东南流去。又往东行一里半，到达东山山麓。向东北上山，从片石丛中前行，泥土倾塌，峡谷深坠，崩塌深嵌的岩石纷繁错杂，骨状的岩石竞相裸露出来，如同绽裂开来的花瓣，从这些岩石丛中歪歪斜斜、曲曲折折地找路走。岩石的质地变幻多端，颜色纯黑好像墨染上的，片片都是英山石中的绝品。从岩石丛中上走一里,来到岭上的山坳,望见下方西面山坞中往南流的江水,下坠到岭南的峡谷中,是交溪从桥头往南下流,横截过此山的南麓向东流去的江流。

　　余已躬睹南盘源,闻有西源更远,直西南至石屏州,随流考之。其水源发自石屏西四十里之关口,流为宝秀山巨塘①,又东南下石屏,汇为异龙湖②。湖有九曲三岛③,周一百五十里。岛之最西北近城者,曰大水城,顶有海潮寺;稍东岛曰小水城。舟经大水城南隅,有芰荷百亩,巨朵锦边,湖中植莲,此为最盛。水又东经临安郡南,为泸江,穿颜洞出,又东至阿弥州,东北入盘江。盘江者,即交水海子,南经越州、陆凉、路南、宁州,至州东六十里婆兮甸,合抚仙湖水;又南至播箕街河甸,合曲江④;又东至阿弥州稍东,合泸江。二江合为南盘江,遂东北流广西府东山外。

【注释】

①宝秀:明设宝秀关巡检司,今名同,在石屏县西境,风景甚佳。宝秀山巨塘即宝秀湖,又称赤瑞湖,今湖面甚小。

②异龙湖:万历《云南通志》临安府山川载:"异龙湖,在石屏州东,湖有九曲,周一百五十里。中有三岛,小岛名孟继龙,有蛇虫,不可居,昔蛮酋以有罪者流此;中岛名小末束;大岛名和龙,蛮酋立城其上,汉名水城。四面皆巨浸,俗呼为海。东流为泸江。"今名同,在石屏县东南。湖泊面积约42平方公里,东西长13.8公里,南北宽1.4—6公里,湖岸线长86公里,平均水位海拔1411米,平均水深3.5米,最深处为7米。三岛

在湖西部,其中大水城、小水城今皆在湖岸上,湖中仅最小的
岛马宝龙。

③九曲:即大湾、高家湾、杨家湾、豆地湾、马房湾、罗色湾、狮子湾、
青鱼湾、白浪湾等,多在湖的南部。北部湖岸平直,但岸上龙潭
甚多。近年由于将湖水引入石屏南部灌溉农田,湖水改道流入
元江,且曾一度接近干涸。有的湾已垦为农田。现逐步恢复旧
貌。曲,今称"湾"。

④曲江:按,《明一统志》临安府山川载:"曲江,在府城东北九十里,
源自新兴州,由嶍峨县、石屏州会诸水,至河西县而东入于盘
江。""婆兮江,在宁州东六十里,源自澂江抚仙湖,经州境汇于婆
兮甸入盘江。"澂江府又载:"抚仙湖,在府治南,周二百余
里……东流入盘江。"至《嘉庆重修一统志》,对这一片水道的认
识一直比较模糊。近代地理显示,婆兮甸即今盘溪,在华宁县东
隅,曲江在此汇入南盘江。抚仙湖出口名清水河,又称海口河,
往东流,为澄江、华宁县界河,在华宁县北隅的大革勒附近汇入
南盘江,与盘溪无涉。

【译文】

　　我已经亲自目睹了南盘江的源头,听说还有处西面的源头更远,一
直往西南到石屏州,我顺着水流考察这个源头。这一支流的水发源于
石屏州西面四十里的关口,下流成为宝秀山巨大的水塘,又往东南下流
到石屏州,汇积为异龙湖。异龙湖有九个水湾三个小岛,周长一百五十
里。小岛中在西北面最接近州城的,叫做大水城,岛的顶上有座海潮
寺;稍偏东的岛叫小水城。船经过大水城南边,有上百亩的荷花,巨大
的花朵,锦绣般地铺满湖边,在湖中种莲花,此地规模最为盛大。异龙
湖水又向东流经临安府南部,称为泸江,穿过颜洞流出来,又往东流到
阿弥州,向东北流入盘江。盘江这条河流,就是交水海子的水,往南流
经越州、陆凉州、路南州、宁州,流到宁州东面六十里的婆兮甸,汇合抚

仙湖的湖水；又往南流到播箕街河甸，与曲江合流；又往东流到阿弥州稍东处，与泸江合流。盘江与泸江两条江汇合成南盘江，于是往东北流向广西府的东山以外。

余时征诸广西土人，竟不知江所向。乃北过师宗州，又东北去罗平州十五里，抵一坞曰兴哆啰。其坞西傍白蜡，东瞻罗庄，南去甚遥，而罗庄山森峭东界，皆石峰离立，分行竞奋，复见粤西面目。盖此丛蠹怪峰，西南始此，而东北尽于道州，磅礴数千里，为西南奇胜，此又其西南之极也。已而至罗平，询土人盘江曲折，始知江自广西府流入师宗界，即出罗平东南隅罗庄山外，抵巴旦彝寨，会江底河；寨去罗平东南二百里，江东即广南府境。又东北经巴泽、河格、巴吉、兴隆、那贡，至霸楼，为霸楼江；六处地名，俱粤西安隆长官司地。今安隆无土官，俱为广南、泗城所占。遂入泗城境之八蜡、者香，于是为右江。再下，又有广南富州之水，自者格经泗城之葛阃、历里来合，而下田州云。

【译文】

我当时征询过许多广西府的当地人，竟然无人知道南盘江的流向。于是我向北经过师宗州，又向东北走到离罗平州十五里处，到达一个山坞叫做兴哆啰。这个山坞西面傍着白蜡山，东面望着罗庄山，南面出去十分遥远，而罗庄山似森林一样峭拔地矗立的东面，都是分离开矗立着的石峰，分成行竞相奋起，重又显出广西石山的面貌。大体上，此类丛林般矗立的怪异山峰，在西南方起始于此地，往东北在道州到了头，磅礴延绵几千里，是西南地区奇异优美的景观，这里又是西南地区中这种奇观的极致了。随后到罗平州,向当地人打听南盘江曲折的流向,这才知道江水从广西府流入师宗州境内,随即从罗平州东南部的罗庄山外流出去,流到巴旦彝寨,与江底河汇合;巴旦彝寨距离罗平州城东南二百里,江的东岸就是广南府的辖境。南盘江又东北流经巴泽、河格、巴吉、兴隆、那贡,流到霸楼,称为霸楼江;说到地名的六个地方,全是广西省安隆长官司的属地。今天安隆长官司没有土司,全部被广南府、泗城州侵占了。随后流入泗城州境内的八腊、者香,从者香起称为右江。再往下流,又有广南府富州的水流,从者格流经泗城州的葛阆、历里流来汇合,然后下流到田州。

　　后余至云南省城,过杨林,见北一海子特大,古称嘉利泽,北成大溪,出河口[1]。溪北有山甚峻,曰尧林山。又东北十里出峡,经果子园[2],北至寻甸府,合郡城西北水,汇为南海子。又东北与马龙水合于郡东二十里七星桥,为阿交合溪。余因究水所出,知其下沾益州为可渡河,乃北盘江上流也。按此则南北二盘,但名称之同耳,发源非一山之水。北盘自可渡河而东,始南合亦资孔、火烧铺之水,则火烧铺非北盘之源也。南盘自交水发源,南渡越州,始合明月所之水,则明月所非南盘之源也。乃《一统志》北盘舍杨林,南盘舍交水,而取东南支分者为源。则南北源一山之误,宜订正者一[3]。

【注释】

①河口:今称小河口。

②果子园:今名同。皆在嵩明县东境的铁路线上,杨林海水东流至此转北流为牛栏江。

③"乃《一统志》"以下几句：霞客订正《明一统志》之说，把南盘江源
　　上溯到炎方，是很大的功劳。但杨林的嘉丽泽往北流入金沙江，
　　与北盘江无涉。近代地理调查说明，南北盘江皆发源于今沾益
　　县北境的马雄山。北盘江源在马雄山北麓，往北流为革香河，再
　　转南即称北盘江。南盘江源在马雄山南麓。

【译文】

　　后来我到云南省城，路过杨林所时，见到北面有一个海子特别
巨大，古代称为嘉利泽，北边形成一条大溪，流出河口。溪水北面有
座山十分险峻，叫做尧林山。又往东北流十里，流出峡谷，流经果子
园，向北流到寻甸府，汇合寻甸府城西北的水流，汇积为南海子。又
往东北流，与马龙州流来的水在府城东面二十里的七星桥合流，成
为阿交合溪。我于是穷究溪水流出去的流向，知道了阿交合溪下流
到沾益州成为可渡河，是北盘江的上游了。据此，那么南、北两条盘
江，只不过是名称相同罢了，不是发源于一座山的水流。北盘江从
可渡河一段往东流，才往南流与亦资孔、火烧铺的水合流，那么火烧
铺不是北盘江的发源地了。南盘江从交水发源，往南流过越州，才
与明月所的水合流，那么明月所不是南盘江的发源地了。可《一统
志》记载北盘江竟然舍弃杨林所，南盘江舍弃交水，却选取东南面分
出的支流作为源头。那么，南、北盘江发源于一座山的错误，是应该
加以订正的第一个地方。

　　又以南盘至八蜡、者香，一水自东北来合，土人指以为
北盘江，遂谓南北盘皆出于田州。夫北盘过安南，已东南下
都泥，由泗城东北界，经那地、永顺，出罗木渡，下迁江。则
此东北合南盘之水，自是泗城西北箐山所出。谓两江合于
普安州、泗城州之误，宜订正者二①。

【注释】

①"又以南盘至八蜡"以下几句：八蜡，又作"把兰"，今作"坝纳"，在贵州册亨县东南境。者香，今作"蔗香"，在贵州望谟县南。此两地正位于南、北盘江合流处的两岸，土人关于南、北盘在此合流的说法是可信的。霞客把"东北合南盘之水"，认为是"泗城西北箐山所出，"而以今流经惠水、罗甸间的濛江为北盘经流，亦误。

【译文】

　　又因为南盘江流到八腊、者香时，一条河水从东北流来汇合，当地人指认为是北盘江，便说南、北盘江都源出于田州。实际上，北盘江流过安南卫，随后往东南下流进都泥江，经由泗城州东北境，流经那地州、永顺司，流出罗木渡，下流进迁江。那么这条从东北流来汇合南盘江的河水，自然是泗城州西北山箐中流出来的。认为南、北两条盘江在普安州、泗城州合流的错误，是应该订正的第二个地方。

　　至《一统志》最误处，又谓南北二盘，分流千里，会于合江镇。盖惟南宁府西左右江合流处为合江镇，是直以太平府左江为南盘，田州右江反为北盘矣。今以余所身历综校之：南盘自沾益州炎方驿南下，经交水、曲靖，南过桥头，由越州、陆凉、路南，南抵阿弥州境北，合曲江、泸江，始东转，渐北合弥勒巴甸江①，是为额罗江。又东北经大柏坞、小柏坞②，又北经广西府东八十里永安渡，又东北过师宗州东七十里黑如渡，又东北过罗平州东南巴旦寨，合江底水，经巴泽、巴吉，合黄草坝水，东南抵霸楼，合者坪水，始下旧安隆③，出白隘，为右江。北盘自杨林海子，北出嵩明州果子园，东北经热水塘，合马龙州中和山水，抵寻甸城东，北去彝地为车洪江。下可渡桥，转东南，经普安州北境，合三板桥诸水，南下安南卫东铁桥，又东南合平州诸水，入泗城州东北境，又东注那地州、永顺司，经罗木渡，出迁江、来宾，为都泥江，东入武宣之柳江。是南盘出南宁，北盘出象州，相去不下千里；而南宁合江镇，乃南盘与交趾丽江合，非北盘与南盘合也。其两盘江相合处，直至浔州府黔、郁二江会流时始合，但此地南北盘已各隐名为郁江、黔江矣。则谓南盘、北盘即为南宁左、右江之误，宜订正者三④。

【注释】

①巴甸江：今称甸溪河，在弥勒市境，从北往南流入南盘江。

②大柏坞、小柏坞：即今大百户、小百户，大百户在砚山县西北隅，小百户在丘北县腻脚一带。

③旧安隆：今称旧州，在南盘江南岸，广西田林县西北隅。

④"则谓南盘"两句：霞客订正了时人的错误，肯定北盘江下游注入今红水河，是又一大功劳。但仍沿旧说，认为南盘江入广西为右江，往下为郁江。其实，右江源为驮娘江和西洋江，与南盘江亦不相涉。

【译文】

至于《一统志》最错误的地方，又认为南、北两条盘江，分别流淌一千里，在合江镇合流。大概只有南宁府西面左江、右江合流的地方称为合江镇，这样是直接把太平府的左江当做南盘江，把田州的右江反而当做北盘江了。今天用我的亲身经历来综合校正这个错误：南盘江从沾益州炎方驿往南下流，流经交水、曲靖府，往南流过桥头，经由越州、陆凉州、路南州，向南流到阿弥州境内北部地区，汇合曲江、泸江，开始向东转，渐渐往北流，汇合弥勒州的巴甸江，从这里起称为额罗江。又往东北流经大柏坞、小柏坞，又往北流经广西府东面八十里的永安渡，又往东北流过师宗州东面七十里的黑如渡，又往东北流过罗平州东南的巴旦寨，汇合江底河的水，流经巴泽、巴吉，汇合黄草坝的水流，往东南流到霸楼，汇合者坪的水流，这才下流到原安隆州，流出白隘，成为右江。北盘江源自杨林所海子，向北流出嵩明州果子园，往东北流经热水塘，汇合马龙州中和山的水流，流到寻甸府城东面，往北流入彝人居住的地区称为车洪江。下流到可渡桥，转向东南流，流经普安州北境，汇合三板桥的众多水流，往南下流到安南卫东面的铁桥，又向东南流，汇合平州的众多水流，流入泗城州东北境，又往东流注到那地州、永顺司，流经罗木渡，流出迁江、来宾，成为都泥江，往东流入武宣的柳江。这样，南盘江流出南宁府，北盘江流出象州，两条江相距不下一千里；而南宁府的合江镇，是南盘江与发源于交趾的丽江合流，不是北盘江与南盘江合流了。那两条盘江相汇合的地方，一直要到浔州府内黔江、郁江两条江合流时才汇合，但在浔州府地界上南、北盘江已经各自隐去它们的名字称为郁江、黔江了。那么，认为南盘江、北盘江就是南宁府的左江、右江的错误，是应该订正的第三个地方。

　　若夫田州右江源，明属南盘，《志书》又谓源自富州，是弃大源而取支水，犹之志南盘者源明月所，志北盘者源火烧铺也。彼不辨端末巨细，悍然秉笔，类一丘之貉也夫！

【译文】

　　至于田州的右江源流，明明是属于南盘江，《志书》又说是源自于富州，这是放弃主流却选取支流，就好像记载南盘江源自于明月所，记载北盘江源自于火烧铺一样的了。他们那种不区分起源末流水大水小，蛮横地秉笔写书的做法，类似于一丘之貉了呀！

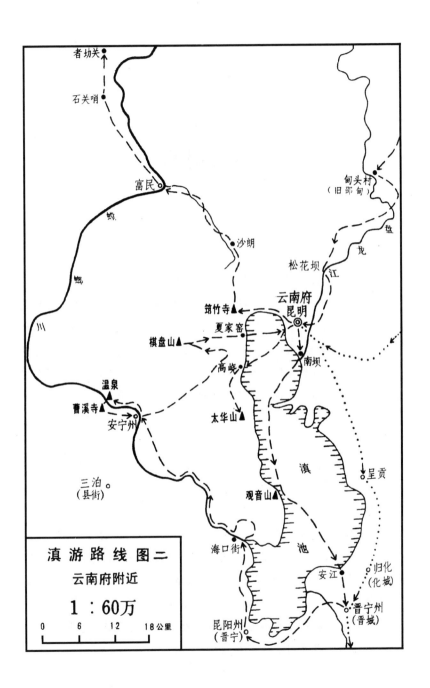

者坝关
石关哨
富民
沙朗
松花坝
甸头村
（旧邵甸）
盘
龙
江
筇竹寺▲
夏家窑
云南府
昆明
棋盘山▲
高峣
南坝
温泉▲
曹溪寺▲
安宁州
太华山▲
滇
三泊。
（县街）
观音山▲
呈贡
池
归化
（化城）
海口街
安江
晋宁州
（晋城）
昆阳州
（晋宁）

滇 游 路 线 图 二
云南府附近
1：60万

0   6   12   18公里

滇游日记四①

【题解】

《滇游日记四》是徐霞客旅游云南府和武定府的游记。

崇祯十一年（1638）十月初一日，徐霞客第二次来到昆明。这里是云南省会，民风淳朴，热情好客。徐霞客结交了唐大来、吴方生、阮仁吾、唐玄鹤、张调治、张石夫、周恭先、金公趾、马云客、阮玉湾、阮穆声等一批滇中名士，得到他们的盛情款待，生活十分惬意。滇池是我国著名的淡水湖之一，山光水色冠绝于世。徐霞客环滇池畅游了一周，从昆明南郊的南坝乘船，横渡滇池，到安江上岸，再绕经晋宁、昆阳、安宁等州，取草海湖堤，从西郊的夏家窑和土堆回城，沿途游览了白鱼口、天女城、金山寺、石将军、牛恋石、龙王堂、石城、安宁温泉、曹溪寺、进耳寺、棋盘山等，以后又游了西北郊的筇竹寺、海源寺上洞和中洞、妙高寺、沙朗天生桥、富民河上洞。

十一月十一日，徐霞客抵达武定府。此后十九日的日记缺。据随行的仆人证实，这段时间霞客曾"遍阅武定诸名胜"。在武定游狮子山，特别是山上与建文皇帝传闻有关的正续寺。以后到元谋县登雷应山，"见活佛，为作碑记"。徐霞客不走通往滇西的大道，而北迁取道武定、元谋，主要目的就是追踪考察长江源头金沙江。在元谋，他北到姜驿，"穷金沙江"，亲眼见到了日夜思念的金沙江。

戊寅十月初一日　凌晨起②,晴爽殊甚。从三家村啜所存粥启行③,即西由峡中,已乃与溪别。复西逾岭,共三里,入报恩寺。仍转东,二里,过松花坝桥。又循五龙山而南三十里,循省城东北隅南行。已乃转西度大桥,则大溪之水自桥而南④,经演武场而出火烧铺桥,下南坝矣。从桥西入省城东门,饭于肆。出南门⑤,抵向所居停处,则吴方生方出游归化寺未返,余坐待之。抵暮握手,喜可知也。见有晋宁歌童王可程,以就医随吴来,始知方生在唐守处过中秋,甚洽也。

【注释】

①《滇游日记四》:在乾隆刻本第六册上。

②戊寅:崇祯十一年,即公元1638年。

③从三家村啜所存粥启行:原脱"所存"二字,据"四库"本补。

④大溪:此即盘龙江,明代又称滇池河,为滇池主要水源。今仍称盘龙江。

⑤"出南门"句:明洪武十五年(1382)设云南府及附郭昆明县,并废弃元代土城不用,另筑砖城。城为方形略扁,城周九里三分,有六门。东门称咸化门,今称大东门,在小花园。东北为永清门,俗称小东门,在今圆通山大门前、圆通街东口。北为保顺门,在今北门街尽头,省杂技团门口。西为广远门,俗称大西门,在今文林街新建设电影院街口。西南为洪润门,俗称小西门,在今武成路西口、东风商店前。南门称崇政门,在今近日公园。明城的范围和规模,一直相沿到清末,清代仅在原来基础上修整,并改换了城门的名称。明清城墙及城壕直到20世纪50年代才拆填完,现已变为青年路、南屏街、东风西路等宽大的街道。北城墙穿过云南大学及圆通公园,今圆通公园东北隅高处的瞭望亭,即

建在原城墙上,是明清云南府城墙仅存的珍贵标本。

【译文】

戊寅年十月初一日　凌晨起床,天气特别晴朗。喝了昨天保存下的稀粥后从三家村启程上路,立即经由峡谷中前行,不久便与溪流告别。再往西翻越山岭,共行三里,进入报恩寺。仍然转向东行,二里,走过松花坝桥。又沿着五龙山往南行三十里,顺着省城城墙的东北角往南行。不久就转向西走过大桥,就见大溪的溪水从桥下往南流,流经演武场后流出火烧铺桥,下流到南坝了。从桥西进入省城东门,在饭店吃了饭。走出南门,来到从前居住过的地方,可是吴方生刚好到归化寺出游还没有回来,我坐着等他。到傍晚才与他握手相见,喜悦的心情可想而知了。见到有一个晋宁的歌童王可程,因为就医随同吴方生前来,这才知道吴方生在唐玄鹤知州那里过中秋节,十分融洽。

初二日　余欲西行,往期阮仁吾所倩担夫,遇其侄阮玉湾、阮穆声,询候甚笃。下午,阮仁吾至寓,以担夫杨秀雇约至。余期以五日后再往晋宁,还即启行。仁吾贶以番帨、香扇①。

【注释】

①番帨(shuì):国外来的佩巾。

【译文】

初二日　我想要上路西行,前去和阮仁吾为我雇的挑夫约定行期,遇见他的侄子阮玉湾、阮穆声,对我的问候十分真诚。下午,阮仁吾来到寓所,把挑夫杨秀的雇用合同拿来了。我和他约定五天后再前往晋宁,从晋宁回来就启程上路。阮仁吾送给我外国来的佩巾、香扇作为临别赠礼。

初三日　余欲往晋宁，与唐元鹤州守、大来隐君作别。方生言："二君日日念君。今日按君还省，二君必至省谒见，毋中途相左也。盍少待之？"乃入叩玉湾，并叩杨胜寰，知丽江守相望已久。既而玉湾来顾寓中，知按君调兵欲征阿迷，然兵未发而路人皆知之，贼党益猖狂于江川、澂江之境矣①。玉湾谓余："海口有石城妙高，相近有别墅②，已买山欲营构为胜地。请备车马，同行一观。"余辞以晋宁之行不容迟，因在迤西羁久也。又云："缅甸不可不一游。请以腾越庄人为导。"余颔之。

【注释】

①江川：明置县，隶澂江府。《明史·地理志》江川县："南有故城，崇祯七年（1634）圮于水，迁于旧江川驿，即今治。"在此以前江川县治今星云湖北岸的龙街，明末迁至今江城。

②别墅（shù）：于住宅外另置的园林建筑等游息之所。

【译文】

初三日　我想前往晋宁，与唐元鹤知州、唐大来隐士告别。吴方生说："二位先生天天挂念您。今天按察使返回省城，二位先生必定要到省城来拜见按察使，不要在途中错过了。为何不稍微等等他们？"我于是进城去拜见阮玉湾，一并拜见了杨胜寰，得知丽江府知府盼望我去已经很久了。随后阮玉湾来到寓所中看望我，得知按察使调兵想要征讨阿迷州，然而军队还未出发可路上的人都知道了这件事，叛贼乱党益发得以在江川县、澂江府境内猖狂了。阮玉湾告诉我说："海口有处石城妙高寺，附近我有处别墅，已经把山买下来，打算建造成风景优美的地方。请让我备好车马，一同前去看一看。"我用晋宁州之行不容许推迟辞谢了他，因为在滇西要停留很久。他又说："缅甸不可不去游览一次。

请让腾越庄园里的人为您做向导。"我点头同意了他。

初四日　余束装欲早往晋宁，主人言薄暮舟乃发，不若再饭而行。已而阮玉湾馈榼酒①，与吴君分饷之。下午，由羊市直南六里②，抵南坝，下渡舟，既暮乃行③。是晚西南斗风，舟行三十里，至海夹口泊。三鼓乃发棹，昧爽抵湖南涯北圩口④，乃观音山之东南濒海处⑤。其涯有温泉焉，舟人有登浴者，余畏风寒，不及沐也。于是挂帆向东南行，二十里至安江村⑥，梳栉于饭肆。仍南四里，过一小桥，即西村四通桥分注之水，为归化、晋宁分界处⑦。又南四里，入晋宁州北门⑧，皆昔来暗中所行道也，至是始见田畴广辟，城楼雄壮焉。入门，门禁过往者不得入城，盖防阿迷不靖也。既见大来⑨，各道相思甚急。饭而入叩州尊⑩，如慰饥渴，遂留欢宴。夜寝于下道，供帐极鲜整。

【注释】

①榼(kē)：古代盛酒的器具。

②羊市：南通街过去称羊市街，南通街与顺城街交叉处至今仍称羊市口。

③"抵南坝"三句：南坝今名同，在昆明市南郊，昆明火车站南。"既暮乃行"是徐霞客在滇池中的一次难忘的航行。正德《云南志》云南府山川载：滇池，在府治南，一名昆明池，一名滇南泽。周广五百余里，合盘龙江、黄龙溪诸水汇为池。池中产衣钵莲花，盘千叶，而鱼虾、凫鸟、菱芡、菰蒲之利为西南之最。中有大小卧纳二山。《史记》：滇水源广末狭，有似倒流，故曰滇。楚庄蹻王滇池，即此。有河泊所五。滇为云南巨浸，每春夏水生，弥漫无际，

池旁之田岁饫其害。滇池是我国著名的高原淡水湖,今滇池周围跨西山区、官渡区、呈贡区、晋宁县,出口流经安宁市、富民县,皆霞客游屐所及。徐霞客对滇池考察的时间长,下的功夫大,视角广阔,内容丰富。

④圩(wéi):湖、海边上防水护田的土堤。北圩口,即今白鱼口,为滇池土著鱼白鱼的产卵场,因名。为风景疗养区。温泉今存,在空谷园内,惜水温较低。

⑤观音山:今名同,在滇池西岸,山上有塔,附近建有昆明市工人疗养院。

⑥安江村:今名同,在滇池东岸晋宁县境。

⑦归化:明置归化县,隶晋宁州,治今呈贡区南的化城。

⑧晋宁州:隶云南府,治今晋宁县晋城镇。

⑨大来:即唐大来(1593—1673),名泰,晋宁人,青年时曾游学于祖国内地,是杰出的书画家和诗人,以"诗、书、画三绝"闻名于世。明末削发为僧,长住鸡足山,法名普荷,号担当。云南省博物馆收藏担当书画甚多。

⑩州尊:系对知州的尊称。州守:即知州,又省称"守"。

【译文】

初四日　我捆扎行装想要乘早前往晋宁州,主人说要到傍晚船才会出发,不如吃过中饭后再走。随后阮玉湾送来一盒酒菜,与吴方生分吃了它。下午,由羊市一直往南行六里,到达南坝,下到渡船中,暮色降临后才开船。这天晚上刮着逆向的西南风,船行了三十里,到海夹口停泊。三更时才开船,黎明时到达湖水南岸的北圩口,是观音山东南面濒海的地方。这里岸边有处温泉,船上有的人上岸去沐浴,我怕风冷,没去沐浴。从北圩口挂上帆向东南航行,二十里后来到安江村,在饭店中梳头洗脸。仍然往南行四里,走过一座小桥,桥下就是西面村子四通桥下分流过来的水,是归化县、晋宁州的分界处。又往南行四里,进入晋宁州城北门,都是从前来的时候在黑暗中走过的路，到这时才见到宽广开阔的田野，城楼雄伟壮观。走进城门，城门禁止过往的行人不准进城，大概是为防备阿迷州，市面不安定。见到唐大来后，各自十分迫切地诉说相思的心情。饭后进州衙拜见知州大人，犹如饥渴之时得到抚慰，于是留下来欢畅地聚宴。夜里在下道安寝，提供的帷帐铺盖极其鲜丽整洁。

初五至初七日　　日日手谈内署，候张调治。黄从月、黄沂水禹甸与唐君大来，更次相陪，夜宴必尽醉乃已。

【译文】

初五日至初七日　　天天在州内衙下围棋，等候张调治。黄从月、黄沂水（字禹甸）与唐大来诸君，轮流着前来相陪，夜里必定宴饮到全部喝醉才罢休。

初八日　　饮后，与黄沂水出西门，稍北过阳城堡[①]，即所谓古土城也。其西北为明惠夫人庙，庙祀晋宁州刺史李毅女[②]。夫人功见《一统志》。有元碑，首句云：“夫人姓杨氏，名秀娘，李毅之女也。”既曰“李女”，又曰“姓杨”，何谬之甚耶？岂夫人之夫乃姓杨耶？然辞不达甚矣。人传其内犹存肉身，外加髹焉[③]，故大倍于人。余不信。沂水云：“昔年鼠伤其足，露骨焉。不妄也。”是日，州幕傅良友来拜，且馈橧醴[④]。傅，江西德化人[⑤]。

【注释】

①阳城堡：《元史·地理志》晋宁州：“唐晋宁县，蒙氏、段氏皆为阳

城堡部,元宪宗七年(1257)立阳城堡万户,至元十二年(1275)改
晋宁州。"南诏、大理时,晋宁称阳城堡部,此即当年遗址。

②李毅女:《明一统志》云南府祠庙:"忠烈庙,在晋宁州古土城内,
祀晋宁州刺史李毅之女秀。惠帝时,五苓蛮寇宁州,毅卒,其女
明达有父风,众推领州事,奖励将士,婴城固守,伺夷稍息,出军
击走之。唐开元初赐庙额。"《元混一方舆胜览》亦载此事说,当
时有庙在晋宁州,贴金耗费近万两。

③髹(xiū):本作"髤",赤黑色的漆。

④醴(lǐ):甜酒。

⑤德化:为九江府附郭县,在今江西九江市。

【译文】

初八日　喝完酒,与黄沂水走出西门,稍往北经过阳城堡,就是所
谓的古代的土城了。阳城堡西北是明惠夫人庙,庙中祭祀晋宁州刺史
李毅的女儿。夫人功绩在《一统志》中可以见到。庙里有元代的碑刻,
第一句说:"夫人姓杨氏,名叫秀娘,是李毅的女儿。"既然说"李毅的女
儿",又说"姓杨",为何如此荒谬绝伦呢?难道是夫人的丈夫姓杨吗?
如果这样,辞不达意也太过分了。人们传说夫人的塑像中还保存着她
的肉体,外面涂加了黑漆,所以大小有人的一倍。我不信。黄沂水说:
"往年老鼠咬伤了塑像的脚,里面露出骨头来了。不是乱说的。"这一
天,知州的幕僚傅良友前来拜访,并且赠送了一坛甜酒。傅良友,江西省德
化县人。

初九日　余病嗽,欲发汗,遂卧下道。

【译文】

初九日　我生病咳嗽,想要发汗,便躺在下道。

初十日 嗽不止，仍卧下道。唐君晨夕至榻前，邀诸友来看，极殷绻①。

【注释】

①殷：殷勤。绻：即绻缱（quǎn qiǎn），形容情意深厚。

【译文】

初十日 我不停地咳嗽，仍然躺在下道。唐元鹤君早晚都来到床前问候，邀请诸位朋友来看望我，极为殷勤，情谊深厚。

十一日 余起，复入内署。盖州治无事，自清晨邀以入，深暮而出，复如前焉。是日，傅幕复送礼。余受其鸡肉，转寄大来处。下午，傅幕之亲姜廷材来拜。姜，金溪人。

【译文】

十一日 我起床后，再次进入州内衙。大概是州里没有政事，知州从清晨就邀请我进去，深夜才出来，又像前几天一样。这一天，傅良友幕僚又送礼来。我接受了他的鸡肉，转寄在唐大来那里。下午，傅良友的亲戚姜廷材来拜访。姜廷材，金溪县人。

十二日 唐州尊馈新制长褶棉被。余入谢，并往拜姜于傅署，遇学师赵，相见蔼蔼①。及往拜赵于学斋，遇杨学师，交相拜焉。询赵师："陆凉有何君巢阿否？"赵，陆凉人，故询之。赵言："陆凉无之。当是浪穹人。然同宦于浙中，相善。"赵君升任于此，过池州②，问六安何州君③，已丁艰去矣④。四月初至镇远⑤，其所主之家⑥，即何所先主者，是其归已的。

但余前闻一僧言,贵州水发时,城中被难者,有一浙江盐官,扛二十余⑦,俱遭漂没,但不知其姓。以赵君先主镇远期计之,似当其时,心甚惴惴,无可质问也。从陈木叔《集》中,转得二知己,为吴太史淡人及何六安巢阿,俱不及面。岂淡人为火毙于长安⑧,今又有此水厄? 若果尔,何遇之奇也!

【注释】

①蔼(ǎi)蔼:人数众多。

②池州:明置池州府,隶南京,治今安徽池州市贵池区。

③六安:明置六安州,隶南京,即今安徽六安市城区。

④丁艰:旧时父母亲死称丁艰或丁忧,亦省称"忧",当官者即须去职在家服丧。

⑤镇远:明为府,隶贵州布政司,即今贵州镇远县。

⑥主:居停。

⑦扛(gāng):两人共抬一物为一扛。

⑧长安:为西安府附郭县,在今陕西西安市。

【译文】

十二日 唐玄鹤知州大人赠送了新做的长夹衣、棉被。我进州衙去道谢,一并前往傅良友的官署拜见姜廷材,遇见赵姓的儒学教师,相见十分和气融洽。等到前往儒学书斋中去拜访姓赵的,遇上了姓杨的儒学教师,互相行礼拜见了。我向赵学师打听:"陆凉州有没有一个叫何巢阿的人?"姓赵的,是陆凉州人,所以向他打听。姓赵的说:"陆凉州没有这个人,应当是浪穹县的人。不过我们一同在浙江省内做过官,互相处得很好。"赵君提升到这里任职,路过池州时,打听六安州的何知州,何知州因父母去世已离职去守孝了。四月初赵君到达镇远府,他所住的人家,就是何巢阿先前住过的人家。这样看来,何巢阿的确已经归乡了。但是我前段时间听到一位僧人说,贵州省发生水灾时,城中遇难的人中，有一位浙江省的盐官，二十多担行李都被洪水飘走了，只是不知道盐官的姓。根据赵君先前在镇远府居停的日期计算，似乎正当发洪水的时间，心中非常的惴惴不安，无处可打听质证。从陈木叔的文集中，间接得到了两位知己，就是太史吴淡人和六安知州何巢阿，都没来得及见面。莫非吴淡人被火烧死在长安，今天何巢阿又有此次水灾？假如果真这样，人生际遇是何等的奇异呀！

十三日　州尊赴杨贡生酌。张调治以骑邀游金山寺①，以有庄田在其西麓也。出西门，见门内有新润之房颇丽，问之，即调治之兄也。名□□，以乡荐任常州判②，甫自今春抵家。以谗与调治不睦。出西门，直西行田塍中，路甚坦。其坞即南自河涧铺直北而出者③，至此乃大开洋，北极于滇池焉。西界山东突濒坞者，为牧羊山；北突而最高者，为望鹤山，其北走之余脉为天城；又西为金沙，则散而濒海者也。东界山西突而屏城南者，为玉案山；北峙而最高者，为盘龙山；其环北之正脊，为罗藏山，则结顶而中峙者也。州治倚东界之麓。大堡、河涧合流于西界之麓，北出四通桥，分为两流：一直北下滇海；一东绕州北入归化界，由安江村入滇海。经坞西行三里，上溪堤，有大石梁跨溪上，是为四通桥。由桥西直上坡，为昆阳道。西北由岐一里半，为天女城，上有天城门遗址④，古石两叠，如雕刻亭檐状。昔李毅之女秀，代父领镇时，筑城于此，故名。城阜断而复起，西北濒湖者，其山长绕，为黄洞山；西南并天城而圆耸夹峙者，为金沙山⑤。此皆土山断续，南附于大山者也。金沙之西，则滇海南漱而入，直逼大山；金沙之南，则望鹤山高拥而北瞰，为西界大山北隅之最。其西则将军山耸崖突立，与望鹤骈峙而出，第望鹤则北临金沙,天城、将军则北临滇海耳。黄洞山之西,有洲西横海中,居庐环集其上,是为河泊所⑥,乃海子中之蜗居也⑦;今已无河泊官,而海子中渡船犹泊焉。其处正西与昆阳对,截湖西渡,止二十里;陆从将军山绕湖之南,其路倍之。由天女城盘金沙山北夹,又一里半而入金山寺。寺门北向,盘龙莲峰师所建也,寺颇寂寞。由寺后拾级而上,为玉皇阁,又上为真武殿,俱轩敞,而北向瞻湖,得海天空阔之势。山之西麓,则连村倚曲,民居聚焉。入调治山楼,饭而登山,凭眺寺中。下步田畦水曲,观调治家人筑场收谷。戴月入城,皎洁如昼,而寒悄逼人。还饭下道,不候唐君而卧。唐君夜半乃归,使人相问,余已在梦魂中矣。

【注释】

①金山寺:原作"金沙寺"。方树梅《担当年谱》谓,寺名金山,在金沙山麓,误为金沙寺。据改。下同。

②常州:明为府,隶南京,即今江苏常州市。判:即通判,是府州长官的行政助理,分掌粮运及农田水利等事务。

③河涧铺:今作"河间铺",在晋宁县东南隅。

④天城门:今名同,在晋宁县晋城稍西。

⑤金沙山:原作"金沙江山",据徐本、"四库"本删"江"字。下同。据《读史方舆纪要》,晋宁州西有金沙山,以产沙石其色如金得名。

⑥河泊所:今仍称河泊村,在晋城正西的滇池边,但不再是水中沙洲,已与陆地联成一片。

⑦蜗(wō)居:比喻窄小的住地。

【译文】

十三日　知州大人去赴杨贡生的酒宴。张调治邀请我骑马去游金山寺，是因为他有田庄在金山寺西面的山麓。从西门出发，见到城门内有处新粉刷的房屋颇为华丽，打听房屋的主人，就是张调治的哥哥。名字叫□□，通过乡荐出任常州府通判，刚刚在今年春天回到家。因为听信别人的坏话与张调治不和睦。出了西门，一直向西行走在田野中，道路十分平坦。州城所在的山坞，就是南面起自河涧铺，一直往北延伸出来的山坞，到了此地就十分开阔，北面的尽头到滇池。西面一列山向东突出濒临山坞的山，是牧羊山；北面突出来而且最高的山，是望鹤山，望鹤山往北延伸的余脉是天城门所在的地方；又往西延伸是金沙寺所在的山，就是散开来濒临滇池的山了。东面一列山向西突出来而像屏风样位于州城南面的山，是玉案山；耸峙在北面而且最高的山，是盘龙山；那向北环绕的山脉主脊，是罗藏山，就是盘结为顶峰而耸峙在中央的山了。晋宁州城紧靠东面一列山的山麓。大堡、河涧铺的水在西面一列山的山麓合流，往北流出四通桥，分为两条支流：一条一直向北下流进滇池；一条往东绕过州城向北流入归化县境内，经由安江村流入滇池。穿过山坞往西行三里，走上溪流的堤岸，有座大石桥跨在溪流上，这就是四通桥。由桥西一直上坡，是去昆阳州的路。向西北从岔路走一里半，是天女城，上面有天城门的遗址，两层古老的岩石，如像雕刻成的亭子飞檐的形状。从前李毅的女儿李秀，代替父亲领兵镇守晋宁州时，在此处筑城，所以取名叫天女城。城所在的土山断后重又隆起，西北面濒临湖水的山，那山势长长地绕过去，是黄洞山；西南面与天城门并排而圆圆地耸立对峙的山，是金沙山。这些都是断断续续的土山，往南延伸附着于大山。金沙山的西段，就是滇池浸润着山的南面，凹进去一直逼近大山；金沙山的南面，就是望鹤山高高拥起，俯瞰着北方，是西面一列大山北段的最高峰。望鹤山西边就是将军山高耸的山崖矗立着，与望鹤山并排对峙着延伸而出，只不过是望鹤山北边面临金沙山，天城门、将军山则是北边面临滇池罢了。黄洞山的西面,有沙洲向西横在海水中,居民房屋环绕聚集在沙洲上,这里是河泊所,是海子中间蜗牛壳一样狭小的聚落;今天河泊所已没有官员,可海中的渡船还停泊在那里。那地方正西与昆阳州相对,向西横渡滇池,到昆阳州只有二十里;陆路沿着将军山绕着湖水往南走,那路程是水路的一倍。由天女城绕过金沙山北面的夹谷,又行一里半后进入金山寺。寺门向北,是盘龙山莲峰禅师修建的,寺中很是寂静。由寺后沿着台阶上走,是玉皇阁,再上去是真武殿,都很高大宽敞,而且向北远望着湖水,占有海天空阔的地势。山的西麓,就是连片的村庄依傍着弯曲的水湾,村民聚居在那里。进入张调治的山楼,饭后登山,在寺中凭栏远眺。下山后漫步于田间水湾边,观看张调治的家人修筑打谷场、收割谷子。顶着月色进城,月光皎洁如同白昼,可寒意悄然逼人。回到下道吃饭,没等候唐玄鹤君就睡下了。唐君半夜才回来,派人来问候,我已在梦中游魂了。

十四日　在署中。

【译文】

十四日　在州衙中。

十五日　在州署。夜酌而散,复出访黄沂水。其家寂然,花阴历乱,惟闻犬声。还步街中,恰遇黄,黄乃呼酒踞下道门,当月而酌。中夜乃散。

【译文】

十五日　在州衙。夜里饮酒后散去,又出门拜访黄沂水。黄家一片寂静,花影凌乱,只听到狗叫声。返回来漫步在街道中,恰好遇见黄沂水,黄沂水于是叫人送来酒菜,坐在下道门前,对着明月饮酒。半夜才散。

十六日　余欲别而行,唐君谓:"连日因歌童就医未归,不能畅饮。使人往省召之,为君送别,必少待之。"余不能却。

【译文】

十六日　我想告别上路,唐玄鹤君对我说:"连日来因为歌童去看病还没归来,不能畅快痛饮。我派人去省城叫他回来,为您送别,务必暂时等等他。"我不能推辞。

十七、十八日　皆在州署。

【译文】

十七日、十八日　都在州衙。

十九日　在州署。夜月皎而早阴霾。

【译文】

十九日　在州衙。夜里月光皎洁可早晨天阴起雾。

二十日、二十一日　在州署。两日皆倏雨倏霁。

【译文】

二十日、二十一日　在州衙。两天都是忽雨忽晴的。

二十二日　唐君为余作《瘗静闻骨记》，三易稿而后成。已乃具酌演优^①，并候杨、赵二学师及唐大来、黄沂水昆仲，为同宴以饯。

【注释】

①优：即优伶，古代称表演戏曲、乐舞的演员为优，此处指演出舞乐戏曲。

【译文】

二十二日　唐玄鹤君为我创作了《瘗静闻骨记》，三次改稿后才完成。随后备好酒菜和歌舞戏曲，并等候杨、赵二位儒学教师以及唐大来、黄沂水兄弟，一同宴饮为我践行。

二十三日　唐君又馈棉袄、夹裤，具厚赆焉。唐大来为余作书文甚多，且寄闪次公书，亦以青蚨赆^①。乃入谢唐君，为明日早行计。

【注释】

①青蚨（fú）：传说中的虫名，曾有"青蚨还钱"的传说，后人因称钱为青蚨。

【译文】

二十三日　唐君又馈赠了棉袄、夹裤，备办了丰厚的临别赠礼。唐大来为我写了好多书信，而且寄信给闪次公，也拿钱送给我做路费。于是我进州衙向唐君致谢，为明日一早上路做准备。

晋宁乃滇池南一坞稍开，其界西至金沙山，沿将军山抵三尖村，与昆阳界，不过二十里；东至盘龙山顶，与澂江界，不过十里;北至分水河桥,与归化界,不过五里;南入山坞,与澂江界,不过十里。总计南北不过十五里,东西不过三十里,不及诸蛮酋山徼一曲也①。

【注释】

①蛮酋:指少数民族酋长或土司。

【译文】

晋宁州是滇池南面一个比较开阔的山坞,它的地界西面到金沙山,沿将军山到三尖村,到与昆阳州的交界处,不超过二十里;东面到盘龙山山顶,到与澂江府的交界处,不超过十里;北面到分水河桥,到与归化县的交界处,不超过五里;南面伸入山坞里,到与澂江府的交界处,不超过十里。总计南北不超过十五里,东西不超过三十里,还赶不上偏远山区各蛮族土司领地的一个山弯弯了。

晋宁之水,惟四通桥为大①。其内有二溪,俱会于牧羊山下石壁村。一为大坝河,即河涧铺之流,出自关索岭者②,余昔往江川由之;一为大甫河,出自铁炉关者,与新兴分水之岭界③。二水合而出四通桥,又分其半,东灌州北之田。至州东北,又有盘龙山涧之水,自州城东南隅,循城北流,引为城濠,而下合于四通东灌之水,遂北为归化县分界,而出安江村。其河乃唐公新浚者。

【注释】

①四通桥:在今新庄乡河湾村南的柴河上,原有亭式四通桥一座。柴河从南往北至此,到村后转为东西走向,该村因名河湾。

②关索岭:今称关岭,在晋宁县东南隅,昆明到建水的公路从此

经过。

③新兴:明置州,隶澂江府,治今玉溪市城区。　　铁炉关:明置铁炉
关巡检司,在今晋宁县、玉溪市界上。

【译文】

晋宁州的水流,只有四通桥下的水流大一些。四通桥以内有两条
溪流,都在牧羊山下的石壁村汇合。一条是大坝河,就是河涧铺的水
流,源出于关索岭,我从前去江川县时沿着这条河走过;一条是大甫河,
是源出于铁炉关的水流,铁炉关在与新兴州交界的分水岭上。两条溪
水合流后流出四通桥,又分出其中的一半向东流去,灌溉晋宁州北部的
田地。在州城的东北面,又有盘龙山的山涧水,从州城的东南角,沿着
城墙往北流,被引为护城河,而后往下流,与四通桥下往东流灌溉田地
的水合流,于是往北流去,成为与归化县的分界线,然后流出安江村。
这条河是知州唐公新近疏浚的水道。

晋宁二属邑俱在州东北境,亦滇海东南之余坞也。归
化在州北二十里,呈贡又在归化北四十里①。呈贡北即昆明
县界,东北即板桥路②,东即宜良界③,东南即罗藏山,阳宗
界④。归化北五里有莲花洞山,一名龙洞,有水出其间。罗
藏山在归化东十里,盘龙山东北之主峰也,东南距澂江府四
十里。其山高耸,总挈众山,与邵甸之梁王山对,亦谓之梁
王山⑤,以元梁王结寨其上也。西北麓为滇池,东南麓为明
湖、抚仙湖⑥。水之两分其归者,以此山为界;水之三汇其壑
者,亦以此山为环。然则比邵甸梁王,此更磅礴矣。其脉自
铁炉关东度为关索岭,又东为江川北屈颡巅山,遂北走为此
山;又东至宜良县西境,又北度杨林西岭,又北过兔儿关,又
北结为邵甸梁王山,而为果马、月狐之脊焉。

【注释】

①呈贡：明为县,隶云南府晋宁州,即今呈贡区。

②板桥：即今大板桥,在昆明城东郊。

③宜良：明为县,隶云南府,即今宜良县。

④阳宗：明为县,隶澂江府,治今澄江县北、阳宗海南的阳宗。

⑤梁王山：今名同,主峰海拔 2820 米。

⑥明湖：即今阳宗海。《明一统志》澂江府山川:"明湖,在阳宗县北,一名曰夷休湖,一名阳宗湖,源出罗藏山,下流盘江,周七十余里,两岸陡绝,山水黑色,鱼味甚美。"现湖面有 31 平方公里,南北长 12.7 公里,东西宽 1.9～5.6 公里,湖岸线长 32.3 公里,平均水深 20 米,最深处达 30 米,平均水位海拔 1770 米。

【译文】

　　晋宁州的两个属县都在州境东北部,也是在滇池东南岸其他的山坞中。归化县在州城北面二十里,呈贡县又在归化县北面四十里。呈贡县北面就是昆明县的辖境,往东北就是去板桥的路,东面就是宜良县的辖境,东南就是罗藏山,是阳宗县的辖境。归化县城北面五里有座莲花洞山,又叫龙洞,有水从龙洞中流出来。罗藏山在归化县东面十里处,是盘龙山东北面的主峰,东南距澂江府有四十里。罗藏山山势高耸,总领群山,与邵甸的梁王山相对,也被称之为梁王山,是由于元代的梁王在这座山上安营扎寨。罗藏山的西北麓是滇池,东南麓是明湖、抚仙湖。水分为两面各自流向不同方向,以此山作为分界;水汇积在壑谷里成为三个湖泊,也是以此山为中心环绕着。不过,与邵甸的梁王山比较,这座梁王山气势更加磅礴了。山脉走向,自铁炉关往东延伸成为关索岭,又往东延伸成为江川县的屈颡巅山,随后向北延伸成为这座山;又往东延伸到宜良县的西部境内,又向北延过杨林所的西岭,又往北延过兔儿关,又往北延伸盘结为邵甸的梁王山,而后成为果马山、月狐山的山脊。

晋宁四门，昔皆倾圮。唐玄鹤莅任，即修城建楼，极其壮丽。

【译文】

晋宁州城有四道城门，从前都倒塌毁坏了。唐玄鹤就任知州后，立即修建城楼，极其壮丽。

晋宁东至澂江六十里，西至昆阳四十里，南至江川七十里，北至省会一百里，东南至路南州一百五十里，东北至宜良一百六十里，西南至新兴州一百二十里，西北至安宁州一百二十里。

【译文】

晋宁州东面到澂江府有六十里，西面到昆阳州有四十里，南面到江川县有七十里，北面到省城有一百里，东南到路南州有一百五十里，东北到宜良县有一百六十里，西南到新兴州有一百二十里，西北到安宁州有一百二十里。

唐晋宁初授陕西三水令^①，以御流寇功，即升本州知州，以忧归，补任于此。乃郎年十五岁，文学甚优，落笔有惊人语。余三子俱幼。

【注释】

①唐晋宁：即唐玄鹤，名万龄，江苏赣榆人。古人习惯以某人所主的地名为其别号，唐玄鹤为晋宁知州，故称唐晋宁。《游记》中还有类似情况，不再一一注出。三水：明为县，隶邠州，治今陕西旬

邑。令：即县令，为县的行政长官。秦汉时期，人口万户以上的称令，万户以下的称长，至唐代始不再分令长。明代设知县，但仍俗称"令"。

【译文】

晋宁唐知州最初被授职出任陕西省三水县县令，因为抵御流寇有功，随即升任管辖三水县的邠州知州，因父母去世归乡守丧，补职到此地出任知州。他的长子年纪有十五岁，文学特别优秀，下笔就有惊人的语句。其余三个儿子都还年幼。

唐大来名泰选贡①，以养母缴引②，诗画书俱得董玄宰三昧③。余在家时，陈眉公即先寄以书云："良友徐霞客，足迹遍天下，今来访鸡足并大来先生。此无求于平原君者④，幸善视之。"比至滇，余囊已罄，道路不前，初不知有唐大来可告语也。忽一日遇张石夫谓余曰："此间名士唐大来，不可不一晤。"余游高峣时，闻其在傅元献别墅⑤，往觅之，不值。还省，忽有揖余者曰："君岂徐霞客耶？唐君待先生久矣！"其人即周恭先也。周与张石夫善，与张先晤唐，唐即以眉公书诵之，周又为余诵之。始知眉公用情周挚，非世谊所及矣。大来虽贫，能不负眉公厚意，因友及友。余之穷而获济，出于望外如此。

【注释】

①选贡：科举制度中各地方贡入国子监的生员的一种。明制于岁贡之外考选学行兼优者充贡，故称选贡。

②缴引：交回荐引的凭证，即辞不受选。

③董玄宰（1555—1636）：即董其昌，松江华亭人，明代著名书画艺

术家。清刻本《徐霞客游记》中避讳改作"董元宰"。

④平原君：即赵胜(？—前251)，战国时赵国贵族，曾任赵相，有食客数千人。

⑤傅元献：师范《滇系》人物载：傅宗龙，字元宪，号括苍，昆明人，万历庚戌进士，知巴县，行取浙江巡盐御史。此处作"傅元献"。下同。据方树梅《担当年谱》，长女适昆明傅宗龙胞侄景明。傅宗龙与唐泰有姻亲关系。

【译文】

唐大来名泰入选贡生，因为要奉养母亲上缴了引荐书，诗文、绘画、书法都得到了董其昌的精义。我在家时，陈眉公就先寄信给他说："我的好友徐霞客，足迹走遍天下，如今要来探访鸡足山和大来先生。此人不是有求于平原君的那类人，希望好好照看他。"等我到云南省时，我囊中的钱已告罄，无法前行上路，起初不知道有个唐大来可以告求。忽然有一天遇见张石夫，对我说："这里有个名士唐大来，不可不去见一面。"我游历高峣时，听说唐大来在傅元献的别墅里，前去找他，没遇上。返回省城，忽然有个人向我拱手作揖，说："您莫非就是徐霞客吗？唐大来君等候先生很久了！"那个人就是周恭先。周恭先与张石夫友好，与张石夫先见到唐大来，唐大来便把陈眉公的来信念给他们听，周恭先又为我诵读了这封信。这才知道陈眉公用心周到，情意诚挚，不是世上一般人的友谊所能赶得上的。大来虽然贫穷，却能不辜负眉公的深厚情意，因为朋友，而把朋友的朋友当朋友。我在穷困时得到接济，是如此地出乎意料之外！

唐大来，其先浙之淳安籍，国初从戎于此。曾祖金，嘉靖戊子乡荐①，任邵武同知②，从祀名宦。祖尧官，嘉靖辛酉解元③。父懋德，辛卯乡荐④，临洮同知⑤。皆有集，唐君合刻之，名《绍箕堂集》，李本宁先生为作序，甚佳。

【注释】

①嘉靖戊子:即嘉靖七年,1528 年。

②同知:为知府、知州的佐官,分掌督粮、捕盗、水利等事,分驻指定
　地点。

③嘉靖辛酉解元:"辛酉"本作"辛□",据叶本补。嘉靖辛酉即嘉靖
　四十年,1561 年。解元:科举制度中,各省举行的乡试的第一名
　称解元。

④辛卯:万历十九年,1591 年。

⑤临洮:明置临洮府,即今甘肃临洮县。

【译文】

唐大来,他的祖先的籍贯是浙江省淳安县,国朝初年从军来到
此地。曾祖父唐金,嘉靖戊子年通过乡荐,出任福建邵武府同知,去
世后入祀名宦祠。祖父唐尧官,嘉靖辛酉年考中解元。父亲唐懋
德,辛卯年通过乡荐,出任甘肃临洮府同知。都有文集,唐君把他们
的文集合在一起刻印,起名叫《绍箕堂集》,李本宁先生为书作了序,
写得很好。

　　大来言历数先世,皆一仕一隐,数传不更,故其祖虽发
解,竟不仕而年甚长。今大来虽未发解,而诗翰为滇南一
人,真不忝厥祖也①。但其胤嗣未耀②,二女俱寡,而又旁无
昆季③,后之显者,将何待乎?

【注释】

①不忝(tiǎn):无愧于。

②胤嗣(yìn sì):后嗣,后代子孙。

③昆季:弟兄。

【译文】

大来说起来，历数他的前辈，都是一代做官一代隐居，传了几代没有改变，所以他祖父虽然考中解元，竟然不做官，可寿命特别长。如今唐大来虽然还没有中举，可诗文算是滇南第一人，真是没有辱没他的祖先。但是他的后代不昌盛，两个女儿都守寡，而且又没有旁系的兄弟，后代中显扬他们家世的人，将要等待谁呢？

大来之岳为黄麟趾，字伯仁，以乡荐任山东嘉祥令①，转四川顺庆府云阳县令②，卒于任，即黄沂水、禹甸之父③，从月之兄也。其祖名明良，嘉靖乙酉乡荐④，仕至毕节兵宪⑤，有《牧羊山人集》。

【注释】

①嘉祥：明为县，隶济宁州，即今山东嘉祥县。

②顺庆府：治今四川南充市。"云阳"二字原缺，据方树梅《担当年谱》补。然今云阳县不属顺庆府。

③黄沂水：黄沂水名郊，其弟禹甸名都，皆为唐泰内弟。唐玄鹤、唐泰等与徐霞客在晋宁欢聚，他们都亲与其盛。黄郊所写《静闻碑记》曾长期被立在鸡足山静闻墓前。

④嘉靖乙酉：即嘉靖四年，1525年。

⑤毕节：明置毕节卫，即今贵州毕节市。兵宪：对兵备道道员的尊称。

【译文】

大来的岳父是黄麟趾，字伯仁，通过乡荐出任山东嘉祥县县令，转任四川省顺庆府云阳县令，死在任上。黄麟趾就是黄沂水、黄禹甸的父亲，黄从月的兄长。他的祖父名叫黄明良，嘉靖乙酉年通过乡荐，官至毕节卫兵备道道员，著有《牧羊山人集》。

大来昔从广南出粤西，抵吾地，亦以粤西山水之胜也。为余言："广南府东半日多程，有宝月关甚奇①。从广南东望，崇山横障，翠截遥空，忽山间一孔高悬，直透中扃，光明如满月缀云端，真是天门中开。路由其下盘跻而入，大若三四城门。其下旁又一窍，潜通滇粤之水。"予按黄麟趾《昭阳关诗》注云："关口天成一石虎头，眈眈可畏。"诗曰："何代凿鸿濛②？蛮山窈窱通③。五丁输地力④，一窍自天工。域畛华彝界，关当虎豹雄。弃繻愁日暮⑤，驱策乱流中。"按昭阳即此洞也，唐君谓之宝月者，又其别名耳。此路东去即归顺，余去冬为交彝所梗，不能从此。

【注释】

①宝月关：今名同，在广南县东 18 公里的滇桂公路线上。

②鸿濛：指宇宙形成以前的混沌状态。

③窈窱（yǎo tiǎo）：形容其深远的样子。

④五丁：古代神话中的五个大力士。

⑤繻（xū）：古代作通行证用的帛，上面写字，分成两半，过关时验合以为凭信。

【译文】

大来从前从广南府到广西，到过我去过的地方，也认为广西的山水十分优美。对我说："从广南府往东走半天多点的路程，有一处宝月关，非常奇特。从广南府向东望去，高山横挡着，翠绿色的山峰横截过远远的天空，忽然山间有一个孔洞高悬着，直穿过去，如同门洞悬在中央，光辉明亮如像满月时的月亮，点缀在云层间，真是天门中开。道路经由山下绕着上登进去，大处好像有三四个城门大。洞下方侧旁又有一个石窍，潜流的水连通云南、广西两省。"我查阅黄麟趾的《昭阳关诗》，注释说："关口有一处天然形成的石虎头，虎视眈眈，令人生畏。"诗文为："何时凿开混沌畔天地？蛮荒山野偏远亦打通。五丁力士为大地注入力量，一个石窍来自于天然而成。疆域分为华夏彝人界，雄关当道似虎豹雄踞。抛弃路条愁天黑，扬鞭驱马乱流中。"据考察，昭阳关就是这个石洞了，唐大来君把它叫做宝月关，这又是它的别名了。这条路往东去就是广西归顺州，我去年冬天被交彝阻道，不能从这条路走。

　　盘龙山莲峰祖师，名崇照，元至正间以八月十八日涅槃[1]。作偈曰[2]："三界与三涂，何佛祖不由，不破则便有，能破则便无。老僧有吞吐不下，门徒不肯用心修，切忌切忌。"师素不立文字，临去乃为此，与遗蜕俱存。至今以此日为"盘龙会"云。

【注释】

①至正：元顺帝年号之一，1341—1368 年，共二十八年。

②偈(jì)：梵文"偈陀"的省称，意即"颂"，就是佛经中的唱词。

【译文】

　　盘龙山的莲花祖师，名叫崇照，在元朝至正年间八月十八日圆寂。写下偈语，说："三界与三途，为何佛祖不必经历，不破规则便有，能破规则便无。老和尚我有话吞咽不下，门徒们不肯用心修炼，切忌切忌！"祖师素来不写下书面文字，临终时才写下这一偈语，与遗体一同保存下来。时至今日，到这一天还举行"盘龙会"。

　　邵真人以正，初名璇，晋宁人。其父名仁，叔名忠，俱由苏州徙此。阁老刘逸挽忠诗有曰①："三郎足下风云达，忠子玘，领乡荐。小阮壶中日月长。即真人。"末句又曰："怅望苏州是故乡。"见《州志》。

【注释】

①阁老刘逸挽忠诗有曰：原缺"逸"，空一格，据徐本补。阁老：明以后也称宰辅为阁老。

【译文】

邵真人名叫以正，起初名叫邵璇，是晋宁州人。他父亲名叫邵仁，叔父名叫邵忠，都是从苏州府迁徙到此地的。阁老刘逸哀悼邵忠的挽诗中说："三郎足下风云达，邵忠的三儿子邵玘，获得乡荐。小阮壶中日月长。就是指真人。"末尾一句又说："怅望苏州是故乡。"见《晋宁州志》。

晋时，晋宁之地曰宁州①，南蛮校尉李毅持节镇此，讨平叛酋五十八部。惠帝时②，李雄乱，毅死之。女秀有父风，众推领州事，竟破贼保境，比卒，群酋为之立庙。是时宁州所辖之境虽广，而驻节之地，实在于此。至唐武德中③，以其为晋时宁州统会之地，置晋宁县。此州名之所由始也。州名宦向有李毅及王逊、姚岳等。迨万历间吴郡许伯衡修《州志》④，谓今晋宁州地已非昔时五十八部之广，以一隅而僭通部之祀，非诸侯祭封内山川义，遂一并撤去之，并《志传》亦削去，只自我朝始。遂令千载英灵，空存肹蚃⑤，一方故实，竟作尘灰，可叹也！然毅虽削，而其女有庙在古城，岳虽去，而岳亦有庙在州西，有功斯土，非竖儒所能以意灭者也⑥。许伯衡谓昔时宁州地广，今地狭，李毅虽嫡祖，晋宁不得而祀之,犹支子之不得承祧祀大宗也⑦。余谓晋宁乃嫡冢⑧,非支子比,毅所辖五十八部虽广,皆统于晋宁,今虽支分五十八部,皆其支庶,而晋宁实承祧之主。若晋宁以地狭不祀,将委之五十八部乎?五十八部复以支分,非所宜祀,是犹嫡冢以支庶众多,互相推委,而虚大宗之祀也。然则李毅乃一方宗主,将无若敖之恫乎⑨?故余谓唐晋宁、唐大来,首以复祀李毅为正。

【注释】

①宁州:晋泰始七年(271)以益州地广,分建宁、兴古、云南、永昌四郡为宁州,统县四十五,户八万三千。284年一度罢宁州。303年恢复宁州,增辖牂柯、越嶲、朱提三郡,又分建宁以西七县别立为益州郡,共为八郡,宁州范围有所扩大。308年改益州郡为晋宁郡。西晋宁州是在云南第一次设置的州一级政区,并且大体奠定了现今云南省的范围。西晋宁州治所在今晋宁县晋城镇。

②惠帝:西晋皇帝司马衷,在位十七年,为290—306年。

③武德:唐高祖年号,618—626年,共九年。

④吴郡:从汉到唐,皆有吴郡,治今江苏苏州市。明无吴郡,此沿旧称用以指苏州。

⑤肸蚃(xī xiǎng):祭品香味散开,借指神灵感应。

⑥竖儒(shù rú):无识见的儒生。

⑦承祧(tiāo):承继为后嗣。　大宗:古代宗法制度以嫡系长房为大宗,其他的儿子为小宗。

⑧嫡冢(dí zhǒng):正妻所生的长子称为嫡冢,妾所生的儿子则称为庶子。

⑨若敖之恫:周代楚王雄咢生子熊仪,命名为若敖。楚国令尹子文为若敖之后,其子越椒汰侈,子文担心他将会使若敖氏灭宗,临

死时说:"鬼犹求食,若敖氏之鬼,不其馁而!"旧因以此指无子绝嗣。

【译文】

晋朝时,晋宁州这一地区叫宁州,南蛮校尉李毅持兵符使节镇守此地,讨伐平定了反叛的五十八个部族的首长。西晋惠帝时,李雄叛乱,李毅死于战乱。女儿李秀有父亲的风范,众人推举她代理宁州的政事,居然击败叛贼保住了地方。到她死时,众酋长为她建了庙。那时,宁州所辖的地域虽然广大,可持节驻守的地方,实际就在晋宁州这里。到唐朝武德年间,因为这一地区是晋朝时期宁州统领的地方,设置了晋宁县。这是州名的由来和起始。晋宁州著名的官吏从前有李毅及王逊、姚岳等人。到万历年间(1573—1619),苏州府人许伯衡纂修《晋宁州志》,认为如今晋宁州的辖地已经不是昔日管辖五十八部时那样广大,以一隅之地而僭越整个宁州的祭祀,不符合古代诸侯祭祀封地内山川的义理,便一并将他们的名字删去,连同《晋宁州志》中记载他们的传记也删去,记载人物只从我明朝开始。这样一来,让流传千年的英灵,空有能感应的神灵,一个地方的历史旧事,竟然化作尘土,可叹呀!然而李毅虽然被删去,但他女儿有庙留在古城;姚岳虽然被删去,而姚岳也有庙在州衙西面,有功于这片土地,不是见识短浅的腐儒能够凭自己的意思就可以磨灭的了。许伯衡认为,昔日宁州地域广大,今天的地域狭小,李毅虽然是治理此地的正宗始祖,晋宁州仍然不能祭祀他,犹如庶子不能继承祖宗血脉祭祀大宗祖先一样。我认为,晋宁州就是宁州的嫡长子,不能比做庶子,李毅所管辖的五十八部虽然广大,都归于晋宁统领,如今虽然被肢解分为五十八部,但都是宁州的支系庶子,而晋宁州确实是继承祖宗血脉的宗主。如果晋宁州因为地域狭小不能祭祀李毅等人,难道要把他们交给五十八部去祭祀吗?五十八部又已经分出支系,不应该由它们祭祀,这就好像嫡长子由于分支的庶子众多,互相推诿,而大宗的祭祀就落空了。即然这样,李毅是这一片地方的宗主,将不会有没有后人祭祀的担忧吗？所以我对晋宁州唐玄鹤知州、唐大来说，首先应该以恢复祭祀李毅为正事。

　　二十四日　街鼓未绝，唐君令人至，言早起观天色，见阴云酿雨，风寒袭人，乞再迟一日，候稍霁乃行。余谢之曰："行不容迟，虽雨不为阻也。"及起，风雨凄其，令人有黯然魂消意。令庖人速作饭①，余出别唐大来。时余欲从海口、安宁返省，完省西南隅诸胜，从西北富民观螳螂川下流，而取道武定，以往鸡足，乃以行李之重者，托大来令人另赍往省，而余得轻具西行焉。方抵大来宅，报晋宁公已至下道，亟同大来及黄氏昆玉还道中。晋宁公复具酌于道，秣马于门。时天色复朗，遂举大觥②，登骑就道。

【注释】

①庖（páo）人：厨师。

②觥（gōng）：古代青铜制的酒器，有兽头形器盖，也有整器作兽形的。

【译文】

　　二十四日　街上的更鼓声还没停止，唐玄鹤君派人前来，说早上起床观察天色，见到阴云密布酝酿着风雨，寒风袭人，请求我再推迟一天上路，等候天气稍微转晴些再动身。我感谢他，说："动身的时间不容许再推迟，即便是下雨也不能阻挡我了。"到起床时，风雨凄凄，让人有黯然魂消的心情。命令厨师赶快做饭，我出门来辞别唐大来。当时我打算从海口、安宁州返回省城，游完省城西南部的各处名胜，从西北方到富民县观看螳螂川的下游，而后取道武定府，前往鸡足山，便把行李中重点的东西，拜托唐大来派人另外带到省城，而我就得以轻装往西行了。刚到大来家，有人来报晋宁唐公已经来到下道，急忙同大来以及黄家兄弟一起返回下道中。晋宁唐公又在下道中备了酒宴，在门口备好马。此时天气又转晴，便举起大杯饮酒告别，骑上马上路。

　　从西门三里，度四通桥。从大道直西行，半里，上坡，从其西峡转而西南上，一里半，直蹑望鹤岭西坳。又西下涉一涧，稍北，即濒滇池之涯。共五里，循南山北麓而西，有石耸起峰头，北向指滇池，有操戈介胄之状，是为石将军，亦石峰之特为巉峭者。其西有庙北向，是为石鱼庙。其西南又有山西突起，亚于将军者，即石鱼山也。又西二里，海水中石突丛丛，是为牛恋石①。涯上村与乡，俱以牛恋名。谓昔有众牛饮于海子，恋而不去，遂成石云。于是又循峡而南，二里，逾平坡南下，有水一塘，直浸南山之足，是为三尖塘。塘南山峦高列，塘北度脊平衍，脊之北，即滇池牛恋。塘水不北泄而东破山腋，始知望鹤之脉自西来，不自南来也。从塘北西向溯坞入，其坞自西而东，即塘水之上流也。三里，坞西尽处，有三峰排列：其南最高者即南山之再起者也；其中一峰，则自南峰之西绕峡而北，峙为中峰焉；北峰则濒滇池，而东度为石将军、望鹤山之脉矣。中峰之东，有村落当坞，是为三尖村，晋宁村落止此。西沿中峰而上，一里，与南峰对峡之中，复阻水为塘，不能如东塘之大，而地则高矣。又平上而西，一里，逾中峰之脊。从脊上西南直行，为新兴道；逾脊西北下，即滇池南涯，是为昆阳道；而晋宁、昆阳以是脊为界焉。于是昆阳新旧州治，俱在一望。直下半里，沿滇池南山陇半西行，二里余，有村在北崖之下，滇池之水环其前，是曰

赤峒里②,亦池滨聚落之大者,而田则不能成堑焉③。又西由
村后逾岭南上,既西下,三里,有村倚南山北麓。盘其嘴而
西,于是西峡中开,自南而北,与西界山对夹成坞。其脊南
自新兴界分支北下,西一支直走而为新旧州治,而北尽于旧
寨村;东一支即赤峒里之后山,滨池而止。东界短,西界长,
中开平坞为田,一小水贯其中,亦自南而北入滇池,即《志》
所称渠滥川也。按《隋书》,史万岁为行军总管,自靖蛉川至渠滥川,
破三十余部,当即指此④。由东嘴截坞而西,正与新城相对,而
大道必折而南,盘东界之嘴以入,三里始西涉坞。径坞三
里,又随西界之麓北出一里半,是为昆阳新城。又北一里
半,为昆阳旧城⑤,于是当滇池西南转折处矣。旧城有街衢
阛堵而无城郭,新城有楼橹雉堞而无民庐,乃三四年前,旧
治经寇,故卜筑新邑,而市舍犹仍旧贯也。旧治街自南而
北,西倚山坡,东瞰湖涘。至巳日西昃,亟饭于市。此州有
天酒泉、普照寺,以无奇不及停屐,遂北行。

【注释】

①"是为石将军"至"牛恋石"数句:石将军与牛恋石至今仍存,位于
晋宁县上蒜北部的滇池边上。石将军山在峭壁上有"大圣毗沙
门天王"石刻像,高6.5米多,宽约2.5米,系就山石所作的薄肉
雕。左手扶腰,右手持三尖叉,左脚踏龙,右脚踏虎,脚边还有骷
髅,左上方刻着飘浮于云端的塔,像貌雄伟,造型生动。牛恋乡
岩岸边有金线洞,也以产金线鱼著称。但由于滇池水位下降,牛
恋石所在的水面有的已成陆地,"众牛饮于海子"的图景已不甚
清晰。

②赤峒里：在滇池南岸，今称渠东里，与渠西里相对。属晋宁县昆阳。

③而田则不能成堑焉：原脱此句，据徐本、"四库"本补。

④"按《隋书》"五句：蜻蛉川在今大姚坝子。渠滥川应在今大理市凤仪坝子，但自元明以来，则被误指在今昆阳，更误称昆阳坝子的小水为渠滥川。

⑤昆阳：明置州，隶云南府，治今晋宁县治昆阳镇。《游记》中所说的新城今名大新城村，系崇祯七年（1634）新筑，1647年又被孙可望拆去，州治仍回到今昆阳镇所在的旧城。昆阳系明代大航海家郑和的故里，旧城"西倚山坡"的月山上保存至今的《马哈只碑》，系郑和于永乐三年（1405）给他父亲立的墓碑，永乐九年（1411）郑和回乡扫墓，并留下了碑阴的题刻。这里现已辟为郑和公园。

【译文】

从西门出去三里，走过四通桥。从大路一直往西行，半里，上坡，从此地西面的峡谷转向西南上走，一里半，径直登上望鹤岭西面的山坳。又往西下走，涉过一条山涧，稍稍向北走，立即濒临滇池的岸边。共行五里，沿着南山的北麓往西行，有块巨石在峰头耸起，面朝北指向滇池，有手持戈矛身披铠甲的形状，这是石将军，也是石峰中特别高险的一种。石将军西边有座向北的庙，那是石鱼庙。石鱼庙西南方又有山向西突起，比石将军小一点，就是石鱼山了。又往西行二里，海水中有一丛丛岩石突出水面，那是牛恋石。岸上的村庄和乡，都用"牛恋"来起名。传说从前有很多牛在海中饮水，留恋海水不肯离去，最后变成了石头。从这里又顺着山峡往南走，二里，越过平缓的山坡向南下走，有一塘水，一直浸润到南山的山脚，这是三尖塘。水塘南面，山峦高高排列；水塘北面，延伸而过的山脊平缓地延展而去。山脊的北面，就是滇池、牛恋石。水塘中的水不是向北流泻却往东冲破山的侧面流出去，这才知道望鹤岭的山脉是从西面延伸来的,不是从南面来的了。从三尖塘北面向西逆着山坞进去,这个山坞自西向东,就是三尖塘水的上游了。再走三里,山坞西面的尽头处,有三座山峰并排排列:其中南面最高的就是南山再次耸起的山峰;那中间的一座山峰,则是从南峰的西侧绕着山峡往北延伸,耸峙为中峰;北峰就濒临着滇池,往东延伸成为石将军、望鹤山的山脉。中峰的东面,有个村落位于山坞中,这是三尖村,晋宁州的村落到这里为止。向西沿着中峰上登,一里,中峰与南峰相对的山峡之中,又有水被阻形成水塘,不如东面的三尖塘那样大,可地势却高多了。又平缓地向西上行一里,翻越中峰的山脊。从山脊上往西南一直前行,是去新兴州的路;翻过山脊向西北下走,就是滇池的南岸,那是去昆阳州的路;而晋宁州、昆阳州以这条山脊作为分界了。在这里,昆阳州的新城、旧城都能一眼望见。一直下行半里,沿着滇池南面山陇的半山腰往西行二里多,有个村庄在北面的山崖下,滇池的湖水环绕在村前,这里叫做赤峒里,也是滇池湖滨一处大的村落,可这里的田间没有开挖成的沟渠。又往西从村子后面翻越山岭上走,随即向西下走,三里,有个村子背靠南山的北麓。绕过南山的山嘴往西行,到了这里,西面的山峡从中分开,自南往北,与西面的一列山相对夹成山坞。这里的山脊从南面的新兴州境内分支向北下延,西面的一条支脉一直延伸成为昆阳州的新、旧州城,而后往北延伸在旧寨村到了头;东面的一条支脉就是赤峒里的后山,濒临滇池就结束了。东面一列山短,西面一列山长,中间平旷的山坞开垦为田地,一条小河流贯在山坞中,也是自南往北流入滇池中,这就是《一统志》所说的渠滥川了。根据《隋书》,史万岁担任行军总管,从蜻蛉川来到渠滥川,击败三十几个部族,应当就是指此地。由东面的山嘴横截山坞往西行,正好与昆阳州新城相对,而大路必须折向南走,绕过东面一列山的山嘴进去,三里后才往西涉过山坞。横穿山坞三里,又沿着西面一列山的山麓向北走出一里半,这是昆阳州新城。又往北行一里半,是昆阳州旧城,这里位于滇池西南角的转折处了。旧城里有街道集市却没有城郭,新城有城楼城墙却没有居民房屋，是因为三四年前，旧城经历了盗寇入侵，所以选址构筑了新城，可集市居舍还沿袭往日的习惯。旧城的街道从南到北，西面靠着山坡，东面俯瞰湖岸。我到时已经太阳西斜，急忙在集市上吃饭。昆阳州有天酒泉、普照寺，因为没有奇特之处来不及停留，于是往北行。

　　四里，稍上，逾一东突之坳。其山自西界横突而出，东悬滇海中。路逾其坳中北下，其北滇海复嵌坞西入。其突出之峰，远眺若中浮水面，而其西实连缀于西界者也。乃西转涉一坞，共四里，又北向循滇池西崖山麓前行。五里，又有小峰傍麓东突，南北皆湖山环抱之，数十家倚峰而居，是为旧寨村[①]。由村北过一坞，其坞始自西而东；坞北有山一派，亦自西而东，直瞰滇海水。北二里，抵山下。直蹑山北上，一里余，从崩崖始转东向山半行。又里余，从东岭盘而北，其岭南北东三面，俱悬滇海中，正东与罗藏隔湖相对。此地杳僻隔绝，行者为畏途焉。岭北又有山一支，从水涯之北，亦自西而东，直瞰滇海中，与此岭南北遥对成峡，滇海驱纳其中，外若环窝，中骈束户，是为海口南岭。北下之处，峻削殊甚，余虑日暮，驱马直下。二里，复循坞西入，二里，西逾一坳。由坳西下，山坞环开，中为平畴，滇池之流，出海就峡，中贯成河，是为螳螂川焉[②]。二里，有村傍坞中南山下，过之。行平畴间，西北四里，直抵川上。有聚落成衢，滨川之南，是曰茶埠墩，即所谓海口街也[③]，有公馆在焉，监察御史案临[④]，必躬诣其地，为一省水利所系耳。先是唐晋宁谓余，海口无宿处，可往柴厂莫土官盐肆中宿；盖唐以候代巡，常宿其家也。余问其处尚相去六七里，而日色已暮，且所谓海门龙王庙者，已反在其东二里，又闻阮玉湾言，有石城之胜，亦在斯地，将留访焉，遂不复前，觅逆旅投宿。

【注释】

①旧寨村：今名同，在晋宁县北隅、滇池西岸。

②螳螂川：今名同，经富民县以下称普渡河，北入金沙江，为滇池出水口。

③海口街：今称老街，属昆明市西山区。海口一带明代为昆阳州平定乡，1954年划归昆明市。

④监察御史：明代设都察院，掌弹劾及建言，长官为都御史、副都御史、佥都御史。并设监察御史按省区分道负责，故皆分别冠以某某道地名。

【译文】

四里，渐渐上坡，越过一个向东突出来的山坳。这里的山自西面一列山横突出来，东头高悬在滇池海水中。道路穿越过山坳中间往北下走，山北面的滇池海水又往西嵌入山坞。那座突出海中的山峰，远远眺望，好像在海中浮在水面上，可山峰西面实际上连接着西面一列山。于是转向西涉过一个山坞，共行四里，又向北沿着滇池西面山崖的山麓前行。五里，又有一座小山峰紧靠山麓向东突出去，南北两面湖水和群山环抱着它，数十家人背靠山峰居住，这里是旧寨村。由村北穿过一个山坞，这个山坞开始自西往东延伸；山坞北面有一列山，也是自西往东延伸，一直俯瞰着滇池海水。往北行二里，到达山下。一直往北登山上行，一里多，从崩塌的山崖处开始转向东在山半腰上前行。又行一里多，从东面的山岭上绕着向北走，这座山岭南、北、东三面悬在滇池海水中，正东方与罗藏山隔着湖水相对。此地幽远偏僻与世隔绝，走路的人视为畏途。山岭北面又有一支山脉，在海水的北岸，也是自西往东延伸，一直俯瞰着滇池海水中，与这座山岭南北遥遥相对形成峡谷，滇池海水长驱直入汇积在峡谷中，外面看好像环形的山窝，中央并立的两座山束拢来像门一样，这座山岭是海口的南岭。往北下山的地方，险峻陡削特别厉害，我考虑天色已晚，驱马一直下山。二里，又沿着山坞向西进去，二里，往西越过一个山坳。由山坳往西下行，山坞呈环状展开，中间是平旷的田野，滇池中的水，流出海中进入峡谷，形成纵贯山坞的河流，这就是螳螂川了。二里，有个村子依傍在南山下的山坞中，走过村子。行走在平旷的田野中，向西北行四里，径直抵达螳螂川岸上。有个聚落形成街市，靠近螳螂川南岸，这里叫做茶埠墩，就是所谓的海口街了，有公馆在海口街上，监察御史莅临云南省巡察，必定要亲自前来这个地方，因为这里关系到一个省的水利事业。这之前，晋宁州唐知州告诉我，海口没有住宿的地方，可以前往柴厂莫土官的盐铺中住宿；大概是唐知州以探访代替巡视，常常住在他家。我打听到那地方还相距六七里地，而天色已近傍晚，况且所谓海门龙王庙的地方，已反而在这里的东面二里处，有听阮玉湾说过，有处石城的胜景，也在这个地方，打算留下来去探访，便不再往前走，找旅店投宿住下。

　　二十五日　令二骑返晋宁。余饭而蹑屐北抵川上[①]，望川北石崖矗空，川流直啮其下。问所谓石城者，土人皆莫之知，惟东指龙王堂在盈盈一水间。乃溯川南岸，东向从之。二里，南岸山亦突而临川，水反舍北而逼南，南岸崩嵌盘沓，而北崖则开绕而受民舍焉，是为海门村[②]，与南崖相隔一水。不半里，中有洲浮其吭间[③]，东向滇海，极吞吐之势；峙其上者，为龙王堂[④]。时渡舟在村北岸，呼之莫应。余攀南崖水窟，与水石相为容与，忘其身之所如也。久之，北崖村人以舟至，遂渡登龙王堂。堂当川流之中，东临海面，时有赛神者浮舟而至,而中无庙祝;后有重楼,则阮祥吾所构也。庙中碑颇多,皆化、治以后⑤,抚按相度水利、开浚海口免于泛滥,以成濒海诸良田者,故巡方者以此为首务云。

【注释】

①屩(juē):草鞋。

②海门村:今名同,在滇池出口处海口河北岸。

③中有洲:即河中洲中滩,后形成聚落,称中滩街。

④龙王堂:在中滩上,今已不存。

⑤化、治:即成化、弘治。成化,明宪宗年号,1465—1487年,共二十三年。弘治,明孝宗年号,1488—1505年,共十八年。

【译文】

二十五日　命令两匹坐骑返回晋宁州。我吃饭后穿着草鞋向北来到螳螂川岸上,望见螳螂川北面石崖矗立在高空,河川中的水流直接啃咬着石崖下部。询问所谓的石城的地方,当地人都没人知道,只是指着东面在一片清澈湖水中的龙王堂。于是在螳螂川南岸逆着水流,向东顺着河岸走。二里,南岸的山也向前突出下临着螳螂川,河水反而舍去北面而逼近南面,南岸崩塌的山崖嵌入水中,硕大杂沓,而北面的山崖却绕开河流,容纳着民居,这里是海门村,与南面的山崖隔着一条河水。不到半里,河中有沙洲浮在河道的咽喉间,东边面对着滇池水,极尽吞吐海水的气势;矗立在沙洲上的,就是龙王堂。这时渡船在村子所在的北岸,呼叫渡船无人答应。我攀爬南面山崖下的水洞,与湖水山石融为一体,忘记自己身在何处了。很久之后,北岸村子中有人划船到来,便渡船登上龙王堂。龙王堂位于螳螂川河流之中,东面下临海面,这时有祭神的人乘船来到,可庙中没有管理香火的人;后面有座两层的高楼,是阮祥吾构建的。庙中的石碑很多,都是成化、弘治年以后的,所记内容都是巡抚、按察使巡视规划水利、开挖疏浚海口避免洪水泛滥,因而形成濒海众多良田的事情，所以巡察地方的官员都以此作为首要的政务。

　　出庙渡北岸，居庐颇集。其北向所倚之山有二重。第一重横突而西，多石，而西垂最高，即矗削而濒于川之北岸者；第二重横突而东，多土，而东绕最远，即错出而尽为池之北圩者。二重层叠于村后，盖北自观音山盘礴而尽于此。村氓俱阮氏庄佃。余向询阮玉湾新置石城之胜，土人莫解，谓阮氏有坟在东岸，误指至此，村人始有言石城在里仁村。其村乃偻偻寨，正与茶埠墩对，从此有小径，向山后峡中西行，三里可至。余乃不东向阮坟，而西觅里仁焉。即由村后北逾第一重石峰之脊，北向下，路旁多错立之石，北亦开圩，而中无细流。一里，随圩西转，已在川北岸矗削石峰之后；盖峰南漱逼川流，故取道于峰北耳。其内桃树万株，被陇连壑，想其蒸霞焕彩时，令人笑武陵、天台为爝火矣①。西一里，过桃林，则西圩大开，始见田畴交塍，溪流霍霍，村落西悬北山之下，知其即为里仁村矣。盖其圩正南矗立石山，西尽于此。圩濒于川，亦有一村临之，是为海口村，与茶埠墩隔川相对，有渡舟焉。其圩之东北逾坡，圩之西北循峡，皆有路，凡六十里而抵省会。而里仁村当圩中北山下②，半里抵村之东，见流泉交道，山崖间树木丛荫，上有神宇，盖龙泉出其下也。东圩以无泉，故皆成旱地；西圩以有泉，故广辟良畴。由村西盘山而北，西圩甚深，其圩自北峡而出，直南而抵海口村焉。村西所循之山，其上多蹲突之石，下多腔峒之崖，有一窍二门西向而出者。余觉其异，询之土人，石城尚在坞西岭上,其下亦有龙泉,可遵之而上。

【注释】

①爝(jué)火:小火把。

②里仁村:今名同,分里仁大村与里仁小村,在海口北境。

【译文】

出庙后渡船到北岸,居民房屋很多。村子北面背靠的山有两重。第一重横着向西突出来,山上岩石多,而往西下垂的地方最高,就是矗立陡削而濒临螳螂川北岸的山崖;第二重横着向东突出去,山上土多,可向东绕得最远,就是错落间出而后在滇池北岸圩堤处到头的山脉。两重山重叠在村子后面,大概是北面起自观音山,气势磅礴地盘绕到此地到了尽头。村民全是阮家庄园的佃户。我在此之前打听阮玉湾新近购置的石城胜景,当地人没有人懂,说阮家有坟地在河东岸,错把我指引到此地,村里才有人说石城在里仁村。里仁村是个僾僾寨,正好与茶埠墩相对,从这里有条小径,向山后的峡谷中往西行,三里可以走到。我于是不向东去阮家的坟地,而是往西去找里仁村。立即由村后往北越过第一重石峰的山脊,向北下山,路旁有许多交错矗立的岩石,北面也有开阔的山坞,可山坞中没有细小的水流。一里,顺着山坞往西转,已在螳螂川北岸矗立陡削石峰的后面;原来是石峰南面逼近螳螂川被水流涤荡着,所以道路从石峰北面走。山坞内万株桃树,连片布满山冈壑谷,想象这片桃树林开花时焕发出的彩霞一般的光彩,让人嗤笑武陵源、天台山的桃花就像小火把一样的喽。往西行一里,走过桃树林,就见西面的山坞十分开阔,才见到田野中田埂交错,溪水流得哗哗响,西面有个村落悬在北山之下,心知那就是里仁村了。大体上,这个山坞正南方矗立的石山,西面在这里到了尽头。山坞濒临螳螂川,也有一个村庄面临螳螂川,这是海口村,与茶埠墩隔着螳螂川相对,河中有渡船。这个山坞的东北方越过山坡,山坞的西北方沿着峡谷走,都有路,共六十里到达省城。而里仁村位于北山下的山坞中，走半里来到村子东边，见到泉水交流在道路上，山崖上树木成丛阴翳，山上有座神庙，大概是龙潭中的泉水从山下流出来。东面的山坞因为没有泉水，所以都开垦成旱地；西面的山坞因为有泉水，所以被开辟成广阔的良田。由村子西边绕着山往北走，西面的山坞十分深，这个山坞从北面的峡谷中延伸出来，一直往南抵达海口村。村子西面我沿着走的山，山上有很多蹲踞突立的岩石，下面石崖上有很多岩洞，有的一个石窝开有两个洞口向西通出去。我觉得这里很奇异，询问当地人，石城还在山坞西面的山岭上，石城下面也有龙潭泉水，可沿着泉水上行。

　　共北半里，乃西下截坞而度，有一溪亦自北而南，中干无流。涉溪西上，共半里，闻水声瀺灂①，则龙泉溢西山树根下，潴为小潭，分泻东南去。由潭西上岭，半里，则岭头峰石涌起，有若卓锥者，有若夹门者，有若芝擎而为台，有若云卧而成郭者。于是循石之隙，盘坡而上，坠壑而下。其顶中洼，石皆环成外郭②，东面者嶙峋森透，西面者穹覆壁立，南向则余之逾脊而下者，北面则有石窟曲折。若离若合间，一石坠空当关，下覆成门，而出入由之。围壑之中，底平而无水，可以结庐，是所谓石城也③。透北门而出，其石更分枝簇萼。石皆青质黑章④，廉利棱削，与他山迥异。有牧童二人，引余循崖东转，复入一石队中，又得围崖一区，惟东面受客如门，其中有跌座之龛，架板之床，皆天成者。出门稍南，回顾门侧，有洞岈然，亟转身披之。其洞透空而入，复出于围崖之内，始觉由门入，不若由洞入更奇也。计围崖之后，即由石城中望所谓东面嶙峋处矣。出洞，仰眺洞上石峰层沓，高耸无比。复有一老㑩㑩披兽皮前来，引余相与攀跻。其上如众台错立，环中洼而峙其东，东眺海门，明镜漾空，西俯洼底，翠瓣可数，而隔崖西峰穹覆之上，攒拥尤高。乃下峰，复度南脊，转造西峰，则穹覆上崖，复有后层分列，其中开峡。东坠危坑而下，其后则土山高拥，负㦉于上，耸立之石，或上覆平板，或中剖斜栈。崖胁有二小穴如鼻孔，群蜂出入其中，蜜渍淋漓其下，乃崖蜂所巢也。两牧童言："三月前土人以火熏蜂而取蜜，蜂已久去，今乃复成巢矣。"童子竞以草塞孔，蜂辄嗡嗡然作铜鼓声。凭览久之，乃循坠坑之北，东向悬崖而下。经东石门之外，犹令人一步一回首也。先是从里仁村望此山，峰顶耸石一丛，不及晋宁将军峰之伟杰，及抵其处而阖辟曲折，层沓玲珑，幻化莫测，钟秀独异，信乎灵境之不可以外象求也。盖是峰西倚大山，此其一支东窜，峰顶中坳，石骨内露，不比他山之以表暴见奇者；第其上无飞流涵莹之波，中鲜剪棘梯崖之道，不免为兔狐所窟耳。老㑩㑩言："此石隙土最宜茶，茶味迥出他处。今阮氏已买得之，将造庵结庐，招净侣以开胜壤。岂君即其人耶？"余不应去。信乎买山而居，无过此者。

【注释】

①瀖(huò)瀖：水流的声音。

②外郭：外城。

③石城：在里仁村西北2公里，距昆明市区45公里。分相连的大石城和小石城。东西北三面皆为陡峭嶙峋的巨石耸立，高十余米，形如天然城堡，故名。中为洼地，可容千人。大石城北面岩石间

有孔可出入，出北门东转，又有一组石壁环立的小石城。周围还有漏斗、石槽、洼地、水池等。近年修建了亭台、步道，广种果树，已辟为昆郊又一胜景。

④黑章：黑色的纹采。

【译文】

共向北行半里，便往西下走横截过山坞，有一条溪涧也是自北往南，涧中干涸没有流水。涉过小溪向西上行，共半里，听见潺潺的水声，就见龙泉水从西山的树根下溢出来，汇积为小水潭，分别向东、南两面流去。由水潭西边上登山岭，走半里，就见岭头石峰像波浪涌起，有的像卓立的锥子，有的像相夹的大门，有的像灵芝高举形成平台，有的像云彩平卧成为城墙的样子。从这里顺着石丛中的缝隙，绕着山坡上行，往下坠入壑谷中。山峰顶上中间下注，岩石都环绕成外城墙的样子，东面的岩石尖锐陡削像森林一样布满其间，西面的岩石穹窿下覆墙壁一样竖立，向南之处就是我翻越山脊往下走的地方，北面就有曲曲折折的石窟。在若离若合之间，一块岩石丛空中坠下，挡住关口，下覆之处成为门洞，而出入都要经由这个石门。岩石围绕的壑谷中，底部平坦却没有水，可以建房居住，这就是所谓的石城了。穿过北面的石门出来，那里的岩石更像分叉的树枝、成簇的花丛。岩石全是青色的质地黑色的纹路，棱角分明，锋利陡削，与别的山完全不同。有两个牧童，领着我沿着山崖往东转，又进入一队岩石丛中，又找到石崖围着的一片地方，只有东面像门一样接受客人，这中间有僧人打坐的石房子，架起床板的床，都是天然生成的。出石门来稍往南走，回头看石门的侧边，有个深邃的山洞，急忙转身钻进洞。这个山洞穿过去，又出来到石崖围着的里面，这才觉得从石门进去，不如从山洞进去更奇妙了。估计围着的石崖后面，就是从石城中望见的我所说的东面岩石尖锐陡削之处了。出洞来，仰面眺望山洞上方，石峰层层杂沓，高耸无比。又要一个披着兽皮的老年倮倮族人前来，领着我一同向上攀登。那上面如同众多的高台错落竖立,石台环绕的中央下洼,而屹立在石城的东面,向东眺望海门村,海水像明镜一样荡漾在空中,往西俯瞰山洼底下,翠绿色的田地一瓣一瓣的可以数出来,而隔着山崖西峰穹窿下覆之上,攒聚簇拥尤其高险。于是走下山峰,又越过南面的山脊,转到西峰,就见穹窿下覆的山崖上面,后面又有一层山分别排列,两山之中敞开成峡谷。东面往下坠入高险的坑谷,坑谷后面就是高高簇拥的土山,在上面像背靠屏风一样,耸立的岩石,有的上面覆盖着平平的石板,有的中间剖开似斜斜的窗格子。石崖侧边有两个小孔如像鼻孔,蜂群出入在孔洞中,蜂蜜浸出湿淋淋地流淌到孔洞下边,是崖蜂的蜂巢。两个牧童说:"三个月前当地有人用火熏蜜蜂取蜂蜜,蜂群已离开很久,今天竟然又成为蜂巢了。"两个牧童争着用草去堵塞石孔,蜜蜂便发出像敲铜鼓一样的嗡嗡声。登高观看了很久,便沿着深坠的坑谷的北边,向东顺着悬崖往下走。经过围着的石崖东面的石门外边,仍然让人一步一回头的了。这之前从里仁村远望这座山,峰顶耸立着一丛岩石,赶不上晋宁州将军峰的雄伟出众,等到了这个地方,山石闭合曲折,层叠杂沓,玲珑别透,变幻莫测,钟秀独异,确实呀,灵幻奇异的景致是不可以仅凭外表去寻求的! 大体上,这座山峰西面紧靠大山,这里是大山向东面窜出来的一条支脉,峰顶中间是洼地,洼地内暴露出骨状的岩石,不像其他的山是在外面暴露出岩石而见奇的了;只是峰顶上没有涵养的晶莹水源和飞流的瀑布,山中很少有斩除荆棘在山崖上架设石梯的道路,免不了成为兔子狐狸的洞窟了。老年伊伊族人说:"这些石缝中的土最适宜种茶,种出的茶味道远远超出其他地方的。如今阮家已买到这座山,将要建造庙宇建盖房屋,招引情趣高雅的伴侣来开辟这片景色优美的地方。莫非您就是那个人吗?"我没回答就离开了。买山来居住,确实是无处能超过这个地方的了。

下山,仍过坞东,一里,经里仁村。东南一里,抵螳螂川之北，西望海口，有渡可往茶埠，而东眺濑川，石崖耸削。先从茶埠隔川北望，于巉岏嵌突中，见白垣一方，若有新茅架其上者；今虽崖石掩映，不露其影，而水石交错，高深嵌空，其中当有奇胜，遂东向从之。抵崖下，崖根插水，乱石潆洄，遂攀跻水石间。沿崖南再东，忽见石上有痕，蹑崖直上，势甚峻，挂石悬崖之迹，俱倒影水中。方下见为奇，又忽闻謦欬声落头上^①，虽仰望不可见，知新茅所建不远矣。再穿下覆之石，则白垣正在其上。一道者方凿崖填路，迎余入坐茅中。其茅仅逾方丈，明窗净壁，中无供像，亦无爨具，盖初落成而犹未栖息其间者。道人吴姓，即西村海口人，向以贾游于外，今归而结净于此，可谓得所托矣。坐茅中，上下左右，皆危崖缀影，而澄川漾碧于前，远峰环翠于外；隔川茶埠，村庐缭绕，烟树堤花，若献影镜中；而川中凫舫贾帆^②，鱼罾渡艇^③，出没波纹间，棹影跃浮岚，橹声摇半壁，恍然如坐画屏之上也。

【注释】

①謦欬（qǐng kài）：咳嗽。

②凫舫：形似浮游着的野鸭的小船。

③罾（zēng）：用木棍或竹竿做支架张起的鱼网，俗称扳罾。鱼罾，上面张着扳罾的打鱼船。

【译文】

下山后，仍然经过山坞往东行，一里，经过里仁村。往东南行一里，到达螳螂川的北岸，向西远望海口，有渡船可以前往茶埠墩，而向东眺望，濒临螳螂川的石崖陡削高耸。先前从茶埠墩隔着螳螂川向北望，在尖锐陡削深嵌突立山石中，见到一堵白墙，好像有新建的茅房架在那上面；今天虽然石崖掩映着，没有露出它的身影，但河水山石交错，高山深嵌入空中，其中应当有奇特优美的景色，于是往东向着那里走去。来到石崖下，石崖底部插入水中，乱石间流水潆洄，于是在其间涉水攀石，沿着石崖南面再往东走。忽然见到岩石上有水迹，一直上登山崖上去，地势十分陡峻，挂在岩石悬崖上的水迹，都倒映在水中。正在为下边见到的景色感到惊奇，忽然又听到咳嗽声落到头上，虽然抬头不可能望见，心知新建的茅房所在的地方不远啦。再穿过下覆的岩石，白墙就正好在岩石上方。一个道士正在凿石崖填路，迎接我进去坐在茅屋中。这间茅屋每方仅一丈多些，窗户明亮，墙壁洁净，屋中没有供奉的神像，也没有炊具，大概是刚刚落成还没有人住的房子。道人姓吴，就是西边海口村的人，从前在外地经商，如今归乡后在此地建了这间净室，可说是找到托身的处所了。坐在茅屋中，上下左右，都是高险的山崖点缀着石影，而澄碧的螳螂川荡漾在前方，远处翠绿色的山峰环绕在外；隔着螳螂川的茶埠墩，村居房屋缭绕，烟云中的树丛，堤坝上的鲜花，犹如在镜子中现出它们的身影；而河川中鸭子一样的小船、扬帆航行的商船、撒网捕鱼的渔舟和摆渡的小艇，出没在水波之间，船影漂浮跳跃在山间的云雾中，摇桨声响遍半座山，恍惚觉得如同坐在如画的屏风中一样了。

　　既下，仍西半里，问渡于海口村。南度茶埠街，入饭于主家，已过午矣。茶埠有舟，随流十里，往柴厂载盐渡滇池[①]。余不能待，遂从村西遵川堤而行。其堤自茶埠西达平定，随川南涯而筑之。盖川水北依北岸大山而西，其南岸山势层叠，中多小坞，故筑堤障川。堤之南，屡有小水自南峡出，亦随堤下注。从堤上西行，川形渐狭，川流渐迅。七里，有村庐倚堤，北下临川，堤间有亭有碑，即所谓柴厂也；按旧

碑谓之汉厂，莫土官盐肆在焉。至此川迅石多，渐不容舟，
川渐随山西北转矣，堤随之。又西北七里，水北向逼山入
峡，路西向度坞登坡。又二里，数家踞坡上，曰平定哨②。时
日色尚高，以土人言前途无宿店，遂止。

【注释】

①柴厂：今作柴场。

②平定哨：今作坪地哨。与上文柴厂皆在海口西北隅。

【译文】

　　下山后，仍然往西行半里，在海口村找到渡船。往南乘渡船到茶埠
墩街上，进主人家吃完饭，已经过了中午了。茶埠墩有船，顺着螳螂川
行船十里，前往柴厂装盐渡过滇池。我不能等，就从村子往西沿着螳螂
川的河堤走。这条堤坝从茶埠墩往西抵达平定哨，是沿着螳螂川的南
岸修筑成的。大概是螳螂川的河水紧靠北岸的大山往西流，河流南岸
的山势层层叠叠的，山间有许多小山坞，所以筑堤阻拦河水。堤坝的南
面，多次有小溪从南面的峡中流出来，也是顺着堤坝往下流淌。从堤坝
上往西行，河道渐渐变窄，河中的水流渐渐迅疾起来。七里，有村居房
屋紧靠着河堤，北面下临螳螂川，堤坝上有亭子有石碑，就是所谓的柴
厂了；根据旧时的石碑，柴厂原称为汉厂，莫土官的盐铺在这里。来到
这里，河水迅疾礁石很多，慢慢不能行船，螳螂川渐渐沿着山势向西北
转去了，堤坝顺着河流转。又往西北行七里，河水向北逼近大山流入峡
谷，道路向西穿过山坞爬坡。又行二里，几家人坐落在坡上，叫做平定
哨。此时太阳还很高，因为当地人说前方的路上没有住宿的旅店，便停
留下来。

　　二十六日　鸡再鸣，饭而出店，即北向循西山行①。三

里,曙色渐启。见有岐自西南来者,有岐自东北来者,而中道则直北逾坳。盖西界老山至此度脉而东,特起一峰,当关中突,障扼川流,东曲而盘之,流为所扼,稍东逊之,遂破峡北西向,坠级争趋,所谓石龙坝也。此山名为九子山,实海口下流当关之键,平定哨在其南,大营庄在其东,石龙坝在其北。山不甚高大,圆阜特立,正当水口,故自为雄耳。山巅有石九枚,其高逾于人,骈立峰头,土人为建九子母庙,以石为九子,故以山为九子母也。余时心知正道在中,疑东北之岐为便道,且可一瞰川流,遂从之。一里抵大营庄②,则川流轰轰在下,舟不能从水,陆不能从峡,必仍还大路,逾坳乃得;于是返辙,从峰西逾岭北下。共二里,有小水自西南峡来,渡之。复西上逾坡,则坡北峡中,螳川之水,自九子母山之东破峡北出,转而西,绕山北而坠峡,峡中石又横岨而层阁之,水横冲直捣,或跨石之顶,或窜石之胁,涌过一层,复腾跃一层,半里之间,连坠五六级,此石龙坝也③。此水之不能通舟,皆以此石为梗。昔治水者多燔石凿级④,不能成功。土人言凿而辄长,未必然也。

【注释】

①饭而出店,即北向循西山行:原脱"饭而出店即"五字,据徐本、"四库"本补。

②大营庄:今作大鹰庄、大仁庄,在海口西北隅。

③石龙坝:今名同。利用其天然地形,1912年4月在这里建成我国第一座水电站——石龙坝水电站。

④燔(fán):焚烧。

【译文】

二十六日　鸡叫第二遍,吃饭后走出旅店,立即向北沿着西山走。三里,曙光渐渐露出来。见到有一条岔路从西南方过来,有一条岔路从东北方前来,而中间的大路则一直往北越过山坳。大致西面的大山延伸到此地,山脉向东延伸,唯独耸起一座山峰,突起在中间挡住关口,阻扼住螳螂川的水流,流水向东弯曲绕过这座山,河流被山扼住,渐渐向东退后,于是向西北冲破山峡,分为几级坠下,争相奔流,这就是所谓的石龙坝了。这座山的名字叫九子山,确实是海口下游挡住关口的关键门户,平定哨在山的南面,大营庄在山的东面,石龙坝在山的北面。山不怎么高大,圆圆的土山独自矗立着,正位于河口,所以自然显得很雄壮了。山顶有九块岩石,石头高处超过一个人,并立在峰头,当地人为此建了座九子母庙,把九块岩石视为九子,因而把这座山当做九子的母亲。我此时心里知道正路在中间,怀疑从东北方来的岔路是便道,而且可以再俯瞰一次螳螂川水,便从这条路走。一里到达大营庄,就见螳螂川的流水在下方轰轰作响,船不能从水路走,陆地上不能从峡谷中走,必须仍旧返回到大路上,越过山坳才行;于是原路返回来,从山峰西面越过山岭往北下行。共二里,有条小溪从西南面的峡中流来,渡过溪水。又往西上爬山坡,就见山坡北面的峡谷中,螳螂川的水流,从九子母山的东边冲破山峡向北流出来,转向西,绕到山的北面坠入峡谷,峡中的巨石又横隔在水中层层阻碍着河水,河水横冲直撞,或者跨过岩石顶上,或者窜过岩石侧旁,涌过一层,再又腾空跃过一层,半里路之间,一连下坠五六层,这是石龙坝了。这段河水之所以不能通船,都是因为这些石头在作梗。从前治水的人多次用火烧石头凿掉这些台阶样的岩石,没能成功。当地人说,石头凿掉后总是又长出来,未必真是这样了。

石级既尽,峡亦北转。路从峡西山上,随之北行。下瞰级尽处,峡中有水一方,独清潴,土人指为青鱼塘[①],言塘中青鱼大且多。按《志》，昆阳平定乡小山下有三洞，泉出汇而为潭，中有青鱼、白鱼，俗呼随龙鱼，岂即此耶？北二里，峡稍开，有村在其下，为青鱼塘村。北二里，西北蹑一岭，此岭最高，始东见观音山与罗汉寺碧鸡山，两峰东峙。又北见遥山一重，横亘众山之北，西尽处特耸一峰最高，为笔架山；其西又另起一峰，与之骈立，则老龙之龙山也；东尽处分峙双岫，亦最高，为进耳山，其南坳稍伏而豁，则大道之碧鸡关也。两最高之间，有尖峰独锐，透颖于横脊之南，是为龙马山，其下则沙河之水所自来也。惟西向诸山稍伏而豁，大道之往迤西者从之，而老脊反自伏处南度。老龙之脊，西北自丽江、鹤庆东，南下至楚雄府南②，又东北至禄丰、罗次北境③，又东至安宁州西北境，东突为龙山；遂南从安宁州之西，又南度三泊县之东④，又南向绕昆阳州之西南，乃折而东经新兴州北，为铁炉关；又东经江川县北，为关索岭，又东峙为屈颧巅山，乃折而东北，为罗藏山，则滇池、抚仙湖之界脊也。

【注释】

①青鱼塘：今名同，又省称青鱼，在海口西北隅。

②楚雄府：附郭县亦名楚雄，即今楚雄市，现为楚雄彝族自治州首府。

③禄丰：明为县，隶安宁州，即今禄丰县。罗次：明为县，隶云南府，治今禄丰县东北境的碧城镇。

④三泊县：隶昆阳州，今仍名三泊，又称县街，在安宁市南境。

【译文】

一层层台阶状的岩石完后，山峡也向北转去。道路从峡谷西面的山上，顺着峡谷往北行。向下俯瞰台阶状岩石的尽头处，峡中有一池水,唯独汇积着清水,当地人指点,是青鱼塘,说池塘中青鱼又大又多。根据《一统志》,昆阳州平定乡的小山下有三个洞,泉水流出后汇积为深潭,潭中有青鱼、白鱼,俗称随龙鱼,莫非就是这里吗?向北二里,峡谷稍开阔了些,有个村子在下方的峡谷中,是青鱼塘村。向北行二里,往西北上登一座山岭,这座山岭最高,开始见到东面的观音山与罗汉寺所在的碧鸡山,两座山峰耸峙在东边。又见到北面远远的有一重山,横亘在群山的北面,西面的尽头处独自耸立起一座最高峰,是笔架山;笔架山西面又另外耸起一座山峰,与笔架山并排矗立,那是老龙山系主脉的龙山;东面的尽头处两座山峰分别屹立着,也最高,是进耳山,山峰南面的山坳比较低平开阔,就是大路经过的碧鸡关了。两座最高的山峰之间,有座尖峰特别尖锐,在横亘的山脊南面像锥子一样露出来,那是龙马山,山下就是沙河水来源的地方了。唯有西面的群山稍微低平开阔一些,前往滇西的大路就从这里去,可山脉主脊反而从这低平之处向南延伸。老龙山系主脉的山脊,西北起自丽江府、鹤庆府东部,往南下延到楚雄府南部,又往东北延伸到禄丰县、罗次县北部境内,又往东延伸到安宁州西北内,向东突起成为龙山;随后往南从安宁州的西部,又往南延伸到三泊县的东部,又向南绕到昆阳州的西南部,于是转向东经过新兴州北面,成为铁炉关;又往东延经过江川县的北部,形成关索岭,又往东耸峙为屈颡巅山,于是折向东北延伸,形成罗藏山,就是滇池、抚仙湖分界的山脊了。

　　始西一里,逾其巅。又西北下一里,则螳川之水,自岭之北麓环而西,又转而南。岭西有村,濒川而居,置渡川上,是曰武趣河,昆阳西界止此,过渡即为安宁州界。武趣之河,绕村南曲,复转西峡去;路渡河即西北上坡。连越土垅二重,共五里,北下,有水一塘在东坞中。又北二里,有水一塘在西坞中。又北一里半,有村在路东。又北一里半,坡乃北尽,坡北始开东西大坞。乃下坡西向行坞中,二里,有水东北自北界横亘中尖峰下来,是为沙河。其流颇大,石梁东西跨之。河从梁下南去，螳川之水，自武趣西峡转而北来，二水合于梁南，半里，遂西北至安宁州城之南，于是北向经城东而北下焉。过沙河桥，又西北一里，则省中大道自东北来，螳大川自城南来，俱会于城东，有巨石梁东西跨川上，势甚雄壮。

【译文】

开始时往西行一里，越过岭头。又往西北下山一里，就见螳螂川的河水，从山岭的北麓向西环流，又转向南流去。山岭西面有个村子，濒临螳螂川居住，河岸上设有渡口，这里叫做武趣河，昆阳州的西部地界到此为止，过了渡口就是安宁州的辖地。武趣河的河水，绕着村子往南弯曲，又转向西面的峡中流去；道路渡过河立即向西北上坡。一连越过两重土陇，共五里，往北下走，有一个水塘在东边山坞中。又往北行二里，有一个水塘在西边山坞中。又往北行一里半，有个村子在道路东面。又往北行一里半，山坡才到了北面的尽头，山坡北面开始有一个开阔的东西向的大山坞。于是下坡向西前行在山坞中，行二里，东北面有河水从北面横亘的一列山中的尖峰下流来，这是沙河。沙河水流很大，石桥东西向跨过河流。沙河从桥下往南流去，螳螂川的河水，从武趣河西面的峡中转向北流来，两条河水在桥南合流，半里，便向西北流到安宁州城的南面，于是向北流经州城东面后往北流下去。过了沙河桥，又往西北行一里，就见通往省城的大路从东北方过来，宽大的螳螂川从州城南面流来，都在州城东边会合，有座巨大的石桥东西向横跨在螳螂川上，气势非常雄壮。

过梁即为安宁城①。入其东门，阛阓颇集，乃沽饮于市，为温泉浴计。饮毕，忽风雨交至。始持伞从南街西行，已而知道禄裱大道②,乃返而至东门内,从东街北行。半里,过州前,从其东复转北半里,有庙门东向,额曰"灵泉",余以为三潮圣水也,入之。有巨井在门左,其上累木横架为梁,栏上置辘轳以汲③,乃盐井也。其水咸苦而浑浊殊甚,有监者,一日两汲而煎焉。安宁一州,每日夜煎盐千五百斤④。城内盐井四,城外盐井二十四。每井大者煎六十斤,小者煎四十斤,皆以桶担汲而煎于家。

【注释】

①安宁城:明置安宁州,隶云南府,即今安宁市。

②禄裱:亦作禄脿,明设巡检司。今名同,在安宁市西隅。禄裱大道即从昆明经过禄裱通往滇西的大道,今公路仍从此经过。

③辘轳(lù lu):安装在井上的提水装置。井上树立支架,上装可用手柄摇转的轴,轴上绕绳索系桶。摇转手柄提起水桶,即可汲取井水。

④"安宁"二句:安宁产盐有两千多年的开采历史。汉代为连然县,是云南最早设盐官的地方。《华阳国志·南中志》载:"连然县,有盐泉,南中共仰之。"《蛮书》卷七载:"安宁城中皆石盐井,深八十尺。城外又有四井,劝百姓自煎。""升麻、通海已来,诸爨蛮皆食安宁井盐。"安宁的盐长期供应滇东、滇南。盐井所在称盐场坝。有盐龙祠。至今市区还有盐场村、盐场路等地名。近年探明安宁地下有60平方公里高品位的巨型盐矿床,储量和品位居全省之首。现安宁盐矿为云南食盐的主产地。

【译文】

走过这座桥就是安宁州城。进入州城东门,街市相当热闹,于是在集市中买酒喝,为去温泉洗浴做准备。喝完酒,忽然风雨交加而来。开始时打着伞从南街往西行，不久知道这是去禄裱的大路，就返回来走到东门内，从东街往北行。半里，经过州衙前，从州衙东面再转向北行半里，有座庙，门向东，匾额上写着"灵泉"二字，我以为是三潮圣水了，走进庙内。有口巨大的水井在山门左边，井上累起木头横架成横梁，井栏上安设了辘轳用来汲水，是口盐井。井水味道咸苦而且特别浑浊，有监管的人，一天汲水两次去煮盐。安宁一个州，每天日夜煮盐一千五百斤。城内有四个盐井，城外的盐井有二十四个。每口井大的煮盐六十斤，小的煮盐四十斤，都是用桶汲水挑回家去煮盐。

又西转过城隍庙而北，半里，出北门。风雨凄凄，路无行人，余兴不为止，冒雨直前。随螳川西岸而北，三里半，有村在西山麓，其后庙宇东向临之，余不入。又北二里半，大路盘山西北转；有岐下坡，随川直北行①。余乃下从岐，一里半，有舟子舣舟渡，上川东岸，雨乃止。复循东麓而北，抵北岭下，川为岭扼，西向盘壑去，路乃北向陟岭。岭颇峻，一里逾岭北，又一里，下其北坞，有小水自东北来，西注于川，横木桥度之。共一里，又西北上坡，有村当坡之北，路从其侧，一里，逾坡而北。再下再上，共三里，西瞰螳川之流，已在崖下。崖端有亭，忽从足底涌起，俯瞰而异之。亟舍路西向下，入亭中，见亭后石骨片片，如青芙蓉涌出。其北复有一亭，下乃架木而成者。瞰其下，则中空如井，有悬级在井中，可以宛转下坠。余时心知温泉道尚当从上北行，而此奇不可失，遂从级坠井下。其级或凿石，或嵌木，或累梯，共三转，每转约二十级，共六十级而至井底。井孔中仅围四尺，其深下垂及底约四五丈。井底平拓，旁裂多门，西向临螳川者为正门,南向者为旁门。旁门有屏斜障,屏间裂窍四五,若窗棂户牖,交透叠印,土人因号之曰"七窍通天"。"七窍"者,谓其下之多门;"通天"者,谓其上之独贯也。旁门之南,崖壁巉削,屏列川上;其下洞门,另辟骈开,凡三四处,皆不甚深透,然川漱于前,崖屏于上,而洞门累累,益助北洞之胜。再南,崖石转突处,有一巨石下坠崖侧,迎流界道,有题其为"醒石"者,为冷然笔。冷然,学道杨师孔号。杨系贵州人。石北危崖之上,有大书"虚明洞"三大字者,高不能瞩其为何人笔。其上南崖,有石横斜作垂手状,其下亦有洞西向,颇大而中拓,然无嵌空透漏之妙。"虚明"二字,非北洞不足以当之。"虚明"大书之下,又有刻"听泉"二字者,字甚古拙,为燕泉笔。燕泉,都宪何孟春号。何,郴州人,又自叙为吾邑。又其侧,有"此处不可不饮",为升庵笔②,升庵,杨太史慎号。而刻不佳,不若中洞。门右有"此处不可不醉",为冷然笔,刻法精妙,遂觉后来者居上。又"听泉"二字上,刻醒石诗一绝,标曰"姜思睿",而醒石上亦刻之,标曰"谱明"。谱明不知何人,一诗二标,岂谱明即姜之字耶?此处泉石幽倩,洞壑玲珑,真考槃之胜地③,惜无一人栖止。大洞之左,穿崖南尽,复有一洞,见烟自中出,亟入之。其洞狭而深,洞门一柱中悬,界为二窍,有偻偻囚发赤身④,织草履于中,烟即其所炊也。洞南崖尽,即前南来之坞,下而再上处也。

【注释】

①川:水道,河流。
②升庵笔:杨升庵题刻今存原址,为"不可不饮"四字。

③考槃(pán)：贤者隐居涧谷。

④囚发：头发蓬乱，如囚犯样。

【译文】

　　又向西转过城隍庙往北行，半里，走出北门。风雨冷森森的，路上没有行人，我的兴趣没有因此打消，冒雨一直前行。沿着螳螂川的西岸往北走，三里半，有个村子在西山的山麓下，村后有座庙宇向东下临村子，我不进去。又往北行二里半，大路绕着山往西北转去；有条岔路下坡，沿着螳螂川一直向北行。我于是下坡从岔路走，一里半，有船夫停着船摆渡，渡河走上螳螂川东岸，雨这才停了。又沿着山的东麓往北走，到达北面的山岭下，螳螂川被这座山岭扼住，向西绕着壑谷流去，路于是向北翻越山岭。山岭十分陡峻，一里越到山岭北面，又行一里，下到岭北的山坞中，有条小溪自东北流来，向西注入螳螂川，横架木桥跨过小溪。共一里，又向西北上坡，有个村子位于山坡北面，路从村子侧边过去，一里，越过山坡往北走。两上两下，共行三里，向西俯瞰螳螂川的流水，已在山崖下方。山崖前端有座亭子，忽然从脚底涌起，俯瞰着亭子，心里感到很奇异。急忙离开道路向西下山，步入亭子中，见到亭子后面一片片骨状的岩石，如同青色的莲花涌出地面。亭子北边还有一座亭子，是下方架木头建成的亭子。俯瞰亭子下方，原来是像井一样中间是空的，井中有高悬的阶梯，可以盘旋着下坠。我当时心里知道去温泉的路应当还要从这里上走往北行，可此处的奇异景致不可错失，便沿着阶梯下坠到井中。那阶梯有的是凿石而成，有的是木头嵌入石壁上建成，有的架着木梯，共转折三次，每转折一次约有二十级，共六十级才到达井底。井洞中周围仅有四尺，井的深处下垂到井底约有四五丈。井底平整，四旁裂开多处石门，向西面临螳螂川的是正门，向南的是旁门。旁门有块石屏风斜斜地拦着，石屏风上裂开四五个石窍，好像门窗一样，交相连通，重叠辉映，当地人因而把这里称为"七窍通天"。"七窍"这话，是说井下面有许多石门；"通天"这话，是指井上面独自贯通下来。旁门的南边，崖壁高险陡削，似屏风样排列在螳螂川岸上；它下面的洞口，另外并列张开，共有三四处，都不怎么深，不通透，然而河水冲刷在洞前，悬崖屏风样立在上边，而且洞口层层叠叠，益发有助于增添北洞的胜景。再往南，石崖转向突出之处，有一块巨石下坠到崖壁侧边，迎着水流阻断道路，有人在巨石上题写"醒石"二字，是冷然的笔迹。冷然，是学道衙门杨师孔的别号。杨师孔是贵州人。巨石北边高险的崖壁上，有人大大地写着"虚明洞"三个字，高得不能让人看清楚那是什么人的笔迹。这里上边南面的山崖上，有岩石横着斜出来作出手臂下垂的样子，那下面也有洞，洞口向西，洞中很大而且中间平整，然而没有嵌入空中透风漏光的妙趣。"虚明"二字，非北洞不足以配得上这样的说法。"虚明"大字的下方，又刻有"听泉"二字，字迹非常古朴，是燕泉的笔迹。燕泉，是总督何孟春的别号。何孟春，湖南郴州人，又自己说是我家乡的人。又在它的侧边，刻有"此处不可不饮"几个字，是杨升庵的笔迹。升庵，是太史慎的别号。可刻工不好，不如中洞。洞口右边刻有"此处不可不醉"几字，是冷然的笔迹，刻工手法精妙，于是有后来者居上的感觉。再有，"听泉"二字的上边，刻有一首醒石诗绝句，标明"姜思睿"，可醒石上也刻有这首诗，标明"谱明"。不知道谱明是什么人，同一首诗落两个名，莫非"谱明"就是姜思睿的表字吗？此处泉水山石幽静优美，岩洞沟壑玲珑别透，真正是贤者隐居的绝好地方，可惜没有一个人栖身于此。大洞的左边，穹窿的崖壁南面的尽头处，又有一个洞，我见到有火烟从洞中飘出来，急忙进洞去。这个洞又窄又深，洞口一根石柱悬在中央，隔为两个石窍，有个倮倮族人蓬头乱发赤着身子在洞中织草鞋，火烟就是他煮饭引起的。洞南面崖壁到了头，就是先前从南面过来的山坞，是我下去又上来的地方了。

时顾仆留待北洞，余复循崖沿眺而北。北洞之右，崖复北尽，遂蹑坡东上，仍出崖端南来大道。半里，有庵当路左，下瞰西崖下，庐舍骈集，即温泉在是矣。庵北又有一亭，高缀东峰之半，其额曰"冷然"。当温泉之上，标以"御风"之名，杨君可谓冷暖自知矣。由亭前蹑石西下，石骨棱厉。余爱其石，攀之下坠，则温池在焉。池汇于石崖下，东倚崖石，西去螳川数十步。池之南，有室三楹，北临池上。池分内外，外固清莹，内更澄澈，而浴者多就外池。内池中有石，高下不一，俱沉水中，其色如绿玉，映水光艳烨然。余所见温泉，滇南最多，此水实为第一[①]。池室后，当东崖之上，有佛阁三楹，额曰"暖照"。南坡之上，有官字三楹，额曰"振衣千仞"。皆为土人锁钥，不得入。

【注释】

①此水：即著名的安宁温泉。《元混一方舆胜览》载：温泉，云南诸郡汤池一十七所，惟安宁州者为最。石色如碧玉，水清可鉴毛发，虽骊山玉莲池远不及。《明一统志》亦载："汤池，在安宁州北一十里。云南温泉非一，惟此为最，色如碧玉，可鉴毛发。"该温泉为碳酸泉，含重碳酸钙 54.81，镁 19.46，钠 12.11，还有少量的放射性元素。水温 42—45℃，水质透明无味，流量每昼夜 1,888 吨左右。此处系一温泉群，附近还有很多泉眼，温泉每昼夜总流量达六千吨。浴后清凉爽快，皮肤润滑，对风湿性关节炎疗效甚好。可以沏茶，可以烹饪，饮后对肠胃病有疗效。霞客所游石洞及题刻，在今温泉南端螳螂川东岸的林荫道边。明清以来，温泉确是游人不绝的胜地。温泉镇今建有宾馆、饭店、疗养院、医院等。

【译文】

这时顾仆留在北洞中等我，我又沿着崖壁边沿眺望北方。北洞的右边，山崖又到了北边的尽头，于是踏着山坡向东上走，仍然出到山崖前端从南面来的大路上。半里,有座寺庵位于道路左边,往下俯瞰西面山崖的下方,房屋群集,就是温泉在那里了。寺庵北边又有一座亭子,高高点缀在东峰的半山腰上,亭子上的匾额写着"冷然"。正当温泉的上方,题写了"御风"的名字。杨君可称得上是冷暖自知了。由亭子前踩着岩石向西下走,骨状的岩石棱角锋利。我喜爱这些石头,攀着岩石下坠,温泉的浴池就在那里了。浴池汇积在石崖下,东边紧靠着崖石,西面距螳螂川几十步。浴池的南面,有三间房屋,在北边面临池水之上。浴池分为内、外池,外池水本来就清澈晶莹,内池的水更加澄澈,而洗浴的人多半在外池。内池水中有石头,高低不一,全都沉入水中,石色像绿玉,把池水映照得光辉艳丽。我所见过的温泉,滇南最多,这里的泉水确实是第一。浴池的房子后面,位于东面山崖之上,有三间佛阁,匾额上题写"暖照"二字。南面山坡之上,有三间官府的屋宇,匾额上题写着"振衣千仞"。两个地方都被当地人锁着,不能进去。

余浴既,散步西街,见卖浆及柿者,以浴热,买柿啖之。因问知虚明之南,尚有云涛洞,川之西岸,曹溪寺旁,有圣水,相去三里,皆反在其南,可溯螳川而游也。盖温池之西滨螳川东岸,夹庐成衢,随之而北,百里而达富民。川东岸山最高者为笔架峰,即在温池东北,《志》所谓岱晟山也;川西岸山最高者为龙山,曹溪在其东陇之半,《志》所谓葱山也。二山夹螳川而北流,而葱山则老脊之东盘者矣。余时抵川上,欲先觅曹溪圣水,而渡舟在川西岸,候之不至,遂南半里,过虚明诸洞下。南抵崖处,坡曲为坞,宜仍循川岸而南,以无路,遂上昔来大路隅,由小岐盘西崖而南。亦再下再上,一里半,有一村在坡南,是为沈家庄[①]。老妇指云涛洞尚在南坡外。又南涉坞,半里登坡,路绝而不知洞所在。西望隔川，有居甚稠，其上有寺，当即曹溪。有村童拾薪川边，遥呼而问所谓云涛洞者，其童口传手指，以川隔皆不能辨。望见南坡之下，有石崖一丛，漫趋之。至其下，仰视石隙，丛竹娟娟，上有朱扉不掩。登之，则磴道逶迤，轩亭幽寂，余花残墨，狼藉蹊间，云㡓石床，离披洞口。轩后有洞门下嵌，上有层楼横跨，皆西向。先登其楼，楼中供大士诸仙像，香几灯案，皆以树根为之，多有奇古者。其南有卧室一楹，米盎书籭②，犹宛然其内，而苔衣萝网，封埋已久，寂无径行，不辨其何人所构，何因而废也。下楼入洞，初入若室一楹，侧有一窨，下陷窈黑。其北又裂一门，透裂入，有小窍斜通于外，见竹影窅入，即堕黑而下。南下杳不知其所底，北眺亦有一㡓上透，第透处甚微，光不能深烛，以手扪隘，以足投空，时时两无所著，又时时两有所碍。既至其底，忽望西南有光烨然，转一隘，始见其光自西北顶隙透入，其处底亦平，而上复穹焉高盘。倏然有影掠隙光而过，心异之，呼顾仆，闻应声正在透光之隙，其所过影即其影也。复转入暗底，隙隘崖悬，无由著足，然而机关渐熟，升跻似易，觉明处之魂悸，不若暗中之胆壮也。再上一层，则上㡓微光，亦渐定中生朗，其旁原有细级，宛转崖间，或颓或整，但初不能见耳。出洞，仍由前轩出扉外，见右崖有石刻一方，外为棘刺结成窠网，遥不能见。余计不能去，竟践而入之，巾履俱为钩卸，又以布缚头护网，始得读之。乃知是庵为天启丙寅州人朱化孚所构③。朱，壬辰进士④。其楼阁轩亭，俱有名额，住山僧亦有名有诗，未久而成空谷，遗构徒存，只增慨耳！

【注释】

①沈家庄:今名同,在螳螂川东岸与曹溪寺相对。

②米盎(àng):一种腹大口小的装米的器皿。

③天启丙寅:即天启六年,1626 年。

④壬辰:万历二十年,1592 年。

【译文】

　　我沐浴后,在西街散步,见有卖开水和柿子的人,由于沐浴后很热,买柿子吃下。顺便问知虚明洞的南面还有个云涛洞,在螳螂川的西岸,曹溪寺旁边有处圣水,相距三里,都是反而在温泉的南面,可以溯螳螂川前去游览。原来温泉浴池的西边滨临螳螂川的东岸,房屋相夹形成街道,顺着路往北走,一百里后到达富民县。螳螂川东岸最高的山是笔架峰,就在温泉浴池的东北面,就是《一统志》所说的岱崧山了;螳螂川西岸最高的山是龙山,曹溪寺在龙山东面土陇的半山腰上,就是《一统志》所说的葱山了。两座山夹住螳螂川往北流去,而葱山就是山系主脉往东盘绕过来的山脉了。我此时来到螳螂川岸上,想先去找曹溪寺和圣水,可渡船在河的西岸,等船不见来,就往南行半里,路过虚明等洞的下方。南面到达山崖完结处,山坡低曲为山坞,应该顺着河岸往南走,因为没有路,便上先去来时的大路边,从一条岔开的小道绕着西面的山崖往南行。也是两上两下,一里半,有个村子在山坡南边,这是沈家庄。一位老妇人指点,云涛洞还在南面的山坡以外。又往南涉过山坞,爬坡半里,路断了却不知洞在哪里。隔着螳螂川向西望去,有民居十分稠密,山上有佛寺,应当就是曹溪寺。有个村中的儿童在螳螂川边拾柴火,就远远地叫着向他打听所谓的云涛洞,那个儿童嘴说手指的,因为隔着河都不能分辨。望见南面山坡之下,有一丛石崖,便慌不择路地朝着那里赶过去。到了石崖下,仰面看到石头缝隙中,竹丛娟秀,上面有朱红色的大门没有关上。登山,就见路上的石阶弯弯转转,轩敞的亭子幽雅寂静,残余下的花卉墨迹,在小路上杂乱不堪,窗框和石床,散乱地

放在洞口。前廊后面有个洞口往下深嵌，洞口上横跨有一层楼，都是面
向西。先登上那座楼，楼中供奉着观音大士等众位神仙的塑像，敬香放
灯的茶几桌子，都是用树根做成的，多有奇特古旧的意蕴。楼中靠南一
面有一间卧室，米瓮书箱还宛然在房间中，可是苔藓地衣藤萝蜘蛛网，
尘封土埋已经很久，空寂无人，小径上无人行走，搞不清是什么人修建
的，是什么原因废弃了。下楼来进洞，起初进去好像一间房，侧边有一
个深坑，又深又黑地陷下去。它的北面又裂开一道石门，钻过裂缝进
去，有个小孔洞斜斜地通到外面，看得见竹子的影子映射进来，随即坠
入黑暗中往下走。往南下去深远得不知道洞底在哪里，向北眺望，也有
一个石窗在上面透进亮光来，只是透亮的地方光线十分微弱，光线不能
照到深处，我在狭窄的地方用手摸索着，在悬空的地方用脚探路，时时
手脚都没有附着处，又时时手脚都被挡住。下到洞底后，忽然望见西南
方有明亮的光照，转过一段狭窄处，才见到那亮光是从西北面洞顶的裂
缝中射进来的，此处的洞底也很平整，可洞的上方又呈圆盘状高高的穹
窿而起。突然裂缝的亮光处有一个身影一掠而过，心里感到很奇怪，呼
叫顾仆，听到回答的声音正在透进亮光的裂缝处，他走过的身影就是闪
动的那个影子了。再转进黑暗的洞底，裂缝狭窄崖壁高悬，无处落脚，
然而对关键的地方渐渐熟悉了，往上爬似乎容易些，感觉到明处反而心
惊胆战，不如在黑暗中可以壮胆了。再爬上去一层，就见上面的石窗透
进微弱的光线，也渐渐心定下来，生出亮光来，原来身旁有条细小的石
阶，在石崖上弯来绕去，有的坍塌了，有的很完整，只是起初我没能看见
罢了。出洞来，仍旧经由前边的前廊出到门外，见到右边的山崖上有一
块石刻，外面被荆棘刺丛结成网状的鸟窝，远处看不见。我估计不能去
掉这些荆棘刺丛，径直踩着荆棘刺丛进去，头巾鞋子都被刺勾掉了，又
用布包住头护着那网状的荆棘，这才得以读碑文。于是知道了这座寺
庵是天启丙寅年安宁州人朱化孚修建的。朱化孚，壬申年的进士。这里的
楼阁轩亭，都有名字和匾额，住在山中的僧人也有姓名有诗文，没多久

就变成了空寂的山谷,遗留下的建筑白白保存下来,只能让人增添感概而已!

　　既下至川岸,若一航渡之,即西上曹溪。时不得舟,仍北三里至温泉,就舟而渡,登西岸,溯川南行。望川东虚明崖洞,若即若离,杳然在落花流水之外。南一里,又见川东一崖,排突亦如虚明,其下亦有多洞迸裂,门俱西向,有大书其上为"青龙洞"、为"九曲龙窝"者①,隔川望之,不觉神往。土人言此二洞甚深,篝火以入,可四五里,但中黑无透明处。此洞即在沈家庄北,余前从虚明沿川岸来,即可得之,误从其上,行崖端而不知,深为怅怅;然南之云涛,北之虚明,既已两穷,此洞已去而复得之对涯,亦未为无缘也②。又南一里,抵川西村聚。从其后西上山,转而南,又西上,共一里,遂入曹溪寺③。寺门东向,古刹也。余初欲入寺觅圣泉,见殿东西各有巨碑,为杨太史升庵所著,乃拂碑读之,知寺中有优昙花树诸胜,因觅纸录碑,遂不及问水。是晚,炊于僧寮,宿于殿右。

【注释】

①九曲龙窝:"窝"原作"官",据摩崖实物改。此题刻今存,为横排楷书"九曲龙窝"四个大字,落款"万历戊午(1618)春岭南斗野书"。

②"此洞"二句:螳螂川东岸山边,从南到北布列有云涛、青龙、虚明三洞。徐霞客反复寻觅,先游虚明洞,次游云涛洞,最后才发现青龙洞。近代修公路时俱被炸平。今仅存温泉南端林荫道

边原虚明洞的摩崖石刻120余方,以明代正德、嘉靖、万历年间的最早,以后各时期都有,成为安宁温泉的又一文化精品。

③曹溪寺:为昆明著名古寺之一,在温泉西南、螳螂川西岸,过去的渡口今已修为大桥,公路直达寺边。该寺的大殿具有宋元风格,寺内现存的木雕华严三圣像,经鉴定为宋代造像。霞客亲见的杨升庵著《重修曹溪寺碑记》和优昙花树,至今仍存。寺南有珍珠泉,源旺水清,浮泡如珠串。大殿有"天涵宝月"一景,相传每年中秋,月光透过殿前房檐下的圆窗,可以射到大殿正中坐佛身上,六十年有一次射到坐佛肚脐。笔者于1978年中秋节亲睹此景,月亮出山不久,铜钱大的月光射到大殿正中坐佛的右肩上。

【译文】

下到河岸上后,如果有一条船渡过河,马上可以往西上曹溪寺。此时找不到船,仍然往北行三里来到温泉,上船渡河,登上西岸,逆着螳螂川往南行。望见螳螂川东岸的虚明岩洞,若即若离的样子,俨然像在落花流水之外。往南行一里,又见到螳螂川东岸有一座山崖,也像虚明洞一样横排突立,山崖下面也有很多迸裂开的岩洞,洞口都是向西,崖壁上写有"青龙洞"、"九曲龙窝"的大字,隔着河水望着它们,不觉令人神往。当地人说,这两个洞非常深,点燃火把进洞,可以走四五里,但是洞中漆黑没有透进亮光的地方。这个洞就在沈家庄北面,我先前从虚明洞沿着河岸走来,就可找到它,却错从它的上面走,走到山崖边却不知道,深深地为此怅恨;不过,南面的云涛洞,北面的虚明洞,两个洞都已经穷究了,这里的洞已经离开却又再在对岸见到它,也未必是没有缘分了。又往南行一里,到达河西面的村落。从村后向西上山,转向南,又往西上走,共一里,就进入曹溪寺。寺门向东,是座古庙。我最初想进寺去找圣泉,看见大殿东西两面各有一块巨大的石碑,是太史杨升庵撰写的,于是擦拭石碑读碑文,知道寺中有优昙花树等胜景,因而找纸来抄录碑文，便来不及去看圣水。这天晚上，在僧人的小屋里做饭，住在大殿右边。

　　二十七日　　晨起，寒甚。余先晚止录一碑，乃殿左者，录未竟，僧为具餐，乃饭而竟之。有寺中读书二生，以此碑不能句①，来相问，余为解示。二生：一姓孙，安宁州人；一姓党，三泊县人。党生因引余观优昙树。其树在殿前东北隅二门外坡间，今已筑之墙版中，其高三丈余，大一人抱，而叶甚大，下有嫩枝旁丛。闻开花当六月伏中，其色白而淡黄，大如莲而瓣长，其香甚烈而无实。余摘数叶置囊中。遂同党生由香积北下坡，循坳而北，一里半，观圣泉②。泉从山坡大树根下南向而出，前以石环为月池，大丈余，潴水深五六寸余，波淙淙由东南坡间泻去。余至当上午，早潮已过，午潮未至，此正当缩时，而其流亦不绝，第潮时更涌而大耳。党生言，穴中时有二蟾蜍出入，兹未潮，故不之见，即碑所云“金醮③”，号曰“神泉”者矣。月池南有亭新构，扁曰“问潮亭”，前巡方使关中张凤翮为之记。党生又引余由泉西上坡，西北缘岭上，半里，登水月庵。庵东北向，乃葱山之东北坳中矣。庵洁而幽，为乡绅王姓者所建。庭中水一方，大仅逾尺，乃建庵后斸地而出者④。庵前有深池，泉不能蓄也。既复下至圣泉，还至曹溪北坡坳，党生别余上寺，余乃从岐下山。

　　【注释】

　　①不能句：即不能断句。

②圣泉:《寰宇通志》云南府井泉:"海眼泉,在安宁州治北,每日三

　　潮,随涌随涸,世传戒照禅师卓锡所穿之泉。"今被围存。

③䗹(qiū):即蟾蜍,癞蛤蟆为其中的一种。

④斸(zhú)地:掘地。

【译文】

　　二十七日　早晨起床,十分寒冷。我昨天晚上先只抄录了一块碑,是大殿左边的。右边的碑文还没抄录完,僧人为我备好了早餐,于是吃饭后才把它抄录完。有两个在寺中读书的书生,因为不能对这块碑的碑文断句,前来相问,我为他们手指着讲解。两位书生,一位姓孙,是安宁州人;一位姓党,是三泊县人。姓党的书生因此带我去观看优昙树。这棵树在大殿前方东北角二门外的坡地上,如今已被围在修筑好的板墙中,树高三丈多,大处要一个人合抱,而且树叶非常大,下面有成丛的嫩枝从旁边长出来。听说开花要在六月份的初伏天,花色白中显淡黄,大处如同莲花而且花瓣长些,花香十分浓烈却不会结果实。我摘了几片树叶放在口袋中。于是随同姓党的书生从寺中的厨房北边下坡,沿着山坳往北行,一里半,观看了圣泉。泉水从山坡上的大树根下向南流出来,前方用石块围成半月形的水池,大一丈多,积水深五六寸多点,泉水淙淙流经东南边的山坡上流泻而去。我来到时正是上午,泉水的早潮已经过了,午潮还没到,此时正是泉水收缩的时候,然而泉水水流也不断,只不过涨潮时涌出的泉水更大而已。姓党的书生说,洞穴中不时有两个蛤蟆出入,现在没涨潮,所以见不到蛤蟆,就是碑文中说的"金䗹",号称"神泉"的地方了。半月形水池南边有座新建的亭子,匾额上写着"问潮亭",前任巡察地方的使者关中人张凤翱为亭子作了一篇记文。姓党的书生又带我由泉水向西上坡,往西北沿着山岭上行,半里,登上水月庵。水月庵面向东北,位于葱山东北面的山坳中。寺庵整洁而幽静,是乡中姓王的士绅修建的。庭院中有一池水,大处仅超过一尺,是建好寺庵后掘地出水而成的水池。庵前有个深水池,不能蓄住泉水。不久,又

下到圣泉,返回到曹溪寺北面山坡的山坳中,姓党的书生告别我上曹溪寺去,我便从岔路下山。

　　一里,抵昨村后上山处。由村后南行半里,复东望川东回曲中,石崖半悬,飞楼临丹,即云涛洞也。川水已从东盘曲,路犹循西山南向下,因其山坞自南而转也。一里余,始循南山而东。二里,则其川自坞北曲而南,与路遇,既过,路又循东山溯溪转而北,一里,乃东向陟南山之北,一里,乃转东南行。一里,南陟一西来之峡,又南上坡。一里,与前来温泉渡西大道合,始纯南行。六里,入北城门。见有二女郎,辫发双垂肩后,此间幼童女,辫发一条垂脑后。女郎及男之长者,辫发两条垂左右耳旁。女仍用包髻,男仍用巾帽冠其上。若伢伢则辫发一条,周环于脑额,若箍其首者。又有男子未冠者①,从后脑下另挽一小髻若螺②,缀于后焉。手执纨扇③,嫣然在前,后有一老妇随之,携牲盒纸锭,将扫墓郊外。此间重十月朝祭扫。家贫不及者,至月终亦不免也。南中所见妇女,纤足姣好,无逾此者。入城一里半,饭于东关,乃出,逾巨石梁,遵大道东北行。半里,有小溪自东坞来,溯之行。从桥南东去,三里半,上坡。又一里,逾东安哨岭。岭不甚峻,东北从横亘大山分陇西南下,为安宁东第一护城之砂也。过岭东下,始见沙河之水自东北来。随其坞东入,过站摩村,共十五里,为始甸铺④。又四里,过龙马山,屼屼北透,横亘大山之南。路绕其前而东,又四里,始与沙河上流之溪遇。有三巩石梁东跨其上,是曰大桥。其水自东北进耳二尖峰西、棋盘山南峡来,西南至安宁城东,南入于螳川者也。又半里,东上坡,宿于高枧桥村⑤。

【注释】

①冠(guàn)：帽子。古时男子二十岁时必须举行加冠仪式，正式戴上帽子，表示已经成年。未冠，即年龄还不到二十岁。

②鬏(dí)：发髻。

③纨(wán)扇：用细绢制成的团扇。

④始甸铺：今仍称始甸村。

⑤高枧桥村：今作高枧槽。皆在今安宁市东隅的公路南侧，但高枧槽村在始甸西一里多。

【译文】

一里，抵达昨天从村后上山的地方。由村后往南行半里，又向东望见螳螂川往东弯曲之处，石崖悬在半空中，飞空的高楼面临着红日，就是云涛洞了。河水已向东弯曲而去，道路还是沿着西山向南下走，顺着这个山坞从南面转过去。一里多，开始沿着南山往东行。二里，就见螳螂川从山坞的北面转向南流，与道路相遇，过了螳螂川，道路又沿着东山溯溪流转向北，一里，于是向东上登南山的北麓，一里，转向东南行。一里，往南涉过一条西面来的山峡，又向南上坡。一里，与先前来温泉时渡到螳螂川西岸的大路会合，开始一直往南行。六里，进入安宁州北城门。见到有两个女郎，一双发辫垂在肩后，这一带年幼的女童，是编一条发辫垂在脑后。女郎及年纪大的男子，是编两条发辫垂在左右耳旁。女人仍然用布包发髻，男人仍然用头巾帽子戴头上。若是倮倮族人，就编一条发辫，顺着额头绕到脑后，像箍住头一样。还有未成年的男子，在后脑下边另外挽一个螺形的小发髻，缀在脑后。手拿丝绢做的团扇，姿态优美地走在前边，后面一个老年妇女跟随着她们，携带着装祭品的盒子和纸钱，要去郊外扫墓。这一带注重在十月初祭祖扫墓。家境贫寒来不及月初扫墓的，到月底也不能免掉了。我在南中地区见到过的妇女，脚小容貌姣好的，没有超过她们两个的人。进城走一里半，在东关吃饭,于是出城,走过巨大的石桥,沿着大路往东北行。半里,有条小溪从东面的山坞中流来,溯小溪前行。从桥南往东去,三里半,上坡。又行一里,翻越东安哨所在的山岭。山岭不怎么陡峻,从东北面横亘的大山分出土山往西南下延,是安宁州城东面护城的第一道龙脉了。越过山岭往东下走,开始见到沙河的河水从东北方流来。顺着河水流过的山坞往东进去,路过站摩村,共十五里,是始甸铺。又行四里,经过龙马山,龙马山北面全部光秃秃的,横亘在大山的南面。道路绕着龙马山前往东行,又走四里,才与沙河上游的溪流相遇。有座三拱石桥在东边跨在溪流上,这叫大桥。桥下的水是从东北方进耳山两座尖峰西面、棋盘山南面的峡中流来,往西南流到安宁州城东面,向南流入螳螂川中的溪流。又行半里,向东上坡,住宿在高枧桥村。

二十八日　平明,东行一里半,上坡,为安宁东界,由此即为昆明地。陂陀高下,以渐升陟而上,八里,其坞自双尖后进耳山来,路遂由南陇上。又二里,山坳间有聚庐当尖,是为碧鸡关[①]。盖进耳之山崎于北,罗汉之顶崎于南,此其中间度脊之处,南北又各起一峰夹崎,以在碧鸡山之北,故名碧鸡关,东西与金马遥对者也[②]。关之东,向东南下为高峣,乃草海西岸山水交集处,渡海者从之;向西北下为赤家鼻,官道之由海堤者从之。余时欲游进耳,遂西北下坡半里,循西山北行。二里,有村在西山之麓,是为赤家鼻[③]。大道由其前北去,乃西折而入村。村倚山而庐。有池潴坡侧,大不逾五尺,村人皆仰汲焉。中复有鱼,有垂钓其上者,亦龙潭之浅者也。由池南上坡,岭道甚峻。半里,登冈上,稍北而曲,有坊当道,则进耳山门外坊也,其寺尚隔一坑。由

坊西望,见寺后大山环于上,此冈绕于前,内夹深坑,旋转而
入,若耳内之孔,寺临孔上盘朵边,以"进耳"取名之义,非身
履此冈,不见其亲切也。进坊,西向沿坑入,半里,有岐西逾
大山之坳;而入寺之路,则沿坑南转。盘崖半里,西上入寺
中。寺门东向,登其殿,颇轩爽,似额端,不似耳中也。方丈在
殿北,有楼三楹在殿南。其楼下临环坑,遥览滇海,颇如太华
之一碧万顷,而此深远矣。入方丈,有辛贡士伯敏者,迎款殷
勤。僧宝印欲具餐,辛挥去,令其徒陈履惇、陈履温二陈乃甲戌
进士履忠弟④。及其弟出见,且为供荤食。复引余登殿南眺海
楼,坐谈久之。余欲趋棋盘山,问道于宝印。宝印曰:"由坊东
下山,自赤鼻山宝珠寺上为正道,路且三十里。由此寺北,西
逾大山之坳,其路半之,但空山多岐,路无从觅耳。"乃同辛君
导余从殿后出,遂北至坳下东来岐路,始别去。

【注释】

①碧鸡关:今名同,在昆明西郊碧鸡山上,自古就是昆明通往滇西
　　的交通要隘,现滇缅公路仍从此经过。

②金马:即金马关,在今昆明东郊金马山脚。为昆明通往内地的交
　　通要隘。

③赤家鼻:又作赤甲鼻,即今车家壁,在昆明西郊。

④甲戌:崇祯七年,1634年。进士:科举制度中,举人经过会试及殿
　　试被录取者称进士。

【译文】

　　二十八日　天亮时,往东行一里半,上坡,到安宁州东面的边界,从
这里起就是昆明县的辖地。斜坡倾斜,高低不平,得以慢慢地往上爬

升，八里，这里的山坞从两座尖峰后面的进耳山过来，道路于是沿着南面的土陇上走。又行二里，山坞中有房屋位于尖峰之间，这是碧鸡关。大体上，进耳山耸峙在北面，罗汉山的顶峰耸峙在南面，这里就是两座山中间山脊延过的地方，南北两面又各自突起一座山峰夹峙着，因为在碧鸡山的北边，所以名叫碧鸡关，是与金马山在东西两面遥遥相对的地方。碧鸡关的东面，向东南下走是高峣，是草海西岸山水交会的地方，要渡海的人都从这条路走；向西北下去是赤家鼻，要由草海堤坝上走大路的人从这条路走。我此时想去游进耳山，便往西北下坡半里，沿着西山往北行。二里，有个村子在西山的山麓，这是赤家鼻。大路由村前向北去，于是向西折进村子。村子靠山建房。有个水池汇积在山坡侧边，大处不超过五尺，村里人都靠这个池塘汲水。水池中还有鱼，有在池塘边上垂钓的人，也是一处水较浅的龙潭了。由池塘南边上坡，岭上的道路十分陡峻。半里，登到山冈上，稍微转向北，有座牌坊挡在路中央，是进耳山山门外的牌坊，山上的寺庙还隔着一个坑谷。从牌坊向西看去，见到寺后有大山环绕在上方，这座山冈绕在寺前，两山之内夹成深坑，旋转着进去，就像耳孔内的耳蜗一样，寺庙面临耳孔向上旋绕的耳郭边缘上，用"进耳"取名的含义，不是亲身踏上这座山冈，是不能见出这个名字的真切准确之处的了。走进牌坊，向西沿着坑谷进去，半里，有条岔路往西穿越大山的山坞；而进寺的路，则是沿着坑谷往南转。绕着山崖行半里，向西上登进入寺中。寺门向东，登上大殿，很是宽敞明亮，似在额头一样，不像是在耳孔中了。方丈在大殿北面，有座三开间的楼阁在大殿南面。楼阁下临环绕的坑谷，远远的可观览滇池，很像是在太华寺中的一览万顷碧波，而此处更深远一些了。进入方丈，有个贡士叫辛伯敏的人，迎接款待十分殷勤。僧人宝印打算准备午饭，辛伯敏挥手让他离开，命令他的学生陈履惇、陈履温两位姓陈的是甲戌年进士陈履忠的弟弟。以及他的弟弟出来相见，并且为我提供了荤菜。又带我登上大殿南面的眺海楼，坐下交谈了很久。我想赶去棋盘山，向宝印问路。宝印说：

"由牌坊往东下山，从赤鼻山宝珠寺上去是正路，路程将近三十里。由
这座寺庙北面，向西穿越大山的山坳，路程只有一半，但是空寂的山间
岔路多，无法找到路。"于是同辛君一起带领我从大殿后面出来，就往北
来到山坳下自东面来的岔路上，这才告别离开。

　　余乃西上，半里逾坳，半里西北稍下，一里涉中洼。洼
西复有大山，南北横峙，与东界进耳后双尖，并坳北之巅，东
西夹成中洼。由洼西复循西山之东北行，一里，循岭北转而
西，稍下一里，度峡西上。其西复有大山南北横峙，遂西向
横蹑之，一里半，登其冈。见西南随坞有路，上逾其脊，将趋
之。有负刍者来①，曰："棋盘路在北，不在西也。"乃循西山
之东，又北行，其路甚微，若断若续。二里半，从西山北坳透
脊西出，始望见三家村在西坞中②，村西盘峙一峰，自北而
南，如屏高拥，即棋盘山也。其脉北自妙高寺三华山西南
来，复耸此峰。分支西度，为温泉之笔架山；分支南下，为始
甸后之龙马山；南环东亘，即为所逾之脊；而南度为进耳、碧
鸡者也。脊北山复横列东北，至宝珠、赤鼻而止，为三家村
东界护山。余昔来自金马以东，即遥望西界山横如屏，其顶
复有中悬如覆釜、高出其上者，即此棋盘峰也，而不知尚在
重壑之内，外更有斯峰护之，洵西峰之领袖矣。从坳西转，
循东山北崖半里，乃西向下。一里，行壑中，有水北流，西涉
之。又半里抵三家村，其村倚棋盘东麓。路当从村北西上，
乃误由村南度脊处循峡西南上，竟不得路。攀蹑峡中三里，
登一冈，有庵三楹踞坪间，后倚绝顶，其前东瞰滇中，乃发僧
玄禅与僧裕庵新建者。玄禅有内功，夜坐峰头，晓露湿衣，

无所退怖；庵中四壁未就，不以为意也。日已西昃，迎余瀹茗煮粥，抵暮乃别。西上跻峰，一里，陟其巅。又西向平行顶上一里，有寺东北向，则棋盘寺也。时已昏黑，遂啜茗而就榻。

【注释】

①负刍(chú)者：背草的人。

②三家村：今名同，在昆明西郊。

【译文】

我于是向西上山，半里越过山坳，半里往西北逐渐下走，一里涉过中间下洼的地方。洼地西面又有大山，南北向横着矗立着，与东面进耳山后面的一双尖峰，以及山坳北面的顶峰，东西两面夹成中间下洼的洼地。由洼地西边又沿着西山的东麓往北行，一里，顺着山势由北转向西，渐渐下走一里，穿过山峡往西上山。这里西面又有大山，南北向横着矗立，于是横着向西登山，一里半，登上山冈。看见西南方顺着山坳有条路，往上翻越山脊，想要赶过去。有个背草的人走过来，说："去棋盘山的路在北面，不在西边。"于是沿着西山的东麓又往北行，这条路很小，时断时续。二里半，从西山北面的山坳翻越山脊向西出来，这才望见三家村在西面的山坳中，村西盘绕矗立着一座山峰，自北往南延伸，如同屏风一样高高簇拥着，就是棋盘山了。山系的山脉北面从妙高寺所在的三华山西南延伸过来，又耸峙为这座山峰。分出支脉向西延伸，成为温泉的笔架山；分出支脉往南下延，成为始向后面的龙马山；向南环绕往东绵亘的，就成为我所翻越过的山脊；而后往南延伸成为进耳山、碧鸡山了。山脊北面的山又横着向东北排列，到宝珠寺所在的赤鼻山为止，成为三家村东面护村的山。我从前来的时候，在金马山以东，就远远望见西面一列山横卧着如像屏风，山顶上又有高悬在中央如同倒覆着的锅一样高出群山之上的山峰，就是这座棋盘峰了，却不知道它还在重重壑谷之内，外边更有这座山峰守护着它，确实是西面群峰的领袖了。从山坳向西转，沿着东山北面的山崖行半里，于是向西下走。一里，行走在壑谷中，有溪水往北流，向西涉过溪流。又行半里抵达三家村，这个村子紧靠棋盘山东麓。路应当从村子北边向西上山，我却误从村子南面山脊延伸之处沿着峡谷往西南上行，竟然找不到路。在峡谷中攀登了三里，登上一座山冈，有座三开间的寺庵位于一块平地中，背靠绝顶，寺庵前方向东，俯瞰着省城，是戴发修行的僧人玄禅和僧人裕庵新建的寺庙。玄禅有内功，夜里坐在峰顶上，天亮时露水沾湿了衣服，也无所退缩与畏惧；寺庵中四面墙壁都没有完工，也不放在心上。太阳已经西斜，他们烹茶煮粥迎接我，到天将黑才分别。向西上登棋盘峰，一里，登上峰顶。又向西平缓行走在峰顶上一里，有座寺庙面向东北，就是棋盘寺了。此时天已昏黑，便在寺里喝茶后睡下。

二十九日　凌晨起，僧为余炊，余乃独蹑寺后绝顶。时晓露甚重，衣履沾透。顶间无高松巨木，即丛草亦不甚深茂，盖高寒之故也。顶颇平迥。其西南皆石崖矗突，其性平直而中实，可劈为板，省中取石，皆于此遥负之，然其上反不能见，以坳于内也。西北坞中，有大壑回环，下有水二方，村庐踞其上，即《志》所载勒甸村龙泉也，其水分青、白色①。西南峡中水，则循龙马山东而去，当即沙河之源矣。东南即三家之流。是顶亦三面分水之处，第一入滇池，两入螳川，皆一派耳。由顶远眺，则东北见尧林山尖耸，与邵甸梁王山并列；东南见罗藏山，环峙海外；直南见观音山屼嵲，为碧鸡绝顶掩映，半浮半隐；直西则温泉笔架山连翩而去；惟西北崇山稍豁，则螳川之所向也。下饭于寺。乃同寺僧出寺门东行三十步，观棋盘石②，石一方横卧岭头，中界棋盘纹，纵横各十九道。其北卧石上，楷书"玉案晴岚"四大字，乃碧潭陈贤所题。南有二石平庋，中夹为穴，下坠甚深，僧指为仙洞，昔有牧子坠羊其中，遂以石填塞之。僧言此山之腹皆崆峒，但不得其门而入耳。穴侧亦有陈贤诗碑，已剥不可读。乃还寺，录昆明令汪从龙诗碑。仍令幼僧导往峰西南，观凿石之崖。其崖上下两层，凿成大窟如厦屋。其石色青绿者，则腻而实；黄白者，则粗而刚。其崖间中嵌青绿色者两层，如带围，各高丈余，故凿者依而穴之。其板有方有长，方者大径五六尺，长者长径二三丈，皆薄一二寸，其平如锯，无纤毫凹凸，真良材也。

【注释】

①"其水"句：此即龙潭坝子，至今还有大水潭数处。在昆明市西山区西境，棋盘山以西。

②棋盘石：在棋盘山，又称玉案山，在昆明坝子西缘低山外，海拔2493米。今山顶景色，大体还和《游记》所述一致。庙宇不存，但有石墙多处，棋盘石及"玉案晴岚"卧石仍存，还有清代题刻。

【译文】

二十九日　凌晨起床，僧人为我做饭，我便独自登上寺后的绝顶。此时清晨的露水很重，衣服鞋子都湿透了。峰顶上没有高大的松树林木，就是草丛也不高大茂密，大概是地势太高寒冷的缘故。峰顶很是平缓宽敞。峰顶西南面都是突起矗立的石崖，石头的质地平直而且中间厚实，可劈成石板，省城中取石料，都是远到这里来背石头，不过从峰顶上反而不能看见，是因为它向内凹进去了。西北面的山坞中，有条回绕的大壑谷，下面有两塘水，村屋坐落在水塘上方，就是《一统志》记载的勒甸村的龙泉了，泉水分为青色、白色。西南面峡中的水流，是顺着龙马山往东流去，应当就是沙河的源头了。东南面就是三家村的溪流了。这座顶峰也是一处三面分水的地方，只是一面流入滇池，两面流入螳螂川，都是同一个水系。由峰顶远眺，东北面就见尧林山尖尖地耸起，与邵甸的梁王山并列；东南面见到罗藏山，环绕耸峙在滇池海水之外；正南方见到光秃秃的观音山，被碧鸡山的绝顶掩映着，半隐半现；正西方就是温泉的笔架山山连山地绵亘而去；唯有西北面的高山稍微开阔一些，就是螳螂川流经的方向了。下来在寺中吃饭。于是随同寺里的僧人出寺门后往东走三十步，观看棋盘石。一块方形岩石横卧在岭头，石头中间分隔成棋盘的纹路，纵横各有十九条线。它北边倒卧的岩石上，用楷书刻着"玉案晴岚"四个大字，是碧潭的陈贤题写的。南面有两块平放着的岩石，中间夹成洞穴，陷下去十分深，僧人指认为仙洞，从前有个牧童的羊掉进去，便用石头填塞了洞口。僧人说这座山的山肚子中全是空洞，只不过是找不到洞口进去罢了。洞穴侧旁也有陈贤题诗的碑刻，已经剥蚀得不能读了。于是返回寺中，抄录昆明县令汪从龙题诗的碑刻。仍然让年幼的僧人带领我前往棋盘峰西南面，去观看采凿石材的山崖。这里的山崖有上下两层，被开凿成如同高大房屋的大洞窟。石头的颜色是青绿色的，质地细腻而结实；黄白色的，质地粗糙而坚硬。那山崖中间镶嵌着两层青绿色的岩石，如像围着两条彩带，各高一丈多，所以凿石头的人顺着开采从而形成洞穴。开采出来的石板有方的有长的，方形的大处每边长五六尺，长条形的长达二三丈，薄处都只有一二寸，石板平整如同锯出来的一样，没有丝毫凹凸不平之处，真是好石材。

还从寺前东向下，一里，过新庵之左。直下者一里半。过三家村左，渡涧。又一里半，东逾石山之坳。其山乃东界北走之脉，至此复突一峰，遂北尽焉。从坳东坠崖而下，复渐成一坑，随之行三里，为宝珠寺。未至寺，其西坠峡处，坑水溃而为瀑，悬崖三级下，深可十五六丈，但水细如络丝，不如匹练也。宝珠寺东向，倚山之半，亦幽亦敞。由其前坠坡直下，五里抵山麓，为石鼻山，聚落甚盛，盖当草海之西，碧鸡关大道即出其下也。由村转北一里半，东北与大道合，于是东向湖堤。二里半，有村当堤之冲，曰夏家窑①。过此，遂遵堤行湖中。堤南北皆水洼②，堤界其间，与西子苏堤无异③。盖其洼即草海之余，南连于滇池，北抵于黄土坡，西濒赤鼻山之麓，东抵会城④，其中支条错绕，或断或续，或出或没，其濒北者，《志》又谓之西湖，其实即草海也。昔大道迂回北坡，从黄土坡入会城⑤，傅元献为侍御时，填洼支条，连为大堤，东自沐府鱼塘，西接夏家窑，横贯湖中，较北坡之迂，省其半焉。东行堤上一里半，复有冈有桥，有栖舍介水中央。半里，复遵堤上东行湖中，遥顾四围山色，掩映重波间，青蒲偃水，高柳漾堤，天然绝胜；但堤有柳而无花，桥有一二而无二六，不免令人转忆西陵耳。又东二里，湖堤既尽，乃随港堤东北二里，为沐府鱼池⑥。又一里半，抵小西门，饭于肆。东过闸桥，滨濠南而东一里，入城南旧寓⑦。问吴方生，则已隔晚向晋宁矣。已而见唐大来寄来行李书画，俱以隔晚先至，独方生则我来彼去，为之怅怅。乃计复为作书，令顾仆往晋宁谢唐君，别方生，并向大来索陶不退书。陶名珽⑧，有诗翰声，向官于浙。前大来欲为作书，闻其已故，乃止。适寓中有高土官从姚安来，知其犹在，皆虚传如眉公也，故复索书往见之。

【注释】

①夏家窑：今称夏窑，在昆明西郊，马街子稍东。

②"遂遵堤"二句：此堤两边，现都变为平畴良田，比之明代，滇池水位下降，滇池湖面缩小。现滇池湖面为 306.5 平方公里，湖水容量 15 亿立方米，湖岸线长 163.2 公里，平均水深 4.4 米，最深处为 10.94 米，平均水位海拔 1886 米，仍为云贵高原最大的湖泊。

③西子：原指古代美人西施。宋代苏轼诗："水光潋滟晴方好，山色空濛雨亦奇，欲把西湖比西子，淡妆浓抹总相宜。"自此后，人们亦称杭州西湖为西子或西子湖。1089 年，苏轼任杭州太守，疏浚西湖，堆成南北长堤，上建六桥，夹道种植桃柳，后人尊称"苏公堤"、"苏堤"。

④会城：人物商旅会集的城市，此指云南省会，即今昆明城区。

⑤"昔大道"二句：传统交通线经过今眠山脚、小团山脚、黑林铺、黄土坡、西站而至大西门，基本沿湖岸山边行。近代修筑通往滇西的公路仍沿袭这条路线，直到 1959 年才修了捷直的人民西路。

⑥"湖堤既尽"三句：此湖堤西起夏窑，东到土堆。土堆再东北至昆明医学院，后来为上河河堤，即明代港堤。沐府鱼池约在今昆明医学院前面至潘家湾一带。清代，从湖堤经港堤，再经沐府鱼池边至小西门，已成为交通要道。上河俗称鱼翅河，上河沿岸，土堆、江家桥、下栗村、上栗村、红庙村、六合村等村落毗连，应和当年的交通发展有关系。直到近代，滇西的马帮还常从这里经过，土堆一带的老人记忆犹新。至今湖堤基址尚存，有马车路宽，比两边的田埂稍高，当年铺路的大石板零星可见，夏窑附近还残存一座石拱桥。土堆到六合村一段，上河被掩为暗河，河上修成街道，名鱼翅路。昆明医学院至小西门一段已修为人民路。

⑦城南旧寓：综合《游记》前后所载，霞客在昆明的寓所，约在今顺城街附近。

⑧陶名斑："名"原作"讳"，据"四库"本改。"斑"原作"挺"，"四库"本作"涎"，据《姚安县志》改。

【译文】

返回去从寺前向东下山，一里，从新建的寺庵左边走过。一直下走一里半，经过三家村左边，渡过山涧。又行一里半，往东越过石山的山坳。这座石山是东面一列山往北延伸的支脉，到此地又突起一座山峰，便到了北面的尽头。从山坳往东顺着山崖向下坠，又渐渐形成一处坑谷，沿着坑谷行三里，到宝珠寺。还没到寺中，宝珠寺西面峡谷深坠的地方，坑谷中的水冲破坑谷形成瀑布，悬挂在崖壁上分为三级流泻下去，深处大约十五六丈，但水流细小如同缠绕的蚕丝，还不如一匹白色的丝绢。宝珠寺面向东方，紧靠山的半中腰，既幽静又宽敞。由寺前沿着下坠的山坡一直下走，五里抵达山麓，是石鼻山，村落十分兴盛，大概是因为位于草海的西边，通往碧鸡关的大路就从村子下方经过。由村子转向北行一里半，向东北走与大路会合，从这里往东走向湖边的堤坝。二里半，有个村庄位于堤坝的冲要处，叫做夏家窑。过了这个村子，就沿着堤坝行走在湖中。堤坝南北两面都是水洼地，堤坝隔在水洼地中间，与杭州西湖的苏堤没有不同之处。原来这一片水洼地就是草海的边缘地带，南面连着滇池，北边到达黄土坡，西面濒临赤鼻山的山麓，东边抵达省城，这其中一条条支流错综回绕，时断时续，时隐时现，那濒临北面的一片，《一统志》又把它称为西湖，其实就是草海了。从前大路绕道水洼地北面的山坡走，从黄土坡进省城，傅元献担任侍御史时，填平了洼地中纵横交错的支流，连接成大坝，东面起自沐府的鱼塘，西面连接到夏家窑，横贯在湖水中央，比起从北面山坡绕道走，省去了一半路程。向东行走在堤上一里半，又有山冈和桥梁，有住房位于湖水中央。半里，又沿着堤坝往东前行在湖中，四面环顾，远看四面青山的景色，掩映在重重碧波之间，青翠的蒲草倒卧在水面，高大的柳树萦绕着湖堤，天生的绝妙胜景；只是湖堤旁有柳树却没有花，桥只有一二座而不是十二座，不免让人反而回忆起西湖来了。又往东行二里，湖堤到头后，便沿着河港的堤岸向东北行二里，到沐府的鱼池。又行一里半，抵达小西门，在店铺中吃饭。往东过了闸桥，顺着护城河南岸向东一里，进入城南原来住过的寓所。问起吴方生，他却已在前天晚上前往晋宁州了。随后见到唐大来寄来的行李和书画，都是在前天晚上先送到的，唯独吴方生则是我来了他离开了，为此心中怅怅不乐。于是打算再为此写封信，命令顾仆前往晋宁州感谢唐玄鹤君，辞别吴方生，并向唐大来索要写给陶不退的信。陶不退名珽，有擅长诗文的声誉，从前在浙江做官。先前唐大来想为我写信给他，传闻他已去世，就没有写。恰好寓所中有个从姚安府来的高土官，知道陶珽还活着，都是如同传闻陈眉公去世一样的虚假传闻，故而又向唐大来索要书信前去拜见他。

　　十一月初一日　晨起，余先作书令顾仆往投阮玉湾，索其导游缅甸书，并谢向之酒盒。余在寓作晋宁诸柬，须其反命，即令往南坝候渡。下午，顾仆去，余欲入城拜阮仁吾，令其促所定负担人，为西行计。适阮穆声来顾，已而玉湾以书来，期明日晤其斋中，遂不及入城。

【译文】

　　十一月初一日　早晨起床，我先写信命令顾仆前去送给阮玉湾，向他要导游缅甸的信，并感谢他先前送来的酒盒。我在寓所中写要送到晋宁的几封信，等顾仆回来复命，立即令他前往南坝等候渡船。下午，顾仆离去，我想进城去拜见阮仁吾，让他去催促约定的挑担子的人，为西行做准备。恰好阮穆声来拜访，不久阮玉湾送信来，约定明天在他的书斋中会面，就来不及进城了。

　　初二日　晨起，余欲自仁吾处，次第拜穆声，后至玉湾所，忽玉湾来邀甚急，余遂从其使先过玉湾。则穆声已先在座,延于内斋,款洽殊甚。既午,曰:"今日总府宴抚按,当入内一看即出,故特延穆声奉陪。"并令二幼子出侍客饮。果去而即返,洗盏更酌。已而报抚按已至,玉湾复去,瞩穆声必款余多饮,须其出而别。余不能待,薄暮,托穆声代别而返。

【译文】

初二日　早晨起床,我打算从阮仁吾处起,依次拜访阮穆声,最后到阮玉湾寓所,忽然阮玉湾前来邀请十分急切,我便跟随他派来的人先去拜访阮玉湾。却见到阮穆声已先在座,把我请进内宅书斋,殷勤款待十分融洽。到中午,阮玉湾说:"今天总兵府中宴请巡抚、巡按,我要进府内去看一看,马上出来,所以专门请穆声来陪同您。"并且令两个年幼的儿子出来陪同客人饮酒。果然去了后就随即返回来,洗过杯子再饮。不多久有人通报巡抚、巡按已到,阮玉湾又离去,嘱咐阮穆声必定要招待我多饮酒,等他出来再告别。我不能等,傍晚,托阮穆声代我辞别就返回来了。

初三日　晨往阮仁吾处,令促负担人。即从其北宅拜穆声。留晨餐,引入内亭,观所得奇石。其亭名"竹在",余询其故,曰:"父没时,宅为他人所有,后复业,惟竹在耳。"亭前红梅盛开。此中梅俱叶而花,全非吾乡本色,惟一株傍亭檐,摘去其叶,始露面目,犹故人之免胄相见也。石在亭前池中,高八尺,阔半之,玲珑透漏,不瘦不肥,前后俱无斧凿痕,太湖之绝品也。云三年前从螺山绝顶觅得①,以八十余人舁至。其石浮卧顶上,不经摧凿而下,真神物之有待者。

余昔以避雨山顶，遍卧石隙，乌睹有此类哉！下午，过周恭先，遇于南门内，正挽一友来顾。知金公趾为余作《送静闻骨诗》，相与同往叩之，则金在其庄，不相值。金公趾名初麟②，字颇肖董宗伯，风流公子也。善歌，知音律，家有歌童声伎。其祖乃甲科。父伟，乡荐，任江西万安令③。公趾素好客④，某奏劾钱士晋军门，名在疏中，黜其青衿焉。其友遂留至其家，割鸡为饷，肴多烹牛杂脯而出，甚精洁。其家乃教门，举家用牛，不用豕也。其友姓马，字云客，名上捷，号闻仙。寻甸府人。父以乡科任沅州守，当安酋困黔省时，以转饷功擢常德太守⑤，军兴旁午⑥，独运援黔之饷，久而无匮，以劳卒于任。云客其长子也，文雅蕴藉，有幽人墨士之风。是晚篝灯论文，云客出所著《拾芥轩集》相订，遂把盏深夜。恭先别去，余遂留宿其斋中。窗外有红梅一株盛放，此间皆红梅，白者不植。中夜独起相对，恍似罗浮魂梦间，然叶满枝头，转觉翠羽太多多耳。

【注释】

①螺山：即今圆通山，在昆明古城北缘，海拔 1933 米，现建为昆明动物园。每年三月圆通山的樱花和垂丝海棠盛开，也是昆明一胜景。

②金公趾：名初麟，后更名维新，号公趾，昆明官渡人。祖父金本高，万历三十二年（1604）进士，官至布政司参政。父金伟，天启四年（1624）举人，江西万安县令。公趾为永历八年（1654）举人，从李定国军，在大西军农民政权中任中书令，后永历帝入滇，官至吏部左侍郎兼左都御史，"忠谅有志略"。李定国死后，公趾返昆，康熙四年（1665）冬病逝于故里九门里金刚村。昔时墓在村中，墓碑为"明故处士金公、夫人龚氏之墓"。至今当地还有关于

金公趾的传说。

③万安：明为县，即今江西万安县。

④公趾素好客："素"原作"昔"，据"四库"本改。

⑤常德：明置府，即今湖南常德市。　太守：自汉以来，郡设太守，为一郡最高行政长官。明时太守已经不是正式官名，仅依习惯用以专称知府，亦简称"守"。

⑥旁午：诸事纷繁。

【译文】

初三日　早晨前去阮仁吾处，让他催促挑担子的人。随即从他家北宅去拜访阮穆声。主人留我吃早饭，带我进入内院亭子中，观看他收藏的奇石。那亭子名叫"竹在"，我询问其中的缘故，阮穆声说："父亲去世时，宅院被其他人占有，后来恢复了家业，只有竹子还在了。"亭子前红梅盛开。这里的梅花都是长出叶子后才开花，完全不是我家乡梅花的本来面貌，只有靠着亭子飞檐的一棵，摘去树叶，才露出本来的面目，犹如老朋友摘掉头盔相见一样了。奇石在亭子前方水池中，八尺高，宽处是高处的一半，玲珑剔透，不瘦不肥，前后都没有刀斧雕凿过的痕迹，是太湖石中的绝品。说是三年前从螺山绝顶上找到的，用了八十多人抬来。这块奇石高浮在云端躺卧在山顶上，没经过挖凿摧残就抬下来，真是神异的东西等待认识它的人啊！我从前在山顶避雨，岩石缝隙间四处都趴伏过，哪里看到有这类奇石啊！下午，去拜访周恭先，在南门内相遇，他正挽着一位朋友来看望我。知道金公趾为我作了一首《送静闻骨诗》，便一起共同前去叩拜金公趾，可金公趾在他的田庄里，没能遇上。金公趾名叫初麟，字写得很像董宗伯，是个风流公子。擅长歌唱，知晓音律，家里有歌童和歌伎。他的祖父是进士。父亲金伟，乡荐出身，出任江西省万安县县令。金公趾素来好客，某人上奏章弹劾云南巡抚钱士晋，他的名字在奏章中，学官免除了他的秀才资格。他的朋友便挽留我们来到他家，杀鸡做饭，菜肴多半是烹煮牛杂脯做出来的，十分精细洁净。他们家都是穆斯林，全家吃牛肉，不吃猪肉。他的朋友姓马,字云客,名上捷,号阆仙。寻甸府人。他父亲通过乡荐考试出任沅州知州,当土司安邦彦围困贵州省时,因为运输粮饷有功被提升为常德府知府,战事兴起,事物繁杂,独自运送救援贵州省的粮饷,时间长久却不匮乏,由于劳累死在任上。马云客是他的长子,文雅蕴藉,有隐士文人的风度。这天夜晚点上灯谈论文章,马云客拿出他所著的《拾芥轩集》来互相订正,于是举杯饮酒到深夜。周恭先告别离去,我就留宿在马家的书斋中。窗外有一棵盛开的红梅,这一带都是红梅,不种白色的梅花。半夜起床来独自面对着红梅,恍惚似乎在梦中魂游于罗浮山间,然而树叶长满枝头,反而觉得葱翠的树叶实在太多了。

初四日　马君留晨餐。恭先复至,对弈两局。又留饭。过午乃出城,以为顾仆将返也。及抵寓,顾仆不见,而方生已俨然在楼。问:"何以来?"曰:"昨从晋宁得君书,即骑而来送君。骑尚在,当迟一日复往晋宁。"问:"昔何以往?"曰:"往新兴,便道晋宁看君耳。"问:"顾仆何在?"曰:"尚留晋宁候渡。"始知方生往新兴,以许郡尊考满,求雷太史左右之于巡方使君之侧也。雷名跃龙,以礼侍丁忧于家。巡方使为倪于义,系四川人。

【译文】
　　初四日　马云客君留我吃早餐。周恭先又来到,下了两局棋。又留下吃饭。过了中午才出城,以为顾仆就要回来了。到了寓所时,不见顾仆,而吴方生竟然已经在楼上了。我问道:"为什么回来了?"答道:"昨天在晋宁州收到您的信,立即骑马前来为您送别。坐骑还在,准备推迟一天再去晋宁。"我问:"先前为什么事去晋宁?"答道:"去新兴州,顺路去晋宁州看望您啊。"我问:"顾仆在什么地方?"答:"还留在晋宁等候渡船。"这才知道吴方生前往新兴州，是因为许知府考核期满，请求雷太史在巡按御史身边说说情。雷太史名叫跃龙，因为父母去世按礼仪制度在家守丧。巡按御史是倪于义，是四川人。

初五日　**方生为余作永昌潘氏父子书**，父名嗣魁，号莲峰，丙子科第十名①。子名世澄，号未波，丙子科解元。**腾越潘秀才书**；名一桂。**又为余求许郡尊转作书通李永昌**，永昌太守李还素，昔自云南别驾升，与许同僚。**又为余求范复苏**医士，江西人。**转作书通杨宾川**。宾川守杨大宾，黔人，号君山。原籍宜兴人②，以建平教中于南场③，与又生乡同年也。前又生有书来，然但知其家于黔，而不知其宦于宾。书为盗失，并不知其家之所在，但忆昔年与其弟宜兴总练同会于又生坐。今不知其弟尚在宜兴否。**怜余无资，其展转为余谋，胜余自为谋也。下午，顾仆自晋宁返，并得唐大来与陶不退书。阮仁吾所促负担人亦至。**

【注释】

①丙子：崇祯九年，1636 年。

②宜兴：明为县，隶常州府，即今江苏宜兴市。

③建平：明为县，治今安徽郎溪县。

【译文】

初五日　吴方生为我写信给永昌府的潘氏父子、父亲名叫嗣魁，号莲峰，丙子年科举考试第十名。儿子名叫世澄，号未波，丙子年科举考试乡试的第一名。腾越州的潘秀才；名叫一桂。又为我请求许知府辗转写信给永昌府李知府，永昌府知府李还素，从前自云南府通判升任永昌知府，与许知府是共事的官吏。又为我请求范复苏医生，江西人。辗转写信给宾川州杨知州。宾川州知州

杨大宾，贵州人，号君山。原籍是江苏省宜兴县人，以建平县教官的身份在南场科举考试中中举，与又生是同年的乡荐。从前又生有信来，但只知道他家在贵州省，却不知他在宾川州做官。信因为遇上强盗丢失了，并且也不知道他的家在哪里，只记得往年与他的弟弟宜兴县的总练一同在又生家会过面。今天不知他弟弟是否还在宜兴县。吴方生同情我没有路费，他辗转为我谋划，胜过我自己去求援。下午，顾仆从晋宁州回来，并且得到了唐大来写给陶不退的信。阮仁吾催促的挑担子的人也来了。

初六日　余晨造别阮玉湾、穆声，索其所作《送静闻骨诗》。阮欲再留款，余以行李已出辞。乃出叩任君。任君，大来妹婿。大来母夫人在其家，并往起居之。任固留饭，余乃趋别马云客，不值，留诗而还。过土主庙，入其中观菩提树。树在正殿陛庭间甬道之西，其大四五抱，干上耸而枝盘覆，叶长二三寸，似枇杷而光。土人言，其花亦白而带淡黄色，瓣如莲，长亦二三寸，每朵十二瓣，遇闰岁则添一瓣。以一花之微，而按天行之数，不但泉之能应刻，州勾漏泉，刻百沸。而物之能测象如此，亦奇矣①。土人每以社日②，群至树下，灼艾代灸，言灸树即同灸身，病应灸而解。此固诞妄，而树肤为之瘢臁无余焉③。出庙，饭于任，返寓。周恭先以金公趾所书诗并赆至，又以马云客诗扇至。阮玉湾以诗册并赆至，其弟镨亦使人馈赆焉。迨暮，金公趾自庄还，来晤，知余欲从筇竹往，曰："余辈明晨当以筇竹为柳亭。"余谢之曰："君万万毋作是念。明晨君在温柔梦寐中，余已飞屐峰头矣，不能待也。"是晚，许郡尊亦以李永昌书至，惟范复苏书未至也。

【注释】

① "土人言"数句:《南诏野史》载:"优昙花,云南府省城土主庙。南诏蒙氏时,有僧菩提巴波一名大又法师,自西天竺来,以所携念珠丸子种左右。树高数丈,枝叶扶疏,每岁四月花开如莲,有十二瓣,遇闰多一瓣。今存西一树,尚茂。"土主庙在今昆明市武成路东端,五华二中校址,庙基及断碑尚能看到。

② 社:土地神。社日:祭祀土地神的节日。社日时间,各朝代不同。

③ 瘢(bān):创伤痊愈后留下的疤痕。 靥(yè):面颊上的微窝。

【译文】

初六日 我早晨去向阮玉湾、阮穆声告别,索要他们写的《送静闻骨诗》。阮玉湾想要再留下我款待,我用"行李已经出发"辞谢了。于是出来叩拜任君。任君是唐大来的妹夫。唐大来的母亲在他家,我一并前去向她问候起居。任君坚决留我吃饭,我便赶去和马云客告别,没遇上,留下一首诗就返回来。路过土主庙,进入庙中观赏菩提树。菩提树在正殿台阶与庭院之间甬道的西边,树的大处有四五抱,树干向上耸起而树枝盘绕着覆盖下来,树叶长二三寸,形似枇杷叶却很光滑。当地人说,菩提树的花也是白中带点淡黄色,花瓣如莲花,花长也是二三寸,每朵十二片花瓣,遇上闰年就增添一片花瓣。作为小小的一朵花,却能按照自然运行的规律生长,不仅只是泉水能按照时刻应和,州里的勾漏泉,每刻喷涌一百次。而事物能如此准确地测知天象,也确实是奇异呀!当地人每到祭祀土地神的日子,成群结队来到树下,用艾叶熏灼树干来代替熏烤身体,说是熏树如同熏身体,病痛随着熏烤就解除了。这本来就是荒诞的,可树皮因此而疤痕累累,没有完好的地方。出庙来,在任君家吃饭,返回寓所。周恭先送来金公趾所写的诗和赠送的路费,又送来马云客题诗的扇子。阮玉湾送来诗册和赠送的路费,他弟弟阮镨也派人送来路费。到傍晚时,金公趾从田庄回城来,前来会面,知道我打算从筇竹寺走,说:"我们这些人明天早晨将把筇竹寺作为柳亭。"我辞谢他,说:"您千万不要这样想。明天早晨您还在温柔的睡梦中,我已经飞越到峰头了,不能等你们了。"这天晚上,许知府也送来给永昌李知府的信,只有范复苏的信没送来。

初七日　余晨起索饭欲行,范君至,即为作杨宾川书。余遂与吴方生作别。循城南濠西行二里,过小西门。又西北沿城行一里,转而北半里,是为大西门,外有文昌宫、桂香阁峙其右,颇壮。又西半里,出外隘门,有岐向西北者,为富民正道;向正西者,为笻竹寺道。余乃从正西傍山坡南行,即前所行湖堤之北涯也。五里,其坡西尽,村聚骈集,是为黄土坡①;坡西则大坞自北而南,以达滇海者也。西行坞塍中二里,有溪自西北注而南,石梁横其上,是即海源寺侧穴涌而出之水,遂为省西之第一流云。又西一里半,有小山自西山横突而出,反自南环北;路从其北嘴上一里半,西达山下②。有峡东向,循之西上,是为笻竹;由峡内越涧西南上,是为圆照;由峡外循山嘴北行,是为海源。先有一妇骑而前,一男子随而行者,云亦欲往笻竹。随之,误越涧南上圆照,至而后知其非笻竹也。圆照寺门东向,层台高敞,殿宇亦宏,而阒寂无人。还下峡,仍逾涧北,令行李往候于海源,余从峡内入。一里半,涧分两道来,一自南峡,一自北峡,二流交会处,有坡中悬其西。于是渡南峡之涧,即蹑坡西北上,渐转而西,一里半,入笻竹寺③。

【注释】

①黄土坡:今名同,在昆明城西北郊。

②"西达山下"句：此处即今黑林铺，明代称黑林堡。

③筇竹寺：在昆明城西北郊的山上，昆明至富民的登山公路从寺前
　经过。该寺至今保存有元代《雄辩法师大寂塔铭》和汉、蒙文对
　照的白话圣旨碑，具有重要的史料价值。还有大型塑像五百罗
　汉，为清光绪年间四川雕塑名匠黎广修等人用七年时间塑成，形
　象生动，性格各别，有较高的艺术价值，被列为全国重点文物保
　护单位。

【译文】

初七日　我清晨起床要饭吃了准备上路，范复苏君来了，立即为我
写给宾川杨知州的信。我于是与吴方生告别。沿着城南的护城河往西
行二里，经过小西门。又往西北沿着城墙行一里，转向北行半里，这是
大西门，城门外有文昌宫、桂香阁屹立在右边，颇为壮观。又往西行半
里，走出外隘门，有条岔路通向西北的，是去富民县的正路；通向正西
的，是去筇竹寺的路。我于是从正西方依傍着山坡南面走，就是先前走
过的湖堤的北岸了。五里，山坡到了西面的尽头，村落街道聚集，这里
是黄土坡；山坡西面就有个大山坞自北往南延伸，一直抵达滇池海边。
向西行走在山坞中田埂上二里，有条溪水自西北向南流注，石桥横架在
溪流上，这就是从海源寺侧边洞穴中涌出的水，它便成为省城西面我遇
到的第一条河流。又往西行一里半，有座小山从西山横突出来，反而自
南绕向北；道路从小山北面的山嘴上行一里半，往西到达山下。有条峡
谷面向东方，沿着峡谷往西上走，那是筇竹寺；由峡谷内越过山涧往西
南上走，那是圆照寺；由峡谷外沿着山嘴往北行，那是海源寺。这之前
有一个妇人骑马走在前，一个男子跟随在后走的，说是也要想去筇竹
寺。我跟随他们走，错误地越过山涧向南上到圆照寺，到了后才知道不
是筇竹寺。圆照寺寺门向东，层层平台高大宽敞，殿宇也很宏大，然而
寂静无人。返回来下到峡谷中，仍然越到山涧北面，命令行李前往海源
寺等候，我从峡谷内进去。一里半，山涧分为两条流来，一条来自南面

的峡谷,一条来自北面的峡谷,两条水流交汇的地方,有条山坡当中高悬在它的西边。从这里渡过南面峡谷中的涧水,立即踏着山坡往西北上登,渐渐转向西,一里半,进入筇竹寺。

其寺高悬于玉案山之北陲①,寺门东向,斜倚所踞之坪,不甚端称,而群峰环拱,林壑潆沓,亦幽邃之境也。入寺,见殿左庖脔喧杂,腥膻交陈,前骑来妇亦在其间。余即入其后,登藏经阁。望阁后有静室三楹,颇幽洁,四面皆环墙回隔,不见所入门,因徘徊阁下。忽一人迎而问曰:"先生岂霞客耶?"问何以知之? 曰:"前从吴方生案征其所作诗,诗题中见之,知与丰标不异也。"问其为谁,则严姓,名似祖②,号筑居,严冢宰清之孙也。为人沉毅有骨,澹泊明志,与其侄读书于此,所望墙围中静室,即其栖托之所。因留余入其中,恳停一宿。余感其意,命顾仆往海源安置行李,余乃同严君入殿左方丈。问所谓禾木亭者,主僧不在,锁钥甚固。复遇一段君,亦识余,言在晋宁相会,亦忘其谁何矣。段言为金公趾期会于此,金当即至。三人因同步殿右。循阶坡而西北,则寺后上崖,复有坪一方,其北崖环抱,与南环相称,此旧筇竹开山之址也,不知何时徙而下。其处后为僧茔,有三塔皆元时者,三塔各有碑,犹可读。读罢还寺,公趾又与友两三辈至,相见甚欢。窥其意,即前骑来妇备酒邀众客,以筇竹为金氏护施之所,公趾又以凤与余约,故期备于此,而实非公趾作主人也。时严君谓余,其侄作饭于内已熟,拉往餐之。顷之,住持僧体空至。其僧敦厚笃挚,有道行者,为余言:"当事者委往东寺监工修造③,久驻于彼,今适到山，闻有远客，亦一缘也。必多留寺中，毋即去。"余辞以鸡山愿切："此一宵为严君强留者，必不能再也。"体空谓："今日诸酒肉汉混聒寺中。明晨当斋洁以请。"遂出。余欲往方丈答体空，严君以诸饮者在，退而不出。余见公趾辈同前骑妇坐正殿东厢，始知其妇为伎而称觞者④。余乃迁从殿南二门侧，曲向方丈。体空方出迎，而公趾辈自上望见，趋而至曰："薄醴已备，可不必参禅。"遂拉之去。抵殿东厢，则筑居亦为拉出矣。遂就燕饮。其妇所备肴馔甚腆。公趾与诸坐客，各歌而称觞，然后此妇歌，歌不及公趾也。既而段君去，余与筑居亦别而入息阴轩。迨暮，公趾与客复携酒盒就饮轩中，此妇亦至，复飞斝征歌⑤，二鼓乃别去。余就寝。寝以纸为帐，即严君之榻也。另一榻亦纸帐，是其侄者，严君携被袄就焉。既寝，严君犹秉烛独坐，观余《石斋诗帖》并诸公手书。余魂梦间，闻其哦三诗赠余⑥，余寝熟不能辨也。

【注释】

①玉案山：在昆明坝子西北缘，有泛称和专称之别。明景泰《云南图经志书》云南府山川载："玉案山，在滇池西北，盘郁逶迤十余里，佛刹绕之，花木竹石可怪可愕，亦胜境也。僧修行其间，有终身不下山者，谓之得道。"广义的玉案山指从碧鸡关至陡坡河间的一系列山体，包括进耳山、宝珠山、棋盘山、筇竹寺山、聚仙山、三华山诸山。明天启《滇志》云南府山川载："玉案山，在城西二十里，又名列和蒙山，远望其形方广，出西南诸峰之上。有石棋枰，因又曰棋盘山，镌'玉案晴岚'四字。其下有泉，曰菩提泉。"

狭义的玉案山专指玉案山的主峰棋盘山。

②则严姓,名似祖:严似祖与徐霞客相遇后不久即中举,崇祯十二
　年(1639)己卯科中举人,次年(1640)中庚辰科进士,后曾为驻滇
　农民军任用,主持科考,史载,永历元年"命严似祖考试省生员"。

③东寺:《明一统志》云南府寺观:"常乐寺,在府城南,俗呼西寺。
　觉照寺,在府城南,俗呼东寺。二寺俱唐贞元初弄栋节度使王嵯
　颠创,各有白塔,高十三丈。"两塔经过几次重修,得以保存至今,
　皆位于昆明城南,一在书林街,一在东寺街。1833年东寺塔因地
　震倒塌,今东寺塔系1883年—1887年在原址以东重建。东寺塔
　为密檐式十三层方形空心砖塔,高40.57米,塔顶有铜球、宝顶
　和四只铜鸡,俗称金鸡塔。西寺塔亦十三层密檐砖塔,方形,高
　31米,塔下累台基三重,第一层塔身特高。

④称觞(shāng):举杯敬酒。

⑤斝(jiǎ):古代用青铜做的酒器,圆口,有鋬和三足。

⑥哦(é):吟哦。

【译文】

这座寺庙高悬在玉案山的北垂之处,寺门向东,斜靠在所坐落的平
地上,不怎么端正对称,可群峰环绕拱立,林木众多,沟壑潆绕,也是幽
静深邃之地了。进寺后,看见大殿左边厨房中切肉的声音喧闹嘈杂,腥
膻之味交相杂陈,先前骑马来的女人也在其中。我立即进入寺院后面,
登上藏经阁。望见藏经阁后面有三间清净的房屋,很是幽静整洁,四面
都有围墙环绕着分隔开,不见进出的门,因而在藏经阁下徘徊。忽然有
一个人迎上来问道:"先生莫非就是霞客吗?"我问他为什么会知道?他
说:"先前在吴方生的书桌上请求观看他写的诗,在诗的题目中见到您
的名字,知道与您的风度神采没有什么不同。"问他是谁,原来姓严,名
似祖,号筑居,是吏部尚书严清的孙子。为人沉静刚毅有骨气,澹泊明
志,与他的侄儿在此处读书,所看到的围墙中的清净房屋,就是他们栖

身的处所。他于是挽留我进入屋中，恳请我停留一晚。我感动于他的诚意，命令顾仆去海源寺安置行李，我便同严似祖君进入大殿左边的方丈。打听所谓禾木亭的地方，住持僧人不在，铁锁锁得很严实。又遇上一位段君，也认识我，说是在晋宁相会过，我也忘了他是谁了。段君说因为金公趾约他在此聚会，金公趾应当随即就到。三个人于是一同在大殿右边漫步。沿着石阶向西北上坡，则寺后的山崖上面，又有一块平地，平地北面山崖环抱，与南面环绕的山崖相对称，此处是原来筇竹寺开山时的旧址，不知什么时候搬迁到下面。此处后面就是僧人的墓地，其中有三座塔都是元朝时的，三座塔都各有碑文，仍然可以读。读完碑文返回寺中，金公趾又与两三拨朋友来到，互相见面十分欢快。观察他们的意思，就是先前骑马来的妇人准备酒宴邀请众位客人，因为筇竹寺是金家保护布施的场所，又因为金公趾与我事先约过在此送行，所以按期在此准备，而实际上不是金公趾做主人。这时严似祖君对我说，他的侄儿在屋内做饭已经熟了，拉我前去用餐。不久，住持僧人体空来到。这位僧人忠厚诚挚，是有道行的僧人，对我说："当事的人委派我去东寺监工修造，长期住在那里，今天恰好回到山里，听说有远来的客人，也是一种缘分。务必在寺中多留几天，不要马上就离开。"我用去鸡足山的心愿迫切辞谢他，说道："住这一夜是因为严君强留，必定不能再住第二天了。"体空说："今天众多的酒肉汉在寺中混杂吵闹，明天早晨将用洁净的斋饭来相请。"于是出去了。我想去方丈回拜体空，严君因为有众多饮酒的人在，离去就不出来。我见金公趾这帮人和先前骑马的女人坐在正殿东边的厢房中，这才知道这个女人是陪酒的歌伎。我于是绕道从大殿南面的二门侧边，绕路走向方丈。体空刚出来迎接，而金公趾这些人在上面望见，急忙赶过来说："已准备好薄酒，可以不必参禅了。"竟然强拉我离开。来到大殿的东厢房，就见严筑居也被拉出来了。于是就坐宴饮。那个女人准备的菜肴饭食十分丰盛。金公趾与诸位在座客人，各人都唱歌并举杯饮酒，然后是这个女人唱歌，歌唱得不如金公趾。不久段君离开了，我与严筑居也告别后进入息阴轩。到傍晚时，金公趾与客人们又带着酒盒来到息阴轩中饮酒，这个女人也来了，还是高举酒杯畅饮点名唱歌，二更时才告别去了。我上床睡觉。寝室中用纸作帐子，是严君的床。另一张床上也是纸帐子，那是他侄儿的床，严君带着被子床单到那张床去。我睡下后，严君还点着蜡烛独自坐着，观看我的《石斋诗帖》和各位朋友的亲笔信。我在睡梦之中，听到他吟诵了三首诗赠送给我，我睡熟了，不能分辨清楚。

初八日　与严君同至方丈叩体空。由方丈南侧门入幽径，游禾木亭。亭当坡间，林峦环映，东对峡隙，滇池一杯，浮白于前，境甚疏窅，有云林笔意。亭以茅覆，窗棂洁净。中有兰二本，各大丛合抱，一为春兰，止透二挺；一为冬兰，花发十穗，穗长二尺，一穗二十余花。花大如萱，乃赭斑之色，而形则与兰无异。叶比建兰阔而柔，磅礴四垂。穗长出叶上，而花大枝重，亦交垂于旁。其香盈满亭中，开亭而入，如到众香国中也。三人者，各当窗一隙，踞窗槛坐。侍者进茶，乃太华之精者。茶洌而兰幽，一时清供，得未曾有。禾木者，山中特产之木，形不甚大，而独此山有之，故取以为名，相仍已久，而体空新整之，然目前亦未睹其木也。体空恳留曰："此亭幽旷，可供披览；侧有小轩，可以下榻；阁有藏经，可以简阅。君留此过岁，亦空山胜事。虽澹泊，知君不以膻来，三人卒岁之供，贫僧犹不乏也。"余谢："师意甚善。但淹留一日，余心增歉一日。此清净界反成罪戾场矣。"坐久之，严君曰："所炊当熟，乞还餐之。"出方丈，别体空，公趾辈复来，拉就殿东厢，共餐鼎肉汤面，复入息阴轩饭。严君书所哦三诗赠余，余亦作一诗为别。出正殿，别公趾，则行李前去，为体空邀转不容行。余往恳之，执袖不舍。公趾、筑居前为致辞曰："唐晋宁日演剧集宾，欲留名贤，君不为止。若可止，余辈亦先之矣。"师曰："君宁澹不膻，不为晋宁留，此老僧所以敢留也。"余曰："师意既如此，余当从鸡山回，为师停数日。"盖余初意欲从金沙江往雅州①，参峨眉。滇中人皆谓此路久塞，不可行，必仍归省，假道于黔而出遵义，余不信。及濒行，与吴方生别，方生执裾黯然曰②："君去矣，余归何日！后会何日！何不由黔入蜀，再图一良晤？"余口不答而心不能自已。至是见体空诚切，遂翻然有不由金沙之意。筑居、公趾辈交口曰："善。"师乃听别。出山门，师犹远送下坡，指对山小路曰："逾此可入海源上洞，较山下行近。"

【注释】

①雅州：今四川雅安市。

②裾（jū）：衣服的前襟。

【译文】

初八日　与严君一同来到方丈叩拜体空。由方丈南面的侧门步入幽静的小径上，游览禾木亭。亭子位于山坡间，树林山峦环绕掩映，东方面对着山峡的缝隙，滇池像一杯水，白白的漂浮在眼前，环境非常疏阔悠远，有倪云林绘画的笔法和意境。亭子用茅草盖顶，窗棂洁净。亭子中有两棵兰花，每丛有两臂合抱那么大，一棵是春兰，只从兰草丛中钻出两根花茎；一棵是东兰，发出十穗花，花穗长二尺，一穗有二十多朵花。花的大处如同萱草的花，是有斑点的红褐色，而形状则与其他兰花没有不同。叶子比建兰宽而柔软，蓬蓬勃勃地四面垂下来。花穗长一些,超出叶子之上,而且花大枝干太重,也是交错下垂在四旁。兰花香气充盈溢满亭中,打开亭子进去,如同来到众香国中了。我们三个人,各人面对一道窗子,靠着窗栏坐下。侍者送进茶水来,是太华山出产的精品。茶水清醇而兰花幽香,同时享受着这清雅的供品,这种满足感不曾有过。禾木,是山中特产的树木,树形不怎么大,可唯独这座山才有这种树,所以取"禾木"作为亭子的名字,相传已经很久,而体空重新修整过亭子,不过目前也已看不到这种树了。体空诚恳挽留我,说:"这座亭子幽静空旷,可供您观览;侧边有小屋,可以住宿;藏经阁中收藏有佛经,可以翻阅。您留在这里过年,也是空寂山间的盛事。虽然清淡一些,知道您不是为酒肉而来的,三个人到年底的供应,和尚我还是不缺的。"我辞谢说:"法师的心意十分好。但滞留一天,我心里增添的歉意就多一天。这是清净的世界反而成了罪过的场所了。"坐了很久,严君说:"饭应当做熟了,请回去用餐。"出了方丈,辞别了体空,金公趾那帮人又过来,拉我到大殿东面的厢房,一同吃锅中的肉汤面,又进入息阴轩吃饭。严君写了昨晚吟诵的三首诗赠送给我,我也作了一首诗作为告别。走出正殿,告别金公趾,就见先前已离开的行李,被体空邀请转回来,不许走。我前去恳求他,拉着我的袖子不放。金公趾、严筑居上前来为我说话,说:"晋宁唐知州天天召集宾客演戏,想挽留著名贤人,先生没因此留下。如果可以留下他,我们这些人也就先把他留下来了。"法师说:"您宁愿淡然处世不喜俗套,不肯为晋宁唐知州留下,这就是老和尚我之所以敢留您的原因。"我说:"法师的心意既然如此,我将在从鸡足山回来时,为法师停留几天。"最初我心里想要从金沙江前往雅州,参拜峨眉山。云南省的人都说这条路阻塞了很久,不能走,必得仍旧回到省城,借道贵州省,从遵义出去,我不信。到要上路时,与吴方生告别,吴方生拉着我的衣襟神色黯然地说:"您走了,我何日归乡!日后何时再相会!为什么不经由贵州进入四川,设法再好好见一次面?"我嘴里没回答可心里不能控制自己。到这时,看见体空真诚恳切,便翻然有了不从金沙江走的想法。严筑居、金公趾这些人异口同声地说："好。"法师才允许我告别。出了山门,法师仍远送下山坡,指着对面山上的小路说:"翻过这座山可进入海源寺的上洞,比从山下走近。"

　　既别,一里半,下至峡中。令肩行李者逾南涧,仍来路出峡,往海源寺①;余同顾仆逾北涧,循涧北入,即由峡东向蹑岭。一里,逾岭东。稍东下,半里,折而北,又半里,已遥见上洞在北岭,与妙高相并,而路则践危石历巉磴而下。下险,即由山半转而北行。半里,有大道东南自海源上坡,从之。西北上半里,岭上乱石森立,如云涌出。再北,遂得上洞②。洞门东向,高穹轩迥,其内深六七丈,阔与高亦如之,顶穹成盖,底平如砥,四壁围转,无嵌空透漏之状;惟洞后有石中突,高丈余,有隙宛转。逾之而入,洞壁亦嵌而下坠,深入各二丈余,底遂窅黑。坠隙而下,见有小水自后壁滴沥而下,至底而水不见,黑处亦渐明。有樵者见余入,驻外洞待之,候出乃去。洞中野鸽甚多,俱巢于洞顶,见人飞扰不定,而土人设机关以取之。又稍北,共半里而得中洞③。洞门亦东向,深阔高俱不及上洞三之一,四壁亦围转无他岐,惟门左旁列一柱,又有二孔外透为异耳。

【注释】

①海源寺:建于元代,今存,在昆明坝子西北缘,龙院村和黑林铺之间。寺旁近代建有灵源别墅。有聚落亦名海源寺。

②上洞:据《昆明市西山区地名志》,海源上洞即西华洞。该洞在海源寺北面的山腰,高宽20米,洞口宽敞,入内似一大厅,洞内又

有两个小洞。有"西华玄岛"、"瑶岛奇观"、"五色芝房"等明清人摩崖题刻多方。抗日战争时期,被昆明四家银行用作仓库,并修通公路。

③中洞:据《昆明市西山区地名志》,海源中洞即双石洞。在西华洞北约200米的陡壁间,深6米,高宽约4米。洞口有石柱,将其分为两个洞口,故名。

【译文】

分别以后,行一里半,下到峡谷中。命令挑行李的人越过南面的山涧,仍然从来的路走出峡谷,前往海源寺;我同顾仆越过北面的山涧,顺着山涧向北进去,随即经由峡谷向东登岭。一里,翻越到山岭东面。稍稍往东下走,半里,折向北,又行半里。已经远远看见上洞在北面的山岭上,与妙高寺并排,而道路却要踩着危险的山石经历高峻的石阶下走。走下险途,立即从山的半中腰转向北行。半里,东南面有条来自海源寺的大路向上爬坡,顺着这条路走。往西北上行半里,岭上乱石林立,如云朵一样涌出。再往北,就找到上洞。洞口向东,高大穹隆,宽敞深远,洞口内深处有六七丈,宽处和高处也有六七丈,洞顶隆起成伞盖样,洞底平整如像磨刀石,四面石壁圆圆地围绕着,没有嵌入空中透进亮光的形状;只有洞的后面有块岩石突起在中央,高有一丈多,有缝隙弯弯转转进去。钻过缝隙进去,洞壁也是凹陷进去又往下坠,深处与凹进去的地方各有二丈多,洞底就深远漆黑。顺着缝隙坠下去,看见有细小的水滴从洞后石壁上滴答滴答淋下来,来到洞底却不见水,黑暗的地方也渐渐明亮起来。有个打柴的人看见我进洞去,站在外洞等候我,等到我出来才离开。洞中的野鸽子很多,都在洞顶筑巢,见到人惊扰就不停地飞,而当地人安设了机关来捕捉野鸽子。又稍往北走,共行半里便找到中洞。洞口也是向东,深处宽处高处都不到上洞的三分之一,四面石壁也是圆圆地围绕着,没有别的岔洞,只是洞口左边立着一根石柱,又有两个石孔穿透到外面,算是奇异之处罢了。

余从洞前望往妙高大路，自海源由山下村落，盘西山北嘴而西上；洞前有如线之路，从岭北逾坳而西，即从岭头行，可省陟降之烦。乃令顾仆下山招海源行李，余即从洞岭北行，期会于妙高。洞北路若断若续，缘西山之半，其下皆村聚，倚山之麓，大路随之。余行岭半一里，有路自下村直上，西北逾岭，从之。一里，逾岭西，峰头有水一塘在洼中。由塘北西下一里，山复环成高坞，自南向北；坞口石峰东峙，嶙岣飞舞，踞众壑之交。石峰北，又有坞自西而东，西坞重壑层叠，有大山临之，其下路交而成蹊焉①。余望之行，半里，北下至石山之西。又半里，西抵西坞之底。路当从西坞北崖缘峡而上，余误从西坞南崖蹑坡而登。一里，逾岭脊而西，即见西北层冈之上，有佛宇重峙，余知即为妙高，而下有深峡间隔，路反折而西南，已觉其误。循之行一里，以为当截峡北渡，便可折而入寺。乃坠峡西北下，半里涉底，复攀峡西北上，以为寺在冈脊矣，而何以无路？又半里，及登脊，则犹然寺前环峡之冈，与寺尚隔一坑也。冈上有一塔，正与寺门对。复从其东北下坑，半里，由坑底再上北崖，则犹然前坞底缘峡处也。北上半里，冈头有茶庵当道，是为富民大路，庵侧有坊。沿峡端西循坡半入，半里，是为妙高寺②。寺门东向，前临重峡，后倚三峰，所谓三华峰也，三尖高拥攒而成坞，寺当其中，高而不觉其亢，幽而不觉其阒，亦胜地也。正殿左右，俱有官舍，以当富民、武定之孔道故。寺中亦幽寂。土人言，妙高正殿有辟尘木，故境不生尘，无从辨也。

【注释】

①蹊(xī)：小路。

②妙高寺：在龙院村西北的山上，"文革"中遭到破坏，后毁于火。近年逐渐修复，分前园、中园、后园，古树尚存。

【译文】

　　我从洞口前远望通往妙高寺的大路，从海源寺经由山下的村落，绕着西山北面的山嘴往西上走；洞前有条如线一样细的小路，从岭北越过山坳往西去，随即从岭头走，可以省去上上下下的麻烦。于是命令顾仆下山去海源寺招呼行李，我立即从山洞所在的山岭往北行，约定在妙高寺相会。洞北的路时断时续，顺着西山的半山腰，山下都是村庄聚落，紧靠山麓，大路顺着山麓走。我沿着山岭半中腰行一里，有条路从下面的村庄一直上来，向西北翻越山岭，我顺着这条路走。一里，翻越到岭西，峰头有一塘水在洼地中。从水塘北面往西下行一里，山又环绕成高山间的山坞，自北向南延伸；山坞口有石峰屹立在东面，山石嶙峋，临空飞舞，盘踞在几条壑谷相交的地方。石峰的北面，又有山坞自西往东延伸，西面的山坞中重重沟壑层层叠叠，有大山面临着山坞，山下道路交会变成小路了。我望着那里走去，半里，向北下到石山的西麓。又行半里，向西抵达西面山坞的底部。道路应当从西面山坞靠北的山崖沿着峡谷上走，我错从西面山坞靠南的山崖踏着山坡上登。一里，越过岭脊往西行，马上看见西北层层山冈之上，有一重重佛寺屹立着，我知道那就是妙高寺，可下方中间有深峡隔着，道路反而折向西南，已察觉路走错了。沿着路行一里，以为应当横截峡谷过到北边去，便可以转进寺中。于是向西北朝着峡谷下坠，半里涉过峡底，又攀着峡谷向西北上登，以为佛寺在冈脊上了，但为什么没有路？又行半里，到登上冈脊，却仍然只是环绕在寺前的峡谷的山冈上，和寺庙还隔着一条深坑。山冈上有一座塔，正好与寺门相对。又从山冈东北面下坑去，半里，由坑底再上登北面的山崖，就仍然是先前山坞底部沿着峡谷上走的地方了。往北上行半里，冈头有间茶庵位于路旁，这是去富民县的大路，茶庵侧旁有座牌坊。沿着峡谷一头往西顺着山坡半中腰进去，半里，这里是妙高寺。寺门向东，前方面临重重峡谷，后方靠着三座山峰，就是所谓的三华峰了，三座尖峰高高攒聚簇拥着形成山坞，寺庙位于山坞中央，地势高却不觉得它高，幽静却不觉得它空寂，也是一处景色优美的胜地。大殿左右两边，都有官府的房舍，是因为这里位于去往富民县、武定府的交通要道上的缘故。寺中也很幽静。当地人传说，妙高寺正殿中有块辟尘木，所以寺中不生尘土，无法分辨此话的真假了。

　　瞻眺久之，念行李当至，因出待于茶庵侧。久之，乃从坡下上。余因执途人询沙朗道，或云仍下坡，自普击大道而去①，省中通行之路也，其路迂而易行；或云更上坡，自牛圈哨分岐而入②，此间间达之路也，其路近而难知。余曰："既上，岂可复下？"遂更上坡。三里，逶迤逾岭头，即循岭北西向盘崖行。又二里，有小石峰自岭北来，与南峰属，有数家当其间，是曰牛圈哨，东西之水，从此分矣。从哨西直下，则大道之出永定桥者。余乃饭而从岭脊北向行，一里，稍下涉壑，即从壑北上坡。缘坡东北上，回望壑底，西坠成峡，北走甚深。路东北逾坡，其东犹下滇池之峡也。又一里半，从岭头逾坳而北。北行一里，再逾一西突之坳，其北遂仍出西峡上，于是东沿山脊行。又北一里半，西瞰有村当峡底，是为陡坡。其峡逼仄而深陡，此村居之最险者。从岭上随岭东转，半里，有路自东坳间透而直西，遂坠西峡下，此陡坡通省之道，乃遵之东上。半里，逾坳东，于是南沿山脊行。又东半里,稍东北下峡中。半里,有水一池潴路南,是为清水塘,在度脊之北。塘北遂下坠成坑,随之北下,一里过峡底,有东来大道度峡西北去,此即自省会走富民间道也。随之,复从峡西傍西山北行。二里,又转而西,遇一负薪者,指北向从岐下峡中行。将半里,至其底,即清水塘之下流也。又从峡西缘坡麓行,细径断续,乱崖崩陨。二里半,逾涧,缘东麓又北一里,乃出峡口。于是北坞大辟,南北遥望,而东界老脊与西界巨峰夹而成坞。始从畦塍北行,一里,有溪颇巨,自坞北来,转而西去,余所从南来之水亦入之,同入西南峡中。路北渡之,一里,有村聚倚西山之麓,高下层叠,是为沙朗③。入叩居停,皆辞不纳,以非大路故,亦昆明之习俗也。最后入一老人家,强主之,竟不为觅米而炊。

【注释】

①普击:今作普吉,分大普吉、小普吉,亦在昆明坝子西北缘。

②牛圈哨:今称小哨,在妙高寺西。

③沙朗:今名同,在昆明坝子以外的山后。霞客居停处为今沙朗坝子西缘的大村,缘山建屋,垒石为墙,高低错落,为白族聚居区。

【译文】

　　眺望了很久,心想行李应当到了,因而出寺来在茶庵侧边等候。很久之后,他们才从坡下上来。我于是拉住过路人询问去沙朗的路,有人说仍然下坡去,走来自普击的大路,是省城中通常走的路,这条路绕路走却容易走;有人说再上坡,从牛圈哨分出的岔路进去,是这一带的人便捷通达的路,这条路近却难找路。我说:"既然上坡来了,怎么可以再下去?"于是再上坡。三里,弯弯绕绕越过岭头,立即沿着山岭北面向西绕着山崖前行。又行二里,有小石峰从山岭北面延伸而来,与南面的山峰相连,有几家人位于两座山峰之间,这里叫做牛圈哨,东西两面的水,从此处分流了。从牛圈哨往西一直下山,就是通往永定桥的大路。我在此吃饭后顺着岭脊向北行,一里,慢慢下山涉过壑谷,随即从壑谷北面上坡。顺着山坡往东北上走,回头望壑谷底下,西面下坠成峡谷,往北延伸十分深远。路向东北翻越山坡,山坡东面仍然是下延到滇池的峡谷。又行一里半,从岭头往北穿越山坳。往北行一里,再越过一个向西突出来的山坳,山坳北面就仍然通到西面峡谷之上,从这里向东沿着山脊走。又往北行一里半,俯瞰西面,有村子位于峡底,那是陡坡。村子所在的峡谷很狭窄而且又深又陡,这是乡村居住最危险的地方。从岭上顺着山岭向东转,半里,有条路从东面的山坳中一直向西穿出来,然后下坠到西面的峡中去,这是陡坡通往省城的路,于是顺着这条路往东上登。半里,越到山坳东面,从这里起向南沿着山脊前行。有往东行半里,渐渐往东北下到峡中。半里,有一池水汇积在道路南边,这是清水塘,在延伸而过的山脊的北面。水塘北面便下坠成深坑,顺着深坑往北下走,一里穿过峡底,有条从东面来的大路穿过峡谷往西北去,这就是省城通往富民县的便道了。顺着这条路走,再从峡谷西面傍着西山往北行。二里,又转向西,遇上一个背柴的人,指点我向北从岔路下到峡中行。将近半里,来到峡底,就是清水塘的下游了。又从峡谷西面沿着坡脚走,细细的小径断断续续,崩塌的石崖杂乱堆叠。二里半,越过山涧,沿着东麓又往北行一里,就走出峡口。在这里,北面的山坞十分开阔,南北远远相望,而东面一列山的主脊与西面一列山的巨大山峰夹成山坞。开始沿着田埂往北行,一里,有条溪水很大,从山坞的北面流来,转向西流去,我顺着走的从南面流来的溪水也流入这条溪流中,一同流入西南的峡中去。路向北渡过溪流,一里,有个村落紧靠西山的山麓,房屋高低错落,层层叠叠,这是沙朗。进村敲门请求住下,都推辞不肯接纳,是因为不是大路的缘故,也是昆明的习俗。最后进入一位老人的家中,勉强让我住下,竟然不为我找米做饭。

初九日　令顾仆觅米具炊。余散步村北，遥晰此坞。东北自牧养北梁王山西支分界，东界虽大脊，而山不甚高；西界虽环支，而西北有石崖山最雄峻。又南为沙朗西山，又南为天生桥，而南属于陡坡东峡之山①。其山东西两界既夹成大坞，而南北亦环转连属。其中水亦发源于龙潭，合南北峡而成溪，西注于富民螳螂，然不能竟达也；从坞西南入峡，捣入山洞，其洞深黑莫测，穿山西出，与陡坡之涧合。洞上之山，间道从之，所谓"天生桥"也②。然人从其上行，不知下有洞，亦不知洞之西透，山之中空而为桥；惟沙朗人耕牧于此，故有斯名。然亦皆谓洞不可入，有虎狼，有妖祟，劝余由村后逾山西上，不必向水洞迂折。余不从。

【注释】

①陡坡：今名同，在陡坡河峡谷。

②天生桥：今名同，在昆明城郊13公里，陡坡村北，昆明——普吉——富民公路从上经过。洞分三层。上洞为观音洞，深200米，有一石形似观音站立。中洞名仙桥洞，深1300米，石柱、石乳、石花遍布，有的石幔扣之如钟鼓响，集中了形、色、声三绝，为三洞中最美的一洞。山麓为水帘洞，长613米，两头弯曲，中段较直，高大壮阔，沙朗河从中穿流，新修的游路在河两岸摆动，颇便眺览。霞客所探为下洞。

【译文】

初九日　命令顾仆找米准备做饭。我在村北散步，远远观察这个山坞。东北从牧养河北面的梁王山西面的支脉分界，东面一列山虽然是主脊，可山不怎么高；西面一列山虽然是环绕的支脉，但西北有座石崖山最为雄伟险峻。又往南延是沙朗的西山，又往南是天生桥，而后往南连接到陡坡东面峡谷的山。这里的山东西两列既夹成大山坞，而南北也环绕连接。山坞中的水也是发源于龙潭，汇合南北两面峡中的水后形成溪流，往西注入富民县的螳螂川，然而溪水不能直接到达螳螂川；溪水从山坞的西南面流入山峡中，奔流进山洞，那里的山洞深黑无法探测，穿过大山向西流出来，与陡坡的山洞水合流。山洞上的山，便道从那里经过，就是所谓的"天生桥"了。然而人从它的上面走，不知道下面有洞，也不知道洞通到西边，山的中间是空的便成为桥；只有沙朗人在这里耕种放牧，所以有这个名字。不过他们也都说不可以进洞去，有虎狼，有妖怪作祟，劝我从村后往西翻山上走，不必要从水洞去绕路。我不听从。

既饭，乃南循坡麓行。一里半，与溪遇，遂同入西峡。其峡南北山壁夹而成，路由溪北沿北山之麓入，一里，仰见北崖之上，石壁盘突，其间骈列多门，而东一门高悬危瞰，势独雄豁，而磴迹甚微，棘翳崖崩，莫可著足。乃令顾仆并行李俟于下，余独攀跃而上。久之，跻洞东，又见一门侧进，余以为必中通大洞，遂从其侧倒悬入大洞门。其门南向甚穹，洞内层累北上，深十余丈，而阔半之，然内无旁窦，即前外见侧进之门，亦不中达也。出洞，欲东上侧门；念西洞尚多，既下，欲再探西洞；望水洞更异，遂直从洞下，西趋水洞。又半里，西峡既尽，山环于上，洞辟于下，水从东来逼南崖，捣西洞入，路从其北坠冈下。余令肩夫守行李于冈上，与顾仆入洞。洞门东向，高十余丈，而阔半之。始涉水从其南崖入，水漱北崖而环之。入五六丈，水环北崖，路环南崖，俱西转。

仰见南崖之上，层覆叠出，突为危台，结为虚楼，皆在数丈之上，氤氲阖辟，与云气同为吞吐。从其下循之西入，北崖尚明，水漱之；南崖渐暗，路随之。西五六丈，南崖西尽，水从北崖直捣西崖下，西崖遂下嵌成潭，水呜呜其中，作冲激声，遂循西崖北折去。路乃涉水循东崖，北向随之。洞转而北，高穹愈甚，延纳余朗，若昧若明。又五六丈，水漱北崖复西转，余亦复涉西涯。于是水再环北崖，路再环南崖，竟昏黑不可辨，但闻水声潺潺。又五六丈，复西遇水，其水渐深，既上不可见，而下又不可测，乃出。

【译文】

　　吃过饭，就往南沿着坡脚前行。一里半，与溪流相遇，便一同进入西面的峡中。这个峡谷是南北两面像墙壁一样的山夹立而成的，道路由溪流北岸沿着北山的山麓进去，一里，仰面看见北面的山崖之上，石壁弯曲前突，石壁间并列着多处洞口，而东边的一个洞口高悬在空中，高高俯瞰着下方，气势特别雄壮开阔，可石阶的痕迹十分细微，荆棘遮蔽，崖石崩塌，无处可以下脚。于是命令顾仆和行李等在下边，我独自一人攀登跳跃而上。很久之后，登上洞口的东边，又见到一个洞口从侧面进去，我以为洞中必定通到大洞，就从它的侧边倒悬着进入大洞洞口。这个洞口向南，高高隆起成拱形，洞内向北层层叠累上去，深十多丈，可宽处有深处的一半，不过洞内没有别的孔洞，就是前边在洞外见到的在侧边逆裂开的洞口，洞中也不和大洞相通。出洞来，想往东上登侧洞口；考虑西边的洞还很多，下来后，想要再去探察西边的山洞；望见水洞更奇异，就直接从洞口下来，往西赶往水洞去。又行半里，西面的峡谷走完后，山环绕在上方，洞开在下面，水从东边流来逼近南面的山崖，奔流进西面的山洞，道路从山洞的北面坠下山冈。我命令挑夫在山冈上守护行李，我与顾仆进入水洞。水洞洞口向东，高十多丈，而宽处有高处的一半。开始时涉水从洞的南面崖壁进去，水冲刷着北面的崖壁形成环流。进去五六丈，水环绕着北面的崖壁，路环绕着南面的崖壁，一起向西转。抬头望见南面崖壁之上，岩石层层下覆，重叠前出，突出来成为高险的平台，连结为高空中的楼阁，都在几丈高的上方，氤氲之气时开时合，与云气一同吞吐。从南面崖壁下沿着崖壁向西进去，北面的崖壁还明亮，水冲激着崖壁；南面崖壁渐渐黑下来，路顺着进去。向西走五六丈，南面的崖壁到了西边的尽头，水从北面的崖壁一直冲捣到西面的崖壁下，西面的崖壁于是下嵌成深潭，水在潭中呜呜作响，发出水流冲激的声音，随后顺着西面的崖壁折向北流去。路于是沿着东面的崖壁涉水，向北随着水流走。洞转向北，更加高大穹隆，引进一点余辉，似明似暗。又走五六丈，水冲刷到北面的崖壁后又转向西流，我也又涉水到西岸。从这里起，水再次环绕着北面的崖壁，路再次环绕着南面的崖壁，终于昏暗得不能看清楚东西，只能听到潺潺的流水声。又走五六丈，再次在西面遇上水，洞里的水渐渐深起来，头上既看不见，而脚下水又深不可测，只好出来。

　　出复四渡水而上冈。闻冈上有人声，则沙朗人之耕陇者。见余入洞，与负行李人耦语待之[①]。为余言："水之西出，即陡坡北峡；山之上度，即天生桥间道所从，如前之所标记者。"始恨不携炬，竟西从洞中出也。其人又为余言："富民有老虎洞，在大溪之上，不可失。"余谢之。乃西上蹑岭，一里半，登其脊，是为天生桥。脊南石峰嶙峋，高耸而出，其脉自陡坡东度脊而北，间道循其东陲，陡坡之涧界其西麓；至此又跨洞而北，属于沙朗后西山，水从其下穿腹西出，路从其上度脊西行。脊西瞰，即陡坡涧水，直走而北，至此西折,脊上之路,亦盘壑西坠。益信出水之洞即在其下,心悬悬欲一探之。

【注释】

①耦(ǒu)语:相对私语。

【译文】

　　出洞时又四次渡水后登上山冈。听到山冈上有人的声音,是耕地的沙朗人。他看见我进洞,与挑行李的人讲着话等我。对我说:"水往西边流出去,就是陡坡北面的峡谷;从山上走过去,就是天生桥的便道经过的地方,和先前标记的一样。"这才悔恨没带上火把,直接从洞中由西面出来了。那人又对我说:"富民县有个老虎洞,在大溪的上面,不可错失。"我谢过他。于是往西上登山岭,一里半,登上岭脊,这是天生桥。岭脊南面石峰嶙峋,高耸出来,这里的山脉起自陡坡东面的山脊往北延伸,便道沿着山脉的东陲走,陡坡的山涧隔在山脉西麓;延伸到此地又跨过山洞向北延伸,连接到沙朗后面的西山,水从山下穿过山肚子往西流出来,路从山上越过山脊往西行。在山脊上向西俯瞰,就见陡坡的山涧水,一直向北流,流到这里向西转去,山脊上的路,也是盘绕着壑谷往西下坠。更加相信出水的洞就在这座山下,心里念念不舍地想要去探一次洞。

　　西行山半者一里,见有岐直下峡底,遂令顾奴同负囊者由大道直前,余乃独下趋峡中。半里,抵峡底,遂溯水东行。一里,折而南,则后洞庞然西向,其高阔亦如前洞,水从其中踊跃而出,西与南来之涧合而北去。余溯流入洞,二丈后,仰睇洞顶,上层复裂通于门外,门之上,若桥之横于前,其上复流光内映,第高穹之极,下层石影氤氲,若浮云之上承明旭也。洞中流，初平散而不深，随之深入数丈，忽有突石中踞，浮于水面，其内则渊然深汇，磅礴崖根，不能溯入矣。洞顶亦有石倒骞，以高甚，反不觉其夭矫。其门直而迥，故深入而犹朗朗，且以上层倒射之光，直彻于内也。出洞，还顾洞门上，其左悬崖甚峭，上复辟成一门，当即内透之隙。乃涉涧之西，遥审崖间层叠之痕，孰可著足，孰可倒攀，孰可以宛转达，孰可以腾跃上。乃复涉涧抵崖，一依所审法试之。半晌，遂及上层外，门更廓然高穹也。入其内，为龛为窝，为台为榭，俱浮空内向。内俯洞底，波涛破峡，如玉龙负舟，与洞顶之垂幄悬帔，昔仰望之而隐隐者，兹如缨络随身，幢幡覆影矣，与蹑云驾鹤，又何异乎？坐久之，听洞底波声，忽如宏钟，忽如细响，令我神移志易。及下，层崖悬级，一时不得腠理①，攀挂甚久。忽有男妇十余人，自陟坡来，隔涧停睇。迨余下，问何所事。余告以游山。两男子亦儒者，问其上何有。余告以景不可言尽。恐前行者渐远，不复与言，遂随水少北转而西行峡中。

【注释】

　①腠（còu）理：原指肌肉的纹理，此指山的纹理。

【译文】

　　在山半中腰往西行一里，见到有条岔路一直下到峡底，于是命令顾仆随同挑行李的人经由大路一直前走，我就独自一人赶去峡中。半里，到达峡底，便逆水往东行。一里，转向南，就见高大的后洞口面向西，洞口的高处宽处也如前洞一样，水从洞中奔涌而出，向西流去与南面流来的山涧水合流后向北流去。我逆着水流进入洞中，二丈后，仰面斜视洞顶,洞壁上层又裂开通到洞口外,洞口的上方,像桥一样横架在前方,那上边又有流动的光影映射到洞内,确实是高大穹隆的极致,下层石头的影子弥漫在水中,宛如飘浮的云彩之上托着一轮明亮的旭日。洞中的水流,起初平缓散流而且不深,顺着水流深入进去几丈,忽然有块突起的岩石蹲踞在中央,浮出水面,岩石以内水流就汇积成深渊,气势磅礴地激荡着崖壁根部,不能逆水进去了。洞顶也有岩石倒悬着,因为太高,反而不觉得它的屈曲妖娇之美。洞口又直又深,所以深入进去后还很明亮,也因为上层倒射进来的光线,笔直照到洞内。出洞后,回头看洞口上方,洞口左边的悬崖十分陡峭,上面又开有一个洞口,应当就是通到洞内的缝隙。于是涉水到山涧的西岸,远远审视崖壁间层层叠叠的石痕,哪里可以落脚,哪里可以倒挂着攀登,哪里可以曲折地到达,哪里可以腾跃而上。于是重又涉涧水抵达悬崖下,完全依照审视时想到的走法试着攀登。半晌,终于来到上层的外面,洞口更加宽广高大穹隆了。进入洞内,有如佛龛,有如鸟窝,有如平台,有如水榭,全都浮在空中面向洞内。在洞内俯瞰洞底,波涛冲破峡谷,如同玉龙载着小船,与洞顶下垂的帐幕、悬垂的披肩,先前抬头望去隐隐约约的东西,现在看来如同随身悬挂的璎珞、遮掩身影的旗帜了,这与腾云驾鹤的仙境,又有什么不同呢?坐了很久,听着洞底的波涛声,忽而如像洪钟鸣响,忽而如同丝竹细乐奏响,让我神志飘逸。到下来时,层层悬崖一台台的,一时间找不到下走的条理,悬挂着攀爬了很久。忽然有男男女女十多个人,从陡坡走过来,隔着山涧停下来看。到我下来时,问我有什么事。我告诉他们是游览山景。其中两个男子也是读书人,问山上有什么。我告诉他们美景一言难尽。担心走在前面的人渐渐走远,不再和他们说话,便顺着水流稍微转向北后,向西前行在峡谷中。

一里,渐上北坡。缘坡西行,三里,峡坞渐开。又四里,坞愈开。其北崖逾山南下者,即沙朗后山所来道;其南坡有聚落倚南山者,是为头村。路至此始由坞渡溪。溪上横木为桥,其水即陡坡并天生桥洞中所出,西流而注于螳螂川者也。从溪南随流行一里,过头村之西。沿流一里半,复上坡西行。二里,再下坞中。半里,路旁有卖浆草舍倚南坡,则顾仆与行李俱在焉。遂入饭。又西盘南山之嘴,一里余,为二村。村之西有坞北出,横涉而过之。半里,复上坡,随南山而西,上倚危崖,下逼奔湍。五里,有村在溪北,是为三村①。至是南界山横突而北,北界山环三村之西,又突而南,坞口始西窒焉。路由溪南跻北突之坡而上,一里半,抵峰头。其峰北瞰三村溪而下,溪由三村西横啮北峰之麓,破峡西出。峡深嵌逼束,止容水不容人,故路逾其巅而过,是为罗鬼岭,东西分富民、昆明之界焉。过岭西下四里,连过上下罗鬼两村,则三村之流已破峡西出。界两村之中而西,又有一溪自北坞来,与三村溪合并西去。路随之,行溪南二里,抵西崖下,其水稍曲而南,横木梁渡之。有村倚北山而聚,是为阿夷冲。又从其西一里半,逾一坡。又一里半,昏黑中得一村,亦倚北山,是为大哨②。觅宿肆不得,心甚急。又半里,乃从西村得之,遂宿其家。

【注释】

①"是为头村"至"是为三村":头村、二村、三村村名今均未变。头村、二村在昆明市西北隅,属五华区。三村则已属富民县大营。

②大哨:按其位置地望,应即今大营。

【译文】

一里，渐渐上登北面的山坡。顺着山坡往西行，三里，峡谷中山坞渐渐开阔起来。又行四里，山坞愈加开阔。那条从北面山崖翻山往南下走的路，就是沙朗后山我来时走过来的路；山坞的南坡有个村落紧靠着南山的，那是头村。路来到这里开始经由山坞渡过溪流。溪水上横架着木桥，桥下的溪水就是从陡坡和天生桥流出来的，向西流淌后注入螳螂川。从溪流南岸顺着溪流行一里，路过头村的西面。沿着溪流行一里半，又上坡往西行。二里，再次下到山坞中。半里，路旁有间卖酒的茅草房背靠南面的山坡，就见顾仆与行李都在这里。于是进屋吃饭。又往西绕过南山的山嘴，一里多，是二村。村子的西面有个山坞向北延伸出来，横向涉过这个山坞。半里，又上坡，顺着南山往西走，上方紧靠高险的悬崖，下方逼近奔涌湍急的溪流。五里，有个村庄在溪流北岸，那是三村。到了这里南面一列山横着向北突起，北面一列山环绕在三村的西面，又向南突起，山坞口才在西面被阻塞住了。道路由溪流南岸爬上向北突出来的山坡，一里半，到达峰头。这座山峰北面俯瞰着三村的溪水往下流，溪水从三村西边横流啃咬着北峰的山麓，冲破山峡往西流出去。峡谷深陷狭窄，只容得下水过容不下人过，所以道路翻越山顶过来，这里是罗鬼岭，是划分东西两面富民县与昆明县的分界处。越过岭头往西下走四里，接连经过上罗鬼、下罗鬼两个村子，就见从三村流来的溪流已经冲破山峡往西流了出来。隔在两个村子的中间又偏西一点，又有一条溪水从北面的山坞中流来，与三村流来的溪水合流后向西流去。路顺着溪流走，行走在溪流南岸二里，到达西面的山崖下，溪水渐渐弯曲往南流，横架木桥渡过溪水。有个村庄紧靠北山居住，这是阿夷冲。又从村子往西行一里半，翻过一条山坡。又行一里半，昏暗中走到一个村子，也是紧靠北山，这是大哨。我找不到投宿的旅店，心里非常着急。又行半里，才在西村找到住处，就住宿在村民家中。

初十日　鸡鸣起饭,出门犹不辨色。西南行塍中,一里半,南过一石桥,即阿夷冲溪所出也。溪向西北流,路度桥南去,半里,又一水自东南峡中来,较小于阿夷冲溪,即《志》所云洞溪之流也。二流各西入螳螂川。度木桥一里余,得大溪汤汤,即螳螂川也;自南峡中出,东北直抵大哨西,乃转北去而入金沙江。有巨石梁跨川上,其下分五巩,上有亭。其东西两岸,各有聚落成衢,是为桥头。过桥,西北一里,即富民县治。由桥西溯川南行七里,为河上洞①。先是有老僧居此洞中,人以老和尚洞呼之,故沙朗村人误呼为老虎洞。余至此,土人犹以为老和尚也。及抵洞,见有刻为河上洞者,盖前任县君以洞临溪流,取河上公之义而易之。甫过桥,余问得其道,而顾仆与负囊者已先向县治。余听其前,独沿川岸溯流去。

【注释】

①河上洞:在富民县西 5 公里,螳螂川北岸。洞口有明万历二十二年(1594)摩崖题刻"河上洞天"四个大字。主洞深 130 米,洞口宽 17 米,高 20 米,洞内平均宽 15 米。近年在洞内曾发掘出小熊猫,大熊猫、剑齿象、野牛、野猪、水鹿的化石。有公路通县城。

【译文】

初十日　鸡叫起床吃饭,出门时还分辨不清天色。往西南前行在田埂中,一里半,向南走过一座石桥,就是阿夷冲的溪水流出去的地方了。溪水向西北流去,道路过桥后往南去。半里,又有一条溪水从东南方的山峡中流来,比阿夷冲的溪水小,就是《一统志》所说的"洞溪"的溪流了。两条溪流各自流入螳螂川。走过木桥行一里多,遇上一条浩浩荡荡的大溪,就是螳螂川了;螳螂川从南面的山峡中流出来,往东北一直流到大哨西面，转向北流去，然后流入金沙江。有座巨大的石桥横跨在螳螂川上，桥下分为五个桥拱，桥上有亭子。桥东西两面的河岸上，各有聚落形成街市，这里是桥头。过桥后，往西北行一里，就到富民县县治。从桥西溯螳螂川往南行七里，是河上洞。早先有个老和尚住在这个洞中，人们用"老和尚洞"来称呼这个洞，所以沙朗村的人误称为老虎洞。我来到这里，当地人仍然认为是老和尚。等来到山洞时，看见刻有"河上洞"三个字，大概是前任县官因为这个洞面临溪流，取"河上公"的意思从而改了洞名。刚过桥来，我就打听到去河上洞的路，可顾仆和挑担子的人已经先去县城了。我听任他们往前走，独自沿着螳螂川河岸逆流走去。

　　一里，西南入峡。又三里，随峡转而南，皆濒川岸行。又二里，见路直蹑山西上，余疑之，而路甚大，姑从之。一里，遇樵者，始知上山为胡家山道，乃土寨也，乃复下，濒川而南。一里，其路又南上山，余觇其旁路皆翳，复随之。蹑山南上，愈上愈峻，一里，直登岭脊，而不见洞。其脊自西峰最高处横突而东，与东峰壁夹川流，只通一线者也。盖西岸之山，南自安宁圣泉西龙山分支传送而来，至此耸为危嶂，屏压川流，又东北坠为此脊，以横扼之；东岸之山，东自牛圈哨岭分支传送而来，至此亦耸为危嶂，屏压川流，又西与此脊对而挟持之。登此脊而见脊南山势崩坠，夹川如线，川自南来，下嵌其底，不得自由，惟有冲跃。脊南之路，复坠渊而下，以为此下必无通衢，而坠路若此，必因洞而辟。复经折随之下，则树影偃密，石崖亏蔽，悄非人境。下坠一里，路直逼西南高峰下，其峰崩削如压，危影兀兀欲坠。路转其夹坳间,石削不容趾,凿孔悬之,影倒奔湍间,犹窅然九渊也^①。至是余知去路甚远,已非洞之所丽,而爱其险峭,徘徊不忍去。忽闻上有咳声,如落自九天。已而一人下,见余愕然,问何以独踞此。余告以寻洞,曰:"洞在隔岭之北,何以逾此?"余问:"此路何往?"曰:"沿溪蹑峭,四十里而抵罗墓^②。"则此路之幽閟,更非他径所拟矣。虽不得洞,而觇此奇峭,亦一快也。

【注释】

①九渊:九层深潭底。比喻其水很深。

②罗墓:今作乐母、乐亩,在昆明市西山区西北隅。

【译文】

　　一里,往西南进入峡谷。又行三里,顺着峡谷转向南,都是沿着螳螂川河岸走。又行二里,见道路一直向西登山,我怀疑走错路了,但路很大,姑且顺着这条路走。一里,遇上一个打柴的人,才知道上山是去胡家山的路,是一个少数民族的村寨,于是又下来,沿着螳螂川往南行。一里,这条路又往南上山,我观察这条路两旁都被草遮蔽着,就又顺着路走。往南登山上行,越上去越陡峻,一里,径直登上岭脊,却不见洞。这条山脊从西峰的最高处往东横突,与东峰像墙壁一样夹住螳螂川的流水,只通着一线宽的地方。大体上,螳螂川西岸的山,南面起自安宁州圣泉西边的龙山,分出支脉延伸而来,延到此地耸起成为高险陡峭的山峰,屏风一样压向螳螂川,又往东北下延形成这条山脊,从而横向扼住螳螂川的水流;东岸的山,东面起自牛圈哨岭,分出支脉延伸而来,延到此地也是耸起成为高险陡峻的山峰,屏风一样压向螳螂川,又与西岸的这条山脊对峙,从而挟持螳螂川的水流。登上这条山脊就见到山脊南面的山势崩陷下去,夹住螳螂川如同一条线,螳螂川从南面流来,下嵌在峡底，不能自由流淌，只有冲激腾跃而过。山脊南面的路，重又下坠到深渊中，我以为这条路下去必定没有通畅的大路，而且道路如此下坠，一定是为了山洞而开辟的。又顺着路曲折下走，就见树影浓密枝干倒卧，石崖崩塌蔽塞，静悄悄的，是无人之境。下坠了一里，路一直逼近西南方的高峰下，这座山峰崩塌陡削，如同要倒下来一样，危险的山影颤巍巍的，摇摇欲坠。路转到两山相夹的山坳间，岩石锋利如刀，不容下脚，岩石上凿孔修成悬架的栈道，山影倒映在奔腾湍急的流水中，犹如身在幽深的九重深渊之中了。来到这里，我知道这条路前去的地方十分遥远，已经不是洞所在的地方，但喜爱这里险峻陡峭的地势，徘徊着不愿离去。忽然听到上面有咳嗽声，如同从九重天上掉下来一样。不久一个人下来，见到我十分吃惊，问我为什么独自一人蹲在这里。我告诉他因为寻找河上洞，他说："山洞在隔着这座山岭的北面，为什么翻越到此地？"我问他："这条路通往什么地方？"他说："沿着溪流攀登峭壁，四十里后到达罗墓。"不过，这条路的幽深寂静，绝不是其他的小径可以相比的了。虽然没找到山洞，却观察到如此奇异陡峭的景致，也是一件痛快事了。

返跻一里，复北上脊。见脊之东有洞南向，然去川甚远，余知非河上洞，而高揽南山，凭临绝壑，亦超然有云外想，遂披棘攀崖入之。其洞虽不甚深，而上覆下平，倒插青冥[①]，呼吸日月，此为最矣。凭憩久之，仍逾脊北下。一里抵麓，得前所见翳路，瞰川崖而南，半里，即横脊之东垂也。前误入南洞，在脊南绝顶，此洞在脊北穷峡。洞门东向，与东峰夹束螳川，深嵌峡底，洞前惟当午一露日光，洞内之幽阻可知也。洞内南半穹然内空，北半偃石外突；偃石之上，与洞顶或缀或离；其前又竖石一枝，从地内涌起，踞洞之前，若涌塔然。此洞左之概也。穿入之内，崆峒窈窕，顶高五六丈，多翱翔卷舒之势。五丈之内，右转南入，又五丈而窅然西穹，阒黑莫辨矣。此洞右之概也。余虽未穷其奥，已觉幽奇莫过，次第滇中诸洞，当与清华、清溪二洞相为伯仲[2]。而惜乎远既莫闻，近复荒翳，桃花流水，不出人间，云影苔痕，自成岁月而已！

【注释】

①青冥（míng）：苍天。

②清华洞：在今祥云县。详《滇游日记十二》崇祯十二年八月二十日记。清溪洞：在今富源县。杨升庵《滇程记》载："平夷卫六亭（多罗、响水、石层）而达白水。有茶花箐，多盗（俟行者不戒而掠之，曰张冷。）路有清溪洞，面溪流，中窅深，炬火入之，有浮图、龙象、芝朵、云英之像，皆石乳溜结者。有桂花洞，有桂一本百尺，根蟠洞底，枝出洞外，秋华时香彻他山。"清溪洞当为徐霞客在富源县境所游者，因《滇游日记一》散佚而缺载。

【译文】

返回来上登一里，又向北登上山脊。见到山脊的东面有个向南的山洞，不过离螳螂川很远，我知道那不是河上洞，然而这个洞在高处俯视着南山，高高下临着极深的壑谷，也让人产生超然置身于云天之外的想法，于是披荆斩棘攀着山崖进入洞中。这个山洞虽然不怎么深，可上面下覆下面平滑，倒插进苍天，呼吸着日月，这里是第一了。靠着休息了很久，仍然翻过山脊向北下行。一里到达山麓，找到先前见到的被草遮住的路，俯瞰着螳螂川边的山崖往南行，半里，就到了横着的山脊的东垂了。前边错走进去的南洞，在山脊南面的绝顶，这个洞在山脊北面峡谷尽头。洞口向东，与东峰相夹束缚着螳螂川，深嵌在峡底，洞口前只有正午时露出一束阳光,洞内的幽暗险阻可想而知了。洞内的南半部分穹隆而起向里面空进去,北半部分倒卧的岩石向外突出来;倒卧的岩石之上,与洞顶之间,有的连缀着有的分离开来;这块岩石前边,又竖立着一根石柱,从地下涌起,盘踞在山洞靠前的部分,像涌出地面的塔一样。这是山洞左边的大概情况了。穹隆深入进去的里面,空阔幽深,洞顶高五六丈,多有展翅翱翔卷曲舒展的气势。五丈以内,从右边转向南进去,再走五丈后,洞向西进去非常深远,寂静漆黑无法分辨了。这是山洞右边的大概情况了。我虽然没能穷究洞内深藏之处,却已经觉得洞内的幽深奇妙之处没有山洞能超过了,如果拿云南各地的山洞排名次,应当与清华洞、清溪洞两个山洞不相上下了。但只可惜在远处既没有人知晓,近处又被荒草遮蔽着,桃花流水,不在人间,白云投影,苔藓留痕,自成岁月罢了!

　　出洞,遂随川西岸遵故道七里,至桥头。又北一里余,入富民县南门①,出北门;无城堞,惟土墙环堵而已。盖川流北向,辟为大坞,县治当西坡之下,其北有余支掉臂而东,以障下流,武定之路,则从此臂逾坳北去,川流则湾此臂而东北下焉。

【注释】

①富民县:隶云南府。《读史方舆纪要》卷一百十四载:"富民故县,旧治在安宁河南梨花村旁,寻徙大河北。明嘉靖中,以河流泛溢,复迁河南土主村。万历中复徙治大河北。旧无城垣,崇祯十三年(1640)始营城浚隍,周三里有奇,即今治也。"富民县治在明代有迁移,但明后期已固定在螳螂川北,即今富民县治。城墙是霞客刚过不久修的,故此说"无城堞"。

【译文】

出洞来,就沿着螳螂川西岸顺着原来的路行七里,来到桥头。又往北行一里多,进入富民县城南门,走出北门;没有城墙,只有土墙围绕着而已。大致螳螂川向北流去,敞开为一个大山坞,县治位于西面山坡之下,县城北面有分支的余脉掉头向东延伸,因而挡住螳螂川往下流,去武定府的路,就沿着这掉头的支脉穿过山坞往北去,螳螂川的水流就在这掉头的地方形成一个河湾,然后向东北流下去。

　　时顾仆及行李不知待何所,余踉跄而前,又二里,及之坳臂之下,遂同上峡中,平逾其坳。三里,有溪自西南山峡出,其势甚遥,乃河上洞西高峰之后,夹持而至,东注螳川者。其流颇大,有梁南北跨之。北上坡,又五里,饭于石关哨。逾坳北下,日色甚丽,照耀林壑。西有大山曰白泥塘,其山南北横耸,如屏插天。土人言,东下极削而西颇夷,其上水池一泓,可耕可庐也。山东之水,即由石关哨北麓而东去。共二里,涉之,即缘东支迤逦北上。其支从白泥东北环而南下者,其腋内水亦随之南下,合于石关北麓。路溯之北,八里,又逾其坳。坳不甚峻,田塍叠叠环其上,村居亦夹峙,是为二十里铺。又四里为没官庄,又三里为者功关①。其处坞径旁达,聚三流焉。一出自西南峡中者,最大,即白泥塘山后之流也,有石梁跨其上,梁南居庐即者功关也。越梁西北上一里,复过一村庐,又一小水自西峡来,又一水自西北峡来,二水合于村庐东北,稍东,复与石梁下西南峡水合而东北去,当亦入富民东北螳川下流者。过村庐之西北,有平桥跨西峡所出溪上,度其北,遂西北上岭。

其岭盖中悬于西北两涧之中，乃富民、武定之界也。盘曲而上者三里，有佛宇三楹，木坊跨道，曰"滇西锁钥"，乃武定所建，以为入境之防者。又西上一里余，当山之顶有堡焉，其居庐亦盛，是为小甸堡②。有歇肆在西隘门外，遂投之而宿。

【注释】

①者坉（qín）关：即今者北，在富民县北境。

②小甸堡：今仍称小甸，分小甸上村和小甸下村。在富民县西北隅的罗免稍北，原属武定，1971年划归富民县。

【译文】

这时不知顾仆和行李在什么地方等我，我跟跟跄跄地往前走，又行二里，在山脉掉头处下面的山坳中赶上他们，就一同上到峡中，平缓穿越过这个山坳。三里，有条溪水从西南方的山峡中流出来，水势来得很远，是从河上洞西面高峰的后面，被夹在山间流来，往东注入螳螂川的溪流。溪中水流很大，有座桥梁横跨溪流南北两岸。往北上坡，又行五里，在石关哨吃饭。越过山坳向北下走，阳光十分艳丽，照耀着山林壑谷。西面有座大山叫做白泥塘，这座山呈南北向横着竖起，如同屏风高插天际。当地人说，从山的东面下走极为陡削，而山的西面较为平坦，山上有一池水，可以耕种可以居住。山东面的水，随即流经石关哨北麓后向东流去。共行二里，涉过这条溪流，立即沿着东边的支脉弯弯曲曲往北上走。这条支脉是从白泥塘往东北环绕着往南下延的山脉，山内侧的水也顺着山势向南下流，在石关哨北麓合流。道路溯溪流往北行，八里，又穿越山坳。山坳不十分陡峻，田地层层叠叠环绕在山上，村中的房屋也是夹住山坳对峙，这里是二十里铺。又行四里是没官庄，又走三里是者坉关。此处的山坞中小径四通八达，汇聚了三条水流。一条出自于西南方峡中的水流,最大,就是白泥塘山后的溪流了,有座石桥跨在溪流上,桥南的居民房屋就是者功关了。过桥后往西北上行一里,又经过一个村子,又有一条小溪从西面的峡中流来,又有一条小溪从西北方的峡中流来,两条溪水在村子的东北面合流,稍往东流,又与石桥下西南方峡中流来的溪水汇合,而后向东北流去,应当也是流入富民县城东北方螳螂川下游中的水流。经过村子的西北方,有座平桥跨在西面峡中流出来的溪流之上,过到桥北,于是往西北上登山岭。这座山岭因为高悬在西面和北面两条山涧的中间,就成为富民县、武定府的分界了。绕着山曲折往上走三里,有三间佛寺,木牌坊跨在道路中央,上面写着“滇西锁钥”,是武定府修建的,作为进入武定府境内的标记。又往西上行一里多,山的顶上有个堡寨,这里的居民房屋也很兴盛,这是小甸堡。有旅店在西隘门外,于是到店中投宿。

十一日　自小甸堡至武定府歇①。

【注释】

①武定府:即今武定县。明时治所有迁移,隆庆四年(1570)始建石城于今治,周围三里三分,四门。

【译文】

十一日　从小甸堡到武定府,住下。

(季会明曰:此后共缺十九日。询其从游之仆,云武定府有狮子山①,丛林甚盛,僧亦敬客。留憩数日,遍阅武定诸名胜。后至元谋县,登雷应山②,见活佛,为作碑记,穷金沙江。由是出官庄,经三姚〔三姚:大姚县、姚安府、姚州〕而达鸡足。此其大略也。余由十二月记忆之,其在武定、元谋间无疑矣③。夫霞客虽往,而其仆犹在,文之所缺者,从而考之,是仆足当霞客之遗献云。)

【注释】

①狮子山:在武定城西郊,如屏风高插天际,被誉为"西南第一山"。在接近山顶的地方,有一平台,元时即建正续寺。传说明代建文皇帝曾到过狮山正续寺为僧,手植孔雀杉二棵,茶花一棵。今孔雀杉挺直高耸达二十五米,四人才能合抱;茶花已死,尚遗花台,皆在大雄宝殿前。殿后的藏经楼,规模甚大。下层正中有建文塑像,白发,穿蓝色袈裟,坐龙椅,扁额题"明惠帝"。寺内楹联甚多,皆与建文事迹有关。《滇略》载:狮山"岩半有庵曰龙隐,中祠建文皇帝,云帝自靖难师入自髡以出,栖此山者四十余年,始自白归大内,今其像禅衣锡杖,凄然老衲状也。"《滇略》作者谢肇淛于万历末年为宦云南,则万历年间狮山已祠建文像,此当为霞客亲见者。寺边月牙泉涌流不绝。寺后是陡峻光滑的石壁,一层层整齐的纹理,状如狮子,山因此得名。崖壁磴道悬绝,藤树密翳,石门悬阁嵌错其间。山顶宽平,海拔2400米,林木遍列,可尽览武定坝子。今已修登山公路,汽车可直达正续寺。

②雷应山:又称住雄山、东山。今名同,为元谋坝子东面的高山,南北走向,蜿蜒八十余里,最高峰海拔2803米。明时建有法灵寺和香山寺。法灵寺今已不存。香山寺在半坡平坦处,传说有山下能海闹村女子在那里留偈坐化,当地人称为活佛,称此寺为活佛寺。上有入定石、治瘿泉诸胜迹,明清时香火很盛。活佛寺现作小学校舍。雷应山上有火把梁子,当地彝族群众每年在上面欢度火把节。

③在武定、元谋间:据天启《滇志·旅途志》载建昌路程站:"富民西

北十二亭达武定府,有鸡街子坡……逾坡有小甸关,扼要可守。"
"武定西历乌龙洞、跃鹰村、高桥村至马鞍山七亭。村落十余,皆
枕山面流,川原平衍,广二十余里。有径路涉高桥水,径一亭,冬
春乃过。逾马鞍山西九亭达元谋县。"从武定到元谋的大道,沿
东西走向的山坞,与今公路线基本一致。乌龙洞、跃鹰村、高桥、
马鞍山等名,至今仍存,皆在武定县西境的公路旁。霞客进入元
谋境后,下马头山,到老城,再往北到马街。从马街往东登雷应
山。从马街往北考察金沙江,经金沙江巡司,渡江直达姜驿。以
后折回马街官庄。

【译文】

(季会明说:这以后共缺十九天的日记。询问跟随徐霞客游历的顾
仆,他说武定府有座狮子山,佛寺十分兴盛,僧人也尊敬客人。留在寺
中休息了几天,游遍了武定府的各处名胜。后来到了元谋县,登上雷应
山,见到了活佛寺,为活佛寺写了碑记,穷究了金沙江。从这里走出官
庄,路经三姚,即大姚县、姚安府、姚州,而后到达鸡足山。这是这些天
徐霞客游程的大略情况。我从十二月的日记中追忆他的游程,他在武
定府、元谋县之间游历过是无疑的了。霞客虽然去了,可他的仆人还
在,游记中所缺失的内容,可从他那里考订,这个仆人足以当做霞客遗
留下来的文献了。)

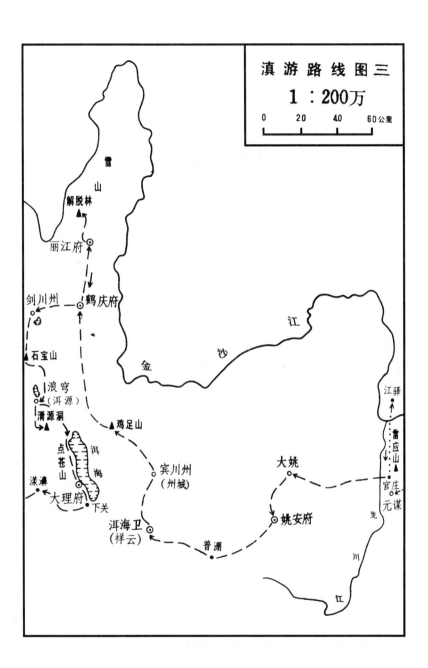

滇 游 路 线 图 三

1：200万

0   20   40   60公里

雪山

解脱林▲

丽江府◎

剑川州⊙   鹤庆府⊙

金   沙   江

石宝山▲

浪穹
（洱源）

清源洞

石宝山

点苍山   洱海

鸡足山▲

漾濞   大理府⊙   下关

宾川州
（州城）⊙

大姚○

姚安府◎

洱海卫
（祥云）⊙   普淜

江驿

雷应山

官庄
元谋

龙川江

滇游日记五①

【题解】

《滇游日记五》是徐霞客赴云南西部的最初一段旅程的游记。

崇祯十一年(1638)十二月初,徐霞客在元谋县官庄茶房,久难成行,顾仆病弱,又难找旅伴,天天靠僧人化缘供食。初六日起行,往西经仡佬族村寨及大舌甸、水井屯、仓屯桥等村到大姚县,折往南经龙冈卫到姚安府,再西南经弥兴、普淜、云南驿到洱海卫(今祥云县),转往北经宾川州的宾居、州城附近及牛井。二十二日抵鸡足山,寓悉檀寺。

这一带名胜古迹较多,徐霞客得以尽情游览。在大姚游妙峰山德云寺,并写《宿妙峰山》诗。在姚安游活佛寺、青莲庵。在祥云游水目山,考察清华洞,登九鼎山。徐霞客正赶上一年一度人们登鸡足山进香的机会,那几天他在鸡足山登绝顶观日出,就浴人工烧砌的汤池,游朝山的街子,观朝山者"彻夜荧然不绝"的火光,欣赏人间难得的胜景,感叹"度除夕于万峰深处,此一宵胜人间千百宵"!徐霞客遵静闻遗愿,把他从千里之外历尽艰辛带来的静闻骨灰妥善安葬在鸡足山,成为人们称道的友谊的典范。

戊寅十二月初一日②　在官庄茶房③。时顾仆病虽少瘥④,而孱弱殊甚,尚不能行。欲候活佛寺僧心法来,同向黑盐井⑤,迂路两日,往姚安府。以此路差可行,不必待街子也。

【注释】

①《滇游日记五》:在乾隆刻本第六册下。

②戊寅:崇祯十一年,公元 1638 年。

③官庄:在今元谋县治元马镇东郊,仍称官庄,但由于城、乡的发展,基本与县城相连。它与能道村紧邻,今又合称官能。

④瘥(chài):病愈。

⑤黑盐井:明设黑井提举及巡检司,属定远县。今仍称黑井,在禄丰县西北隅,龙川江西岸。

【译文】

戊寅年十二月初一日　在官庄茶房。这时顾仆的病虽然稍微痊愈了些,可却虚弱的很,还不能走路。打算等活佛寺的僧人心法来到,一同去黑盐井,绕两天的路程,前往姚安府,因为这条路勉强可以走,不必等街子天。

初二日、初三日、初四日　在茶房。悟空日日化米以供食①,而顾仆孱弱如故。心法亦不至。

【注释】

①化:即化缘、化募,指和尚、道士求人施舍。

【译文】

初二日、初三日、初四日　在茶房。悟空天天去募化些米来提供饭食,可顾仆仍和原来一样虚弱。心法也没来。

初五日　前上雷应诸蜀僧返。诸僧待明日往马街,随街往炉头出大姚。余仍欲随之,而病者不能霍然①,为之怏怏②。

【注释】

①不能霍然:指疾病不能突然痊愈。

②怏怏:郁郁不乐。

【译文】

初五日　先前上雷应寺的诸位四川僧人返回来了。众位僧人要等明天去马街,由马街前往炉头出到大姚。我还是想跟随他们去,但生病的人不能很快好起来,心中为此闷闷不乐。

马街在西溪东坡上①,南去元谋县二十五里,北去黄瓜园三十五里,东至雷应山箐口十里,西至溪西坡五里,当大坞适中处,东西抵山,共径十五里,南抵山,北逾江,共径一百三十里,平坞之最遥者也。其东南有聚庐曰官庄,为黔府庄田。茶房即在马街坡北。

【注释】

①马街:又称轱辘街。逢午而市,又逢未而市,每次连赶街两天。明清以来即成为商业中心,人称"金马街,银元谋",被誉为"滇南大都会"。光绪四年(1878)元谋县治迁此,后又建土城。至今仍为元谋县治,现称元马镇,在元谋坝子中部,海拔1065米。

【译文】

马街在西溪东面的山坡上,南面距元谋县城二十五里,北面距黄瓜园三十五里,东面到雷应山的箐口十里,西面到溪西坡五里,位于大山坞中适中的地方。山坞东西两面到山脚,直线共十五里;

南面到达山脚，北边越过金沙江，直线共一百三十里，是在平坦的山坞中延伸得最远的一个了。山坞的东南有个聚落叫做官庄，是黔国公沐府的田庄。茶房就在马街所在的山坡北面。

元谋县在马头山西七里[①]，马街南二十五里。其直南三十五里为腊坪[②]，与广通接界[③]；直北九十五里为金沙江，渡江北十五里为江驿[④]，与黎溪接界[⑤]；江驿在金沙江北，大山之南。由其后北逾坡五里，有古石碑，大书"蜀滇交会"四大字。然此驿在江北，其前后二十里之地，所谓江外者，又属和曲州[⑥]；元谋北界，实九十五里而已。江驿向有驿丞。二十年来，道路不通，久无行人，今止金沙江巡检司带管。直东六十里为墟灵驿东岭头[⑦]，与和曲州接界；直西四十里为西岭，与大姚县接界。其地北遥与会川卫直对[⑧]，南遥与新化州直对[⑨]，东遥与嵩明州直对，西遥与大姚县直对。东界大山即墟灵驿与雷应山也，南自大麦地[⑩]，直北抵金沙江南岸，横亘二百里，平障天半焉。西界山层叠错出，亦皆自南而北。县治之支，南自楚雄府定远县东来[⑪]，分支结为县治。其余支西绕者，由县西直北十五里西溪之口而止，是为第一层；又一支南自定远县分支来，与县西之支同夹而北，至西溪口，东支已尽，此支更夹之而北，至扁担浪而止，是为第二层；又一支西自定远西与姚安府东界分支东来，与扁担浪之支同夹而北，中界苴林后水，即所谓西尖界岭也；又一支西自姚安府东北分支东来，与西尖界岭同夹而北，中界炉头溪水，即所谓炉头西乱石冈也；又一支定远县西北妙峰山分支东来，与乱石冈同夹而北，中界河底之水,即所谓舌甸独木桥西山也。诸山皆夹川流北出,或合西溪,或出苴榷而下金沙[12],故自县以北,其西界诸山,一支既尽,一支重出,若鳞次而北抵金沙焉。其东界水皆小,惟墟灵驿一支较大,南出马头山之南,经县治东而北与西溪合[13]。自是以北,溪东之村,倚东界山之麓甚多:官庄之北,十里为环州驿[14],又十里为海闹村[15],滨溪东岸,即活佛所生处,离寺二十五里。其村有木棉树,大合五六抱。县境木棉树最多,此更为大。又十五里为黄瓜园[16]。溪西之村,倚西界山之麓亦甚多:西坡下村,与官庄对峙,北十五里为五富村,又十里为苴宁村[17],又北逾岭二十里,为扁担浪[18],于是北夹西溪,尽于金沙焉。

【注释】

①元谋县:隶武定府。治所曾多次迁徙,万历三十一年(1603)始于丙弄山下筑城,天启二年(1622)改筑砖城,周一里三分。元马河从东往西,潆绕城北。城址在今元谋县南境的老城,沿河岸修砌的城墙,城内的孔庙和三元宫,遗址尚存。马头山:今名同,即老城以东的高山。今公路从此经过,再下到元谋坝子。在马头山麓,元谋坝子东缘,大那乌村东(上那蚌村北)的缓坡上,1965年发现了两颗猿人牙齿,经古地磁法测定,距今170万年,是目前我国已发现的时代最早的猿人。附近古动物化石极为丰富,现已建有文物标识。

②腊坪:即勒品甸。今称羊街,在元谋县南境。

③广通:明为县,属楚雄府,治今禄丰县西部的敦仁镇。

④江驿:他书皆作"姜驿",在元谋县最北境。

⑤黎溪:元置黎溪州,明初废入会川卫,但地名仍存。今仍称黎溪街,在四川会理县西南。

⑥和曲州：属武定府。据《明史·地理志》："和曲州，倚。旧城在南，元州治于此。隆庆三年十二月徙州为府附郭，令吏目领兵守焉。"则1569年后和曲州与武定府同点，在今武定县治。

⑦墟灵驿：他书皆作"虚仁驿"。在今武定县西隅的白路，有公路经过。

⑧会川卫：即会川卫军民指挥使司，属四川行都司，在今四川会理县城。

⑨新化州：洪武十七年（1384）置马龙他郎甸长官司，弘治八年（1495）改为新化州，万历十九年（1591）隶临安府，治今新平彝族傣族自治县西部的新化。

⑩大麦地：今名同，在元谋县东隅。

⑪定远县：属楚雄府，治今牟定县。

⑫苴榷（zuǒ què）：他书作"苴却"，明时属大姚县，在今永仁县治。

⑬西溪：又称西溪河，即今龙川江。发源于马头山，流经县治北，从东往西汇入龙川江的水，即今元马河。

⑭环州驿：有别于今武定环州。康熙《元谋县志》载："环州驿，今裁。""旧基在马街北八里。"清代裁驿，今已不存。

⑮海闹村：又作海螺村，今名牛街，在龙川江东岸。

⑯黄瓜园：即今黄瓜园镇，在龙川江东岸，有铁路和公路经过。

⑰苴（zuǒ）宁村：《游记》前作"苴林"，即今苴林，在龙川江西岸。

⑱扁担浪：今作丙大浪，在蜻蛉河汇入龙川江处。以上村寨，皆按顺序分布在元谋县北境龙川江两岸，与今地望相较，《游记》所载详实、准确，足证关于霞客"穷金沙江"的说法是可信的。霞客沿此一线约北达金沙江北岸的姜驿。

【译文】

　　元谋县城在马头山西面七里，马街南面二十五里处。元谋县正南三十五里是腊坪，与广通县接界；正北九十里是金沙江，渡过江往北十五里是江驿，与黎溪接界；江驿在金沙江北岸，大山的南面。由江驿后面向北翻越山坡行五里,有块古代的石碑,碑上大大写着"蜀滇交会"四个大字。然而这个驿站在金沙江北岸,它前后二十里的地区,就是所谓的江外的地方,又归属和曲州;元谋县北部的地界,实际只有九十五里而已。江驿从前设有驿丞。二十年来,道路不通,很久没有行人,今天只是由金沙江巡检司代管。正东六十里是墟灵驿东面的岭头,与和曲州接界;正西四十里是西岭,与大姚县接界。它的地理位置,北面远远与会川卫正面相对,南面远远与新化州正面相对,东面远远与嵩明州正面相对,西面远远与大姚县正面相对。东面的一列大山就是墟灵驿与雷应山了,南面起自大麦地,一直往北延到金沙江南岸,横亘二百里,平平地挡住半边天。西面一列山层层叠叠,错杂重出,也都是自南往北延伸。县城所在的支脉,南面起自楚雄府定远县东面延伸而来,分出一支盘结为县城。它的余脉往西环绕的支脉,由县城西面向正北延伸十五里,到西溪口为止,这是第一层山脉;又有一支山脉从南面的定远县分支延伸而来,与县城西面的支脉一同夹住山坞往北延伸,到西溪口,东面的支脉已到头,这条支脉再夹住山坞往北延伸,到扁担浪为止,这是第二层山脉;又有一支山脉西面起自定远县西部与姚安府东部境内分出支脉往东延伸而来,与扁担浪的支脉一同相夹往北延伸,中间隔着苴林后面的水流,就是所谓的西尖界岭了;又有一支山脉西面起自姚安府东北部,分出支脉往东延伸而来,与西尖界岭一同相夹往北延伸,中间隔着炉头的溪水,就是所谓的炉头西面的乱石冈了;又有一支山脉从定远县西北的妙峰山分出支脉往东延伸而来,与乱石冈一同相夹往北延伸,中间隔着河底的水流,就是所谓的舌甸独木桥的西山了。各条山脉都是夹住河流往北流出去,有的汇入西溪,有的流出苴榷后下流进金沙江,所以从县城以北,元谋县西部的群山,一条支脉完结后,一条支脉重又延伸出来,像鱼鳞一样依次排列往北延伸到金沙江。元谋县东境的水流都很小,只有墟灵驿的一条水流较大,南面源出马头山的南面,流经县城东边后往北流,与西溪合流。从这里往北,溪流东面的村庄,紧靠东面一列山的山麓的很多:官庄的北面,十里是环州驿,又行十里是海闹村,濒临溪流东岸,就是活佛出生的地方,距离活佛寺二十五里。这个村子有木棉树,大处有五六个人合抱。元谋县境内木棉树最多,此地的更是大。又行十五里是黄瓜园。溪流西面的村庄,紧靠西面一列山的山麓的也很多:西坡下村与官庄对峙,往北十五里是五富村,又十里是苴宁村,再往北越岭二十里是扁担浪,从扁担浪起,两面的山夹住西溪往北去,在金沙江到了尽头。

西界诸山俱自定远夹流分支,东北而尽于金沙江。其西北又有大山方顶矗峙于北,与金沙北岸"蜀滇交会"之岭,骈拥天北。从坞中北向遥望,若二眉高列于坞口焉。余初以为俱江北之山,及抵金沙江上,而后知江从二山之中,自北而南,环东山于其北,界西山于其西,始知此方顶之山,犹在金沙之南也。其山一名方山,象形。一名番山,以地。因其音之相近而名之。其地犹大姚县属,在县东北百四十里苴榷之境,东临金沙江。是此山又从西北北胜州界环突东南,界金沙于外,抱三姚于中,与此西界回合,而对峙为门户者也。

【译文】

西部的群山,全都是起自定远县,分出支脉夹住水流,往东北延伸后,在金沙江到了尽头。县内西北部又有座大山的方顶矗立在北面,与金沙江北岸的"蜀滇交会"所在的山岭,并排拥立在北面的天际。从山坞中向北遥望,好像两条眉毛高高排列在山坞口一样。我最初以为都是金沙江北岸的山,等到了金沙江岸上时,然后才知道江水从两列山的中间，自北往南流，环绕过在江北岸的东山，把西山隔在江流的西岸，才知道这座方顶的山，还在金沙江的南岸。这座山一个名字叫方山，形状相似。一个名字叫番山，用地名取山名因为两个音相近而替它取名。那个地方仍然是大姚县的属地，在县城东北一百四十里的苴榷境内，东边面临金沙江。这样，这座山又从西北上北胜州境内往东南环绕前突，把金沙江隔在外面，把姚安府、姚州、大姚县环抱在中间，与这里西面的一列山回绕会合，从而对峙成为元谋县的门户。

金沙巡司乃金沙江南曲之极处①。自此再东，过白马口、普渡河北口②，即从乌蒙山之西转而北下乌蒙、马湖③。巡司之西，其江自北来，故云南之西北界，亦随之而西北出，以抵北胜、丽江焉④。

【注释】

①金沙巡司：即金沙江巡检司，在今元谋县北境，龙川江和金沙江汇口处的龙街，位于金沙江南岸，龙川江东岸。

②白马口：今名同，在武定县北隅，所所卡河从南往北在此汇入金沙江。

③乌蒙山：《明一统志》武定府山川："乌蒙山，在禄劝州东北三百里，一名绛云露山，北临金沙江，山有十二峰，耸秀为一州诸山之冠，八九月间常有雪，其顶有乌龙泉，下流为乌龙河，蒙氏封此山为东岳。"此山在禄劝县与东川区间，禄劝称轿子雪山，东川称碌王山。最高峰海拔 4247 米。现在通常把滇东北和黔西北间的大山称乌蒙山。乌蒙：明置乌蒙府，属四川布政司，治今昭通市昭阳区。

④北胜：明置北胜州，治今永胜县。

【译文】

金沙江巡检司，是金沙江向南弯曲的最南处。从这里再往东，流过白马口、普渡河北口，随即从乌蒙山的西面转向北下流到乌蒙府、马湖府境内。巡检司的西面，金沙江自北边流来，所以云南省的西北境，也随着江流往西北伸出去，以到达北胜州、丽江府。

初六日　是早，云气少翳，诸蜀僧始欲游街子，俟下午渡溪而宿，明晨随街子归人同逾岭。既晨餐，或有言宜即日行者。悟空以余行有伴，辞不去，而顾仆又以恍恍不能速随诸僧后①，虽行，心为忡忡。出茶房西一里半，渡西溪，溪从此西曲，从其南岸随之。又一里余，抵西山下，溪折而北，又从其西崖傍山麓随之。又北一里余，有村当路北，遂由其南西向入峡。半里，涉枯涧，乃蹑坡上。其坡突石，皆金沙烨烨，如云母堆叠，而黄映有光。时日色渐开，蹑其上，如身在祥云金粟中也②。一上二里，逾其顶，望其西又辟一界，有尖山独耸，路出其间，乃望之而趋。西向渐下，三里，抵坞中，有水自南峡中来，至此绕坞东北去。其水不深而阔，路北数十家，倚河东岸。由其南渡河而西，其处木棉茎有高一丈余者③，云两三年不凋。有枯涧自西来，其中皆流沙没足，两傍俱回崖亘壁夹持而来，底无滴水，而沙间白质皑皑，如严霜结沫，非盐而从地出，疑雪而非天降，则硝之类也。路当从涧底直入，诸僧之前驱者，误从南坡蹑岭上。上一里，见其路愈南，而西尖在西，知其误，乃与僧西北望涧底攀崖下坠。一里，复循底西行，见壁崖上悬金丸累累，如弹贯丛枝，一坠数百，攀视之，即广右所见颠茄也。志云："枝中有白浆，毒甚，土人炼为弩药，著物立毙。"行涧底二里，其底转自西北来,路乃从西南蹑岭。一里半,盘岭头西出,又一里半,西南下坡。其处开壑湾环而北,涉壑底而西,不见有水。半里,循西坑入,见石峡中有水潺潺,其峡甚逼,水亦甚微。一里,其峡有自南流而出者,下就涉之。其流之侧,有窞如半匏④,仰东崖下,涵水一盂,不流不竭,亦潴水之静而有常,不与流俱泊者也。涉细流西上,逾坡半里,有植木为坊者,上书"黔府官庄"。西下半里,有数家在坡北,其壑亦湾环而北,中有田塍数十畦,想即石峡之上流,得水如线,遂开此畦,所谓"黔府庄田"是也。时诸僧未及携餐,令其徒北向彝家觅火。余辈随大道绕其南而西,一里,又有木坊在西坡,书亦如前,则其西界也。从此西下,又涉一枯涧,遂西上岭,其上甚峻。前乞火僧携火至,而不得泉,莫能为炊。上岭二里,盘峡而西,又半里,转而南,半里,一坪北向,环洼中亦无水,余乃出所携饭分啖之。随坪稍南,半里,复西上,其上愈峻。二里,登冈头,以为逾岭矣,而不知其上乃东垂之脊也。望西尖尚在其北,隔一深坑甚遥,西尖又有南北二横山亘其两头,又自成一界焉。从脊向西行二里半,又南转峡上,循而环之,又西北上,再陟峻岭。二里,登冈头,又以为逾岭矣,而其上犹东垂之脊也。又从脊西向行,于是脊两旁皆深坠成南北壑,壑蟠空于下,脊端突起于外,西接横亘之界,树丛石错,风影飒飒动人,疑是畏途。时肩担者以陟峻难前,顾仆以体弱不进,余随诸僧后,屡求其待之与俱,每至一岭,辄坐待久之,比至,诸僧复前,彼二人复后。余心惴惴,既恐二人之久迟于后,又恐诸僧之速去于前,屡前留之,又后促之,不胜惶迫,愈觉其上不已也。从脊行三里，复从岭西上一里，遂陟横亘南山之北巅。其巅与中突之尖，南北相对，上有石叠垣横界，是为元谋东界、大姚西界⑤，即武定、姚安二府所分壤处也。路由其间，登巅之绝处，则有盘石当顶，于是从南横之巅，南向陟其脊，东瞰元谋，西瞰炉头，两界俱从屐底分坞焉。南行脊上二里，西向下二里，路侧渐坠成峡，石坎累累，尚无滴水。历石坡直下，一里，抵峡中。峡西又有回冈两重，自东北而蟠向西南。于是涉峡盘冈，再逾坡两重，共七里，乃西南下岭。一里，始及其麓，其坞乃南北大开，中有溪界之，望见溪西有大聚落，是为炉头⑥。时诸僧已饥，且日暮，急于问邸，遂投东麓下草庐家宿。

【注释】

①恹(yān)恹：精神不振。

②枯涧：此枯涧应即今白沙干河。这是对元谋土林的最早记录。元谋县土林甚多，以班果土林最典型，在龙川江西岸班果附近的白沙干河两岸，即霞客所经者。沙堆林立，形状各异，拟人拟物，十分壮观。沙石多呈黄色，还有粉红、玫瑰红、浅绿等色泽，且随光照角度发生变化，使土林更加迷人。

③木棉：即攀枝花，又称英雄树，为落叶乔木，树干高大，春季开红花。至今仍为元谋特产，在坝子里随处可见，点缀在村头田间，为广袤的田野增色不少。　其(jī)：即其木，指树干。

④窞(dàn)：深坑。

⑤是为元谋东界、大姚西界：依其位置，此处似"东"、"西"倒误，疑应为"是为元谋西界，大姚东界。"

⑥炉头：明代有炉头溪，清代亦称炉头河，今称鼠街河或上白河。源自大姚县东南隅的鼠街，往东北流，至元谋牛街附近汇入龙川

江。此河因流经炉头坝子而得名，今新华乡驻地仍称炉头坝，又作"卢头"。炉头坝一直属大姚，1956年始划归元谋县。

【译文】

初六日　今天早晨，有少许云气遮挡，众位四川僧人开始想要去逛街子，等到下午渡过西溪去住宿，明天早晨随着赶街子回去的人一同翻越山岭。早餐后，有人说应该当天就动身。悟空因为我有同行的同伴，告辞不一起走，可顾仆又因为病恹恹的不能跟随在众位僧人后面快走，虽然上了路，心里为此忧心忡忡。走出茶房西面一里半，渡过西溪，溪流从此处向西弯曲，从西溪南岸顺着溪流走。又行一里多，到达西山下，溪流转向北流，又从溪流西面的山崖傍着山麓顺着溪流走。又往北行一里多，有个村子位于道路北边，便由村子南面向西进入峡谷。半里，涉过干枯的山涧，于是踩着山坡走。这个山坡上突起的岩石，都是金灿灿的沙石，如同堆叠在一起的云母石，而且映照出黄色的光彩。此时天色渐渐晴开，走在坡上，如同身在祥云和金色的小米堆中一样的了。一口气上走二里，越过坡顶，望见坡西又开辟出一番境界，有座独自耸立的尖山，道路从山间出去，于是望着这座山赶过去。向西渐渐下行，三里，来到山坞中，有条河水自南面的峡中流来，流到此地绕着山坞往东北流去。河水不深却很宽，路北有几十家人，紧靠河的东岸。由村南渡河往西行，此处木棉树的树干有高一丈多的，据说木棉花两三年都不会凋谢。有条干枯的山涧从西面前来，山涧中全是没过脚面的流沙，两旁都是回绕绵亘的悬崖峭壁，夹着山涧对峙而来，涧底没有一滴水，而流沙的质地白皑皑的，如严寒霜冻结成的白沫，不是盐却从地下涌出，怀疑是雪花却不是从天上降下来的，原来是硝一类的东西。路应当从山涧底笔直进去，僧人中走在前面的人，错从南面的山坡翻越到岭上。上行一里，看见这条路愈发往南去了，而西面的尖山在西边，知道他们走错了，于是与僧人们向西北望着涧底攀着山崖下坠。一里，又沿着涧底往西行，见到崖壁上悬挂着一串串金色的小球，如同弹丸挂在树丛枝头上，一枝坠有几百个，攀崖上去细看，是在广西见过的颠茄。志书说："枝干中有白色的浆液，很毒，当地人提炼后作为涂在弩上的毒药，动物沾上马上毙命。"在涧底行二里，涧底转向从西北来，道路于是向西南登岭。一里半，绕着岭头往西出来，又行一里半，向西南下坡。此处开阔的壑谷向北转弯，涉过壑谷底往西行，不见有水。半里，沿着坑谷向西进去，见到石山峡中有潺潺流水，这里峡谷十分狭窄，水流也很小。一里，峡中有从南面流出来的水流，下走过去涉过水流。水流的侧边，有个如同半个葫芦的深坑，在东面的山崖下仰面朝上，坑内涵着一盂水，不流动也不枯竭，这也是静止不动的积水的常态，不与流水一起争流的水了。涉过细流往西上走，翻越山坡半里，有栽木柱建成的牌坊，上面写着"黔府官庄"。往西下行半里，有几家人在山坡北面，这个壑谷也向北转弯，壑谷中有几十块田地，猜想就是石山峡谷中上游的水流，得到如线一样细小的水流，便开垦出这一片田地，就是所谓的"黔府庄田"了。此时诸位僧人因为没来得及带饭，让他们的徒弟去北边的彝人家中找火种。我们这些人顺着大路绕过村南往西行，一里，又有一座木牌坊在西坡上，写的字也如前面的一样，则是"黔府官庄"的西界了。从此处往西下行，又涉过一条干枯的山涧，就向西上岭，那上去的路十分陡峻。先前去要火种的僧人带着火种来到，但找不到泉水，没法做饭。上岭二里，盘绕着峡谷往西行，又行半里，转向南，半里，一块向北的平地，环绕的洼地中也没有水，我便拿出带着的饭分着吃。顺着平地稍往南走，半里，又西上走，那上去的路更加陡峻。二里，登上冈头，以为已越过山岭了，却不知山头的上面才是往东下垂的山脊。望见西面的尖山还在它的北面，隔着一条深坑十分遥远，西面的尖山又有南北两座横着的山横亘在它的两头，又自成一番境界了。从山脊上向西行二里半，又往南转到峡谷上方，顺着峡谷绕着走，又往西北上走，再次登越险峻的山岭。二里，登上冈头，又以为已越过山岭了，而它的上方仍然是往东下垂的山脊。又从山脊上向西行，到这里，山脊两旁都是深深下坠形成的南北向壑谷，壑谷盘曲悬空于下方，山脊前端突起于外边，西面接着横亘的那一列山，树木成丛，岩石交错，风声飒飒，震动人心，怀疑是危险可怕的途程。此时挑担子的人因为道路陡峻难以前行，顾仆由于身体虚弱不能前进，我跟随在众位僧人后面，屡次乞求他们等等挑夫和顾仆，与他们一起走，每到一座山岭，就坐下来等待他们很久，等他们来到时，众位僧人又往前走，他们两个人又落在后面。我心里面惴惴不安，既担心这两个人长久落在后面，又害怕众位僧人在前面快速离去，多次赶到前边挽留僧人，又到后面催促他们，不胜惶恐急迫，愈发觉得那上走的路没有止境了。从山脊上行三里，又从岭西上行一里，于是越过横亘着的南山北面的山顶。山顶与突起在中间的尖山，南北相对，山顶上有石块堆砌的石墙横隔着，这里是元谋县的东部边界、大姚县的西部边界，就是武定府、姚安府二府辖地分界之处了。道路经由分界处之间，登上山顶的绝高处，就见有块磐石位于山顶上，于是从往南横亘的山顶，向南登上山脊，东面俯瞰元谋，西面俯瞰炉头，两面都从脚底下分出山坞。往南行走在山脊上二里，向西下行二里，路侧边逐渐下坠成峡谷，石坑众多，石坑中还是没有一滴水。经由石坡一直下走，一里，到达峡中。峡谷西面又有两重回绕的山冈，从东北盘曲向西南。从这里起涉过峡谷绕过山冈，再越过两重山坡，共行七里，于是往西南下岭。一里，才来到山麓，这里山坞才呈南北走向，十分开阔，山坞中有溪流隔在中间，望见溪流西岸有个大聚落，这是炉头。此时僧人们已经饿了，而且天色已晚，急着去找旅店，就到山的东麓下住草房的人家投宿。

初七日　土人言，自炉头往独木桥，路止四十里，不及官庄来三之一。余信之。时顾仆奄奄，诸僧先饭而去，余候顾仆同行。是早阴翳如昨，西望炉头大村行。半里，渡一北流溪，又西一里余，直抵西界山麓。又有一溪颇大，自南峡中来,渡之,北上崖,即炉头大村也。其溪环村之前,转而北去。炉头村聚颇盛,皆瓦屋楼居,与元谋来诸村迥别。其西复有山斜倚,循其东麓西南溯流行,三里,逾一东突之坡,乃南下。半里,涉坞,一里,又南陟坡而上。其坡自西而东突,与北坡东向,环成中坞,溪流北注于前,田塍环错于内。陟南坡一里,见溪东又盘曲成田,倚东山为坞。由坡西南行一里,下坡,溪自北而南,乃横涉之。登其西崖,则见所涉之北,其溪复自北来,有支流自北峡来者,小水也。从崖西行,已复逾溪之南岸,溯溪上。溪在北峡,有数家倚其南冈。从其中西行二里,北峡两崖对竦①,石突如门。其北崖石半有流环其腰,土人架木度流,引之南崖,沸流悬度于上,亦奇境也。路循南崖之腰,盘崖西下,又半里,则其溪又自南而北,南北俱削崖峙门,东西又危坡夹堑,境奇道险。渡溪,又西上坡半里,蹑坡南,则复逾溪之北崖,溯溪上。西二里,一峰危突溪西,溪身自其南环峡而出,支溪自其北堑壑而下。有歧西渡支溪,直蹑西峰者,小路也;自支溪之东崖,陟坡循峡而北入者,大道也。余乃从大道北上坡。半里,由坡峡平行,一里,随峡折而北,路缘堑,木丛路旁,幽箐深崖,令人有鸟道羊肠之想。一里余,峡渐从下而高,路稍由高而下,两遇之。遂西涉峡中细流,复从峡西蹑峻西上,即盘而北,乃知是为中悬之冈,其西复有峡流自北来,与所涉之峡流即会于冈前。缘冈北上一里,左右顾瞰,其下皆峡,而流贯其中,斯冈又贯二流之中,始觉西尖之岭,峰隆泉缩,不若此之随地逢源也。从冈脊北向,以渐上跻,亦以渐转西,二里,登冈之首,望其冈,犹自西峰东突而下者。盖山脊自西南来至此,既穹南山一重,即从其北峡中度而北,再起中峰,又亘为此山一重,即从其北岭环支而东,又亘为北山一重,恰如"川"字,条支东南走而所上者,是其中支也。从冈首又西向平行二里,直抵其西中峰最高之下,乃循其峰之东崖西南上,一里半,是为乱石冈,遂凌其峰之崖,下瞰南峡之底,即其中度处也,峡中之水遂东西分焉。由岭崖最高处西转而下,逶迤曲折,下四里,复从冈上西北行,忽见冈左右复成溪而两夹之,其溪流分大小。平行冈上二里,即从其端下,西渡大溪。由溪西上坡,稍转而北,半里,从北峡转西,遂向西坞入,于是溯西来大溪之北,循北山西行矣。二里半,有村在溪南,倚南山之坡,北山亦至是南突,路遂从所突峡中上。乃踞峡石而饭。又一里,盘其南崖,从崖转西。又一里,逾其西坞,乃西下坡。半里,抵坡之西麓,其西复开成坞。半里,路循溪北之山,又有村倚溪南之麓,与前倚溪南之坡者,皆所谓"夷村"也②。西行三里,一溪自南峡来,路亦随之南转。稍下,渡西来小水,从南坡西上,二里逾其坞,西北下一里,下至壑中。其壑南向,而大山环其北,又有小水东南流,当亦下大溪者,而大溪盘其东南峡中,不见也。

【注释】

①竦(sǒng):高耸。

②夷村:少数民族居住的村寨。

【译文】

初七日　当地人说,从炉头前往独木桥,只有四十里路,不到从官庄来的三分之一。我相信这个说法。这时顾仆奄奄一息，诸位僧人先吃了饭离开了，我等候顾仆一同走。这天早晨和昨天一样阴云密布，望着西面的炉头大村走。半里，渡过一条向北流的溪水，又往西行一里多，径直抵达西面一列山的山麓。又有一条较大的溪流，从南面的峡中流来，渡过溪水，往北登上山崖，就到炉头大村了。这条溪流环绕在村庄的前方，转向北流去。炉头村落很是兴盛，都是瓦房和楼房，与从元谋来的路上众多的村庄完全不同，村西又有山斜靠着，沿着山的东麓往西南溯溪流行，三里，翻过一条东突的山坡，于是往南下坡。半里，涉过山坞，一里，又往南踏着山坡上走。这条山坡自西往东突出去，与北面向东的山坡，中间环绕成山坞，溪流往北流注于前方，田地环绕交错于山坞内。上登南面的山坡一里，望见溪流东岸又盘曲成田地，紧靠东山形成山坞。顺着山坡往西南行一里，下坡，溪水自北往南流，就横向涉过溪流。登上溪流西面的山崖，就见所涉过的溪流的北面，那溪流又从北面流来，有条支流从北面的峡中流来的，是条小河。顺着山崖往西行，不久又过到溪水的南岸，溯溪流上走。溪流在北面的峡中，有几家人紧靠峡谷南面的山冈。从溪流和村子之间往西行二里，北面峡谷两边的山崖相对耸立，山石前突，如门一样。那北面的崖石有一半被水流环绕在它的半中腰，当地人架设了木槽引渡溪水，把水引到南面的山崖上，奔腾的流水悬空引渡于溪流之上，也是一个奇异的景观。路沿着南面山崖的半腰上，绕着山崖往西下走，又行半里，就见那溪流又自南往北流，南北都是如门一样对峙的陡峭山崖，东面两面又是高险的山坡夹成深堑，环境奇特，道路险要。渡过溪水，又往西上坡半里，爬到山坡南面，就又越到溪流北面的山崖上，溯溪流上行。往西行二里，一座山峰高高突起在溪流西面，溪水主流从山峰南面绕着峡谷流出去，溪水支流从山峰北面堑沟般的壑谷中流下去。有条岔路向西渡过支流，一直上登西峰，是小路；从支流东面的山崖上，上登山坡沿着峡谷往北进去的，是大路。我于是顺着大路往北上坡。半里，从坡上顺着峡谷平缓前行，一里，顺着峡谷折向北，路沿着堑沟走，路旁的树木成丛，幽深的山箐，深险的石崖，令人产生仅有飞鸟能过的羊肠小道的联想。一里多，峡谷渐渐从下面往高处延伸，道路渐渐由高处往下走，两者相遇。于是向西涉过峡中细小的溪流，又从峡谷西面踏着险峻的山崖上登，随即绕向北，才知道这是一座高悬在中间的山冈，它的西面又有峡谷和溪流从北面前来，与我涉过的峡谷中的溪流在山冈前汇合。沿着山冈往北上行一里，左右环顾，俯瞰山冈下方都是峡谷，而溪水流贯于峡谷中，这座山冈又横贯在两条溪流的中间，这才觉得西面尖山的山岭，山峰高耸泉水稀少，不如此地随处都能遇上水源了。从冈脊上向北行，逐渐上走，也就渐渐转向西，二里，登上山冈的顶上，远望这座山冈，仍然只是西峰向东前突往下延伸的山脊。原来山脊自西南延伸来到此地，既形成一重穹隆而起的南山，随即由它北面的峡谷从中间往北延伸，再度隆起成为中峰，又绵亘成为这一重山，随即从它的北岭分支往东环绕，又绵亘成为一重北山，恰好如同一个"川"字，条状的支脉往东南延伸而且是我上登的山，那是三重山中间的支脉了。从冈顶又向西平缓前行二里，径直抵达山冈西面中峰的最高处之下，便沿着中峰东面的山崖往西南上行，一里半，这是乱石冈，终于登上中峰的山崖，向下俯瞰南面峡谷谷底，就是我从其中越过的地方了，峡中的水就从这里东西分流了。由岭上的石崖最高处转向西下走，迂回曲折，下行四里，又从山冈上向西北行，忽然看见山冈左右又形成溪流，两面夹住山冈，那溪流分为一大一小。平缓行走在山冈上二里，立即从山冈前端下走，往西渡过一条大溪，由溪流西面上坡，渐渐转向北，半里，从北面的峡中转向西，便向西进入山坞，从这里起就溯西面流来的大溪的北岸，沿着北山往西行了。二里半，有个村庄在溪流南面，紧靠南山的山坡，北山延伸到此也向南前突，道路就从前突之处的峡谷中上走。于是坐在峡中的岩石上吃饭。又行一里，绕过那南突的山崖，顺着山崖转向西。又行一里，越过它西面的山坳，便往西下坡。半里，来到山坡的西麓，山坡西面又形成开阔的山坞。半里,路沿着溪流北面的山走,又有个村庄紧靠溪流南面的山麓,与前边紧靠溪流南面山坡的村庄,都是所谓的"夷村"。往西行三里,一条溪水自南面的峡中流来,道路也随着溪流向南转。稍微下走,渡过西面流来的小溪,从南面的山坡往西上行,二里越过坡坳,向西北下行一里,下到壑谷中。这个壑谷面向南,而大山环绕在它的北面,又有条小溪流向东南流,应当也是下流进大溪的水流,而大溪盘绕在东南方的峡谷中,看不见了。

　　渡小水,又西上一里,透西坳出,始见西坞大开,大溪贯其中,自西而东,抵所透坳南,破其峡壁东去,其峡逼束甚隘,回顾不能见。西下坡半里,抵坞中,遵溪北坞西行,半里,过一小村。又西一里,忽坞塍间甃砖为衢,半里,绕大村之前,又西半里,抵村侧新桥而止,是为大舌甸村①。其坞夹溪为田,坞环而田甚辟;其村倚山为衢,村巨而家甚古,盖李氏之世居也。村后一山横拥于北,又一山三峰递下,斜突于西南。有小流自其峡中出,由村西而南入大溪,架桥其上,西逾之,遂循斜突南峰下西南行。二里,抵其西垂,则大溪自南直捣其麓,乃逾堰东向。其麓为水所啮,石崖逼削,几无置足处。历堰之西,上流停洄,自南而北,路从其西转而南入峡。又行南峡一里余,则有石梁一巩,东西跨溪上,是为独木桥。路从桥西直南上坡;其逾桥而东者,乃往省大道。是桥昔以独木为之,今易以石,有碑名之曰"蹑云",而人呼犹仍其旧焉。桥侧有梅一株,枝丛而干甚古,瓣细而花甚密,绿蒂朱蕾,冰魂粉眼,恍见吾乡故人,不若滇省所见,皆带叶红花,尽失其"雪满山中,月明林下"之意也。乃折梅一枝,少憩桥端。仍由其西上南坡,随坡西转,盖是溪又从西坞来,至是北转而逾石堰,是坡当其转处。其南又开东西大坞,溪流贯之。路溯溪北崖,循北山西行,一里,有聚落倚北山下,是为独木桥村。有慈云寺当村之中②,其门南向,其处村无旅店,有北京僧接众于中,余乃入宿。

【注释】

①大舌甸村:今作设甸,在大姚县东南隅,紧邻龙街。水井屯:今名同,在大姚县东南隅,龙街稍西。

②有慈云寺当村之中:原脱"慈方"二字,据徐镇《辨讹》补。

【译文】

渡过小溪,又往西上行一里,穿过西面的山坳出来,才看见西边的山坞十分开阔,大溪流贯于山坞中,自西往东流,流到我穿过的山坳南面,冲破两侧的峡壁往东流去,那里的峡谷被山约束得十分狭窄,回头看去看不见溪流。向西下坡半里,到达山坞中,沿着溪流北岸在山坞中往西行,半里,路过一个小村子。又往西行一里,忽然山坞中的田野间有砖砌的街道,半里,绕过大村的前方,又往西行半里,抵达村子侧边的新桥便停下来,这是大舌甸村。这里山坞夹住溪流开垦为田地,山坞环绕而田野十分广阔;这个村子靠着山建成街道,村子巨大而且住家很古老,原来是李氏世代居住的地方。村后有一座山横拥在北面,又有一座山的三座山峰依次下延,斜着突起在西南方。有小水流从山峡中流出来,由村西往南流入大溪,架了桥在溪流上,向西越过桥梁,就沿着斜向突起的南峰之下往西南行。二里,到达山的西垂,就见大溪自南面直接冲捣着山麓,于是向东越过拦河坝。山麓被水啃咬着,石崖狭窄陡削,几乎没有下脚的地方。经过拦河坝的西面,上游的水停积回旋,自南往北流,道路从水坝的西面转向南进入峡中。又在峡中往南行一里多,就见有一座单孔石桥,呈东西向跨在溪流上,这是独木桥。路从桥西一直往南上坡;那过桥往东去的路,是通往省城的大路。这座桥从前是用独木架成的,今天改用石头,有块石碑把桥的名字叫做"蹑云",可人们仍然沿用它的旧名来称呼它。桥的侧边有一棵梅树,枝叶丛密而树干非常古老,花瓣细小而花朵很密,绿色的花蒂,朱红色的花蕾,冰清玉润的花魂,粉色的媚眼,恍惚见到了我家乡的老朋友,不像在云南省城见到的梅花,都是带叶的红花,完全失去了梅花"雪满山中,月明林下"的意境了。于是折下一枝梅花,在桥头稍作歇息。仍然从桥西往南上坡,顺着坡往西转,原来是这条溪水又从西面的山坞中流来,流到这里转向北后越过石坝,这个山坡位于溪流转弯之处。山坡南面又展开一个东西向的大山坞,溪水流贯在山坞中。道路在溪水北岸溯溪流沿着北山往西行,一里,有个聚落紧靠在北山下,这里是独木桥村。有座慈云寺位于村子中间,寺门向南,此处村中没有旅店,有位北京僧人在寺中接待众人,我就进寺住宿。

初八日　晨起寒甚。顾仆复病,余亦苦于行,止行一里,遂憩水井屯寺中①。

【注释】

①水井屯:今名同,在大姚县东南隅,龙街稍西。据李祥《徐霞客考察大姚》一文考证,此"水井屯寺"当名龙泉寺。

【译文】

初八日　早晨起床十分寒冷。顾仆又病了,我也因为走路劳苦,只走了一里路,便歇息在水井屯的寺庙中。

初九日　出寺一里半,过□家庄。半里,转南,半里,仓屯桥①。二里半,泗峡口。转西五里,王家桥。<small>有小水北来。</small>五里,孚众桥。<small>有西北、西南二小水。</small>西上山,十里至脊。转南半里,庙山营②。西下半里,庙前打哨。西下二里,有歧转北坳。一里,复西随平峡北。二里,又西下,二里,至峡底。西平行一里半,复于峡北上。一里,转北坳而西,又北半里,过一峡脊。又北下半里,又北度一峡底。又西上坡,一里,转而北,又一里,转而西下,一里,至脊间,又西二里余,乃下脊。一里余,抵其北,曰小仵老村。<small>始有田、有池。</small>又西四里,抵西山下,有村。转南一里,西过一小坳,又半里,西南过新坝屯。又西半里,过新坝桥。又西一里,转而南,二里,盘西山嘴,转而西北,一里余,入大姚东门③。半里,过县前。又西南至旅肆歇。

【注释】

①仓屯桥:今作仓屯,在大姚县东南隅,水井屯稍西。

②庙山营:今名同,在大姚县东南部。村居山腰,原有关帝庙,因名。

③大姚:明为县,隶姚安府,即今大姚县。

【译文】

初九日　出寺后行一里半,路过□家庄。半里,转向南,半里,走过仓屯桥。二里半,到泗峡口。转向西行五里,是王家桥。<small>有条小溪从北面流来。</small>五里,到孚众桥。<small>有来自西北、西南的两条小溪。</small>往西上山,十里到达山脊上。转向南行半里,到庙山营。向西下行半里,是庙前打哨。向西下行二里,有条岔路转向北面的山坳。一里,又向西顺着平缓的峡谷往北行。二里,又向西下走,二里,来到峡底。往西平缓行走一里半,又从峡中向北上走。一里,转到北面的山坳往西行,又向北半里,越过一条峡谷旁的山脊。又往北下走半里，又往北穿过一条峡谷的底部。又往西上坡，一里，转向北，又行一里，转向西下走，一里，来到山脊上，又往西行二里多，于是走下山脊。一里多，抵达山脊北面，叫做小伧老村。开始有田，有水池。又往西行四里，到达西山下，有村庄。转向南行一里，向西经过一个小山坳，又行半里，往西南经过新坝屯。又向西半里，走过新坝桥。又往西一里，转向南，二里，绕过西山的山嘴，转向西北，一里多，进入大姚县城东门。半里，路过县衙前。又向西南来到旅店歇息。

初十日　早寒甚。出北门，半里，经南门，转而西南上坡。一里，有桥跨溪上，曰南门桥。《志》曰承恩。过桥，南上坡，一里，登坡，倚西山南行。三里，其坞自南来，有塔在坞东北山上，乃沿西山南下，半里，抵坞底。又半里，见有水贯坞中，石梁跨其上，是名土桥。即姚安水从西南峡中来，向东北峡去，桥北为大姚，桥南为定远，盖以是水为界也。从桥南上坡，有村为定远屯。入峡渐上，一里东转，半里上坡，半里，由坡南转，一里，是为赖山哨。于是南下，一里，抵东南坡头。有岐，南行者为姚安府路，有海子在其东；东行者为赤草峰路。逾坡东下一里，为赤草峰北村。由村转南，溯溪行一里，度桥而南，半里，随赤草峰街子南行。一里，乃东上山。一里半，逾岭东南下，其东又有坞自西而北，甚遥。下坡半里，由西山东麓南行。二里，村落傍溪左右，皆为伧老村。此定远所属。又东一里半，始傍西水岸南行。半里，东度小桥，遂由东麓南行。二里至鹿家村后[①]，遂东上山。山半有岐，路从岐入峡，半里，渡溪东北上。一里，至妙峰山德云寺[②]。寺门西向，南望烟萝，后有梦庵亭，后五里，碧峰庵。

【注释】

①鹿家村：今作鹿家屯，在大姚县南隅，妙峰山麓。

②妙峰山：在大姚县南隅。海拔 2341 米。德云寺：在妙峰山西南山坳，明天启六年（1626）建。有院落五个，亭、坊、池、阁交错，古木参天。寺后有泉，甘冽可口。泉水穿寺流过。曾以收藏佛经丰富并善于管理著称。徐霞客有《宿妙峰山》诗，收入清道光《大姚县志》。

【译文】

初十日　早上非常寒冷。走出北门，半里，经过南门，转向西南上坡。一里，有座桥跨在溪流上，叫南门桥。《一统志》称为承恩桥。过桥后，往南上坡，一里，登上山坡，靠着西山往南行。三里，山坞从南边延伸而来，有座塔在山坞东北面的山上，于是沿着西山往南下走，半里，到达山坞底。又行半里，见到有河水流贯在山坞中，石桥跨在河上，这桥名叫土桥。就是姚安府的水从西南面的山峡中流来，向东北面的山峡中流去，桥北就是大姚县，桥南属定远县，是以这条河水作为分界线了。从桥南上坡，有个村子是定远屯。进入峡谷中逐渐上走，一里后转向东，半里上坡，半里，由坡上向南转，一里，这是赖山哨。从这里向南下走，一里，抵达东南面的坡头。有条岔路，往南行的是去姚安府的路，有个海子在路的东边；向东走的是去赤草峰的路。翻过山坡往东下行一里，是赤草峰北村。从村子转向南，溯溪流行一里，过桥后往东走，半里，顺着赤草峰街子往南行。一里，便向东上山。一里半，越过岭头往东南下走，岭东又有山坞自西延向北，十分遥远。下坡半里，沿着西山的东麓往南行。二里，有村落依傍在溪流左右，都是仡佬人的村庄。这里是定远县的属地。又往东行一里半，开始傍着溪水的西岸往南行。半里，向东走过小桥，于是顺着东麓往南行。二里来到鹿家村后，就向东上山。山腰上有条岔路，从岔路进入峡谷，半里，渡过溪水向东北上走。一里，到达妙峰山德云寺。寺门向西，向南望去是烟萝山，身后有梦庵亭，后面五里处是碧峰庵。

十一日　待师未归,看《藏^①》。宗暴慧大师《西方合论》。

【注释】

①藏(zàng):系汉文佛教经典的总称,包括天竺和中国的佛教著述在内。唐代已有 1076 部 5048 卷,以后各代又续有新译、经论和著述入藏。明代分南北二藏,达 6771 卷。

【译文】

十一日　等待法师,没有归来,阅读佛教经典。是宗暴慧大师的《西方合论》。

十二日　饭,仍西下山。二里,南行。二里,随坞西转。二里,有桥跨溪上,曰梁桥。度其北,即仡老村尽处也,其水自南来入,路从村西上岭。一里半,逾坳西,行岭上。半里,有岐从西南下,误从坡上直西。半里,乃改从岐西南行。半里,渐下转南,又一里,乃南下,半里,抵峡中。随峡南去半里,有大路随东峡来,小水随之。西半里,入南峡。一里,有池在峡中。又一里半,峡分两岐,从西南者,倚东岭平上。一里,南逾坳。由坳转而西,始见西坞大开,西南有海子颇大,其南有塔倚西山下,是即所谓白塔也^①。乃西南下坡,二里,有村在坡下,曰破寺屯。于是从岐直西小路,一里,渡溪。稍西南半里,有一屯当溪中,山绕其北,其前有止水。由其西坡上南行一里,是为海子北堤。由堤西小路行半里,抵西坡下,是为海口村。转南,随西山东麓行,名息夷村海子。三里,海子西南尽,有路直抵大山下,半里,为高土官家^②。由其西南入峡中,上坡一里半,有神庙当坡峡间。又上半里,活佛寺临其后^③。其西大山名龙凤山,又名广木山④。寺号龙华，僧号寂空。是日下午，寂空留止后轩东厢。其后有深峡下悬，峡外即危峰高崎，庭中药栏花砌甚幽。墙外古梅一株，花甚盛，下临深箐，外映重峦。是夜先订寂空，明晨欲早行，求为早膳。

【注释】

①白塔：《明一统志》姚府军民府古迹载："白塔，在姚州北二十里，晋天福间建，高十五丈。西南数里有池，清洁可鉴毛发，塔影常映其中，因名塔镜。"《嘉庆重修一统志》楚雄府寺观载："高陀山塔，在姚州北二十里，晋天福间建，高十有五级，碑记犹存，一名白塔。西南数里有池，塔影倒映其中，因名塔镜。""龙凤山，在姚州北二十里，一名白塔山。上有石塔，晋天福中建，高十五丈。"民国《姚安县志》又载："高陀山塔，在城北二十里高陀山，高十有五级。昔人传为石晋天福间建，今废。清乾隆中，邑人改建观音阁，发见塔砖，有'大宝六年甲戌'等字及梵文。"白塔建于大理段正兴大宝甲戌年（1154），清代以来通称高陀山塔，今已不存。

②高土官家：在姚安县光禄镇。高氏为南诏弄栋演习，世居于此。大理时，高升泰为帝凡二年，后归权段氏，人称高让公，称该地为高让公故里。元代高氏为姚安路土官，人称高土司衙门。今存门厅、过厅、正厅和北厢基址。

③活佛寺：在姚安县光禄镇西的龙华山。因名龙华寺。后唐天祐年间（904—907）建，原名卧佛庵。蒙古兵灭大理，相国高泰祥殉国，其女菩提出家于此，将九粒菩提树籽植于寺后，皆苗壮成长。后兄弟九人终得团聚，其兄高长寿为姚安路军民总管府总管，改建该寺，更名活佛寺，僧建菩提像奉之。寺坐西向东，依山势建山门、钟鼓楼、两耳、碑亭、两厢、大雄宝殿。其北为大悲殿，亦称圆通楼。再北为一四合院，徐霞客曾在此歇息。

④广木山：今作光木山。在姚安县北隅，姚安坝子西边。

【译文】

十二日　饭后，仍然往西下山，二里，往南行。二里，顺着山坞向西转，二里，有座桥跨在溪水上，叫梁桥。过到桥北，就是仡佬人居住的村庄的尽头处了，溪水从南面流来进入山坞，道路从村西上岭。一里半，穿越到山坳西面，行走在岭上。半里，有条岔路从西南方下来，错从坡上一直往西行。半里，才改成从岔路往西南行。半里，渐渐下走转向南，又行一里，便往南下走，半里，抵达峡谷中。顺着峡谷向南走去半里，有大路顺着东面的峡谷前来，小溪顺着道路流淌。往西行半里，进入南面的峡谷。一里，有一池水在峡谷中。又行一里半，峡谷分为两条，沿着向西南去的峡谷走，紧靠东岭平缓上行。一里，向南穿越山坳。顺着山坳转向西，这才看见西面的山坞十分开阔，西南方有个很大的海子，海子南边有座塔紧靠西山下，那就是所谓的白塔了。于是往西南下坡，二里，有个村子在山坡下，叫做破寺屯。从这里由岔路口走上一直往西的小路，一里，渡过溪水。逐渐往西南行半里，有一个村子位于溪流中间，山绕过村子北面，村前有静止不流的水。由村子西面的山坡上往南行一里，这是海子北面的堤坝。顺着堤坝西边的小路行半里，到达西面的山坡下，这里是海口村。转向南，沿着西山的东麓行，名叫息夷村海子。三里，海子西南面的尽头，有条路一直通到大山下，半里，是高土官家。由他家向西南进入山峡中，上坡一里半，有座神庙位于山坡和峡谷之间。又上行半里，活佛寺面对着神庙的后方。活佛寺西面的大山名叫龙凤山，又名广木山。寺名叫龙华寺，僧人法号叫寂空。这天下午，寂空留我住在后楼的东厢房中。楼后有下悬的深峡，峡谷外就是高笋对峙的险峰，庭院中芍药种在围栏中，石阶上布满鲜花，十分优雅。墙外一棵古梅树，花很繁盛，下临深深的山箐，外映重重山峦。这天夜里事先和寂空讲定，明天早晨想要早早上路，请求他为我早点做饭。

白塔尚在寺东南后支冈上。冈东有白塔海子，其南西山下，又有阳片海子，其东又有子鸠海子，府城南又有大坝双海子，与息夷村共五海子①。

【注释】

①海子：云南俗称湖泽为"海子"，或简称"海"。上述各海子皆古代的水利工程，"皆前代所筑，潴水以灌田"，有人区分为"溯"和"堵"，受天然水、水源不断者称"溯"，受尾闾水者称"堵"。姚安历史上有七溯、十三溯、十五溯的记载，各溯时有修废，各时期存在的溯数不同，各溯的名称亦有变换。大坝双海子即大石溯；白塔海子即塔镜溯；阳片海子即洋派溯，又称官屯海，下文作羊片湖；子鸠海子即自久海子，相传为土官自久所作，又称乌鲁溯；息夷村海子应即小邑溯。这些海子现在多已辟为农田。

【译文】

白塔还在寺后东南方分支的山冈上。山冈东面有个白塔海子，它的南面的西山下，又有个阳片海子，它的东面又有个子鸠海子，姚安府城南面又有个大坝双海子，与息夷村海子，一共五个海子。

十三日　昧爽起，饭已久待，遂饭而下山①。二里，仍出土官家后，遂转南行。一里，过格香桥，有小水自活佛寺后峡中来者，此峡正与白塔之冈，中格而对峙。又南二里，有冈自西界东突而出，路盘其东垂，则又一海子汇其东南。从海子北堤东向行，半里，随堤南转，一里半，抵海子东南尽处，遂东南行。四里，有冈自西而东突，是为龙冈卫②，盘冈东皆大聚。半里，过聚东行。一里，复南。二里，曲度乾底。复南二里，则西山一峰，复突其南，遂渐抵东山③，则南北成两界焉。又南五里而入姚安府北门④,歇青莲庵⑤。

【注释】

①饭已久待,遂饭而下山:原脱"饭已久待遂"五字,据徐本、"四库"本、陈本、史序本补。

②龙冈卫:今仍名龙冈,在姚安县北境公路旁。民国《姚安县志》"杂载"注:附近父老相传,龙冈卫与河南山脉,百余年前均有小平冈东行,自洋派溯水东流冲刷,与蜻蛉河水沉淀,沧桑屡更,平冈今已无存。证之霞客三百年前所见,不无差异。

③东山:今名同。皆因山或冈为名,为较重要的村寨,位于姚安县北境的公路旁。

④姚安府:明置姚安军民府,又置姚州附郭,即今姚安县。

⑤青莲庵:在姚安县城东郊。旧为聚远楼,明景泰中建,嘉靖时陶不退改修,中有爱莲亭,为名流宴集之所。今名青莲寺,村以寺名。

【译文】

十三日　黎明起床,饭已做好等了我很久,于是吃饭后下山。二里,仍然出来到高土官家后面,就转向南行。一里,走过格香桥,有条小溪从活佛寺后面的峡中流来,这条峡谷正好与白塔所在的山冈从中间隔开而相互对峙。又往南行二里,有山冈从东面一列山向东突出来,路绕过山冈东麓,却又有一个海子汇积在山冈东南。由海子北面的堤坝向东行,半里,顺着堤坝向南转,一里半,走到海子东南的尽头处,就往东南行。四里,有山冈自西往东突出来,这里是龙冈卫,围绕着山冈的东面都是大村落。半里,经过大村往东行。一里,再向南。二里,曲折走过干枯的河底。再往南行二里,就见西山的一座山峰,又突起在西山南面,于是渐渐走到东山,就见南北两面又形成一番天地了。又向南行五里后进入姚安府城北门,住在青莲庵。

　　《青莲碑记》曰："东烟萝，西金秀，南青蛉，北曲折[1]。"姚安府南随峡上一百四十里，镇南州[2]；东逾大山一百四十里，定远县；西逾小坡一百二十里，北随大坞下一百二十里，白盐井[3]。

【注释】

①北曲折："折"原作"拆"，据"四库"本改。

②镇南州：隶楚雄府，治今南华县。

③白盐井：又称白羊井。明置白盐井提举司，辖盐井九，又有白盐井巡检司。近代曾设盐丰县，在大姚县西北部，今称石羊，亦称盐丰。

【译文】

　　《青莲碑记》说："东边是烟萝山，西面是金秀山，南边是青蛉川，北面是曲折。"姚安府往南顺着峡谷上行一百四十里，到镇南州；往东翻越大山一百四十里，到定远县；往西越过小坡一百二十里，向北顺着大山坞下行一百二十里，到白盐井。

　　姚安东西两界，皆大山夹抱，郡城当其南，西界最辟，直北二十五里，两界以渐而束，各有支中错如门户焉。中有小水，西自镇南州界北来，至郡北屡堰为湖，下流绕北峡之门而出，所谓青蛉川也[1]。

【注释】

①青蛉川：即今蜻蛉河。

【译文】

　　姚安府东西两面，都是大山相夹环抱，府城位于大山南边，西面最开阔，一直往北二十五里，两面的山渐渐束拢，各有分支的山峰交错其中，如门户一样。中间有条小河，自西面镇南州的境内向北流来，流到府城北面屡屡被堤坝拦截为湖泊，下游绕过北面峡谷的谷口流出去，就是所谓的青蛉川了。

　　十四日　饭于青莲。日色已高①，循城南一里半，为观音寺。转北过西门，共一里，抵旧西门。二里半，抵西麓，是为古寺山，以有古寺在山之东半也，即《志》所称祥龟寺也。二里，逾顶下，其西环坞北口，则羊片湖在焉。西下一里半，行坞中。一里半，有坊当坞中，曰羊片屯②。西过半里，转南半里，又西南半里，抵小山之麓。从其南坞西入一里半，又西上一里半，有岐焉：西北者，入山樵牧者所经；西南盘岭者，大道也。盘岭上一里半，逾其顶，是为当波院③，而实无寺宇，乃南来之脊，北度而东，为古佛寺大山及大姚西界诸山也。于是西南下二里，有小水南流，随之南入箐。又东一里半，转而西一里半，峡始开。稍北盘坳一里，复西南下坡。三里，峡中溪自南而北注，有桥跨之。度桥，遂循西山南向溯水行。二里，饭于村家。又南向行二里余，其峡自西来转，水亦从之，于是折而入，是名观音箐。箐中止容一水，西溯之入二里，有观音堂，其前堰水甚泓澈，其侧石亦岭岈。又西三里，乃南上山，甚峻。二里，陟其脊，乃东南下。一里，抵峡中，遂循坡西南下，二里，抵景聚桥。桥上有亭，桥下水乃西来小流也。过桥三里，是为弥兴④，居集甚盛。又南半里，转西一里余，有公馆神庙在冈上。由其前西南半里，转而西，于是连逾三坡，下陟三峡，共九里，有村悬西坡上，是为孙家湾，宿。

【注释】

①日色已高：原脱此四字，据徐本、"四库"本、陈本、史序本补。

②羊片屯：又称官屯街，曾设洋派镇。1956年建洋派水库，迁走，村址今已淹没。

③当波院：今名同，在姚安县西部。因正当洋派溯的风波，故名。

④弥兴：即今弥兴街，在姚安县西南境。

【译文】

十四日　在青莲庵吃饭。太阳已经升高，沿着城墙往南行一里半，是观音寺。转向北经过西门，共一里，到达老西门。二里半，到达西边的山麓，这是古寺山，因为有座古寺在山东面的半山腰上，就是《一统志》所称的祥龟寺了。二里，翻越山顶下走，山西面环绕着的山坞的北面山口，就是羊片湖在的地方。往西下走一里半，行走在山坞中。一里半，有街市位于山坞中，叫做羊片屯。往西经过羊片屯行半里，转向南半里，又往西南行半里，来到小山的山麓。从山麓南面的山坞向西进去一里半，又往西上行一里半，有条岔路：向西北走的，是进山打柴放牧的人走的路；往西南绕着山岭走的，是大路。绕着山岭上登一里半，越过山顶，这里是当波院，可实际上没有寺庙殿宇，是从南面延伸来的山脊，往北走向东，形成为古佛寺的大山与大姚县西境的群山。从这里往西南下行二里，有条小溪往南流，顺着溪流向南进入山箐。又往东行一里半，转向西一里半，山峡开始开阔起来。渐渐向北绕着山坳行一里，再向西南下坡。三里，峡中的溪水自南往北流注，有桥跨过溪水。过桥，就沿着西山向南溯溪水前行。二里，在村民家吃饭。又向南行二里多，峡谷从西面转来，溪水也随着峡谷流去，于是转进峡谷，这里名叫观音箐。山箐中只容得下一条溪水，向西溯溪流进去二里，有座观音堂，观音堂前堤堰中的水十分深广清澈，堤堰侧边的山石也很深邃。又往西三里，就向南上山，十分陡峻。二里，登上山脊，于是往东南下山。一里，抵达峡中，就顺着山坡往西南下走，二里，到达景聚桥。桥上有亭子，桥下的水是西面流来的小水流。过桥后行三里，这是弥兴，居民集市十分兴盛。又往南行半里，转向西一里多，有公馆和神庙在山冈上。由山冈前向西南行半里，转向西，从这里起一连翻越三道山坡，下坡涉过三条峡谷，共计九里，有个村子高悬在西面的山坡上，这里是孙家湾，住下。

十五日　昧爽，饭而行，霜寒殊甚。南上坡，溯小流入。五里，盘一坡，坡下有洞甚束，其东北人家，曰尾苴村。稍西转南，是为龙马箐。三里，有哨当涧东坡上，是为龙马哨，有哨无人。山壑幽阻，溪环石隘，树木深密，一路梅花，幽香时度。又南一里，随峡转西。一里，有一峡自南来，甚深隘；一峡自西来。仍循北山行西来峡上，一里出峡，乃成坞焉。西向平下一里，有村当其西，是为大大苴村①。西行二里，抵西山下，遂西上坡。半里，逾坳，北下陡坞，西北半里，是为小大苴村②。由其南半里，转而北上坡。循西峡行二里，下渡涧中小水，即西上岭，甚峻。三里半，逾岭头。西行脊上，或南峡上，又临北峡，再平再上，三里余，则盘西岭之东，北转二里，逾其脊，此最高处也。东望烟萝东界尖山，在钱章关者③，隐隐连妙峰，而西界南突之山亦见；惟北望活佛寺大山，反为孙家湾后山所隔，不可见。又西二里，当西突之处，有人守哨焉，是为老虎关哨。哨西下半里，行坡间一里半，是为打金庄牌界④。又西一里半，逾坡，又西上一里半，是为绝顶，有公馆，东南之峡，至是始穷。其脉自南天申堂后，直北分支来,东度老虎关而北。于是西向稍下,半里,度一坡,半里,逾其巅。从巅西行一里,遂西望四十里外,层山一重西绕,又高峰一带南环者,皆大脊也,其东有小脊二重内隔,外有远峰二抹西浮,不知为点苍为鸡足也。于是西下颇坦,五里下至峡中,是为五里坡,有水自南而北,小石梁跨之。度而西,盘西山南峡入,一里,又蹑坡而上,一里,凌其巅。一里半稍下,平行岭上。二里余,西向下,有溪自西南来,北向去,亦石梁跨之,是为普昌河④。西上坡半里,为巡司。半里,复上一山脊。由脊西行四里,乃下,一里而抵普淜⑤。

【注释】

①大大苴村:今仍作大苴,又称上庄房。

②小大苴村:今仍作小苴,又称代街街。两村之间水流经过处今仍称龙马箐。皆在姚安县西南隅。

③钱章关:即前场关。今姚安县东部前场镇稍南有地名"关上"。

④打金庄:今作打金砖。

⑤普昌河:今名同,既为河名,亦为村名。

⑥普淜:今名同,亦作普棚街。三村皆在今祥云县东隅。《明一统志》姚府军民府七淜条解释:"土人称陂堰为淜,凡七,皆前代所筑,潴水以灌田,民甚赖之。"则普淜亦因有人工陂堰等水利工程而得名。

【译文】

十五日　黎明,饭后出发,霜冻非常寒冷。向南上坡,溯小溪流进去。五里,绕着一条坡走,坡下有个十分狭窄的洞,坡东北面有人家,叫尾苴村。稍向西走转向南,这是龙马箐。三里,有个哨所位于山涧东面的山坡上,这是龙马哨,有哨所没有人。山间壑谷幽深险阻,溪流环绕,石崖险要，树木深密，一路上全是梅花，幽香不时袭来。又往南一里，顺着峡谷转向西。一里，有一条峡谷从南面来，很深很狭窄；一条峡谷自西面来。仍然沿着北山行走在从西面来的峡谷中，上行一里走出峡谷，于是成为山坞了。向西平缓下行一里，有个村子位于山坞西面，这是大大苴村。往西行二里，来到西山下，便往西上坡。半里，穿过山坳，向北下行涉过山坞，往西北半里，这是小大苴村。从村子往南行半里，转向北上坡。顺着西面的峡谷行二里，下走渡过山涧中的小溪水，随即往西上岭，十分陡峻。三里半，越过岭头。向西行走在山脊上，有时在南面的峡谷上方，有时又下临北面的峡谷，两次平缓前行两次上走，三里多，就绕着西岭的东面，往北转二里，越过山脊，这里是最高处了。向东远望，烟萝山东面一列尖山，在钱章关一带的山，隐隐约约连接着妙峰山，而西面向南突出来的山也看得见；只是向北望活佛寺所在的大山，反而被孙家湾后面的山所阻隔，不能看见。又往西二里，在向西突出之处，有人在这里守哨所，这里是老虎关哨。从哨所往西下行半里，在山坡上行一里半，这是打金庄的界碑。又往西行一里半，翻越山坡，又向西上行一里半，这里是绝顶，有公馆，东南走向的峡谷，到这里才完结。这里的山脉从南边天申堂后面，分出支脉一直往北延伸而来，往东延过老虎关后向北延去。从这里向西稍稍下走，半里，翻过一道坡，半里，翻越到坡顶。从坡顶往西行一里，就望见西面四十里之外，一重层层叠叠的山向西绕，又有一条衣带一样的高峰向南环绕，都是大山脊，大山脊的东面有两重小山脊隔在里面，山外远处有两抹山峰悬浮在西面，不知是点苍山还是鸡足山了。从这里往西下走很是平坦，五里下到峡中，这是五里坡，有水自南往北流，小石桥跨过水流。过桥后往西行，绕着西山南面的峡谷进去，一里，又踏着山坡上走，一里，登上山顶，一里半，渐渐下走，平缓行走在岭上。二里多，向西下行，有条溪水自西南方流来，向北流去，也有石桥跨过溪流，这里是普昌河。向西上坡半里，是巡检司。半里，又上登一条山脊。顺着山脊往西行四里，于是下山，一里后到达普溯。

十六日　由普溯西北行。二里，渡一水，一里，又渡一水，乃西上坡。二里，逾坡上一里，脊上平行三里，为金鸡庙。又西二里，为界坊，乃姚州、小云南界。又西行岭上五里，至水盆哨，乃西北稍下，即见南界水亦西流，出鼻窗厂而下元江矣。乃随北山临南峡西行。二里，山坑南坠峡，路随西脊过，有村当脊间，是为水盆铺。盖老龙自西南来，从此脊北度，峙为一峰，其东南又折而南为水盆铺，惟中央一线，南流下元江云。铺西北上有关帝庙，就而作记，听顾仆同行李先去。久之，乃随大道西二里，则岭北山下，亦下坠成西向之峡。峡北所起尖山[1]，是为青山，至是其西横拖而去。于是循南峡之顶西行。二里，忽见路北坠峡西去，路由其峡南岭脊行，于是与峡北之尖山，又对峡分流，西注云南，而北下金沙矣。始知大脊自九鼎南下，至洱海卫城南青华洞东度[2]，又耸而南为水目山，其南又东转为天华山，即云南川南兜之山也[3]。从天华东北转，数起而为沫滂东岭，又东过公馆而度水盆铺，北耸为青山，其形东突而西垂川中，故自打金庄岭望之，仅为北尖峰，而至此又横夹而西。然是山西北二支，皆非大脊也；大脊即从东南水盆哨过脉，遂东南迤逦于天申堂南[4]，又东至沙桥站分脊焉[5]。所过水盆哨、铺之南间，相去不过二里，忽度其脊南，又度其脊北，至由峡南岭稍上稍下，西南二里，公馆当其顶。又西下西上，再从岭脊西行八里，脊自西南来，至此稍突而北，乃转而北缘之。二里，又西南下,始追及前行行李。于是遂出山之西崖,见其西坞大开,于是直下,五里及麓,为沫滂铺⑥。西截坞八里,有二石梁东西跨,其下皆涸,而川水实由之北注。又西二里,过大水堰塘。堰稍北,复西十里,抵西山下,为小云南驿⑦,宿。

【注释】

①峡北所起尖山:原作"□□□□□□□□□峡北所起尖山",空九字,据徐本、"四库"本、陈本补"于是循南峡之顶西径"九字。史序本亦有此数字,但"径"作"经"。但此九字与下句重复,系原稿衍文,乾隆本刻成后发现此问题并剷去版片上所刻九字,当据乾隆刻本跳过原刻九字,则文意较顺。故译文亦用此新内容。

②自洱海卫城南青华洞东度:"东度"误倒为"度东",据徐本改。

③川:自唐代以来,云南称"川"的地方很多,即平川,现在云南通称为坝子。云南川即云南县坝子。

④天申堂:此处诸本皆作"天申宫",应即前一日记中的"天申堂",因形近而误。今仍称天申堂,在南华县西隅。

⑤沙桥站:今仍作沙桥,在南华县西境。

⑥沫滂铺:今作沐滂。两处皆在祥云县东境,下庄东南。

⑦小云南驿:即今云南驿,在祥云县东境,自古以来皆为交通要道。

【译文】

十六日　由普淜往西北行。二里,渡过一条河,一里,又渡过一条河,于是向西上坡。二里,翻越山坡上走一里,在山脊上平缓前行三里,是金鸡庙。又往西二里,是分界的牌坊,是姚州和小云南驿的分界处。又往西前行在岭上五里,来到水盆哨,便往西北渐渐下走,随即见到南面的水也是向西流,流出鼻窗厂而后下流进元江。于是顺着北山下临南面的峡谷往西行。二里,山坑向南坠入峡谷,道路顺着西面的山脊过去,有个村子位于山脊上,这是水盆铺。大体上山脉主脊自西南延伸而来,从这条山脊往北延伸,耸峙为一座山峰,山峰东南又折向南是水盆铺,只有中央一线宽的地方,水流往南下流进元江。从水盆铺西北上走有座关帝庙,进庙去写日记,听任顾仆和行李先离开了。很久之后,才沿着大路往西行二里,就见岭北的山下,也是下坠成向西去的峡谷。从峡谷北面耸起的尖山是青山,到这里山脉往西横拖着延伸而去。从这里沿着南面峡谷的山顶往西行。二里,忽然望见道路北面深坠的峡谷往西去,道路经由峡谷南面的岭脊走,在这里与峡谷北面的尖山,又对峙成峡谷,河水分流,往西注入云南县,而后下流进金沙江。这才知道主脊自九鼎山往南下延,到洱海卫城南面的青华洞往东延伸,又往南耸起成为水目山,水目山南面又向东转成为天华山,就是云南县所在平川南面环绕的山。从天华山往东北转,数次耸起后成为沫滂的东岭,又往东延过公馆而后延伸过水盆铺,向北耸立为青山,青山的山形向东前突而西面下垂到平川中,所以从打金庄所在的山岭上远望它,仅是北面的一座尖峰,而来到此地看它又横着相夹往西而去。然而这座山西、北两条支脉,都不是主脊;主脊就是从东南面水盆哨延伸而过的山脉,于是往东南曲折绵延到天申堂南面,又往东延到沙桥站山脊分支了。我所走过的水盆哨、水盆铺的南面,两地间相距不超过二里,却忽然越到山脊南面,忽然又越到山脊北面,直到由峡谷南面的山岭上略上走又略下走,向西南行二里,公馆位于山顶。又往西下走往西上走,再从岭脊上向西行八里,山脊自西南延伸而来,到此地稍微突向北,于是转向北顺着山脊走。二里,又往西南下走,才追上走在前面的行李。在这里就走出山的西面的山崖,见到山西面的山坞非常开阔,于是一直下山,五里到达山麓,是沫滂铺。往西横截山坞行八里,有两座石桥横跨在东西,桥下都是干涸的,而平川中的水确实是经由桥下往北流的。又往西二里,经过大水堰塘。从堰塘稍往北走,又往西行十里,来到西山下,是小云南驿,住下。

十七日　昧爽饭。询水目寺在其南,遂由岐随山之东
麓南行,盘入其西南坞中。共五里,有水自山后破峡南出,
即洱海卫青海子之流也,是为练场村①,村在水西。渡桥西,
复沿山而南,一里半,为温泉,其穴西向。待浴妇,经两时乃
浴。仍南沿西麓半里,又盘其山之南坞入,有溪自坞东出,
即水目之流也,始见水目山高峙于西②。溯水西入,见其西
又大开南北之坞。横截其间,五里,抵西山麓,有村甚大,曰
冉家屯。由其后西向上山,于是有溪流夹村矣。西上逾一
岭,二里稍下,涉一涧。其涧自南而北,溯之南上。山间茶
花盛开。又二里余,为水目寺③。余误从其南大路,几逾岭,
遇樵者,转而东北下,半里,入玉皇阁。又下,观倒影,又下,
过普贤寺,又下,遇行李于灵光寺,遂置于寺中楼上。慧然。
乃西至旧寺访无住,方在上新建住静处,不值。旧寺有井,
有大香樟,有木犬,有风井,有塔。由其后上无影庵,饭于妙
忍老僧静室。暮过观音阁,观《渊公碑》,乃天开十六年楚州
赵祐撰者④。

【注释】

①练场村:今作练昌、练车,在云南驿稍南。

②水目山:今名同,在祥云、弥渡两县间,海拔 2627 米。

③水目寺:在水目山东麓。始建于南诏,即旧寺。依诸寺在山中位
　置,宝华寺称上庵,普贤寺称中庵,水目寺又称下庵。现存下庵
　中殿、大殿、左右厢、水目塔及塔林。大香樟、木犬、风井、枯井今
　存,还有古山茶及古月季。灵光寺在旧寺北邻,仅存基址。北岗
　塔林被誉为我国南方第一塔林。

④天开:大理段智祥年号。天开十六年为 1220 年。

【译文】

十七日　黎明吃饭。打听到水目寺在小云南驿南面,就从岔路沿着山的东麓往南行,绕进山西南的山坞中。一共五里,有流水从山后冲破山峡向南流出来,就是洱海卫青海子的水流了,这是练场村,村子在水流的西边。过到桥西,再沿着山往南行,一里半,到温泉,温泉泉眼向西。等待沐浴的妇女洗完,经过两个时辰才洗上澡。仍然往南沿着山的西麓行半里,又绕进这座山南面的山坞中,有溪水从山坞东边流出来,就是水目山的流水了,开始见到水目山高高耸峙于西方。溯溪水向西进去,看见山的西面又敞开一个南北向的大山坞。从山坞中横截而过,五里,抵达西山山麓,有个很大的村庄,叫冉家屯。由村后向西上山,在这里有两条溪流夹住村庄。往西上登一座山岭,二里渐渐下行,涉过一条山涧。这条山涧自南流向北,溯山涧向南上走。山间茶花盛开。又走二里多,是水目寺。我错从寺南的大路走,几乎越过山岭,遇上打柴的人,转向东北下走,半里,进入玉皇阁。又下走,观赏了倒影,又下走,路过普贤寺,又下走,在灵光寺遇见行李,就把行李放在寺中的楼上。^{慧然。}于是向西来到旧寺拜访无住,他正好在上面新修建的住静处,没遇到。旧寺中有水井,有大香樟树,有木犬,有凤井,有塔。由旧寺后面上到无影庵,在妙忍老和尚的静室吃饭。日落时去到观音阁,观览《渊公碑》,是天开十六年楚州人赵祐撰写的碑文。

十八日　往无住处。午过徽僧戒月静室,饭。下午,观慧然新楼花卉。

【译文】

十八日　去无住那里。中午到徽州僧人戒月的静室,吃饭。下午,观赏慧然新楼中的花卉。

十九日　早，雨雪。无住苦留，因就火僵卧。上午，雨雪倏开，再饭，由山前东北下。五里，下山，过一村。北向二里，逾一坡。又二里，过一小海子，其北冈上有数家，曰酒药村①。一里，越之，乃陟坞循东山北向行。五里，即青海子之西南涯也，遂与小云南来之大道遇，于是由青海子西涯西北向行②。八里，则南山再突而北，濒于海，路或盘之，或逾之。又五里，为狗村铺，坊名瑞禾，馆名清华。其处北向洱海卫城八里，西向白崖城站四十里。余从西路四里观清华洞。洞北有路西过岭，此白崖道；洞南有坞南过脊，此灭渡道③。余出洞，循西山仍北行，六里，入卫城南门④。顾仆亦至。出西门宿。

【注释】

①酒药村：今作九约，分上九约、下九约。

②青海子：《滇游日记十二》八月二十日记作青龙海子。今名青海湖，在祥云县治与云南驿之间的公路北侧。湖长3公里，宽1.8公里，面积6.3平方公里，水位1966米，水深3—6米。

③灭渡：《滇游日记十二》八月十九、二十两日记皆作"迷渡"。《明史·地理志》亦作"迷渡市"。

④入卫城南门：此即洱海卫城。明设洱海卫于今祥云县治，《游记》中亦省称"洱海"。

【译文】

十九日　清早，雨夹雪。无住苦苦挽留，因而靠近火盆僵卧不起。上午，雨雪忽然停了，天晴开，再次吃了饭，由山前向东北下走。五里，下山，路过一个村子。向北行二里，翻过一道山坡。又行二里，经过一个小海子，海子北面的山冈上有几家人，叫酒药村。一里，越过山冈，于是穿越山坞沿着东山向北行。五里，就是青海子的西南岸了，于是与小云南驿来的大路相遇，从这里起顺着青海子的西岸向西北行。八里，就见南山再次突向北，濒临海水，道路有时绕着南山走，有时翻越南山。又行五里，是狗村铺，牌坊名叫"瑞禾"，客馆名叫"清华"。此处向北去洱海卫城有八里，向西去白崖城驿站有四十里。我从西去的路走四里去观看清华洞。洞北有条路往西翻过山岭，这是去白崖城的路；洞南有山坞往南越过山脊，这是去迷渡的路。我出洞后，沿着西山仍旧往北行，六里，进入洱海卫城南门。顾仆也来到了。走出西门住宿。

　　二十日　饭而行，犹寒甚而天复霁。由西门北向循西山行，五里，抵一村，其北有水自西峡出，遂随之入。一里余，稍陟坡，一里余，有村在涧西，曰四平坡。北转五里，渡溪桥，又北上三里，为九鼎山寺。又二里陟其巅，饭。下午，从东北下，三里，过北溪桥，仍合大路，循梁王山西麓西北溯流入。五里，梁王村①。北八里，松子哨。行半里，溪西去，路北上，半里，逾岭。又东北下者五里，则溪复自西来，又有一小溪，自幕山北麓来与之合，乃涉其交会处，是为云、宾之界。又东二里，为自北关，已暮。又东二里半，渡涧桥之北。又东半里，转北一里半，为山冈铺②，宿。

【注释】

①梁王村：今作梁王山，在祥云县西北隅。

②山冈铺：今名同，在宾川县南隅。

【译文】

二十日　饭后动身，仍然非常寒冷，可天又晴开了。由西门向北沿着西山前行，五里，到达一个村子，村北有水流从西面的峡中流出来，于是顺着水流进去。一里多，逐渐上登山坡，一里多，有个村庄在山涧西面，叫四平坡。转向北行五里，走过溪流上的桥，又往北上走三里，是九鼎山寺。又行二里登上山顶，吃饭。下午，从东北方下走，三里，过了北溪桥，仍然与大路会合，沿着梁王山的西麓往西北溯溪流进去。五里，到梁王村。往北行八里，到松子哨。走半里，溪流向西流去，道路往北上山，半里，越过岭头。又往东北下走五里，就见溪水又从西边流来，又有一条小溪，从幕山的北麓流来与这条溪水合流，于是涉过两条溪流交汇的地方，这里是云南县、宾川州的分界处。又往东行二里，是自北关，已经黄昏。又往东行二里半，过到山涧小桥的北边。又往东行半里，转向北一里半，是山冈铺，住下。

二十一日　平明，行大坞中。北向十里，其西为宾居①。又北五里，有小水出田间。又北三里，有涧自西峡出，随之北二里，为火头基②。西北连渡二溪，又北五里，总府庄。又北三里，宾川州在东坡上③，东倚大山，西临溪流，然去溪尚里许；其滨溪东岸者，曰大罗城④。令行李先去，余草记西崖上。望州北有冈自东界突而西，其北又有冈自西界突而东，交错于坞中，为州下流之钥，溪至是始曲折潆之，始得见其形焉。又北三里半，逾东突之冈，则见有村当其北麓，是名红帽村。溪自东南潆东突之冈，西转而潆于村之前，其前又开大坞北去。仍循西山北行，五里，渐转而西，于是岐分为二：东北随流遵大坞直去者，由牛井街通浪沧卫道⑤；西北从小坞逾岭者，由江果往鸡足道。余初由山冈铺北望，以为东界大山之北岭即鸡足，而川中之水当西转出澜沧江。至是始知宾川之流乃北出金沙江⑥,所云浪沧卫而非澜沧江也;其东界大山,乃自梁王山北转,夹宾川之东而北抵金沙,非大脊也。从小坞西二里,逾西界之脊,始见鸡足在西,其高与东界并,然东界尤屏亘,与雷应同横穹半壁云。从脊上南望,其南五德山横亘天南⑦,即前洱海卫所望九鼎西高拥之山,其上有雪处也,至是又东西横峙;其东又耸幕山,所谓梁王山也;二山中坳稍低,即松子哨度脊而北处也。从岭西行三里,稍北下,有溪自西而东,注于宾川大溪,架梁其上,覆以亭,是为江果村⑧,在溪北岸,其流与火头基等。时日甫下午,前向东洞尚三十五里,中无托宿,遂止。

【注释】

①宾居:明置宾居巡检司。今名同,在宾川南境。

②火头基:今作河头基,分东西两村,位于宾居至州城间的桑园河两侧,此处应指今东河头基村。

③宾川州:弘治六年(1493)析赵州及太和、云南二县地置,隶大理府,治今宾川县州城。

④大罗城:明有大罗卫,弘治六年与宾川州同置。至今州城稍西、桑园河东岸仍有村名大罗城,即明代大罗卫城。

⑤浪沧卫:应为"澜沧卫"。下同。明代设澜沧卫,与北胜州同城,在今永胜县。《游记·永昌志略》作"澜沧卫",《明史·地理志》同。

⑥宾川之流:此河明代称桑园河、宾川溪,今亦称桑园河,又称宾居河。源于茢村,东流经宾居,又北流经州城、牛井、力角,往北入金沙江。

⑦其南五德山横亘天南:此称五德山"即前洱海卫所望九鼎西高拥

之山”，而九鼎西大山为五福山，此“五德”即下日记所载“五福”，
疑“德”为“福”之误。

⑧江果村：今作江股，分大、小二村，在牛井街稍南。此“自西而东”
的溪水即今大菅河，“在溪北岸”的应指今小江股。

【译文】

二十一日　天明时，行走在大山坞中。向北十里，道路西边是宾
居。又往北行五里，有小水从田间流出来。又往北行三里，有条山涧从
西面峡中流出来，顺着山涧往北行二里，是火头基。向西北一连渡过两
条溪水，又向北五里，到总府庄。又向北三里，宾川州城在东面的山坡
上，东面紧靠大山，西边面临溪流，但距离溪流还有一里左右；那濒临溪
流东岸的地方，叫做大罗城。命令行李先离开，我在西边的山崖上起草
日记。望见州城北面有山冈从东境突向西，山冈北面又有山冈从西境
突向东，交错在山坞中，成为州境内水流下游的地理要地，溪水流到这
里开始曲折潆绕着山冈，才得以见到溪流的形势。又往北行三里半，越
过东突的山冈，就见有村子位于山冈的北麓，这里名叫红帽村。溪水从
东南方潆绕着东突的山冈，转向西后潆绕在村子的前方，村前又敞开一
个大山坞向北而去。仍然沿着西山往北行，五里，渐渐转向西，在这里
分为两条岔路：向东北沿着溪流顺着大山坞一直前去的，是经由牛井街
通往浪沧卫的路；往西北从小山坞翻越山岭的，是经由江果村前往鸡足
山的路。我起初从山冈铺向北远望，以为东境内大山的北岭就是鸡足
山，而平川中的水应当转向西流到澜沧江。来到这里才知道宾川州的
水流是向北流到金沙江，所说的浪沧卫并非是澜沧江了；州境内东部的
大山，是从梁王山向北转，夹住宾川州的东面往北延伸到金沙江，不是
山脉主脊。从小山坞向西行二里，越过西面一列山的山脊，才看见鸡足
山在西面，它的高度与东面一列山相等，不过东面一列山仍然像屏风一
样连绵不断，与雷应山一同横向穹隆而起，像半面墙壁一样。从山脊上
向南望去，山脊南面五福山横亘在南部天际，就是先前在洱海卫望见的

九鼎山西面高高拥立的山,山顶上有积雪的地方了,到这里又东西横向耸峙;山脊东面又矗立着幕山,就是所谓的梁王山了;两座山中间的山坳地势稍低一些,就是松子哨越过山脊往北走的地方了。从岭上往西行三里,稍稍向北下走,有条溪水自西流向东,注入宾川大溪,架有桥梁在溪流上,桥上覆盖着亭子,这里是江果村,在溪流北岸,溪中的流水与火头基的溪流相等。此时太阳才刚到下午,向前去东洞还有三十五里,途中无处可以投宿,便停下来。

　　二十二日　昧爽,由江果村饭,溯溪北岸西行。其溪从西峡中来,乃出于鸡山南支之外,五福之北者,洱海东山之流也。四里,登岭而北,寒风刺骨,幸旭日将升,惟恐其迟。盘岭而北一里半,见岭北又开东西坞,有水从其中自西而东,注于宾川大溪,即从牛井街出者①。此坞名牛井,有上下诸村,其水自鸡足峡中来,所谓盒子孔之下流也。于是西向渐下,一里半而抵坞中。又西一里过坞中村后,有坊曰"金牛溢井",标胜也。土人指溪北冈头,有井在石穴间,云是昔年牛从井出处也。又西二里,复逾冈陟峡,盖其山皆自南突出,濒溪而止,溪东流漾之,一开而为炼洞,再开而为牛井,此其中突而界之者。

【注释】

　①牛井街:今名同,1961年后为宾川县治。现设金牛镇。此自西而　　东经过炼洞及牛井的水即今炼洞河。

【译文】

　　二十二日　黎明,在江果村吃饭,溯溪流沿着北岸往西行。这条溪流从西面的峡中流来,是出自于鸡足山的南支之外、五福山的北面的水流,是洱海东山的水流。四里,往北登岭,寒风刺骨,幸好旭日即将升起,唯恐太阳迟迟不出。绕着山岭往北行一里半,见到岭北又敞开一个东西向的山坞,有溪水在山坞中自西流向东,注入宾川大溪,就是从牛井街流出来的溪流。这个山坞名叫牛井,上下有许多村子,山坞中的水从鸡足山峡中流来,就是所谓的盒子孔的下游了。从这里向西渐渐下走,一里半后到达山坞中。又往西一里经过山坞中的村庄后,有座牌坊叫做"金牛溢井",是胜地的标志。当地人指点,溪流北面的冈头,有一眼井在岩石洞穴中,说是当年牛从井中出来的地方。又往西行二里,再翻越山冈穿越峡谷,由于这里的山都是从南面突出来的,濒临溪流就到头,溪流潆绕着山向东流去,一处开阔的地方是炼洞,再度开阔的地方是牛井,此处是突起在中央而隔在两个山坞间的山冈。

盘峡而上,迤逦西北,再平再上,五里,越岭而复得坞。稍下一里半,有坊在坡,曰"广甸流芳"。又一里半,复过一村后,此亦炼洞最东南村也。又北二里,有村夹道,有公馆在村头,东北俯溪,是为炼洞之中村。其北二里,复上岭。二里,越之而北,有坊曰"炼法龙潭",始知其地有蛰龙,有炼师,此炼洞所由名也[①]。又北二里,村聚高悬,中有水一池,池西有亭覆井,即所谓龙潭也[②]。深四五丈,大亦如之,不溢不涸,前濒于塘。土人浣于塘而汲于井。此鸡山外壑也,登山者至是,以为入山之始焉。其村有亲迎者,鼓吹填街。余不顾而过,遂西北登岭。

【注释】

①炼洞:今名同,在宾川县西北境,为通往鸡足山的必经之地。

②龙潭:云贵两省俗称山间或坝子边缘有地下泉水涌出的深潭为

龙潭。

【译文】

绕着峡谷往上走,曲曲折折向西北走,两次平行两次上登,五里,越过山岭后又遇到山坳。渐渐下行一里半,有座牌坊在坡上,叫"广甸流芳"。又走一里半,再路过一个村庄的后面,这也是炼洞最靠东南面的村庄了。又往北行二里,有个村庄夹住道路,有公馆在村头,向东北俯瞰着溪流,这里是炼洞的中村。从村北行二里,又上岭。二里,越过山岭往北走,有座牌坊叫做"炼法龙潭",才知道此地有蛰伏的神龙,有炼丹的法师,这就是炼洞之名的由来了。又往北二里,村落高悬,村中有一池水,水池西边有座亭子覆盖着水井,就是所谓的龙潭了。龙潭深有四五丈,大处也如此,不溢出来也不干涸,前方濒临水塘。当地人在水塘中洗衣服而从井中汲水。此地是鸡足山外的壑谷,登山的人来到这里,认为是进山的起点。这个村中有迎亲的,打鼓奏乐的人挤满街道。我没观望就走过去了,于是向西北登岭。

五里,有庵当岭,是为茶庵。又西北上一里半,路分为二:一由岭直西,为海东道;一循峡直北,为鸡山道。遂北循之。稍下三里而问饭,发筐中无有,盖为居停所留也。又北下一里,有溪自西南峡中出,其峡回合甚窅,盖鸡足南峡之山所泄余波也。有桥亭跨两崖间。越其西,又北上逾岭,一里,有哨兵守岭间。又北一里,中壑稍开,是为拈花寺,寺东北向。余馁甚,入索饭于僧。随寺北西转,三里,逾冈之脊,是为见佛台。由此西北下一里,又涉一北下之峡,又西逾一北下之脊,始见脊西有坞北坠,坞北始逼鸡山之麓。盖鸡山自西北突而东南,坞界其中,至此坞转东北峡,路盘其东南支,乃谷之绾会处也。

【译文】

五里,有座寺庵位于岭上,这是茶庵。又往西北上山一里半,路分为两条:一条从岭上一直往西去,是去海东的路;一条沿着峡谷一直向北,是去鸡足山的路。于是向北沿着峡谷走。渐渐下走三里,然后问顾仆要饭吃,打开竹筐,筐中没有吃的,大概是被停留居住的地方留下了。又往北下行一里,有条溪水从西南峡中流出来,那个峡谷回绕闭合十分深远,大概是鸡足山南面峡谷两面的山泄洪的地方了。有座桥梁上有亭子的桥跨在两面山崖之间。过到桥西,又往北上走登岭,一里,有哨兵守在山岭上。又往北一里,壑谷中间渐渐开阔起来,这是拈花寺,寺朝向东北。我饿极了,进寺去向僧人要饭吃。顺着寺北向西转,三里,越过山冈的山脊,这是见佛台。从此地向西北下行一里,又涉过一条从北面下来的峡谷,又向西越过一条从北面下来的山脊,才看见山脊西面有个山坞向北深坠,山坞北面又逼近鸡足山的山麓。原来鸡足山从西北突向东南,山坞隔在两山之中,到这里山坞转向东北方的峡谷去,道路绕着鸡足山的东南支走,是山谷盘结交会的地方。

西一里,见有坊当道左,跨南山侧,知其内有奥异。讯之牧者,曰:"其上有白石崖,须东南逾坡一里乃得。"余乃令行李从大道先向鸡山,独返步寻之。曲折东南上,果一里,得危崖于松箐之间。崖间有洞,洞前有佛宇,门北向,钥不得入。乃从其西逾窒径之棘以入,遍游洞阁中。又攀其西崖探阁外之洞,见其前可以透植木而出,乃从之下,一里仍至大路。又西北二里,下至坞中,渡溪,是为洗心桥,鸡山南峡之水,西自桃花箐、南自盒子孔出者,皆由此而东出峡,东南由炼洞、牛井而合于宾川者也。溪北鸡山之麓,有村颇盛,北倚于山,是为沙址村[①],此鸡山之南麓也。于是始迫鸡山,有上无下矣②。

【注释】

①沙址村:今名同,在宾川县西北隅。游鸡足山的公路通到沙址。近年设鸡足山镇。

②鸡山:即鸡足山。在宾川县西北 30 公里,中耸平顶,三方各有山一支伸出,形似鸡足,因此得名,又省称鸡山。有迦叶石门。世传此山为佛大弟子迦叶守佛衣以待弥勒处,为我国佛教圣地之一。明清时最盛,庙宇甚多,旧志载有七十二峰,七十二寺,崖壑泉洞之属以数百计。有金顶、猢狲梯、虎跳涧、华首门、舍身崖、袈裟石、罗汉壁诸胜景。山顶如城,楞严塔共十二层,高达 45米。经整饰或修复的寺庙有金顶寺、铜佛寺、祝圣寺等。鸡足山亦多奇花古树,有云南最高的柳衫(华严寺),树龄达六百多年的"空心树"(悉檀寺),明代栽的茶花(华严寺),等等。

【译文】

向西行一里,见到有座牌坊位于道路左边,跨在南山的侧边,心知牌坊内有奇妙特异之处。向放牧的人询问,回答说:"那上面有处白石崖,必须从东南方翻越山坡走一里才能到达。"我于是命令行李从大路先去鸡足山,独自返回来去寻找白石崖。向东南曲折上走,果然是一里,在松林竹丛间找到高险的石崖。石崖上有洞,洞前有佛寺,寺门向北,门锁着不能进去。于是从佛寺西边穿过堵塞着小径的荆棘得以进去,游遍了山洞和佛阁。又攀着佛寺西面的石崖去探寻佛阁外的山洞,看见佛阁前方可以钻过种植的树木间出去,就从树丛中下山,一里仍来到大路上。又向西北行二里,下来到山坞中,渡过溪水,这是洗心桥,鸡足山南面山峡中的水,西面自桃花箐、南面自盒子孔流出来的水,都经由此处往东流出山峡,往东南流经炼洞、牛井后汇入宾川大溪。溪流北面鸡足山的山麓,有个村庄很是兴盛,北边靠着山,这是沙址村,这里是鸡足山的南麓。从这里起开始迫近鸡足山,道路有上无下了。

　　从村后西循山麓,转而北入峡中,缘中条而上,一里,大坊跨路,为"灵山一会"坊,乃按君宋所建者。于是冈两旁皆涧水泠泠,乔松落落。北上盘冈二里,有岐,东北者随峡,西北者逾岭;逾岭者,西峡上二里有瀑布,随峡者,东峡上二里有龙潭;瀑之北即为大觉,潭之北即为悉檀。余先皆不知之,见东峡有龙潭坊,遂从之。盘磴数十折而上,觉深宵险峻,然不见所谓龙潭也。逾一板桥,见坞北有寺,询之,知其内为悉檀,前即龙潭,今为壑矣。时余期行李往大觉,遂西三里,过西竺、龙华而入宿于大觉。

【译文】

　　从村后向西顺着山麓走,转向北进入峡谷中,沿着中间的支脉上登,一里,大牌坊跨在路上,是"灵山一会"坊,是姓宋的按察使修建的。从此处开始山冈两旁都是淙淙流淌的山涧水,高大的松树稀稀落落。绕着山冈往北上登二里,有岔路,往东北去的顺着峡谷走,向西北去的翻越山岭。翻越山岭的路,西面的峡谷上方二里有处瀑布;顺着峡谷走的路,东面的峡谷上方二里有处龙潭。瀑布的北面就是大觉寺,龙潭的北面就是悉檀寺。我事先都不知道这些,看见东面的峡谷中有龙潭的牌坊,就从这条路走。绕着数十折石阶往上走,觉得幽深险峻,但看不见所谓的龙潭。走过一座木板桥,见到山坞北面有佛寺,询问地名,知道那里面就是悉檀寺,寺前就是龙潭,如今成了壑谷了。此时我事先约定行李前去大觉寺,便向西行三里,路过西竺寺、龙华寺后进入大觉寺住下。

　　二十三日[①]　饭于大觉,即东过悉檀[②]。悉檀为鸡山最东丛林,后倚九重崖,前临黑龙潭,而前则回龙两层环之。先是省中诸君或称息潭,或称雪潭,至是而后知其皆非也。弘辨、安仁二师迎饭于方丈,即请移馆。余以大觉遍周以足疾期晤,于是欲少须之③。乃还过大觉,西上一里,入寂光寺。住持者留点。此中诸大刹,惟此七佛殿左右两旁俱辟禅堂方丈,与大觉、悉檀并丽。又稍西半里,为水月、积行二庵,皆其师用周所遗也,亦颇幽整。

【注释】

①二十三日:徐本自戊寅十二月二十三日起至己卯二月二十四日,在第九册上,自己卯三月初一日至四月二十九日,在第九册下。上下合题“滇”,有提纲云:“自鸡足山过鹤庆府,进丘塘关,抵丽江府解脱林。复自解脱林出丽江丘塘关、清玄洞,再至鹤庆。西过大脊下汝南哨、清水江、山塍塘、剑川州金华山、罗尤邑、莽歇岭、驮强江、石宝山、沙溪、罗木哨、观音山、出洞鼻、浪穹县佛光寨标楞寺。由浪穹凤羽山再出普陀崆、中所、邓川驿、上关、大理府、下关、石门、漾濞、横岭、永平县、宝台山、沙木河、澜沧铁桥、水寨、永昌府、冷水箐、枯飘、盘蛇谷、潞江、分水关、龙川江、乱箭哨、腾越州、尖山、固栋、南香甸、界头。”

②悉檀:即悉檀寺,“文革”中被毁,今已不存。遗址在今日鸡足山宾馆后面的树林里,有说明碑。下句所称水潭仍存,在鸡足山宾馆前。

③须:等待。

【译文】

二十三日　在大觉寺吃饭后,立即向东去悉檀寺。悉檀寺是鸡足山最东边的寺院,后面紧靠九重崖,前方面临黑龙潭,而且前方就有两层回绕的龙脉环绕着它。这之前省城中的诸位先生有的称息潭,有的称雪潭,到这里后才知道他们都不对。弘辨、安仁二位法师迎接我到方丈中吃饭,立即请我搬过来住。我因为大觉寺的遍周法师有脚病约我去会面,于是希望他们稍许等我一下。就返回来经过大觉寺,往西上走一里,进入寂光寺。住持僧人留我吃点心。此山中的各处大寺院,唯有这座七佛殿左右两旁都开辟成禅堂、方丈,和大觉寺、悉檀寺一样华丽。又稍往西行半里,是水月庵、积行庵两座寺庵,都是他们的师傅用周遗留下来的,也很是幽静整洁。

二十四日　入晤遍周,方留款而弘辨、安仁来顾,即恳移寓。遂同过其寺,以静闻骨悬之寺中古梅间而入。问仙陀、纯白何在,则方监建塔基在其上也。先是余在唐大来处遇二僧,即殷然以瘗骨事相订①。及入山,见两山排闼,东为水口,而独无一塔,为山中欠事。至是知仙陀督塔工,而未知建于何所。弘辨指其处,正在回龙环顾间,与余意合。饭后,遂东南二里,登塔基,晤仙陀。

【注释】

①瘗(yì):埋葬。

【译文】

二十四日　进去会晤遍周,遍周正在殷勤挽留客人而弘辨、安仁前来拜访,马上恳请我搬住处。于是一同前去悉檀寺,把静闻的遗骨悬挂在寺中的古梅树间然后进去。询问仙陀、纯白在什么地方,原来是正在山上监督修建塔基。这之前我在唐大来处遇到二位僧人,立即诚恳地把埋葬静闻遗骨的事约定了。到进山时,看见两面的山像门扉一样排列,东面是出水口,却惟独没有一座塔,是山中缺憾之事。到这时知道仙陀在监督建塔工程,却不知塔建在什么地方。弘辨指明了建塔的地方,正在回绕的龙脉环绕之间,与我的意思相合。饭后,就往东南行二里,登上塔基,与仙陀会面。

二十五日 自悉檀北上,经无息、无我二庵。一里,过大乘庵,有小水二派,一自幻住东,一自兰陀东,俱南向而会于此,为悉檀西派者也。从二水之中蹑坡上,二里余,东为幻住,今为福宁寺①;西冈为兰陀。幻住东水,即野愚师静室东峡所下,与九重崖为界者;幻住西水,即与艮一兰陀寺夹坞之水,上自莘野静室,发源于念佛堂,而为狮子林中峡之水也。循东冈幻住旁,北向一里而得一静室,即天香者。时寺中无人,入讯莘野庐,小沙弥指在盘崖杳蔼间②,当危崖之西。乃从其后蹑崖上,穿林转磴,俱在深翠中,盖其地无乔松,惟杂木缤纷,而叠路其间,又一景矣。数十曲,几一里,东蹑冈,即野愚庐;西缘崖度峡,即莘野庐道。于是西向傍崖,横陟半里,有一静室高悬峡中,户扃莫入,是为悉檀寺库头所结。由其前西下兰陀寺,蹑其后而上,又半里而得莘野静室。时知莘野在牟尼山,而其父沈翁在室,及至而其门又扃,知翁别有所过,莫可问。遂从其左上,又得一静室。主僧亦出,有徒在,询之,则其师为兰宗也。又问:"沈翁何在?"曰:"在伊室。"问:"室何扃?"曰:"偶出,当亦不远。"余欲还,以省中所寄书界之。其徒曰:"恐再下无觅处,不若留此代致也。"从之。又从左峡过珠帘翠壁,蹑台入一室,则影空所栖也。影空不在。乃从其左横转而东,一里,入野愚静室,所谓大静室也。有堂三楹横其前,下临绝壁。其堂窗棂疏朗,如浮坐云端,可称幽爽。室中诸老宿具在。野愚出迎。余入询,则兰宗、影空及罗汉壁慧心诸静侣也。是日野愚设供招诸静侣,遂留余饭。饭后,见余携书箧,因取箧中书各传观之。兰宗独津津不置,盖曾云游过吾地,而潜心文教者。

【注释】

①今为福宁寺:原作"宁福寺"。宁抄本作"福宁寺"。十二月二十九日记:"入幻住,见其额为福宁寺"。《鸡山志略》幻住庵注:"后嗣定光。今名福宁。"据改。

②沙弥:梵文的音译讹略,意为"息恶"或"勤策男,"指依照佛教戒律出家,已受十戒,还没有受具足戒的男性修行者。

【译文】

二十五日　从悉檀寺向北上山,经过无息、无我两座寺庵。一里,路过大乘庵,有两条小溪,一条来自幻住庵东边,一条来自兰陀寺东边,都是向南流到这里汇合,成为悉檀寺西面的支流。从两条溪水的中间踏着山坡上走,二里多,东边是幻住庵,如今是福宁寺;西面的山冈上是兰陀寺。幻住庵东边的水,就是从野愚禅师的静室东边的山峡中流下来,与九重崖形成分界的水;幻住庵西边的水,就是与艮一法师的兰陀寺夹成山坞的水,上面来自莘野的静室,发源于念佛堂,而后成为狮子林中间一条峡谷中的水。沿着东冈幻住庵旁,向北行一里后走到一处静室,是天香寺。此时寺中无人,进去打听莘野静室,小和尚指点,在幽深遥远的高大石崖之间,位于高险石崖的西面。于是从寺后攀着山崖上登,穿过树林绕着石阶走,全是走在深浓的翠绿色中,原来此地没有高大的松树,只有纷纭杂乱的杂木,而道路就重叠在其间,又是一种景致了。拐了几十道弯,将近一里,往东上登山冈,就是野愚的静室;往西攀援石崖穿过峡谷,就是去莘野静室的路。从这里向西傍着石崖,横向上登半里,有一处静室高悬在峡谷中,门锁着无法进去,这是悉檀寺主管库房的僧人修建的。由静室前往西下到兰陀寺,从寺后向上攀登,又是半里后走到莘野的静室。此时知道莘野在牟尼山,但他的父亲沈翁在静室中,等来到时静室的门又锁着,知道沈翁到别的地方去了,无人可问。只好从静室左边上走,又见到一处静室。住持的僧人也外出了,有徒弟在,向他打听,原来他的师傅是兰宗。又问:"沈翁在哪里?"答道:"在他的静室。"问:"静室为何锁着?"答:"偶尔外出,应当也不会太远。"我想要返回去,把从省城寄来的信交给他。这个徒弟说:"恐怕再下去也无处可找,不如把信留在这里代为转交。"听从了他的话。又从左边的峡谷经过珠帘翠壁,登上石台进入一个静室,原来是影空居住的地方。影空不在。于是从静室左边横着转向东,一里,进入野愚的静室,是所谓的大静室。有三间堂屋横在山崖前端,下临绝壁。静室的堂屋中窗户宽敞明亮,如同坐在漂浮的云端,可称得上幽静爽朗。静室中诸位高僧都在。野愚出来迎接。我进去后询问,原来是兰宗、影空以及罗汉壁的慧心诸位静侣。这天野愚摆设了饭食招待诸位静侣,就留我吃饭。饭后,见我携带着书箱,于是取出书箱中的书各自传看。唯独兰宗津津乐道,不肯放手,原来他曾经云游过我的家乡,而且是潜心于文教的人。

　　既乃取道由林中西向罗汉壁,从念佛堂下过,林翳不知,竟平行而西。共一里半,有毳在磐石上,入问道。从其西南半里,逾一突嘴,即所谓望台也,此支下坠,即结为大觉寺者。望台之西,山势内逊,下围成峡,而旃檀林之静室倚之。峡西又有脉一支,自山尖前拖而下,是为旃檀岭,即西与罗汉壁分界者。是脉下坠,即为中支,而寂光、首传寺倚之,前度息阴轩,东转而尽于大士阁者也。由望台平行而西,又二里半而过此岭。岭之西,石崖渐出,高拥于后。乃折而北上半里，得碧云寺。寺乃北京师诸徒所建，香火杂沓，以慕师而来者众也。师所栖真武阁，尚在后崖悬嵌处。乃从寺后取道，宛转上之。半里，入阁，参叩男女满阁中，而不见师。余见阁东有台颇幽，独探之。一老僧方濯足其上，余心知为师也，拱而待之。师即跃而起，把臂呼："同声相应，同气相求。"且诠解之①。手持二袜未穿，且指其胸曰："余为此中忙甚，袜垢二十年未涤。"方持袜示余，而男妇闻声涌至，膜拜不休，台小莫容，则分番迭换。师与语，言人人殊，及念佛修果，娓娓不竭。时以道远，余先辞出。见崖后有路可蹑，复攀援其上。转而东，得一峡上缘，有龛可坐，梯险登之。

【注释】

①诠（quán）解：详细解释。

【译文】

随后就取道经由树林中向西去罗汉壁，从念佛堂下走过，被树林遮住不知道，竟然平行向西走过。共行一里半，有座佛龛在磐石上，进去问路。从佛龛往西南行半里，越过一处前突的山嘴，就是所谓的望台了，这条支脉往下坠，就盘结为大觉寺所在的山。望台的西面，山势向内退进来，下方围绕成峡谷，而旃檀林的静室就紧靠峡谷。峡谷西面又有一条支脉，从山的尖顶向前拖下来，那是旃檀岭，就是在西面与罗汉壁分界的山。这条山脉下坠，就是中间的一支，是寂光寺、首传寺依傍着的山，往前延过息阴轩，向东转后在大士阁到了尽头。由望台向西平缓前行，又行二里半后越过此岭。山岭的西面，石崖渐渐出现，高高拥立在岭后。于是折向北上登半里，到碧云寺。寺庙是北京法师的众徒弟修建的，香火杂乱，因为仰慕法师而来的人众多。法师居住的真武阁,还在寺后悬崖上凹嵌之处。于是取道从寺后走,曲折上登悬崖。半里,进入真武阁,参拜叩头的男女挤满阁中,却不见法师。我看见阁东有个高台颇为幽静,独自去探幽。一个老和尚正在台上洗脚,我心中知道就是法师了,拱手站着等他。法师立即跳起来,拉住我的手臂高声说:"同声相应,同气相求。"并且详细解释了这句话。手中拿着两只袜子没有穿,并指着自己的胸口说:"我为这里面非常忙,袜子上的污垢二十年没洗过。"正把袜子拿给我看,而那些男女闻声涌过来,不停地顶礼膜拜,高台太小无法容纳,就分批轮换着来。法师与这些人说话,对每个人说的不一样,讲到念佛修炼功果,娓娓道来,滔滔不绝。这时因为路远,我先告辞出来。见到后面的悬崖上有路可以登上去,又攀援悬崖而上。转向东,走到一处峡谷的上方边缘,有个石龛可以坐,攀着危险的石梯登上石龛。

　　复下碧云庵。适慧心在,以返悉檀路遥,留余宿。主寺者以无被难之,盖其地高寒也。余乃亟下。南向二里,过白云寺,已暮色欲合。从其北傍中支脘行,路渐平而阔。二里,过首传寺,暗中不能物色。又东南一里余,过寂光。一里,过大觉。又东一里过西竺,与大道别,行松林间,茫不可见。又二里过悉檀前,几从龙潭外下,回见灯影,乃转觅。抵其门,则前十方堂已早闭不肯启,叩左侧门,乃得入宿焉。

【译文】

　　再下到碧云寺。恰好慧心在,因为返回悉檀寺的路太远,留我住下。寺中的住持由于没有被子而为难,原因是这里地势太高寒冷。我于是急忙下山。向南二里,路过白云寺,已经暮色降临。从白云寺北面靠着中间一条支脉侧边前行,道路渐渐变得又平缓又宽阔。二里,路过首传寺，黑暗中看不见东西的颜色。又往东南行一里多，经过寂光寺。一里，经过大觉寺。又向东一里过了西竺寺，与大路分手，行走在松林间，茫然看不见东西。又行二里走过悉檀寺前边，几乎从龙潭外边下去，回头看见灯影，才转回去找路。抵达寺门，却见前边的十方堂早已关闭，不肯开门，敲左侧门，才得以进寺住下。

二十六日　晨起饭。弘辨言："今日竖塔心，为吉日，可同往一看。幸定地一处，即可为静闻师入塔。"余喜甚。弘辨引路前，由龙潭东二里，过龙砂内支。其腋间一穴，在塔基北半里，其脉自塔基分派处中悬而下。先有三塔，皆本无高弟也。最南一塔，即仙陀、纯白之师。师本嵩明籍，仙陀、纯白向亦中表，皆师之甥，后随披薙，又为师弟。师归西方[①]，在本无之前，本公为择地于此，而又自为之记。余谓辨公，乞其南为静闻穴[②]。辨公请广择之。又有本公塔在岭北，亦惟所命。余以其穴近仙陀之师为便，议遂定。静闻是日入窆[③]。

【注释】

①归西方：佛教认为西方有极乐国土。佛家亦称逝世为归西方。

②静闻穴：即静闻墓。在鸡足山上，文笔峰之阴，东南距尊胜塔院甚近，登山公路从附近经过。1988年重建。周围绿树掩映。

③窆（biǎn）：落葬。

【译文】

二十六日　早晨起床吃饭。弘辨说："今天竖塔心，是吉日，可以一同去看一看。幸运的话能选定一处地方，就可以把静闻法师的遗骨葬入塔中。"我非常高兴。弘辨在前领路，由龙潭往东行二里，经过龙脉里面的一条支脉。两山间的山窝处有一个洞穴,在塔基北面半里处,这里的山脉从塔基处山脉分支的地方高悬在中央下延。早先有三座塔,都是本无禅师的高徒。最南边的一座塔,就是仙陀、纯白的师傅。禅师本来是嵩明州的籍贯,仙陀、纯白从前也是表兄弟,都是禅师的外甥,后来追随他剃度披上僧衣,又成为师傅和徒弟。禅师圆寂,在本无禅师之前,本无为他在这里选择了墓地,而且又亲自为他写了碑记。我对弘辨法师说,请求在这座塔的南面作为静闻的墓穴。弘辨法师请我广泛选择一下,还有本无禅师的塔在岭北,也任凭挑选。我认为静闻的墓穴靠近仙陀的师傅最为方便,于是商议定了。静闻这一天下葬。

二十七日　(有缺文)余见前路渐翳,而支间有迹,可蹑石而上,遂北上攀陟之。屡悬峻梯空,从崖石间作猿猴升①。一里半,则两崖前突,皆纯石撑霄,拔壑而起,自下望之,若建标空中②,自上凌之,复有一线连脊,又如琼台中悬,双阙并倚也。后即为横亘大脊。披丛莽而上,有大道东西横山脊,即东自鸡坪关山西上而达于绝顶者③。因昔年运砖,造城绝顶,开此以通驴马。余乃反从其东半里,凌重崖而上。然其处上平下嵌,俯瞰莫可见,不若点头峰之突耸而出,可以一览全收也。

【注释】

①从崖石间作猿猴升:原脱"猿"字,据徐本补。

②建标:竖物作为表识。

③鸡坪关:今名同,在鸡山东麓,炼洞正北。

【译文】

二十七日　(有缺文)我见前边的路渐渐被遮蔽了,而侧旁有足迹,可以踩着岩石而上,就往北攀着岩石上登。屡次悬空在陡峻的石梯上,从崖石间像猿猴一样攀升。一里半,就见两面的崖石前突,都是清一色的岩石伸向云霄,从壑谷中拔地而起,从下面望去,好像建立在空中的标杆,从上方登上山顶,又有一条线一样宽相连的山脊,又好似琼台悬在中央,双阙并立相依。后面就是横亘的大山脊。分开丛生的荒草上走,有条大路呈东西向横在山脊上,就是从东面的鸡坪关山向西上山而去到绝顶的路。因为往年要运砖,在绝顶建城,开挖了这条路以便驴马通行。我于是反身从大路往东行半里,登上重重山崖之上。然而此处上边平坦下面深嵌,俯身下视什么也看不见,不像点头峰那样突起耸立而出,可以一览无余了。

其脊两旁皆古木深翳,通道于中,有开处下瞰山后。其东北又峙山一围,如箕南向,所谓摩尼山也①,即此山余脉所结者。其西北横拖之支,所谓后趾也,即南耸而起为绝顶者。故绝顶自南壑望之,如展旗西立,罗汉九层之脊,则如展旗东立;自北脊望之,则如展旗南立,后趾之脊,则如展旗北立。此一山大势也。若桃花箐过脊,又在绝顶西南峡中,南起为木香坪之岭,东亘为禾字孔之脊,与罗汉壁、点头峰南北峙为两界。此在三距西南支之外,乃对山而非鸡足矣。若南条老脊,自木香而南走乌龙坝,罗汉壁、点头峰又其东出之支,非老干矣。山后即为罗川地,北至南衙,皆邓川属,与宾川以此山脊为界,故绝顶即属邓川,而曹溪、华首,犹隶宾川焉。若东北之摩尼,则北胜、浪沧之所辖,此又以山之东麓鸡坪山为界者也。从脊直北眺,雪山一指竖立天外,若隐若现。此在丽江境内,尚隔一鹤庆府于其中，而雪山之东，金沙江实透腋南注，但其处逼夹仅丈余，不可得而望也。

【注释】

①摩尼山：今作牟尼山，在永胜县南隅，属片角乡。崇祯二年（1629）亦于此建牟尼庵及吉祥塔，《游记》作摩尼寺，有别于鸡山上的牟尼庵。今已不存，遗址在牟尼山村。

【译文】

　　这条山脊两旁都是幽深密蔽的古树，道路在林中通过，有开阔的地方向下俯瞰山后面。此山东北方又对峙着一圈山，如同向南的粪箕，是所谓的摩尼山了，就是此山的余脉盘结成的山。此山西北面横拖而下的支脉，是所谓的鸡脚的后脚爪了，就是往南耸起成为绝顶的山。所以从南面的壑谷望绝顶，像展开的旗帜矗立在西边，罗汉壁的九层山脊，就如同展开的旗帜矗立在东边；从北面的山脊上望绝顶，却如同展开的旗帜矗立在南边，后脚爪的山脊，便如同展开的旗帜矗立在北面。这是全山的大概形势。至于延伸过桃花箐的山脊，又在绝顶西南的山峡中，在南面耸起成为木香坪所在的山岭，往东绵亘成为禾字孔所在的山脊，与罗汉壁、点头峰南北对峙，成为两列山。那些山在三只鸡爪西南支脉之外，是对面的山而不是鸡足山了。至于南面的那条主脊，从木香坪往南延伸到乌龙坝，罗汉壁、点头峰又是它向东分出的支脉，不是主干了。山后就是罗川的地界，往北到南衙，都是邓川州的属地，与宾川州以这条山脊作为分界，所以绝顶就属于邓川州，而曹溪寺、华首门仍隶属于宾川州。至于东北面的摩尼山，则是北胜州、浪沧卫的辖地，这又是以鸡足山的东麓鸡坪山作为分界的了。从山脊上向正北远眺，雪山像一根手指竖立在天际之外，若隐若现。此山在丽江府境内，在其中还隔着一个鹤庆府，而雪山的东面，金沙江实际上穿过雪山侧旁向南流淌，但那里狭窄得仅有一丈多，不可能远望到了。

由脊道西行，再隆再起，五里，有路自南而上者，此罗汉壁东旃檀岭道也；交脊而西北去者，此循后趾北下鹤庆道也；交脊而东北下者，此罗川道也；随脊而西者，绝顶道也。于是再上，再纡而北，又二里余而抵绝顶之下。其北崖雪痕皑皑，不知何日所积也。又南上半里，入其南门。门外坠壑而下者，猢狲梯出铜佛殿道；由北门出，陟后脊转而西南下者，束身峡出礼佛台，从华首门会铜佛殿道。而猢狲梯在东南，由脊上；束身峡在西北，由霤中①。此登顶二险，而从脊来者独无之。

【注释】

①霤(liù)：原为屋檐下接水的长槽，此处泛指承水的槽。

【译文】

从山脊上的路往西行，山脊两次隆起，五里，有条从南往上走的路，这是去罗汉壁东面旃檀岭的路；与山脊相交往西北去的，这是沿着鸡足山后脚爪向北下到鹤庆府的路；与山脊相交往东北下走的，这是去罗川的路；顺着山脊向西走的是去绝顶的路。从这里再上走，再绕向北，又行二里多后抵达绝顶之下。绝顶北面的山崖上雪迹白皑皑的，不知是何年何月堆积起来的。又向南上登半里，进入绝顶南门。门外深坠下壑谷中的，是从猢狲梯到铜佛殿的路；由北门出去，登上后面的山脊转向西南下走的，是从束身峡到礼佛台，经由华首门会合铜佛殿来的路的路。可猢狲梯在东南方，由山脊上走；束身峡在西北方，由水槽样的山沟里走。这是登绝顶的两条险途，但从山脊上来的路唯独没有危险的路段。

入门即迦叶殿。此旧土主庙基也，旧迦叶殿在山半。

岁丁丑①，张按君谓绝顶不可不奉迦叶，遂捐资建此，而移土主于殿左。其前之天长阁，则天启七年海盐朱按君所建。后有观风台，亦阁也，为天启初年广东潘按君所建，今易名多宝楼。后又有善雨亭，亦张按君所建，今貌其像于中。后西川倪按君易名西脚蘧庐②，语意大含讥讽。殿亭四围，筑城环之，复四面架楼为门：南曰云观，指云南县昔有彩云之异也；东曰日观，则泰山日观之义；北曰雪观，指丽江府雪山也；西曰海观，则苍山、洱海所在也。张君于万山绝顶兴此巨役，而沐府亦伺其意，移中和山铜殿运致之③，盖以和在省城东④，而铜乃西方之属，能克木，故去彼移此。有造流言以阻之者，谓鸡山为丽府之脉，丽江公亦姓木，忌金克，将移师鸡山，今先杀其首事僧矣。余在黔闻之，谓其说甚谬。丽北鸡南，闻鸡之脉自丽来，不闻丽自鸡来，姓与地各不相涉，何克之有？及至此而见铜殿具堆积迦叶殿中⑤，止无地以竖，尚候沐府相度，非有阻也。但一城之内，天长以后，为河南僧所主，前新建之迦叶殿，又陕西僧所主，以张按君同乡故，沐府亦以铜殿属之，惜两僧无道气，不免事事参商⑥，非山门之福也⑦。余一入山，即闻河南、陕西二僧名，及抵绝顶，将暮，见陕西僧之叔在迦叶殿，遂以行李置之。其侄明空，尚在罗汉壁西来寺。由殿侧入天长阁，盖陕僧以铜殿具支绝迦叶殿后正门，毋令从中出入也。河南僧居多宝楼下，留余晚供。观其意殊愤愤。余于是皆腹诽之⑧。还至土主庙中，寒甚。陕僧爇火供果，为余谈其侄明空前募铜殿事甚悉。"今现在西来，可一顾也。"余唯唯。

【注释】

①丁丑：崇祯十年，1637年。

②蘧(qú)庐：旅舍。

③中和山铜殿：徐霞客《滇游日记三》崇祯十一年九月二十三日记："杨林之水，绕尧林之东，马龙水由中和北转，同趋而北。"《盘江考》又说到"马龙州中和山水"。霞客对中和山是熟悉的。天启《滇志·搜遗志》载："中和山，寻甸府易龙驿东南中和山，又名赛武当，以祀真武。有巡抚蒋公宗鲁《记》。"明人张佳胤有《望中和山诗》，见《滇略》卷八。中和山在寻甸南隅和马龙间，与昆明金殿无涉。但二者都是道教名山，容易混淆，疑"中和山铜殿"为"太和宫铜殿"之讹。

④以和在省城东：指昆明太和宫铜殿。《嘉庆重修一统志》云南府载："鸣凤山，在昆明县东，距金马山三里，旧名鹦鹉山，明巡抚陈用宾易今名。上有太和宫诸胜。""太和观，在昆明县东鸣凤山，中有铜亭，楹柱檐瓦皆铜铸成，地甃大理石，极瑰丽。其右为环翠宫。"鸣凤山海拔2058米。昆明金殿系明万历三十年(1602)云南巡抚陈用宾创建，但崇祯十年(1637)已撤迁到鸡足山。现铜殿系清康熙十年(1671)吴三桂重铸，又称铜瓦寺。殿宽、深皆6.2米，高6.7米，门窗柱瓦、帏幔、神像、供桌等全部用铜雕铸成，总重量约250吨，为全国重点文物保护单位。

⑤铜殿：此处指鸡足山金顶寺铜殿。两部康熙年间的《鸡足山志》都记载："辛巳，黔国公沐天波移云南省城太和宫金殿来山，废普光殿并塔，就其址以立金殿。"大概在崇祯十四年(1641)铜殿具起架重建，此后山顶即称金顶寺。"文革"中铜殿被毁。近年重铸铜殿，恢复金顶寺旧观。

⑥参(shēn)、商：原为二星名，此出则彼没，两不相见，故常用以比喻互不和睦。

⑦山门：佛寺多在山间，佛寺的大门因称山门。

⑧腹诽：口里不说，心中不以为然。

【译文】

进门就是迦叶殿。这是原来土主庙的基址，旧迦叶殿在山的半中腰。丁丑年（崇祯十年，1637），巡按张君认为绝顶上不能不供奉迦叶，便捐资修建了这座迦叶殿，而把土主庙迁到迦叶殿左边。殿前的天长阁，则是天启七年（1627）海盐县人巡按朱君修建的。后面有观风台，也是楼阁，是天启（1621—1627）初年广东人巡按潘君修建的，如今改名叫多宝楼。后面还有善雨亭，也是张巡按修建的，今天亭子中画有他的像。后来四川的倪巡按改名叫西脚蓬庐，话语中大含讥讽的意思。佛殿亭子四周，筑有城墙环绕着，又在四面架楼作为门户：南面的叫云观，指云南县从前有彩云的奇异景观；东面的叫日观，便是取泰山日观的含义；北面的叫雪观，指丽江府的雪山；西面的叫海关，则是苍山、洱海所在的地方了。张君在万山丛中的绝顶上兴建如此巨大的工程，而沐府也暗中揣测到他的心意，把中和山的铜殿迁移搬运到此处，大概是因为中和山在省城东面，而铜是西方的属相，能克木，故而搬离那里迁到此地。有人制造流言来阻止搬迁铜殿，说是鸡足山是丽江府的龙脉，丽江知府也姓木，忌讳被金克，将要调动军队到鸡足山，如今先杀了那个首先倡议这件事的僧人。我在贵州时听到这件事，认为这种说法十分荒谬。丽江府在北，鸡足山在南，只听说鸡足山的山脉是从丽江府来的，没听说过丽江府的山脉从鸡足山来，姓氏与地理各不相干，有什么克不克的？等到了此地并见到铜殿的构件堆积在迦叶殿中，只是没有地方竖立起来，还要等沐府来选择地方，不是受到阻碍了。但是全城之内，天长阁之后，是河南僧人住持的地方，前边新建的迦叶殿，又是陕西僧人住持的地方，陕西僧人因为与张巡按是同乡的缘故，沐府也把铜殿交给他，可惜两位僧人没有超然于物外的气量，不免事事相左，不是佛门之福。我一进山，就听说河南、陕西二位僧人的名字，等到了绝顶，天将昏黑,看见陕西僧人的叔父在迦叶殿,便把行李放在他那里。他的侄子明空,还在罗汉壁西来寺。我从殿的侧边进入天长阁,因为陕西僧人把铜殿的构件支撑起来阻断了迦叶殿后面的正门,不让人从中间出入。河南僧人住在多宝楼下,挽留我吃晚饭。观察他的意思,特别愤愤不平。我对此事心中都不赞同他们。返回到土主庙中,冷极了。陕西僧人生好火摆出果子,对我谈他的侄子明空先前为铜殿募化的事非常详细。"现在在西来寺,可去见一面。"我口中"是是是"答应着。

二十八日　晨起寒甚,亟披衣从南楼观日出,已皎然上升矣。晨餐后,即录碑文于天长、善雨之间。指僵,有张宪副二碑最长,独不及录。还饭迦叶殿。乃从北门出。门外冈脊之上,多卖浆瀹粉者。脊之西皆削崖下覆,岂即向所谓舍身崖者耶?北由脊上行者一里,乃折而西下,过一敝阁,乃南下束身峡。巨石双迸,中窦成坑,路由中下,两崖逼束而下坠甚峻,宛转峡中,旁无余地,所谓"束身"也。下半里,得小坪,伏虎庵倚之。庵南向,从其前,多卖香草者,其草生于山脊。

【译文】

二十八日　清早起床非常寒冷,急忙披上衣服到南楼去看日出,明亮的朝阳已经升上来了。早餐后,立即在天长阁、善雨亭之间抄录碑文。手指冻僵了,有张副都御史的两块碑文最长,唯独来不及抄录。返回迦叶殿吃饭。随后从北门出来。门外山冈的山脊上,有很多卖开水煮粉的人。山脊的西面都是陡削下覆的石崖,难道就是先前所说的舍身崖的地方吗?由山脊上往北行一里,就折向西下走,路过一处破旧的楼阁,于是往南下去束身峡。巨石向两侧迸裂开,中间被流水冲刷成石坑，道路经由中间下走，两面的石崖紧逼束拢而下坠之处十分陡峻，在峡谷中弯弯绕绕，身旁没有余地，就是所谓的"束身"了。下行半里，走到一块小平地，伏虎庵依傍在这里。庵门向南，在庵前，有很多卖香草的人，这种草生长在山脊上。

　　循舍身崖东南转，为曹溪、华首之道；绕庵西转，盘绝壁之上，是为礼佛台、太子过玄关。余乃先过礼佛台。有亭在台东，亦中圮，台峙其前石丛起中，悬绝壑之上。北眺危崖倒插于深壑中，乃绝顶北尽处也，其下即为桃花箐，但突不能俯窥耳。其东南壑中，则放光寺在焉；其西隔坞相对者，木香坪也①。是台当绝顶西北隅悬绝处，凌虚倒影，若浮舟之驾壑，为一山胜处，而亭既倾敝，不容无慨。台之北，崖壁倒悬，磴道斩绝，而西崖之瞰壑中者，萼瓣上进，若蒂斯启。遥向无路，乃栈木横崖端，飞虹接翼于层峦之上，遂分蒂而蹈，如入药房，中空外透，欲合欲分。穿其奥窟，正当佛台之下，乃外石之附内石而成者，上连下进，裂透两头。侧身而进，披隙而出，复登南台之上。仍东过伏虎，循岩傍壁，盘其壑顶。仰视矗崖，忽忽欲堕，而孰知即向所振衣蹑履于其上者耶。

【注释】

①木香坪：原作"香木坪"，据四库本改。他处同。范承勋《鸡足山志》、大错《鸡足山指掌图》及新编《鸡足山志》皆作"木香坪"。

【译文】

　　顺着舍身崖向东南转，是去曹溪寺、华首门的路；绕着伏虎庵往西转，绕到绝壁之上，那是礼佛台、太子过玄关。我于是先去礼佛台。有座亭子在礼佛台东边，也是中间坍塌了，礼佛台矗立在亭子前边成丛突起的岩石中,高悬于绝深的壑谷之上。向北眺望,高险的崖壁倒插在深深的壑谷中,是绝顶北面的尽头处,悬崖下就是桃花箐,只不过悬崖前突不能俯视罢了。悬崖东南的壑谷中,就是放光寺在那里;悬崖西面隔着山坞相对的地方,是木香坪了。这礼佛台位于绝顶西北角高悬断绝之处,凌空倒影,好像驾着小船漂浮在壑谷上,是全山景色最美之处,然而亭子已经倒塌毁坏,不容人不感概。礼佛台的北面,崖壁倒悬,石阶路完全断绝,而西面悬崖俯瞰着壑谷中的地方,似花萼花瓣般的岩石向上逬裂开来,好像花蒂绽放。向远处去没有路,就在石崖前端横木架为栈道,在层层山峦之上像飞龙振翅飞翔一样连接起来,于是我分开花蒂踩着进去,如同进入芍药花冠中,中间是空的,外边透明,要合拢又要分开的样子。穿过这处幽深的洞窟,正好在礼佛台之下,是外面的岩石附着在里面的岩石上形成的,上边相连,下面逬裂开来,裂缝穿透两头。侧身进去,分开缝隙出来,又登到南台之上。仍然往东经过伏虎庵,沿着山崖紧靠峭壁,绕到那壑谷顶上。仰面看矗立的悬崖,恍如摇摇欲坠,可谁知道那就是我刚才脚踩在上面抖衣服的地方呀!

东南傍崖者一里余,有室倚崖,曰曹溪寺。以其侧有水一泓,在矗崖之下,引流坠壑,为众派之源,有似宗门法脉也。稍下,路分为二,正道东南循崖平去,小径西下危坡。余睇放光在西南壑,便疑从此小径是。西循之一里余,转而北逾一嘴,已盘礼佛台之下,其西北乃桃花箐路,而东南壑底,终无下处,乃从旧路返。二里,出循崖正道,过八功德水,于是崖路愈逼仄,线底缘嵌绝壁上,仰眺只觉崇崇隆隆而不见其顶,下瞰只觉窅窅冥冥而莫晰其根,如悬一幅万仞苍崖图,而缀身其间,不辨身在何际也。

【译文】

靠着悬崖往东南行一里多,有房屋紧靠悬崖,叫曹溪寺。因为寺旁有一池水,在矗立的悬崖下,引流下泄到壑谷中,成为众多支流的源头,有如佛门中各宗派传承的脉络一样了。稍下走,路分为两条,正路向东南沿着悬崖平缓前去,小径往西下陡坡。我斜看过去,放光寺在西南方壑谷中,便怀疑从这条小径走才对。顺着小径往西行一里多,转向北越过一处山嘴,已经绕到礼佛台之下,这里往西北去是去桃花菁的路,而要到东南方的壑谷底下,始终没有下走的地方,只好从原路返回。二里,出到沿着悬崖走的正路上,经过八功德水,走到这里山崖旁的路愈发狭窄了,脚底下的路像线一样围绕镶嵌在绝壁上,抬头远眺,只觉得悬崖高大穹隆却看不见它的顶,向下俯瞰,只觉得幽深杳渺却无法看清它的底,如同悬挂着的一幅"万仞苍崖"水墨图,而置身画中,却分辨不出身在何处了。

　　东一里,崖势上飞,高穹如檐,覆环其下,如户阃形,其内壁立如掩扉,盖其石齿齿,皆堕而不尽,堕之余,所谓华首门也。其高二十丈,其上穹覆者,又不知凡几,盖即绝顶观海门下危崖也。门之下,倚壁为亭,两旁建小砖塔裹之,即经所称迦叶受衣入定处,待六十百千岁以付弥勒者也。天台王十岳士性宪副诗偈镌壁间,而倪按院大书"石状奇绝"四字,横镌而朱丹之。其效颦耶①? 黥面耶②? 在束身书"石状大奇",在袈裟书"石状又奇",在兜率峡口书"石状始奇",凡四处,各换一字,山灵何罪而受此耶?

【注释】

　　①颦(pín):皱眉。效颦:丑妇人学美女西施捧心皱眉,愈加难看,常

比喻以丑拙学美好为效颦。

②黥（qíng）面：在脸上刺字，再涂上墨。

【译文】

向东行一里，悬崖的地势上部飞起，高大穹隆如像屋檐一样，覆盖环绕着石崖下方，如同门槛的形状，它的里面崖壁峭立好似关上的门扇，原来这里的岩石一齿齿的，都往下坠落，而坠落不尽剩余下的，就是所谓的华首门了。华首门高二十丈，门上方穹隆下覆的部分，又不知一共有多高，大概就是绝顶上观海门下方的危崖了。华首门之下，紧靠绝壁建了亭子，两旁建有小砖塔陪衬它，就是佛经所说的迦叶尊者受衣入定之处，等到六百万年后把它交给弥勒佛。天台县人王十岳士性副都御史题写的诗偈镌刻在石壁上，而倪巡按题写的"石状奇绝"四个大字，横着镌刻而且把字涂成朱红色。他是东施效颦呢？还是脸上刺字呢？在束身峡题写"石状大奇"，在袈裟石题写"石状又奇"，在兜率庵峡口题写"石状始奇"，共四处，每处换一个字，山神有什么罪，要受这种折磨呢？

又半里，矗崖东尽，石脊下垂，有寺倚其东，是为铜佛殿，今扁其门曰传灯寺，盖即绝顶东突，由猢狲梯下坠为此，再下即迦叶寺，而为西南支发脉者。寺东向，大路自下而来，抵寺前分两歧：由其北峡登寺后猢狲梯，为绝顶前门道，余昨从上所瞰者；由寺前循崖西转，过华首门，上束身峡，为绝顶后门道，余兹下所从来者。盖寺北为峡，寺西为崖，寺后猢狲梯由绝顶垂脊而下，乃崖之所东尽而峡之所南环者也。寺北有石峰突踞峡中，有庵倚其上，是为袈裟石。余初不知其为袈裟石也，望之有异，遂不入铜佛殿而登此石。至则庵僧迎余坐石上。石纹离披作两叠痕，而上有圆孔。僧指其纹为迦叶袈裟①，指其孔为迦叶卓锡之迹。即无遗迹，然其处回崖外绕,坠壑中盘,此石缀崖瞰壑,固自奇也。僧瀹米花为献,甚润枯肠。余时欲下放光、圣峰诸寺,而不能忘情于猢狲梯,遂循石右上。半里,升梯。梯乃自然石级,有叠磴痕可以衔趾,而痕间石芒齿齿,著足甚难。脊左瞰即华首矗崖之上,右瞰即袈裟坠壑之端,其齿齿之石,华首门乃垂而下,此梯乃错而上者,然质则同也。上半里,数折而梯尽,仍从峡上。问去顶迥绝,乃返步下梯,由铜佛殿北东下峡中。

【注释】

①迦叶:梵文摩诃迦叶波的略称,"摩诃"是大的意思,"迦叶波"是他的姓。大迦叶是释迦牟尼十大弟子之一,释迦死后,第一次会诵佛教总集《三藏》时,他是召集人。袈裟(jiā shā):梵文音译,为佛教僧尼的法衣。

【译文】

又行半里,矗立的悬崖东面的尽头处,石山脊下垂,有座寺庙紧靠山脊东面,这是铜佛殿,如今寺门上的匾额写着传灯寺,原来就是绝顶向东前突,由猢狲梯下坠形成这个地方,再下去是迦叶寺,而后成为鸡足山西南支山脉起始的地方。寺门向东,大路从下方前来,到寺门前分为两条岔路:从寺北的峡谷中上登寺后的猢狲梯,是去绝顶前门的路,就是我昨天从上面俯瞰到的路;由寺前沿着悬崖向西转,经过华首门,上登束身峡,是去绝顶后门的路,就是我现在往下顺着走来的路。迦叶寺北面是峡谷,寺西是悬崖,寺后的猢狲梯山脊由绝顶垂下来,是悬崖在东面的尽头处和峡谷向南环绕的地方。寺北有座石峰突立在峡谷中,有座寺庵依傍在石峰上,那是袈裟石。我起初不知道那就是袈裟石,望见它有些奇异,就没进铜佛殿而去登这座石峰。到达后庵中的僧人迎接我坐在石头上。石纹分散开来形成两层痕迹,而且上面有圆孔。

僧人称岩石上的纹路是迦叶尊者的袈裟，认为那些圆孔是迦叶尊者插放锡杖的遗迹。即使没有迦叶的遗迹，不过这地方山崖在外面回绕，深坠的壑谷盘曲在中央，这座石峰连缀着悬崖，俯瞰着壑谷，自身本来就很奇异了。僧人煮米花送给我吃，饥肠非常滋润。我此时想要下山到放光寺、圣峰寺诸寺去，可不能忘情于猢狲梯，就沿着袈裟石右侧上走。半里，爬猢狲梯。猢狲梯是自然形成的石阶，有层层叠叠的石阶痕迹可以承受脚趾，但石痕间石尖一齿齿的，很难落脚。在山脊上向左俯瞰就是华首门矗立的悬崖之上，往右俯瞰就是袈裟石深坠壑谷的顶端。那些一齿齿的岩石，在华首门是往下垂的，在此处石梯是交错着向上的，不过石质却是相同的。上登半里，曲折几次后石梯完了，仍然顺着峡谷上走。打听到去绝顶的路完全断绝，只好返回来走下猢狲梯，由铜佛殿北边往东下到峡中。

　　一里，横盘峡底，有庵当其中，所谓兜率庵也，已半倾。其后即绝顶与罗汉壁分支前突处，庵前峡复深坠。循庵横度，循左崖下半里，崖根有洼内嵌，前有巨树流荫，并鹤峋居士诗碑[①]。其前峡遂深蟠，路从其上，又分为两：循右峡中西南下者，为迦叶寺、圣峰寺西支大道；循左崖下东向行者，为西来寺、碧云寺、罗汉壁间道。余时身随西峡下，而一步一回眺，未尝不神飞罗汉壁间也。下半里为仰高亭，在悬峡中，因圮未入。既下，又半里出峡，为迦叶寺，其门东向，中亦高敞。此古迦叶殿，近因顶有新构，遂称此为寺云。入谒尊者[②]。从其前南向循岐而下，其路峻而大。两丐者覆松为棚。曲折夹道数十折，一里余而至会灯寺。寺南向，入谒而出。东下半里，有岐西去者，放光寺道也。恐日昃不及行，遂不西向而东趋。其路坦而大，一里为圣峰寺。寺东向，踞分支之上,前有巨坊,后有杰阁,其势甚雄拓。阁祀玉皇,今皆以玉皇阁称之。从此北瞻西来寺,高缀层崖之上,屏霞亘壁,飘渺天半,其景甚异。出寺,东随陇行,二里,过白云寺。又从其右东行一里半,过慧林庵,则左右两溪合于前而陇尽。遂渡其左峡,东过大觉寺蔬园,一里,从息阴后逾中支之脊,从千佛阁前观街子。街子者,惟腊底集山中③,为朝山之节④,昔在石钟寺前,今移此以近大觉,为诸寺之中也。由街子东半里,过西竺寺,又二里余,入悉檀。

【注释】

①居士:通常称在家修道而又受过三归、五戒的佛教徒为居士。

②尊者:凡已成罗汉的和尚,为僧中之尊,故称为尊者。

③腊底:腊月底,年底。

④朝山:佛教徒到名山大寺进香拜佛,称为朝山。

【译文】

一里,横向绕到峡底,有座寺庵位于峡中,就是所谓的兜率庵了,已有一半倒塌。庵后就是绝顶与罗汉壁分支前突的地方,庵前又深坠成峡谷。沿着兜率庵横过去,顺着左边的山崖下行半里,山崖根部有个洼坑向里面嵌进去,前方有棵巨大的树,树荫飘动,还有一块鹤峋居士题诗的石碑。庵前的峡谷于是向深远处蟠曲而去,道路从峡谷上方走,又分为两条:沿着右边从峡谷中往西南下行的,是去迦叶寺、圣峰寺西面支脉的大路;沿着左边从悬崖下向东走的,是去西来寺、碧云寺、罗汉壁的小路。我此时虽然身子顺着西面的峡谷下走,却一步一回头地眺望,未尝不是神魂飞到了罗汉壁间了。下行半里是仰高亭,在高悬的峡谷中,因为已倒塌没进去。下来后,又走半里走出峡谷,是迦叶寺,寺门向东,寺中也高大宽敞。这是古迦叶殿,近来因为绝顶上有新建的迦叶殿,这里便称为寺。进寺去拜了迦叶尊者。从寺前向南顺着岔路下行,这条路陡峻但宽大。两个乞丐用松枝覆盖成棚子。狭窄的道路曲曲折折转了几十道弯,一里多后到会灯寺。寺向南,进寺参拜后出来。往东下行半里,有条岔路向西去的,是去放光寺的路。担心太阳西下来不及走到,便不向西而往东赶去。这条路又平坦又宽大,一里到圣峰寺。寺向东,坐落在分出的支脉上,寺前有座巨大的牌坊,后面有高大的楼阁,气势十分雄伟开阔。阁中祭祀玉皇大帝,如今都用玉皇阁来称呼它。从此处向北远看西来寺,高高点缀在层层山崖之上,云霞般横亘在屏风样的崖壁上,飘渺于半空中,这种景象很是奇异。出寺来,向东顺着山陇前行,二里,路过白云寺。又从寺右往东行一里半,经过慧林庵,就见左右两条溪水在庵前合流而山陇到了尽头,于是渡过庵左的峡谷,往东走过大觉寺的菜园,一里,从息阴轩后面越过中间一条支脉的山脊,到千佛阁前观看街子。这里的街子,只在腊月底才聚集在山中,是朝山的节日,从前街子在石钟寺前,今天搬迁到此地,因为靠近大觉寺,是诸寺的中心位置。从街子往东行半里,路过西竺寺,又行二里多,进入悉檀寺。

　　具餐后,知沈公莘野乃翁。来叩,尚留待寺间,亟下楼而沈公至,各道倾慕之意。时已暮,寺中具池汤候浴[1],遂与四长老及沈公就浴池中[2]。池以砖甃,长丈五、阔八尺,汤深四尺,炊从隔壁釜中,竟日乃温。浴者先从池外挽水涤体,然后入池,坐水中浸一时,复出池外,擦而涤之,再浸再擦,浸时不一动,恐垢落池中也。余自三里盆浴后,入滇只澡于温泉,如此番之浴,遇亦罕矣。

【注释】

①汤:热水。

②长（zhǎng）老：佛教徒对住持僧的尊称。

【译文】

吃好晚餐后，知道沈公莘野的父亲。前来拜见，还留在寺中等待，急忙下楼而沈公已来到，各自诉说倾心仰慕的心意。此时天色已黑，寺中备好一池热水等候我去沐浴，于是与四位长老以及沈公下到浴池中。水池是用砖砌的，长一丈五尺，宽有八尺，热水深四尺，在隔壁的大锅中烧热水，一整天水才温热。洗澡的人先从池外泼水洗身子，然后再进入浴池中，坐在水中泡一段时间，再出到池外，擦洗身体，再泡再擦，泡的时候不能动一下，是害怕污垢落进水池中了。我自从在广西三里城在盆中沐浴后，进入云南省后只在温泉洗过澡，像这次这种方式的沐浴，也是极少遇见到的了。

二十九日　饭于悉檀，同沈公及体极之侄同游街子。余市鞋，顾仆市帽。遇大觉遍周亦出游，欲拉与俱。余辞岁朝往祝，盖以其届七旬也。既午，沈公先别去，余食市面一瓯①。一里余，从大乘庵上幻住。一里入幻住，见其额为福宁寺，问道而出，犹不知为幻住也。由其右过峡西北行，一里而入兰陀寺，寺南向。由正殿入其东楼，艮一师出迎。问殿前所卧石碑。曰："此先师所撰《迦叶事迹记》也。"昔竖华首门亭中，潘按君建绝顶观风台，当事者曳之顶，将摩镌新记，艮一师闻而往止之，得免，以华首路峻不得下，因纡道置此。余欲录之，其碑两面镌字，而前半篇在下。艮一指壁间挂轴云："此即其文，从碑誊写而出者。"余因低悬其轴，以案就录之。艮一供斋②，沈公亦至。斋后，余度文长不能竟，令顾仆下取卧具。沈公别去，余订以明日当往叩也。迨暮，录犹未竟，顾仆以卧具至，遂卧兰陀禅榻。顾仆传弘辨、安仁语曰："明日是除夕，幸尔主早返寺,毋令人悬望也。"余闻之,为凄然者久之。

【注释】

①瓯(ōu):装酒或食物的小盆。

②斋(zhāi):又称斋食,即不带动物油荤的素食。

【译文】

二十九日　在悉檀寺吃饭,同沈公以及体极的侄子一起去逛街子。我买了鞋子,顾仆买了帽子。遇上大觉寺的遍周也出来游逛,想拉我与他一同游。我以过年那天早上前去祝寿为由辞谢了他,因为到时他年满七十了。中午过后,沈公先告别离开,我吃了集市上买的一小盆面条。一里多,从大乘庵上登幻住庵。一里后进入幻住庵,看见门上的匾额是福宁寺,问路后出来,仍然不知道就是幻住庵了。由寺庙右边穿过峡谷往西北行,一里后进入兰陀寺,寺向南。由正殿走进寺院的东楼,艮一法师出来迎接。询问殿前倒卧着的石碑。回答说:"这是我师傅撰写的《迦叶事迹记》。"从前竖立在华首门的亭子中,潘巡按在绝顶修建观风台,办事的人把碑拖到山顶,将要磨掉另刻新的碑记,艮一法师听说后前去制止,得以幸免,由于华首门的路太陡峻下不来,就绕道放置在此处。我想要抄录碑文,这块碑两面刻着字,而且前半篇碑文在下面。艮一指着墙壁上挂着的卷轴说:"这就是碑文,是从碑上誊写下来的。"我于是把卷轴挂低一些,把书案搬近卷轴抄写。艮一提供了斋饭,沈公也来到。吃过斋饭后,我估计碑文太长不能抄完,命令顾仆下去取铺盖。沈公告别后离开,我约定明天要去叩拜他。到天黑时,还没抄录完,顾仆带着铺盖来了,就在兰陀寺禅房中的床上躺下。顾仆转告弘辨、安仁的话说:"明天是除夕,希望你的主人早早返回寺中,不要让人挂念盼望啊!"我听了这些话,心中为此凄凉了很久。

三十日　早起盥栉而莘野至,相见甚慰。同饭于兰陀。余仍录碑,完而莘野已去。遂由寺循脊北上,其道较坦,一里,转而东，一里出莘野庐前小静室。又半里而入莘野楼，则沈公在而莘野未还。沈公为具食，莘野适至，遂燕其楼。父子躬执爨，煨芋煮蔬，甚乐也。莘野恳令顾仆取卧具于兰陀曰："同是天涯，何必以常住静室为分①。"余从之，遂停寝其楼之北楹。其楼东南向，前瞰重壑，左右抱两峰，甚舒而称。楼前以桫松连皮为栏，制朴而雅，楼窗疏棂明净。度除夕于万峰深处，此一宵胜人间千百宵。薄暮，凭窗前，瞰星辰烨烨下垂，坞底火光，远近纷拏②，皆朝山者，彻夜荧然不绝，与瑶池月下，又一观矣。

【注释】

①常住：寺僧不游方的称为常住。

②纷拏(ná)：相互牵引。

【译文】

三十日　早晨起床洗脸梳头而莘野到来，相见十分欣慰。一同在兰陀寺吃饭。我仍然抄录碑文，抄完后莘野已离去。于是由兰陀寺沿着山脊往北上走，这条路较平坦，一里，转向东，一里出到莘野居室前的小静室。又行半里后进入莘野的楼阁，就见沈公在而莘野没有回来。沈公为我备饭，莘野恰好来到，就在它的楼中宴饮。父子二人亲自动手做饭，炖芋头煮蔬菜，十分快乐。莘野恳请我命令顾仆去兰陀寺取铺盖，说："同是流落天涯的人，何必以常住寺院、寄住静室来区分。"我听从他的话，就留下住在他楼上靠北的一间屋内。这座楼阁面向东南，前方俯瞰重重壑谷，左右围抱着两座山峰，十分舒展而且对称。楼前用带树皮的桫松木作栏杆，形制古朴而雅致，楼中的窗户疏朗明净。在万峰深处度过除夕，这一夜胜过人间的千百夜。傍晚，凭靠在窗前，俯瞰着星辰熠熠下垂的星光，山坞底下的火光，远近纷繁杂乱，那都是朝山的人，萤火似的整夜不断，与月光下的瑶池一样，又是一种景观了。

滇游日记六①

【题解】

《滇游日记六》是徐霞客旅游云南西北部的游记。

崇祯十二年(1639)正月,徐霞客游遍鸡足山上各风景胜迹,考察山形地貌,遍搜山中的清泉、悬瀑、陡崖、奇树、静室,了解诸寺缘起,抄录碑刻,寻访遗迹,还记载了正月十五观灯、人工喷泉、架桥渡水、山中建筑特点及僧侣饮食、论经、养花、赴斋、祭扫等生活情态。明末是鸡足山发展的鼎盛时期,《徐霞客游记》从动态反映鸡足山的盛况,对鸡足山所作的全面详尽的记录,比之于志书更加生动感人,是研究明代佛教名山的典型资料。

徐霞客接受丽江府土官木增的邀请,于正月二十二日离开鸡足山赴丽江。途经中所屯、北衙、西邑、松桧、辛屯、冯密等,从南往北,游屐纵贯鹤庆府。沿途游腰龙洞、鸡鸣寺,探龙珠山的石穴,考察了南衙和北衙的银矿。往北再经七和,过邱塘关,二十五日抵丽江府。二十九日,木增迎徐霞客移居解脱林。

己卯正月初一日② 在鸡山狮子林荪野静室。是早天气澄澈,旭日当前。余平明起,礼佛而饭,乃上隐空、兰宗二静室。又过野愚静室,野愚已下兰宗处。遂从上径平行而西,入念佛堂,是为白云师禅栖之所,狮林开创首处也。先是有大力师者,苦行清修,与兰宗先结静其下,后白云结此庐与之同栖,乃狮林最中,亦最高处。其地初无泉,以地高不能刳木以引③。二师积行通神,忽一日,白云从龛后龙脊中垂间,剜石得泉④。其事甚异,而莫之传。余入龛,见石脊中峙为崖,崖左有穴一龛,高二尺,深广亦如之。穴外石倒垂如檐,泉从檐内循檐下注,檐内穴顶中空,而水不从空处溢,檐外崖石峭削,而水不从削处坠,倒注于檐,如贯珠垂玉。穴底汇方池一函,旁皆菖蒲茸茸,白云折梅花浸其间,清泠映人心目。余攀崖得之以为奇,因询此龙脊中垂,非比两腋,何以泉从其隆起处破石而出? 白云言:"昔年剜石得之,至今不绝。"余益奇之。后遇兰宗,始征其详。乃知天神供养之事,佛无诳语,而昔之所称卓锡、虎跑,于此得其征矣。龛前编柏为栏,茸翠环绕,若短屏回合。阶前绣墩草,高圆如叠,跐跌其上⑤,蒲团锦茵皆不如也⑥。龛甚隘,前结松棚,方供佛礼忏⑦。白云迎余茶点,且指余曰:"此西尚有二静室可娱,乞少延憩,当瀹山蔬以待也。"余从之。西过竹间,见二僧坐木根曝背,一引余西入一室。其室三楹,乃新辟者,前甃石为台,势甚开整,室之轩几,无不精洁⑧,佛龛花供,皆极精严,而不见静主。询之,曰:"白云龛礼忏司鼓者是。"余谓此僧甚朴,何以有此? 乃从其侧又上一龛,额曰"标月",而门亦扃。乃返过白云而饭。始知其西之精庐,即悉檀体极师所结,而司鼓僧乃其守者。饭后,又从念佛堂东上,蹑二龛。其一最高,几及岭脊,但其后纯崖无路,其前则旋崖层叠,路宛转循之,就崖成台,倚树为磴,山光悬绕,真如蹑鹫岭而上也。龛前一突石当中,亦环倚为台,其龛额曰"雪屋",为程还笔,<small>号二游,昆明人,有才艺。</small>而门亦扃。盖皆白云礼忏诸静侣也。

【注释】

①《滇游日记六》:在乾隆刻本第七册上。

②己卯:崇祯十二年,1639 年。

③刳(kū)木:把树木剖开挖空。

④劖(chán):凿。

⑤跏趺(jiā fū):"结跏趺坐"的略称,即两脚交迭而坐,脚底板朝上,默然凝神,为佛教修禅者的坐法。

⑥蒲团:僧人坐禅及跪拜所用的垫子,用蒲编成,形状团圆,故称蒲团。现亦用稻草编成或布缝制。

⑦礼忏:佛家礼拜三宝忏悔罪孽的仪式,又称拜忏。

⑧室之轩几,无不精洁:原脱此八字,据徐本补。

【译文】

己卯年正月初一日　在鸡足山狮子林莽野的静室。这天早晨天气澄澈晴朗,旭日正对前方升起。我天亮时起床,拜佛后吃饭,于是上到隐空、兰宗两处静室。又拜访野愚的静室,野愚已经下去兰宗那里。就从上面的小径平缓向西行,进入念佛堂,这里是白云法师坐禅栖身的场所,是狮子林开创时第一个静室。那之前,有个大力法师,苦行清心修行,与兰宗先在念佛堂下方建了静室,后来白云在此处建了这间房屋与他们同住,是狮子林位置最居中,也是最高的地方。此地最初没有泉水,因为地势太高不能用剖开的树干来引水。二位法师积德行善通达神灵,忽然有一天,白云在佛龛后面龙脊从中间下垂的地方,凿石找到泉水。这事十分神异,但没人传扬。我进入佛龛中,看见石头山脊耸峙在中间成为石崖，石崖左边有一个洞穴，高有二尺，深处宽处也同样是二尺。洞穴外倒垂的岩石如屋檐一样，泉水从屋檐内顺着屋檐下流，屋檐内洞穴顶上中间是空的，但水不从空的地方溢出来，屋檐外崖石陡峭如削，可水不从陡削的地方下坠，却倒流向屋檐内，如同成串的玉珠垂下来。洞穴底汇积了一池水，四旁都是茸茸的菖蒲，白云折了一枝梅花浸泡在水池中，清凉明净，映人心目。我攀上石崖见到它，认为很神奇，因而询问这条从中间下垂的龙脊，不比两侧的山脉，为何泉水从山脊隆起的地方穿透石头流出来？白云说："往年挖石头找到泉水，至今泉水不绝。"我愈发感到奇怪。后来遇见兰宗，才征询到这事的详情。这才知道天神供养的事情，佛门中不说骗人的话，而此前传说的卓锡泉、虎跑泉的事，在这里得到了印证。佛龛前用柏树枝编成栏杆，茸茸的翠色环绕，似矮小的屏风围绕着。石阶前的绣墩草，又高又圆，如堆叠而成的，盘腿跌坐在草上面，蒲团和锦绣坐垫都赶不上了。佛龛非常狭窄，前方用松枝架了一座棚子，正在供佛行忏礼。白云用茶点迎接我，并指着对我说："这西边还有两处静室可以去欢娱一下，请稍微延迟一下休息休息，我将煮山里的蔬菜来款待。"我听从了他的话。往西走过竹林间，见到二位僧人坐在树根上晒后背，一个僧人领我往西进入一处静室。这个静室有三间，是新开辟的，前边用石头砌成平台，地势十分开阔严整，静室的轩廊茶几，无不精致整洁，佛龛和供奉的鲜花，都极为精细庄严，却不见静室的主人。向他询问，回答说："在白云佛龛举行忏礼敲鼓的那位僧人就是静室主人。"我认为这个僧人很是质朴，为什么会有这座静室？于是从静室侧边又上登一处佛龛，门上的匾额写着"标月"，可门也锁着。就返回到白云那里吃饭。才知道那西边精致的房舍，就是悉檀寺体极法师修建的，而打鼓的僧人只是替他守房子的人。饭后，又从念佛堂向东上走，登上两座石龛。其中一座最高的，几乎到达岭脊，但石龛后面完全是山崖，无路可走，石龛前方就是旋绕的山崖层层叠叠，道路弯弯转转沿着山崖走，就着山崖修成平台，靠着树根建成台阶，山间的风光悬空围绕，真好像踩着西天的灵鹫山上登了。石龛前一块岩石突立在当中，也是紧靠岩石绕着建成平台，这座石龛的匾额写着"雪屋"，是程还的手笔，别号二游，昆明县人，有才艺。而门也是锁着。大概诸位静侣都参加白云的忏礼去了。

又东稍下，再入野愚室，犹未返，因循其东攀东峡。其峡自顶下坠，若与九重崖为分堑者。顶上危岩叠叠，峡东亘岩一支，南向而下，即悉檀寺所倚之支也。其东即九重崖静室，而隔此峰峡，障不可见。余昔自一衲轩登顶，从其东攀岩隙直上，惟此未及经行，乃攀险陟之。路渐穷，抵峡中，则东峰石壁峻绝，峡下隑壑崩悬，计其路，尚在其下甚深。乃返从来径，过帘泉翠壁下，再入兰宗庐。知兰宗与野愚俱在玄明精舍，往从之。玄明者，寂光之裔孙也。其庐新结，与兰宗静室东西相望，在念佛堂之下，莘野山楼之上。余先屡过其旁，翠条罨映，俱不能觉；今从兰宗之徒指点得之，则小阁疏棂，云明雪朗，致极清雅。阁名雨花，为野愚笔。诸静侣方坐啸其中，余至，共为清谈瀹茗。日既昃，野愚辈乃上探白云，余乃下憩莘野楼。薄暮，兰宗复来，与谈山中诸兰若缘起[1]，并古德遗迹[2]，日暮不能竟。

【注释】

① 兰若：梵语"阿兰若"的省称，义即空寂闲静的地方，为寺庙的另一称谓。

② 古德：佛教徒对其先辈的尊称。

【译文】

又往东稍下走,再次进入野愚的静室,他还没回来,就从静室往东去攀登东面的峡谷。这个峡谷从山顶往下坠,好像是与九重崖分隔成深堑的地方。山顶上高险的岩石重重叠叠,峡谷东面横亘着一条陡峻的山脉,向南延伸而下,就是悉檀寺依傍着的支脉了。山的东边就是九重崖静室,可隔着这里的山峰和峡谷,挡着不能看见。我过去从一衲轩登顶,从一衲轩东边攀着岩石缝一直上登,惟有此地没来得及经过,就涉险向那里攀登。路渐渐断了,到达峡谷中,就见东峰的石壁陡峻极了,峡谷下方是崩塌高悬的深堑,估计去那里的路,还在峡谷下面很深的地方。只好返回来顺着来时的小径,走过帘泉翠壁下,再次进入兰宗的屋内。了解到兰宗和野愚都在玄明的精舍,前去找他们。玄明这位僧人,是寂光寺继承衣钵的徒孙。他的房屋是新建的,与兰宗的静室东西相望,在念佛堂的下方,莘野山楼的上面。我先前多次经过精舍旁边,翠绿色的枝条掩映着,都没能察觉到;今天在兰宗徒弟的指点下找到了它,原来是一个小阁,窗棂疏阔,像云彩和白雪一样明朗,极为清净雅致。阁名叫雨花,是野愚的手笔。诸位静侣正坐在阁中吟咏闲谈,我到后,一同煮茶清谈。太阳西下后,野愚这帮人才上去探访白云,我便下到莘野的楼上休息。傍晚,兰宗又来,和我谈起山中众多寺庙的缘起,以及佛门前辈高僧的遗迹,到天黑还没能讲完。

初二日　饭于莘野,即再过兰宗,欲竟所徵,而兰宗不在。爱玄明雨花阁精洁,再过之,仍瀹茗剧谈。遂扶筇西一里[①],过望台岭。此岭在狮林之西,盖与旃檀岭为界者,亦自岭脊南向而下,即大觉寺所倚之冈也,自狮林西陟其岭,即可望见绝顶西悬,故以"望"名。与其西一岭,又夹壑为坞,诸静室缘之,层累而下,是为旃檀岭。先是鸡山静室只分三处,中为狮子林,西为罗汉壁,东为九重崖,而是岭在狮林、罗汉壁之间,下近于寂光,故寂光诸裔,又开建诸庐,遂继三而为四焉。盖其诸庐在峡间,东为望台岭,西为旃檀岭,此岭又与罗汉壁为界者,又自岭脊南向而下,即寂光寺所倚之支也,是为中支。盖罗汉壁之东,回崖自岭脊分隤南下,既结寂光,由其前又南度东转,为观音阁、息阴轩,峙为瀑布东岭,于是又度脊而南,为牟尼庵,又前突为中岭,若建标于中,而大士阁倚其端,龙潭、瀑布二水口交其下,一山之脉络,皆以兹为缩毂云。

【注释】

①筇(qióng):通作"邛",本我国西南地区古代族名,在今四川西昌一带。邛地产竹,节高实中,可作手杖,即《史记·西南夷列传》中所说的"邛竹杖"。后来,杖也称筇。

【译文】

初二日　在莘野处吃饭,立即又去拜访兰宗,想要听完他收集到的往事,可兰宗不在。喜爱玄明雨花阁的精致洁净,再次去拜访他,仍然煮茶畅谈。于是挂着竹手杖往西行一里,经过望台岭。此岭在狮子林的西边,大概是与旃檀岭分界的山,也是从岭脊上向南延伸而下,就是大觉寺紧靠着的山冈了,从狮子林往西登上这座山岭,就可以望见西面高悬的绝顶,所以用"望"来起名。与它西面的一座山岭,又夹着壑谷成为山坞,众多的静室顺着山坞,层层叠累而下,那就是旃檀岭。早先鸡足山的静室只分散在三处,中间是狮子林,西面是罗汉壁,东面是九重崖,而这座山岭在狮子林、罗汉壁之间,下边靠近寂光寺,所以寂光寺诸位后代弟子又开辟建成了众多的静室,就继三处静室之后成为第四处了。这里众多的房屋都峡谷中,东面是望台岭,西面是旃檀岭,此岭又是与罗汉壁成为分界的山，又从岭脊向南延伸而下，就是寂光寺紧靠着的支脉了，这是中间一条支脉。罗汉壁的东面，回绕的悬崖从岭脊分支向南坠落而下，盘结为寂光寺后，由寺前又往南延伸转向东，成为观音阁、息阴轩所在的山，耸峙为瀑布东边的山岭，于是山脊又往南延伸，成为牟尼庵所在的山，又往前突成为中岭，好像竖起的标杆立在中央，而大士阁紧靠中岭的前端，龙潭、瀑布两条水流交汇的地方就在山下，全山的脉络，都以这里作为交会的中枢。

逾望台岭西三里，由诸庐上盘壑而西三里，又盘岭而南北转一里，北崖皆插天盘云，如列霞绡，而西皆所谓罗汉壁也。东自㮷檀岭，西至仰高亭峡，倒插于众壑之上，当其东垂之褶者①，幻空师结庐处也。真武阁倚壁足，其下曲径纵横，石级层叠，师因分箐为篱，点石为台，就阁而憩焉。其下诸徒辟为丛林，今名碧云者也。余前已访幻空返，忆阁间有陈郡侯天工诗未录，因再过录之。师复款谈甚久，出果饷之榻间。阁两旁俱有静室旁通，皆其徒所居，而无路达西来寺，必仍下碧云。

【注释】

①褶(zhě)：折迭。

【译文】

翻过望台岭向西行三里，由众多的房屋上方绕着壑谷往西行三里，又绕着山岭由南转向北一里，北面的山崖都高插天际，白云缭绕，如同披着云霞轻纱般排列着，而西面的都是所谓的罗汉壁了。东面起自㮷檀岭，西边抵达仰高亭所在的峡谷，倒插在众多壑谷之上，正当悬崖往东下垂转折之处，是幻空法师建房的地方了。真武阁紧靠崖壁脚下，真武阁下有曲折纵横的小径，石阶层层叠叠，法师沿着山箐插上篱笆作为分界，用石台来点缀，在阁中憩息。阁下面众徒弟开辟为寺院，是如今名叫碧云寺的地方了。我先前已经拜访过幻空返回来，回忆起真武阁中有陈郡侯名叫天工的诗没有抄录，因而再次过去抄诗。法师又恳谈了很久，拿出果子在卧榻上品尝。真武阁两旁都有静室相通，都是他的徒弟们住着，但没有路通到西来寺，必须仍然下到碧云寺。

　　由山门西盘崖坡，又一里半，北上半里，抵壁足，则陕西僧明空所结庵也，今名西来寺。北京、陕西、河南三僧，俱以地名，今京、陕之名几并重。以余品之，明空犹俗僧也。其名之重，以张代巡凤翩同乡，命其住持绝顶迦叶殿，而沐府又以中和山铜殿移而界之，故声誉赫然。然在顶而与河南僧不协，在西来而惟知款接朝山男妇，其识见犹是碧云诸徒流等，不可望幻空后尘也。然其寺后倚绝壁，云幕霞标，屏拥天际，巍峭大观，此为第一。寺西有万佛阁，石壁下有泉一方，嵌崖倚壁，深四五尺，阔如之，潴水中涵，不盈不涸。万峰之上，纯石之间，汇此一脉，固奇，但不能如白云氅之有感而出，垂空而下，为神异耳。观其水色，不甚澄澈，寺中所餐，俱遥引之西峡之上，固知其益不如白云也。寺东有三空静室，亦倚绝壁。三空与明空俱陕人，为师兄弟，然三空颇超脱有道气，留余饭其庐，已下午矣。自西来寺东至此，石壁尤竦峭，寺旁崖迸成洞，其中崆峒，僧悉以游骑填驻其中，不可拦入，深为怅恨。又有峡自顶剖洼而下，若云门剑壁，嵌隙于中，亦为伟观。僧取薪于顶，俱自此隙投崖下，留为捷径，不能藉为胜概也。

【译文】

由山门往西绕过山崖陡坡，又行一里半，向北上走半里，到达崖壁脚下，就到陕西僧人明空所建的寺庵，今天名叫西来寺。北京、陕西、河南的三位僧人，都是用地名来起名，现在北京僧、陕西僧的名声几乎一样受到尊重。由我来评价他们，明空仍然还是个庸俗的和尚。他之所以这样出名，是因为他是代理巡按张凤翮的同乡，张巡按任命他为绝顶迦叶殿的住持，而且沐府又把中和山的铜殿移来交给他，故而声誉显赫。然而他在绝顶与河南僧人不和，在西来寺却只知道接待来朝山的男男女女，他的见识还只是和碧云寺众徒弟那一流相等的，不能步幻空法师的后尘了。不过此寺后面紧靠绝壁，云霞覆盖缭绕，屏风样拥立天际，巍峨峻峭的壮美景观，这里数第一。寺西有个万佛阁，石壁下有一池泉水，嵌进石崖中紧靠石壁，水深四五尺，宽处也相同，积水涵在池中，不溢出也不干涸。万峰之上，清一色的岩石之间，汇积着这一池水，固然奇特，但不能和白云佛龛中的水相比，那里的水有感而出，垂空下流，更为神异。观察池中的水色，不怎么清澈，寺中所饮用的水，都是从远处西面峡谷之上引来的水，本来就知道这里的水不如白云佛龛中的，现在愈发肯定了。寺东边有三空的静室，也是紧靠绝壁。三空与明空都是陕西人，是师兄弟，不过三空颇为超脱，有超然尘世的气度，留我在他的屋中吃饭，已是下午了。从西来寺向东来到此地，石壁尤为高耸陡峭，寺旁的石崖迸裂成石洞，洞中空空的，僧人把游客骑来的马全部关在洞中，拦着不能进去，深深感到惆怅懊恼。又有一条峡谷从山顶剖开洼地伸下来，好像云中的门、剑劈的绝壁，裂缝深嵌在中央，也很壮观。僧人到山顶去取柴火，都是从这条缝隙投身走下山崖，留此作为捷径，不能以此作为胜景了。

既饭，复自寺西循崖而去，二里，崖尽而为峡，即仰高亭之上也。先是余由绝顶经此下，遂从大道入迦叶寺，不及从旁岐东趋罗汉壁，然自迦叶寺回眺崖端，一径如线痕，众窦如云盖，心甚异之，故不惮其晚，以补所未竟。然其上崖石虽飞嵌空悬，皆如华首之类，无可深入者。乃返，从西来、碧云二寺前，东过旃檀，仍入狮林，至白云龛下，寻玄明精舍。误入其旁，又得一龛，则翠月师之庐也。悉檀法眷。前环疏竹，右结松盖为亭，亦萧雅有致，乃少憩之。遂还宿莘野楼，已暮矣。

【译文】

　　饭后，又从寺西沿着石崖下走，二里，山崖完后变为峡谷，就在仰高亭的上面了。这之前我从绝顶经过此地下走，就顺着大路进入迦叶寺，来不及从旁边的岔路向东赶去罗汉壁，不过从迦叶寺回头眺望山崖顶端，一条小径如线一样的痕迹，众多的洞穴如在云间，心中十分惊异，所以不怕天晚，去补游没有游完的地方。然而那上面的崖石虽然飞嵌悬空，都和华首门类似，没有可以深入的地方。只好返回来，从西来寺、碧云寺两座寺庙前边，往东路过旃檀林，仍然进入狮子林，来到白云佛龛下，寻找玄明的精舍。误从精舍旁边走进去，又见到一处佛龛，是翠月法师的居室。是悉檀寺的弟子。前方环绕着疏散的翠竹，右边有松木建盖的亭子，也清净优雅有情趣，就在此稍作休息。于是返回来住在莘野的楼上，已经天黑了。

　　初三日　晨起，饭。荷行李将下悉檀，兰宗来邀，欲竟山中未竟之旨，余乃过其庐，为具盒具餐，遍征山中故迹。既午，有念诚师造其庐，亦欲邀过一饭。兰宗乃辍所炊，同余过念诚。路经珠帘翠壁下，复徙倚久之。盖兰宗所结庐之东，有石崖傍峡而起，高数十丈，其下嵌壁而入，水自崖外飞悬,垂空洒壁,历乱纵横,皆如明珠贯索。余因排帘入嵌壁中,外望兰宗诸人,如隔雾牵绡,其前树影花枝,俱飞魂濯魄,极罨映之妙。崖之西畔,有绿苔上翳,若绚彩铺绒,翠色欲滴,此又化工之点染,非石非岚①,另成幻相者也。崖旁山木合沓,琼枝瑶干,连幄成阴,杂花成彩。兰宗指一木曰:"此扁树,曾他见乎?"盖古木一株,自根横卧丈余,始直耸而起,横卧处不圆而扁,若侧石偃路旁,高三尺,而厚不及尺,余初疑以为石也,至是循视其端,乃信以为树。盖石借草为色,木借石为形,皆非故质矣。

【注释】

①岚(lán):山林中的雾气。

【译文】

初三日　早晨起床,吃饭。挑着行李准备下去悉檀寺,兰宗来邀请,意思是想讲完山中未讲完的轶事,我便前去他的居室,他为我准备了果盒和饭食,讲遍了山中的故事。午后,有位念诚法师来兰宗的居室拜访,也想邀请我过去吃一餐饭。兰宗于是终止做饭,同我一起去拜访念诚。道路经过珠帘翠壁下,又移步凭靠观赏了很久。兰宗所建居室的东面,有石崖傍着峡谷耸起,高达几十丈,下面崖壁凹嵌进去,水飞悬在崖壁外面,垂下高空,洒落在崖壁上,纷乱纵横,全都如同绳索连贯起来的明珠。我因此分开水帘进入凹嵌的崖壁中,向外看兰宗等人,如同隔着薄雾拉着轻纱,瀑布前的树影花枝,都让人神魂飞动,心灵受到洗涤,极尽掩映的妙处。石崖的西半边,有绿色的苔藓蒙在上面,好像铺着绚丽多彩的绒毯,翠色欲滴,这又是造化创造的绘画染色作品,不是石头,不是山间的雾气,另外形成一种奇幻的景象。石崖旁山间林木纷繁众多,琼枝玉干,绿色帷幕连成树荫,野花会聚成彩绸。兰宗指着一棵树说:"这是扁形树,在其他地方曾经见过吗?"原来是一棵古树,从根部起横卧一丈多,才向上直耸起来,横卧之处不是圆的而是扁的,像石块侧卧在路旁,高三尺,可厚度不到一尺,我最初怀疑是石头,到这时顺着查看它的上端,才相信是树。石崖借小草作为它的颜色,树木借石头作为它的形状,都不是它们原来的本质了。

　　东半里,饭于念诚庐。别兰宗,南向下"之"字曲,半里,又入义轩庐。义轩,大觉之派,新构静室于此,乃狮林之东南极处也。其上为念诚庐,最上为大静室,即野愚所栖,是为东支。莘野楼为西南极处,其上为玄明精舍,最上为体极所构新庐,是为西支。而珠帘之崖,当峡之中,傍峡者为兰宗庐,其上为隐空庐,最上为念佛堂,即白云师之庐也,是为中支。其间径转崖分,缀一室即有一室之妙,其盘旋回结,各各成境,正如巨莲一朵,瓣分千片,而片片自成一界,各无欠缺也。

【译文】

　　往东行半里,在念诚的屋中吃饭。告别兰宗,向南下走"之"字形的弯路,半里,又进入义轩的房舍。义轩,是大觉寺的支派,在此新建了静室,是狮子林东南面最远的地方。它的上面是念诚的房舍,最上面是大静室,就是野愚居住的地方,这是东面一条支脉。莘野的楼是西南面的最远处,它的上面是玄明的精舍,最上面是体极新建的房舍,这是西面一条支脉。而珠帘所在的石崖,位于峡谷之中,紧靠峡谷的地方的是兰宗的房舍,它的上面是隐空的房舍,最上面是念佛堂,就是白云法师的房舍了,这是中间一条支脉。山间小径弯转,山崖分隔,点缀一处静室就有一处静室的妙处,其间盘旋回绕,各自形成一处境界,正像一朵巨大的莲花,分出千片花瓣,而片片都自成一处境界,各自都没有欠缺。

从义轩庐又南向"之"字下,一里余,过天香静室。天香,幻住庵僧也,其年九十,余初上觅莘野庐,首过此问道者。又南一里,过幻住庵,其西即兰陀寺也,分陇对衡,狮林之水,界于左右,而合于其下焉。又南下一里余,二水始合,渡之即为大乘庵。由涧南东向循之,半里,水折而南,复逾涧东南下,一里,过无我、无息二庵。其下即为小龙潭、五花庵,已在悉檀寺右廓之外,而冈陇间隔。复逾涧南过迎祥寺,乃东向随涧行,一里,抵寺西虎砂,即前暗中摸索处也。其支自兰陀南来,至迎祥转而东,横亘于悉檀寺之前,东接内突龙砂,兜黑龙潭于内,为悉檀第一重案。其内则障狮林之水,东向龙潭;其外则界旃檀之水,合于龙潭下流,而脉遂止于此焉。于是又北逾涧半里,入悉檀寺,与弘辨诸上人相见,若并州故乡焉。前同莘野乃翁由寺入狮林,寺前杏花初放,各折一枝携之上;既下,则寺前桃亦缤纷,前之杏色愈浅而繁,后之桃賵更新而艳,五日之间,芳菲乃尔。睹春色之来天地,益感浮云之变古今也。

【译文】

从义轩的房舍又向南作"之"字形下行,一里多,经过天香的静室。天香是幻住庵的僧人,他的年龄有九十岁,我当初上去找莘野的房舍,首次经过此处曾经向他问路。又往南行一里,路过幻住庵,幻住庵西面就是兰陀寺了,分别在两条山陇上相对抗衡,狮子林的水,隔在左右,而后在幻住庵下方汇合。又往南下行一里多,两条涧水才合流,渡过涧水就是大乘庵。由山涧南边向东沿着山涧走,半里,涧水折向南流,又越过山涧向东南下走,一里,经过无我、无息二庵。那下面就是小龙潭、五花庵,已经在悉檀寺右边的围墙之外,可山冈土陇在中间隔着。又越过山涧往南经过迎祥寺,就向东顺着山涧前行,一里,抵达迎祥寺西面的虎砂,就是从前在黑暗中摸索的地方了。这条支脉从兰陀寺向南延伸而来,延到迎祥寺转向东,横亘在悉檀寺的前方,东面连接突起在山内的龙砂,把黑龙潭包围在里面,是悉檀寺的第一层案山。山的里面则阻隔了狮子林的水,向东流入龙潭;山的外面则隔开游檀岭的水,在龙潭下游合流,而山脉就到此为止。从这里又向北越过山涧行半里,进入悉檀寺,与弘辨等高僧相见,好像同是一州一县的故乡人一样的了。前几天同莘野的父亲从悉檀寺进入狮子林,寺前的杏花刚刚开放,各人折了一枝带上去;下来后,却见寺前的桃花也是缤纷盛开,先开的杏花颜色愈发浅而繁茂,后开的桃花笑容更加清新而艳丽,五天之间,竟然如此芳菲。目睹天地间春色的来临,益发感到古今的变化如同浮云一样了。

初四日　饭于悉檀,即携杖西过迎祥、石钟二寺。共二里,于石钟、西竺之前,逾涧而南,即前山所来大道也。余前自报恩寺后渡溪分道,误循龙潭溪而上,不及过大士阁出此,而行李从此来。顾仆言大士阁后有瀑甚奇,从此下不远,从之,即逾脊。脊甚狭而平,脊南即瀑布所下之峡,脊北即石桥所下之涧,脊西自息阴轩来,过此南突而为牟尼庵,尽于大士阁者也。脊南大路从东南循岭,观瀑亭倚之。瀑布从西南透峡,玉龙阁跨之。由观瀑亭对崖瞰瀑布从玉龙阁下陨,坠崖悬练,深百余丈,直注峡底,峡逼箐深,俯视不能及其麓。然踞亭俯仰,绝顶浮岚,中悬九天,绝崖陨雪,下嵌九地,兼之霁色澄映,花光浮动,觉此身非复人间,天台石梁,庶几又向昙花亭上来也。时余神飞玉龙阁,遂不及南下问大士阁之胜,于是仍返脊,南循峡端共一里,陟瀑布之上,登玉龙。其阁跨瀑布上流,当两山峡口,乃西支与中支二大距凑拍处,水自罗汉华严来,至此陨空下捣。此一阁正如石梁之横翠,鹊桥之飞空,惜无居人,但觉杳然有花落水流之想。阁为杨冷然师孔所题,与观瀑亭俱为蒋宾川尔弟所建。有一碑卧楼板,偃踞而录之。

【译文】

　　初四日　在悉檀寺吃过饭,立即带着拐杖往西经过迎祥、石钟二寺,共行二里,在石钟寺、西竺寺之前,越过山涧往南走,就是前山通来的大路。我此前在报恩寺后渡过溪流分道走,错误地沿着龙潭流来的溪水往上走,来不及经过大士阁来到此地,而行李从此处来。顾仆说,大士阁后边有处瀑布十分奇特,从这里下去不远,听从了他的话,随即翻越山脊。山脊很是狭窄却平坦,山脊南面就是瀑布坠落下去的峡谷,山脊北面就是从石桥往下流的山涧,山脊从西面的息阴轩延伸来,延过此地向南突起成为牟尼庵,在大士阁到了尽头。山脊南面的大路从东南顺着山岭走,观瀑亭紧靠大路。瀑布从西南方穿过峡谷,玉龙阁跨在流水上。从观瀑亭对面的山崖上俯瞰瀑布从玉龙阁下往下飞坠,坠下悬崖如同悬挂着的白色丝绢,深有一百多丈,直接流注到峡底,峡谷狭窄山菁幽深,俯视不能看到山麓。不过坐在亭中,俯仰之间,绝顶上漂浮的云雾,高悬在九天之中,险绝山崖上坠落的积雪,嵌入九地之下,加上天晴后澄澈天色的映照,彩光浮动,觉得此时身体已不再是在人间,天上的高台石桥,差不多又是向昙花亭上走过来的了。这时我的神魂飞到了玉龙阁,便来不及向南下走去过问大士阁的胜景,从这里仍然返回山脊,往南沿着峡谷前端共行一里,登到瀑布之上,上登玉龙阁。玉龙阁跨在瀑布的上游,位于两座山的峡口,是西面一条支脉与中间一条支脉二大山脉凑集会拢之处,水从罗汉壁、华严寺流来,流到此地坠空下捣。此处的一座楼阁正像石桥横跨青山,如鹊桥一样飞在空中,可惜没有居住的人,只觉得杳然有落花流水的遐想。玉龙阁名是杨冷然(表字"师孔")题写的,与观瀑亭都是宾川州知州蒋尔弟修建的。有一块碑卧倒在楼板上,趴着坐着抄录了碑文。

遂沿中支一里,西上息阴轩。从其左北逾涧,又北半里,入大觉寺,叩遍周老师。师为无心法嗣,今年届七十,齿德两高,为山中之耆宿①。余前与之期以新旦往祝,而狮林迟下,又空手而前,殊觉怏怏。师留餐于东轩。轩中水由亭沼中射空而上,沼不大,中置一石盆,盆中植一锡管,水自管倒腾空中,其高将三丈,玉痕一缕,自下上喷,随风飞洒,散作空花。前观之甚奇,即疑虽管植沼中,必与沼水无涉,况既能倒射三丈,何以不出三丈外?此必别有一水,其高与此并,彼之下,从此坠,故此上,从此止,其伏机当在沼底,非沼之所能为也。至此问之,果轩左有崖高三丈余,水从崖坠,以锡管承之,承处高三丈,故倒射而出亦如之,管从地中伏行数十丈,始向沼心竖起,其管气一丝不旁泄,故激发如此耳。雁宕小龙湫下,昔有双剑泉,其高三尺,但彼则自然石窍,后为人斫窍而水不涌起,是气泄之验也。余昔候黄石斋于秣陵②,见洪武门一肆盆中,亦有水上射,中有一圆物如丸,跳伏其上,其高止三尺,以物色黄君急,不及细勘,当亦此类也。既饭,录碑于西轩。轩中山茶盛开,余前已见之,至是折一枝。

【注释】

①耆（qí）宿：年高而有道德学问的人。

②秣陵：秦汉时曾设秣陵县（治所在今南京城南秣陵镇），故秣陵也
　　成为南京代称。明置秣陵关，今名同，在江苏南京市南五十里。
　　下句洪武门为明代南京宫城南面正门，在今南京光华门内稍北处。

【译文】

随后沿着中间一条支脉行一里，向西登上息阴轩。从息阴轩左边向北越过山涧，又往北行半里，进入大觉寺，叩拜遍周老法师。法师是无心法师继承衣钵的徒弟，今年年满七十岁，年齿德行两样都高，是山中德高望重年迈的高僧。我之前与他约定在新年元旦时前往祝寿，可从狮子林下来迟了，又空手前往，很是觉得怏怏不乐。法师留我在东轩廊用餐。轩廊中的水从亭子的水池中射上空中，池子不大，池中放置一个石盆，盆中插了一根锡管，水从管子中倒腾入空中，水柱高处将近三丈，一缕白玉般的水痕，自下向上喷，随风飞洒，散落为空中的花朵。先前观赏它时感到十分奇异，就怀疑虽然管子插在水池中，必定与池中的水无关，何况既然能倒射三丈高，为何不超出三丈之外呢？这必定是另有一处水源，那水的高度与这喷射的水一样高，那里的水往下流，从这里坠落，所以这里向上喷，到这个高度为止，它潜藏的机理应当在池底，不是池水能够这样向上喷。来到此地询问它的机理，果然是在轩廊左边有处三丈多高的山崖，水从山崖上下流，用锡管接水，接水的地方高三丈，故而倒射出来的水也一样高，管子从地下潜行几十丈，才从池中心竖起来，那锡管一丝气都不外泄，所以能如此喷发。雁宕山的小龙湫下面，从前有双双剑泉，泉水高三尺，但那里则是自然形成的石窍，后来被人凿通了石窍而泉水就不再涌起，这是漏气的验证了。我从前在秣陵关去拜访黄石斋，看见洪武门一家店铺的盆中，也有水向上喷射，盆中有一个如同弹丸的圆东西，伏在水柱上跳动，水高只有三尺，因为急于去寻找黄君，来不及细细察看，应当也是这一类东西了。饭后，在西轩廊抄录碑文。轩中的山茶盛开，我先前已经看见它了，到这时折了一枝。

别遍周,西半里,过一桥,又北上坡一里,入寂光寺。寺住持先从遍周东轩同餐,至此未返。余录碑未竟,暝色将合,携纸已罄^①,乃返悉檀。又从大觉东一探龙华、西竺二寺,日暮不能详也。

【注释】

①罄(qìng):尽,完。

【译文】

辞别遍周,往西半里,过了一座桥,又向北上坡一里,进入寂光寺。寺中的住持之前在遍周的东轩廊一同用餐,到这时还没回来。我抄录碑文还未完,暮色即将降临,带着的纸已经用完,便返回悉檀寺。又从大觉寺往东去探访了一下龙华、西竺二寺,天黑不能详细观察了。

初五日　暂憩悉檀寺。莘野乃翁沈君,具柬邀余同悉檀诸禅侣,以初六日供斋狮林,是日遂不及出。

【译文】

初五日　暂时在悉檀寺休息。莘野的父亲沈君,备好柬帖邀请我和悉檀寺诸位一同修行的僧侣,初六日在狮子林提供斋饭,这一天便来不及外出。

初六日　悉檀四长老饭后约赴沈君斋,沈君亦以献岁周花甲^①,余乃录除夕下榻四诗为祝。仍五里,至天香庐侧,又蹑峻二里而登莘野楼,则白云、翠月、玄明诸静侣皆在。进餐后,遂同四长老遍探林中诸静室。宛转翠微间,天气清媚,茶花鲜娇,云关翠隙,无所不到。先过隐空,为留盒茗。

过兰宗、野愚,俱下山。过玄明,啜茗传松实②。过白云,啜茗传茶实。茶实大如芡实,中有肉白如榛,分两片而长,入口有一阵凉味甚异。即吾地之茗实,而此独可食。闻感通寺者最佳,不易得也。间有油者棘口。**过体极静庐,预备茶盒以待。下午,仍饭于莘野楼。四长老强余骑,从西垂下二里,过兰陀寺西,从其前东转,乃由幻住前下坡,四里,归悉檀。**

【注释】

①花甲:我国古代纪年方法有多种,其中一种以十天干、十二地支参互配合,六十年为一轮,因称年满六十岁为一花甲。

②松实:即食用的课松籽,至今仍为云南特产。

【译文】

初六日　悉檀寺的四位长老饭后约我去赴沈君的斋饭,沈君也在年初满六十周岁,我就抄了除夕日住在他那里的四首诗作为祝寿礼。仍然五里,来到天香房舍的侧边,又上登陡峻的山路二里后登上莘野的楼阁,就见白云、翠月、玄明诸位静侣都在。进餐后,就同四位长老探遍了林中的各个静室。在青翠的山色间弯来转去,天气清新妩媚,茶花鲜艳娇美,云雾中的险关,葱翠山间的空隙处,无处不到。先拜访隐空,用果盒香茶留客。拜访兰宗、野愚,都下山去了。拜访玄明,品茶吃松子。**拜访白云,品茶吃茶实。**茶实大处如芡实,中间有白色如榛子样的果肉,分为两片但长一些,进嘴后有一阵凉味十分特异。就是我们地方的茶果,可此地的唯独可以食用。听说感通寺的最好,不容易得到。偶尔有含油的会辣嘴。**拜访体极的静室,他们预先备好了茶盒来款待。下午,仍然在莘野的楼上吃饭。四位长老强行要我骑马走,从西边垂直下走二里,经过兰陀寺西面,从寺前转向东,就从幻住庵前下坡,四里,回到悉檀寺。**

初七日　晨起，大觉寺遍周令其徒折柬来招，余将赴之，适艮一、兰宗至，又有本寺复吾师自摩尼寺至，复吾，鹤庆人，以庠士为本无高徒。今主摩尼，间归本刹，乃四长老之兄行也。有子现在鹤庠。野愚师又至，遂共斋本刹。下午，野愚、兰宗由塔盘往大士阁，余赴大觉之招。小食后，腹果甚，遂乘间往寂光，录前所未竟碑。仍饭于大觉，而还悉檀宿。

【译文】

初七日　清晨起床，大觉寺的遍周命令他的徒弟送信来邀请，我即将赴约，恰好艮一、兰宗来到，又有本寺的复吾禅师从摩尼寺来到，复吾，是鹤庆府人，以庠生的身份成为本无法师的高徒。如今主持摩尼寺，间或归回本寺，是四位长老的师兄辈了。有儿子，现在在鹤庆府学校。野愚法师又来到，便一同在本寺吃斋饭。下午，野愚、兰宗经由塔基前往大士阁，我去赴大觉寺的邀请。小吃之后，腹中很饱，就乘空前往寂光寺，抄录先前未录完的碑文。仍然在大觉寺吃饭，而后返回悉檀寺住宿。

初八日　饭后，四长老候往本无塔院，盖先期以是日祭扫也，余从之。由寺左龙潭东下一里，又过一东腋水南行半里，则龙砂内支，自东而西突，与中支大士阁之峰，夹持于悉檀之前，其势甚紧。悉檀左右前后诸水，俱由此出。路由岭坳南度，余同弘辨、莘野特西探其岭。隔峡西眺，中支南突，至此而尽，大士阁倚其下，乃天然锁钥，为悉檀而设者也。仍还由大路，循东岭而南，半里，为静闻瘗骨处，乃登拜之。

【译文】

初八日　饭后，四位长老等候我前往本无塔院，因为事先约定在这一天祭奠扫墓，我跟随他们一起去。由寺左的龙潭往东下行一里，又越过东侧的一条涧水往南行半里，就见龙砂位于里面的支脉，自东往西前突，与中间一条支脉大士阁所在的山峰，夹峙在悉檀寺的前方，山势十分紧凑。悉檀寺前后左右的众多水流，都是经由此处流出去。道路经由岭坳通往南面去，我同弘辨、莘野特地向西去探究这座山岭。隔着峡谷向西眺望，中间一条支脉往南前突，到此地就到头了，大士阁紧靠在山下，是天然形成的险要之地，为悉檀寺而专门设置的。仍然回来由大路走，沿着东岭往南行，半里，是埋葬静闻遗骨的地方，便登上去祭拜静闻。

又南一里，则龙砂外支①，又自东岭分突而西，与西支传衣之峰对，亦夹持于悉檀之前，其势甚雄。大士阁东龙潭诸水，阁西瀑布诸水，悉由此而出。此岭为一山之龙砂，而在悉檀为尤近，即鸡足前三距中之东南支也②。其脉自绝顶东亘，屏立空中，为罗汉壁、狮子林、点头峰、九重崖后脊。中支由罗汉壁下坠而止于大士阁，东支由九重崖东南环为此岭，若臂之内抱，先分一层为内砂，与中支大士阁对，又纡此层为外砂，与西支传衣后峰对。其势自东而西突，其度脊少坳如马鞍，故昔以马鞍岭名之。余初入鸡山抵大觉，四顾山势，重重回合，丛林净室，处处中悬，无不恰称，独此处欠一塔，为山中缺陷。及至悉檀，遥顾此峰尤奇，以为焉得阿育王大现神通于八万四千中，分一灵光于此。既晤弘辨，问仙陀何在？曰："在塔盘。"问塔盘何在？则正指此山也。时尚未竖塔心，不能遥瞩，自后则瞻顾如对矣。人谓鸡山前伸三距，惟西支长，而中东二支俱短，非也。中支不短，不能独悬于中，令外支环拱。西支固长，然其势较低，盖虎砂正欲其低也。若东支之所谓短者，自其环抱下坠处言之，则短，自其横脊后拥处言之，则甚长而崇，非西支之可并也。盖西支缭绕而卑，虎砂也，而即以为前案；东支夭矫而尊，龙砂也，而兼以为后屏，皆天设地造，自然之奇，拟议所不及者也。塔盘当峰头，在马鞍中坳之西，有大路在马鞍之间，则东南下鸡坪关者；有歧路在马鞍之东，则东北向本无塔院者。时塔盘工作百余人，而峰头无水，其东峰有水甚高，以中坳不能西达，乃竖木柱数排于坳中，架桥其上以接之。柱高四丈余，刳木为沟，横接松杪。昔闻霄汉鹊桥，以渡水也，今反为水渡，抑更奇矣。大觉则抑之地中以倒射，此则浮之空中使交通，皆所谓颠倒造化也。由坳东向循峰，则鸡山大脊之南尽处也。其前复开大洋，分支环抱，又成一向，可谓灵山面面奇矣。

【注释】

①龙砂：中国古代神话中的东方之神青龙，后为道教所信奉，同白虎、朱雀、玄武合称四方四神。青龙在左，代表东方，东边左砂即称龙砂。白虎在右，代表西方，西边的右砂则称虎砂。朱雀在前，代表南方。玄武在后，代表北方。

②距：鸡的脚爪。

【译文】

又向南一里，就见龙砂外面的支脉，又从东岭分支向西前突，与西面一条支脉传衣寺所在的山峰相对，也是夹峙在悉檀寺的前方，山势非常雄伟。大士阁东面龙潭各处的水流,大士阁西面瀑布各处的水流,全都经由此处流出去。这座山岭是全山的龙砂,而距悉檀寺尤其近,就是鸡足山前方三只鸡爪中东南方的支脉了。它的山脉从绝顶往东绵亘,屏风样立在空中,成为罗汉壁、狮子林、点头峰、九重崖后面的山脊。中间一条支脉从罗汉壁下坠而后到大士阁为止,东面一条支脉由九重崖往东南环绕成为这座山岭,好似手臂向内围抱,先分出一层成为里面的山,与中间一条支脉的大士阁相对,又迂曲成为这一层外面的山,与西面一条支脉传衣寺后的山峰相对。山势自东向西突起,那延伸的山脊稍微下凹如同马鞍,故而从前用"马鞍岭"来命名这座山。我最初进入鸡足山来到大觉寺,四面环顾山势,一重重山回绕合围,寺院静室,处处高悬山中,无不恰到好处十分相称,唯独此处缺少一座塔,成为山中的缺陷。等到了悉檀寺,遥看此峰尤其神奇,以为是哪里得到的阿育王在八万四千法门中大显神通,分得一分灵光于此地。与弘辨见面后,询问:"仙陀在哪里?"答道:"在塔基。"问:"塔基在什么地方?"原来指的正是这座山。那时还没有竖立塔心,不能从远处看见,自那之后远看近看就如同面面相对了。人们说鸡足山向前伸出三只鸡爪,唯有西面的支脉长一些,而中间和东面的支脉都短,不对。中间的支脉不短,不能独自高悬在中间,让外面的支脉环绕拱卫。西面的支脉固然长,但山势较低,作为虎砂正要它低一些。至于东面一条支脉的所谓短,从山势环抱下坠之处来讲它,那是短一些,从它横亘的山脊向后围抱之处来说它,则非常长而且高,不是西面的一条支脉可以并驾齐驱的了。大体上西面的支脉山势缭绕却低矮,是虎砂,因而就作为前方的案山;东面的支脉屈伸蜿蜒却高峻,是龙砂,而且兼而作为后方的屏障,都是天设地造由自然形成的奇观,是人靠模拟议论所不能做到的。塔基正当峰头,在马鞍中间下凹的西边,有大路在马鞍的中间,那是往东南下行到鸡坪关的路;有条岔路在马鞍的东边,那是往东北通向本无塔院的路。这时在塔基工作的有一百多人,可峰头没有水,这里的东峰有水,很高,由于中间的凹地不能流到西峰，就在凹地中竖了几排木柱，在木柱上架桥接水。木柱高四丈多，剖开树干挖空成为水沟，横接在松木柱子顶端。从前听说过天河上有鹊桥，用来渡过水，今天反而是让水渡过去，恐怕是更奇异了。大觉寺是把水压入地下以便让水倒喷，这里却是水浮在空中让水流通，都是所谓的颠倒自然的造化啦。由凹地向东沿着山峰走，就是鸡足山主脊在南面的尽头处了。山前又十分开阔，分支山脉环抱，又形成另一种走向，可称得上灵山面面都是奇观了。

　　共二里，登谒本无塔。塔甚伟，三塔并峙，中奉本公舍利①，左右则诸弟子普、同二塔也。左为塔院，有亭有庑，而无守者。可憩可栖。诸静侣及三番僧皆助祭，余则享馂焉②。时同祭者，四长老外，则白云、复吾、沈公及莘野诸后裔俱集。若兰宗、艮一，则本公雁行③，故不至云。祭后，仙陀、纯白又携祭品往祭马鞍岭北三塔，遂及静闻。下午，还过塔盘，叩仙陀，谢其祭静闻也。

【注释】

①舍利：梵文音译的略称，即佛骨。释迦牟尼死后，弟子焚其身，有骨子如五色珠，光莹坚固，称舍利子，因造塔埋葬。后僧侣死后火化的残余骨烬亦称舍利，且亦建塔埋葬。僧侣墓地集中的地方，即称塔院。

②馂（jùn）：剩余的食物。

③雁行（háng）：弟兄辈，意即兄弟长幼，年齿有序，如飞雁平行而又排列有次序。

【译文】

共行二里，上登拜谒本无塔。塔非常雄伟，三塔并立，中间供奉着本公的舍利子，左右就是两位弟子普、同二塔。左边是塔院，有亭子有廊庑，可没有守护的人。可以休息可以居住。诸位静侣以及三位外族僧人都来协助我祭拜，我就享用了祭拜剩下的食物。此时一同祭拜的人，四位长老之外，就是白云、复吾、沈公及莘野，诸位后辈全都汇集了。至于兰宗、艮一，则是本公的同辈，所以没来。祭拜后，仙陀、纯白又带着祭品前往祭拜马鞍岭北面的三座塔，就连带祭祀静闻。下午，返回来路过塔基，叩拜了仙陀，是感谢他祭祀静闻。

初九日　晨餐后，余即携杖西行。三里，过息阴轩。轩在中支之脊，大觉寺之前案也，为本无师静摄处。额为金宪冯元成时可所书。筇竹轩，亦曰息阴，以本无从筇竹披剃也。其前有三岐：从左渡涧，趋大觉、寂光；从右渡涧，趋传衣，下接待；从后直上，则分渡右涧，或由慧林而上圣峰，或陟西支而抵华严焉。余乃先半里从右渡，转而东上南岭，半里，盘其东崖之上，即瀑布之西峰也。于是循之南行，东瞩中支之大士阁在其下，东支之塔盘岭对其上。平行三里，乃东转随坡下，一里，则传衣寺东向倚山之半。其北先有止止庵，嘿庵真语所建，传衣大机禅师之友也。又南为净云，彻空真炳所建。又南有弥陀、圆通、八角三庵，皆连附于传衣寺者，而八角名之最著，以昔有八角亭，今改创矣。八角开创于嘉靖间，为吉空上人所建。其南即为传衣寺，寺基开爽，规模宏拓，前有大坊，题曰"竹林清隐"，乃直指毛堪苏州毛具茨也。所命，颇不称。上又一直指大标所题古松诗，止署曰"白岳"。古松当坊前，本大三围，乃龙鳞，非五鬣也。山间巨松皆五鬣，耸干参天，而老龙鳞颇无大者，遂以纠挐见奇。干丈五以上,辄四面横枝而出,枝大侔于干,其端又倒垂斜攫,尾大不掉,干几分裂。今筑台拥干,高六七尺,又植木支其横枝,仅免于裂,亦幸矣。由梯登台,四面横枝倒悬于外,或自中跃起,或自巅垂飚,其纷纠翔舞之态,不一而足,与天台羲凤,其一类耶!坊联曰:"花为传心开锦绣,松知护法作虬龙。"为王元翰聚洲笔。门联曰:"峰影遥看云盖结,松涛静听海潮生。"为罗汝芳近溪笔。差可人意。然罗联涛潮二字连用,不免叠床之病,何不以"声"字易"涛"字乎?寺昔为圆信庵,嘉靖间,李中谿元阳为大机禅师宏创成寺,其徒印光、孙法界,戒律一如大机①。万历辛丑元日毁于火②,法界复鼎建之,视昔有加。先是余过止止庵,一病僧留饭,坐久之,见其方渳米③,乃去,饭于净云僧觉心处,遂入参寺中,入其西藏经阁。阁前山茶树小而花甚盛,为折两枝而出。乃东北下峡中,一里,有垣围一区,浚山为池,畜金鱼于中,结茅龛于上者,亦传衣之裔僧也。云影山光,以一泓印之,不觉潭影空心。又东北下半里,抵峡底,则瀑布之下流也,去瀑布已一曲。昔从瀑上瞰,不见其底;今从峡底涉,亦不见其瀑。峡西有草庐菜畦,则犹传衣之蔬圃也。峡中水至是如引丝,反不如悬瀑之势巨矣。

【注释】

①戒律:僧徒必须遵守的法规。

②万历辛丑:万历二十九年,1601年。

③渳(xī)米:淘米。

【译文】

　　初九日　早餐后，我马上带着拐杖往西行。三里，经过息阴轩。息阴轩在中间一条支脉的山脊上，是大觉寺前方的案山，是本无法师精心修炼的场所。匾额是金都御史冯元成表字时可题写的。筇竹轩，又称息阴轩，是因为本无在筇竹寺剃度出家。息阴轩前方有三条岔路：从左边渡过山涧，通往大觉寺、寂光寺；从右边渡过山涧，通往传衣寺，下到接待寺；从后面一直上走，就分别渡过右边的山涧，或者经由慧林庵而后上通圣峰寺，或者攀登西面的支脉而后到达华严寺。我于是先走半里从右边渡过山涧，转向东上登南岭，半里，绕到南岭东面的山崖之上，就是瀑布西面的山峰了。从这里顺着山峰往南行，向东看中间一条支脉的大士阁就在山下，东面一条支脉塔基所在的山岭正对着山峰的上方。平缓前行三里，就转向东顺着山坡下走，一里，就见传衣寺面向东依傍在山的半中腰。寺北早先有座止止庵，是嘿庵真语创建的，他是传衣寺大机禅师的朋友。又往南是净云庵，是彻空真炳创建的。再往南有弥陀、圆通、八角三座寺庵，都是附近与传衣寺相连的寺庵，而八角庵最著名，因为从前有座八角亭，如今改建成寺庵了。八角亭开创于嘉靖年间（1522—1566），是吉空上人创建的。它的南面就是传衣寺，寺院的地基开阔明亮，规模宏大，前方有座大牌坊，题写着"竹林清隐"，是直指使者毛堪苏州人毛具茨。命名的，很不相称。上面又有一处直指使者用大字题写的古松诗，末尾署名叫"白岳"。古松位于牌坊前，根部大处要三人围抱，是龙鳞松，不是五鬣松。山中巨大的松树都是五鬣松，树干高耸参天，而老的龙鳞松不见有大的，只以屈曲缠绕见奇。树干高一丈五尺以上，常常就向四面长出横枝，旁枝的大处与树干一样粗，枝头前端又倒垂斜抓，尾大不掉，主干几乎被分裂。如今筑起高台围抱着树干，台高六七尺，又栽了木桩支撑那些横枝，主干才免于被撕裂，也算幸运了。沿梯子登上高台，四面的横枝倒悬在外面，有的从中间飞跃而起，有的从树顶上下垂飘扬，它那纷乱纠缠飞扬舞动的姿态，不一而足，和天台山的鬲凤松，难道是同一类的吗！牌坊上的对联为："花为传心开锦绣；松知护法作虬龙。"是王元翰（名叫聚洲）的手笔。门上的对联是："峰影遥看云盖结；松涛静听海潮生。"是罗汝芳（字号叫近溪）的手笔。还稍微能让人满意。不过罗汝芳的对联"涛""潮"二字连用，不免有重复累赘的感觉，为什么不用"声"字来换掉"涛"字呢？传衣寺从前是圆信庵，嘉靖年间，李中谿（名叫元阳）为大机禅师扩建为寺院，他的徒弟印光、徒孙法界，遵守戒律完全和大机一样。万历辛丑年元旦毁于火灾，法界又大力重建了寺院，比从前还好。这之前我经过止止庵，一位生病的僧人留我吃饭，坐了很久，见他才去淘米，便离开了，在净云庵僧人觉心那里吃了饭，于是进到寺中参观，走入寺西的藏经阁。藏经阁前的山茶树虽小但花开得十分繁盛，为此折了两枝出来。于是往东南下到峡中，一里，有墙围着一块地，开山建成水池，养有金鱼在池中，池岸上建有茅草房，也是传衣寺的后辈僧人。云影山光，用一池清水来映衬着茅屋，水潭云影不知不觉让人心境空明。又往东下行半里，到达峡底，就是瀑布的下游了，距离瀑布已经转了一道弯。先前在瀑布上俯瞰，看不见峡底；现在从峡底跋涉，也看不见瀑布。峡谷西边有草房菜地，仍然是传衣寺的菜园子。峡中的水流到这里犹如拉细的丝带，反而不如悬空的瀑布的水势大了。

渡涧，乃东上坡，一里而至大道，则大士阁之侧也。阁倚中支南突之半，其前有坊有楼，历级甚峻，后为阁，飞甍叠栋[①]，上供大士，左右各有楼，其制亦敞。乃万历丙午[②]，直指沈公所建，选老僧拙愚者居之，命曰三摩寺。余录碑阁下，忽一僧殷勤款曲，问之，乃拙公之徒虚宇也。虚宇又为兰宗之派，今拙公没，虚宇当事。昨野愚、兰宗宿此，想先道余，故虚宇一见惓惓[③]，且留宿。余以日暮碑长，许之。令顾仆返悉檀,乃下榻于西楼之奥室。

【注释】

①甍(méng):屋脊。

②万历丙午:万历三十四年,1606 年。

③惓(quán)惓:诚恳而深切。

【译文】

渡过山涧,就向东上坡,一里后来到大路上,就是大士阁的侧边了。大士阁依傍在中间一条支脉往南突起之处的半山腰上,阁前方有牌坊有楼,经过的台阶十分陡峻,后面是阁,屋脊高飞,栋梁重叠,上面供着观音大士,左右各有一座楼,寺院规模也很宽敞。是万历丙午年直指使者沈公修建的,挑选老和尚拙愚住在寺中,命名为三摩寺。我在阁下抄录碑文,忽然一位僧人前来殷勤问候,问他,是拙愚公的徒弟虚宇。虚宇又与兰宗是一个宗派,如今拙愚公已去世,虚宇管事。昨夜野愚、兰宗住宿在这里,猜想事先提到过我,所以虚宇一见面就情意拳拳,并且挽留我住下。我因为天晚碑文长,答应了他。命令顾仆返回悉檀寺,就在西楼的内室住下。

初十日　晨起盥栉,而顾仆至,言弘辨师遣僧往丽江已行,盖为余前茅者①。余乃候饭,即从寺右大道北上,二里,陟中支之脊,有庵踞其上,曰牟尼庵。其前松影桃花,恍有异致。庵后即观瀑亭,回瞰瀑布,真有观不足之意。仍溯中支二里,过息阴轩,从其后直西一里,又南下渡涧西行,已在大觉寺蔬圃之南矣。盖大觉蔬圃当中支之后,中支至是自北转东,其西有二流交会,即瀑布之上流也。一自罗汉壁东南下,一自华严东北流,二水之交,中夹一支,其上为慧林

庵,乃西南支东出之旁派,圣峰、白云寺所倚者也。华严之
路,又从圃东渡其下流。乃从涧南溯之西上,一里半,渐逾
支脊。其南复有一涧,与西支东走之脊隔。又从其涧北溯
之西上,一里余,见脊上有冢三四,后有轩楼遗构,与冢俱
颓。此脊乃西支余派,直送而出,无有环护,宜其然也。由
冢西复下峡,其峡复有二:在南者,自西支法照寺南发源,东
下经华严寺北,至此而与北涧合;在北者,自西支法照寺北
发源,东下经毗卢寺北,至此而与南涧合。二水之交,中夹
一支,为华严寺北向之案,亦西南支东出之旁派,毗卢、祝国
二寺所倚者也。涉北涧,有二岐:随涧西行者,为祝国、毗卢
道;由支端登脊而上,溯南涧之北西行者,为华严道。余乃
登脊,瞰南涧行。一里,有亭桥横跨涧上,乃华严藉为下流
之钥也。度桥,始为西南本支,又西半里而得华严寺。寺当
西南支之脊,东北向九层崖而峙,地迥向异,又山中一胜也。
盖鸡山中东二支,及绝顶诸刹,皆东南二向,曾无北拱者,惟
此寺回首返照,北大山诸林刹,历历倒涌,亦觉改观。规模
亦整,与传衣伯仲。嘉靖间,南都古德月堂开建,其徒月轮,
以讲演名,万历初,圣母赐《藏》②。后遭回禄③。今虽重建,
绀宇依然,而法范寂寥矣。寺东有路,东行山脊,乃直达传
衣者。由寺前峡上西行,半里,复有亭桥横跨涧上,即东桥
上流也。寺左右各有桥有亭,山中之所仅见。

【注释】

①前茅:古代行军时,前哨侦察敌情的人以茅为旌,遇有敌情,则举
　旌警告后军,故前茅指先头部队。

②圣母:皇帝的生母。

③回禄:传说中的火神名,俗作火灾的代称。

【译文】

初十日　早晨起床梳洗时,而顾仆到来了,说弘辨法师派往丽江府的僧人已经动身,原来是为去我打前站的。我便等着吃过饭,立即从寺右的大路往北上走,二里,翻越中间一条支脉的山脊,有寺庵坐落在山脊上,叫牟尼庵。庵前的松影桃花,仿佛有奇异的景致。庵后就是观瀑亭,回头俯瞰瀑布,真有看不够的意思。仍然反向沿中间一条支脉行二里,经过息阴轩,从息阴轩后一直往西行一里,又向南下走渡过山涧往西行,已经在大觉寺菜园子的南边了。原来大觉寺的菜园子正当中间一条支脉的后面,中间的支脉延伸到这里自北转向东,菜园子的西边有两条水流交汇,就是瀑布的上游了。一条水流从罗汉壁向东南下流,一条水流从华严寺往东北流,两条涧水的交汇处,中间夹着一条山脉,山上是慧林庵,是西南方的支脉向东延伸出来的旁系支脉,是圣峰寺、白云寺依傍的山。去华严寺的路,又从菜园子东边渡过山涧的下游。于是从山脊南边溯涧水往西上行,一里半,慢慢越过支脉的山脊。山脊南面又有一条山涧,与西面的支脉向东延伸的山脊相隔。又从这条山涧的北边溯涧水往西上行,一里多,见到山脊上三四座坟堆,坟堆后面有高楼的遗址,与坟堆一样都坍塌了。这条山脊是西面一条支脉的余脉,一直前伸而出,没有环绕护卫的山,应该就是这个样子的。由坟堆处又向西下到峡谷中,这里的峡谷又有两条:在南面的,从西面的支脉法照寺南边发源,往东下延经过华严寺北边,到这里后与北面的山涧会合;在北面的,从西面的支脉法照寺北边发源,往东下延经过毗卢寺北边,到这里后与南面的山涧会合。两条涧水交汇的地方,中间夹着一条支脉,是华严寺向北的案山,也是西南方的支脉向东延伸出来的旁系支脉,是毗卢、祝国二寺依傍着的山。涉过北面的山涧,有两条岔路:顺着山涧往西行的,是去祝国寺、毗卢寺的路;由支脉前端上登山脊上行,溯南面的山涧的北边往西行的，是去华严寺的路。我于是上登山脊，俯瞰着南面的山涧前行。一里，有座亭桥横跨在山涧上，是华严寺借此作为下游的门户。过桥后，才是西南支脉的主脉，又往西行半里后见到华严寺。寺院位于西南支脉的山脊上，面向东北方的九重崖耸峙着，地势遥远，方向不同，又是山中的一处胜景。大体上鸡足山中部、东部的两条支脉，以及绝顶上的各个寺院，都是向东、向南两种朝向，不曾有朝向北方的，唯有此寺回头反顾，北面大山众多的寺院静室，历历在目，反向倒着涌现出来，也让人觉得改换了一种面貌。寺院规模也很整齐，与传衣寺不相上下。嘉靖年间，南京的前辈高僧月堂开创，他的徒弟月轮，以讲演经论出名，万历初年，皇太后赐给《大藏经》。后来遭遇火灾。今天虽然重新修建，佛寺依然是原样，可佛法经律湮没稀少了。寺东边有条路，往东在山脊上行走，是直达传衣寺的路。由寺前的峡谷上方往西行，半里，又有座亭桥横跨在山涧上，就是东边的亭桥的上游了。寺院左右两边各有桥有亭，是鸡足山中所仅见的。

　　过桥，又陟其北向余支，蹑冈半里，旋冈脊，过毗卢寺，寺前为祝国寺，俱东向踞冈。寺北有涧东下，即前所涉之北涧也。又由其南崖溯之西上，一里半，有寺踞冈脊，是为法照寺。盖西南支自铜佛殿下南坠，至此东转，当转折处，又东抽一支以为毗卢、祝国之脉，而横亘于华严之前者也，是为西南余支之第一。法照之北，又分一冈相夹，无住庵倚之，即下为颓冢之支，是为西南余支之第二。屡有路直北逾冈渡峡而横去，皆向圣峰、会灯之大道。余欲析其分支之原，遂从峡中溯之而上，于是南舍法照，北绕无住之后，峡路渐翳，丛箐横柯，遂成幽阒，然已渐逼绝顶之下矣。时路无行人，随一桃花箐村氓行。一里，北循峡中，又一里，北蹑坠脊,又一里,遂逾脊而西。乃西见木香坪之前山外拥,华首门之绝壁高悬,桃花箐之过腋西环,而此脊上自铜佛殿,下抵法照寺,转而东去,界此脊西一壑,另成一境,则放光寺所倚也。逾脊,更西北盘蹙上行,又一里半而得大路,已直逼华首门下崖矣。其路东自圣峰来,西由放光出桃花箐,抵邓川州,为大道。余西随之,半里而放光寺在焉。

【译文】

过桥后,又上登那向北延伸的余脉,上登山冈半里,随即登上冈脊,路过毗卢寺,寺前是祝国寺,都是面向东盘踞在山冈上。寺北有条山涧往东下流,就是前边涉过的北面的山涧了。又由山涧南岸溯涧水往西上行,一里半,有座寺院盘踞在冈脊上,这是法照寺。原来西南的支脉从铜佛殿下方往南下坠,延到这里转向东,正在转折之处,又向东伸出一条支脉成为毗卢寺、祝国寺所在的山脉,而且是横亘在华严寺前方的山脉,这是西南支脉的第一条余脉。法照寺的北边,又分出一座山冈相夹峙,无住庵紧靠山冈,就是下面有倒塌的坟堆的支脉,这是西南支脉的第二条余脉。屡屡有路一直向北越过山冈渡过峡谷横着前去,都是通向圣峰寺、会灯寺的大路。我想剖析山脉分支的原委,就从峡中溯山涧往上走,从这里舍去南边的法照寺,往北绕到无住庵的后面,峡谷中的路渐渐被遮住了,成丛的竹林横生的树枝,竟然成了幽深寂静之境,然而已渐渐逼近绝顶的下方了。此时路上没有行人,跟随着一个桃花箐的村民走。一里,往北沿着峡谷中走,又是一里,向北上登下坠的山脊,又行一里,就翻越山脊往西行。于是向西看见木香坪的前山向外围绕,华首门的绝壁高悬,桃花箐在侧旁延过的山脊往西环绕,而这条山脊上面起自铜佛殿,下面到达法照寺,转向东延伸而去,以这条山脊为界,西面有一个壑谷,另外形成一片区域,就是放光寺紧靠的地方了。越过山脊,再往西北绕着壑谷上行，又行一里半后遇见大路，已经径直逼近华首门下的悬崖了。这条路从东面的圣峰寺过来，往西经由放光寺出到桃花箐，抵达邓川州，是大路。我向西顺着大路走，半里后放光寺在这里了。

　　其寺南向，后倚绝壁，前临盘壑，以桃花箐为右关，以西南首支为左护，其地虽在三距之外，而实当绝顶之下，发光钟异，良有以也。余初自曹溪、华首门下瞰之，见其寺沉沉直坠壑底，以为光从窅阒中上腾，乃鼯栖鼬伏之窟①。及至而犹然在万壑盘拱之上，而上眺华首，则一削万仞，横拓甚阔，其间虽有翠纹烟缕，若绣痕然，疑无可披陟，孰知其上乃西自曹溪，东连铜佛殿，固自有凌云之路，横缘于华首之前也。然当身历华首时，止仰上崖之穹崇，不觉下壁之峻拔，至是而上下又合为一幅，其巍廓又何如也？然则鸡山虽不乏层崖，如华首、罗汉、九重诸处，其境界固高，而雄杰之观，莫以逾此矣。寺前以大坊为门，门下石金刚二座②，镂刻甚异，狰狞之状，恍与烟云同活。其内为前楼，楼之前有巨石峙于左，高丈五，而大如之；上擎下削，构亭于上，蒋宾川题曰"四壁无然"。其北面正可仰瞻华首，而独为楼脊所障，四壁之中，独翳此绝胜一面，不为无憾。寺建于嘉靖间，陕西僧圆惺所构。万历初，毁而复兴。李元阳有碑，范铜而镌之，然镌字不能无讹。其后嗣归空更建毗卢阁，阁成而神庙赐《藏》。

【注释】

①鼯（wú）：即鼯鼠，又称大飞鼠，前后肢间有宽而多毛的飞膜，常夜

间出来滑翔。　　虺(huǐ)：毒蛇。

②金刚：梵文嚩日罗的意译，原指一种最坚硬的兵器。佛教用以美化它所宣扬的教义，也称"般若"（智慧）为金刚。通常则称寺院山门两侧的四天王像为四大金刚。

【译文】

这座寺院面向南，后面紧靠绝壁，前方面临回绕的壑谷，以桃花箐作为右边的关口，以西南的第一条支脉作为左边的护卫，这个地方虽然在鸡足山的三个鸡爪之外，可实际上正位于绝顶之下，发出光辉汇聚异彩，确实是有原因的。我当初从曹溪寺、华首门向下俯瞰这里，看见这座寺院沉沉地笔直坠落在壑谷底，以为光芒是从深远空寂之中向上升腾，是鼯鼠栖息毒蛇潜伏的巢穴。等来到后，才知道寺院仍然在万条壑谷环绕拱卫之上，可向上眺望华首门，却是一刀削成的万仞绝壁，横处展开十分宽阔，绝壁间虽然有似一缕青烟一样的绿色纹路，像是绣上去的痕迹一样，怀疑没有可以穿越攀登之处，谁知道绝壁上面是西面起自曹溪寺，东面连接到铜佛殿，本来自古就有的直上云霄的路，横着围绕在华首门之前。然而当亲身历经华首门时，只是抬头向上看悬崖的高大穹隆，不觉得下方绝壁的险峻挺拔，来到这里就上下又合成一个整幅，那它的巍峨宽广又是如何的呢？这样看来，鸡足山虽然不缺少层层悬崖，如华首门、罗汉壁、九重崖等处，它们所处的境界固然高险，可雄伟高大的景观，没有能超过此处的了。寺院的前方用大牌坊作为山门，门下有两座石金刚，雕刻得十分怪异，狰狞的形状，恍惚与烟云一同是活着的。门内是前楼，楼的前方有块巨石矗立在左边，高有一丈五尺，而大处也一样；上面高擎下面陡削，在巨石上建了亭子，宾川州蒋知州题写道"四壁无然"。亭子的北面正好可以抬头仰望华首门，可唯独被前楼的屋脊遮住了，四面墙壁之中，唯独挡住了这景色绝顶优美的一面，不能没有遗憾。寺建于嘉靖年间，是陕西僧人圆惺创建的。万历初年，寺毁后又重建。李元阳写有碑文，用模子镌刻碑文浇铸成铜碑，不过镌刻的字不能没有错误。圆惺的后代僧人归空另外建了毗卢阁,毗卢阁建成后神宗皇帝赐给《大藏经》。

余录铜碑,殿中甚暗,而腹亦馁。时主僧俱出,止一小沙弥在,余畀之青蚨,乃爇竹为炬,煮蔬为供。既饭,东遵大道一里,逾垂支之脊又一里余,盘坠峡之上,得分岐焉。一过峡直东者,为圣峰路;一蹑岭北上者,为会灯路,始为登顶正道。余乃北蹑上岭,数曲而至会灯寺。寺南向,昔为廓然师静室,今其嗣创为寺。由寺西更转而北上,复数曲,一里余而过迦叶寺。寺东向,此古迦叶殿也。今张按君建迦叶殿于绝顶,因改此为寺。由其前北向入峡,其峡乃西自绝顶,东自罗汉壁,两崖相夹而成,中垂磴道。少上有坊,为罗、李二先生游处。罗为近溪先生汝芳,李为见罗先生材,皆江西人,同为司道游此。又上有亭,为仰高亭,中有碑,为万历间按君周懋相所立,纪登山及景仰二先生意。周亦江西人也。余前过此,见亭中颓,不及录其文而去,故此来先录之。风撼两崖间,寒凛倍于他处,文长字冗,手屡为风所僵。录竟,日色西倾。望其上兜率庵,即前所从下,而其东横缘之路出罗汉壁者,前又曾抵此而返顶头,未了之事,未可以余晷尽也。

【译文】

我抄录铜碑,殿中十分黑暗,而肚中也饿了。这时主事的僧人都外出了,只有一个小和尚在,我给他铜钱,才点燃竹子作为火把,煮蔬菜给我吃。饭后,往东顺着大路行一里,越过下垂支脉的山脊又行一里多,绕着深坠的峡谷的上面走,到了道路分岔的地方。一条穿过峡谷一直向东去的，是去圣峰寺的路；一条往北登岭上走的，是去会灯寺的路，这才是登顶的正路。我于是向北上登山岭，转了几道弯后来到会灯寺。寺向南，从前是廓然法师的静室，如今他的后辈创建为寺院。由寺西再转向北上走，又转了几道弯，一里多后经过迦叶寺。寺向东，这是古时候的迦叶殿了。如今张巡按在绝顶上建了迦叶殿，因此把这里改为寺。由寺前向北进入峡谷，这条峡谷是西面起自绝顶，东面起自罗汉壁，两面的山崖相夹形成的，中间垂着石阶路。稍许上走有座牌坊，是罗、李二位先生游览过的地方。罗是近溪先生罗汝芳，李是见罗先生李材，都是江西人，一同出任司道官员游览此地。再上去有亭子，是仰高亭，亭中有石碑，是万历年间巡按周懋相所立，纪念登山和表示敬仰二位先生的意思。周懋相也是江西人。我先前来过此地，看见亭中衰败的样子，来不及抄录碑文就离开了，所以这次来先抄录碑文。风撼动在两面山崖之间，比其他地方加倍寒冷凛冽，碑文字句过于冗长，手多次被风冻僵。录完碑文，太阳已西斜。望见亭子上面的兜率庵，就是从前从那里下来的地方，而兜率庵东面横着绕去的路，是出到罗汉壁的路，从前我曾经来到此地后返回绝顶，未了结的事，这次也未能用剩余的时间来完成了。

乃返步下，仍过迦叶寺前，见有岐东下壑中，其壑底一庵在圣峰北者，必补处庵也，乃取道峡中随壑下，盖缘脊下经会灯者为正道，随壑东下趋补处者为间道。下二里，过补处庵。亦稍荒落，恐日暮不入。由其前渡峡涧南，遂上坡，过圣峰寺。寺东向，前有大坊。由坊外东行里余，冈脊甚狭，南北俱深坑逼之。度脊又东里余，有寺新构，当坡之中垂，是为白云寺。余欲穷此支尽处，遂东下行南涧之上，二里，则慧林庵踞坡尽处。缘庵前转下北涧，渡之，始陟中支行，北涧与南涧乃合于路南，其东即大觉蔬圃矣。东半里，过蔬圃北，又东一里，过息阴轩南，又东一里，过瀑布北，遂去中支，北涉西竺寺涧，而行中东二支盘壑中矣。又二里，薄暮，入悉檀寺。

【译文】

　　于是反身走下来，仍然经过迦叶寺前，看见有条岔路往东下到壑谷中，那壑谷底部有一座在圣峰寺北面的寺庵，必定是补处庵了，就取道峡谷中顺着壑谷下走，原来沿着山脊下行经过会灯寺的路是正路，顺着壑谷往东下到补处庵的路是便道。下行二里，路过补处庵。也是稍显荒凉冷落，担心天黑没进去。由庵前渡过峡中的山涧往南行，于是上坡，路过圣峰寺。寺向东，寺前有座大牌坊。从牌坊外边往东行一里多，冈脊非常狭窄，南北都是深坑紧逼山脊。越过冈脊又往东行一里多，有座新建的寺，位于山坡下垂的中间，这是白云寺。我想穷尽这条支脉的尽头之处，就往东下走在南面山涧之上，二里，就见慧林庵坐落在山坡的尽头处。沿着庵前转下北面的山涧，渡过涧水，开始登上中间一条支脉前行，北面的山涧与南面的山涧就在道路南边合流，这里东边就是大觉寺的菜园子了。往东行半里，经过菜园子的北边，又向东行一里，经过息阴轩的南边，又往东行一里，经过瀑布北边，便离开中间的支脉，向北涉过西竺寺的山涧，而后行走在中间和东面两条支脉盘绕成的壑谷中了。又行二里，傍晚，进入悉檀寺。

　　十一日　饭后，觉左足拇指不良，为皮鞋所窘也。而复吾亦订余莫出，姑停憩一日，余从之。弘辨、安仁出其师所著书见示，《禅宗赞颂》、《老子玄览》、《碧云山房稿》。弘辨更以纸帖墨刻本公所勒。相界，且言遍周师以青蚨相贶，余作柬谢之。甫令顾仆持去，而大觉僧复路遇持来，余姑纳之笥。上午,赴复吾招,出茶果,皆异品。有本山参,以蜜炙为脯①,又有孩儿参,颇具人形,皆山中产。又有桂子,又有海棠子,皆所未见者。大抵迤西果品,吾地所有者皆有,惟栗差小,而枣无肉。松子、胡桃、花椒,皆其所出,惟龙眼、荔枝市中亦无。菌之类,鸡葼之外,有白生香蕈②。白生生于木,如半蕈形,不圆而薄,脆而不坚。黔中谓之八担柴,味不及此。此间石蜜最佳③,白若凝脂,视之有肥腻之色,而一种香气甚异。因过安仁斋中观兰。兰品最多,有所谓雪兰花白、玉兰花绿最上,虎头兰最大,红舌、白舌以心中一点,如舌外吐也。最易开,其叶皆阔寸五分,长二尺而柔,花一穗有二十余朵,长二尺五者,花朵大二三寸,瓣阔共五六分,此家兰也。其野生者,一穗一花,与吾地无异,而叶更细,香亦清远。其地亦重牡丹,悉檀无山茶而多牡丹,元宵前,蕊已大如鸡卵矣。

【注释】

① "有本山参"二句:距鸡山不远的巍山县,今还有蜜沙参,为当地特产,制法与此同。

② 白生:亦作白参,菌类的一种,明人谢肇淛《滇略》与清人桂馥《札朴》,均曾记载此物,至今云南仍有。

③ 石蜜:今大姚出产的"硬蜜",色白,肥腻,硬如肥皂,与霞客所见同。

【译文】

十一日　饭后,觉得左脚大拇指不舒服,是被皮鞋紧勒出来的。而且复吾又要我不要外出,暂时停下休息一天,我听从了他的话。弘辨、安仁拿出他俩师傅所著的书给我看,是《禅宗赞颂》、《老子玄览》、《碧云山房稿》。弘辨还把雕刻墨印的纸帖送给我，是本公刻印的。而且说起遍周法师要送钱给我作为路费，我写了柬帖去答谢他。刚刚命令顾仆拿着柬帖离开，而大觉寺的僧人拿钱来在路上相遇，我姑且收下放入竹箱中。上午，赴复吾的邀请，拿出茶点果子，都是少见的品种。有鸡足山的山参，用蜂蜜渍后烘烤成果脯；还有孩儿参，很像人形，都是山中出产的。还有桂子，还有海棠子，都是没有见过的东西。大抵滇西的果品，我们地方有的东西都有，只是栗子稍小一点，而且枣子没有肉。松子、胡桃、花椒，都是滇西出产的，唯有龙眼、荔枝市场上也没有。菌子的种类，鸡葼之外，有白生、香蕈。白生生长在树上，如同半个香蕈的形状，不圆而且薄一些，脆却不硬。贵州省把它称为八担柴，味道赶不上这里。此地的石蜜最好，白如凝脂，它看上去有肥腻的色泽，而且有一种十分奇异的香气。接着过去安仁的书斋中观赏兰花。兰花的品种最多，有所谓的雪兰、花是白色的玉兰花是绿色的，是最上等的品种，虎头兰花最大，红舌、白舌因为花心中有一点，如像舌头一样吐在外面。最容易开花，它的叶片都是宽一寸五分，长有二尺而且柔软，一穗花有二十多朵；长处有二尺五的品种，花朵大二三寸，花瓣宽处共有五六分，这是家养的兰花。那些野生的品种，一穗只开一朵花，与我家乡的没有不同，可叶片更细一些，香气也清新悠远。此地也看重牡丹，悉檀寺没有山茶却有许多牡丹，元宵节前，花蕊已经如同鸡蛋一样大了。

十二日　四长老期上九重崖，赴一衲轩供，一衲轩为木公所建，守僧岁支寺中粟百石，故每岁首具供一次。以雨不能行。饭后坐斋头，抵午而霁，乃相拉上崖。始由寺左半里，上弘辨静室基旁。又西半里，过天柱静室旁。又北跻一里半，横陟峡箐，始与一西来路合，遂东盘峡上。半里，其北又下坠一峡，大路陟峡而逾东北岭，乃北下后川向罗川之道；小路攀脊西北上，乃九重崖之东道，其路甚峻，即余前所上者。第此时阴晴未定,西南望木香坪一带积雪峥嵘,照耀山谷,使人心目融彻,与前之丽日澄空,又转一光明法界矣[①]。一里余,抵河南师静室。路过其外,问而知之。雨色复来,余令众静侣先上一衲轩,而独往探之。师为河南人,至山即栖此庐,而曾未旁出。余前从九重崖登顶,不知而过其上;后从狮林欲横过野愚东点头峰下,又不得路;踌躇至今,恰得所怀。比入庐,见师,人言其独栖,而见其一室三侣;人言其不语,而见其条答有叙;人言其不出,而见其把臂入林,亦非块然者。九重崖静室得师,可与狮林、罗汉鼎足矣。坐少定,一衲轩僧来邀,雨阵大至,既而雪霏,师挽留,稍霁乃别。蹑磴半里,有大道自西上,横陟之,遂入一衲轩。崖中静主大定、拙明辈,皆供餐络绎,迨暮不休。雨雪时作,四长老以骑送余,自大道西下。其道从点头峰下,横盘脊峡,时岚雾在下,深崖峭壑,茫不可辨。二里,与狮林道合,已在幻住庵之后,西与大觉塔院隔峡相对矣。至此始胜骑,从幻住前下山,又四里而入悉檀。篝灯作杨赵州书。

【注释】

①法界:佛家认为众生本性皆善,与佛无异,这种本性即称法界。此外借用以描写景物,相当于"境界"。

【译文】

十二日　四位长老约好上九重崖,去赴一衲轩提供的斋饭,一衲轩是木公修建的,守寺的僧人每年为寺中领取粟米一百担,所以每年年头提供一次斋饭。因为下雨不能走。饭后坐在书斋一头,到中午天气转晴,这才互相拉拽着上登九重崖。开始时从寺左行半里,上到弘辨静室的地基旁。又往西行半里,经过天柱的静室旁。又往北攀登一里半,横着上登峡箐,才与一条西面来的路会合,就往东绕着峡谷上走。半里,这里的北边又有一条峡谷下坠,大路穿过峡谷后向东北翻越山岭,是往北下到后川通向罗川的路;小路攀登山脊往西北上走,是九重崖东面的路,这条路十分陡峻,就是我从前上走的路。只是此时天气阴晴未定,远望西南方木香坪一带,积雪峥嵘,照耀山谷,使人心目透彻舒畅,与前些天的丽日晴空相比,又转为另一种光明境界了。一里多,抵达河南法师的静室。路过静室外面,问后才知道。雨又来临,我让众静侣先上一衲轩去,而我独自去探访法师。法师是河南人,到鸡足山后就栖身在这间屋内,而且未曾外出。我先前从九重崖登绝顶,不知道便从静室上面走过去;后来从狮子林想横穿到野愚静室东边的点头峰下,又找不到路;犹豫到今天,恰好得以满足心愿。到进屋后,见到法师,别人说他独自一人居住,却见他一间房中有三个同伴;别人说他不说话,却见他逐条回答很有条理;别人说他不外出,却见他与朋友握着手臂步入树林,也不像是孤独的样子。九重崖的静室能有法师,可以和狮子林、罗汉壁一样鼎足而立了。刚坐定一会儿,一衲轩的僧人前来邀请,阵雨大作,不久雪花霏霏,法师挽留我,稍微晴开才告别。上登石阶半里,有条大路自西上走,横穿大路,就进入一衲轩。九重崖中的静室主人大定、拙明一帮人,都络绎不绝地提供饭菜,到天黑还不停止。雨雪不时地下着,四位长老派马送我,从大路向西下走。这条路从点头峰下边,横向绕着山脊峡谷走,这时山间的浓雾迷漫在下方,陡峭的悬崖幽深的壑谷,茫然一片,不可分辨。二里,与狮子林来的路会合,已经在幻住庵的后面,西边与大觉寺的塔院隔着峡谷相对了。到这里才能够骑马,从幻住庵前下山,又行四里后进入悉檀寺。点上灯给赵州杨知州写信。

　　十三日　晨起饭,即以杨赵州书畀顾仆,令往致杨君。余追忆日记于东楼。下午,云净天皎。

【译文】

　　十三日　早晨起床吃饭，马上把给赵州杨知州的信交给顾仆，让他前往送给杨君。我在东楼回忆补记日记。下午，阴云散尽，天空皎洁明亮。

　　十四日　早寒，以东楼背日，余移砚于藏经阁前桃花下，就暄为记①。上午，妙宗师以鸡葼茶果饷，师亦检藏其处也。是日，晴霁如故。迨晚，余忽病嗽。

【注释】

　　①暄（xuān）：太阳的温暖。

【译文】

　　十四日　早晨很冷，因为东楼背着阳光，我把笔墨纸砚搬到藏经阁前的桃花下，就着温暖的阳光写日记。上午，妙宗法师拿鸡葼、茶点、果子来吃，法师也在此处翻阅经书。这一天，天气依旧晴朗。到晚上，我忽然生病咳嗽。

　　十五日　余以嗽故，卧迟迟，午方起。日中云集，迨晚而翳。余欲索灯卧，弘辨诸长老邀过西楼观灯。灯乃闽中纱围者，佐以柑皮小灯，或挂树间，或浮水面，皆有荧荧明星意，惟走马纸灯，则暗而不章也①。楼下采青松毛铺藉为茵席，去卓跌坐②，前各设盒果注茶为玩，初清茶，中盐茶，次蜜茶，本堂诸静侣环坐满室，而外客与十方诸僧不与焉③。余因忆昔年三里龙灯，一静一闹；粤西、滇南，方之异也；梵宇官衙，寓之异也，惟佳节与旅魂无异！为黯然而起，则殿角明蟾④，忽破云露魄矣。

【注释】

①惟走马纸灯，则暗而不章也：原脱此十一字，据徐本补。

②卓：同"桌"。

③外客与十方诸僧：《滇略·胜略》载：鸡足山"前后远近兰若七十有二，穷极幽胜，西域、天竺诸僧，岁时云集，香灯梵呗，百里相望，殆非人境。"此"外客与十方诸僧"中，有其他国家来的僧人。

④蟾（chán）：蟾蜍的省称，传说月中有蟾蜍，故月亮又称"蟾"或"蟾宫"。

【译文】

十五日　我因为咳嗽的原因，躺着迟迟不起，中午才起床。正午浓云聚集，到晚上就遮住了天空。我想要灯来睡下，弘辨等诸位长老邀请我到西楼去观灯。灯是用福建省出的薄纱围成的，配上柑子皮做成的小灯，有的挂在树上，有的浮在水上，都有明星荧荧闪烁的意境；只有纸做的走马灯，却昏暗不明显。楼下采来青松毛铺垫成坐垫，却掉桌子，盘腿坐下。各人面前摆放了果盒，倒茶赏玩，最初是清茶，中间是盐茶，其次是蜜茶。本寺的诸位静侣环绕着坐满一间房，而外来的客人与四面八方来的僧人不参与。我因此回忆起去年三里城的龙灯，一处清静一处热闹；广西、滇南，地方不同了；佛寺、官衙，寄身的地方不同了，只有元宵佳节与游子之魂没有不同之处！为此黯然神伤之情油然而起，就见殿角的明月，忽然破开云层露出皎洁的月光了。

十六日　晨餐后，复移砚就暄于藏经阁前桃花下。日色时翳。下午返东楼，嗽犹未已。抵暮，复云开得月。

【译文】

十六日　早餐后，又把笔墨纸砚搬到藏经阁前的桃花下就着阳光记日记。太阳不时被遮蔽。下午返回东楼，仍然咳嗽不止。到天黑，云又散开见到月亮。

十七日　作记东楼。雨色时作。

【译文】
十七日　在东楼写日记。雨一阵阵地下。

十八日　浓云密布，既而开霁。薄暮，顾仆返自赵州①。

【注释】
①赵州：隶大理府，治今大理市凤仪。
【译文】
十八日　浓云密布，不久晴开。傍晚，顾仆从赵州返回来。

十九日　饭后，晴霁殊甚。遂移卧具，由悉檀而东，越大乘东涧，一里上脊，即迎祥寺。从其南上，寺后半里为石钟寺，又后为圆通、极乐二庵。极乐之右即西竺，西竺之后即龙华。从龙华前西过大路，已在西竺之上，去石钟又一里矣。龙华之北坡上，即大觉寺。龙华西，临涧又有一寺，前与石钟同东南向。从其后渡涧，即彼岸桥，下流即息阴轩，已为中支之脊矣。从轩左北向上，过观音阁，为千佛寺，其前即昔之街子，正当中脊，今为墟矣。

【译文】
十九日　饭后，特别晴朗。于是搬迁铺盖，从悉檀寺往东行，越过大乘庵东边的山涧，一里后登上山脊，就是迎祥寺。从迎祥寺往南上走，寺后半里是石钟寺，再后面是圆通、极乐二庵。极乐庵的右边就是西竺寺，西竺寺的后面就是龙华寺。从龙华寺前往西走上大路，已经在西竺寺的上方，离石钟寺又有一里路了。龙华寺的北面山坡上，就是大觉寺。龙华寺的西边，面临山涧处又有一座寺院，与前边的石钟寺一样面向东南方。从寺后渡过涧水，就是彼岸桥，下游就是息阴轩，已经是中间一条支脉的山脊了。从息阴轩左边向北上走，经过观音阁，是千佛寺，寺前就是从前的街子，正好位于中间的山脊上，如今成为废墟了。

复北渡涧，从大觉侧西北上。寺僧留余入，谢之。仍过涧桥，上有屋，额曰"彼岸同登"。其水从望台岭东下，界于寂光、大觉之间者，龙华至此，又一里矣。过桥复蹑中支上，半里，中脊为水月庵，脊之东腋为寂光，脊之西腋为首传。僧净方，年九十矣，留余，未入。由寺右盘一嘴，东觑一庵，桃花嫣然，松影历乱，趋之，即积行庵也。其庵在水月之西，首传之北。僧觉融留饭。后乃从庵左东上，转而西北登脊。从中支脊上二里，有静室当脊，是曰烟霞室，克心之徒本和所居。由其西分岐上罗汉壁，由其东盘峡上菵檀岭。岭从峡西下，路北向作"之"字上，一里，得克心静室。克心者，用周之徒，昔住持寂光，今新构此，退休。其地当垂脊之左，东向稍带南，又以西支外禾字孔大山为虎砂，以点头峰为龙砂，龙近而虎远，又与狮林之砂异。其东有中和静室，亦其徒也，为郁攸所焚[①]，今中和往省矣。克心留余，点茶稠叠，久之别，已下午。遂从右上，小径峻极，令其徒偕。

【注释】

①郁攸:火。

【译文】

再向北渡过山涧,从大觉寺侧边往西北上行。寺里的僧人挽留我进去,辞谢了他们。仍然走过山涧上的桥,桥上有间屋子,匾额是"彼岸同登"。桥下的水从望台岭往东流下来,隔在寂光寺、大觉寺之间,从龙华寺到这里,又是一里路了。过桥后又向上攀登中间的支脉,半里,山脊中间是水月庵,山脊的东侧是寂光寺,山脊的西侧是首传寺。僧人净方,年纪九十岁了,挽留我,没进去。由寺右绕过一道山嘴,看见东边一座寺庵,桃花嫣然盛开,松影凌乱,急忙赶过去,就是积行庵了。这座寺庵在水月庵的西面,首传寺的北面。僧人觉融留我吃饭。饭后就从庵左往东上走,转向西北上登山脊。沿中间一条支脉的山脊上前行二里,有间静室位于山脊上,这叫烟霞室,是克心的徒弟本和居住的地方。从静室西边分出的岔路上到罗汉壁,从静室的东边绕着峡谷走上通旃檀岭。山岭顺着峡谷往西下延,道路向北呈"之"字形上走,一里,见到克心的静室。克心这个僧人,是用周的徒弟,从前是寂光寺的住持,如今新建了这间静室,退身修养。静室的地点正在下垂山脊的左边,面向东稍偏向南,又是以西面的支脉之外禾字孔所在的大山作为虎砂,以点头峰作为龙砂,龙砂近而虎砂远,与狮子林的龙砂、虎砂又不同了。静室东边有中和的静室,也是他的徒弟,被火焚毁,如今中和前往省城去了。克心挽留我,点心茶水又多又勤,很久才告别,已是下午。就从右边上走,小径极其陡峻,克心让他的徒弟陪同我。

上半里,得西来大道,随之东上。又半里,陟旃檀岭脊而西南行,经烟霞室,渐转东南,为水月、寂光。由其前,又西南一里,盘一嘴,有庐在嘴上,余三过皆钥门不得入,其下即白云寺所托也。又西半里,再盘突嘴而上,即慧心静室。

慧心为幻空徒,始从野愚处会之,前曾过悉檀来叩,故入叩之,方禅诵会灯庵,其徒供茶而去。后即碧云寺,不入。从其侧又盘嘴两重,二里,北上西来寺,西经印雪楼前,又西循诸绝壁行,一里,为一真兰若,其上覆石平飞。又西半里,崖尽而成峡。其峡即峰顶与罗汉壁夹峙而成者,上自兜率宫,下抵罗、李二先生坊,两壁夹成中溜,路当其中。溜之半,崖脚内嵌,前耸巨木,有旧碑刻峋鹤诗,乃题罗汉壁者。中横一岐,由其上涉溜半里,过玄武庙。又半里,过兜率宫,已暮,而宫圮无居人。又上一里,叩铜佛殿,入而栖焉,即所谓传灯寺也。前过时,朝山之履相错,余不及入,兹寂然。久之,得一老僧启户,宿。

【译文】

　　上行半里,遇到西面来的大路,顺着大路向东上登。又行半里,登上旃檀岭的山脊后往西南行,经过烟霞室,渐渐转向东南,是水月庵、寂光寺。由寺前又向西南行一里,绕过一道山嘴,有房舍在山嘴上,我三次经过,门都锁着不能进去,那下面就是白云寺所在的地方了。又往西行半里,再绕着前突的山嘴上走,就是慧心的静室。慧心是幻空的徒弟,最初在野愚那里会过面,以前曾到悉檀寺来拜访,所以进去拜访他,他正在会灯庵坐禅诵经,他的徒弟上茶后离开了。后面就是碧云寺,没进去。从碧云寺侧边又绕过两道山嘴,二里,往北登上西来寺,向西经过印雪楼前,又往西沿着绝壁前行,一里,到一真兰若,屋顶上覆盖的石板平滑飞扬。又往西行半里,山崖完后变成峡谷。这条峡谷就是峰顶与罗汉壁对峙形成的,上面起自兜率宫,下面抵达罗、李二位先生牌坊处,两面绝壁中间夹成光滑的沟槽,道路位于沟槽中。沟槽的半中腰,绝壁根部向内凹嵌进去,前边耸立着大树,有块旧碑,刻着峋鹤的诗,是

题写罗汉壁的诗。中间横着一条岔路,从这条路往上跋涉沟槽半里,路
过玄武庙。又行半里,路过兜率宫,已是傍晚,而兜率宫已倒塌,无人居
住。又上行一里,敲铜佛殿的门,想进寺投宿,就是所谓的传灯寺了。
先前路过时,朝山的人互相错杂在一起,我来不及进去,现在静悄悄的。
很久之后,有一个老和尚开了门,住下。

　　二十日　晨起,欲录寺中古碑,寒甚,留俟下山录,遂置
行具寺中。寺中地俱大理石所铺。盖以登绝顶二道,俱从寺而
分,还必从之也。出寺,将北由袈裟石上,念猢狲梯前已蹑
之,登其崖端而下,束身峡向虽从之下,犹未及仰升,兹不若
由南上北下,庶交览无偏。乃从寺右循崖西行,遂过华首门
而西,崖石上下俱峭甚,路缘其间,止通一线,下瞰则放光寺
正在其底,上眺则峰顶之舍身崖即其端,而莫能竟也。其西
一里,有歧悬崖侧,余以为下放光道,又念层崖间何能垂隙
下。少下,有水出崖侧树根间,刳木盛之,是为八功德水。
刳木之外无余地,水即飞洒重崖,细不能见也。路尽仍上,
即前西来入大道处,有草龛倚崖间,一河南僧习静其中,就
此水也。又西半里,稍上,又半里,为曹溪庵。庵止三楹,倚
崖,门扃无人。其水较八功德稍大,其后危崖,稍前抱如玦。
余攀石直跻崖下,东望左崖前抱处,忽离立成峰,圆若卓锥,
而北并崖顶,若即若离,移步他转,即为崖顶所掩不可辨。
惟此处则可尽其离合之妙,而惜乎旧曾累址,今已成棘,人
莫能登。盖鸡山无拔地之峰,此一见真如闪影也。又西半
里余,过束身峡下,转而南,过伏虎庵,又南过礼佛庵,共一
里,再登礼佛台。台南悬桃花箐过脉之上,正与木香坪夹箐

相对,西俯桃花箐,东俯放光寺,如在重渊之下。余从台端坠石穴而入,西透窟而出,复有耸石,攒隙成台,其下皆危崖万仞,栈木以通,即所谓太子过玄关也。过栈即台后礼佛龛。昔由栈以入穴,今由窟以出栈,其凭眺虽同,然前则香客骈趾,今则诸庵俱扃,寂无一人,觉身与灏灵同其游衍而已①。栈西沿崖端北转,有路可循,因披之而西,遂过桃花箐之上。共一里,路穷,乃樵径也。仍返过伏虎庵,由束身峡上。峡势逼束,半里,透其上,是为文殊堂,始闻有老僧持诵声。路由其前蹑脊,乃余前东自顶来者,见其后有小径,亦蹑脊西去,余从之。盖文殊堂脊处,乃脊之坳;从东复耸而起者,即绝顶之造而为城者也;从西复耸而起者,桃花箐之度而首峙者也。西一里,丛木蒙茸,雪痕连亘,遂造其极②。

【注释】

①灏(hào):无边无际。

②极:指鸡山绝顶天柱峰,海拔 3240 米。

【译文】

二十日　早晨起床,想要抄录寺中的古碑,非常寒冷,留待下山时再录,就把行李放在寺中。寺中的地面全是大理石铺成的。由于上登绝顶的两条路,都是从传灯寺分岔,返回来必须从这条路走。出寺后,将要往北经由袈裟石上走,考虑猢狲梯之前已经攀登过了,登上这里的山崖顶端往上走,束身峡从前虽然从那里下来过,还没来得及向上攀登过,这次不如由南面上去从北面下来,庶几能遍览无遗。于是从寺右沿着山崖往西行,随后经过华首门往西走,上下的崖石都非常陡峭,路沿着崖石间,只通着一条线,往下俯瞰就见放光寺正在悬崖底下,向上远眺就见峰顶的舍身崖就在悬崖顶端,但不能看到全貌。这里西边一里处,有条岔路高悬在山崖侧边，我以为是下到放光寺的路，又考虑到在层层山崖间哪里能有缝隙垂下去。稍下走，有水从山崖侧边的树根之间流出，剖空树干盛水，这就是八功德水。剖空的树干之外没有空余的地方，水就从重重山崖上飞洒而下，细小得不能看见。路到头了仍然上登，就到先前从西边走上大路之处，有间草屋紧靠山崖，一个河南僧人在屋中静修，是为了靠近这里的水。又往西行半里，稍上走，又是半里，是曹溪庵。庵只有三开间，紧靠山崖，门锁着，没有人。这里的水比八功德水稍大些，庵后是高险的山崖，略微向前环抱如像缺了一个口子的玉玦。我攀着岩石径直登到山崖下，向东望左边的山崖向前环抱处，忽然分离开形成山峰，圆圆的像锥子一样挺立，而北边连着山崖顶端，若即若离，移动脚步转到别的地方，就被山崖顶端遮住了不可分辨。唯有此处才可以完全看见它分分合合的妙处，但可惜旧时曾经有层层叠叠的基址，今天已成为荆棘，人不能登上去。大体上鸡足山没有拔地而起的山峰，在此一见到真像闪电的光影。又往西行半里多，经过束身峡下方，转向南，路过伏虎庵，又向南路过礼佛庵，共一里，再次登上礼佛台。礼佛台面向南，高悬在桃花箐延伸过来的山脉之上，正好与木香坪隔着山箐相对，向西俯瞰桃花箐，往东俯瞰放光寺，如同在重重深渊之下。我从礼佛台前端坠入石穴中，向西穿过洞窟出来，又有耸立的岩石，钻出缝隙形成高台，脚下都是万仞高的危崖，用木头架成栈道通过去，就是所谓的太子过玄关了。过了栈道就是礼佛台后面的礼佛龛。从前经由栈道进洞穴，今天经由洞窟中出来到栈道，凭临眺望的景观虽然相同，然而先前是香客脚跟脚的，今天却是各个寺庵都关着门，空无一人，只觉得自己与浩瀚无际的神灵一同尽情畅游而已。栈道西边沿着山崖前端转向北，有路可以顺着走，因而穿过栈道往西行，就到了桃花箐的上方。共一里，路断了，是打柴的小径。仍然返回来经过伏虎庵，经由束身峡上走。峡谷地势狭窄，紧紧束拢，半里，穿到峡谷上方，这是文殊堂，开始听到有老和尚诵读经文的声音。路从文殊堂前上登山脊，是我之前从东面绝顶来的路,看见文殊堂后有条小径,也是向西上登山脊而去,我从小径走。原来文殊堂所在的山脊,是山脊上的凹地;在东面又高耸而起的,就是绝顶上建为城墙的地方了;在西面又高耸而起的,是桃花箐延伸过来第一座高耸的山峰。往西行一里,草丛林木蓬蓬松松的,雪迹连绵不断,终于登上鸡足山最高处。

盖其山自桃花箐北度,即凌空高峙,此其首也。其脊北垂而下,二十里而尽于大石头,所谓后距也。其横亘而东者,至文殊堂后,少逊而中伏,又东而复起为绝顶,又东而稍下,遂为罗汉壁、旃檀岭、狮子林以后之脊,又东而突为点头峰,环为九重崖之脊,皆迤逦如屏。于是掉尾而南转,坠为塔基马鞍岭,则鸡山之门户矣。垂脊而东,直下为鸡坪关,则鸡山之胫足矣。故山北之水,北向而出于大石东;山西之水,其南发于西洱海之北者,由和光桥;西发于河底桥者,由南、北衙,皆会于大石之下,东环牟尼山之北,与宾川之流,共北下金沙大江焉。始知南龙大脉,自丽江之西界,东走为文笔峰,是为剑川、丽江界。抵丽东南邱塘关,南转为朝霞洞,是为剑川、鹤庆界。又直南而抵腰龙洞山,是为鹤庆、邓川州界。又南过西山湾,抵西洱海之北[1],转而东,是为邓川、太和界。抵海东隅,于是正支则遵海而南,为青山、太和、宾川州界;又东南峙为乌龙坝山,为赵州、小云南界[2];遂东度为九鼎,又南抵于清华洞,又东度而达于水目焉。分支由海东隅,北峙为木香坪之山,从桃花坞北度,是为宾川、邓川界。是鸡足虽附于大支,而犹正脊也。登此直北望雪山,茫不可见。惟西北有山一带,自北而南者,雪痕皑皑,即腰龙洞、南北衙西倚之山也。其下麦畦浮翠，直逼鸡山之麓，是为罗川，若一琵琶蟠地，虽在三十里下，而黛色欲袭人衣。四顾他麓，皆平楚苍苍也。西南洱海，是日独潆荡如浮杯在掌。盖前日见雪山而不见海，今见海而不见雪山，所谓阴晴众壑殊，出没之不可定如此。此峰之西尽处也。

【注释】

①西洱海：洱海在明代又称西洱海，见《明一统志》、《寰宇通志》诸书。

②小云南：吴应枚《滇南杂记》："云南县俗名小云南"。明清时，为区别于省会所在地的云南府，别称云南县为小云南。明云南县与洱海卫同城，隶大理府，治今祥云县。

【译文】

原来鸡足山起自桃花箐向北延伸，就凌空高耸，这是全山的第一座高峰。山脊向北下垂，二十里后在大石头到了尽头，就是所谓的鸡脚的后爪了。那往东横亘的山，延到文殊堂后，稍许后退而且中间低伏，又往东延后重又耸起成为绝顶，又往东延后稍稍下降，就成为罗汉壁、旃檀岭、狮子林以后的山脊，又往东延后突起成为点头峰，环绕成为九重崖的山脊，都是曲折连绵如像屏风一样。于是尾部掉头向南转，下坠成为塔基所在的马鞍岭，就是鸡足山的门户了。下垂的山脊东面，一直下去是鸡坪关，就是鸡足山的脚胫了。所以山北面的水，向北流出到大石头的东面；山西面的水，那在南面发源于西洱海的北面的水，流经和光桥；西面发源于河底桥的水，流经南衙、北衙，都在大石头之下汇合，往东流绕过牟尼山的北面，与宾川州的水流，一起下流进金沙大江之中。这才知道南面的大山主脉，起自丽江府的西部地界，往东延伸成为文笔峰，那是剑川州、丽江府的分界处。延伸到丽江府东南的邱塘关，转向南成为朝霞洞所在的山，那是剑川州、鹤庆府的分界处。又一直往南延伸到腰龙洞所在的山，那是鹤庆府、邓川州的分界处。又往南延伸过西山湾，延到西洱海的北面，转向东，那是邓川州、太和县的分界处。延伸到西洱海的东部边缘，从这里起，主脉正支就沿着西洱海往南延伸，成为青山，是太和县、宾川州的分界处；又往东南延伸耸峙为乌龙坝所在的山，是赵州、小云南的分界处；于是向东延伸成为九鼎山，又往南延伸到清华洞，又向东延伸到达水目山。分支由西洱海东部边缘，往北耸峙为木香坪所在的山，从桃花坞向北延伸，那是宾川州、邓川州的分界处。这样看来，鸡足山虽然依附于主脉，可仍然是主脊了。登上此处远望正北的雪山，茫然不能看见。唯有西北方有一条带子一样的山，从北往南延伸的，雪迹白皑皑的，就是腰龙洞、南衙、北衙在西面依傍着的山了。山下麦田泛着绿色，一直逼近鸡足山的山麓，那里是罗川，好像一把琵琶的弯曲地带，虽然在三十里外的山下，可黛绿的颜色像是要渗入人的衣服内。四面环顾其他山麓，都是平展的树林，苍茫一片。西南方的洱海，这一天唯独水波荡漾，如同杯中的水漂浮在手掌上。前几天看见雪山却看不见海，今天看见海却看不见雪山，所以说阴天和晴天群山壑谷是不一样的，景观的出没不可确定竟然如此。这里是山峰西边的尽头处了。

东还一里，过文殊堂后脊，于是脊南皆危崖凌空，所谓舍身崖也。愈东愈甚，余凌其端瞰之，其下即束身峡，东抵曹溪后东峰，向跻其下，今临其上，东峰一片，自崖底并立而上，相距丈余，而中有一脉联属，若拇指然，可坠坳上其巅也。余攀蹑从之，顾仆不能至。时罡风横厉，欲卷人掷向空中，余手粘足踞，幸不为舍身者，几希矣。又共一里，入顶城门，实西门也。入多宝楼，河南僧不在，其徒以菽豆粥、芝麻盐为饷。余再录善雨亭中未竟之碑。下午，其徒复引余观其师退休静室。其室在城北二里，即前所登西峰之北坳也。路由文殊堂脊，北向稍下循西行。当北垂之腋，室三楹，北向，环拱亦称。盖鸡山回合之妙，俱在其南，当山北者仅有此，亦幽峻之奥区也。其左稍下，有池二方，上下连汇，水不多，亦不竭，顶城所供，皆取给焉。还抵城北，竟从城外趋南门，不及入迦叶前殿。由门前东向悬石隙下，一里，有殿三楹，东向，额曰"万山拱胜"，而户亦扃。由其前下坠，级甚峻。

【译文】

　　向东返回来一里，经过文殊堂后面的山脊，在这里山脊南面都是高险凌空的悬崖，就是所谓的舍身崖了。越往东去越险峻，我登临悬崖顶端俯瞰下面，悬崖下就是束身峡，峡谷东边抵达曹溪寺后的东峰，先前在下面上登，现在登临在峡谷上方，东峰那一带，从悬崖底部并排向上耸立，相距一丈多，而中间有一条血管样的缝隙连通着，好像拇指一样，可从此处坠下山坳上登悬崖顶端了。我从此处攀登，顾仆不能走。这时高空的横风凌厉，想把人卷起抛向空中，我手抓脚蹬，幸好没有成为舍身的人，几乎九死一生了。又共行一里，进入绝顶的城门，实际是西门。走入多宝楼，河南僧人不在，他的徒弟用绿豆粥、芝麻盐给我吃。我再次抄录善雨亭中没抄完的碑文。下午，他徒弟又领我去观看他师傅退身静修的静室。这处静室在城北二里处，就是先前攀登西峰时北面的山坳了。路经由文殊堂所在的山脊，向北逐渐下走顺着往西行，位于鸡足山北垂的侧旁，静室有三开间，向北，环绕拱卫的山也对称。鸡足山回绕闭合的美妙处，都在山的南面，在山的北面的仅有此处，也是幽深险峻的隐秘之地了。静室左边稍稍下去，有两个水池，池水上下相连,水不多,也不会枯竭,供给绝顶城里的水,都是取之于这里。返回到城的北边,就从城外赶到南门去,来不及进入迦叶殿的前殿。由殿门前向东从高悬的石缝下走,一里,有座三开间的佛殿,面向东,匾额为"万山拱胜",可门也是关着。由殿前往下坠,台阶非常陡峻。

　　将抵猳狇梯,遇一人,乃悉檀僧令来候余者,以丽江有使来邀也。遂同下,共一里而至铜佛殿。余初拟宿此,以候者至,乃取行李。五里,过碧云寺前。直下五里,过白云寺。由寺北渡一小涧,又东五里,过首传寺后,时已昏黑。又三里,过寂光寺西,候者腰间出一石如栗,击火附艾,拾枯枝燃之①。遵中支三里,叩息阴轩门,出火炬为导。又一里余,逾瀑布东脊而北,又三里而至悉檀。弘辨师引丽府通事见,以生白公招柬来致,相与期迟一日行。

【注释】

①"候者"三句:用火石取火的方法,至今在云南边疆还能看到。随身带一铁片及火石,需火时取铁片击石,即可引燃艾叶。

【译文】

　　将要到达猳狇梯时,遇见一个人,是悉檀寺的僧人派来等候我的人,是因为丽江府有使者来邀请我。便一同下山,共一里后来到铜佛殿。我起初打算住在这里,因为等我的人来到了,就取走行李。五里,经过碧云寺前。一直下行五里,路过白云寺。由寺北渡过一条小山涧,又往东行五里,经过首传寺后边,这时天已昏黑。又行三里,路过寂光寺西边,来等候我的人从腰间拿出像果子一样的石头,附着在艾草上打火,拾枯树枝点燃。沿着中间的支脉行三里,敲息阴轩的门,要出火把引路。又行一里,越过瀑布东面的山脊往北走,又行三里后到悉檀寺。

弘辨法师带领丽江府的通事来见面，把木生白公邀请我的柬帖送来，互相约定推迟一天上路。

　　二十一日　晨起，余约束行李为行计。通事由九重崖为山顶游。将午，复吾邀题七松册子，弘辨又磨石令其徒鸡仙书《静闻碑》。

【译文】

　　二十一日　早晨起床，我捆扎行李为上路做准备。通事从九重崖去山顶游览。将近中午，复吾请我题写七松册子，弘辨又磨好碑石让他的徒弟鸡仙书写《静闻碑》。

　　二十二日　晨餐后，弘辨具骑候行，余力辞之。遂同通事就道，以一人担轻装从，而重者姑寄寺中，拟复从此返也。十里，过圣峰寺。越西支之脊而西，共四里，过放光寺，入录其《藏经》圣谕。僧留茶，不暇啜而出。问所谓盘陀石静室者，僧指在西北危崖之半。仰视寺后层崖，并华首上下，合而为一，所谓九重崖者①，必指此而名。开山后，人但知为华首，觅九重故迹而不得，始以点头峰左者当之，谁谓陵谷无易位哉？由寺西一里余，始蹑坳而上，又一里余，其上甚峻，乃逾脊。脊南北相属，东西分坑下坠，所谓桃花箐也。脊有两坊，俱标为"宾邓分界"。其处陟历已高，向自礼佛台眺之，直似重渊之底云。

【注释】

　　①九重崖：鸡足山在元明时期原称九曲山、九重岩、九曲岩。《元混

一方舆胜览》大理路:"九曲山,峰峦攒簇,状如莲花,盘曲九折,在洱河东北。"《寰宇通志》:"九曲山,在西洱河东北百余里,盘折九曲而上,顶有石门,高不可入。"《明一统志》:"九曲山,在洱河东百余里,峰岳攒簇,状若莲花,九盘而上,又名九重岩。上有石洞,人莫能通。"《明史·地理志》宾川州:"西有鸡足山,一名九曲岩。"

【译文】

二十二日　早餐后,弘辨准备好马匹等候我动身,我竭力推辞。于是同通事上路,用一个人挑着轻便的行装跟随我,而重的行李暂且寄放在寺中,打算还从此地返回去。十里,经过圣峰寺。越过西面支脉的山脊往西行,共四里,路过放光寺,进寺抄录寺中的赐给《大藏经》的圣谕。僧人留我饮茶,来不及喝就出来了。打听所谓的盘陀石静室的地方,僧人指点,在西北方危崖的半中腰。仰面看寺后的层层石崖,与华首门上下并立,合二为一,所谓的九重崖的地方,必定是指此地而起名的。寺院创建后,人们只知道是华首门,要找九重崖的故迹却找不到,才把点头峰左边的悬崖当做九重崖,谁说山陵峡谷不会变换位置呢?从放光寺向西行一里多,开始踏着山坳往上走,又是一里多,那上走的路非常陡峻,于是翻越山脊。山脊南北相连,东西分别下坠成深坑,就是所谓的桃花箐了。山脊上有两座牌坊,都标明"宾邓分界"。此处已经爬升得很高了,以前从礼佛台眺望这里,简直好似在重重深渊的底部。

由箐西随箐下,二里,有茅舍夹道,为前岁底朝山卖浆者所托处,今则寂然为畏途。其前分岐,西南者为邓川州道;直西者为罗川道,乃通丽江者。遵之迤逦下二里,有庵当路北北山下,曰金花庵。又西下三里,连有二涧,俱自东而西注,即桃花箐之下流也,各有板桥跨之。连越桥南,始循南山西向行。一里,有寺踞南山之脊,曰大圣寺,寺西向。

乃从其前逾脊南下，又值一涧亦西流，随之半里，涧与前度二桥之流，俱转峡北去，路乃西。半里，逾南山北突之坳。坳西，其坡始西悬而下，路遵之。四里，有村在南山坞间，是为白沙嘴①。随嘴又西下二里，忽见深壑自南而北，溪流贯之，有梁东西跨其上。乃坠壑而下，二里，始及梁端，所谓和光桥也。鸡山西麓，至是而止。其水南自洱海东青山北谷来，至此颇巨，北向合桃花箐水，注于大石头者也②。丽府生白公建悉檀之余，复建此梁，置屋数楹跨其上。遂就而饭焉。

【注释】

①白沙嘴：今名同，在洱源县东南隅，金王桥河南岸，距宾川、鹤庆县界甚近。

②"其水"四句：此溪今名金王桥河，发源于洱海北岸，从南往北流入落漏河。

【译文】

由桃花箐往西顺着山箐下走，二里，有茅草房夹在道路两边，是去年底朝山时卖水浆的人暂住的地方，今天却空寂无人成为畏途。这前面分出的岔路，向西南的是去邓川州的路；向正西的，是去罗川的路，也是通往丽江府的路。顺着路逶迤下行二里，有座寺庵在路北的北山下，叫金花庵。又往西下行三里，接连有两条山涧，都是自东往西流淌，就是桃花箐的下游了，各自都有木板桥跨在涧水上。一连过到桥南，开始沿着南山向西行。一里，有座寺庙坐落在南山的山脊上，叫做大圣寺，寺庙面向西。于是从寺前翻越山脊往南下走，又遇到一条山涧也是往西流，顺着山涧行半里，山涧与前边走过的两座桥下的水流，都转入峡谷中往北流去，路于是向西走。半里，穿越南山向北前突的山坳。山坳西边，山坡开始向西高悬而下，路顺着山坡走。四里，有个村庄在南面的山坳中，这是白沙嘴。顺着白沙嘴又往西下行二里，忽然看见一条深深的壑谷自北伸向南，溪流纵贯壑谷间，有桥梁呈东西向跨在溪流上。于是向着壑谷下坠，二里，这才来到桥头，这是所谓的和光桥了。鸡足山的西麓，到此为止。桥下的水从南面洱海东岸青山北面的山谷中流来，流到此地水势相当大，流向北汇合桃花箐的水，下流到大石头。丽江府木生白公用修建悉檀寺的余资，又修建了这座桥，建了几间屋子跨在桥上。于是就进屋子吃饭。

桥之西有小径，自北而南，溯流循峡者，乃浪沧卫通大理道，与大道"十"字交之。大道随流少北，即西上岭，盘旋而上，或峻或夷。五里越其坳，西北下，四里始夷。又一里为罗武城，其处坳始大开。自此山之西，开东西大坳，直至千户营坳分为二，始转为南北坳，皆所谓罗川也。向自山顶西望，翠色袭人者即此，皆麦与蚕豆也。罗武无城，一小村耳。村北有溪，西自千户营来，即南衙河底之水，至此而东北坠峡，合和光桥下流，而东北经大石头者也[①]。于是循南山行溪之南，二里，有村在溪北山下，曰百户营。又西五里，有村在溪北悬冈上，曰千户营[②]。营之西，有山西自大山分支东南下，突于坳中，坳遂中分。当山之西南者，其坳回盘，其水小，为西山湾，新厂在其东南，而路出其西北。当山之东北者，其坳遥达，其水大，为中所屯。南北二衙又在其西北，而路则由山之西南逾坳以入。于是从千户营溪南转入南坳，一里余，至新厂。皆淘沙煎银者。乃北一里余，抵分界山之阳，渡一小流，循山阳西北行三里，北逾过坳。于是稍下，循西大山之麓北向行，其东又成南北大坞，即千户营之上流也。北一里，有村倚西山之坡，是为中所屯③，乃邓川、鹤庆分界处，悉檀寺庄房在焉，乃入宿。悉檀僧已先传谕之，故守僧不拒云。

【注释】

①"村北有溪"六句：此溪今名落漏河，与金王桥河合流后，从南往北流入金沙江。

②"曰千户营"四句：百户营、千户营：今名同，在鹤庆县南境，黄坪新街东南邻。

③中所屯：今称小中所，在鹤庆县南隅，黄坪新街西邻。

【译文】

桥的西边有条小径，自北通向南，溯溪流沿着峡谷走，是浪沧卫通往大理府的路，与大路呈"十"字形相交。大路顺着溪流稍往北走，随即往西上岭，盘旋而上，有时陡峻有时平坦。五里越过山坳，往西北下行，四里才到平路。又行一里是罗武城，此处山坞开始十分开阔。从这座山的西边，展开一个东西向的大山坞，一直到千户营，山坞一分为二，才变为南、北两个山坞，都是所谓的罗川了。这之前从山顶往西望，翠色袭人的地方就是此地，那绿色的都是麦子和蚕豆。罗武城没有城，只是一个小村子罢了。村北有溪水，自西面的千户营流来，就是南衙河底的水，流到此地后向东北坠入峡谷中，汇合和光桥下游的水流，而后往东北流经大石头。从这里沿着南山行走在溪流南岸，二里，有个村庄在溪流北岸山下，叫做百户营。又向西五里，有个村庄在溪流北岸高悬的山冈上，叫做千户营。千户营的西边，有一座从西面大山分支往东南下延的山，突起在山坞中，山坞便被从中分开。位于山的西南面的，这个山坞回绕盘曲，山坞中的水小，是西山湾，新厂在山坞东南方，而道路从山坞西北面出去。位于山的东北面的，这个山坞通到远方，山坞中的水大，是中所屯。南、北二衙又在山坞西北方，而道路则从山的西南边穿越山坳进去。从这里沿着千户营的溪流向南转进入南面的山坞，一里多，来到新厂。都是淘沙炼银子的地方。于是向北一里多，抵达分界那座山的南面，渡过一条小溪流，沿着山的南面往西北行三里，向北越过山坳。从这里稍稍下走，沿着西面大山的山麓向北行，山的东面又成为南北向的大山坞，就是千户营的上游了。往北行一里，有个村庄紧靠西山的山坡，这是中所屯，是邓川州、鹤庆府的分界处，悉檀寺的庄房在这里，就进去投宿。悉檀寺的僧人已事先转告这里的人，所以守庄房的僧人没有拒绝我。

　　二十三日　晨，饭于悉檀庄，天色作阴。乃东下坞中，随西山麓北行。二里，有支冈自西山又横突而东，乃蹑其上。有岐西向登山者，为南衙道，腰龙洞在焉；北向逾坳者，为北衙道，鹤庆之大道随之。余先是闻腰龙洞名，乃令行李同通事从大道行，期会于松桧，地名，大道托宿处。余同顾仆策杖携伞，遂分道从岐，由山脊西上。一里，稍转而南，复有岐缘南箐而去，余惑之。候驱驴者至，问之，曰："余亦往南衙者，大路从此西逾岭下，约十里。"余问南岐何路？曰："此往鸡鸣寺者①。"问寺何在？其人指："南箐夹崖间者是，然此岐隘不可行。"忽一人后至，曰："此亦奇胜。即从此峡逾南坳，亦达南衙，与此路由中坳者同也。"余闻之喜甚，曰："此可兼收也。"谢其人，遂由岐南行。里许，转入夹崖下，攀崖隙，透一石隙而入。其石自崖端垂下，外插崖底，若象鼻然，中透一穴如门，穿门即由峡中上跻，亦犹鸡山之束身焉。登峡上，则上崖岈然横列，若洞、若龛、若门、若楼、若栈者，骈峙焉。洞皆不甚深，僧依之为殿，左为真武阁，又左为观音龛，皆东北向下危壁。殿阁之间，又垂崖两重，俱若象鼻，下插崖底，而中通若门。有僧两人，皆各踞一龛，见客至，胡麻方熟②，辄邀同饭，余为再啜两盂。见龛后有石脊，若垂梯而上，跣而蹑之，复有洞悬其上层，中空而旁透小穴。崖之左右，由夹中升岭，即南坳道，而崖悬不通，复下，由穴门出，即转崖左西南上。仰见上崖复悬亘而中岈然，有岐细若虫迹，攀条从之，又得一大穴，其门亦东北向，前甃石为台，树坊为门，曰青莲界。其左药灶碑板俱存，而无字无人，棘萝旁翳，无可问为何人未竟之业。其右复有象鼻外垂之门，透而南，复有悬绡高卷之幛。幛之右，上崖有洞巍张，下崖即二僧结庵之处，然磴绝俱莫可通。

【注释】

①鸡鸣寺：今名同，在鹤庆县南隅，黄坪、北衙间。

②胡麻：即芝麻。过去一般认为芝麻是从西域引进的，故称胡麻。

【译文】

二十三日　清晨，在悉檀寺庄房吃饭，天色转阴。于是向东下到山坞中，顺着西山的山麓往北行。二里，有条山冈从西山分支又往东横突出来，就登上这座山冈。有条岔路向西登山的，是去南衙的路，腰龙洞就在那里；向北穿越山坳的，是去北衙的路，去鹤庆府的大路顺着这条路走。我这之前听说过腰龙洞的名字，就命令行李和通事从大路走，约定在松桧会合，松桧是地名，大路上寄宿的地方。我同顾仆拄着手杖带上伞，就分道从岔路走，沿着山脊往西上行。一里，稍转向南，又有一条岔路沿着南面的山箐而去，我对此很疑惑。等有赶驴的人到来，向他问路，回答说："我也是去南衙的，大路从此地往西翻越山岭下走，约有十里。"

我问:"南边的岔路去哪里?"回答:"这是去鸡鸣寺的路。"问:"寺在哪里?"那人指着说:"南面山箐夹在山崖间的地方就是,不过这条岔路狭窄得不能走。"忽然有一个人从后面来到,说:"这也是一处奇异的胜景。就从这条峡谷穿越南面的山坳,也通到南衙,与这条由中间的山坳走的路一样。"我听到这话十分高兴,说:"这样可以一举两得。"谢过那个人,就从岔路往南行。一里左右,转进相夹的山崖下方,攀着山崖上的石缝,钻过一条石缝进去,这石崖从崖顶垂下来,向外插到崖底,好像大象鼻子的样子,中间通着一个像门一样的洞穴,穿过石门就从峡中上登,也像鸡足山束身峡的样子。登到峡谷上方,就见上面的石崖横向排列,十分深邃,像洞穴,像石龛,像门洞,像楼阁,像栈道,并排耸峙在那里。洞都不怎么深,僧人依托洞穴作为佛殿,左边是真武阁,再往左是观音龛,都是面向东北,下临绝壁。殿阁之间,又垂下两层石崖,都像大象鼻子,向下插到崖底,而中间相通像门一样。有两个僧人,都各自盘腿坐在石龛中,见有客人来到,芝麻刚煮熟,便邀请我一同吃饭,我为此再吃了两碗。看见石龛后面有石脊,好像下垂的梯子通上去,赤脚攀登上去,又有洞悬在上层,中间空阔而旁边通着小洞。由左右石崖的夹缝中登上山岭,就是去南面山坳的路,但崖壁高悬走不通,又下来,经由洞穴的石门中出来,立即转到石崖左边向西南上登。仰面看见上层石崖又高悬绵亘而且中间也十分深邃,有条岔路细小得像虫子爬过的痕迹,攀着枝条顺着这条路走,又找到一个大洞,洞口也是面向东北,洞前用石头砌成平台,竖立牌坊作为大门,叫做青莲界。洞左边熬药的灶和刻碑的石板都在,可没有字没有人,四旁荆棘藤萝遮蔽,无人可问这是什么人未完成的事业。洞的右边又有似象鼻一样向外下垂的石门,钻到南面,又有如薄纱悬空高卷的石幛子。石幛子的右边,上层石崖上有巍然张开着的山洞,下层石崖就是两个僧人建庵之处,然而石阶断了,上下都无路可通。

　　乃仍由青莲界出东夹，再上半里，而崖穷夹尽，山半坪开。又有泉自南坳东出，由坪而坠于崖之右；又分而交潆坪塍，坠于崖之左。崖当其中，濯灵涤窍，遂成异幻。由坪上溯流半里，北向入峡，峡中之流，倾涌南向。溯之一里，洞形不改，而有巨石当其中。石之下，则涌水成流；而石之上，惟砾石堆涧，绝无水痕。又溯枯涧北行半里，路穷茅翳，盖其涧自西峡来，路当北去也。乃东向蹑岭，攀崖跻棘，又半里，得南来路，遂随之北。半里，西涉一坳，复升陇而西，有岐，入西南峡中者颇小，其直北下陇者颇大。余心知直北者为南衙道，疑腰龙洞在西南峡中，遂望峡行。半里，不得路。遥听西北山巅有人语声，乃竭蹶攀岭上，一里，得东来道。又一里，得驱犊者问之，则此路乃西向逾脊抵焦石峒者①。问腰龙洞何在？曰："即在此支岭之北，然岭北无路，须随路仍东下山，折而北，至南衙，乃可往。"盖是山大脊，自北而南，脊之西为焦石峒，脊之东，一支东突，其北腋中，则腰龙洞所在，南腋中即此路也。余乃怅然，遂随路返。东下一里，乃转而东北下，又一里，抵山麓，循之北行，又一里而至南衙②。南衙之村不甚大，倚西山而东临大坞，其坞北自北衙，南抵中坞，其中甚宽。盖此中大坞，凡三曲三辟，最北者为北坞，坞南北亘，以北坳东隘为峡口；其南即中所屯坞，坞亦南北亘，以江阴村为峡口；其南即千户营、百户营坞，坞东西亘，以罗武村为峡口。总一溪所贯，皆谓之罗川云。

【注释】

①焦石峒:今名同,又称大营,在洱源县东隅,属右所乡。

②南衙:原有李、崔、周、段、煎、方、张等九户居住,1922年迁并至北
　　衙,现为废村,但地名仍存。

【译文】

　　于是仍然经由青莲界出到东面的夹谷中,再上登半里,山崖完了夹
谷到了尽头,山腰上平地开阔。又有泉水从南面的山坳向东流出来,流
经平地后坠落到山崖的右边;又有分流的水在平地土埂间交互濚绕,坠
入山崖的左边。山崖位于两面流水之中,水流涤荡着灵异的石窍,竟成
奇异的幻景。由平地上溯水流行半里,向北进入峡谷中,峡谷中的流
水,向南倾泻奔涌。溯水流行一里,山涧的形状不变,但有块巨石在山
涧中。巨石的下方,则有水涌成流;可巨石的上方,只有砾石堆在山涧
中,绝无水的痕迹。又溯干枯的山涧往北行半里,路到头,茅草遮蔽,原
来是这条山涧从西面的峡中来,路应当向北去。于是向东登岭,攀着石
崖上登荆棘,又行半里,遇到南边来的路,就顺着这条路往北去。半里,
向西涉过一个山坳,又往西上登土陇,有条岔路,进入西南峡中的路很
小,那一直向北走下土陇的路较大。我心里知道一直往北去的是去南
衙的路,怀疑腰龙洞在西南峡中,就望着峡谷前行。半里,找不到路。
远远听见西北山顶上有人说话的声音,就竭力快速登到岭上,一里,遇
上东面来的路。又行一里,遇到个赶小牛的人问他路,原来这条路是向
西翻越山脊到焦石峒的路。问:"腰龙洞在哪里?"答道:"就在这座岭的
北面,不过岭北无路,必须仍然顺着路往东下山,折向北,到南衙,才能
到达。"原来这座山的主脊,自北延向南,山脊的西面是焦石峒,山脊的
东面,一条支脉向东突起,它北面的山窝中,就是腰龙洞在的地方,南面
的山窝中就是这条路了。我于是怅怅不乐,就顺着路返回来。往东下
行一里,就转向东北下走,又行一里,抵达山麓,沿着山麓往北行,又是
一里后到达南衙。南衙的村子不怎么大,紧靠西山而东边面临大山坳,

这个山坞北面起自北衙，南面抵达中间的山坳，山坞中十分宽广。原来这一带的大山坞，共曲折了三次又三次宽阔起来，最北边的是北坞，山坞呈南北向绵亘，以北面山坳的东隘口作为峡口；它的南面就是中所屯所在的山坞，山坞也呈南北向绵亘，以江阴村作为峡口；它的南面就是千户营、百户营所在的山坞，山坞呈东西向绵亘，以罗武村作为峡口。三个山坞共有一条溪水流贯，它们都称为罗川。

由南衙之后西南上山，磴道甚辟。一里半，有亭有室，当山之半，其旁桃李烨然。亭后蹑级而上，有寺，门榜曰"金龙寺"。门内有楼当洞门[1]，其楼前临平川，后瞰洞底，甚胜也。楼后即为洞门，洞与楼俱东向，其门悬嵌而下，极似江右之石城洞。西壁上穹覆而下崆峒，南与北渐环而转，惟东面可累级下。下五丈，一石突起，当洞之中，西耸而东削，甃以为台，亭其上，供白衣大士。其亭东对层级，架木桥以登，西瞰洞底，潴水环其下，沉绀映碧，光怪甚异。亟由桥返级，穿桥下，缘台左西降，十余丈而后及水。水嵌西崖足，西面阔约三丈，南北二面，渐抱而缩，然三面皆绝壁环之，无有旁窦，水渟涵其间，俨若月牙之抱魄也[2]。水中深浅不一，而澄澈之极，焕然映彩，极似安宁温泉，浅者浮绿，深者沉碧，掬而尝之，甘冷异常。其洞以在山之半，名为腰龙，而文之者额其寺为"金龙"，洵神龙之宫也。洞口如仰盂，下圆如石城，水漾三面如玦，石脊中盘如垂舌。其异于石城者，石城旁通无极，而此则一水中涵，若其光莹之异，又非他水可及也。久之，仍上洞口，始登前楼，则前楹后轩，位置俱备，而僧人他出，扃钥不施。

【注释】

①"门内有楼当洞门"句：此洞即腰龙洞，传说是玉湖龙王的第九个小儿子居住，因名幺龙洞。在北衙西南3公里，从南衙缘坡而上最近。洞口圆形，洞壁呈青、黄、橙、白等纹彩，似太极图案，又名太极洞。沿石阶下约50米，有潭形似半月，岩缝滴落的泉水，回声如音乐奏鸣。洞口有嘉靖三十六年（1557）摩崖《同游太极洞碑记》。

②魄（pò）：月体有轮廓而无光的部分叫魄。

【译文】

由南衙的后面往西南上山，石阶路很宽阔。一里半，有亭子有房子，位于山的半中腰，路旁桃花、李花光艳盛开。从亭子后面踏着石阶上走，有寺庙，门上的匾额写着"金龙寺"。门内有座楼位于洞口，这座楼前临平川，后面俯瞰洞底，非常优美。楼后就是洞口，洞与楼都面向东，洞口悬空下嵌，极像江西省的石城洞。西面石壁上方穹隆下覆而下方是空阔的山洞，南面与北面渐渐转成环形，唯有东面可以堆砌石阶下去。下走五丈，一块岩石突起来，位于山洞中间，西边高耸而东面陡削，砌为高台，高台上建了亭子，供奉观音菩萨。这座亭子东面对着层层石阶，架了木桥可以登上去，西面俯瞰着洞底，积水环绕在下面，沉紫映碧，光怪陆离，十分奇异。急忙由桥上返回石阶上，钻到桥下，顺着高台的左边往西下走，十多丈之后来到水边。水嵌在西面的崖壁根部，西面宽约三丈，南北两面，渐渐围抱缩拢，然而三面都是绝壁环绕着水，四旁没有孔洞，水汇聚在这中间，俨然好像月牙围抱着月魄了。水中深浅不一，然而澄澈到了极点，焕然映照着光彩，极像安宁的温泉，浅处泛着绿色，深处是沉沉的碧绿，捧起水来尝一尝，异常甘甜清凉。这个山洞因为在山的半中腰，取名叫"腰龙"，而文饰它的人为寺庙的匾额题写为"金龙"，确实是神龙的宫殿。洞口如面向上的钵盂，洞下圆得如同石城洞，水漾绕在三面，如同玉块，石脊盘绕在洞中如同下垂的舌头，它不同于石城洞的地方,石城洞四通八达没有尽头,而此洞却是一片水汇聚在洞中,至于洞中水光彩晶莹的奇异之处,又不是其他的水能够赶得上的了。很久之后,仍然上到洞口,才去登洞前的楼,就见前边有楹柱后面有轩廊,位置都很完备,可僧人外出,门关锁着不能进去。

仍一里余,下至南衙,问松桧道,俱云行不能及。乃竭蹶而趋,由南衙后傍西山而北,二里,是为北衙①。有神庙当北衙之南,门东向,其后大脊之上,骈崖蠹夹,有小水出其中,庙之北有公馆,市舍夹道,甚盛。折而东,共半里,而市舍始尽,盖与南衙迥隔矣。二衙俱银矿之厂,独以衙称者②,想其地为盛也。东与南来大道合,复北行一里余,市舍复夹道,盖烹炼开炉之处也。过市舍,遂北下坡,又一里余而及其底,始知南北两衙,犹山半之坞也。其峡既深,有巨涧流其间,自北而南,是为河底,盖即罗川之上流。有支流自西峡来入,其派颇小,置木桥于上。越之又北,见石梁跨巨涧,涧中有巨石,梁东西两跨之,就其中为阁,以供白衣大士。越桥之东,溯涧北向上,危崖倚道,盘级而登,右崖左涧,下嵌深渊,上削危壁。五里登坪脊,有枯涧堑山头,亦跨石梁。度梁北,有殿新构,有池溢水,有亭施茶③。余入亭饭,一僧以新瀹茶献,曰:"适通事与担者久待于此,前途路遥,托言速去。"盖此殿亦丽江所构以施茶者,故其僧以通事命,候余而致之耳。余哑饭行,竟忘其地为热水桥,而殿前所流即热水也。

【注释】

①北衙:今名同,在鹤庆县南隅。《滇游日记七》作"北牙"。

②衙:即官署。特设官署直接管理的地方,亦因此称"衙"。

③有亭施茶:此地即今舍茶寺。在北衙东北邻、锅厂河(落漏河上游)东岸。

【译文】

仍然走一里多,下到南衙,打听去松桧的路,都说来不及走到了。于是尽力跌跌撞撞往前赶路,由南衙后面靠着西山往北行,二里,这是北衙。有神庙位于北衙的南边,庙门向东,庙后的大山脊之上,并排的山崖矗立夹峙,有小股水从山崖中流出来。神庙的北边有公馆,集市中的房屋夹在道路两边,非常繁盛。转向东,共半里,才走完集市中的房屋,大概与南衙隔得很远啦。南、北二衙都是银矿厂,偏偏用衙来称呼的原因,想来是这地方特别兴盛。往东与南面来的大路会合,又往北行一里多,又有集市房屋夹在道路两边,大概是开炉冶炼的地方了。走过集市房屋,就往北下坡,又行一里多后来到坡底,这才知道南、北两衙,还只是山半腰上的山坞。这里的峡谷已很深,有条巨大的山涧流淌在峡谷中,自北流向南,这是河底,大概就是罗川的上游。有条支流从西面的峡中流来汇入,那条支流很小,在上面架了木桥。越过木桥又往北行,见有石桥跨过巨大的山涧,山涧中有巨石,桥梁东西两端跨在巨石上,就在巨石中间建了间阁子,用来供奉观音菩萨。越到桥的东面,溯山涧向北上行,危崖紧靠道路,绕着石阶上登,右边是石崖左边是山涧,下方嵌进深渊,上方是陡削的绝壁。五里登上山脊上的平地,有条干枯的山涧形成的堑沟在山头,也有石桥横跨。过到桥北,有座新建的佛殿,有水池溢出水来,有座亭子施舍茶水。我进亭子吃饭,一个僧人拿新泡的茶水来敬献,说:"刚才通事和挑夫在此等了很久,前面路途遥远,托我转告您赶快去。"原来此殿也是丽江府修建用来施舍茶水的地方,所以这个僧人奉通事的命令,等候我并给我传话。我急忙吃饭后动身,竟然忘了这个地方是热水桥,而佛殿前流淌的水就是热水了。

　　既从其侧，又过一石梁。梁跨山头，与前梁同，而下有小水，西坠巨涧。过梁，从中脊北向而行，东西俱有巨山夹之。盖西界大山，自鹤庆南来，至七坪老脊，直南高亘于河底之西者，为鲁摆；由七坪东度，分支南下，即此中脊与东界之山，故此中脊之北，又名西邑。盖西邑与鲁摆皆地名，二山各近之，界坊遂以为名焉。中脊与鲁摆老脊夹成西峡，此河底之流所自出者，盖源于七坪之南云。行中脊十里，脊东亦盘为中洼之宕，脊悬西峡东洼之间，狂风西来，欲卷人去。又三里，乃西北上岭，一里，又蹑岭而西，半里，乃西北下。一里抵坞中，是为七坪①，即中界所度之脊，与西界大山夹成此坪，为河底之最高处也。由坪中北行二里，始为度脊隘口。脊南有两三家当道，脊西有村落倚山，桃李灿然。时日已下春，尚去松桧二十里，亟逾隘北行。五里，少出西界，巨山如故，而东界亦渐夹而成洼，洼中石穴下陷，每若坑若阱。路循东脊行，又数里，有数家当北峡之口，曰金井村②，始悟前之下阱累累者，皆所称金井者耶。隘口桃花夹村，嫣然若笑。

【注释】

①西邑：今名同。　七坪：今名同，又称大营。皆在鹤庆县南境，松桂与北衙之间。

②金井村：今名金井坝。有口沙井，相传曾淘过金，故名。

【译文】

　　从桥旁走过后，又经过一座桥，桥跨在山头上，与前边的桥相同，而桥下有小溪，向西坠入巨大的山涧中。过桥后，从中间的山脊向北行，东西两面都有大山夹住山脊。大约西部的大山，自鹤庆府向南延伸而来，延到七坪，主脊一直往南延伸，高高绵亘在河底西面的，是鲁摆；由七坪往东延伸，分支往南下延，就是这条位于中间的山脊与东面的山，所以这条位于中间的山脊的北面，名字又叫西邑。因为西邑与鲁摆都是地名，两座山各自接近两地，就以地名作为分界处牌坊的名字了。中间这条山脊与鲁摆的主脊夹成西面的峡谷，这是河底的水流出来的地方，大概是源自于七坪的南面。行走在中间这条山脊上十里，山脊东面也是盘绕成中间下洼的深坑，山脊高悬在西面的峡谷与东面的洼坑之间，狂风从西面刮来，想要把人卷了去。又行三里，就往西北上岭，一里，又踏着山岭往西行，半里，就向西北下山。一里到达山坞中，这里是七坪，就是从中部延伸而过的山脊，与西面一列大山夹成这片平地，是河底的最高处了。由平地中往北行二里，才是延伸的山脊的隘口。山脊南面有两三家人位于路旁，山脊西边有个村落靠着山，桃花李花光艳异常。这时太阳已西沉，离松桧还有二十里，急忙穿过隘口往北行。五里，渐渐走出西面一列山，大山依然如故，而东面也渐渐夹成洼地，洼地中石穴下陷，每每都像深坑或是像陷阱。路沿着东面的山脊走，又是几里路，有几家人位于北面峡谷的峡口，叫金井村，这才明白前边一个接一个下陷的深阱，都是所说的金井的地方了。隘口桃花夹住村庄，好像嫣然而笑。

　　由村北东向下坡，一里渐夷，乃东行岭脊，脊左右渐夹而成坞。由脊行三里，复由脊北坠坑东下，一里抵其麓，于是坞乃大开。有三楹当麓之东，亦梵宇也①。由其前东向径平坞而驰，望东峰南北高耸者，日光倒映其间，丹葩一点，若菡萏之擎空也②。盖西山屏亘甚高，东峰杂沓而起，日衔西山，反射东山，其低者，日已去而成碧，其高者，日尚映而流丹,丹者得碧者环簇其下,愈觉鲜妍,世传鹤庆有"石宝之异","西映为朝霞,东映为晚照",即此意也。东驰二里,过数家之舍。又东一里,渐坠壑成涧向东南去。乃折而北度一陇,又一里,有公馆在西山之麓,其左右始有村落,知其为松桧矣③,而犹未知居停何处也。又北半里,担者倚间门而呼④,乃入之,已就晦矣。是家何姓,江右人,其先为监厂委官,遂留居此。

【注释】

①梵龛(fàn kān):佛寺。

②菡萏(hán dàn):荷花。

③松桧:今作松桂,在鹤庆县南境。

④间(lú)门:里巷的大门。

【译文】

　　由村北向东下坡,一里后渐渐平坦,就向东行走在岭脊上,岭脊左右渐渐夹成山坞。沿岭脊行三里,再由岭脊北面向着深坑往东下坠,一里抵达山麓,在这里山坞变得十分开阔。有座三开间的屋子位于山麓的东边,也是佛寺。由寺前向东径直在平敞的山坞中疾行,远望东峰南北两边高耸的地方,日光倒映在山间,红花一点,好像高擎在空中的荷花。原来西面的山屏风一样绵亘非常高,东峰杂乱耸起,西山含着落日,反射到东山,东山低的地方,阳光离开后变成碧绿,那些高的地方,日光还映照着,红光流转,红色的地方得到碧绿的地方在它的下方环绕簇拥,愈发觉得鲜艳娇美,世上传说鹤庆府有"石宝之异","西边映照是朝霞,东边映照是晚照",就是这个意思了。往东疾行二里,经过几家人的房屋。又往东行一里,渐渐壑谷下坠成山涧向东南流去。于是折向北越过一条土陇,又行一里,有公馆在西山的山麓,道路左右开始有村落，知道这里是松桧了，可仍然不知道住在哪里。又往北行半里，挑夫靠着里巷的门呼叫我，就进到住所，天已经将近昏黑了。这家人姓何，是江西省人，他们的祖先担任监厂委派的官员，就留下定居此地。

二十四日　昧爽，饭于松桧，北向入山峡。松桧之南，山盘大壑而无水，沟涧之形，似亦望东南去；松桧之北，山复渐夹为坞，小水犹南行。五里登坂，为波罗庄①，山从此自西大山度脊而东，脊不甚高，而水分南北。又北五里，望北坞村落高下，多傍西大山，是为山庄②。于是北下，随小溪北行，五里间，聚庐错出，桃杏缤纷。已而直抵北山下，有倚南山居者，是为三庄河底村。村北溪自西而东，其水一自三庄西谷来，一自河底村南谷来，皆细流；一自西北大山夹中来，俱合于河底村北，东流而去，亭桥跨之，桥北即龙珠山之南麓矣。龙珠山者，今名象眠山，自西大山之东，分支东亘，直接东大山之西麓。其北之西大山，即老龙之脊，皆自北而南；其北之东大山，即峰顶山，亦皆自北而南。中夹成南北大坞。漾共之江③，亦自丽江南下，潆鹤城之东，而南至此为龙珠所截，水无从出，于是自峰顶之麓，随龙珠西转，搜得龙珠骨节之穴，遂捣入其中，寸寸而入，凡百零八穴而止。土人云，昔有神僧倔多尊者④，修道东山峰顶，以鹤川一带，俱水汇成海，无所通泄，乃发愿携锡杖念珠下山，意欲通之。路遇一妇人，手持瓢问："师何往？"师对以故。妇人曰："汝愿虽宏，恐功力犹未。试以此瓢掷水中，瓢还，乃可得，不然，须更努力也。"师未信，携瓢弃水中，瓢泛泛而去。已而果不获通。复还峰潜修二十年，以瓢掷水，随掷随回。乃以念珠撒水中，随珠所止，用杖戳之，无不应手通者，适得穴一百零八，随珠数也。

今土人感师神力，立寺众穴之上，以报德焉。《一统志》作喔哆，土人作摩伽陀。众水于山腹合而为一，同泄于龙珠之东南麓。大路过河底桥，即逾龙珠而北，与出入诸水洞皆不相值，以俱在其东也。余乃欲从桥北，随流东下，就小径穷所出洞，令通事及担者从大路往。担者曰："小径难觅，不若同行。"盖其家在入水洞北，亦便于此也。余益喜，遂同东向随溪行龙珠山之南。一里，反越溪南，半里，又渡溪北。其路隘甚，而夹溪皆有居者。又东半里，枫密河东南泻峡去⑤，路东北逾龙珠支岭。两下两上，东北盘岭共四里，其路渐上。俯瞰东南深峡中，有水破峡奔决，即合并出穴之水也。其水南奔峡底，与枫密之水合，而东南经峰顶山之南峡以出，下金沙大江。然行处甚高，水穴在重崖下出，俯视不见其穴。令通事及担者坐待道旁，余与顾仆坠壑东南下。下半里，不得路，踯躅草石间，转向东箐半里，又南迁半里，始下至硐底。乃西向溯流披棘入，共半里，则巨石磊落，堆叠硐中，水从石隙，泛溢交涌。余坐巨石上，止见水与石争隙，不见有余穴，雪跃雷轰，交于四旁，而不知其所从来也。

【注释】

①波罗庄：今仍作波罗，又称北营。

②山庄：今名同，应即下文"三庄"。二地皆在鹤庆以南、松桂以北的公路旁。

③漾共江：今作漾弓江，在鹤庆坝子又称东山河，下流称中江。

④倔多：丁本作"赞陀倔多"。

⑤枫密河：今作枫木河，注入漾弓江。

【译文】

二十四日　黎明，在松桧吃饭，向北走入山峡。松桧的南面，山盘绕成巨大的壑谷却无水，沟涧的地形，似乎也是望着东南方去；松桧的北面，山又渐渐夹成山坞，小溪仍然往南流。五里上登斜坡，是波罗庄，山从此处自西面的大山山脊往东延伸，山脊不怎么高，而水分为南北。又往北行五里，远望北面的山坞中村落高高低低的，多数靠着西面的大山，这是山庄。从这里往北下走，顺着小溪向北行，五里路之间，聚落房舍错落层出，桃花杏花缤纷开放。不久径直抵达北山下，有紧靠南山居住的村庄，这是三庄河底村。村北的溪水自西往东流，这里的溪水一条自三庄西面的山谷中流来，一条自河底村南面的山谷中流来，都是细小的溪流；一条自西北面的大山夹谷中流来，都在河底村北面合流，向东流淌而去，亭桥跨在溪流上，桥北就是龙珠山的南麓了。龙珠山，今天名叫象眠山，自西面大山的东边，分出支脉往东绵亘，一直连接到东面大山的西麓。山北西面的大山，就是主脉的山脊，都是自北往南延伸；山北东面的大山，就是峰顶山，也都是自北往南延伸，中间夹成南北走向的大山坞。漾共江也是从丽江府往南下流，潆绕在鹤庆府城的东面，而后往南流到此地被龙珠山截住，江水无处流出去，于是从峰顶山的山麓，沿着龙珠山向西转，搜寻到龙珠山关键处的洞穴，就捣入洞中，一寸寸地流进去，共有一百零八个洞穴后才流完。当地人说，从前有个神僧叫倔多的尊者，在东山的峰顶修道，因为鹤庆坝子一带，都被水汇积成海，没有泄洪的通道，就发愿带着锡杖念珠下山来，想要打通水路。路上遇见一个妇人，手上拿着瓢，问："法师去哪里？"法师回答了事情的起因。妇人说："你的心愿虽然宏大，恐怕功力还不够。试着把这把瓢扔进水中，瓢漂回来，才可获得功力，不这样，必须再努力。"法师不相信，把瓢抛入水中，瓢漂浮而去。不久果然没能疏通水道。又返回峰顶潜心修炼二十年，把瓢扔进水中，随手扔进去随时就回来。于是把念珠撒入水中，随着珠子停止的地方，用锡杖戳地，无不随手就打通，恰好有一百零八个洞穴，跟念珠的数目一样。如今当地人感谢法师的神力，在众多的洞穴上面建了寺，以报答他的功德。《一统志》写作"喔哆"，当地人称为"摩伽陀"。各个洞穴的水在山肚子内汇合为一处，一同在龙珠山的东南麓流出。大路经过河底桥，随即翻越龙珠山往北行，与各个出水进水的洞穴都不相遇，是因为这些洞穴都在龙珠山东面。我于是想从桥北顺水流往东下行，走小路去穷究出水的洞，命令通事和挑夫从大路走。挑夫说："小路难找，不如一同走。"原来他的家在进水洞的北边，走这条路也方便。我更高兴了，就一同向东顺着溪流行走在龙珠山的南麓。一里，反而过到溪流南岸，半里，又渡到溪流北岸。这条路十分狭小，可溪流两岸都有居住的人家。又往东行半里，枫密河向东南泻入峡谷中流去，道路往东北翻越龙珠山分支的山岭。两次下走两次上行，往东北绕着山岭行四里，道路渐渐上走。俯瞰东南方的深峡中，有水流冲破山峡奔流，就是洞穴中合并后流出来的水。那水往南奔流在峡底，与枫密河的水合流，而后向东南流经峰顶山南面的峡谷流出去，下流进金沙大江。然而我所走的地方太高，水洞在重重山崖下面出水，俯身下看看不见出水的洞穴。命令通事和挑夫坐在路旁等待，我与顾仆向着东南方的壑谷下坠。下行半里，找不到路，在草石间徘徊，转向东面的山箐走半里，又往南绕行半里，才下到山涧底。于是向西溯水流分开荆棘进去，共半里，就见巨石错落，堆叠在山涧中，水从石缝之间，泛泛溢出，交相奔涌。我坐在巨石上，只见水与岩石争夺缝隙，不见有空余的洞穴，似雪花飞跃雷电轰鸣，交流在四旁，却不知道水是从哪里流出来的。

　　久之，复迁从旧道，一里余，迁上既近，复攀石乱跃，又半里，登大道，遂东北上。半里，转一峡，见后有呼者，乃通事与担夫也。于是北半里，上攒石间，北过脊，始北望两山排闼，一坞中盘，漾共江络其东，又一小水纬其西北，皆抵脊下而不可见。其两山之北夹而遥接于东北隅者，是为丽府邱塘关所踞，漾共水所从出也。乃北下山，一里余而及其麓，有寺悬麓间，寺门北向，其下即入水之穴也。不及入寺，急问水。先见一穴，乃西来小流所入，其东又有平土丈余隔之，东来之漾共江，屡经穴而屡分坠，至是亦遂穷，然则所谓一百八穴者，俱在东也。余因越水北东向溯流，见其从崖下遇一穴，辄旋穴下灌，如坠瓮口，其声鸣鸣，每穴远者丈余，近者咫尺而已。既而复上寺前，乃北下渡西来小流，有小石梁跨之。北一里，有村当平冈间，是曰甸尾村，担者之家在焉。入而饭于桃花下。既乃西北行三里余，而入南来大道，即河底桥北上逾岭者。于是循西山又北五里，为长康铺坊。有河流自西南峡来，巨石桥跨之，有碑在桥南，称为鹤川桥。盖鹤川者，一川之通名，而此桥独擅之，亦以其冠一川也。桥北有岐，溯流西南，为大理府大道，故于此设铺焉。过桥不半里，为长康关①，庐舍夹道。是日街子，市者交集。自甸尾至此，村落散布，庐舍甚整，桃花流水，环错其间。其西即为朝霞寺峰，正东与石宝山对。于是路转东北，又八里余而入鹤庆南门②。

【注释】

①长康关：今仍名长康，分南北两村，又称康福，在鹤庆县稍南。

②鹤庆：明置鹤庆军民府，即今鹤庆县。

【译文】

很久之后，又从原路绕着走，一里多，绕道上走已经很近了，又攀着石头乱跳，又行半里，登到大路上，于是往东北上走。半里，转过一条峡谷，见后面有呼喊的人，是通事和挑夫。于是向北半里，往上钻过石头间，往北越过山脊，才望见北面的两列山像门扉一样排列，中间盘绕着一个山坞，漾共江绕流在山坞的东面，又有一条小河横在山坞的西北面,都是流到山脊下就看不见了。那两列山相夹往北延伸而远远接到东北角的地方,那就是丽江府邱塘关所在之处,漾共江水从那里流出去。于是往北下山,一里多后来到山麓,有座寺庙高悬在山麓上,寺门向北,寺下面就是进水的洞穴了。来不及进寺,急忙去探寻水。首先见到一个洞穴,是西边流来的小河流进去的地方,它的东面又有一丈多平地隔开它,东面流来的漾共江,多次流经洞穴又多次分别坠入洞中,流到这里也终于断流了,这样看来,所说的一百零八个洞穴的地方,全都在东面。我因此越到水流北岸向东溯流走,就见水流每在山崖下遇到一个洞穴,总是旋转着往下灌入洞中,如同坠入瓦瓮口,水声呜呜响,每处洞穴相隔远的一丈多,近的不过咫尺而已。随后又上到寺前,就往北下走,渡过西面流来的小河,有座小石桥跨过小河。往北行一里,有个村子位于平缓的山冈上,这里叫甸尾村,挑夫的家在这里。进村在桃花下吃饭。饭后就往西北行三里多,然后走上南面来的大路,就是从河底桥往北上行翻越山岭的路。从这里沿着西山又往北行五里,是长康铺坊。有河流自西南方的峡中流来,巨大的石桥跨在河流上,有块碑在桥南,称为鹤川桥。“鹤川”这名字,是整条河的通名,而这座桥独占了这个名字,也是因为它是整条河最大的桥。桥北有条岔路,溯流往西南走,是去大理府的大路,所以在此地设铺。过桥后不到半里,是长康关,房舍夹住道路。这天是街子天,赶集的人交错云集。从甸尾村到此地,散布着村落,房舍十分整齐,桃花流水,环绕交错在其中。这里西边就是朝霞寺峰,正东与石宝山相对。在这里路转向东北,又行八里多后进入鹤庆府城南门。

　　城不甚高①,门内文庙宏整。土人言其庙甲于滇中,亦丽江木公以千金助成。由其东北行半里,稍东为郡治。由其西,又北行半里,出一鼓楼,则新城之北门也。其北为旧城,守御所在焉。又北半里而出旧城北门,稍西曲而北一里,复东曲而北四里,为演武场,在路东。从其西又北五里,过一村,又五里为大板桥②。桥下水颇大而潴③,乃自西而东下漾共江者。时所行路,当甸坞之中;东山下,江流沿之;西山下,村庐倚之;自此桥之北,甃路石皆齿齿如编,仰管之半,砾趾难措。又北六里,为小板桥。桥小于前,而流亦次之,然其势似急。又北七里,为甸头村之新屯④,居落颇盛。稍转而东,有王贡士家,遂入而托宿。王贡士,今为四川训导⑤。其孙为余言:"其西北山半,有青玄洞甚妙,下有出水龙潭,又北有黑龙潭。若沿西山行,即可尽观。"是日欲抵冯密宿,以日暮遂止此云。

【注释】

①城不甚高:城即鹤庆城,明代分新城和旧城。旧城在北,较小,为守御所城;新城在南,较大,为府城。两城在今仓桥街和东门街连接。鼓楼又名安丰楼,在新城北门处。清代合两城为一,呈长方形,鼓楼成为城中心的建筑。50年代拆除城墙,建为环城公路。鼓楼今存,名云鹤楼,三重檐,黄琉璃瓦。文庙在城西南部,现为鹤庆一中校址,主体建筑大成殿今存。

②大板桥:今称板桥,在鹤庆县北境,桥两边的聚落分别称板南和板北。

③"桥下水"句:此潴水今名草海,宽1609亩,平均水深1.6米,最大水深2.6米,分为东西两片水域。水面海拔2193米,附近村民赖以捞肥、养鱼。鹤庆到丽江的大道从此中经过。

④新屯:今名同,亦作辛屯,在鹤庆县北境。

⑤训导:明清时期学官的一种,各府州县学皆设训导,地位略次于教谕,负责管理在学生员。

【译文】

城墙不怎么高，城门内文庙宏伟整齐。当地人说，这座文庙在云南省是第一，也是丽江府木公用千金资助建成的。由文庙往东北行半里，稍往东是府衙。由府衙西边，又往北行半里，走出一座鼓楼，就是新城的北门了。鼓楼北面是旧城，守御所在这里。又往北行半里后走出旧城北门，稍往西转后向北一里，再向东转后向北行四里，是演武场，在路的东边。从演武场西边又往北行五里，经过一个村子，又行五里是大板桥。桥下的水很大却停积不流，是自西往东下流进漾共江的水流。此时所走的路，都在甸子山坞之中；东山之下，江流沿着山流；西山之下，村庄房屋紧靠山脚；从这座桥的北面，砌路的石头都一齿齿的如同编织成的，也似向上插着的半截笔管，砾石让人难以下脚。又向北六里，是小板桥。桥比前边的桥小，而且桥下的水流也小些，不过水势似乎很急。又向北七里，是甸头村的新村，居民聚落很是兴盛。稍转向东，有个王贡士的家，就进门投宿。王贡士，如今是四川省的训导。他的孙子对我说："这里西北方的山腰上，有个青玄洞非常奇妙，山下有出水的龙潭，山北还有个黑龙潭。如果沿着西山走，就可以全部观赏到。"这一天想到冯密村住宿，因为天晚便停在了此地。

二十五日　昧爽，饭而行。北二里为冯密村[①]，村庐亦盛，甸头之村止此矣。盖西北有高冈一支，垂而东南下，直逼东山文笔峰下，江流亦曲而东。高冈分支处，其腋中有黑龙潭之水，亦自西大山出，南流而抵冯密，乃沿高冈之南而东注漾共江，鹤庆、丽江以此为界云。冯密之西，有佛宇高拥崖畔，即青玄洞也。余望之欲入，而通事苦请俟回日，且云："明日逢六，主出视事，过此又静摄不即出。"余乃随之行，即北上冈。四里，有路横斜而成"叉"字交，是为三岔黄泥冈。其西南腋中，松连箐坠，即黑龙所托也。于是西北之山,皆荒石濯濯②,而东北之山,渐有一二小村倚其下,其冈脊则一望皆茅云。

【注释】

①冯密村:今作逢密,在鹤庆县北隅,鹤庆至丽江的公路上。

②濯(zhuó)濯:光秃无草木的样子。

【译文】

二十五日　黎明,饭后动身。往北行二里是冯密村,村中房屋也很兴盛,甸头的村庄到此结束了。西北有一条高高的山冈,往东南下垂,直逼到东山的文笔峰下,江流也向东弯曲。高冈分支的地方,山窝中有黑龙潭的水,也是从西面的大山中流出来,往南流到冯密村,就沿着高冈的南麓往东注入漾共江,鹤庆府、丽江府以此作为分界。冯密村的西面,有座佛寺高高拥立在山崖旁边,就是青玄洞了。我望着洞想要进去,可通事苦苦请求我等回来的时候再去,并且说:"明天是逢六的日子,主人出来处理公事,过了这一天又静心休养不会马上出来。"我于是跟着他走,立即往北上登山冈。四里,有路横着斜成"叉"字形交叉,这里是三岔黄泥冈。这里西南方的山窝中,松树连片坠入山箐,就是黑龙潭所在的地方。从这里起,西北的山,都是光秃秃荒凉的石头,而东北的山,渐渐有一两个小村子紧靠在山下,这条冈脊上则一眼望去都是茅草。

又北一里为哨房,四五家当冈而踞,已为丽江所辖矣。又北行冈上八里而下,其东北坞盘水曲,田畴环焉。下一里,有数家倚西山,路当其前,是为七和南村①。又北二里,有房如官舍而整,是为七和之查税所。商货出入者,俱税于此。七和者,丽江之地名,有九和、十和诸称。其北又有大宅新构者,乃木公次子所居也。由其前北向行，又盘一支岭而北，七里，乃渐转西北，始望见邱塘关在北山上②，而漾共之水已嵌深壑中，不得见矣。于是路北有石山横起，其崖累累，虽不高，与大山夹而成峡。遂从峡间西北上，一里，逾其东度之脊。又西北二里余，乃北下枯壑，横陟之，半里，复北上冈。西北行冈上半里，又北半里，度一小桥，半里，乃北上山。其山当西大支自西东来，至此又横叠一峰，其正支转而南下，其余支东下而横亘，直逼东山，扼丽江南北山之流，破东山之峡而出为漾共江，此山真丽之锁钥也。丽江设关于岭脊，以严出入，又置塔于东垂，以镇水口。山下有大道，稍曲而东，由塔侧上；小道则蹑崖直北登。余从其小者，皆峻石累垂，锋棱峭削，空悬屈曲。一上者二里，始与东来大道合，则山之脊矣。有室三楹，东南向而踞之，中辟为门，前列二狮，守者数家居其内。出入者非奉木公命不得擅行，远方来者必止，阍者入白③，命之入，乃得入。故通安诸州守，从天朝选至，皆驻省中，无有入此门者。即诏命至，亦俱出迎于此，无得竟达。巡方使与查盘之委，俱不及焉。余以其使奉迎，故得直入。

【注释】

①七和：《元一统志》通安州注："和即寨也。"七和，今作七河，为纳西语地名的汉译，在丽江市古城区南境。

②邱塘关：今称关坡，在丽江市古城区南境，其南坝子里今有村名东关、西关。

③阍(hūn)者：守门人。

【译文】

又向北一里是哨房，四五家人坐落在山冈上，已是丽江府的辖境了。又往北行走在山冈上八里后下走，山冈东北山坞盘绕水道弯曲，田地环绕着山坞。下行一里，有几家人紧靠西山，道路位于村前，这是七和南村。又往北行二里，有像是官府房屋而又整齐的房子，这是七和的查税所。商品货物出入境的人，都在此地纳税。七和，是丽江府的地名，有九和、十和等名称。查税所北边又有座新建的大宅院，是木公的次子居住的地方。由查税所前向北行，又绕着一条分支的山岭往北行，七里，就渐渐转向西北，这才望见邱塘关在北山之上，而漾共江的江水已嵌入深深的壑谷中，不能看见了。这里道路北边有石山横向突起，石崖累累，虽然不高，与大山夹成峡谷。于是从峡中向西北上行，一里，越过那往东延伸的山脊。又往西北行二里多，就向北下到干枯的壑谷中，横穿壑谷，半里，再往北上登山冈。向西北行走在山冈上半里，又向北半里，走过一座小桥，半里，于是往北上山。这座山是西面的主脉分支自西往东延伸而来，到此地又横着叠成一座山峰，那支脉主体转向南下延，那其余的支脉往东横亘而下，直逼到东山，扼住丽江府南北两面山的水流，冲破东山的峡谷流出去成为漾共江，这座山真是丽江府的关键门户。丽江府在岭脊上设了关卡，以便严格控制行人出入，又在山的东垂建了塔，用以镇住水口。山下有大路，逐渐转向东，从塔的侧边上走；小路则踏着山崖一直往北上登。我从那条小路走，路上都是叠累下垂陡峻的岩石，棱角锋利，陡峭如削，高悬空中，弯弯曲曲。一路上去有二里，才与东面来的大路会合，则已到山脊上了。有座三开间的房屋，面向东南，坐落在山脊上，中间开成门，前边排列着两座石狮，几家守关的人住在屋内。出入关的人不是奉木公的命令不能擅自通行，远方到来的人必须止步，守门人进去禀报，下令让他进去，才能够进去。所以通安等州的知州，从朝廷选派来，都住在省城里，没有能进入此门的。即使是奉皇帝的命令前来，也都是出来在此地迎接，不能直接进去。巡察地方的使者以及委派来盘查的官员，都没有到过里面。我因为是木公派来的使者奉命迎接，所以能够直接进去。

　　入关随西山北行，二里，下一坑。度坑底复登坡而北，一里，稍东北下山。又东北横度坡间者二里，始转而北。二里，过木家院东。又北二里，度一小桥，则土冈一支，西南自大山之脊，分冈环而东北，直抵东山之麓，以扼漾共江上流。由冈南陟其上，是为东圆里。北行岭头，西南瞻大脊，东南瞰溪流，皆在数里之外。六里乃下。陇北平畴大开，夹坞纵横，冈下即有一水，西自文笔峰环坞南而至，有石梁跨其上，曰三生桥。过桥，有坊二在其北，旁有守者一二家，于是西北行平畴间矣。北瞻雪山，在重坞之外，雪幕其顶，云气郁勃，未睹晶莹。西瞻乌龙，在大壑之南，尖峭独拔，为大脊之宗，郡中取以为文笔者也。路北一坞，窈窕东北入，是为东坞。中有水南下，万字桥水西北来会之，与三生桥下水同出邱塘东者也。共五里，有柳径抱，笔立田间，为土人折柳送行之所。路北即万字桥水潆流而东，水北即象眠山至此南尽。又西二里，历象眠山之西南垂，居庐骈集，萦坡带谷，是为丽江郡所托矣①。于是半里，度石梁而北，又西半里，税驾于通事者之家。其家和姓。盖丽江土著，官姓为木，民姓为和，更无别姓者。其子即迎余之人，其父乃曾奉差入都，今以居积番货为业。坐余楼上，献酪为醴，余不能沾唇也。时才过午，通事即往复命，余处其家待之。

【注释】

①丽江:《寰宇通志》载:"丽江军民府,在大研厢内,国朝洪武十五年建。"今丽江城仍习称大研镇,即明代丽江军民府治所。

【译文】

进关后沿着西山往北行,二里,走下一个深坑。穿过坑底再往北爬坡,一里,逐渐往东北下山。又往东北在坡上横穿二里,才转向北。二里,经过木家院东边。又向北二里,走过一座小桥,就见一条土冈,从西南方大山的山脊,分出山冈往东北环绕,一直抵达东山的山麓,从而扼住漾共江的上游。由山冈南面登到山冈上,这里是东圆里。在岭头往北行,向西南远望大山的山脊,往东南俯瞰溪流,都在几里之外。六里就下山。土陇北面平旷的田野非常开阔,夹谷山坞纵横交错,山冈下就有一条河,从西边的文笔峰环绕山坞南面流来,有座石桥跨在河上,叫三生桥。过桥来,有两座牌坊在桥北,路旁有一两家守桥的人,从这里起向西北行走在平旷的田野间了。向北遥望雪山,在重重山坞之外,白雪覆盖着山顶,云气浓郁,未能目睹晶莹的雪峰。往西眺望乌龙,在巨大壑谷的南面,尖耸陡削,独立挺拔,是大山脊的起始处,府中的人取名叫文笔峰的山。路北边的一个山坞,很深远地往东北延伸进去,那是东坞。山坞中有水往南下流,万字桥下的水自西北流来与它汇流,与三生桥下的水一同流出邱塘关东面。共行五里,有棵直径一抱粗的柳树,矗立在田间,是当地人折柳送行的地方。道路北边就是万字桥下的水潆绕往东流去,水北就是象眠山延到此地在南面的尽头处。又往西行二里,经过象眠山的西南垂,居民房屋聚集,萦绕在山坡,环绕着山谷,这里是丽江府所在地了。从这里行半里,过石桥往北行,又向西半里,停宿在通事的家中。他们家姓和。原来丽江府的土著居民,当官的姓木,老百姓姓和,再没有别的姓。家中的儿子就是迎接我的人,他父亲曾经奉命出差进京,如今以囤积居奇外国货作为职业。把我请到楼上坐,献上奶酪当做甜酒,我不能沾唇。此时才过中午,通事立即前去复命,我在他家等着他。

　　东桥之西，共一里为西桥，即万字桥也，俗又谓之玉河桥。象鼻水从桥南下，合中海之水而东泄于东桥，盖象鼻之水，土人名为玉河云。河之西有小山兀立，与象眠南尽处，夹溪中峙。其后即辟为北坞，小山当坞，若中门之标，前临横壑，象鼻之水夹其东，中海之流经其西，后倚雪山，前拱文笔，而是山中处独小，郡署踞其南，东向临玉河，丽江诸宅多东向，以受木气也。后幕山顶而上，所谓黄峰也①，俗又称为天生寨。木氏居此二千载，宫室之丽，拟于王者。盖大兵临则俯首受绁②，师返则夜郎自雄，故世代无大兵燹③，且产矿独盛，宜其富冠诸土郡云。

【注释】

①黄峰：今名狮子山，在丽江古城中心四方街西部，海拔 2466 米。

②绁(xiè)：捆缚罪人的绳索。

③兵燹(xiǎn)：因战乱而遭受的焚烧破坏。

【译文】

　　东桥的西边，共一里到西桥，就是万字桥了，俗名又把它叫玉河桥。象鼻山的水从桥下往南下流，与中海的水合流后往东流淌到东桥，原来象鼻山的水，当地人称为玉河。河的西边有座小山突立，与象鼻山南面的尽头处，夹住溪流耸峙在当中。山后就是开阔的北坞，小山位于山坞中，像正门的标杆，前方面临横贯的壑谷，象鼻山的水夹住小山东面，中海的水流经小山西面，后方靠着雪山，前面拱卫着文笔峰，而唯独处在中间的这座山很小，府衙位于山的南麓，向东面临玉河，丽江府众多的住宅多半面向东，以便承受木气。背后帷幕样的山顶上，是所谓的黄峰了，俗名又称为天生寨。木氏居住在此地两千年，宫室的华丽，可以和帝王相比。如果大军来临就俯首就擒，大军返回后就夜郎自大据地称雄，所以世世代代没有大的兵灾，而且矿产特别多，无怪丽江府的富庶在众多的土府中数第一了。

二十六日　晨，饭于小楼。通事父言，木公闻余至，甚喜，即命以明晨往解脱林候见。谕诸从者，备七日粮以从，盖将为七日款也。

【译文】

二十六日　早晨，在小楼吃饭。通事的父亲说，木公听说我到了，十分高兴，立即命令在明天早晨去解脱林等候见面。吩咐众随从，备好七天的粮食带去，大概将要款待七天。

二十七日　微雨。坐通事小楼，追录前记。其地杏花始残，桃犹初放，盖愈北而寒也。

【译文】

二十七日　毛毛雨。坐在通事的小楼上，追记前几天的日记。这地方杏花才开始凋谢，桃花还刚刚开放，大概是越往北就越冷。

二十八日　通事言木公命驾，下午向解脱林。解脱林在北坞西山之半，盖雪山南下之支，本郡诸刹之冠也。

【译文】

二十八日　通事说，木公命令备马，下午去解脱林。解脱林在北坞西面的半山腰上，大概是雪山往南下延的支脉，是本府诸寺中第一大的寺院。

二十九日　晨起，具饭甚早。通事备马，候往解脱林。始过西桥，由郡署前北上，挟黄峰东麓而北，由北坞而行，五里，东瞻象眠山，始与玉河上流别。又五里，过一枯涧石桥，西瞻中海①，柳岸波漾，有大聚落临其上，是为十和院②。其后即十和山，自雪山南下之脉也③。又北十里，有大道北去者，为白沙院路④；西北度桥者，为解脱林路。桥下涧颇深而无滴沥。既度桥，循西山而行，五里为崖脚院⑤。其处居庐交集，屋角俱插小双旗，乃把事之家也。院北半里，有涧自西山峡中下，有木梁跨其上。度桥，西北陟岭，为忠甸大道；由桥南溯溪西上岭者，即解脱林道。乃由桥南西向蹑岭，岭甚峻，二里稍夷，折入南峡，半里，则寺依西山上，其门东向，前分一支为案，即解脱林也⑥。寺南冈上，有别墅一区，近附寺后，木公憩止其间。通事引余至其门，有大把事二人来揖，俱姓和。一主文，尝入都上疏，曾见陈芝台者；一主武，其体干甚长壮而面黑，真猛士也。介余入。木公出二门⑦，迎入其内室，交揖而致殷勤焉。布席地平板上，主人坐在平板下，其中极重礼也。叙谈久之，茶三易，余乃起，送出外厅事门，令通事引入解脱林，寓藏经阁之右厢。寺僧之住持者为滇人⑧，颇能体主人意款客焉。

【注释】

①中海：今仍存，在白沙以南。

②十和：今称续和，又作束和，在中海附近。

③雪山：《明一统志》丽江军民府山川："雪山，在府西北二十余里，一名玉龙山，条冈百里，肖巍千峰，上插霄汉，下临丽水，山巅积

雪经春不消,岩崖涧谷清泉飞流,蒙氏异牟寻封为北岳。"今通称玉龙山,十三峰南北排列,主峰扇子陡海拔 5596 米。山顶积雪终年不化,百里外即能望见银光耀眼的雪龙高卧天穹。玉龙山有冬虫夏草、贝母、雪茶、绿绒蒿、大雪莲等名贵药材,附近农民精于采药、勤于种药。据估计,山上集中了四百多种药材,是一个理想的高山药用植物园。

④白沙院:今仍称白沙,在丽江古城稍北,属玉龙纳西族自治县,距大雪山不远。至今保存有明代建筑大宝积宫和明代壁画,为全国重点文物保护单位。

⑤崖脚院:今仍称崖脚,在白沙西邻的山脚下。

⑥解脱林:即福国寺。《嘉庆重修一统志》丽江府寺观载:"福国寺,在丽江县西北,雪山西南麓。旧名解脱林,明天启时赐此名。"至今当地人仍称解脱林,并能指出霞客住过的屋子。寺内有三层木结构建筑法云阁即藏经阁,俗称五凤楼,建于万历二十九年(1601),形制特殊,近年照原样搬迁至丽江城郊黑龙潭。

⑦木公:即木增(1587—1646),又号生白。《丽江木氏宦谱》载:"知府阿宅阿寺,官讳木增,字长卿,号华岳,又号生白。"世袭土知府,后加左布政衔。著有《云薖淡墨》集、《啸月函》、《山中逸趣》集、《芝山集》、《光碧楼选草》等著作,是明代云南土官中受中原文化影响较深的。《明史·云南土司传》称:"云南诸土官,知诗书好礼守义,以丽江木氏为首。"

⑧住持:为佛教寺院内主持僧的职位。久住寺中,总持事务,因称住持。

【译文】

二十九日　早晨起床,很早就备好饭。通事备好马,等候前去解脱林。起初走过西桥,由府衙前往北上行,靠着黄峰的东麓往北行,经由北坞前行,五里,向东眺望象眠山,开始与玉河上游分开。又行五里,经过一条干枯山涧上的石桥,向西眺望中海,岸上垂柳,波光潆绕,有个大聚落濒临中海岸上,这里是十和院。十和院的后面就是十和山,是从雪山南下的支脉。又向北十里,有条大路往北去的,是去白沙院的路;往西北过桥走的,是去解脱林的路。桥下的山涧很深却没有一滴水。过桥后,沿着西山前行,五里是崖脚院。此处居民房屋交错聚集,屋角都插着一对小旗子的,是把事的家。崖脚院以北半里处,有条山涧从西山的峡中流下来,有木桥跨在山涧上。过桥去,往西北登岭,是去忠甸的大路;从桥南溯溪流向西上岭的,就是去解脱林的路。于是从桥南向西登岭,山岭十分陡峻,二里后渐渐平缓起来,折进南面的峡谷,半里,就见寺院依傍在西山上,寺门向东,寺前分出一条支脉作为案山,就是解脱林了。寺南的山冈上,有一片别墅,靠近寺后,木公在其中起居。通事带领我来到别墅门口,有两个大把事上来拱手行礼,两人都姓和。一人主管文案,曾经进京上奏疏,曾见过陈芝台;一人主管武备,他的身材十分高大健壮,而且面孔黑黑的,真是勇猛之士。随同我进去。木公走出二门,迎接我进入他的内室,互相作揖行礼并互相殷勤致意。在平板上布置了席位,主人坐在平板下,是这里最重的礼节。叙谈了很久,换了三次茶水,我于是起身,木公把我送出外客厅的门,命令通事带我进入解脱林,住在藏经楼的右厢房。寺里住持的僧人是云南人,很是能体会主人的意思来款待客人。